S. FISCHER

Jos Versteegen

Hans Keilson
Immer wieder ein neues Leben

Biographie

Aus dem Niederländischen von Marita Keilson-Lauritz

S. FISCHER

Dieses Buch wurde ermöglicht mit der freundlichen Unterstützung von:
ABN AMRO
Hamburger Stiftung zur Förderung von Wissenschaft und Kultur
Heinrich Detering
Polak-Mainz Stiftung
S. Fischer Stiftung
Stadt Bad Freienwalde (Oder)
Stiftung Jaap Harten Fonds
Stiftung Makaria
Wüstenrot Stiftung

MIX
Papier | Fördert gute Waldnutzung
FSC® C083411
FSC www.fsc.org

Erschienen bei S. FISCHER

Die Originalausgabe erschien 2023 unter dem Titel »Hans Keilson – Telkens een nieuw leven« bei Park Uitgevers / Uitgeverij Nieuw Amsterdam, Niederlande.

Satz: Dörlemann Satz, Lemförde
Druck und Bindung: CPI books GmbH, Leck
ISBN 978-3-10-397555-0

Dem Andenken der Eltern von Hans Keilson,
deren Namen auf dem National Holocaust Namenmonument
in Amsterdam stehen

Inhalt

»Rache zieht neue Rache nach sich – was nützt das?«
Erich Maria Remarque, Der Funke Leben

Einleitung

Er ist 101 Jahre alt, als er zum ersten Mal beim alljährlichen Bücherball erscheint. Am roten Teppich vor dem Eingang des Amsterdamer Stadttheaters steigt er an diesem Abend mit seiner Frau aus einem Taxi. Mit seinem Rollator geht er mit kleinen, vorsichtigen Schritten hinein, geradewegs in den Theatersaal.[1] Es ist der 15. März 2011. Thema der Bücherwoche: Lebensgeschichten.

Er ist der älteste Besucher dieses Festes: Hans Keilson, Schriftsteller, Dichter, Psychiater und Psychoanalytiker. Jüdisch, deutsch, niederländisch. Sieben Monate zuvor stand in der *New York Times* eine jubelnde Besprechung über zwei seiner Bücher, die in den Niederlanden und in vielen anderen Ländern schlagartig Aufmerksamkeit erregt hatte.[2] Er gab zahllose Interviews für Zeitungen und Zeitschriften, im Radio und im Fernsehen. Plötzlich war er ein Hätschelkind der Medien.[3]

Ich bin Hans Keilson niemals persönlich begegnet, aber bei einem literarischen Nachmittag im Sommer 2014, drei Jahre nach seinem Tod, kam ich mit seiner neunundsiebzigjährigen Witwe Marita Keilson-Lauritz ins Gespräch. Sie erzählte, dass sie zu Hause in Bussum im Nachlass ihres Mannes zwei literarische Entdeckungen gemacht hatte: ein Tagebuch und 46 Sonette, beides 1944 geschrieben, im Versteck, während der deutschen Besetzung der Niederlande, auf Deutsch.

Ich las das Tagebuch und bekam ein Bild von Hans Keilson, untergetaucht in Delft anno 1944. Er hatte eine junge jüdische Frau kennengelernt, auch sie lebte im Versteck. Eine große Liebe erblühte, mitten in der denkbar größten Gefahr. Die Sonette hatte er für sie geschrieben. Die Kriegserfahrung des sehr alten Mannes mit seinem Rollator auf dem Bücherball begann, deutlicher zu werden. Als Marita Keilson mich fragte, ob ich die Sonette ins Niederländische übersetzen wolle, habe ich ja gesagt. Ich war fasziniert von dem, was hier zusammentraf: Diese Gedichte waren ein Zeugnis der Liebe und des Grauens, eine sehr persönliche Geschichte und ein Zeitdokument. Die Gedichte waren alt und waren doch neu, weil niemand sie kannte. Und was auch eine Rolle spielte: Ich liebe die strenge Form des Sonetts.

Während des Jahres, in dem ich an der Übersetzung arbeitete, stellte die Witwe mir eine weitere Frage: Würde ich eine Biographie ihres Mannes schreiben wollen? Ich wagte, ja zu sagen, weil ich Hans Keilson allmählich kennengelernt hatte: aus den Interviews, die er gab, aus seinem Tagebuch, seiner Prosa und seinen Sonetten. Er hatte über seine Eltern geschrieben und über den Untergang ihres Textilgeschäftes; über ihre Deportation; über die Untertauchzeit im Versteck und über die Liebe; über seine Theorie, dass es eine starke Bindung gibt zwischen Verfolgtem und Verfolger.

Seine Lebensgeschichte erwies sich als reicher und kaleidoskopartiger, als ich mir anfangs vorstellen konnte. Über eines hatte ich Gewissheit: Sie endete mit einem Medienspektakel. Im letzten Jahr seines Lebens gab es nicht das Verlöschen eines Nachtlichts, sondern ein wahres Feuerwerk, und das musste am Ende der Biographie, die ich schreiben sollte, sichtbar werden. Er starb, als der Hype noch nicht vorbei war. Darauf war ich neugierig: Wie hatte er als sehr alter Mann gelebt in den Monaten der Medienhektik?

Ich bekam alle Papiere, alle Dokumente zu sehen, die bewahrt geblieben waren: unpublizierte Texte, private und berufliche Korrespondenzen, Mappen mit Interviews und Rezensionen, Dateien von seinem Rechner mit Erinnerungen an seine Jugend, Kassettenbänder, CDs und DVDs mit Interviews. Auch seine Bibliothek war noch vorhanden, verteilt über verschiedene Zimmer seines Hauses in Bussum. Ein Überfluss, ein Reichtum, der mich erschreckte und zugleich beruhigte: Dieses Material würde es möglich machen, zu dem Dasein des Mannes vorzudringen. Das Schatzgraben konnte beginnen.

Sechs Jahre lang erforschte ich das Leben Hans Keilsons, eines Jahrhundertmenschen, der noch Erinnerungen hatte an die Zeit vor dem Ersten Weltkrieg, der im brausenden Berlin der Goldenen Zwanziger Medizin studiert hatte, der das Aufkommen der Nazis aus nächster Nähe miterlebt hatte, der Hitler und Goebbels leibhaftig gesehen hatte, der in die Niederlande geflohen war und dort 1940 von der deutschen Besetzung sozusagen eingeholt worden war. Ein Mann, der sein Leben gerettet hatte, indem er untertauchte, der aber doch das Untragbare tragen musste: dass er seine Eltern Max und Else Keilson nicht vor den Gaskammern von Auschwitz hatte retten können. Ein Mann, der lebend aus der Vernichtung zum Vorschein kam und eine Existenz aufzubauen versuchte, indem er schrieb und indem er sich als Berater und Psychiater für jüdische Kinder einsetzte, die im Krieg ihre Eltern verloren hatten. Ihr Schicksal glich dem seinen, auch wenn er während der Besetzungszeit kein Kind mehr war.

Das Opfer half den Opfern, studierte die Opfer, schrieb über die Opfer. Das wurde seine Rolle, seine Aufgabe, seine Mission. Gleichzeitig stellte er sich die unbequeme Frage: Wäre ich als Nichtjude immun geblieben gegen die magnetische Anziehungskraft des Nationalsozialismus? Auch wenn keine Antwort möglich war – die Frage bedeutete, dass er bereit war, sich in das Leben und die Situation auch von Deutschen mit Nazisympathien oder Nazivergangenheit zu vertiefen. Und in seinem Roman *Der Tod des Widersachers* stellte er die gewagte Hypothese auf, dass Hass und Faszination bei erbitterten Feinden wie Hitler und den Juden Hand in Hand gehen. Das Gedankenexperiment war ein Versuch, eine Brücke über den Abgrund zu bauen.

Bei Hans Keilson hatte die deutsche Tragödie des 20. Jahrhunderts bleibende Wunden hinterlassen. Aber trotz alledem war er nicht der Mann, der sich dauerhaft durch Trübsinn gefangen nehmen ließ. Er hatte ein reiches Liebesleben, konnte geistreich sein und liebte es, Musik zu machen: Seine Instrumente waren die Geige und die Trompete. In seiner Berliner Studentenzeit trat er bis tief in die Nacht mit allerlei Jazzbands auf. Zwei Tage vor Hitlers Machtübernahme ließen er und seine Mitmusikanten die Gäste des Berliner Presseballs noch auf ihre Rhythmen tanzen, während draußen die Nazis marschierten. Auf dem Bücherball in Amsterdam, knapp achtzig Jahre später, vertraute er *tongue in cheek* einem Journalisten an, dass er an diesem Abend gern noch einmal auf seiner alten Trompete gespielt hätte.

Weniger als ein Jahr vor seinem Debüt auf dem Bücherball war er noch ein Autor gewesen, der allmählich in Vergessenheit zu geraten drohte. Jetzt hatte er Erfolg, und der rote Teppich wurde auch für ihn ausgerollt. Ein Journalist legte ihm die Frage vor, ob das Gerechtigkeit bedeute? So wollte er das nicht sehen. Gerechtigkeit war ein zu großes Wort, das sich nicht ziemte, wenn es um ihn selbst ging. Aber es hatte einen unvermeidlichen Effekt: In Gedanken verband er es mit dem unfassbaren Unrecht, das seinen Eltern angetan wurde.

Jos Versteegen

Teil 1

Die kleine und die große Stadt

1 Ein Kurort bei Berlin

1904–1920
»So hilf mir doch, Else«

Das Textilgeschäft und die Familie

Das 20. Jahrhundert war noch jung, als ein 28-jähriger jüdischer Mann mit einem Jubelschnurrbart, Max Keilson, im kleinen Kurort Freienwalde an der Oder ein Textilgeschäft eröffnete.

»Geschäfts-Eröffnung«: Mit großen Buchstaben hatte er es in die Zeitung setzen lassen. Am Dienstag, den 22. März 1904, war es so weit. »Seiden-, Manufaktur-, Kurz-, Weiß- u. Wollwaren« – das alles konnte man in dem neuen Laden an der Königstraße, der Einkaufsstraße von Freienwalde, kaufen. Max Keilson, klein, schmächtig, aber rührig, hatte sein eigenes Geschäft, und damit dürfte ihm ein Wunsch in Erfüllung gegangen sein.[1] In Mitteldeutschland hatte er in verschiedenen Textilfirmen gearbeitet.[2] Und er war als Handelsreisender für Textilien unterwegs gewesen.[3]

Es war keine schlechte Idee, hier ein Geschäft zu beginnen, in Freienwalde, einem Kurort-in-Entwicklung. Seit 1866 war der Ort ans Eisenbahnnetz angeschlossen, wichtig für die Verbindung nach Berlin, sechzig Kilometer westlich gelegen. Die Einwohnerzahl wuchs, und im selben Jahr, als dort zum ersten Mal ein Zug hielt, begann man mit dem Bau eines Gymnasiums.[4] Auch Industrie gab es in der Umgebung: eine Alaunfabrik und mehrere Backsteinfabriken. Die fünf Backsteinfabriken, die 1888 in Betrieb waren, gaben rund achthundert Arbeitern Arbeit und Brot.[5]

Pensionierte Berliner mit gutgefüllten Brieftaschen ließen sich Villen bauen, ein Kurhotel und eine Badeanstalt entstanden. In der umliegenden Hügellandschaft wurden Wanderwege angelegt mit Ruhebänken, Waldhütten und zwei Aussichtstürmen.[6] Um die Jahrhundertwende war Freienwalde zum wichtigsten Kur- und Erholungsort in der Umgebung von Berlin angewachsen. Einem Reiseführer zufolge kamen unmittelbar vor dem Ersten Weltkrieg in der Sommersaison etwa 5000 Besucher. Und das, während die Stadt nur etwa zehntausend Einwohner zählte.[7]

Einige Monate nach der Eröffnung seines Geschäftes wurde Max Keilson noch sesshafter: Am 21. Juni 1904 gaben er und seine Verlobte Else Buttermilch, eine sechsundzwanzigjährige junge Frau mit großen blauen Augen, einander das Jawort.[8] Wie und wo sie einander kennengelernt hatten, ist unbekannt. Elses Vater handelte mit Stoffen, und möglicherweise hatte Max in seiner Zeit als Handelsreisender beruflich mit ihm zu tun. Das junge Paar bezog eine Mietwohnung im ersten Stock desselben Hauses, in dem sich unten der Laden befand: ein stattliches neues Eckhaus, höher als die angrenzenden Gebäude.[9] Sie führten einen koscheren Haushalt: Milchiges und Fleischiges hielten sie streng getrennt, aber sie aßen wohl Schinken. Das Befolgen der Speisegesetze erwies sich als schwierig, und die Zügel wurden immer mehr gelockert. Max kaufte, wenn er für geschäftliche Einkäufe in Berlin war, dort ab und zu koschere Fleischwaren.[10]

Großes Glück hätte es im Hause Keilson am 3. Mai 1905 geben sollen, denn an diesem Tag kam das erste Kind von Max und Else zur Welt: Herbert. Aber der kleine Junge starb nach vierzig Tagen, die Todesursache ist unbekannt.[11] In der Familie wurde später erzählt, dass er gleich nach der Geburt gestorben sei, weil die Nabelschnur um seinen Hals geschlungen war und der diensthabende Arzt einen Fehler gemacht hatte.[12] Herbert bekam ein kleines Grab auf dem jüdischen Friedhof in Freienwalde.

Hildegard, Rufname Hilde, geboren am 28. Januar 1907, war das zweite Kind der Keilsons. Der dritte und letzte Spross kam beinahe drei Jahre später: Hans Alex. Er erblickte das Licht der Welt am Sonntag, den 12. Dezember 1909. In einer Geburtsanzeige meldeten die Eltern »die glückliche Geburt eines kräftigen Jungen«.[13]

In dieser Zeit gab es drei verkaufsoffene Sonntage, an denen man als Ladeninhaber eine Umsatzsteigerung erwarten konnte, je näher das Weihnachtsfest rückte: einen kupfernen, einen silbernen und einen goldenen Sonntag, das waren der dritte, zweite und der letzte Sonntag vor Weihnachten. Die Geburt von Hans fiel auf den silbernen Sonntag. Der Vater öffnete zur Feier des Tages eine Flasche Sekt.[14] Er und Else hatten wieder einen Sohn. Einen Jungen mit rötlich blondem Haar und graublauen Augen.

Auf Reisen

Die Wurzeln des Vaters, Max Keilson, lagen in Osteuropa, seine Eltern waren orthodoxe Juden aus Russisch-Litauen. Ihre Namen: Nathan Keilson und Chawa Keilson, geborene Mossesson.[15] Um 1870 hatten sie den Schritt gewagt, ihre Heimat zu verlassen und sich in Preußen niederzulassen, vielleicht aus beruflichen Gründen, vielleicht, weil sie sich dort sicherer fühlten als im Zarenreich. 1869 erhielten die Juden im Norddeutschen Bund, zu dem Preußen gehörte, die rechtliche Gleichstellung. Das Gesetz galt auch im Deutschen Kaiserreich, das zwei Jahre später gegründet wurde.

Der Ort, an dem die Keilsons sich niederließen, war Eydtkuhnen in Ostpreußen, das in der zweiten Hälfte des 19. Jahrhunderts an Bedeutung gewann: 1860 bekam es eine Bahnverbindung mit Königsberg, dem wirtschaftlichen und kulturellen Herz Ostpreußens; ein Jahr später wurde die Bahnlinie mit dem russischen Bahnnetz verbunden.

Auch wenn Eydtkuhnen trotz der Bahnlinie und der umsteigenden Reisenden vermutlich eher langweilig war, das Familienleben der Keilsons muss recht lebendig gewesen sein: acht Kinder, sechs Jungen, zwei Mädchen.[16] Max, geboren am 22. Juli 1875, war der sechste in der Reihe. Er kam in Eydtkuhnen als russischer Staatsbürger zur Welt, denn die Immigrantenfamilie erhielt erst im Herbst 1876 die preußische Staatsbürgerschaft.[17] Schon jung bekam er, weil die Mutter kränklich war, die Aufgabe, auf seine beiden jüngeren Schwestern aufzupassen, was ihn so viel Zeit und Aufmerksamkeit kostete, dass er in der Schule ins Hintertreffen geriet.[18] Er begann eine Ausbildung als Uhrmacher, brach sie aber bald wieder ab und ging bei verschiedenen Handelshäusern für Textilien und bei Manufakturen in die Lehre.[19]

Von Eydtkuhnen aus wagten Nathan und Chawa ein neues Abenteuer: Sie zogen nach Königsberg. Als Prokurist einer dort ansässigen großen Holzhandelsfirma machte Nathan Geschäftsreisen, zum Beispiel nach England. Eine solche Reise galt damals in seinen Kreisen geradezu als eine Weltreise. Er muss es geliebt haben, die Grenzen und Beschränkungen seines Lebens zu durchbrechen. Unterwegs nahm er es mit den Speisegesetzen nicht so genau. Auch in politischer Hinsicht war er ein Freigeist: Er hegte Sympathie für den Sozialismus. 1907, mit fünfundsechzig, starb er in Königsberg. Seine Frau wurde siebzig.[20]

Über die Geschichte dieser Großeltern wusste Hans nicht viel. Keinen von beiden hat er gekannt. Vater Max erzählte ihm hin und wieder von früher, aber meistens war das nicht viel. Hans bedauerte später, dass er nicht mehr Fragen gestellt hatte.[21]

Else Buttermilch, Hans Keilsons Mutter, kam aus dem Osten Deutschlands, aus Schlesien, das heute zu Polen gehört. Sie wurde am 5. Mai 1878 in der kleinen Stadt Hirschberg geboren, als Tochter des Textilkaufmanns Alexander Buttermilch und seiner Frau Mathilde Salisch. Sie war das einzige Kind, aber es gab zwei ältere Halbschwestern, Töchter aus der ersten Ehe ihres Vaters. Die Familie war gemäßigt orthodox jüdisch.

Der Textilkaufmann lebte nicht mehr, als Hans zur Welt kam, aber durch seinen zweiten Vornamen, Alex, war er mit ihm verbunden.[22] Aus der Großelterngeneration lernte Hans nur seine Großmutter Mathilde Buttermilch-Salisch kennen, geboren 1845, die aus einer wohlhabenden Familie mit vielen Textilkaufleuten kam.

Hans Keilson erinnerte sich seiner Großmutter als einer immer schwarz gekleideten, lebhaften Frau mit einem klugen, durchdringenden Blick: Hinter ihrer randlosen Brille schien ihr nichts zu entgehen. Im Sommer kamen Else, Hans und Hilde in den Ferien zu ihr; Max blieb daheim, weil er das Geschäft geöffnet halten wollte. Schon die Bahnfahrt war für die Kinder ein Erlebnis, durch den Lärm und die Dampf- und Rauchwolken, die die Lokomotive von sich gab.

Mathilde Buttermilch war befreundet mit dem Inhaber eines großen Hirschberger Spielwarengeschäftes mit mehreren Etagen. Der Mann hatte selbst keine Kinder und empfing Hans und Hilde, als wären sie sein Sohn und seine Tochter. Sie durften mit allem spielen, worauf ihr Auge fiel. Hans erinnerte sich später vor allem an Gesellschaftsspiele und an Handpuppen. Auch mit den Kindern eines Hirschberger Arztes spielten sie. Und es wurden lange Spaziergänge in der Umgebung gemacht.

Am 1. Februar 1920 schlug für Großmutter Mathilde die letzte Stunde: Sie starb ganz unerwartet auf der Straße, unterwegs zu einem Einkauf.[23] Zur Beerdigung kamen Else und Max nach Hirschberg. Es war das erste Mal, dass sie zu zweit eine Reise machten.[24] Der Name der Großmutter, Mathilde, lebte in der neuen Generation weiter: Hilde wurde nach ihr benannt.

Wenn Vater Max mit den Kindern Ferien machte, ging es in den Harz. Dort unternahmen sie lange Wanderungen, während Mutter Else daheim den Laden hütete. Max kannte die Gegend: Er hatte dort gearbeitet, als er noch nicht achtundzwanzig und ein eigenes Geschäft noch ein Zukunftstraum war. Ab und zu wurden die Ferien auch an der Ostsee verbracht, in Swinemünde, ohne den Vater. Die Mutter mietete zwei kleine Zimmer in einer Pension. Später erzählte Hans, dass er sich am Strand und im Wasser ganz in seinem Element gefühlt hatte.[25]

Freienwalder Kinderfreuden

Das Haus, in dem die Keilsons wohnten, lag mitten in der Stadt. Aus der Wohnung im ersten Stock hatten sie Aussicht auf den Marktplatz und das Rathaus und, zur Linken, auf die evangelische Nikolaikirche. Am liebsten spielte Hans auf dem Marktplatz mit anderen Kindern: Fußball, Wettlauf, auf Stelzen die Rathaustreppe rauf und runter. Wenn Vater Max und Mutter Else nicht im Laden waren, konnten sie ihn vom Balkon oder dem Fenster aus im Auge behalten. Er unterbrach das Spiel nur, erinnerte er sich als alter Mann, wenn die Mutter ihn rief, um die Reste des Grießbreis aus dem Kochtopf zu löffeln.[26]

Vom Marktplatz aus kam man in die Königstraße; gleich rechts an der Ecke war das Textilgeschäft. Über den Schaufenstern stand mit großen Buchstaben der Name, »Max Keilson«. Gegenüber befand sich ein Warenhaus, wo es auch Kleidung und Stoffe zu kaufen gab, aber in einer höheren Preislage. Während dieses Warenhaus die wohlhabenderen Kunden anzog, war Max Keilson vor allem auf die einfachen Leute angewiesen. Geschäftlich ging es ihm gut, jedenfalls vor dem Ersten Weltkrieg. Er hatte Geld für Anzeigen in der Zeitung und stellte sich dem Kampf mit der Konkurrenz: Hundert Meter weiter, auch in der Königstraße, eröffnete er einen zweiten, schicken Laden.

Als Kind war Hans gern in dem neuen Geschäft, das seinem Vater Ansehen verschaffte. Mit seinen weißen Wänden machte es einen frischen, hellen Eindruck. Da hingen Spiegel und es duftete nach Parfüm, während es im anderen Laden nach Schweiß, Seife und im Winter nach Koks roch. Hans bewunderte die schönen Kleider, Handschuhe und Schals, die es hier zu kaufen gab. Andächtig betrachtete er die Hüte nach französischem Modell, die Fräulein Wolf zusammen mit einem Lehrmädchen in dem kleinen Raum hinter dem Laden fertigte: »wundersame Kopfbedeckungen, mit herabzulassenden, durchsichtigen Schleiern und mit Kunstblumen verzierte Rundmodelle oder weiter ausgreifende Formen mit Mund, Augen und Nase beschattender Krempe«.[27]

Eine andere Form des Schönen war schon bald nicht mehr aus seinem Leben wegzudenken: die Musik. Um Musik zu hören, musste man anderthalb Kilometer über das Kopfsteinpflaster von Freienwalde gehen, die Königstraße und die Gesundbrunnenstraße entlang zum Kurpark, der in einem waldumsäumten Tal lag. Das Stadtorchester in Phantasie-Matrosenuniformen trat dort auf, im Kurhaus oder im Pavillon[28], und manchmal zog es durch die Straßen. Hans erinnerte sich an den Dirigenten, Herrn Beug: »ein selbstbewusster, schmächtiger Mann, ein Musikant in vielen Gassen, auf Hochzeiten, Begräbnissen, Turner- und Tanzfesten in der Stadt oder in den Dörfern rundherum. Er marschierte am Kopf seiner Kapelle, in Uniform, versteht sich, durch die Straßen der Stadt und wir Kinder begleiteten ihn im Gleichschritt oder lauschten mit Bewunderung den gefälligen Weisen im Kurpark.«[29] Die Militärmärsche des Herrn Beug gefielen ihm, ebenso wie die Soldatenlieder; das waren seine frühen musikalischen Lieblinge.[30] Trotz des Makels, der deutscher Militärmusik durch die Nazis und den Krieg später anhaftete, liebte er dieses Genre sein Leben lang.[31]

Die Familie Keilson hatte auch ein Klavier, jedenfalls nach dem Ersten Weltkrieg, als – wie Hans Keilson sich erinnerte – eines Tages plötzlich ein solches Instrument im Wohnzimmer stand.[32] Ein Klavier, das nicht unbedingt einen schönen Klang haben musste, wenn es nur gut aussah, gehörte zum bürgerlichen Mobiliar, auch in Freienwalde.[33] Die Eltern Keilson spielten selbst nicht,[34] sorgten aber dafür, dass Hilde Klavierstunden bekam, und später auch Hans, ein Jahr lang. Mit dem Resultat, dass er ein paar Volkslieder zu Gehör bringen konnte. Der Vater in seinem Schaukelstuhl hörte ihm gern zu und sang mit unsicherer Stimme mit. Hans: »Ohne Frage, er war damals bestimmt glücklich; und ich auch.«[35]

Danach bekam Hans Geigenunterricht. Eine unverheiratete Dame in einer Villa an der Gesundbrunnenstraße versuchte ihm diese Kunst beizubringen; zu Hause übte er am liebsten abends in der Küche, wo die Akustik gut war.[36] Die Technik fiel ihm schwer, und er wollte das Geigenspiel schon aufgeben. Doch die Lehrerin sorgte dafür, dass er Hilfe von einem älteren Geigenschüler bekam. Wie auf dem Klavier gelang es ihm schließlich, ein paar einfache Melodien hervorzubringen: »Ich hatt' einen Kameraden«, »Winter ade« und »Fuchs, du hast die Gans gestohlen«. Daran hatte er mehr Freude als an Händel, Mozart oder Vivaldi, deren Kompositionen er ab und zu bei den Vorspielabenden in der Villa seiner Lehrerin zu Gehör bringen musste.[37]

Erst als seine Technik besser wurde und er zu einem anderen, besseren Lehrer wechselte, lernte er Mozart schätzen.[38] Mozarts Streichquartette und Sonaten sollte er später oft mit Freunden spielen: eine Möglichkeit, die Emotionen der Musik zusammen zu erleben und so die Freundschaft zu feiern und zu stärken.[39] Musik machen – das gab ihm, wie er später sagte, ein Gefühl des »Einsseins mit der Welt, mit der Umgebung«.[40]

Jüdisches Leben

»Ich sehe, wenn die jüdischen Familien zum Tempel, wie man immer sagte, gingen, gewöhnlich in einem Samtfutteral ihr Gebetbuch in der Hand, dann lehnten die Nachbarn, aus dieser eigentlich Arme-Leutegegend, zum Fenster hinaus und wünschten ganz treuherzig und sicher aufrichtig gute Feiertage.«[41]

So schilderte Hellmut Freund, Enkel eines mit den Eltern Keilson befreundeten Freienwalder Ehepaares, wie wohlwollend die Nachbarn der Synagoge sich den Juden gegenüber zeigten, die zum Gottesdienst gingen.

Freienwalde hatte eine kleine jüdische Gemeinschaft: 1910 waren es 67 Personen.[42] Die schlichte Synagoge, 1819 in einem Gebäude eingerichtet, das eher einem Wohnhause glich, lag an der Fischerstraße, in einem Arbeiterviertel.[43] Vom Haus der Keilsons aus gelangte man dorthin, indem man erst ein Stück die Königstraße entlangging und dann auf der linken Seite eine steinerne Treppe hinunter, die Judentreppe.

Dabei sah man rechts die Rückseite der Synagoge und war schon bald auf der Höhe des Gartens, der sich auf derselben Ebene befand wie im Inneren des Gebäudes die Empore für die Frauen. Man konnte aus dem Garten direkt die Empore betreten und umgekehrt von dort in den Garten gelangen. An Jom Kippur, dem Versöhnungstag, saßen mitunter Männer wie Frauen in den Pausen zwischen den Zeremonien auf den Gartenbänken. Trauben reiften an der Synagogenmauer. Wenn die Erwachsenen drinnen waren, pflückten sich die Kinder ein paar, auch wenn sie an Jom Kippur eigentlich hätten fasten sollen.[44] Und auch die Nüsse, die hier und da von einem der Bäume fielen, knackten die Kinder und aßen sie – Jom Kippur oder nicht.[45]

Wenn man entlang der Synagoge die Treppen weiter bis zur Fischerstraße hinunterging und sich nach rechts wandte, stand man vor dem eigentlichen Eingang zu ebener Erde. Innen war das Gebäude unterteilt in die Wohnung des Hausverwalters und die Synagoge selbst, die eine hohe, blaue Decke hatte.[46] Hans Keilson fand die Inneneinrichtung kahl und karg, auch wenn ein goldbestickter Vorhang vor dem Thoraschrein mit den Thorarollen hing. Aber an den hohen Festtagen, wenn die Synagoge voller Menschen war und gebetet wurde, dann »begann der festlich erleuchtete Raum zu leben und zu glühen«.[47]

Einen Rabbiner konnte die kleine Gemeinde sich nicht leisten, sie musste sich mit einem Chasan, einem Kantor, zufriedengeben. Hellmut Freund erinnerte sich an die Hingabe, mit der der orthodoxe Chasan Schäfer an den hohen Feiertagen in der Freienwalder Synagoge sang. Er vergaß alles um sich herum und geriet in anhaltende Ekstase. Für die Gemeindemitglieder war das schwer auszuhalten, vor allem wenn sie den ganzen Tag gefastet hatten. »Die Zeichen, die sie ihm gaben, etwa wenn sie auf die Uhr wiesen, die sie ganz strenggläubig an den Feiertagen gar nicht hätten tragen sollen, beachtete er nicht. Seine Leidenschaft kannte keine Konzession.«[48]

Eine singende Mutter, ein stammelnder Vater

Ein vertrauter Ort, wo man sich zu Hause fühlte, weil man jeden kannte – das war die Synagoge für Hans Keilson.[49] Und es konnte ein Zauber von ihr ausgehen: Die Rituale, die Segenssprüche und die hebräischen Schriftzeichen hatten etwas Geheimnisvolles.[50] Während des Gottesdienstes konnte er seine Mutter mit ihrer vollen, hellen Stimme auf der Frauenempore von den anderen Stimmen unterscheiden. Da er sie sonst im Umgang als zurückhaltend und beherrscht kannte, fand er es anfangs unangenehm, dass sie so auffiel: Sie kannte den Text so gut, dass sie nicht wie die anderen die ganze Zeit krampfhaft aufs Gedruckte schauen musste.[51] Von unten, wo er bei den Männern saß, warf er mitunter einen Blick hinauf. Dann lächelte sie ihm zu.[52]

Mit Freude und einer natürlichen Selbstverständlichkeit nahm Else an den Gottesdiensten teil. Bei Vater Max, der den Gang zur Synagoge im schwarzen Anzug und mit einem Zylinder antrat,[53] lag das anders, vor allem wenn er liturgische Texte zu sprechen hatte.

> Wenn er in der Synagoge zur Thora aufgerufen wurde, hörte man nur ein unverständliches, leises Krächzen seiner Stimme, kaum identifizierbar mit den hierbei vorzutragenden Segenssprüchen im Kreise der Gemeinde. Oft schien es sogar, als ob der Vorbeter, der Kantor, mit seiner amtlichen Stimme soufflierte und sagte, was eigentlich meinem Vater oblag. Wenn mein Vater nach vollzogenem Ritual vom Almenor hinab wieder seinen festen Platz in einer der Bänke mit den Klappsitzen aufsuchte und die Glückwünsche anderer Gemeindemitglieder in Empfang nahm, denn er war ein allgemein ob seiner Redlichkeit anerkanntes und mit Respekt behandeltes Mitglied der Gemeinde, ging ein entspanntes Strahlen über sein Gesicht. Es war Ausdruck der Genugtu-

> ung eines Mannes im Bewusstsein, einer Pflicht genüge getan zu haben, eine Verantwortung erfüllt zu haben, die er sich selbst auferlegt hatte.[54]

Vater Max hatte beinah versagt, gerade noch nicht, aber eigentlich doch, weil es danach aussah, dass ihm das Aussprechen der Segenssprüche nicht ohne Souffleur gelang. Der Gottesdienst bedeutete ihm nicht allzu viel; er fühlte sich jüdisch um der Tradition und der Geschichte willen, nicht so sehr aus Glaubensüberzeugung. Das war eine Geisteshaltung, die auch Hans annehmen sollte. Für ihn kam hinzu, dass die jüdischen Rituale stark mit der Erinnerung an seine Eltern verbunden bleiben sollten.

Zu Hause ging es Max ähnlich wie in der Synagoge. Jetzt war es Else, die ihm die richtigen Worte zuflüstern musste.

> Mein Vater ließ meine Mutter gewähren, wenn sie ihm Freitagabend zum Eingang des Sabbat die Stellen im Gebetsbuch anwies, wo die Segenssprüche über Wein und Brot standen. Er las holpernd und stockend die kurzen, hebräischen Texte, als sähe er sie zum ersten Male. Meine Mutter schaute mit einem hell-dunklen Gemisch von Mitleid und Verachtung auf sein tolpatschiges Verhalten. Es tat ihr weh. Als er sagte: »So hilf mir doch, Else«, flüsterte sie ihm die hebräischen Worte vor, er wiederholte sie schnell und ohne Fehl, als erinnerte er sich vergangener Zeiten. Denn gewiss hatte er die »brachoth«, die Segenssprüche, als Kind und als Pubertierender gelernt.[55]

Wenn es um hebräische Texte ging, war Else besser vorgebildet als ihr Mann.[56] Wenn sie über Menschen sprach, die in ihrem Leben eine wichtige Rolle gespielt hatten, fiel oft der Name eines ihrer Lehrer in Hirschberg, des Rabbiners Biram, dem sie eine gründliche Erziehung in jüdisch-religiösen Dingen verdankte.[57] Auch erwähnte sie den bekannten Rabbiner Siegmund Maybaum, der in Berlin Homiletik lehrte und mit dem sie verwandt war.[58] Dessen älteste Tochter und ihr Freund übernachteten einmal bei den Keilsons in Freienwalde.[59] Max Keilson muss sich seiner Frau oft unterlegen gefühlt haben. Abgesehen von religiösen Ritualen: Es kam auch vor, dass Else die Tischmanieren ihres Mannes kritisierte. Hans zufolge geschah das mit Recht, aber sie machte es behutsam, scherzend. »Mein Vater versuchte«, schrieb Hans Keilson später bezüglich einer solchen häuslichen Szene, »in demselben scherzenden Ton eine Antwort zu geben, stand auf und verließ das Zimmer.«[60]

Seelenfang

Weil die jüdische Gemeinschaft in Freienwalde so klein war, konnte sie sozial kein Inselleben führen. Vor allem für jemanden, der einen Laden in Gang halten musste, war es lebenswichtig, so viele Kontakte wie möglich zu unterhalten und mit so vielen Menschen wie möglich auf gutem Fuße zu stehen. Das war etwas, was vor allem die freundliche, herzliche Else Keilson gut konnte.[61]

Das gute Verhältnis zu den Andersgläubigen wurde jedes Jahr bei der Konfirmation sichtbar. Da die Keilsons schräg gegenüber der Nikolaikirche wohnten, konnten sie von ihrem Balkon aus zusehen, wie die Jungen im Anzug und die Mädchen in festlichen Kleidern, nicht selten in ihrem Laden gekauft, zur Kirche gingen. Sie fühlten dann Verbundenheit mit diesen jungen Menschen und dem Ritual, das ihnen bevorstand. Zugleich waren sie sich ihrer Position als Juden bewusst.[62] Als Hans in der Grundschule zum ersten Mal die Geschichte von Judas' Verrat und dem Tod Jesu hörte, war er tief getroffen. Die Lehrerin, Eva Mertens, kam in den Laden und fragte, ob der Junge nicht getauft werden sollte, wohl weil sie fand, dass in einem Kind, dem das Schicksal Jesu so naheging, ein Christ stecken musste. Frau Mertens ging vergebens auf Seelenjagd. Max und Else wollten von einer Taufe ihres Sohnes nichts wissen.[63]

In der Vorweihnachtszeit waren die Keilsons besonders nett zu ihren christlichen Mitbürgern. In dieser Zeit befleißigten sie sich einer Art Wohltätigkeit. Die Schwestern aus dem Krankenhaus wurden aufgefordert, in den Laden zu kommen, »um für unsere Kranken Wollstrümpfe, Handschuhe, Kopftücher, warme Hemden und viele nützliche warme Sachen abzuholen«, wie eine Freienwalder Krankenschwester sich nach dem Zweiten Weltkrieg in einem Brief an Hans Keilson erinnerte. Sie fügte hinzu, dass die liebe, sorgsame Frau Keilson ihr immer »etwas Süßes« zusteckte und dass sie, als ihr Dienstmädchen im Krankenhaus lag, ihr das Mittagessen in einem Körbchen brachte.[64]

Mitunter fühlte Else ein Unbehagen angesichts einiger ihrer Glaubensgenossen. Ihr Sohn glaubte, dass sie Schwierigkeiten damit hatte, dass viele wohlhabende jüdische Kurgäste aus Berlin ihren Reichtum zur Schau stellten, zum Beispiel ihre wunderschönen Autos. Er erinnerte sich an einen Nachmittag mit seinen Eltern im Kurpark: »Einmal hörte ich meine Mutter den Vater fragen, was wohl der Herr Direktor oder Inhaber des Betriebes [d. i. des Kurhauses] von diesen Gästen halte. Es war deutlich, dass sie selbst Schwierigkeiten hatte mit ihren Glaubensgenossen, die begütert waren und das ohne Umstände zur Schau trugen. Sie wusste, dass die Zahl der jüdischen Habenichtse, die man nicht sah und auch nicht sehen wollte, viel größer war. Mein Vater, Max, saß mit uns an einem Tisch im Park, rauchte seine Zigarre, vor sich ein Glas Bier. Er zuckte seine Achseln und hob sacht seine Hände, als wolle er sagen: ›Was fragst Du mich? Was soll er denken? Irgendwas wird er sich schon denken.‹ Dann nahm er einen Zug aus seiner Zigarre, blies den Rauch in den beschatteten Himmel, nippte an seinem Bier und sagte: ›Lasst uns gehen. Ich werde zahlen.‹ «[65]

Das war Vater Keilson: Er sagte nicht schnell, was er dachte oder fühlte, auch um andere zu schonen. Dazu kam, dass er eine zögernde, leise Stimme hatte.[66] Zu Hause beobachtete Hans ihn, diesen Mann weniger Worte, wie er bei der Balkontür in seinem Schaukelstuhl saß: »[Er] rauchte eine Zigarre, nahm sie aus dem Mund, hielt sie zwischen zwei Fingern seiner rechten Hand und verfolgte mit Behagen den Rauch, der sich in Ringen nach oben verflüchtigte. Ab und an brachte er den Stuhl in abgemessene, schaukelnde Bewegungen und schien mit seinem Los zufrieden zu sein.«[67]

2 Veränderungen

1914–1928

»Deutschland, wir weben dein Leichentuch«

Max Keilsons Krieg

Juli 1914, Ausbruch des Ersten Weltkriegs. Der Vater Max Keilson, 39, wird zu den Waffen gerufen – auch wenn er nie an der Waffe kämpfen sollte. Ab Oktober wurde er in Berlin zum Sanitätssoldaten ausgebildet. Mutter Else trug seitdem die Verantwortung für die beiden Textilgeschäfte. Zu Hause sahen sie Max zweimal im Monat, wenn er ein freies Wochenende hatte.[1]

Der Sohn erinnerte sich, wie der Vater an einem Sonntagabend wieder zum Bahnhof ging: »Er marschierte, aber trotzdem hatte sein Verhalten nichts Militärisches. Meine Mutter und meine Schwester [...] lehnten, die Arme auf Kissen gestützt, zum Fenster hinaus und sahen ihm nach.« Max sah gut aus in seiner Uniform. Wie man es von einem Textilkaufmann erwarten durfte: »geschniegelt und gebügelt«, wie es beim Militär Vorschrift war.[2]

Nach seiner Sanitäterausbildung diente er in Nordfrankreich. Hans vermisste seinen Vater, der jetzt länger von zu Hause fort war. Eines Tages, es muss Mitte 1915 gewesen sein, umklammerte der Fünfjährige auf der Straße die Beine eines Mannes, der seinem Vater ähnelte, und rief: »Pappa, Pappa!«[3]

Freienwalde bekam auch seinen Teil vom Kriegselend ab.[4] Vierzig ehemalige Schüler der Volksschule II fielen, auch ein Lehrer. Schließlich sollten mehr als dreihundert Soldaten aus Freienwalde ihr Ende auf dem Schlachtfeld finden.

Flüchtlinge aus Ostpreußen, meist Frauen und Kinder, wurden in einer Turnhalle untergebracht, wo sie auf Stroh schliefen. Kriegsgefangene mussten in den Tongruben arbeiten. In die Synagoge kamen zu den Gottesdiensten russische jüdische Kriegsgefangene, von denen das Kind Hans fasziniert war. »Ich schlich mich zu ihnen in die Bank und ich sah das Gebetbuch. Sie waren Russen, aber verstanden und beteten Hebräisch. Also waren es keine Fremden? Doch, doch, das Russische und das Hebräische zusammen bedeuteten mir den Inbegriff des Fremden.«[5]

Es herrschte Mangel an Kohle, Kleidung, Schuhen, Nahrungsmitteln. Frauen und Kinder mussten für kleine Rationen Fleisch und Fett anstehen. Schüler pflückten Blätter, die getrocknet und zu Pulver gemahlen wurden. Mit Zuckerrübensirup vermischt wurden daraus Kuchen gepresst, Ersatznahrung für die Militärpferde.

Der November 1918 brachte den Waffenstillstand und den Fall der Monarchie. Hans Keilson sollte sich später erinnern, wie auf die Nachricht von der Revolution hin die Freienwalder in großer Zahl zum Rathaus eilten. Von ihrer Wohnung am Marktplatz aus konnte die Familie Keilson das sozusagen auf dem ersten Rang miterleben. Max erklärte seinem Sohn, dass der Kaiser abgedankt habe.[6] Er hatte nichts dagegen, dass Hans hinunterging und sich in die Menschenmenge mischte.

Auf dem Marktplatz herrschte eine unruhige Atmosphäre. Hans sah jemanden mit einer Schusswaffe. Ein Gerücht machte die Runde: Die Spartakisten waren im Anzug, radikale Marxisten, der Gipfel aller Schlechtigkeit. Ein stämmiger Mann erklomm die oberste Stufe der Rathaustreppe und rief sich selbst zum »Führer der Freienwalder Bürgerschaft« aus. Die Leute sollten ihm nur folgen, er würde die Stadt schon verteidigen.[7] Aber die Spartakisten kamen nicht.

Der Vater ist verändert

Waren die Kriegsjahre 1914–18 schon schwere Jahre gewesen, so bekam Freienwalde in der Zeit danach, wie ganz Deutschland, eine allgemeine Existenzunsicherheit zu spüren, weil die Kriegswirtschaft zusammengebrochen war. Alles Geld, das in Kriegsanleihen angelegt war, um den Krieg zu finanzieren, hatte sich in nichts aufgelöst, und das Geld, das die Leute noch hatten, wurde immer weniger wert. Die Arbeitslosigkeit wuchs, die Kaufkraft nahm ab.[8]

Vater Keilson, obwohl unversehrt aus dem Krieg zurückgekehrt, hatte sich verändert. Er konnte reizbar und aufbrausend sein. Einmal wurde Hans Zeuge, wie Max seine Frau anschrie, ihr vorwarf, dass sie die beiden Geschäfte in seiner Abwesenheit nicht gut geführt habe. Der schöne Laden mit den Hüten musste schließen.[9] Inwiefern die Vorwürfe berechtigt waren, ist fraglich, da der Krieg eine wirtschaftlich außergewöhnlich schlechte Zeit gewesen war. Mit ruhigen, vorsichtigen Worten versuchte Else, sich gegenüber ihrem Mann zu verteidigen. Sie weinte.[10]

Hans hatte damals, wie er später erzählte, zu seiner Mutter gesagt: »Papa war im Kriege, er begreift es nicht; ich habe doch gesehen, wie du gearbeitet, dein Bestes gegeben, uns durchgebracht hast – wir haben doch überlebt! Eigentlich hätte er dich dafür loben müssen, aber er kann es nicht, weil er durch den Krieg entkräftet ist.«[11] Das klingt etwas sehr weise für ein Kind, und es ist wahrscheinlich eher die Sicht des zurückblickenden, erwachsenen Hans Keilson. Wie auch immer – die Wahrscheinlichkeit, dass der Vater traumatisiert war, ist groß. Später sollte Hans die Worte »pessimistisch« und »depressiv« gebrauchen, um den Gemütszustand seines Vaters zu beschreiben.[12]

Vater Max, verschlossen wie er war, schwieg über seine Kriegserlebnisse, über das Feldlazarett in Nordfrankreich, in dem er gearbeitet hatte.[13] Wer weiß, wie viele Tote, wie viele schwerverwundete und verunstaltete Soldaten er da zu sehen bekommen hatte. Später, auf einer sommerlichen Wanderung im Harz mit Hans und Hilde, lüftete er einen Zipfel des Schleiers. Mit großen, selbstbewussten Schritten ging er voran, bepackt mit einem großen Rucksack, und pfiff eine Melodie. Dann erzählte er von den Nachtmärschen seiner Einheit in Nordfrankreich, in der Nähe von Laon und St. Quentin. Vier oder fünf Soldaten, die dafür bekannt waren, dass sie gut pfeifen konnten, darunter er selbst, bildeten eine kleine Vorhut. Die anderen folgten schweigend.[14] Eine unschuldige Anekdote, für Kinder geeignet. Aber auch gegenüber Erwachsenen blieb er schweigsam.

Jiu-Jitsu in bedrohlichen Zeiten

Am Nachmittag des 24. Juni 1922, einem Samstag, ging der zwölfjährige Hans ins Kino. Da lief *Fridericus Rex – Sturm und Drang*, der erste Teil einer vierteiligen Filmserie über Friedrich den Großen, gedreht, um den Deutschen nach dem verlorenen Krieg wieder Nationalstolz zu geben.[15] »Als ich zurückkam, fand ich Vater und Mutter völlig niedergeschlagen vor: ›Was ist denn los?‹, fragte ich. ›Rathenau ist ermordet‹, sagten sie, und ich begriff, dass etwas Furchtbares geschehen war. Es war absurd, aus einem Film über Preußens Glorie zu kommen und von dieser Tat zu erfahren.«[16]

Der jüdische Industrielle und liberale Politiker Walther Rathenau, zu diesem Zeitpunkt deutscher Außenminister, war in Berlin von Mitgliedern einer rechtsradikalen Gruppe erschossen worden. Rechtsgerichtete Kreise behaupteten, dass er Teil einer jüdisch-kommunistischen Verschwörung gewesen sei und die westlichen Alliierten verraten habe, indem er mit den zweifelhaften Führern der Sowjetunion einen Vertrag geschlossen habe.[17] Im

Reichstag fand eine turbulente Sitzung statt. Reichskanzler Joseph Wirth von der katholischen Zentrumspartei sprach von politischer Sittenverwilderung in Deutschland und rügte mit scharfen Worten die rechten Parlamentarier: »Da steht der Feind – und darüber ist kein Zweifel, dieser Feind steht rechts!«[18] Er sprach anerkennend von dem »Judentum in der ganzen Welt, das kulturell und politisch bedeutsam« sei und dem Rathenau die »reichen Gaben seines Geistes« verdanke, die er in den Dienst des deutschen Volkes gestellt habe.[19]

Die Freienwalder traf der Mordanschlag besonders, weil sie eine ganz spezielle Verbindung mit Rathenau hatten. Sie kannten ihn als Besitzer ihres »Schlösschens«, einer Villa aus dem späten 18. Jahrhundert, die er 1909 von der kaiserlichen Familie gekauft und vor dem Verfall gerettet hatte, indem er sie restaurieren ließ. Im Städtchen konnte man Rathenau auf der Straße begegnen. Er war Kunde des Buchhändlers Thilo – obwohl der unverhüllt antisemitische Auffassungen hatte.

Die Freienwalder Zeitung schrieb gefühlsselig über das verwaiste Schloss und seinen Besitzer: »Von seinem Lieblingssitz weht halbmast die Fahne, vergeblich harrt er seines toten Herrn.«[20] Eine Stütze des demokratischen Deutschland und eine Identifikationsfigur für die jüdische Gemeinschaft war auf einmal nicht mehr. Dem Historiker Julius H. Schoeps zufolge war Rathenau die Hoffnung der deutschen Juden gewesen, weil »man in ihm einen prominenten Vertreter sah, der die angestrebte Symbiose von Deutschtum und Judentum in seiner Person vorgelebt hatte. Wenn jemand als deutscher Jude bezeichnet werden konnte, dann war es in der Tat Rathenau, der sich als Schriftsteller, Industrieller und Politiker großen Respekt und Bewunderung weit über die deutschen Grenzen hinaus erworben hatte.«[21]

In der Periode seit dem Ausrufen der deutschen Republik war

der Mord an Rathenau der Höhepunkt einer Serie von Mordanschlägen und antisemitischen Vorfällen. Eine zeitgenössische Studie dokumentiert die Zahl politischer Morde aus rechten Kreisen seit der Novemberrevolution bis zum Mai 1922: Man zählte 354. Von linker Seite waren es 22 Morde.[22]

Auf der Straße konnte man in Freienwalde nicht lange nach dem Rathenau-Mord einer auffälligen Erscheinung begegnen: ein Mann Ende zwanzig, »mit einer Löwenmähne und kurzen Hosen«, wie Hans Keilson ihn später beschrieb. »Er war ein Steinmetz aus Oberschlesien und suchte Bekanntschaft mit jungen Leuten. Auch mit mir, ich war damals dreizehn oder vierzehn, versuchte er Kontakt anzuknüpfen. Ich sah, wenn er auf der anderen Straßenseite ging, wie er deutlich zu mir herübersah und mich grüßte und mir zuwinkte. Ich wusste nicht, wer er war.«[23] Rückblickend vermutete Keilson, dass dieser Mann homosexuell war und erotisch an ihm, ebenfalls in kurzen Hosen, interessiert gewesen sei.[24] Der Mann habe eine Rolle in der Freienwalder Naziszene gespielt. Möglicherweise wollte er den Jungen für seine Nazi-Ideen gewinnen – nur war der Junge in diesem Fall ein Jude. Als Hans mit seiner Mutter eines Tages eine kulturelle Veranstaltung im Handwerkerverein besuchte, tauchte der Mann ebenfalls dort auf und brachte die antisemische Bedrohung in geradezu körperliche Nähe:

> Da erhob sich in der Pause, im Hintergrund, oben am Saaleingang, ein Gebrüll, aus dem die Worte »Deutschland erwache! Juda verrecke!« zu hören waren. Inmitten einer Gruppe von jungen Schreihälsen erblickte ich den Steinmetzen, der sie anfeuerte. Und obwohl ich diesen Ruf noch nie vorher gehört hatte, wurde mir schlagartig deutlich, was sich hier anbahnte.
> Das Publikum empfand es als eine komische Einlage und lachte. Meine Mutter schaute mich ernst an, als wollte sie sagen: Da

siehste. Für die mehr oder weniger unterschwelligen judenfeindlichen Gefühle der Freienwalder bedurfte es offenbar eines solchen Mannes, um als Antisemitismus zu erwachen.[25]

Mit seinem Vater sprach Hans über die Lage in Deutschland im Zusammenhang mit Hitlers Putschversuch in Bayern im November 1923 und dem anschließenden Prozess. Max tat, was er selten tat: Er gab einen kleinen Einblick in seine Gedankenwelt. Die Aussichten seien düster. Alle Probleme – wirtschaftlich, sozial, politisch – hatten, wie er sagte, durch den verlorenen Krieg zugenommen. Und die Fememorde, diese geheimnisvollen politischen Liquidierungen aus dem rechtsradikalen Lager, fand er beunruhigend.[26] Seinem Sohn, der Ende 1923 vierzehn geworden war, riet er, die Zeitung zu lesen.[27] Und so dürfte es die Lokalzeitung gewesen sein, in der Hans erstmals ein Foto von Hitler sah. Er erschien ihm als »ein kleines bürgerliches Männchen, militärisch herausgeputzt, in der Hoffnung, Eindruck zu schinden«.[28]

Der Freund einer Verkäuferin im Laden der Keilsons praktizierte Jiu-Jitsu. Das brachte Hans auf die Idee, diesen Selbstverteidigungssport auch zu betreiben. In diesen turbulenten, gefährlichen Zeiten, in denen man von politischen Gegnern körperlich angegriffen werden konnte, war es wichtig, sich wehren zu können. Unter Anleitung eines Sportlehrers trainierte er mit fünfzehn anderen jungen Männern im Saal eines Freienwalder Restaurants. Er war der Jüngste in der Gruppe, ging oft zu Boden und trug blaue Flecken davon. Die Schmerzen nahm er in Kauf. Max wusste, was sein Sohn trieb und warum er es tat. Nach außen hin stellte er dessen Aktivitäten als bloßen Sport dar, ohne etwas über die Hintergründe zu verraten.[29]

Hyperinflation

Deutschland hatte nach dem Ersten Weltkrieg mit Geldentwertung zu kämpfen. Unentwegt ließ der Staat Geldscheine drucken, die rasch wieder an Wert verloren. Dieser Prozess wurde beschleunigt, als das Ruhrgebiet durch Belgien und Frankreich besetzt wurde. Die Länder hatten den Verdacht, dass Deutschland die ihm auferlegten Reparationszahlungen und Sachlieferungen an die Alliierten zu sabotieren versuchte, und nahmen das Ruhrgebiet als Pfand. Die deutschen Arbeiter in den Fabriken leisteten passiven Widerstand: Sie legten die Arbeit nieder. Die Regierung in Berlin bezahlte die Löhne weiter und musste die Druckerpressen noch schneller drucken lassen. Es kamen Geldscheine im Wert von Milliarden und sogar Trillionen Mark in Umlauf.

Ersparnisse lösten sich in Luft auf, und der Umsatz in Max Keilsons Geschäft ging zurück: Die Leute wurden sparsamer, nähten ihre Kleider selbst, machten in der Not aus Altem Neues. Ein Engländer schrieb über die Situation in Deutschland:

> Es hat mich wirklich erschreckt, zu sehen, wie die Mittelklasse lebt, welche schreckliche Armut man hinter den Wohnungstüren findet. In gut eingerichteten Häusern sind die Stühle ihrer Lederbekleidung beraubt, weil man Schuhe daraus gemacht hat, Vorhänge sind ungefüttert, weil daraus Kleider für die Kinder genäht wurden, und eine Studentin, froh, dass sie ein oder zwei Nachthemden besaß, hat sie gekürzt und trägt sie als Blusen; aus den abgeschnittenen Ärmeln hat sie Taschentücher gemacht. Und das sind keine Ausnahmen, sondern die Regel.[30]

Vater Keilson war der Verzweiflung nahe. Hans sah ihn einmal weinen, was ihn selbst tieftraurig machte.[31] Gegenüber seinem

Sohn konnte der Vater sich mitunter nicht beherrschen: »Dann schlug er mich, unbesonnen, später versuchte er es wiedergutzumachen. Meine Mutter kam dann dazwischen und beschützte mich.«[32] Manchmal wollte der Vater mit seinen Sorgen und seiner Enttäuschung allein sein. Stundenlang schloss er sich abends im Laden ein, ohne Licht. »Auch auf Klopfen an der Tür, auf Rufen, Bitten, tröstenden Zuspruch antwortete er nicht. Er schwieg, als gäbe es ihn nicht mehr.«[33]

Seinen Wutausbrüchen und den Stunden nachdrücklichen Schweigens konnte Max Momente spielerischer Zärtlichkeit gegenüberstellen, als wolle er gegenüber seinem Sohn etwas wiedergutmachen:

> Dann lud er mich am Abend zu einem Spaziergang mit geschlossenen Augen durch die nächtlichen Straßen unseres Städtchens ein. Nach einigen Kreuzfahrten musste ich die Straße raten, in der wir uns gerade befanden. Es war ein wunderliches, reizvolles Spiel. Manchmal drehten wir die Rollen auch um, dann führte ich ihn. Er schloss die Augen, ich packte seine leicht zitternde, verkrampfte Hand, mir war, als ob ich einen Blinden leitete. Sein Vertrauen, dass ich ihn sicher durch die einsamen Straßen führte, veränderte das köstliche abendliche Spiel in eine ernsthafte Wirklichkeit, in der die Rollen von Kind und Erwachsenem vertauscht waren.[34]

Als 1924 eine Übereinkunft mit Deutschland über ein gemäßigteres Tempo der Reparationszahlungen erreicht war und die Besetzung des Ruhrgebietes aufgehoben wurde, besserte sich die Situation im Land vorläufig. Die politischen Kräfte der extremen Rechten hatten noch nicht die Oberhand, die Hyperinflation war Geschichte, und Amerika zeigte sich bereit, in Deutschland zu investieren. Berlin mit seiner Filmindustrie, seinem Musik- und Nachtleben, wurde das kulturelle Zentrum von Europa. Eine Periode der Wohlfahrt war angebrochen: die Goldenen Zwanziger Jahre. Für Freienwalde bedeutete das mehr Kurgäste, darunter viele Juden aus Berlin.[35] Für den Tourismus war es günstig, dass der Name der Stadt 1925 um das Wörtchen »Bad« erweitert wurde. Der offizielle Name war von jetzt an »Bad Freienwalde an der Oder«. Das klang stilvoll und vornehm.[36]

Die Nähe der pulsierenden Großstadt Berlin hatte auch einen Nachteil: Die Freienwalder machten dort ihre Einkäufe. Das große Berliner Modehaus Peek & Cloppenburg beispielsweise war sich dessen bewusst und schaltete regelmäßig Anzeigen im *Oberbarnimer Kreisblatt*, der Zeitung für Bad Freienwalde und Umgebung, um auch dort Kunden zu werben. Was die Freienwalder in der Hauptstadt ausgaben, entging den örtlichen Geschäftsleuten an Einkünften.

Da Max Keilson sich mit seinem Warenangebot vor allem an die einfachen Leute richtete, war es für ihn wichtig, dass es der Industrie in und um Freienwalde mit ihren vielen hundert Arbeitern gut ging. Ein Ereignis wie der große Brand in der Backsteinfabrik am 21. März 1927, den Hans Keilson in seinem ersten Roman verarbeiten sollte, machte von einem Tag auf den anderen so viele Arbeiter arbeitslos, dass die Einkünfte von Max stark zurückgegangen sein müssen.[37] So konnte das Schicksal auch in eigentlich guten Zeiten mitunter unerwartet zuschlagen.

Die Anlaufstelle des Freienwalder Arbeitsamts befand sich ab 1926 in der Uchtenhagenstraße, direkt neben dem Haus der Keilsons.[38] Sie konnten zusehen, wie die Arbeitslosen dort ein und aus gingen.

Gymnasium

Das Freienwalder Gymnasium befand sich in einem stattlichen, vor mehr als einem halben Jahrhundert errichteten Gebäude an der Weinbergstraße, ein paar hundert Meter von der Wohnung der Keilsons entfernt. Als Hans 1919 dort als Erstklässler antrat, war er neun Jahre alt. 1928 sollte er dort sein Abitur machen.

Einer der Direktoren während seiner Schulzeit war ein großer, stämmiger Mann: Wilhelm Israël, anders als sein Name vermuten lässt kein Jude, sondern Spross einer Pastorenfamilie.[39] Israël bewunderte die deutschen Kulturträger Goethe, Schiller und Lessing und hatte mitunter Tränen in den Augen, wenn er von ihnen sprach. Einmal sprach er von den »Trupps der großen Männer«, die in Deutschland jetzt im Anmarsch seien, womit er seine Gymnasiasten meinte, die künftige intellektuelle Elite. Als Fritz Bruchholz, der beste Freund von Hans, darauf hörbar lachte, stürmte Israël auf ihn zu »und wetterte, dass es seine Art hatte. Aber er fasste sich schnell wieder und setzte leicht enttäuscht den Unterricht fort.«[40]

Auch Hans Keilson tat Dinge, die die Schule und auch die braven Freienwalder Bürger ganz im Allgemeinen nicht zu schätzen wussten. Im Kurtheater, wo man im Sommer ein Konzert einer Militärkapelle, eine Operette oder eine Komödie, eine Modenschau oder einen Tanzabend genießen konnte, wurden auch seriöse Stücke gegeben, etwa von Gerhart Hauptmann oder Henrik Ibsen.[41] Da kam es vor, dass Hans Keilson vor oder nach einer Vorstellung mit den Schauspielern ins Gespräch geriet und eine Statistenrolle bekam. In *Alt-Heidelberg*, einem populären Stück über das Studentenleben eines Prinzen, hatte er mit anderen Statisten das Glas zu heben. In einem anderen Stück war sein Auftritt aufsehenerregender: Er musste plötzlich aus den Kulissen gestürmt kommen, einem Mann um den Hals fallen und vor Freude über das Wiedersehen begeisterte Sätze hervorstoßen.[42] Bei dieser Szene fühlte er, wie eine Welle des Erstaunens durch das Publikum ging. Die Zuschauer dürften es als unpassend empfunden haben, dass der Sohn eines Ladeninhabers sich als Schauspieler entpuppte. Nachträglich bekam er von seinem Klassenlehrer eine Rüge: Er hätte in der Schule um Erlaubnis bitten müssen. Ein anderer Lehrer hingegen, der gemütliche, dickbäuchige Physiklehrer, war sehr angetan von Hans' schauspielerischer Leistung in *Alt-Heidelberg*. Vielleicht, weil das Stück bei ihm angenehme Erinnerungen an seine Studentenzeit in Heidelberg weckte. Hans Keilson hielt es für möglich, dass sein Auftritt ihm bei diesem Lehrer bessere Noten einbrachte.[43]

Sport war mitunter eine willkommene Ablenkung von den Hausaufgaben. Hans spielte Fußball und Tennis, er machte Radtouren mit Freunden und schwamm – nackt – in der Alten Oder. Im Winter lief er Schlittschuh, zusammen mit Fritz Bruchholz. Auf der einen Hälfte der Oder konnte man Schlittschuh laufen, die andere wurde für die Schifffahrt eisfrei gehalten. Daheim hielten die Jungen über diese nicht ungefährlichen Unternehmungen den Mund.[44]

Sicherer war das Schlittschuhlaufen auf dem Papenteich im Freienwalder Kurpark. Dort wurde außerdem Musik gespielt. Für einen heranwachsenden jüdischen Jungen wie Hans Keilson hatte dieser Zeitvertreib freilich auch eine weniger sorglose Seite:

> [...] man übte sich im Kunstlauf, zeigte seine Pirouetten, forderte, wenn man genug Mut besaß, eine der Damen zum Tanze auf, tanzte zu den Klängen der Musik eines Grammophons, schmucke Paare im Eislaufkostüm, Männer und Frauen, einzeln und in Paaren. [...] Auch den Adoleszenten zog es mit den

Jahren stärker zum Papenteich. Und da war so manche, der ich gerne meine Künste gezeigt hätte. Aber damit begann damals schon das Problem der Wahl. Es gab in unserer Gemeinde keine jüdischen Mädchen in den passenden Altersstufen. Und bei anderen Mädchen machten sich bereits die ersten Hemmungen bemerkbar.[45]

Worauf er sich besonders gefreut haben dürfte, war der erste »Märkische Wintersporttag«, der an einem Sonntag im Januar 1924 in Freienwalde stattfand.[46] Dreitausend Teilnehmer, darunter viele Berliner, kamen in das Städtchen zum Eislaufen, Rodeln, Skifahren und Skispringen. Aber Hans Keilson konnte nicht teilnehmen: Er hatte sich zu spät für das Eislaufen beim Sportverein angemeldet.[47] In den Jahren 1924 bis 1927 holte er das Versäumte nach, indem er an den »Reichsjugendwettkämpfen« teilnahm, wobei er im Laufen und im Weitsprung Erfolg hatte.[48] Dreimal erhielt er eine Ehrenurkunde.[49]

Außergewöhnlich anziehend – so wirkte der Fünfzehnjährige auf seinen jüngeren Freund Hellmut Freund: »wohlgewachsen, wohlgeraten, blond, *strahlt*: dies der erste, dies der bleibende und beherrschende Eindruck. Die blauen Augen, von den Eltern geerbt, haben einen eigenen Glanz.«[50]

Aber dieser junge Gott hatte in Mathematik und Latein nicht die besten Noten. Glücklicherweise erhielt er Hilfe von seiner Schwester Hilde, die, wie er später recht undankbar schrieb, »sich diese Gelegenheit nicht entgehen ließ, ihre eigene Überlegenheit zu beweisen«.[51] Sie half vor allem bei der Mathematik. Der Lateinlehrer war bereit, ihm in diesem Fach besondere Aufmerksamkeit zu widmen.[52]

Zwei Musiklehrer

Von ihrem Balkon aus sahen die Keilsons eines Sonntags (das Jahr ist nicht überliefert) erstmals den Musiklehrer Edgar Rabsch. Er sollte eine wichtige Person im Leben des Gymnasiasten Hans Keilson werden. Der erinnerte sich an die Szene später so:

> »Das ist der neue Organist der Nikolaikirche«, sagte meine Mutter und wies auf einen langen, schlanken, eine Hornbrille tragenden Mann, Mitte dreißig, mit rundem Hut und schlaksigen, flatternden Bewegungen, unter dem Arm eine volle Aktenmappe, auf dem Weg zur Kirche. Es war an einem Sonntag im Mai, wir standen auf dem Balkon und sahen dem Kirchgang zu. Rabsch unterhielt sich, mit ausfahrenden Bewegungen und laut lachend, mit seinen Begleitern. Er wurde Musiklehrer an unserem Gymnasium. Er brachte die Musik in unser Städtchen und in mein Leben.[53]

Eines Tages kam Rabsch in den Laden der Keilsons, um zu fragen, ob Hans im Kirchenchor mitsingen dürfe. Die Eltern erlaubten das ohne weiteres, was auch zeigt, wie gut die Beziehungen zwischen der christlichen und der jüdischen Gemeinschaft sein konnten.

Edgar Rabsch ließ seine Schüler fröhliche Volkslieder singen, aber auch ernsthafteres Repertoire: Chormusik von Bach und Händel. »Er lud uns zu Chorproben in sein Haus ein, seine Frau hatte eine warme Alt-Stimme und zusammen hatten sie vier noch junge und kleine Kinder. Die wimmelten zwischen uns und unter dem Flügel herum, schrien, wurden beruhigt und brüllten wieder. Aber nichts wurde als störend empfunden.«[54]

Dieser Lehrer hatte einen inspirierenden Einfluss auf den jungen Hans Keilson, der jetzt im Schulorchester die erste Geige spielte.[55] Auch scheint er auf dem Gebiet der Musikpädagogik Rabsch das eine oder andere abgeschaut zu haben, denn er spielte zu Hause Hellmut Freund auf der Geige vor und erläuterte die Technik. Seine Liebe für dieses Instrument übertrug sich auf den jungen Freund.

1924 verließ Rabsch Freienwalde, um an einem Internat zu unterrichten. Er sollte später Nazitexte vertonen und auch Mitglied der NSDAP werden,[56] während Hans Keilson offenbar glaubte, dass das gerade nicht der Fall gewesen war.[57] Dieser Eindruck könnte bei einem Nachkriegsbesuch von Rabsch bei Keilsons – eine Tochter des Musiklehrers wohnte in den Niederlanden – entstanden sein, bei dem Rabsch wohl nicht ganz ehrlich war, was seine befleckte politische Vergangenheit anging.[58]

Am Freienwalder Gymnasium wurde ein neuer Musiklehrer angestellt. Das hatte unangenehme Folgen. Hans Keilson erinnerte sich:

> Dem Nachfolger von Rabsch fehlten dessen Inspiration und Ausstrahlung. Hilflos gegenüber Unmut und mittäglicher Müdigkeit der Schüler bemerkte er einmal, er komme sich vor wie in einer »Judenschule«. Es war einer der drei jüdischen Schüler in dem ungefähr vierzig Schüler zählenden Chor, der protestierte. Gereizt erwiderte der Lehrer, mit Juden wolle er nichts zu tun haben. Wenn Juden anwesend seien, sollten sie den Raum verlassen. Wir drei verließen die Aula.
> Auf Vermittlung des Direktors entschuldigte sich der Lehrer später bei uns. Schließlich wurde der Musikunterricht abgeschafft, und der Lehrer verließ sang- und klanglos die Schule.[59]

Rückblickend sah Keilson in dem widerlichen Benehmen des neuen Musiklehrers – antisemitische Vorfälle hatte es an der Schule bis dahin nicht gegeben – ein Zeichen an der Wand. Die Zeiten änderten sich.[60]

»Klassenschiss«

Einmal in der Woche hatte Hans bei dem Chasan Trachtmann Religionsunterricht, »der hauptsächlich dem Erlernen der hebräischen Buchstaben und dem Lesen hebräischer Gebete gewidmet war. Manchmal war ich der einzige Schüler. Ich erinnere mich an einsame Unterrichtsstunden, in denen ich mühselig die hebräischen Texte zu entziffern suchte, während er mit einer Stecknadel zwischen seinen Zähnen herumstocherte«.[61]

1923, im Jahr der Hyperinflation, verließ Trachtmann mit seiner Familie Freienwalde, wohl weil die jüdische Gemeinde ihn nicht mehr bezahlen konnte. Den Unterricht zur Vorbereitung seiner Bar Mizwa erhielt Hans bei einem Chasan in Angermünde, etwa dreißig Kilometer nördlich von Freienwalde. Da lernte er, die bei der Zeremonie gebräuchlichen Toratexte fließend auf Hebräisch zu lesen.

Gerade in dieser Vorbereitungszeit für seine Bar Mizwa fing er an, seine Glaubenszweifel aufzuschreiben. Dennoch machte die Feier selbst großen Eindruck auf ihn.

> Der ganze Vorgang ergriff mich sehr. Nach der Einsegnung im Tempel ging ich in Tränen hinauf auf die Empore, wo meine Mutter im Kreise der anderen Damen saß. Ich umarmte und küsste sie und sah auch ihre Tränen. Aber ihre Ergriffenheit war eine andere als meine. Ich hatte eine Woche davor alle meine religiösen Zweifel in unmissverständlichen Worten zu Papier gebracht und fühlte mich jetzt sehr schuldig. Auch die Festlichkeiten, die meine Eltern zuhause bereitet hatten und die vielen Geschenke, die ich bekam, die Glückwünsche von jüdischen und nichtjüdischen Bekannten meiner Eltern (übrigens bezeichnenderweise nicht meiner Mitschüler oder Lehrer), die Anwesenheit

> von Verwandten aus Hamburg und Berlin, verstärkte nur meine Unsicherheit und Aufgeregtheit. Ich weiß noch, dass meine Cousine Eva aus Hamburg, viel jünger als ich, zu mir sagte: »Tu doch nicht so unangenehm.«[62]

Ob die Lehrer und Mitschüler gezielt der Feierlichkeit fernblieben, ist nicht überliefert. Jedenfalls zeigten die Klassenkameraden kein großes Interesse, als Hans erzählte, welche Bücher er bekommen hatte: einen Roman von Dmitri Mereschkowski, eine deutsche Literaturgeschichte von Richard M. Meyer und den erfolgreichen Band *Sehen und Erkennen* von Paul Brandt, eine reich bebilderte populäre Anleitung zur Kunstbetrachtung.[63]

Hans Keilson begann sich für jüdische Themen zu interessieren. Er kam in Kontakt mit zwei jüdischen Jungen aus Berlin, etwas älter als er und Mitglieder von Blau-Weiß, der zionistischen Jugendbewegung, die entstanden war, als die Wandervogel-Bewegung anfing, sich in deutsch-nationale Richtung zu entwickeln und Juden auszuschließen.[64] Die Jungen erzählten ihm von ihrer Gruppe und worüber dort gesprochen wurde: über die Zerstörung des Tempels im Jahre 70, die Diaspora, den Zionismus als Rettung der Juden, die immer in die Rolle des Sündenbocks gedrängt wurden. Diese Gespräche öffneten ihm die Augen. Sie ermöglichten ihm eine wichtige, paradoxe Einsicht, nämlich »dass man auch in der Fremde zuhause sein kann«. Nach der Lektüre eines Buches von Gershom Scholem über jüdische Mystik sollte er dem in den dreißiger Jahren die noch fundamentalere Weisheit hinzufügen, »dass jedes Sein ein Sein in der Fremde ist«.[65] Als alter Mann legte Hans Keilson, der Flüchtling, rückblickend großen Nachdruck auf diese Einsichten. Er hatte inzwischen selbst erfahren, was es bedeutete, in der Fremde zu leben.

Er wäre gern Mitglied von Blau-Weiß geworden und hätte dann

»zurückfallen können auf die jüdische Identität« und Erfahrungen und Probleme besprechen können. Aber seine Eltern waren mit diesem Plan nicht einverstanden. Er hätte sich in Berlin anmelden müssen, was ihnen als ein zu großer Schritt erschien.[66]

Ein Zwischenfall im Klassenzimmer

Ein Vorfall in der Unterprima, der vorletzten Klasse des Gymnasiums, wurde im Schuljahr 1926–27 zum Schlüsselerlebnis.[67] Es war die Zeit, in der einige Lehrer, ehemalige Offiziere im Ersten Weltkrieg, versuchten, bei den älteren Schülern eine nationalistische Stimmung zu schüren, indem sie »Nachtübungen« organisierten: paramilitärische Übungen im Dunkeln, unter anderem dazu bestimmt, das Durchhalte- und Orientierungsvermögen zu trainieren.[68]

Im Deutschunterricht erhielten die Schüler den Auftrag, einen Text zu wählen und vorzutragen, über den dann diskutiert werden sollte. Ein Mitschüler wählte Johann Gottlieb Fichtes *Reden an die deutsche Nation* (1808), einen Text, der den deutschen Nationalismus verherrlicht und in dem von der wahren und allmächtigen Vaterlandsliebe die Rede ist. Solche Gedanken entsprachen dem Nationalismus, den die Nachtübungen aufriefen und verstärkten.

Hans, der sich in dieser Periode seines Lebens auf eine unterschwellige, unausgesprochene Weise politisch links fühlte[69] und auch ein wenig pubertär provozieren wollte[70], stellte einen Text vor, der dem von Fichte diametral entgegengesetzt war: das Gedicht »Die schlesischen Weber« von Heinrich Heine über den Weberaufstand von 1844, dessen Nährboden die viel zu niedrigen Preise waren, die die hart arbeitenden Weber für ihre Produkte bekamen. Es ist ein Text der großen Gebärde: Die Weber wenden sich gegen Gott, König und Vaterland. Es kommen andere Zeiten, ist ihre Botschaft, denn sie weben Deutschlands Leichentuch. Im Sommer 1844 war das Gedicht erstmals im *Vorwärts!* von Karl Marx zu lesen gewesen, erschienen in Paris. In der revoltierenden schlesischen Region wurde es auf Flugblättern verteilt.[71]

Bei der Wahl dieses Textes kann es auch eine Rolle gespielt haben, dass Hans Schlesien von seinen Ferien bei der Großmutter in Hirschberg kannte.[72] Möglicherweise bewunderte er Gerhart Hauptmanns Drama *Die Weber* (1892), das von demselben Aufstand handelt. Hauptmann, Nobelpreisträger, wohnte in der Nähe von Hirschberg.

Ein umstrittenes Gedicht eines umstrittenen Dichters vorstellen – Hans tat das nicht, ohne sich darüber erst mit seinem Deutschlehrer Otto Geißler verständigt zu haben. Dieser noch junge Sozialdemokrat aus Berlin, der den Unterricht in seinem Fach erneuern wollte, hatte nichts dagegen, dass er Heine zur Diskussion stellen wollte.[73] Und dies ist der Text, den Hans vortrug:

Im düstern Auge keine Träne,
Sie sitzen am Webstuhl und fletschen die Zähne:
Deutschland, wir weben dein Leichentuch,
Wir weben hinein den dreifachen Fluch –
Wir weben, wir weben!

Ein Fluch dem Gotte, zu dem wir gebeten
In Winterskälte und Hungersnöten;
Wir haben vergebens gehofft und geharrt,
Er hat uns geäfft und gefoppt und genarrt –
Wir weben, wir weben!

Ein Fluch dem König, dem König der Reichen,
Den unser Elend nicht konnte erweichen,
Der den letzten Groschen von uns erpreßt
Und uns wie Hunde erschießen läßt –
Wir weben, wir weben!

Ein Fluch dem falschen Vaterlande,
Wo nur gedeihen Schmach und Schande,
Wo jede Blume früh geknickt,
Wo Fäulnis und Moder den Wurm erquickt –
Wir weben, wir weben!

Das Schiffchen fliegt, der Webstuhl kracht,
Wir weben emsig Tag und Nacht –
Altdeutschland, wir weben dein Leichentuch,
Wir weben hinein den dreifachen Fluch,
Wir weben, wir weben![74]

Danach ging Hans zurück an seinen Platz, und der Lehrer lud die Klasse ein, zu reagieren.[75] Eisige Stille. Geißler wiederholte seine Frage.[76] Da stand der Klassenälteste auf, »der Sohn des Kolonialwarenhändlers aus der Bahnhofsstraße, ein kräftiger blonder Bursche, und erklärte mit fester Stimme: ›Die Klasse weigert sich, sich zu dem Gedicht zu äußern. Es beschmutzt das eigene Nest.‹ Der Lehrer war bestürzt. Diesen Zwischenfall hatte er nicht vorausgesehen. Das Lehrerkollegium und der Rektor waren unfähig, diesen Konflikt zu lösen. Ich blieb zwei Jahre im Klassenschiss.«[77] Das hieß: er wurde von seinen Klassenkameraden systematisch ignoriert.

Auch wenn Hans in diesem Zitat eine Periode von zwei Jahren nennt, an anderer Stelle sprach er von anderthalb Jahren. Das könnte stimmen, wenn sich der Vorfall mitten im Schuljahr ereignete. Wie dem auch sei, er fand es unvorstellbar hart, dass er ausgegrenzt wurde. Es war eine gute Vorbereitung auf das, was noch kommen sollte.[78] Den Namen des Klassensprechers hat er nicht vergessen.[79] Noch 2008, beinahe hundert Jahre alt, nannte er ihn in einem Interview: Günther Neuenfeldt.[80]

Auf einmal gehörte Hans nicht mehr dazu. Antisemitismus war das nicht direkt, aber mitgespielt haben kann es schon: Die Reinheit des eigenen Nestes verteidigen, das verrät schon den Einfluss der aufkommenden Rassenreinheitspropaganda.[81] Keilson war Jude, Heine auch, und das kam dem Klassensprecher vermutlich nur gelegen. Andererseits: »das eigene Nest«, also Deutschland, war in den Augen von Neuenfeldt doch auch Keilsons eigenes Nest. Er behauptete nicht, dass Hans und Heine einem anderen Volk angehörten als dem deutschen.

Die allgemeine Meinung über Heine, wie man sie auch in vielen Literaturgeschichten der Zeit findet, dürfte die negative Haltung der Klasse auch beeinflusst haben: Heine galt als ein destruktiver, selbstsüchtiger Spötter.[82] In der kleinen Geschichte der deutschen Literatur von Klabund aus dem Jahre 1920, die Hans Keilson sehr schätzte und vermutlich schon in seiner Gymnasialzeit besaß, wird Heine dagegen gerade gepriesen, und auch das kann ein Grund gewesen sein, diesen Text zu wählen.[83] »Die schlesischen Weber« nennt Klabund »das menschlich wie dichterisch fortreißendste Revolutionslied«.[84]

Später bezeichnete Hans Keilson die Aktion von Neuenfeldt als ein Zeichen nationalistischer Verhetzung und des Niedergangs des deutschen Bürgertums. Die Schüler hatten nicht mehr den Mut zu sagen, dass Heines Gedicht »ein gutes deutsches Revolutionsgedicht« war. Ein kritischer Blick auf die eigene Geschichte war offenbar nicht mehr möglich.[85] Die Lehrer waren auch nicht ohne Schuld. Sie hätten die Diskussion in Gang bringen müssen, Standpunkte hätten ausgetauscht werden müssen. Das gehöre, fand Keilson, zur Bildung, »zum Erwachsenwerden auf einem humanistischen Gymnasium«.[86]

Wenn der Vorfall in der Klasse auch nicht als offener Antisemitismus gedeutet werden kann, was danach geschah, war das sehr wohl. Von einem Tag auf den anderen begannen zwei Mitschüler, mit denen er bis dahin ganz normal verkehrt hatte, »Jerusalem und Judäa« zu flüstern, wenn er in der Nähe war. Die Folge: Er fühlte sich unsicher.[87] Die Ausgrenzung Hans Keilsons als Jude hatte begonnen.

Die Stimmung in Freienwalde am Ende seiner Gymnasialzeit, als die Klassenkameraden dann doch wieder mit ihm sprachen, empfand er als ambivalent. Es gab Freundschaft und zugleich Feindschaft, gerade die Mixtur aus beidem hatte etwas Problematisches. Wäre ihm nichts als Hass begegnet, dann wäre das zwar schlimm, aber eindeutig gewesen. Es hätte für seine Eltern ein Grund sein können, ihn von der Schule zu nehmen.[88]

Mitte der achtziger Jahre blickte er in einem Interview mit dem niederländischen Journalisten Ischa Meijer auf den Konflikt mit den Klassenkameraden zurück, der für seine weitere Entwicklung so entscheidend geworden war:

> Es brach für mich eine Periode der *inneren Emigration* an. Ich las viel, hörte Musik. Ich fing an, von Deutschland Abschied zu nehmen. Schließlich begann die Klasse wieder mit mir zu sprechen. Wahrscheinlich ist in dieser Zeit bei mir das Bedürfnis, die Möglichkeit entstanden, Psychiater zu werden. Sie hatten mich nötig, und ich sie. Wir standen vor dem Abitur und mussten gemeinsam Übersetzungen machen. Der Konflikt blieb wohl im Hintergrund bestehen, wurde aber nicht mehr aktualisiert. Das

führte zu dauernder Introspektion; ich musste mir selbst über alles Rechenschaft geben und mein Verhältnis zu den anderen bestimmen. Ich konnte mich nicht an die anderen angleichen oder in der Mehrheit untertauchen – wodurch sich ein bestimmtes Inkassierungsvermögen entwickelte, und vielleicht der Beginn eines psychoanalytischen Blicks.[89]

Bücher

Hatten die Keilsons Bücher im Haus? Anfangs möglicherweise nicht oder nur wenige; Vater und Mutter kamen nicht aus einem intellektuellen Milieu. Auf jeden Fall vergrößerte sich die Zahl der literarischen Bücher in diesem Mittelstandshaushalt Anfang der zwanziger Jahre. Hans war in einer der unteren Klassen des Gymnasiums, als in einer Zeitungsanzeige eine kleine Bibliothek angeboten wurde, abzuholen in einem Haus an der Brunnenstraße. Vater und Sohn gingen mit einem Handwagen dorthin und kamen mit einer Sammlung prächtig eingebundener deutscher Klassiker nach Hause, einem wahren Schatz für den Gymnasiasten.[90] Auf der Liste der Dinge, die Max und Else mitnahmen, als sie 1939 in die Niederlande emigrierten, finden sich »12 Bände Schiller, 12 Bände Lessing, 18 Bände Goethe«.[91] Das dürften die Bücher aus der Brunnenstraße gewesen sein.

Als Sechzehnjähriger beteiligte Hans Keilson sich an einem Schülerwettbewerb zum Thema »Kannst Du ein Buch empfehlen?«, ausgeschrieben vom »Börsenverein der Deutschen Buchhändler«. Er wählte den Roman *Demian* von Hermann Hesse, der ihn »gefesselt« hatte, wie er später sagte.[92] Sein kleiner Artikel gewann einen Geldpreis von 30 Mark und wurde 1928 mit sechzehn anderen prämierten Beiträgen in eine Broschüre aufgenommen.[93]

Es war der erste Text von ihm, den er gedruckt sah. Wahrscheinlich wurde die Broschüre in der Schule verteilt. Keilson sagte später, seine Publikation sei totgeschwiegen worden; es war die Zeit, in der seine Mitschüler nicht mit ihm sprachen.[94]

In der Hauptperson des Romans *Demian* sieht Hans Keilson den jungen Menschen, der dabei ist, sich im Leben seinen eigenen Weg zu suchen, und sich vor die wichtigste Aufgabe gestellt sieht, die es gibt: sich selbst zu finden. Das ist, wie Hans sagt, der Refrain des Buches: »ich muß zu mir selbst kommen, will mich selbst leben. Alles andere ist Humbug«.[95]

Für den Geldpreis kaufte er Bücher, darunter die *Vorlesungen zur Einführung in die Psychoanalyse* von Sigmund Freud in einer ledergebundenen kleinen Dünndruckausgabe. Es war »die beste, beglückende Einführung in das Fach, das ich auch heute, wenngleich kritischer geworden, immer noch ausübe. Sie hat einen entscheidenden Einfluß auf mich ausgeübt. Sie hat gewissermaßen einen Schleier von meinen Augen gezogen. Ich habe plötzlich die Wirklichkeit anders gesehen.«[96]

Die *Vorlesungen* von Freud zu besitzen und zu lesen war für einen Gymnasiasten nicht selbstverständlich: Der Mann aus Wien, fand man, beschäftigte sich mit Obszönitäten, mit Pornographie.[97] Der Buchhändler hatte das Bändchen erst selbst gelesen, bevor er es verkaufte. Er war beunruhigt und ließ das Gymnasium wissen, dass der Schüler Keilson dieses Buch angeschafft hatte.[98] Die Lehrer waren schockiert. Hildes Lateinlehrer fragte: »Wie kann Ihr Bruder das machen?«[99] Ihre Antwort ist nicht überliefert.

Welche Anziehungskraft Freud gerade auf einen Jungen in der Pubertät ausübte, ist nicht schwer zu erraten. Themen wie Sexualität, Libido, erogene Zonen, Fetischismus und eine intime Rätselhaftigkeit wie der Ödipuskomplex müssen aufregendes Lesefutter gewesen sein. Später sollte er zusammenfassen, was das Werk von

Freud für ihn vor allem bedeutete: in der Psyche aufdecken, was hinderlich ist und Anstoß erregt. Keilson formulierte das kurz und bündig als »das Demasqué des Skandalons«, den Stein des Anstoßes, das Tabu ans Licht bringen.[100] »Die Einsicht, dass man alles erzählen muss – dass dich das krank macht, was du verschweigst, was du auf deine Feinde projizierst –, diese Einsicht war Freuds große Leistung.«[101]

Literarisches Leben in einer kleinen Stadt

Seit 1920 gab es in Bad Freienwalde eine literarische Vereinigung mit dem wenig überraschenden Namen »Literarische Vereinigung«, gegründet von Eugen August von Weiher. Dieser pensionierte Major schrieb Indianergeschichten und hielt selbst einen Vortrag nach dem anderen, nicht nur über Literatur und Theater, sondern vor allem auch über eine ganze Reihe nicht literarischer Themen wie Astronomie, klassische Philosophie, Architektur, Film, Staatswesen, über Alkohol und Gymnastik. Wenn wir dem glauben dürfen, was Keilson darüber in seinem Roman *Das Leben geht weiter* schreibt, hielt der Major so viele Vorträge, weil das Angebot seiner Vereinigung sonst zu karg gewesen wäre.[102] Hans Keilson erwähnt nicht, dass Herr von Weiher sich in eine bedenkliche politisch rechte Richtung bewegte, was man an bestimmten Themen ablesen kann, die er behandelte, wie Eugenik und die Rettung der nordischen Rasse.[103] Aber wie viele nicht literarische Themen er auch aufs Programm setzte, meistens ging es in der Literarischen Vereinigung doch wirklich um Literatur.

Von Januar 1920 bis März 1933 fanden 436 Veranstaltungen statt, also ungefähr zwei bis drei Abende im Monat.[104] Der Freienwalder Buchhändler Johannes Thilo sorgte für ein Rundschreiben an die Interessenten, die jeweils donnerstags im Restaurant Königshöhe oder im Hotel Drei Kronen zusammenkamen. Wie von Weiher kam der Buchhändler, der selbst literarische Ambitionen hatte, oft zu Wort: Immer wieder las er aus seinen eigenen Novellen vor. Es gab auch literarische Abende zu anderen Freienwalder Autoren, wie Julius Dörr, der bei der örtlichen Sparkasse angestellt war und in seiner Freizeit Dialektverse schrieb,[105] und Gustav Schüler, einen dichtenden Volksschullehrer, der sich auf die großen Themen Gott, Natur und Heimat stürzte. Er war ein religiöser Mann, der ab und zu an Atheismus-Attacken litt, wie seine Gedichte »Gott ist tot« und »Wo bist du, Gott?« zeigen. Nietzsche, der Gott für tot erklärt hatte, wird ihn beeinflusst haben. Das erste Gedicht, das Hans Keilson 1933 schrieb, hatte die Abwesenheit Gottes zum Thema. Darin klangen Schüler und Nietzsche nach, auch wenn es wohl vor allem aktuelle, bedrohliche politische und gesellschaftliche Entwicklungen waren, die ihn zu dem Text inspirierten.

Der wahrscheinlich bekannteste unter den Freienwalder Dichtern um die Jahrhundertwende war Victor Blüthgen, der im April 1920 starb und dem die Literarische Vereinigung ein Jahr später eine eigene Gedenkveranstaltung widmete. Blüthgen, der zum Bekanntenkreis von Walther Rathenau gehörte, war bekannt für sein Gedicht »Drachenlied«, das Generationen von Schülern auswendig lernten. Es handelt von einem Drachen, den die Kinder steigen lassen, wenn die Felder gemäht sind. Das einfache Gebilde, »die Rippen von Holze, der Leib von Papier«, schwebt über der Menschenwelt, gerät zwischen die Wolken und die Vögel und lauscht selbst dem Gesang der Engel in himmlischen Sphären. Aus dem einfachen Kinderlied spricht ein ehrliches Verlangen nach Ungebundenheit, nach Freiheit. Natürlich kannte auch Hans Keilson dieses Gedicht. Noch in hohem Alter, als er ein Vorwort für eine Publikation des Freienwalder Touristenzentrums schrieb, zitierte er daraus.[106]

Die drei Dichter waren nicht die Crème de la Crème der deutschen Literatur, aber für Freienwalde waren sie von Bedeutung. Sie waren »von hier« und vermittelten schon dadurch das Gefühl, dass Freienwalde kein literatur- und kulturloses Provinznest war. Wer jung war und Schriftsteller werden wollte, konnte sie sich zum Vorbild nehmen. Als Gustav Schüler im Januar 1928 seinen 60. Geburtstag feierte, huldigte ihm auch das Gymnasium. Ernst Dehne, in derselben Klasse wie Hans Keilson, formulierte eine Art festliche Ansprache. Er sprach von der Bewunderung und Dankbarkeit der Gymnasiasten und über den »festen Sinn und hohen Glauben« des Dichters, der berufen sei, die Jugend »aus dunkler Gegenwart zu einer besseren Zukunft« zu führen.[107]

Einweihung in das Werk von Thomas Mann

Goethe, Schiller, Dostojewski, Fontane, Hauptmann, Hesse, Thomas Mann, Rilke, Stefan George: auch über diese über jeden Zweifel erhabenen literarischen Größen wurden bei der Literarischen Vereinigung Vorträge gehalten.[108] Ein interessantes Angebot für einen Jungen wie Hans Keilson, der sich intellektuell und kulturell in einer Wachstumsphase befand.

Seine Entwicklung erhielt einen kräftigen Impuls durch die Bekanntschaft mit Ernst Burkart, einem Juristen, Mitte zwanzig, aus Mülheim an der Ruhr, der in Bad Freienwalde im Landratsamt arbeitete. Wenn er zu seinem Arbeitsplatz unterwegs war, machte Burkart, ein großgewachsener, lebhafter Mann, mitunter ein Schwätzchen mit Max Keilson, wenn der morgens vor der Tür seines Ladens stand.[109] Nach einiger Zeit besuchte er die Keilsons hin und wieder.[110]

Bei einer zufälligen Begegnung auf der Straße fragte Burkart, ob Hans nicht Lust habe, zu seinem Vortrag bei der Literarischen Vereinigung zu kommen; er werde über Thomas Mann sprechen.[111] So geschah es, dass Hans am 10. Juni 1926 im Restaurant Königshöhe unter den Zuhörern des literarisch interessierten Juristen saß.

»Der Vortragende begann«, wie die Zeitung am nächsten Tag berichtete, »mit der Wiedergabe einzelner ausgewählter Kapitel aus Thomas Mann's Meisternovelle *Tonio Kröger*. Im Anschluß daran wies er die Problemstellung dieses Werkes auf, die folgendermaßen lautet: Wie vertragen sich ausgesprochenes Künstlertum und normales Bürgertum?« Das deutsche Bürgertum sei von Nietzsche, Schopenhauer und Wagner (»Musik, die dem Tode hörig sei«) angegriffen worden, aber Thomas Mann zufolge dürfe es nicht so sein, dass Kunst und Bürgertum auf Kriegsfuß miteinander stünden. Die Verbindung zu suchen zwischen den Anforderungen des Lebens und der Ungebundenheit des Geistes und der Kunst – das sei der Auftrag, dem man sich stellen müsse. So Ernst Burkart dem Zeitungsbericht zufolge. Dort war auch zu lesen, dass die Veranstaltung ein Erfolg gewesen sei: viel Publikum, ein lebendiger Vortrag und am Ende großer Beifall.[112]

In seinem Romandebüt *Das Leben geht weiter* verarbeitete Hans Keilson die Erfahrungen dieses Nachmittags. Der Redner, der im Roman Dr. Köster heißt, zeigt besonderes Interesse für gerade diesen einen Jungen im Publikum: Albrecht Seldersen, das Alter Ego von Hans Keilson. Er lässt seinen Blick über die Anwesenden schweifen und sieht den Schüler »mit kurzen Hosen und braunem Manchesteranzug, blond mit verwunderten Augen«.[113] Dann nickt er dem Jungen zu und denkt: Das ist ein Verbündeter.

Hans las *Tonio Kröger* kurz nach Burkarts Auftritt. Das Buch ließ ihn nicht mehr los: »immer wieder kehrten meine Gedanken zu Tonio Kröger zurück, er wurde mir zu der Insel, auf die ich mich zurückzog, wenn ich allein sein wollte – und ich war damals viel allein. [...] den Tonio Kröger liebte ich, und diese Liebe war die echte, ursprüngliche Zuneigung, die noch nichts weiß von ihrem woher und wohin, – ja, es war vielleicht die erste Liebesregung überhaupt.«[114] Er erkannte in Tonio den Außenseiter. Diese Position hatte in seinem eigenen Leben, so begriff er auf eine noch vage Weise, etwas mit dem Jude-Sein zu tun. Auch der Gedanke an eine mögliche Zukunft kam in ihm auf: Er könnte Künstler werden.[115]

Mit Ernst Burkart entwickelte sich eine intellektuell-literarische Freundschaft: »[Er] war eine Schlüsselfigur für mich. Ich traf ihn in einem Alter, in dem man für Freundschaften mit Männern offen ist, ohne daß dabei homosexuelle Komponenten im Spiele waren.«[116] An anderer Stelle sagt Hans Keilson, dass er Burkart verehrte und dass eine erotische Atmosphäre über ihren Begegnungen lag: Sie sprachen über Thomas Mann und »auch der Name von Freud fiel in unserer vom pädagogischen Eros gesteuerten Freundschaft«.[117]

Von seinem neuen Freund bekam er Thomas Manns Novelle *Unordnung und frühes Leid* geschenkt. Auch lernte er durch ihn die *Neue Rundschau* kennen, die literarische Zeitschrift des S. Fischer Verlages.[118] Es ist gut möglich, dass er mehr als einen von den insgesamt acht Vorträgen besuchte, die Burkart bei der Literarischen Vereinigung hielt. Der letzte hieß »Hermann Hesse und die Jugend« – genau das Thema, über das Hans selbst für den Schülerwettstreit des Börsenvereins schrieb.

Als Gymnasiast hatte Hans längst mit der Literatur Bekanntschaft gemacht, aber erst dank Burkart bekam dieser Begriff wirklich ein Gesicht. Was ihm geschah, fühlte sich an wie eine Initiation, »eine Art Weihe«. Bis ins hohe Alter war *Tonio Kröger* für ihn »das wichtigste Buch von Thomas Mann«.[119] Hat es ihn beeinflusst? Selbst behauptete er, dass er ihn nicht imitieren wollte.[120] Doch muss er eine Affinität zu Thomas Manns Stil empfunden haben, dieser Mischung aus Erzählung und Reflexion. Diese Art des Schreibens findet sich bei Keilson vor allem in seinem Roman *Der Tod des Widersachers*.

Das Verhältnis zwischen Bürger und Künstler, das Thema von *Tonio Kröger*, sollte auch sein eigenes Leben bestimmen: Er wurde beides, er ritt auf zwei Pferden. Bei ihm sollte der Bürger den Künstler überflügeln – jedenfalls quantitativ, gemessen an der investierten Zeit. Das hatte für Keilson nichts Problematisches, weil er sich, obwohl er Schriftsteller und Dichter war, nicht als Künstler oder Bohemien fühlte. Außerdem wusste er die Kluft zwischen Leben und Kunst zu überbrücken, indem er autobiographisch schrieb: Sein Leben und auch seine Arbeit als Psychiater und Psychoanalytiker wurden zur Quelle der literarischen Inspiration.

Tonio Kröger und *Demian* sind bis zu einem gewissen Grade vergleichbar. Die Theorie der Hauptfigur Max Demian ist, dass die Welt aus Licht und Dunkel besteht, aus Gut und Böse. Menschen, die als brave Bürger leben und Gott mit der Liebe gleichsetzen, verschließen sich vor den düsteren Seiten des Daseins, also eigentlich vor dem Teufel. Erst wenn der Mensch im Stande ist zu sehen, dass beide, Gott und Teufel, die Welt beherrschen und er beide anzubeten wagt, kann er die Fülle des Lebens erfahren.

Ohne dass die Begriffe Gott und Teufel in Thomas Manns Erzählung eine Rolle spielen, ist Tonio Kröger jemand, der umsetzt, was Max Demian predigt: Er saugt die Fülle des Lebens gewissermaßen in sich auf, indem er scharf beobachtet. Er schaut in die menschliche Seele und sieht alles, was es zu sehen gibt, kurz gesagt: »Komik und Elend«.[121]

Die Lebensphilosophie aus *Demian* und die Lebenspraxis in *Tonio Kröger* scheinen die Thematik des Romans *Der Tod des Widersachers* vorwegzunehmen. Dessen These ist, dass Gut und Böse nicht scharf voneinander zu unterscheiden sind und dass es ein Band zwischen Feinden gibt.

Hans Keilson war Ernst Burkart dankbar dafür, dass er ihn mit Thomas Mann in Berührung gebracht hatte. Ihr Kontakt vertiefte sich. Er durfte Bücher von seinem Freund ausleihen, die dann als Gesprächsstoff für eine Reihe großer Themen dienten, die Burkart anschnitt: Demokratie, Zivilisation, Humanität, Weltbürgertum. Keilson bekam den Eindruck, dass sein Freund eine noble Persönlichkeit war, die Verkörperung all dieser Vortrefflichkeiten.[122]

Bei einem Wiedersehen 1935 in Berlin stellte sich heraus, dass Burkart sich der NSDAP angeschlossen hatte.[123] Das war ein Schock für Keilson. »Alle antisemitischen Tendenzen bei den Nazis würden sich von selbst erledigen, war seine Meinung, mit der er mich, aber auch sich selbst beruhigen wollte. Ich war tief enttäuscht. Ich hatte in meinem persönlichen Umkreis bereits zuviel erfahren und wußte, daß er sich irrte. Ein intelligenter, kultivierter Mann war auf seine Manier ein Nazi geworden, was abscheulich war. Ich war tief enttäuscht. Er hatte sein demokratisches und literarisches Profil verloren.«[124]

Keilson hätte Burkart gern auf der Analysecouch gehabt, weil er eine Antwort auf die Frage suchte, was ihn dazu trieb, ihre Freundschaft zu verraten und Parteimitglied zu werden. Karriere machen, großen Ambitionen nachjagen, Ehrgeiz – war es das? Antworten gab es keine, nur Spekulationen.[125]

Wenn man die weitere Laufbahn von Ernst Burkart betrachtet, kann man leicht zu dem Schluss kommen, dass er ehrgeizig war. In der Zeit des Nationalsozialismus machte er rasch Karriere, Ende des Krieges war er ein hoher Beamter im Innenministerium. In den fünfziger Jahren war er Bevollmächtigter für Westberlin bei der Regierung in Bonn. Ernst Burkart, geboren 1901, starb 1961 in Bad Godesberg.[126]

Weg aus Bad Freienwalde

Mit dem Schuljahr 1927/28 endete Hans Keilsons Gymnasialzeit. Es muss in literarischer Hinsicht ein interessanter Schlussakkord gewesen sein: Man las nicht nur griechische und römische Autoren und die deutschen Klassiker, sondern auch Zeitgenössisches wie *Die Weise von Liebe und Tod des Cornets Christoph Rilke* des von Hans später sehr bewunderten Rainer Maria Rilke. Auch Gedichte von Stefan George und Gustav Schüler standen auf dem Programm, ebenso wie der Roman *Volk ohne Raum* von Hans Grimm, mit der den Nazis sehr gelegen kommenden Idee, dass das deutsche Volk geographisch mehr Raum brauche, mehr »Lebensraum«.[127]

Im Frühjahr 1928 machte er, mit achtzehn Jahren, sein Abitur. Er bestand mit »Genügend« in fast allen Fächer, mit drei positiven Ausnahmen: für Deutsch und Leibesübungen bekam er ein »Gut« und für Musik »Sehr gut«.[128] Diese Ergebnisse passen zu dem Keilson-Bild späterer Jahre: jemand mit Begabung auf den Gebieten Sprache, Sport und Musik. Die Freude über das Abiturzeugnis war nicht ungetrübt: Finanzielle Probleme drückten die Stimmung in der Familie.[129]

In der Schule war die Sache mit dem Heine-Gedicht allmählich in den Hintergrund gerückt. Brüderlich posierten Hans und neun weitere Freienwalder Gymnasiasten für ein Abiturfoto, auf dem freilich – Zufall oder nicht – zwischen dem links hinten stehenden Hans Keilson und dem vorne rechts sitzenden Günther Neuenfeldt der größtmögliche Abstand eingehalten ist. Was auch auffällt: Hans sieht mit seinem Schillerkragen auffallend anders aus als seine neun Klassenkameraden, die mit ihren Krawatten und Einstecktüchlein allesamt wie konventionelle Herren erscheinen. Er macht einen weniger verkrampften, ungezwungeneren Eindruck. War der Sohn eines Textilkaufmanns sich seiner Kleidung besonders bewusst? Hatte er sich immer schon in seiner äußeren Erscheinung von den anderen unterschieden? Spielten Äußerlichkeiten bei dem Heine-Vorfall auch eine Rolle, weil sie den Eindruck erweckten, Hans Keilson sei anders als die anderen? Er selbst gab Grund zu der Annahme, dass er nicht nur qua Kleidung abweichend war. Er zeichnete sein literarisches Alter Ego Albrecht Seldersen als »ein wenig verträumt und von einer zarten, fast mädchenhaften Empfindsamkeit«.[130] Vielleicht galten diese Qualifikationen auch für ihn selbst. Albrecht war im Roman *Das Leben geht weiter* der Jüngste in seiner Klasse, genau wie Hans in der wirklichen Klasse im wirklichen Gymnasium. Dass er jünger und sensibler war als die anderen, kann ihm unter seinen Klassenkameraden eine schwächere Position verschafft haben.

Die Eltern Keilson wollten ihren Kindern ein Leben ermöglichen, das besser war als ihr eigenes: Hilde durfte studieren, und jetzt musste die Zukunft von Hans gut geregelt werden. Vater Max und Mutter Else wollten nicht, dass er das Geschäft übernahm, denn das würde ein Leben in Unruhe und Unsicherheit bedeuten.

Hans selbst hatte keine genaue Vorstellung davon, was er nach dem Abitur machen wollte. Interessen hatte er genug, aber wenig Talente, fand er. Hilde war vielleicht eine Art Vorbild; sie war ein paar Jahre älter und konnte Rat geben. Diese selbstbewusste, zielstrebige junge Frau, die einst Nachhilfestunden in Griechisch und Latein genommen hatte, um vom Freienwalder Mädchenlyzeum aufs Gymnasium wechseln zu können (in dieser Männer- und

Jungenwelt konnte sie sich durchsetzen, die Schüler waren ihr gegenüber höflich), studierte inzwischen Jura in Berlin. Um Geld zu verdienen, gab sie Nachhilfestunden. Wenn ihr Bruder studieren würde, könnte sie ihm in der großen Stadt, wo sie die richtigen Leute kannte, den Weg weisen.

Jemand, der bei diesen Überlegungen auch beteiligt war, war Onkel Hermann Keilson, der einzige Akademiker in der Familie, verheiratet und Vater einer Tochter, Eva.[131] Nach seinem Medizinstudium in Königsberg hatte er eine Hausarztpraxis in Hamburg-Eimsbüttel eröffnet. Außerdem war er Theaterarzt am Thalia-Theater: Er musste Vorstellungen beiwohnen und zur Stelle sein, wenn einem Schauspieler oder einem Zuschauer unwohl wurde. Hans war als Junge ein paarmal bei ihm zu Gast gewesen. Hamburg hatte ihm gefallen. Er sah dort Wagners *Meistersinger von Nürnberg*, seine erste Oper, und im Theater *Dantons Tod* von Georg Büchner, ein Stück, das er trotz Onkel Hermanns Erklärungen nicht wirklich verstand. Doch sollte ein Satz aus diesem Drama ihm im Gedächtnis bleiben. Danton kann sich nicht vorstellen, dass die Revolution wie der Gott Saturn ihre Kinder fressen werde, und sagt darum: »Sie werden's nicht wagen.« Diese Worte zitierte Hans Keilson später oft im Zusammenhang mit den Nazis. Sie drückten aus, was er wie so viele andere lange Zeit gedacht hatte: Hitler und seine Anhänger würden am Ende davor zurückschrecken, den Juden wirklich etwas anzutun.[132]

Onkel Hermann kam mit einem Plan, der für die Zukunft eine Perspektive bot: Wenn Hans Medizin studierte, könnte er später seine Praxis in Hamburg übernehmen. Das Studium würde dann teilweise von Onkel Hermann bezahlt werden. Hans hatte bis dahin wenig Affinität mit dem Beruf des Arztes, auch wenn er mit dem Hausarzt der Keilsons, Dr. Happ, und seiner Familie, befreundet war: »Seine erste Praxis war neben der Wohnung meiner

Eltern, bei der Familie Battré, dem Hausbesitzer. […] Er nahm mich oft in seinem Auto mit, bei seinen Besuchen in der Stadt.«[133]

Die finanzielle Unterstützung bestand darin, dass der Onkel die Studiengebühren bezahlte. Die Kosten seines Lebensunterhalts musste Hans selbst aufbringen.[134] Die Entscheidung fiel: Hans ging nach Berlin, um Medizin zu studieren. Diese Stadt war als Zwischenstation auf dem Weg nach Hamburg gedacht. Sein weiterer Lebensweg schien bereits weitgehend festgelegt. Dass er nicht in Hamburg studierte, hatte mit der Entfernung von Freienwalde zu tun. Von Berlin aus konnte er am Wochenende nach Hause fahren – mit seiner schmutzigen Wäsche. Der Umstand, dass Hilde schon in Berlin wohnte und er auf sie rechnen konnte, spielte auch eine große Rolle.[135]

Katastrophen

Hans Keilson begann 1928 sein neues Leben als Student in der Hauptstadt. Die Entwicklungen in Bad Freienwalde bekam er trotzdem mit. Wenn er bei den Eltern zu Besuch war, war er auch Zeuge der Ereignisse.

Nach der Inflation war die politische und wirtschaftliche Situation in Deutschland, und damit auch in Bad Freienwalde, einigermaßen stabil. Die relative Ruhe im Städtchen war auch dem Umstand zuzuschreiben, dass dort die Sozialdemokratische Partei Deutschlands (SPD) stark war. Von 1920 bis 1933, als die Partei verboten wurde, stand hier ein SPD-Bürgermeister am Ruder.

Die Nazis versuchten jedoch, Boden zu gewinnen. Seit 1927 gab es eine örtliche Abteilung der NSDAP, die ihre Zusammenkünfte in demselben Hotel Drei Kronen organisierte, wo die Literarische Vereinigung ihre kulturellen Nachmittage abhielt.[136] Auch Joseph

Goebbels, später Propagandaminister, aber jetzt noch Gauleiter von Berlin, erhob dort seine Stimme.

Am Sonntag, den 13. Oktober 1929 veranstaltete die NSDAP einen von Musik begleiteten Propagandamarsch durch Bad Freienwalde mit anschließender Goebbels-Rede im Freien, auf der Treppe des Rathauses. Der Marktplatz vor dem Rathaus war voller Menschen, schon durch die vielen SA-Männer, die auf Lastwagen aus Berlin gekommen waren.[137] Das Thema, das Goebbels in den Mittelpunkt seiner Rede stellte: Deutschland dürfe nicht durch den Young-Plan, der die im Vertrag von Versailles auferlegten Reparationsleistungen regelte, in Sklaverei verfallen.[138] Diesem nach einem amerikanischen Bankier benannten Plan zufolge sollte Deutschland bis in die achtziger Jahre des 20. Jahrhunderts Zahlungen leisten müssen.[139]

Hans, zu Besuch aus Berlin, erlebte diesen Auftritt vom Balkon seiner Eltern aus mit. Sie selbst werden wohl auch dort gestanden haben. Hans Keilson erinnerte sich später: »Ich sah Goebbels und hörte seine salbungsvoll beschwörende Stimme, wenn er zu den aus Berlin in Lastwagen angereisten SA-Männern sprach«.[140] In einem anderen Rückblick wurde er etwas ausführlicher:

> [Goebbels] sprach einem para-militärischen Aufzug von 3–4 Hundert SA Leuten zu, die mit Lastwagen aus Berlin gekommen waren, um sich zu präsentieren. Von dem selben Balkon habe ich als kleiner Junge meinem Vater nachgewinkt, als er 1914 eingezogen wurde. Was Goebbels gesagt hat, weiß ich nicht mehr, es war vom Vaterland die Rede, vom Schmachfrieden von Versailles, von Juden und allem Möglichem. Aber seine Stimme klingt nun noch deutlich über mehr als 55 Jahre Erinnerung.[141]

Später an diesem Tage war es zu Unruhen gekommen. Bei einer Schlägerei in der Königstraße ging eine Scheibe zu Bruch, bei einer Konfrontation zwischen Nazis und einem Lastwagen voller Kommunisten wurde mit leeren Flaschen geworfen.[142]

Elf Tage nach der Goebbels-Rede ereignete sich eine Katastrophe, die als Schwarzer Donnerstag in die Geschichte eingehen sollte: Am 24. Oktober 1929 stürzten an der Wall Street die Aktienkurse ab, der Beginn einer weltweiten Wirtschaftskrise. Wieder geriet Vater Max Keilson in eine bedrohliche Lage. Er hoffte auf zusätzliche Einkünfte, indem er die Öffnungszeiten seines Ladens verlängerte: Nach dem Gottesdienst in der Synagoge am Vormittag öffnete er sein Geschäft am Nachmittag wieder. Das hatte er vorher nie getan.[143]

Auch wenn Max und Else es noch ein Weilchen aushielten, am Ende war es ein vergeblicher Kampf und sie mussten ihr Geschäft schließen. Sie zogen nach Berlin, was für Max auch bedeutete, dass er seine Funktion im Vorstand der Synagoge aufgab.[144] Vater und Mutter zogen zu Hilde und Hans, die zu dieser Zeit eine Wohnung am Südwestkorso 75 im Stadtteil Friedenau teilten. Hans Keilson schrieb später, dass man sehen konnte, dass seine Eltern schwere Zeiten durchgemacht hatten: »die durchgestandenen Zeiten mit ihren Sorgen hatten nicht nur Spuren in ihren Gesichtern hinterlassen. Man sah es ihren Bewegungen an, vor allem meine Mutter lief vorsichtiger und langsamer die Treppen hinauf und herunter. Auch mein Vater hielt sich schon an den Treppengeländern fest, ohne sein Gehtempo auffallend zu verändern.«[145]

Hitler und Hindenburg wurden am 30. März 1933 Ehrenbürger von Bad Freienwalde: Der Stadtrat beschloss das mit einer Gegenstimme, der eines Sozialdemokraten. Auch Straßen wurden umbenannt; so bekam das Städtchen eine Adolf-Hitler-Straße und eine Hindenburgstraße.[146]

Weil Bad Freienwalde in der Vergangenheit viele jüdische Kurgäste angezogen hatte, nannten die Nazis das Städtchen auch das »Judenbad«. Dieses Image wollte man ändern. 1935 wurde am Bahnhof ein Plakat aufgehängt: »Juden halt! Euer Zug geht gleich weiter!« Später hing am Bahnsteig eine Tafel mit dem Text »Freienwalde wünscht keine Juden«.[147]

In der Pogromnacht, der Nacht vom 9. auf den 10. November 1938, wurde am frühen Morgen die Synagoge von SA-Leuten in Brand gesteckt; es muss sich um Einwohner von Bad Freienwalde gehandelt haben.[148] Als die Scheiben brachen, schlugen die Flammen heraus und ein dicker, schwarzer Rauch hing in der Straße.[149] Die Feuerwehr kam, verhielt sich aber passiv, wie überall, wo in dieser Nacht die Synagogen brannten. Sie sorgte nur dafür, dass das Feuer nicht auf das Nachbarhaus überschlug.[150]

Ein elfjähriger, nicht jüdischer Junge, der schräg gegenüber wohnte, war am Morgen Zeuge des Brandes, musste aber danach wie immer zur Schule. Dies ist, was er sah, als er wieder nach Hause kam: »Das Feuer war gelöscht, nur hier und da stieg noch etwas Qualm auf, und es stank, wie eine Brandruine so riecht. Die Hausseite mit der Synagoge war völlig verrußt, das Grundstück abgesperrt. Auf der Straße lagen etliche ausgerissene und angesengte Seiten aus Gesangsbüchern oder dergl. mit für uns merkwürdigen Schriftzeichen. Mir tut es heute leid, dass ich nicht welche aufbewahrt hatte.«[151]

Der Wohnhausteil des Gebäudes hatte großen Schaden gelitten, war aber nicht restlos zerstört. Nach Instandsetzungsarbeiten bezog die nicht jüdische Familie Wutzmer das Haus. Herr Wutzmer hatte dort eine kleine Werkstatt als Polsterer oder Zimmermann; vielleicht wechselte er auch aus dem einen Beruf in den anderen.[152] Später stand das Haus leer und verfiel. 1969, mitten in der DDR-Zeit, wurde es abgerissen, um einer Garagenreihe Platz zu machen.[153] Auch die Garagen wurden inzwischen wieder abgetragen. An der Stelle, wo einst die Synagoge stand, ist heute ein Ort des Gedenkens eingerichtet.

In der Stadt blieb kein einziger Jude übrig. Alle flohen, wurden ermordet oder erlitten ein bis heute unbekanntes Schicksal.[154]

3 Das Studium und der Roman

1928–1933

»Es hing etwas in der Luft, aber niemand wollte es so genau erkennen«

Nach Berlin

Hans Keilson hatte nur einen Koffer bei sich, als er im Frühjahr 1928 in Berlin aus dem Zug stieg, um sein Studentenleben zu beginnen. Für ein Zimmer war gesorgt, bei einer jüdischen Lehrerin, einer netten, mütterlichen älteren Frau, die für ihn sorgte, als wäre er ihr Sohn.[1] Sie unterrichtete an einer jüdischen Oberschule. Zum Essen ging er in die Mensa oder aß bei seiner Schwester, die ein Zimmer in einem jüdischen Studentenheim hatte.[2] Manchmal aß er auch bei Aschinger, wie viele Studenten. Es gefiel ihm dort. Die Erbsensuppe, schrieb er später, war gut und nicht teuer, auch wenn die Portionen nicht groß waren. Dafür durfte man zur Suppe so viel Brot nehmen, wie man wollte. Wenn er am Wochenende zu Hause war, bekam er wunderbare Mahlzeiten, manchmal Leckerbissen wie gebratene Täubchen.[3]

Die kurze Periode der Goldenen Zwanziger Jahre war noch nicht vorbei, als Hans sein Studium begann. Berlin bot pulsierendes Leben. Auch wenn die politische Situation instabil war und es zu Straßenschlachten zwischen radikalen Gruppen kam[4] – die Nationalsozialisten hatten vorläufig noch nicht das Sagen, und in wirtschaftlicher Hinsicht konnte man von einem Aufschwung sprechen. In der Hauptstadt konnte man Filme in großen modernen Kinos sehen. Das Musiktheater ging neue Wege: 1928 gab es die Uraufführung der *Dreigroschenoper* von Kurt Weill und Bertolt Brecht, »das Bühnenereignis jener Jahre«, wie Keilson sagte.[5] Bars, Variétés, Nachtclubs und Tanzsäle hatten ein großes Publikum. Schon seit ein paar Jahren gab es einen neuen Modetanz, den Charleston, und eine neue Musik, den Jazz.

Groß-Berlin hatte 1928 gut 4,3 Millionen Einwohner.[6] Die Menschenmassen, der Verkehr, das hohe Lebenstempo: es hatte etwas von einem Abenteuer, daran teilzuhaben.[7] Hans ging regelmäßig zu allerlei Musik- und Theaterveranstaltungen. Eines der Stücke, die er sah, war *Krankheit der Jugend* von Ferdinand Bruckner über die verlorene Generation der deutschen Jugend nach dem Ersten Weltkrieg.[8] Das pessimistische Lebensgefühl dieser Jugendlichen, Menschen wie sein bester Freund Fritz Bruchholz, wird er verstanden haben. Ob er sich mit ihnen identifizierte, ist eine andere Frage. Er wohnte immerhin erst kurz in Berlin, in dieser, wie er fand, faszinierenden, aber auch »gefährlichen Stadt, einer Stadt voll Sex und Theater«.[9] In der ersten Zeit seines neuen Lebens beschlich ihn wohl ein gewisses Unbehagen. Das Gefühl, in der Kleinstadt und im vertrauten elterlichen Hause behütet und beschützt zu sein, gab es nicht mehr.[10]

Das Medizinstudium an der Friedrich-Wilhelms-Universität erfüllte ihn nicht mit Begeisterung. Viele Fächer, in die er sich vertiefen musste, »beflügelten«, schrieb er später, »nicht gerade meine Phantasie«.[11] Es gab Ausnahmen: Pathologie, Anatomie und Psychiatrie waren spannende Fächer.[12] Er hörte die Vorlesungen des legendären Psychiaters und Neurologen Karl Bonhoeffer und seines Assistenten, des Kinder- und Jugendpsychiaters Franz Kramer.[13]

Medizin zu studieren war nicht die Erfüllung eines großen Wunsches gewesen, wie er überhaupt am Ende seiner Gymnasialzeit keinen alles beherrschenden Zukunftstraum hatte. Praktische

Erwägungen spielten eine ausschlaggebende Rolle: Onkel Hermann bezahlte nicht nur die Studiengebühren, sondern hatte auch zugesagt, dass Hans später seine Hamburger Praxis übernehmen könne.[14] Hans enttäuschte seinen Onkel nicht. Er hörte die Vorlesungen, machte seine Praktikumsscheine, und seine Resultate waren gut.

Sport, Nachhilfe und Musik

Gleich zu Beginn, 1928, fand er eine Möglichkeit, sich das Berliner Leben erfreulicher zu gestalten: Neben seinem Medizinstudium begann er in Spandau eine Ausbildung zum Turn-, Sport- und Schwimmlehrer an der Preußischen Hochschule für Leibesübungen. Er erwog eine Karriere als Sportarzt, vielleicht mit dem Hintergedanken, dass er dann nicht Onkel Hermanns Nachfolger zu werden brauchte.[15] Nur auf das Fach Rudern verzichtete er, denn er wollte seine Hände schonen. Er fürchtete Verletzungen, die beim Geigenspielen Probleme verursachen könnten.[16]

Schon in der Gymnasialzeit war Sport für ihn mehr gewesen als ein Hobby oder eine Weise, überschüssige Energie abzubauen. Sport zu treiben hatte damals auch für seine Stellung als Jude eine Bedeutung bekommen.

> In die schulische Gemeinschaft der Sportler fühlte ich mich eine Zeitlang auch ohne deutliche Vorbehalte aufgenommen. Denn die gab es schon immer gegen mich, nicht als Person, sondern als Jude, Vorbehalte, die im Laufe der Schulzeit immer stärker hervorgetreten waren und auch die Person meinten und trafen. Es war die Lust an Sport in all seinen körperlichen und seelischen Dimensionen, am Innewerden und Beherrschen von Spannun-

> gen und deren Lösung, in Training zu Leistung und ihrer Steigerung im ehrlichen Wettstreit, was mich in erster Linie in die Hochschule trieb.[17]

Wie war das an der Sporthochschule in Spandau? Fühlte er sich da zu Hause? Wurde er abgeschreckt durch die rassistischen Ideen und Rassenideale, die da zutage traten? Das Bild, das die Schule bot, war gemischt: jüdische und nicht jüdische Studenten, jüdische und nicht jüdische Dozenten.[18] Für den Direktor und Turnpädagogen Edmund Neuendorff kann Hans Keilson in politischer Hinsicht keine Sympathie empfunden haben: Seit ihrer Gründung, gleich nach dem Ersten Weltkrieg, war er Mitglied der Deutschnationalen Volkspartei, einer konservativen, nationalistischen und antisemitischen Partei. Sporterziehung sah er als Mittel, Wehrbarkeit zu erzeugen und die Volksgemeinschaft zu stärken. 1932 schloss er sich der NSDAP an.[19]

Einer der Lehrer war Thilo Scheller, der eines Nachmittags beim Weitsprung fragte: »Ach, Keilson, Sie haben so einen auffälligen Namen. Kommen Sie aus Norwegen oder Schweden?« Die Antwort war Nein, worauf Scheller weiterfragte: »Kommen Ihre Eltern vielleicht aus einem nordischen Land? Sie haben so einen typisch nordischen Körperbau.« Die Antwort: »Wir sind Juden.« Als alter Mann erinnerte sich Hans Keilson an den Eindruck, den diese Worte auf Scheller gemacht hatten: »Ich sah seine Enttäuschung.«[20]

Keilson beendete diese Ausbildung im Februar 1930. Direktor Neuendorff war der Erste der fünfköpfigen Prüfungskommission, der seine Unterschrift unter das Abschlusszeugnis setzte. In allen Fächern, Leichtathletik, Schwimmen und Turnen, hatte Hans ein »gut« oder »genügend« bekommen, ohne auch nur ein einziges »sehr gut«.[21] Bemerkenswert, da er immer so ein begeisterter

Sportler gewesen war. Wie auch immer, er war jetzt ein lehrbefähigter Sportlehrer. Arbeit auf diesem Gebiet zu finden war eine Möglichkeit.

Ein pädagogischer Studentenjob

In der ersten Zeit in Berlin konnte er von Hildes Netzwerk Gebrauch machen. Kommilitonen seiner Schwester brachten Hans mit einer wohlhabenden Familie am Kurfürstendamm in Kontakt, wo er die Hausaufgaben der beiden Söhne zu beaufsichtigen hatte.[22] Er brauchte unbedingt ein eigenes Einkommen, da Onkel Hermann nicht die vollen Kosten seines Studentendaseins finanzierte.

> Die beiden Jungs, die ich zu betreuen hatte, einer 13, einer 10 Jahre alt, waren nette, witzige etwas verwöhnte Kinder. Nachdem wir uns einige Zeit beschnüffelt hatten, entstand ein erträgliches Verhältnis. Die Jungs hatten natürlich begriffen, dass ihre Eltern mich nicht zu ihrem Vergnügen bestellt hatten. Meine Aufgabe war, dreimal wöchentlich gut bezahlt ihre Schularbeiten zu überwachen. Die beiden hatten auf verschiedene Weise versucht, mich zu überreden, die zweieinhalb Stunden des Nachmittags auf andere Weise zu füllen. Nachdem ihnen das nicht gelang, entwickelte sich ein gutes Verhältnis zwischen uns.[23]

Bei ihrem Hauslehrer konnten die beiden Jungs ihr Herz ausschütten über alles, was sie bedrückte und beunruhigte; Genaueres dazu sagt Keilson nicht. Der Vater, ein Geschäftsmann, erschien Hans als durchaus freundlich, hatte aber, wie er selbst sagte, zu wenig Zeit für die Kinder. Die Mutter war ein aufgeregtes Persönchen:

Wenn sie sich über etwas empörte, und das kam öfter vor, dann hörte man ihre schrille Stimme bis ins andere Zimmer. Als sie das erste Mal mit Hans über ihre Söhne sprach, bekam er den Eindruck, es seien »zwei nicht ganz ungefährliche, wilde Raubtiere, die schwer zu zähmen seien«.[24] Was den Kindern offenbar fehlte: Aufmerksamkeit und Liebe.

Diese pädagogische Nebentätigkeit endete nach anderthalb Jahren, und noch etwas änderte sich in seinem Studentendasein: Er musste umziehen. Seine Vermieterin heiratete und zog mit ihrem Mann in eine andere Wohnung. Er fand ein neues Zimmer in Berlin-Schöneberg bei der Witwe seines Onkels Sally, eines Bruders seines Vaters.[25]

Für Hans Keilson war die Zeit am Kurfürstendamm bedeutsam für seine spätere Laufbahn: Er hatte seine ersten pädagogischen Erfahrungen gemacht. Mit jungen Menschen arbeiten, als Betreuer, Mentor, Lehrer, sollte in späteren Jahren seine Hauptbeschäftigung werden. Eine Beziehung aufbauen zu Kindern – er hatte gemerkt, dass er das konnte.

Musik machen

Hans brauchte eine neue Einnahmequelle. Hildes Netzwerk bewies erneut seinen Nutzen: Durch sie kam er mit dem Jurastudenten Edwin Sieradz in Kontakt, der in einer kleinen Band Saxophon und Klarinette spielte (und später eine Zeitlang Privatsekretär von Albert Einstein war). Diese Musikanten konnten einen Geiger gut gebrauchen. Man verabredete sich in Berlin-Grunewald, um auch die anderen Mitglieder kennenzulernen – einen Pianisten, einen Trompeter und einen Schlagzeuger –, die Hans Keilson einer Art musikalischer Prüfung unterwarfen.

Er musste einen Foxtrott spielen, was nicht wirklich gutging.

»Natürlich wusste ich, was ein Foxtrott ist. Ich hatte ihn oft gehört, aber noch nie einen getanzt. Sonaten von Händel hatte ich im Viervierteltakt gespielt. Die einfache Akzentverschiebung – vier, *eins*, zwei, drei – war mir unmöglich richtig zu verwirklichen. Und so war unser erstes Zusammenspiel dadurch gekennzeichnet, dass ich immer hinter dem Rhythmus der anderen hinterherhinkte. Nach drei, vier Versuchen, ging es dann etwas besser.« Das Spielen eines Englischen Walzers verlief zufriedenstellend.

Bei der nächsten Verabredung zeigte sich, dass der Trompeter Rolf Heinemann die Band verlassen wollte. Sieradz schlug Hans vor, es neben der Geige auf der Trompete zu versuchen. Von Heinemann bekam er ein paar Stunden auf einer geliehenen Trompete. Er kaufte sich eine Trompeten-Schule und übte in seinem Zimmer in Berlin, was Schwierigkeiten mit den Nachbarn bereitete. Wenn er zu Hause in Freienwalde übte, dann hörte ihm der Vater zu. Max war voll Bewunderung für jeden sauberen Ton, den sein Sohn dem Instrument zu entlocken wusste.[26]

Hans hatte nicht das Geld, um eine eigene Trompete anzuschaffen. Später erinnerte er sich nicht mehr, ob Hilde auch diese Begegnung arrangiert hatte, aber jedenfalls kam er wieder in Kontakt mit dem Juristen Alf Steiniger, den Hans und Hilde aus Bad Freienwalde kannten: Dort war Steiniger einmal mit seiner Freundin, einer Tochter des Rabbiners Maybaum, bei den Keilsons zu Gast gewesen.[27] Hans schilderte Alf sein Problem und der sorgte schnell für eine Lösung. Zusammen gingen sie in ein Musikaliengeschäft, wo Alf zweihundert Mark für eine Holton-Trompete hinblätterte, die Hans sich ausgesucht hatte. So selbstverständlich war es für ihn, dem anderen zu Hilfe zu kommen.[28]

Hans selbst sah sich nicht als einen wirklich guten Trompeter, aber der Klang des Instrumentes gefiel ihm: warm und kräftig zugleich. Weil er jetzt zwei Instrumente spielte und somit mehrfach einsetzbar war, konnte er gleichberechtigt in der kleinen Band mitspielen.[29] Keilson: »Mit der Geige hätte ich auch in Tangoorchestern spielen können, aber für die Musik à la Weintraubs Syncopators, Freymuth Syncopators oder Alexander's Ragtime Band war die Trompete brauchbarer.«[30]

Die kleine Band brachte ihre Musik in düsteren Lokalen zu Gehör, wo Ring- und Angelvereine feierten.[31] An Sonntagnachmittagen kamen regelmäßige Auftritte in einem Tanzlokal dazu; Hans Keilson konnte von der Gage, die er da bekam, eine Woche lang leben.

Die vier Musikanten hatten Erfolg. Es gab immer mehr Auftritte, auch Engagements von acht Uhr am Samstagabend bis in den frühen Sonntagmorgen. Das wurde besser bezahlt als die Auftritte am Sonntagnachmittag.[32] Danach, und das konnte um drei oder vier Uhr in der Nacht sein, gingen sie oft noch zum Potsdamer Platz, dem Brennpunkt des Nachtlebens. »Wir aßen unsere Wurst, zusammen mit den Huren, machten noch ein Schwätzchen mit ihnen. Dann gingen sie wieder an die Arbeit und wir wanderten nach Hause.«[33]

Auftritte mit mehr Prestige, zum Beispiel in der Kroll-Oper, kamen in greifbare Nähe. Dort traten sie in einem der kleineren Säle auf, erinnerte sich Keilson, und spielten gleichzeitig mit dem gefeierten Geiger und Dirigenten Paul Godwin, der mit seinem Orchester im großen Saal stand. Das muss ihnen das Gefühl gegeben haben, dass sie unterwegs zu einer vergleichbaren Stufe des Ruhms waren.

Die Studenten wurden engagiert, um Silvesterfeiern im Sportpalast musikalisch Glanz zu verleihen, ebenso dem jährlichen Presseball im Zoo-Restaurant. Sie spielten im Hause der Politikerin Katharina von Oheimb, die in der Frauenbewegung aktiv war und informelle »Salons« für Vertreter der Elite, Großindustrielle, prominente Politiker und hohe Militärs organisierte.[34] Sie machten Musik für den Spielfilm *8 Mädels im Boot* (1932). In der Erinnerung von Hans Keilson ging eines der Mädchen verloren: Im Alter erinnerte er sich an den Titel konsequent als »7 Mädels im Boot«.[35]

Er spielte nicht nur mit dieser festen Vierergruppe, auch in einer Band mit dem Namen »Die weißen Raben« war er Trompeter[36], und er erinnerte sich, in der Band des Geigers Paul Weinappel gespielt zu haben.[37] Sein musikalisches Arbeitsgebiet breitete sich auch außerhalb der Hauptstadt aus. In Mitteldeutschland (Kassel, Zwickau, Chemnitz) war er mit einer Band mit zehn Musikanten und einer Tanzgruppe junger Frauen auf Tournee. »Tiger rag«, »Ain't misbehavin«, »I can't give you anything but love, baby« und »Some of these days« waren einige der Nummern, die man zu Gehör brachte.[38] Im Hamburger Theater Trocadero hatte er ein Engagement für einen ganzen Monat. Da gab es wohl ein Problem: das Trompetenspielen bescherte ihm wunde Lippen.[39]

Im Rückblick auf sein Musikantenleben schien es, als ob das etwas ganz und gar Sorgloses gewesen sei, etwas, das sich außerhalb der normalen Zeitrechnung abgespielt hatte.[40] Während des Spielens hatte er sich mit dem Orchester eins gefühlt, und dass er die Menschen im Saal hatte tanzen lassen, hatte ihm ein Gefühl von Macht, ja von Allmacht gegeben.[41] Da war er das genaue Gegenteil des Verbannten, des Ausgeschlossenen, der er in seiner Klasse im Gymnasium gewesen war. »Ich spielte auf allen großen Bällen der Reichshauptstadt«, schrieb er am Ende seines Lebens nicht ohne Stolz.[42] Sich ganz in die Unterhaltungsmusik zu stürzen und damit sein Brot zu verdienen – das hätte er eigentlich schon gewollt, aber am Ende entschied er sich doch nicht für diese Zukunft. Sein Studium war wichtiger.

Worüber er nichts sagt, ist der Widerstand, den diese Art Musik in Deutschland damals hervorrief. Jazz wurde verteufelt als »Negermusik«, Tänze wie Shimmy, Foxtrott und Charleston fand man zu »amerikanisch«. Dem konservativen Politiker und Juristen Edgar Jung zufolge waren es »barbarischem Blute entstammende Tanzformen«, die die europäische Kultur bedrohten.[43] Die amerikanische Kultur, sofern man da in den Augen mancher Deutscher überhaupt von »Kultur« sprechen konnte, galt als leer und materialistisch. Etwas ganz anderes als der Reichtum, den Europa seit eh und je zu bieten hatte.

Die Musikanten scheinen sich daraus nichts gemacht zu haben. Sie verdienten nicht schlecht und vergnügten sich. Ihr Motto: »Die Hauptsache ist, die Kapelle amüsiert sich.«[44] Denn wenn die Musikanten ihr Vergnügen hatten, dann hatte das tanzende Publikum das auch.[45]

Zwei Tage vor Hitlers Machtergreifung am 30. Januar 1933 spielten sie auf dem Presseball. Carl Zuckmayer war an diesem Abend dort und fand die Atmosphäre gespenstisch, denn während man drinnen tanzte und Champagner trank, marschierten draußen die Nazis. Er schrieb: »Es hing etwas in der Luft, aber niemand wollte es so genau erkennen.«[46]

Ein Buch, keine Psychoanalyse

Hans Keilson wusste sich in Berlin über Wasser zu halten. Doch es gab da etwas, das ihn bedrückte; später sollte er von »meiner neurotischen Jugend«[47] und von »meinem Leiden« sprechen.[48] Das Ausgeschlossen-Werden durch die Klassenkameraden nach seinem Versuch, das Gedicht »Die schlesischen Weber« von Heinrich Heine zur Diskussion zu stellen, dürfte seinen Schmerz genährt haben. Er nannte das gelegentlich das erste Trauma, das er erlitten habe.[49]

Vermutlich gab es mehr schmerzliche Jugenderlebnisse. In Keilsons späterem Roman *Der Tod des Widersachers* ist die Hauptperson ein junger Mann, der es schwer hat und der dem jungen Hans nachempfunden zu sein scheint. Er wird von anderen Kindern schikaniert, er wird als Letzter gewählt, wenn ein Fußballteam zusammengestellt werden muss (obwohl er ein besserer Spieler ist als mancher andere), er wird als »Floh« beschimpft, was in diesem Kontext wohl so viel heißen soll wie »jüdischer Weichling«.[50] Waren das Erfahrungen des jungen Hans Keilson in Bad Freienwalde?

Was zu seinem Gefühl des Unbehagens beitrug, war der geschäftliche Untergang seiner Eltern und die Spannungen, die dieses Versagen in ihrer Ehe verursachte. Er wird sich einen Vater gewünscht haben, der tatkräftiger, selbstbewusster, erfolgreicher war. Das hätte ihm als Adoleszenten festeren Boden unter den Füßen gegeben.

Hans wollte in Analyse gehen und meldete sich im Berliner Psychoanalytischen Institut. Da erzählte er seine Geschichte einem Psychoanalytiker, der sich für nicht zuständig erklärte: »er sehe keinen Anlaß für eine psychoanalytische Behandlung«.[51] Hans war wütend. Ein halbes Jahrhundert später schrieb er, dass er an diesem Tag zu Hause die ersten Sätze des Romans *Das Leben geht weiter* zu Papier brachte.[52] Wenn er seine Probleme nicht auf der Couch eines Analytikers loswerden konnte, dann vertraute er sie eben dem Papier an: Er wollte sich selbst – so oder so – Klarheit über sein Leben verschaffen.

Der Kinder- und Jugendpsychiater Reinhart Lempp vermutete 1985, dass Hans Keilson sich mit dem Schreiben des Romans *Das Leben geht weiter* von einer Depression hatte befreien wollen. Die Reaktion des Autors:

> Ich hatte nie darüber nachgedacht, und auch heute will es mir vorkommen, dass ich mit dem Schreiben dieses Buches sicherlich irgendeine Befreiung erworben hatte, aber Befreiung wovon? Ich glaube, dass es nicht eine Depression war, sondern die Stimmung der Jahre, in denen ich in Deutschland groß geworden bin unter dem doppelten Druck der wirtschaftlichen und der diskriminierenden Atmosphäre.[53]

Der Roman erzählt drei Geschichten: den Untergang des Textilgeschäftes von Johann und Trudel Seldersen, die Entwicklungen im jungen Leben ihres Sohnes Albrecht und die tragische Geschichte von Fritz Fiedler, Albrechts bestem Freund. Alles vor dem Hintergrund von Wirtschaftskrise und Streiks, Demonstrationen und politischen Versammlungen. Im Folgenden erzähle ich die drei Geschichten jede für sich. Im Roman sind sie miteinander verwoben.

Die erste Geschichte: das Ehepaar

Johann und Trudel haben schon seit vierundzwanzig Jahren ein Textilgeschäft in einer Provinzstadt. Eines Tages kommt der Hausbesitzer, zugleich Inhaber eines Schreibwarenladens, zu ihnen und erklärt, er wolle seinen Laden vergrößern. Der Laden grenzt an den der Seldersens. Die Zwischenwand soll entfernt werden, damit er mehr Platz hat. Die Seldersens rücken auf; ihre Ladentür kommt damit direkt an die Straßenecke beim Marktplatz. Der Nachteil: Ihr Laden wird ein ganzes Stück kleiner und hat nur noch ein Schaufenster an der Hauptstraße, das andere um die Ecke. Dorthin kommt weniger Laufkundschaft. Ungünstig ist auch, dass zur gleichen Zeit ein Konkurrent auftaucht: Gegenüber von den Seldersens eröffnet Herr Dalke ein großes Warenhaus, in dem elegante Modeartikel angeboten werden.

Die Wirtschaftslage ist schlecht, es gibt viel Arbeitslosigkeit. Allein schon, dass die Alaunfabrik abbrennt, macht zweihundert Arbeiter brotlos. Die Armut drückt den Umsatz des Textilladens. Johann Seldersen weiß, was Rückschläge sind. Im Krieg musste er zum Militär, und als er zurückkam, lief das Geschäft, das seine Frau während seiner Abwesenheit weitergeführt hatte, nicht mehr gut. Doch er schaffte es noch eine Weile, bis die Inflation zuschlug. Trotz allem hält sich der Laden noch immer, und er kann damit seine Familie ernähren.

Johann muss erleben, dass ein Beamter seine Buchhaltung kontrolliert – als ob er der Schummelei verdächtigt würde. Er muss sich sogar dafür verantworten, dass er seiner Tochter Anneliese, die in Berlin studiert und ihr eigenes Geld verdient, ab und zu fünf Mark zusteckt. Auch muss Vater Seldersen zeigen, wo in seiner Buchhaltung er die Kosten für die Geigenstunden seines Sohnes verbucht hat.

Direkt auf die erniedrigende Szene mit dem Beamten folgt in der Erzählung ein Fest: Das Geschäft feiert sein fünfundzwanzigjähriges Jubiläum. Aber Johann Seldersen steht nicht gern im Mittelpunkt der Aufmerksamkeit, er hat etwas Zurückhaltendes an sich. Im Umgang mit seinen Kunden trifft sich das gut. Er würde sich zum Beispiel niemals über politische Fragen äußern, weil er wegen unterschiedlicher politischer Einstellung Kunden verlieren könnte. Politische Versammlungen besucht er sowieso nicht, denn die Energie dafür kann er nach einem langen Arbeitstag nicht mehr aufbringen. Aber er bleibt informiert, denn er liest die Zeitung.

Johann wird allmählich ein müder alter Mann. Er wirkt abwesend und ist schnell gereizt. Nach kleinen Meinungsverschiedenheiten in der Familie schließt er sich abends in seinem Laden ein, für niemanden ansprechbar. Am liebsten ordnet er dann die

Stoffe, die dort liegen. Manchmal macht er im Dunklen allein einen Spaziergang. Was ihn quält, sind die Mahnungen, die die Lieferanten ihm schicken. Er, der hundertprozentig zuverlässige, solide Geschäftsmann, findet es furchtbar, Schulden zu haben.

Es gibt Zeiten, da nimmt der Verkauf zu, zum Beispiel vor Weihnachten, aber die Kunden lassen oft anschreiben. Seldersen selbst bezahlt bei seinen Lieferanten hin und wieder eine kleine Summe ab, um sie vorläufig zufriedenzustellen. Aber als sein wichtigster Lieferant in Berlin in Schwierigkeiten kommt, wird er aufgefordert, alle offenstehenden Rechnungen auf einmal zu begleichen. Dafür muss er sich Geld von seinem Bruder, einem Rechtsanwalt, leihen.

So finden Johann und Trudel immer wieder Wege, an Geld zu kommen. Ein Bekannter bietet an, per Fahrrad mit Waren von Haus zu Haus zu gehen, aber der erweist sich leider als ein Betrüger: Er behält mehr von dem Erlös für sich als verabredet. Wenn ein Kunde Stoffe kaufen will, die Seldersen nicht auf Lager hat, lässt er sein Lehrmädchen das Gewünschte mitunter in aller Eile, während der Kunde im Laden steht, bei einem befreundeten Kollegen holen. Mit dem teilt er dann den Gewinn. Trudel will nicht, dass ihr Mann mit diesem Trick arbeitet, und es folgen Spannungen in der Ehe. Sie fragt ihn, ob er sich nicht schämt.

> »Nein«, kommt verloren seine Antwort, »das habe ich verlernt.«
> Er starrt vor sich hin.
> Pause.
> Frau Seldersen: »Du hast keine Kraft mehr.«
> Er nickt traurig: »Nein.«
> »Du bist kein Mann mehr.«
> »Nein.«
> Schweigen.[54]

Seldersen kann die Miete nicht mehr rechtzeitig bezahlen und findet das eine Blamage. Die Mahnungen der Gläubiger werden schärfer im Ton, während die Kunden wegbleiben: Sie machen ihre Einkäufe lieber im schicken Laden von Dalke. Trudel ist energischer als ihr Mann und geht zu den Kunden, um das Geld einzutreiben, das sie noch schuldig sind. Sie fühlt sich beinah wie eine Bettlerin.

Als er seinen wichtigsten Lieferanten in Berlin aufsucht, bekommt Johann eine schlechte Nachricht zu hören: Man wird ihm keine Waren mehr auf Abzahlung liefern, das werde zu riskant. Der Verkauf in Seldersens Geschäft gehe nun einmal schlecht.

Johann denkt an Selbstmord. Im Schlafzimmerschrank hat er eine Pistole aus den Kriegsjahren aufbewahrt, und eines Nachts, als ihm die Verzweiflung die Kehle zudrückt, steht er auf, um die Waffe zu nehmen. Seine Frau weiß eine Tragödie zu verhindern. Wieder im Bett muss er weinen.

Dank einer Anleihe bei seinem größten Konkurrenten Dalke kann Seldersen seinen Vorrat wieder etwas ergänzen. Bei dem Lieferanten in Berlin ist man überrascht, dass Seldersen seine Bestellung direkt vollständig bezahlen kann, und er selbst findet es angenehm, nicht um Kredit bitten zu müssen. Es ist das letzte Aufleben im Geschäftsepos der Seldersens. Wenig später muss Johann Konkurs anmelden. Es lässt ihn kalt, etwas, was seinem Sohn fast unbegreiflich ist. Vater Seldersen, 56 Jahre alt, hat den Kampf aufgegeben. Das Ehepaar will zu den Kindern nach Berlin ziehen.

Die zweite Geschichte: der Sohn

Der Gymnasiast Albrecht Seldersen merkt, dass zu Hause etwas nicht stimmt, aber sein Vater sagt ihm nicht, was los ist. Eines Tages findet er ihn in der Küche, grübelnd, weinend, sein Gesicht in den Händen. Die Mutter hat rote Augen vom Weinen. Von ihr erfährt Albrecht, dass es im Laden nicht gut läuft; der Vater habe gesagt, dass er demnächst mit seinen Waren von Haus zu Haus wird gehen müssen, obwohl er doch schon über fünfzig ist. Albrecht kann das Bild seines trauernden Vaters nicht mehr aus seinem Kopf bekommen: »er hatte seinen Vater weinen gesehen. Für Albrecht bedeutete dies mehr als ein paar Tränen, er hatte seine eigenen Vorstellungen über männliche Tat und männliche Haltung, wie stand es nun damit?«[55] Während eines Abendspaziergangs mit seinem Sohn zieht er ihn endlich ins Vertrauen: Er hoffe, das Geschäft halten zu können, bis Albrecht das Gymnasium beendet hat.

Albrecht holt sich Kraft und Zuversicht aus der Musik – er spielt Geige – und aus Büchern. Er liest Gedichte, die für ihn so wohltuend und erfrischend sind wie eine Dusche nach dem Sport.[56] Es ist ein Glück, dass er einen gewissen Dr. Köster kennenlernt, einen jungen, kulturell interessierten Juristen aus dem Rheinland, der in dem Städtchen arbeitet. Albrecht sitzt im Publikum, als Köster bei der örtlichen Literarischen Vereinigung einen Vortrag über *Tonio Kröger* hält – wie Albrecht ein sensibler Junge, der Geige spielt und Gedichte liebt. Köster nickt Albrecht zu, und es scheint ihm, als ob er in dem Vortrag persönlich angesprochen wird:

> Tonio Kröger aber hielt sich abseits. Was er konnte, war dies: ein wenig Geige spielen, Verse machen, eine Stimmung bis zu Ende auskosten, sehnsüchtig und schmerzvoll. Verstehst du, warum ich zu dir spreche? Du sitzest da, mit kurzen Hosen, offenem Kragen, inmitten aller Leute, und glaubst damit Sturm laufen zu können, bis dir der Atem einmal ausgeht. Aber wogegen? Gegen das Rohe, Laute, Unedle. Du spielst im dunklen Zimmer Geige und läufst dabei um den Tisch. Am nächsten Tag holst du dir

einen Preis beim Dreikampf. Du prügelst dich, wenn dich einer beschimpft, und sitzt abends hier und hörst verwundert zu, was ich dir sage. Es ist in Ordnung so. Denn der Geist ist es, die Liebe zu ihm, was allein uns tätig macht. Was anders konnte mich bewegen, in eurem kalten, weltverlorenen Nest, in diesem ungastlichen Fremdenzimmer zu reden, vor Menschen, die noch den Geschmack ihres Abendbrotes auf der Zunge haben.[57]

Köster lädt Albrecht in sein Zimmer ein, wo eine Atmosphäre von Kultur und Bildung herrscht: viele Bücher, ein Klavier. Sich selbst am Klavier begleitend singt Köster ein Lied. Albrecht bewundert seinen neuen Freund, und es entsteht ein Gefühl des Vertrauens. Er darf Bücher ausleihen, eines davon ist *Tonio Kröger*. Er liest es so oft, dass er es beinah auswendig kann.

Ein Verwandter bietet Albrecht an, ihm monatlich eine kleine Summe zur Verfügung zu stellen, damit er studieren kann; das Geschäftsleben wäre für ihn keine gute Wahl, findet sein Vater.[58] Wie seine Schwester geht Albrecht nach Berlin. Welches Studium er wählt, wird nicht gesagt.

In der großen Stadt kümmert die Schwester Anneliese sich um ihren Bruder. Sie essen zusammen und sie rät ihm, vor allem nicht stehen zu bleiben, wenn er eine große Menschenmenge auf der Straße beieinander sieht. Aber er wagt es, zu einer großen, vermutlich politisch linksgerichteten Versammlung zu gehen, wo ein feuriger Redner die Menschen zu lauten Zustimmungsrufen bringt. Er kommt immer wieder in Arbeiterviertel und sieht, wie schwer das Leben dort ist. Seine Sympathie gilt den notleidenden Menschen, aber er hält sich abseits.

Albrecht gibt zwei kleinen Söhnen eines reichen Ehepaars Privatstunden, denn der Zuschuss des Verwandten ist zu gering, um davon zu leben. Später spielt er in einer kleinen Band, die in einem

Restaurant auftritt, aber bald auch auf allerlei »Bällen, Hochzeiten, Vergnügungen, öffentlichen Tanzereien, bei Spar- und Sportvereinen, Tanzklubs«.[59] Ob es ihm gelingt, seine Prüfungen zu machen, ist fraglich. Er sieht studierende Musikanten in seinem Umfeld ihr Studium aufgeben. Einmal unterschreibt er einen Vertrag für eine Tournee in der Provinz, für zwei volle Monate.

Albrecht entwickelt sich, kommt zu allerlei tieferen Einsichten. Er merkt, dass etwas in der Gesellschaft im Begriff ist, zu entgleisen. Unter der Oberfläche von menschlichem Tun und Lassen sieht er gewissermaßen die Risse und riecht die Fäulnis. Auf dem Gebiet der Psychologie ist er fasziniert von dem tiefsten Ursprung menschlichen Tuns. Bildlich gesprochen hinter die Kulissen schauen, das ist, womit er sich beschäftigt.

Bei einem Besuch bei den Eltern zeigt sich, dass der Laden so gut wie am Ende ist. Die Gleichgültigkeit, die seinen Vater befallen hat, findet er unbegreiflich, umso mehr, als er selbst das Gefühl hat, dass sein eigenes Leben gerade erst beginnt. Er will alles geben, um das Beste daraus zu machen.

Aber auch Albrecht hat Probleme. Es gibt wenig, worauf er stolz sein kann: Weil es seinem Vater geschäftlich so schlecht geht, muss er bei der Universität um Herabsetzung der Studiengebühren bitten. Er schämt sich. Wie sein Vater sieht er sich als Opfer, aber zugleich hat er die Schnauze voll vom Opfer-Status. Er sucht nach politisch-sozialem Engagement und erkennt, dass die geistige Welt, in der Köster leben will, zu Einsamkeit und Entfremdung führt. Abseits bleiben, immer die Rolle des Zuschauers spielen und sich »im Geist erlöst fühlen«, das ist nichts für Albrecht. Sich Menschen mit einem gemeinsamen Ziel anschließen, das bringt Verbundenheit und kann zu einem neuen Leben führen, gegründet auf »Anstand, Würde, Gerechtigkeit und Menschlichkeit«.[60] Albrechts Gegenbild ist sein Vater, der nicht aus seiner Verpuppung ausbrach und das mit seinem wirtschaftlichen Untergang bezahlen musste. Jetzt, wo Albrecht auch von Kösters Ideen Abschied genommen hat, steht er auf festerem Boden. Er hat eine Entwicklung durchgemacht, er ist erwachsener geworden. *Das Leben geht weiter* ist auch ein Bildungsroman.

Bewegend ist, dass Albrecht seinem Vater gegenüber keine harte, negative Haltung einnimmt. Er tut ihm leid, ebenso seine Mutter. Er beneidet seine Eltern sogar, weil sie weinen können.

Die dritte Geschichte: der Freund

Albrecht hat einen guten Freund, Fritz Fiedler, Klassenkamerad in der Höheren Schule, Sohn eines Elektroinstallateurs mit einem Laden in der Hauptstraße des Provinzstädtchens. Gemeinsam machen sie Wanderungen auf den bewaldeten Hügeln am Rande der Stadt, und sie treiben zusammen Sport. Fritz mag groß und stark sein, es geht ihm nicht gut. In der Schule fühlt er sich fehl am Platz; was da gelehrt wird, hat nichts mit seinem Leben zu tun, wie er findet, sondern gehört einer vergangenen, toten Welt an. Einmal ist er schon sitzengeblieben.

Fritz wird faul, liegt lange im Bett. Der Klassenlehrer sieht, dass seine Schullaufbahn zu missglücken droht, und erklärt dem Vater Fiedler, wie es um die Jungen der Generation von Fritz bestellt ist: »Diese Jungen, die aufwuchsen, während ihre Väter im Felde standen, die dann älter wurden und mitansehen, wie alles daniederliegt – da kennt man sich manchmal nicht mehr aus, schon für einen Erwachsenen ist es schwer, Anschluß zu finden und aufrecht zu bleiben.«[61]

Fritz will nicht mit seinem Kopf, sondern mit seinen Händen arbeiten. Er will fort, dem Abenteuer entgegen. Er vertraut Albrecht einen geheimen Plan an: in Genua anmustern auf einem Schiff nach Spanien. Für diesen Plan hat er Geld aus der Kasse seines Vaters gestohlen. Der Plan missglückt, weil er das Schiff nicht rechtzeitig erreicht. Er kehrt in das Städtchen zurück, gibt aber seinen Fluchtplan nicht auf. Seinen Eltern macht er weis, dass er zu einem Förster, einem Bekannten der Familie, fährt.

Das Schuljahr beginnt wieder, und der Platz von Fritz bleibt leer. Die Eltern finden heraus, dass er über den Besuch beim Förster gelogen hat und in Wirklichkeit mit unbekanntem Ziel fortgegangen ist. Sie sind beunruhigt, verzweifelt. Als Albrecht einen Brief von seinem Freund bekommt, erzählt er der Mutter Fiedler, dass mit ihrem Sohn alles in Ordnung ist und dass er auf einem Bauernhof bei Mariazell in Österreich arbeitet.

Vater Fiedler reist seinem Sohn nach und kann fast nicht glauben, dass der jetzt ein zufriedener Mensch ist. Zusammen kehren sie nach Hause zurück. Die Eltern haben verstanden, dass Fritz kein Typ fürs Studieren ist und dass er etwas von der Welt sehen möchte. Sie beschließen, ihm nichts in den Weg zu legen. Sein nächstes Ziel ist Hamburg, wo er als Lehrling bei einer Exportfirma anfangen kann. Die Firma hat Niederlassungen in Übersee, also kann er womöglich – buchstäblich – weit kommen und fremde Länder und Völker sehen.

Die Hamburger Firma geht in Konkurs. Daraufhin beschließt Fritz tollkühn, sein Glück in Amerika zu versuchen, bekommt aber nur ein Touristenvisum und muss niedrige, illegale Arbeit verrichten, die keine Sicherheit für die Zukunft bietet: Teller waschen, putzen, Zeitungen verkaufen. Er arbeitet für Alkoholschmuggler und wird bestohlen. Als er mittellos nach Hause zurückkehrt, bietet Albrecht an, ihn finanziell zu unterstützen, damit er seine Schulausbildung beenden kann. Fritz geht darauf nicht ein, wie er auch auf Vorschläge seiner Familie nicht eingeht, ihm zu einem Arbeitsplatz zu verhelfen. An Albrecht schreibt er, er habe sich schon entschieden.[62]

In einem kleinen Hotel in Berlin erschießt er sich und seine Freundin. Albrecht geht ins Leichenschauhaus und sieht den nackten, athletischen Körper seines Freundes. Das Letzte, was er für ihn tun kann: so viele Zeitungen wie möglich aufkaufen, die über das Drama berichten, so dass weniger Menschen davon lesen können. Denn die Nachricht wird ziemlich sensationslüstern gebracht: als eine Liebestragödie. Albrecht weiß, dass es eher eine Lebenstragödie ist.

Ein Demonstrationszug zieht vorbei

Berlin bildet die Szenerie für den Schluss des Romans. Johann und Trudel teilen eine Wohnung mit ihren beiden Kindern. Der Vater verdient ein wenig Geld, indem er auf Märkten lose Ware anbietet: Schnürsenkel, Strümpfe, Bänder, Knöpfe, Stecknadeln. Er geht damit auch von Haus zu Haus, ein erniedrigender Gang für jemand, der einmal ein eigenes Geschäft hatte. Abends liest er die Zeitung. Er scheint seinen Frieden gemacht zu haben mit seinem neuen kleinen Leben. Die Mutter hat im Haushalt genug zu tun.

Als eines Abends ein von Musik begleiteter Demonstrationszug durch die Straße zieht, schauen Vater und Sohn vom Fenster aus zu.

> Vorn an der Spitze marschiert ein Mann allein, ihm folgt ein Zug, wohlgeordnet in Viererreihen, der immer anschwillt: ein Demonstrationszug. Arbeiter, Arbeitslose, verarmte Bürger, Studenten, Frauen und Männer. Sie marschieren alle im gleichen Tritt, und obwohl der Mann in der ersten Reihe den Mann in der zehnten Reihe nicht kennt, nicht weiß, wer er ist – sie mar-

schieren zusammen. Ein starker Wille geht von ihnen aus, eine einheitliche Bereitschaft – sie wissen, warum sie marschieren. Als die ersten Trupps an dem Hause angelangt sind, beugt der Sohn sich ein wenig aus dem Fenster hinaus, daß die da unten ihn sehen können, und grüßt die Vorbeiziehenden lautlos. Und langsam, als müßte er eine ungeheure Last von sich stoßen, erhebt der Vater seine Hand, tritt einen Schritt vor neben seinen Sohn – doch als besäße er nicht die Kraft … der Arm fällt ihm schwer herab, er neigt den Kopf zur Erde und schließt die Augen. So stehen sie beide, Vater und Sohn, grüßend, die ganze Zeit, bis die letzten Demonstranten am Fenster vorbeigezogen sind.[63]

Das ist das Ende des Romans. Ein offenes Ende, denn wir wissen nicht, wie Albrecht sein Engagement umsetzen wird. Geht er öfter zu politischen Versammlungen? Schließt er sich einer linksgerichteten Partei an? Setzt er sich für die Armen und die Arbeitslosen ein? Dass wir in diese Richtung denken sollen, zeigt Albrechts Erwägung: »Ich habe immer da etwas zu suchen, wo Menschen aus Hunger demonstrieren, für Arbeit und Brot.«[64]

Der Reichstag brennt

Von Juni 1931 bis Juni 1932 arbeitete Hans Keilson an seinem Buch.[65] Er bot das Manuskript dem S. Fischer Verlag an; kein Wunder, denn der Verlag war tonangebend und hatte *Tonio Kröger* in seinem Programm. Doch hatte er auch versucht, sein Buch bei Kiepenheuer unterzubringen, aber dort wollte man es nicht publizieren.[66]

Der junge Autor lieferte sein Werk persönlich beim Verleger an der Bülowstraße in Berlin ab. Er wurde vom Chef selbst empfangen, Gottfried Bermann Fischer, Schwiegersohn des Verlagsgründers Samuel Fischer. Nachdem Hans ihm den Text übergeben hatte, sprachen sie über allerlei, aber nicht über Literatur. Sie hatten Berührungspunkte: Hans studierte Medizin und spielte Geige und Trompete, Bermann Fischer hatte eine Ausbildung als Chirurg und spielte Bratsche.[67]

Via Bermann Fischer landet das Manuskript auf dem Schreibtisch des Lektors Oskar Loerke, der Hans Keilson Anfang Dezember anzurufen versucht, ihn aber nicht erreicht. Seine Mutter hatte das Gespräch angenommen. »Ein Herr Loerke hat angerufen«, sagte sie zu ihrem Sohn, als er am Nachmittag nach Haus kam, »er hat uns gratuliert, deinen Roman wird er dem Verlag empfehlen.«[68]

Am Dienstag, den 3. Januar 1933 hatte Keilson eine Verabredung bei Loerke, um über das Manuskript zu sprechen. Das war kein kurzes Gespräch, wie Loerkes Tagebucheintrag zeigt: »Bis in die Nachmittagsdämmerung hinein an seinem Buche gearbeitet. Auf Kürzungen gedrungen.«[69] Wie eingreifend und wie zwingend die Vorschläge des Lektors waren, ist nicht überliefert. Ob Keilson ab und zu Veränderungen verweigerte, ist auch nicht bekannt. Die wenigen Worte, die er über diese redaktionelle Sitzung aufschrieb (»gemeinsam arbeiteten wir am Text«[70]), ergeben nicht das Bild von Meinungsverschiedenheiten, eher von einer angenehmen Besprechung.

Von dem großzügigen Vorschuss von 600 Mark machte Hans Keilson Ferien: ein erster Skiurlaub mit einer kleinen Gruppe Berliner Medizinstudenten in der Schweiz, im Engadin.[71] »Der Verlag sandte mir die Fahnen nach. Als ich zurückkam, brannte der Reichstag.«[72] Das heißt, dass er am Abend des 27. Februar zurück in Berlin war, als der Reichstag angezündet worden war.

Die Schlussszene von *Das Leben geht weiter* ist politisch aufgeladen. Johann und Albrecht Seldersen grüßen den Demonstrationszug von Arbeitern, Arbeitslosen, verarmten Bürgern und

Studenten aus Solidarität. Im ursprünglichen Text, und wahrscheinlich auch noch in den Druckproben, tun sie das auf unmissverständlich linke Weise: mit geballten Fäusten. Das erweckt den Anschein, dass die Demonstranten Kommunisten sind und dass die Seldersens, vor allem Albrecht, mit dieser politischen Richtung sympathisieren.

Nach dem Reichstagsbrand, für den die Nazis den Kommunisten die Verantwortung in die Schuhe schoben, war es gefährlich, offen mit dieser politischen Gesinnung Solidarität zu zeigen. Direkt nach dem Brand wurden allein in Berlin 1500 Parteimitglieder verhaftet. Die 81 Sitze, die die Kommunistische Partei Deutschlands (KPD) bei den Wahlen am 5. März gewann, durften nicht besetzt werden. Einen Tag später wurde die KPD verboten. Die gewählten Reichstagsmitglieder wurden verhaftet. In den folgenden Monaten gab es weitere Verhaftungen. Es wurde gefoltert und es gab Tote. Auch kritische linke, aber nicht direkt kommunistische Intellektuelle wurden verhaftet.[73]

Unter diesen politischen Umständen konnten »geballte Fäuste« Probleme bringen. Oskar Loerke und Peter Suhrkamp, der zu diesem Zeitpunkt beim Verlag S. Fischer für die literarische Zeitschrift *Neue Rundschau* verantwortlich war, drängten deshalb auf eine Textänderung in den Druckproben: Die geballten Fäuste mussten weg. »Sie meinten«, schrieb Keilson später, »daß die geballten Fäuste beim Demonstrationszug im letzten Kapitel die Chancen des Romans bedrohten«.[74] Er hatte kein Problem damit, die Assoziation mit dem Kommunismus zu vermeiden:

> Es ging mir auch gar nicht darum, also um die [Kommunistische] Partei, es ging mir nur um den Willen zu einer politischen Entscheidung überhaupt. [...] Aber ich muß sagen, das war mehr eigentlich das Messianistische, der messianistische Impuls,

> der ja im Sozialismus steckte – so wie ich damals und wie wir alle damals den Sozialismus verstanden haben.[75]

Wie erwähnt, wurde in der Schlussszene dann beschrieben, dass Albrecht und sein Vater die Demonstranten »grüßen«. Das hat inzwischen zu einem Interpretationsproblem geführt. Das Wort »grüßen« wird im Deutschen sehr allgemein gebraucht und ruft kein genaues Bild der Form des Grüßens hervor. Aber weil der Vater den Arm zum Gruß hebt, könnte man denken, dass hier der Hitlergruß gezeigt wird und dass also nationalsozialistische Demonstranten durch die Straße ziehen. Damion Searls, der Amerikaner, der das Buch unter dem Titel *Life Goes On* (2012) übersetzte, erschrak, als er die Passage las und anfänglich so interpretierte.[76]

In seiner niederländischen Übersetzung *Het leven gaat verder* (2011) ließ Frank Schuitemaker Vater und Sohn »zwaaien«, also winken, was ein viel spezifischeres Wort ist als »grüßen«. So vermied Schuitemaker die Möglichkeit einer nazistischen Färbung der Szene. Searls wählte die wörtlichere Übersetzung »to salute«. Die mögliche Interpretation als Nazisympathie umging er nicht.

Durch das redaktionelle Eingreifen von Loerke und Suhrkamp wurde die Schlussszene doppeldeutig, und Hans Keilson gab sich damit zufrieden. In den achtziger Jahren, als das Buch bei S. Fischer neu aufgelegt wurde, hat er beim Verlag nicht auf Wiederherstellung des Urtextes gedrängt. Die geballten Fäuste kehrten nicht zurück.

Der Nutzen eines nicht originellen Titels

Der Roman sollte ursprünglich *Das neue Leben* heißen, als Hinweis darauf, dass Albrecht am Ende eine andere Haltung gegenüber seiner Umwelt annimmt.[77] Vielleicht war es Loerke, vielleicht Suhrkamp, der Keilson daran erinnerte, dass es bereits ein berühmtes Buch mit diesem Titel gab: Dantes *Vita nuova*. Der definitive Titel *Das Leben geht weiter* war eine Standardformulierung, und das hatte seinen Nutzen. Literaturwissenschaftler konstatierten, es sei ein »ob seiner Trivialität schon wieder origineller, vor allem unverdächtiger Titel. [...] Der unverfängliche Titel, der bis dato unbekannte Autor, der als unbeschriebenes Blatt gelten musste, und auch die Tatsache, dass im Roman trotz der autobiographischen Grundierung nicht von einer jüdischen Kaufmannsfamilie die Rede ist, ließen das Buch eine mögliche Zensur passieren – als das ›letzte Debüt eines Juden im alten S. Fischer-Verlag‹, wie Keilson später anmerkte.«[78]

Der Gedanke, dass das Leben weitergeht, spielt auch bei Thomas Mann eine Rolle. Tonio Kröger findet, dass Schreiben eine reinigende Wirkung hat. Zu einer Freundin sagt er: »Ist Ihnen das Herz zu voll, fühlen Sie sich von einem süßen oder erhabenen Erlebnis allzusehr ergriffen: nichts einfacher! Sie gehen zum Literaten, und alles wird in kürzester Frist geregelt sein. Er wird Ihnen Ihre Angelegenheit analysieren und formulieren, bei Namen nennen, aussprechen und zum Reden bringen, wird Ihnen das Ganze für alle Zeit erledigen und gleichgültig machen und keinen Dank dafür nehmen. Sie aber werden erleichtert, gekühlt und geklärt nach Hause gehen«.[79] Auch wenn Mann einen ironischen Ton anschlägt – es ist frappierend, wie sehr diese Bemerkungen über die Arbeit des Schriftstellers auch für das gelten, was in der Psychoanalyse geschieht. Keilson wird später selbst ausdrücklich auf die Verwandtschaft zwischen Literatur und Psychoanalyse hinweisen, die beide zum Ziel haben, »menschliche Gefühle zu entschleiern«. Er nannte sie »tweelingpaarden«, Zwillingspferde.[80]

Tonio Kröger sieht ein, dass seine Argumentation nicht die

ganze Wahrheit sein kann, weil das Leben nun einmal nicht stillsteht, auch nicht, nachdem der Autor Probleme benannt und entwirrt hat. Mit den Worten von Thomas Mann: »der Literat begreift im Grunde nicht, daß das Leben noch fortfahren mag, zu leben, daß es sich dessen nicht schämt, nachdem es doch ausgesprochen und ›erledigt‹ ist. Aber siehe da, es sündigt trotz aller Erlösung durch die Literatur unentwegt darauf los; denn alles Handeln ist Sünde in den Augen des Geistes«.[81]

Die Auffassungen von Tonio Kröger scheinen der intellektuelle Nährboden für dasjenige zu sein, was Dr. Köster und Albrecht Seldersen miteinander besprechen. Köster will ganz in der Welt des Geistes leben, Albrecht will ausbrechen und dem vollen Leben entgegengehen. Wie Tonio Kröger sieht er ein, dass das aktive Leben sich nicht weg-vergeistigen lässt. Es geht nun einmal weiter, was Köster in seinem Elfenbeinturm auch denken oder meinen mag. Die Formulierung »daß das Leben noch fortfahren mag, zu leben« steht in unmittelbarer Nähe zu dem Romantitel »Das Leben geht weiter«. Die Analogie wäre banal, wenn sich dahinter nicht eine vergleichbare Gedankenwelt verbergen würde.

Das Debüt

Anfang April 1933 erschien das Buch in einer Auflage von dreitausend Exemplaren bei S. Fischer.[82] Den Schutzumschlag, mit einer Zeichnung, die einen jungen Mann und einen Herrn mit einem Hut, also Albrecht Seldersen und seinen Vater, nebeneinander gehend zeigt, hatte Georg Salter gestaltet, der auch den berühmten Umschlag für *Berlin Alexanderplatz* (1929) von Alfred Döblin entworfen hatte.[83]

Hans Keilson, 23 Jahre alt, hatte sein Debüt, und das bei einem tonangebenden Verlag mit großen Autoren wie seinen Helden

Hermann Hesse und Thomas Mann. Seine Stimmung war »euphorisch«, sagte er später.[84]

S. Fischer veröffentlichte 1933 mehrere Bücher jüdischer Autoren; unter ihnen war Keilson der einzige Debütant. Der Verlag brachte in diesem Jahr neue Titel von Jakob Wassermann, Alfred Döblin, Richard Lewinsohn und von Ferdinand Bruckner, dessen Name bereits zu Beginn dieses Kapitels fiel, weil Keilson sein Theaterstück *Krankheit der Jugend* gesehen hatte, als er gerade erst anfing, in Berlin zu studieren. Ein Buch mit ausgesprochen jüdischer Thematik war, ebenfalls 1933, *Die Geschichten Jaakobs* von Thomas Mann, der erste Teil der Tetralogie *Joseph und seine Brüder*.[85]

In Gesprächen und bei Vorträgen sagte Hans Keilson gelegentlich, bitter scherzend, sein Roman sei »noch gerade rechtzeitig zur Bücherverbrennung« erschienen.[86] Wurde sein Debüt am 10. Mai 1933, dem Tag der Bücherverbrennung in Hitlerdeutschland, wirklich in die Flammen geworfen? Obwohl es sich um ein Werk eines jüdischen Autors handelte, kommt es auf den »Schwarzen Listen« der Bücher, die nicht mehr verkauft werden durften und aus Bibliotheken entfernt werden mussten, nicht vor.[87] Da der Name Hans Keilson und der Titel *Das Leben geht weiter* auf diesen Listen fehlt, ist nicht anzunehmen, dass der Roman im Feuer landete.

Es kam vor, dass Keilson seinen Scherz in abgewandelter Form zum Besten gab: Sein Roman sei noch gerade rechtzeitig erschienen, um verboten zu werden.[88] Auch dafür gibt es keine Beweise. Der Buchhandel konnte den Roman noch zwei Jahre nach Erscheinen beim Großhandel beziehen: In einem Großhandelskatalog, gedruckt im Oktober 1935 für die Saison 1935 / 36, wurde *Das Leben geht weiter* noch immer angeboten.[89]

Antijüdische Kulturpolitik

Um das kulturelle Leben in Deutschland unter die Kontrolle der Nationalsozialisten zu bringen, legte der Propagandaminister Goebbels im September 1933 ein Gesetz vor, das dies ermöglichen sollte. Es wurde eine übergeordnete Organisation unter dem Vorsitz von Goebbels selbst ins Leben gerufen, die Reichskulturkammer, mit sieben untergeordneten Kammern, eingeteilt nach Genre oder Medium: Musik, bildende Kunst, Theater, Presse, Radio, Film und Literatur. Für diesen letzteren Sektor, zu dem Autoren, Verleger, Buchhändler und Bibliothekare gehörten, gab es die Reichsschrifttumskammer (RSK); Mitgliedschaft dort war eine Voraussetzung, wenn man publizieren oder auf andere Weise im Buchbetrieb sein Brot verdienen wollte.[90] Indem man die Mitgliedschaft zur Verpflichtung machte, hoffte diese Organisation, den ganzen Literaturbetrieb fortan im Auge behalten zu können.

Die RSK kannte, ebenso wie die übergeordnete Reichskulturkammer, keinen Arierparagraphen, d. h. keine Regelung, die Juden ausdrücklich ausschloss. Diese Freiheit der Juden, sich anzumelden und im kulturellen Leben eine Rolle zu spielen, gefiel Goebbels gar nicht. Seine Argumentation: Die Juden werden inzwischen aus allerlei Berufsgruppen ausgeschlossen, aber im kulturellen Sektor können sie so doch wieder hineinschlüpfen und Arbeit finden.[91] Diese Hintertür müsse geschlossen werden. Ohne einen ausdrücklichen Arierparagraphen einzuführen, griff er zu einem Trick: In den Bestimmungen der Reichskulturkammer stand, dass Personen abgewiesen werden konnten, die »unzuverlässig« und »ungeeignet« waren. Es war nicht beabsichtigt gewesen, mit dieser Umschreibung Juden auszuschließen, aber Goebbels, »der kleine Lügenvirtuose«[92], gebrauchte sie doch zu diesem Zweck. Im Februar 1934 ließ er die Vorsitzenden der verschiedenen Kammern wissen:

> Wenn jemand aus bestimmten Gründen als unzuverlässig oder ungeeignet angesehen werden muss, kann man ihm die Mitgliedschaft in den Verbänden verweigern, und nach meiner Ansicht und Erfahrung ist ein jüdischer Zeitgenosse im allgemeinen ungeeignet, Deutschlands Kulturgut zu verwalten![93]

Damit war die Kulturpolitik antijüdisch geworden. Jüdische Autoren wurden aus der RSK ausgeschlossen. Autoren, deren Antrag noch in Bearbeitung war, und das waren ungefähr 1600, bekamen einen negativen Bescheid. In Deutschland konnten sie nicht mehr legal publizieren, außer in spezifisch jüdischen Medien.

Hans Keilson war einer von denen, die sich um eine Mitgliedschaft beworben hatten. Er wurde abgewiesen und schrieb darüber ein Briefchen an Peter Suhrkamp, jetzt Vorstandsmitglied bei S. Fischer, aus dem hervorgeht, dass die Abweisung (die nicht erhalten geblieben ist), sich der Goebbels-Terminologie bediente. Auch das Wort »artfremd« muss wohl in dem ablehnenden Bescheid gestanden haben. Keilson an Suhrkamp:

> [Ich erhielt] vom Herrn Präsidenten der Deutschen Schrifttumskammer den ablehnenden Aufnahmebescheid auf Grund artfremder Unzuverlässigkeit und Nichteignung, verbunden mit dem Verbot jedweder Veröffentlichung im Bereich der RSK.[94]

Suhrkamp reagierte mitfühlend und loyal. Er sei »sehr traurig, wenn es auch nicht die erste derartige Nachricht ist, die mich in diesen Tagen erreichte. Jede einzelne trifft einen neu. Aber Sie haben vollkommen recht, Sie sollte[n] sich nicht getroffen fühlen. Anders ist es für mich. Ich hoffe nur, dass dadurch unsere Verbindung nicht durchschnitten wird.«[95]

Abgewiesen als Mitglied der Reichsschrifttumskammer hatte

Hans Keilson in Deutschland als Autor keine Perspektive mehr. In seinen Worten: »Ich hatte eine große Zukunft hinter mir.«[96] Doch wurde *Das Leben geht weiter*, wie erwähnt, dem Buchhandel noch für die Saison 1935 / 36 angeboten, etwas, was man nicht erwarten würde. Dieses Buch eines jüdischen Autors hätte, aus der Naziperspektive gesehen, nicht mehr verkauft werden dürfen. Schlüpfte es durch die Maschen der Nazibestimmungen? Möglicherweise fiel es nicht als jüdisches Buch auf, weil darin kein jüdischer Inhalt auszumachen war.

Literarischer Kontext

Es erschienen damals zwei Besprechungen von Keilsons Debüt. *Die literarische Welt* schrieb, der kleine Geschäftsmann Seldersen habe heroisch gekämpft.[97] Sicher: Er verlor, aber er lebte weiter, und das ist positiv und hoffnungsvoll. Der Rezensent brachte Seldersens Kampf in Verbindung mit dem Ersten Weltkrieg: »es ist etwas von dem Grabenheroismus des Feldsoldaten in seinem kleinen Leben«. Aus dem ganzen Buch spreche »Pflichtgefühl in echt deutscher Weise«. Und das könne eine Lebenslehre sein. Der Rezensent des katholischen Monatsblattes *Der Gral* äußerte sich überwiegend negativ. Er fand, dass aus diesem Roman über einen äußeren und inneren Untergang kein Trost zu schöpfen sei. Die Struktur sei nicht stark genug, das Buch gleiche einem Film ohne Regisseur, auch wenn der Schluss von bedeutsamer Aktualität sei.[98] Keilson berichtete später, er habe dem Rezensenten einen bösen Brief geschrieben, aber nie eine Antwort erhalten.[99]

Literaturwissenschaftler haben dem Roman *Das Leben geht weiter* einen Platz in der literarischen Tradition gegeben. Dabei spielen die sozioökonomischen Umstände um 1930 eine große Rolle.

Den Germanisten Heinrich Detering erinnert das Buch an das

Fin-de-siècle. Leben im Reich des Geistes, abseits der Gesellschaft, das war die einsame Position, die der Künstler in *Tonio Kröger* einnahm. Bei Keilson entkomme die Hauptperson aus diesem Elfenbeinturm: Er wendet sich dem modernen Leben mit seinen sozialen Wirren zu. Er entwickelt sich zu einem engagierten Menschen seiner Zeit, und so wird der Roman ein Buch dieser Zeit. Der Stil passt dazu: nüchtern, nicht gewollt literarisch. Das ist der Stil der Neuen Sachlichkeit.[100]

Das Leben geht weiter ist mit anderen Romanen der Neuen Sachlichkeit aus der Weimarer Republik in Verbindung gebracht worden[101], wie beispielsweise *Kleiner Mann – was nun?* von Hans Fallada aus dem Jahre 1932, der Geschichte einer jungen Familie am ausgefransten Rande der Gesellschaft, die es finanziell nicht schafft. Der Unterschied: Der kleine Mann in den Romanen dieser Zeit ist meist ein Angestellter oder Arbeiter, während es bei Keilson um einen kleinen Geschäftsmann geht, der um seine Selbständigkeit kämpfen muss. Aber das Sich-Absetzen gegen den Vater, die Unsicherheit der Jüngeren, die ihren Platz in der Gesellschaft noch finden müssen – diese Aspekte von *Das Leben geht weiter* passen dann wieder ganz zur Literatur der Weimarer Republik in ihrer Krisenzeit. Kennzeichnend für manche dieser Texte ist das offene Ende. Albrecht mag sich vornehmen, den Blick nach außen zu richten und sich für andere einzusetzen, wie er das machen will und ob es ihm gelingen wird, ist noch die Frage. Die Hauptperson in *Das kunstseidene Mädchen* (1932) von Irmgard Keun sitzt am Ende des Buches im Wartesaal eines Berliner Bahnhofs mit nichts als Unsicherheit vor sich: Sie ist ihrem Liebhaber davongelaufen und hat kein Geld. Die Hauptperson in Erich Kästners *Fabian. Die Geschichte eines Moralisten* (1931) ertrinkt beim Retten eines Jungen. Das scheint ein geschlossenes Ende zu sein.[102] Aber was das Kind dann weiter vom Leben erwarten kann, bleibt ausgespart.

Und am Schluss von *Kleiner Mann – was nun?* sind Pinneberg und seine Frau finanziell am Ende. Die große Frage ist, was aus ihnen und ihrem kleinen Sohn werden wird.

Hans Keilson schrieb einen modernen sozialen Roman, in dem die drückende, mutlos machende Krisenatmosphäre um 1930 aufgerufen wird. Vater Seldersen ist ein kleiner Mann, ein winziges Rädchen im großen Wirtschaftssystem. Er wird zermalmt von Kräften, die viel stärker sind als er selbst, und er verliert seine Würde, seinen Stolz. Das ist realistisch, es ist glaubwürdig, aber oft auch von einer gewissen Unverbindlichkeit. Keilson wäre einem wirklichen Zeitbild noch näher gekommen, wenn er konkrete historische Fakten in den Text aufgenommen und zum Beispiel politische Parteien beim Namen genannt hätte. Auch die politische Gesinnung der Demonstranten am Schluss nennt er nicht. Der Autor sagte später, dass er vorsichtig gewesen sei: »Ich wagte es nicht, literarisch in politische Diskussionen und Konflikte einzugreifen, der Druck durch die Nazis war zu stark. Politik war ein zu gefährliches, ein lebensbedrohliches Feld, als dass ich aktiv darin hätte wirken wollen.«[103] In dieser Aussage klingt mit, dass Loerke und Suhrkamp geraten hatten, die geballten Fäuste wegzulassen.

Hans Fallada nennt in *Kleiner Mann – was nun?* die Kommunisten und die Kommunistische Partei Deutschlands beim Namen, offenbar war das im Juni 1932, als dieses Buch erschien, noch möglich. Doch hat er die scharfen Kanten weggefeilt. Wenn die Frau des Protagonisten beispielsweise zu ihrem Mann sagt, sie wisse bereits, wem sie bei der Wahl ihre Stimme geben werden, nämlich den Kommunisten, zögert er, und sie beschließen, darüber noch nachzudenken. Im ursprünglichen Manuskript wiederholt die Frau kurz und bündig, was sie tun will: »Ich wähle die KPD.«

Dieses beherzte Sätzchen wurde 1932 weggelassen. Es wurde erstmals 2016 in der Edition des Urmanuskriptes abgedruckt.

Auch bei finanziellen Fragen ist Fallada konkreter als Keilson. Er nennt Beträge, so dass der Leser genau weiß, was die Hauptfigur verdient, wie viel Miete er und seine Frau bezahlen müssen und was ihr Lebensunterhalt kostet. Durch die Beträge und durch die finanzielle Planung, die immer wieder aus dem Ruder läuft, bekommt man einen scharfen Blick auf das Leben des kleinen Mannes und wie er sich tagtäglich abrackern muss, was zu dem herzzerreißenden Humor des Buches beiträgt. Keilson ist weniger detailliert und nicht humoristisch. Wo Fallada gewissermaßen auf das Faktenmaterial scharfstellt, hat Keilson weniger Auge für solche Details. Sein Stil ist abstrakter als der Falladas.

Hoher Realitätsgehalt

Gleichwohl ist die persönliche Wirklichkeit von Hans Keilson in *Das Leben geht weiter* überall sichtbar. Albrecht Seldersen ist, obwohl etwas jünger, das Alter Ego von Hans Keilson: Beide sind Schüler und dann Student in Berlin, beide sind Geiger, beide arbeiten eine Weile als Lehrer in einer reichen Familie mit zwei Jungen, beide spielen in einer kleinen Musikgruppe. Die Eltern Seldersen sind von den Eltern Keilson nicht zu unterscheiden: Sie versuchen ihr Textilgeschäft am Laufen zu halten, bis sie unterliegen und zu ihren Kindern nach Berlin ziehen. Anneliese ist nach Hilde modelliert: die ältere, selbständige Schwester, die bereits in Berlin studiert. Köster tritt als literarischer Mentor Albrechts auf und lässt ihn *Tonio Kröger* lesen, genau wie es in Wirklichkeit gewesen war: Burkart, das Modell für Köster, war der literarische Mentor von Hans und ließ ihn dasselbe Buch lesen. Und Fritz Fiedler ist nach dem Vorbild Fritz Bruchholz modelliert.

Ein zentrales Ereignis, das dem wirklichen Leben entlehnt ist, ist der Brand in der Backsteinfabrik.[104] »Großfeuer in Bad Freienwalde (Oder)« lautete am 22. März 1927 die Titelzeile der örtlichen Zeitung. Dem ausführlichen Zeitungsbericht zufolge kamen Bürgermeister Regel und Regierungs-Assessor Burkart, um sich persönlich über die Situation zu informieren.[105] Beim Schreiben, in Berlin, muss Keilson beschlossen haben, den Brand am Beginn von *Das Leben geht weiter* literarisch als Vorzeichen des Unheils einzusetzen: Zweihundert Arbeiter werden arbeitslos, so dass sie weniger Geld ausgeben können und der Verkauf bei Seldersen zurückgeht, genau wie das bei Vater Keilson gewesen war. Auch im Buch ist es dann Frühjahr 1927.[106]

Für die Schlussszene ließ sich Keilson nach eigener Aussage durch das inspirieren, was er in Bad Freienwalde gesehen hatte. Vom Balkon der elterlichen Wohnung aus hatte er »die Aufzüge und die Redner der beiden Parteien miterlebt«, das heißt die der Nationalsozialisten und die der Kommunisten.[107] Er hörte nicht nur Goebbels sprechen, sondern auch einen Kommunisten, womöglich Ernst Torgler, den Anführer der kommunistischen Fraktion im Reichstag. Wo Goebbels SA-Männer aus Berlin anrücken ließ, um Eindruck zu machen, da tat die Gegenpartei etwas Vergleichbares: Mitglieder der kommunistischen paramilitärischen Organisation »Roter Frontkämpferbund« kamen aus der Hauptstadt nach Bad Freienwalde. Die erhobenen kommunistischen Fäuste im Roman waren ein Erinnerungsbild.

Die traurige Geschichte vom Untergang des Ladens, die Spannungen in der Ehe der Keilsons – das könnte in Bad Freienwalde zu Klatsch geführt haben, auch wenn Max und Else nicht mehr dort wohnten. Oder wurde das Buch dort gar nicht oder kaum gelesen? War der antisemitische Buchhändler Johannes Thilo überhaupt bereit, diesen Roman eines jüdischen Autors zu verkaufen? Und wagte man als Freienwalder zuzugeben, dass man ihn besaß und las, in einer Zeit, wo Hitler und Hindenburg Ehrenbürger von Bad Freienwalde wurden und Straßen ihren Namen erhielten, und während zu einem Boykott jüdischer Geschäfte aufgerufen wurde?

Obwohl es keinen auch noch so winzigen Beweis dafür gibt: in der Verwandtschaft war man möglicherweise doch empört, dass Hans so viele private wunde Punkte öffentlich gemacht hatte. Onkel Hermann in Hamburg hätte noch einen besonderen Grund gehabt, verstimmt zu sein: Er leistete einen finanziellen Beitrag zum Medizinstudium seines Neffen, nicht zu dessen Karriere als Schriftsteller.

Wie sahen die Eltern selbst das Buch, in dem ihr allerpersönlichstes Elend aufgezeichnet war? Einige Jahre vor seinem Tod sagte Hans Keilson in einem Interview, dass seine Eltern sich niemals über *Das Leben geht weiter* geäußert hätten.[108] Das schließt nicht aus, dass sie das Buch lasen und miteinander darüber sprachen. Vielleicht schämten sie sich und schwiegen darum ihrem Sohn gegenüber. Fest steht, dass sie ein eigenes Exemplar besaßen, das Hans ihnen geschenkt hatte, mit einer tröstenden Widmung: »Um dieses Buches willen, ist nichts vergebens gewesen. Für meine lieben ›Alten‹. Hans.«[109]

Nicht nur Keilsons Eltern gelangten kaum verhüllt in den Roman. Auch sein bester Freund Fritz Bruchholz ist in der Person des Fritz Fiedler deutlich erkennbar abgebildet. Sogar mit seinem wirklichen Vornamen.

Fritz Bruchholz (1908–1928) aus der Königstraße in Bad Freienwalde war wie sein literarisches Alter Ego der Sohn eines Elektroinstallateurs. In seinen Erinnerungen erzählt Hans Keilson dies über ihn:

> Lange Zeit waren wir in derselben Klasse [...] Er war ein guter Sportler und wir wetteiferten bei den alljährlich stattfindenden Reichsjugendsportwettkämpfen. Rückblickend kommt es mir vor, als ob in der Pubertät seine Entwicklung plötzlich einen anderen Verlauf genommen hätte. Seine Schullaufbahn nahm nach der Obersekunda ein Ende. Aber er blieb derselbe liebe und anhängliche Freund, der er auch in früheren Jahren war. Auch wenn unser Kontakt weniger wurde. Eines Tages verschwand er aus Freienwalde. Vorher hatte er mich darüber informiert und gebeten, seinen Eltern nichts zu erzählen. Er verriet mir auch seinen Aufenthaltsort in Österreich, Mariazell. Seinen verzweifelten, völlig überraschten Eltern verschwieg ich alles, was ich wusste. Nach einem halben Jahre kehrte er wieder zurück und machte eine Ausbildung als kaufmännischer Angestellter in Hamburg. Er trug inzwischen eine Brille. Er hatte viel von seiner Frische und Lebendigkeit verloren. Wir verloren einander aus den Augen. Nur selten noch kam er nach Freienwalde.[110]

Mit Fritz Bruchholz endete es nicht gut. Vermutlich scheiterte er immer wieder auf seinen Arbeitsstellen, wie Fritz Fiedler im Roman. Er muss seine Zukunft als eine große, sinnlose Leere gesehen haben. Am 19. Dezember 1928, mit zwanzig Jahren, tötete er in einem Berliner Hotel an der Dorotheenstraße mit einem Revolverschuss erst seine Freundin, die 17-jährige Alix Koschnieder, Schwester eines Schulkameraden aus Bad Freienwalde, und beging dann Selbstmord. Eine Zeitung beschrieb, wie das Paar nach dem Aufbrechen der Tür angetroffen wurde: »Man fand das junge Mädchen mit einer Schußwunde tot im Bett; davor lag der junge Mann, ebenfalls tot, mit dem Revolver in der Hand. Fritz Bruchholz war seit langer Zeit mit Alice Koschlida [= Alix Koschnieder] bekannt und hatte sich – bisher vergeblich – um das Mädchen beworben.«[111] Titel des Artikels: »Tragödie einer unglücklichen Liebe«. Hatte man darüber bei der Familie oder bei Freunden Informationen eingeholt, oder hatte die Zeitung sich das selbst ausgedacht? Hatte Alix vielleicht dasselbe Gefühl der Ziel- und Zwecklosigkeit wie Fritz und wollte sie deshalb mit ihm zusammen sterben? Die Zeitung schrieb den Namen des Mädchens hoffnungslos falsch, was an der Zuverlässigkeit des Artikels zweifeln lässt.

Wie Albrecht Seldersen im Roman hörte Hans Keilson von einem Dienstmädchen, dass sein Freund in einem Berliner Hotel Selbstmord begangen hatte.

> Ich fuhr sofort ins Schauhaus, wies mich als Student der Medizin aus, und sah den toten Fritz auf einer Bahre im Keller des Gebäudes. Als der Beamte das Tuch über dem Leichnam weggezogen hatte, sah ich die Leiche meines Freundes auf der Bahre liegen. Es war das erste Mal in meinem Leben, dass ich einen toten Körper sah. [...]
> Auch seine Eltern traf ich im Schauhaus. Fritz' Mutter, eine kleine füllige Frau (Fritz sah ihr sehr ähnlich) weinte; der Vater zeigte mit seinem rechten Zeigefinger auf seine Schläfe und wiederholte fassungslos: »Hier hat er sich hineingeschossen.« Das Mädchen, seine Freundin, die ebenfalls auf einer Bahre im Keller lag, und die ich ebenfalls gut kannte, habe ich mir nicht angeschaut.[112]

Die Romanszene über den toten Fritz ist etwas ausführlicher und detaillierter:

> Albrecht fährt in die Stadt, dann geht er ins Schauhaus, dort muß er den Freund noch einmal sehen. Als er die Tür zum Vorzimmer öffnet, wenden sich drei schwarze Gestalten um, die Eltern

und ein Verwandter. Albrecht geht zur Mutter und gibt ihr die Hand.
»Weinen Sie nicht,« sagt er, »jetzt ist er ja endlich erlöst.«
Aber das war nur eine neue Aufforderung.
Der Vater steht die ganze Zeit daneben und zeigt mit dem Finger an die Schläfe: »Hier hat er sich hineingeschossen.« Das wiederholt er fünfmal, immer die gleichen Worte und die gleiche Handbewegung.
[…]
Auf der Bahre lag Fritz, er war nackt, und sein herrlicher Körper erschien ohne Fehler. Die Augen geschlossen – keine Brillengläser mehr – das Gesicht wie im Schlaf, als ruhe er sich aus. Quer über die Wange lief ein roter Streifen, blaß und eingetrocknet. Tot. Wenn dies nicht wäre, dachte Albrecht, er faßte es nicht, das war der Tod. Er begriff ihn noch immer nicht. Er sah den Freund liegen, als wenn er schlafe, jetzt muß er doch aufwachen, wenn er ihn leise bei der Hand nimmt. Die Hand ist kalt und steif. Und der Körper, der schöne, athletische Körper, lag da und antwortete mit keiner Regung. Aus dem kleinen Loch am Kopf war quer über die Wange das Leben gelaufen und hatte sich verflüchtigt.[113]

Die Beschreibung muss für die Eltern Bruchholz und für viele Freunde und Bekannte in Bad Freienwalde schockierend gewesen sein. Der Lektor Oskar Loerke dagegen betrachtete die Szene mit einem nüchternen, literarisch-technischen Blick. Besonders die fehlende Brille erhöhe die Qualität der Beschreibung, fand er. Solche Details, sagte er zu Hans Keilson, seien »die Rosinen in Ihrem Roman«.[114]

Mit *Das Leben geht weiter* hatte Hans Keilson sich selbst Klarheit über seine Existenz verschafft. In Romanform hatte er aufgeschrieben, was ihm und seinen Nächsten geschehen war, und das hatte zu Schlussfolgerungen geführt. Er wusste jetzt, was er wollte: nicht einzelgängerisch sein und sich mit den Umständen abfinden wie sein Vater und dadurch den Existenzkampf verlieren, sondern aktiv werden, sich mit anderen zusammentun, gemeinsame Ziele verfolgen. Und versuchen, einem Schicksal wie dem des resignierenden Fritz zu entkommen, das nichts als Aussichtslosigkeit und am Ende Selbstmord bedeutete. Sein Vater und sein bester Freund – sie waren ihm das Gegenteil eines Leitbildes. Sie waren keine Vorbilder, sondern abschreckende Gegenbilder.

4 Freundinnen und Arbeit

1933–1936

»Sie war für mich ein völlig anderes Wesen«

Junge Frauen und ein nicht abgeschlossenes Studium

»Die Beziehungen zwischen den Geschlechtern waren offener und freier als je«, erinnerte sich Sebastian Haffner bezüglich der zweiten Hälfte der zwanziger Jahre in Deutschland.[1] Das galt besonders für Berlin und für die jungen Menschen, die dort lebten, wie den Studenten Hans Keilson.

Freundschaften schloss er leicht und schnell, »mit sexuellen Erlebnissen oder Verführungen war ich jedoch sehr vorsichtig. Lieber ging ich ins Theater«.[2] Das klingt etwas brav. Er wusste zumindest nur zu gut, was Berlin zu bieten hatte: Mit seinen Musikanten tauchte er immer wieder ins Berliner Nachtleben ein.

Seine erste »intime« Freundin war Eva Landsberger aus Breslau, die fast vier Jahre älter war als er. Sie war Sozialarbeiterin in einem Kinderheim und gab später Musikunterricht an dem jüdischen Internat in Caputh.[3] Dass sie sich bei einem Faschingsball kennengelernt hatten, sagt viel über ihre gemeinsamen Interessen: Musik und Tanz.[4] Hans Keilson:

> Eva war sehr musikalisch, spielte Bratsche, wir gingen häufig in Konzerte. Von Zeit zu Zeit gingen wir auch tanzen, in die Villa D'Este. Dort musizierte eine englische Kapelle. Ja, ich habe gern getanzt – und Eva spielte eine große Rolle in meinem Leben, sie

> war meine erste intime Freundin. Bis sie mich eines Tages bat, einen Freund besuchen zu dürfen – einen jüdischen Advokaten aus Sils Maria, den sie von früher her kannte. Ich willigte ein, und als sie zurückkam, war es aus. Ich duldete nicht, dass sie einen anderen neben mir hatte.[5]

Wie freundschaftlich oder intim der Kontakt Evas mit diesem Freund damals war oder zuvor gewesen war, bleibt unklar. Fest steht, dass Hans eifersüchtig und gekränkt reagierte. Offenheit vonseiten Evas konnte das nicht ändern.[6] Als er sie später in Gesellschaft ihres Mannes, des Arztes Walter Friedländer, traf und die Eheleute in heftigen Streit gerieten, fand er, dass er gut daran getan hatte, die Beziehung zu beenden.[7]

Im Sommer 1933 lud ein befreundeter jüdischer Mitstudent, Wolfgang Katz, ihn zu seinen Eltern in Berlin-Neukölln ein, bei denen er wohnte.[8] Außer der Familie Katz lernte Keilson dort eine Frau kennen, die zwar nicht zur Familie gehörte, aber wohl oft dort zu finden war, weil sie im Haushalt half: Gertrud Manz.[9] Sie wurde seine neue Liebe.

Die katholische Gertrud, 1901 in dem kleinen süddeutschen Städtchen Amorbach geboren, war das einzige Mädchen in einer Familie mit drei Jungs.[10] Ihre ersten vier Lebensjahre verbrachte sie in Amorbach, wo ihr Vater Georg Manz Knöpfe herstellte und mit Antiquitäten handelte. Sehr ausdauernd war er in beruflichen Dingen nicht, er wechselte immer wieder von einem Unternehmen ins nächste: Er verkaufte Schreibwaren und Schulartikel, später züchtete er Nelken, und noch später wechselte er in den Weinhandel. Durch diese verschiedenen Tätigkeiten musste die Familie mehrmals umziehen: nach Karlsruhe, Bühl im Schwarzwald, Freiburg im Breisgau.

Gertrud Manz beschrieb ihren Vater, der die Musik liebte und recht gut Geige spielte, als einen Träumer, eher ein Künstler als ein Geschäftsmann. Selbst bot sie ein ganz anderes Bild: In der Familie galt sie als jemand mit Durchsetzungsvermögen und Organisationstalent. Ihr jüngerer Bruder Karl war weniger tatkräftig und mit mildem Spott sagte man in der Familie, an Gertrud sei ein Junge verlorengegangen und an Karl ein Mädchen. In den Jahren in Bühl, nicht weit von Baden-Baden, besuchte Gertrud eine Haushaltsschule.

Tragödien blieben der Familie von Georg Manz und seiner Frau Anna, geborene Bremmekamp, nicht erspart: Einer ihrer Söhne fiel 1915 in Nordfrankreich, ein anderer, ehemaliger Berufsoffizier, nahm sich 1932 das Leben, indem er sich erschoss. In der Familie wurde gesagt, sein Berliner Haus sei eingestürzt und er sei unter den Trümmern umgekommen. So gab es keinen Grund, sich zu schämen. Zumindest für die katholisch-fromme Mutter Anna muss es ein unerträglicher Gedanke gewesen sein, dass ihr Sohn als Selbstmörder und also als Sünder gesehen werden könnte. Galt doch seine Tat als Todsünde.

Als Hans und Gertrud einander begegneten, war er dreiundzwanzig, sie zweiunddreißig. Der Altersunterschied von achteinhalb Jahren wurde noch dadurch unterstrichen, dass Gertrud eine verheiratete Frau war. Sie hieß offiziell Gertrud Pfeiffer-Manz und hatte eine Tochter, Annemarie, geboren 1922. Ihr Mann, Rudolf Pfeiffer, hatte ein Musikaliengeschäft in Heidelberg, war achtundzwanzig Jahre älter als sie und gehörte also zur Generation der Eltern von Hans. Sie hatte ihn geliebt, »er aber liebte eine Andere«, so umschrieb sie später den Grund für das Scheitern ihrer ersten Ehe.[11] Sie war nach Berlin gezogen. 1934, ein Jahr nachdem sie Hans Keilson begegnet war, wurde die Scheidung ausgesprochen. In der Hauptstadt besuchte sie Kurse des Graphologen Max Pulver und war wohl auch selbst schon auf diesem Gebiet tätig.[12] Auch die Familie Katz war graphologisch interessiert.

In einem Interview sagte Hans über Gertrud:

> Wir lernten uns 1933 bei einem Kommilitonen kennen. Wir unterhielten uns bis morgens um vier, dann spazierten wir durch Schöneberg. Am Viktoria-Luise-Platz setzten wir uns auf eine Bank und führten unsere Unterhaltung fort, bis wir bei Tagesanbruch auseinander gingen. Sie wohnte ganz in der Nähe, in der Bambergerstraße. […]
> Sie war eine erwachsene Frau, mit der ich mich als erwachsener Mann unterhalten konnte, die mich auch als solchen behandelte. Eigentlich war es das erste Mal in meinem Leben, dass ich mich, gesellschaftlich gesehen, ernstgenommen fühlte von einer Frau. […]
> Sie war sieben Jahre älter als ich und Graphologin – ein Beruf, den es heute nicht mehr gibt. Sie hatte ein Kind, war geschieden und kam aus Amorbach im Odenwald, einer mir fremden Region. Sie eröffnete mir ungewohnte Perspektiven, war für mich ein völlig neues Wesen. Gertrud hatte etwas Psychoanalytisches, ohne selbst analysiert worden zu sein, sie hatte Kontakt zu Ärzten, Juristen, Psychologen, zu Martin Gumpert, der ebenfalls Schriftsteller war und bei Fischer publizierte. Sie hatte auch Erfahrung mit jüdischen Menschen. Gertrud war anders, lebte anders, wusste, was geschah und was geschehen würde.
> [Ihre Hellsichtigkeit] war eine ganz große Begabung. Vor allem verstand sie es, sich durch Handschriftenanalyse in das Leben von Menschen zu vertiefen. Als sie Anfang der Dreißigerjahre Hitlers Schrift zum ersten Mal sah, sagte sie: »Dieser Mann wird die Welt anzünden.«[13] Sie sagte es nicht hasserfüllt, sondern

nüchtern diagnostizierend. Und er hat sie angezündet oder versucht, sie anzuzünden.[14]

Das Jahr 1933 war in verschiedener Hinsicht entscheidend. Hans Keilson lernte die Frau kennen, mit der er 36 Jahre zusammen sein sollte, er veröffentlichte seinen ersten Roman, und er schrieb ein Gedicht, mit dem er ein Jahr später in der jüdischen Zeitschrift *Der Morgen* als Dichter debütieren sollte.[15] Aus diesem Gedicht über das Zerbrechen der Bindung zwischen Gott und Mensch spricht eine müde Traurigkeit, die zu dem Gedanken passt, dass die Zukunft für die Juden nach einem anderen entscheidenden Ereignis des Jahres 1933 besorgniserregend aussah: Hitlers Machtergreifung.

NEUER PSALM

Tot sind sie alle, Gott, die Dich einst lobten,
und anderer Stimmen sind gebannt in Schweigen.
Ich sehe, daß sich nur die Bäume neigen,
wenn Deine Stürme Wurz' und Erdreich probten.

Wirfst keinen Schatten mehr? Bewegen Deine
Kräfte gesetzgebietend Lauf an andrem Ort?
Schon tragen weißer Vögel Schwärme
mit sich die Wolken auf den Flügeln fort.

Verborgen ist mir Deiner Schöpfung Anfang.
Doch um das Ende trag ich große Sorge.
Wie ich mir Mut für jeden Tag nur borge.
Der Weg zu Deinem Abend ist so lang.

Staatsexamen

Als Hans Keilson Medizin studierte, war die Berliner Universität nicht gerade eine Oase der Ruhe. Ende der zwanziger Jahre gab es unter den Studenten bereits eine starke antijüdische Stimmung, und im Juni 1932 forderten nationalsozialistisch gesinnte Studenten, dass Juden die Eingangshalle des Universitätsgebäudes Unter den Linden nicht mehr betreten dürften. Es gab Schlägereien, und es kam vor, dass die SA einen jüdischen Studenten aus dem Hörsaal entfernte. Direkt nach Hitlers Machtergreifung studierten an der Berliner Universität 2200 jüdische Studenten, 17,6 Prozent der Gesamtzahl. Wie viele davon ihr Studium tatsächlich abschließen konnten, ist unbekannt.[16]

Die nationalsozialistische Deutsche Studentenschaft startete am 12. April 1933 eine Aktion gegen Juden, Sozialisten und Liberale unter der Parole »Aktion wider den undeutschen Geist«. Es wurden zwölf Thesen formuliert, die auf Plakaten zu lesen waren, darunter diese: »Unser gefährlichster Widersacher ist der Jude, und der, der ihm hörig ist«, und: »Der Jude kann nur jüdisch denken, schreibt er deutsch, dann lügt er.«[17] Die Hetze machte die Geister reif für Aktionen: Am 6. Mai wurde das Berliner Institut für Sexualwissenschaft des Sexualwissenschaftlers und Vorkämpfers der Homosexuellen-Emanzipation Magnus Hirschfeld gestürmt und geplündert, und am 10. Mai fand die Bücherverbrennung statt.

Hans Keilson empfand die Atmosphäre an der Universität als aggressiv, hatte aber persönlich keine Probleme.[18] Seine Professoren machten ihm keine speziellen Schwierigkeiten, weil er Jude war; ihre Haltung umschrieb er als »korrekt«.[19] Wie allen jüdischen Studenten wurde auch ihm 1933 ein Fragebogen vorgelegt, mit dessen Hilfe festgestellt werden sollte, welche jüdischen und politisch unliebsamen Studenten man noch an der Universität dulden wollte. Er musste Auskunft über seine Eltern und Großeltern geben: Wie hießen sie, was war ihr Beruf, welche ihre Religionszugehörigkeit? Seine Antwort auf die letztere Frage lautete jeweils, wie ein Refrain: »Jude«. Auch musste er angeben, ob er Mitglied politischer Parteien oder Studentenvereinigungen war oder früher gewesen war, etwa der Demokratischen Studentengruppe, der Sozialistischen Studentenschaft oder noch einer Reihe von Gruppierungen, die den Nazis nicht gefielen. Und wie war es mit der Mitgliedschaft in marxistischen oder antifaschistischen Gruppen? Hans Keilson gab an, dass er keiner einzigen Organisation angehört habe, und entging so der Nazibrandmarkung politischer Sündhaftigkeit.

Auf dem Fragebogen konnte er auch angeben, dass sein Vater Frontsoldat gewesen war. Mit großer Genauigkeit, sich zweifellos des Gewichtes dieser Angaben bewusst, schrieb er auf, dass sein Vater Max Keilson, am 11. Oktober 1914 zu den Waffen gerufen, im 7. Armee-Korps gedient hatte und mit dem Eisernen Kreuz II. Klasse ausgezeichnet worden war. Da die Nazis offenbar noch einige Achtung für Kriegsveteranen und ihre Söhne aufbringen konnten, fiel die Entscheidung über den Studenten Keilson günstig aus: »Gegen ein Weiterstudieren bestehen keine Bedenken, da der Vater als Frontkämpfer anzusehen ist.«[20]

Im Herbst 1933 begannen die medizinischen Abschlussprüfungen, sie dauerten bis Anfang Januar 1934. Die Noten der verschiedenen Fächer: neunmal »Sehr gut«, vierzehnmal »Gut« und zweimal »Genügend« – Letzteres unter anderem für Kinderheilkunde, etwas mager für jemanden, der gerade mit Kindern noch so viel arbeiten sollte. Soweit das aus den erhaltenen Dokumenten ersichtlich ist, erhielt Hans Keilson ein vorläufiges Dokument, in dem die Fächer, die Examinatoren (zu denen Sauerbruch und Bonhoeffer gehörten), die Prüfungsdaten und die Note eingetragen waren, in dem aber ein »Gesamturteil« fehlte. Auch offizielle Stempel fehlten.[21]

Dass der Student Keilson ein unvollständiges Dokument bekam, kann damit zu tun gehabt haben, dass er sein Praktisches Jahr noch hätte absolvieren müssen. Erst danach wäre er »Arzt« gewesen. In dem vorläufigen Zeugnis heißt es: »Dem Kandidaten ist die vorgeschriebene Zulassung zum Praktischen Jahr ausgehändigt worden.«[22]

Wenn er sein Praktisches Jahr hätte machen wollen, so wäre das für ihn als Juden 1934 nur noch an einem jüdischen Krankenhaus möglich gewesen. Davon gab es in Berlin nur ein einziges: das Jüdische Krankenhaus in der Exerzierstraße.[23] Dort war in absehbarer Zeit kein Platz für ihn frei, denn es gab viele jüdische Mediziner, die gerade ihr Studium beendet hatten und einen Platz in diesem Krankenhaus suchten.[24] Dazu kam ein finanzielles Problem: Das Praktische Jahr wäre ohne Bezahlung abzuleisten gewesen.

Die Zukunft sah trübe aus. Bereits am 22. April 1933 war eine Verordnung in Kraft getreten, die besagte, dass jüdische Ärzte von den Krankenkassen ausgeschlossen waren, auch wenn für Sanitätssoldaten des Ersten Weltkriegs und deren Söhne eine Ausnahme gemacht wurde. Da Hans Keilson jedoch sein Praktisches Jahr nicht machen konnte, gab es für ihn sowieso keine Möglichkeit, den Arztberuf auszuüben. Das hieß auch: kein Umzug nach Hamburg als Nachfolger von Onkel Hermann. Die medizinische Laufbahn war ins Stocken geraten. Das hatte auch eine gute Seite. Zehn Jahre später, im Versteck in den Niederlanden während der deutschen Besetzung, blickte er auf die Situation so zurück:

> Ich erinnerte mich an meinen Onkel, dessen Praxis ich übernehmen sollte, und wonach, wenn alles gut gegangen wäre, wie es zum Glück nicht gegangen ist, ich mit 25 Jahren wohlbestallter

Kassenarzt, d.h. lebendig begraben wäre. In Hamburg. Schon damals habe ich mit dem Wunsche gespielt, daß doch etwas dazwischen kommen möge! Und das »Etwas« ist dann auch gekommen. Herr Hitler ist nur der kleine Unterschied und das Etwas![25]

Lehrer an jüdischen Schulen

In den zwanziger Jahren besuchten die meisten jüdischen Kinder in Deutschland öffentliche Schulen. Aber nach Hitlers Machtergreifung waren sie immer öfter Schikanen, Beschimpfungen und Ausgrenzung ausgesetzt: Sie durften nicht mehr zum Schwimmunterricht, sie durften nicht mehr mit zu Schulausflügen.[26] Der Bedarf an besonderen jüdischen Schulen nahm zu. Im April 1933 wurde gesetzlich eine Quote für jüdische Schüler eingeführt, unter anderem an den Höheren Schulen.[27] Das alles sorgte für einen Zustrom bei den jüdischen Schulen.

Weil Hans Keilson eine Ausbildung als Sportlehrer hatte und an den jüdischen Schulen der Bedarf an Lehrkräften zunahm, brauchte er, jetzt wo seine medizinische Laufbahn blockiert war, trotzdem nicht arbeitslos beiseitezustehen. Es war klug gewesen, neben dem Medizinstudium auch eine Sportlehrerausbildung zu machen. Auf zwei Pferde setzen, das war, was er getan hatte, und der Sport war jetzt vorläufig seine Rettung. Aus idealistischerem Blickwinkel kann das Arbeiten mit Kindern oder Jugendlichen auch Ausdruck seines Vorsatzes gewesen sein, sich mehr der sozialen Umwelt zuzuwenden. Sich engagieren, etwas für andere tun – das wollte Albrecht in *Das Leben geht weiter* und das wollte er selbst auch.

Das private jüdische Internat bei Caputh, südlich von Potsdam,

Hauptgebäude das ehemalige Landhaus eines Schokoladefabrikanten, war so eine Schule, die ihre Schülerzahl wachsen sah: Gab es dort Anfang Februar 1933 noch gerade mal 31 Schüler, hatte sich die Anzahl ein Jahr später auf 63 verdoppelt.[28] Die Schulleiterin, die Reformpädagogin Gertrud Feiertag, für die Kinder »Tante Trude«, nahm zusätzliche Lehrer in Dienst.

Hans Keilson fing dort Ende März 1934 an,[29] nicht lange nach dem Abschluss seiner Prüfungsperiode, und er sollte etwa ein Jahr bleiben.[30] Er kam an einen beinah paradiesischen Ort, fern der Hektik der Großstadt. Zum Hauptgebäude gehörten ein Blumengarten, ein Gemüsegarten und ein Obstgarten. Die Umgebung war bewaldet, in der Nähe gab es einen See, der eigentlich eine Ausweitung der Havel war. Keilson schrieb später:

> Ringsherum standen Häuser auf den Hügeln und Hängen, in den Tälern, inmitten von Obstgärten. Um die Osterzeit begannen die Kirschbäume zu blühen, später Apfel und Birne. Dann versanken die Häuser in dem unendlichen Band von Blüten, kein Streifen Boden schimmerte mehr hindurch. Weiß und Rot. Der Wind vom Wasser wehte den Duft hinauf.[31]

Das Internat galt als ein Ort der Gesundheit, wo die Kinder in aller Ruhe und Harmonie lernen und sich entspannen konnten. Fremdsprachen wie Hebräisch, Englisch und Französisch und auch praktische Fächer zur Vorbereitung auf einen handwerklichen Beruf fand man wichtig. Das waren Fächer, die bei einer Emigration die Aufnahme in einem anderen Land erleichtern konnten.[32] Mit diesem Lehrplan folgte die Schule der Art und Weise, wie an verschiedenen Orten in Deutschland in sogenannten Hachsjara-Lagern (*Hachsjara* bedeutet Vorbereitung) Jugendliche auf die Emigration nach Palästina vorbereitet wurden.

Besonders wenn neue Kinder ankamen und wenn Schüler die Schule verließen, um zu emigrieren, wurde sichtbar, dass dieser Ort, wo man oft »abseits von jeglichem Zeitgeschehen« zu leben schien, doch keine Insel außerhalb der Aktualität war.[33] »Eine Art Doppelleben war es, das wir da führten«, schrieb Hans Keilson. »Schon erreichten uns überall aus dem Lande die Berichte, mit jedem Kinde, das kam, und jedem, das wegging, öffnete sich ein neuer Blick in die Trostlosigkeit und das Grauen, jeder Tag brachte es uns näher.« Trotzdem schrieb er auch dies: »Angst? Verzweiflung? Nein, nein, nichts davon verspürten wir hier draußen.«[34]

Doch konnte man in Caputh auf raue Weise mit der politisch-sozialen Wirklichkeit konfrontiert werden. So wurde im Mai 1934 der Friede gestört, als Nazis mit Steinen die Scheiben einwarfen. Im Februar des folgenden Jahres sollte sich das wiederholen.[35] Auch wurden die Schüler mitunter beschimpft, bedroht und geschlagen, wenn sie durch den Ort von einem Schulgebäude zum anderen unterwegs waren.[36] Es ist unbekannt, warum Hans Keilson diese Vorfälle nicht erwähnte. Wenn er zufällig an den Tagen, an denen diese Gewalttätigkeiten geschahen, abwesend war, dann hatte er doch sicherlich davon gehört.

Als er seine Stelle antrat, bestand das Internat aus einer Reihe von Gebäuden, auch unten im Dorf am See. Das Holzhaus, wo er zunächst mit einer Gruppe älterer Schüler wohnte,[37] die seiner Aufsicht anvertraut waren,[38] lag oben am Hang, war eingeschossig und hatte eine große Terrasse: das Einsteinhaus. Das Haus, das die Stadt Berlin Albert Einstein geschenkt hatte, wurde von ihm einige Jahre als Wochenendhaus genutzt. Dort empfing er zahlreiche Gäste: Naturwissenschaftler, Schauspieler, Schriftsteller, Politiker. Seit Mai 1933 war es an das Internat vermietet. Als Einstein im Oktober desselben Jahres nach Amerika flüchtete, war es noch immer sein Eigentum. Keilson erzählte später gern, er habe in Einsteins Bett geschlafen.

Sport galt als wichtig. Morgens um sechs ein Waldlauf, Schwimmen, Rudern, Fußball – all das gehörte dazu.[39] Die Köchin Anni und ihre Küchenmädchen spielten abends auch mit Fußball, wobei die sonst meist nicht so gute Laune der Köchin sich deutlich aufhellte.[40]

Im Internatsleben sorgte der Sport für eine positive Atmosphäre. Hier wurde niemand ausgeschlossen, und hier wurde auch eine »Antwort« auf das stereotype Bild des Juden in der Nazipropaganda gegeben. Aus der Geschichtsschreibung des Internats:

> Die Nationalsozialisten diffamierten Juden als schwach und feige. Zur neuen jüdischen Identität gehörte deshalb auch, Leistungsfähigkeit im Sport zu beweisen. Die dadurch erworbene Ausdauer, körperliche Kraft und Geschicklichkeit halfen zugleich beim Überleben in Emigration, Zwangsarbeit und mitunter sogar im KZ.[41]

Kreative Fächer waren, wie körperliche Bewegung und Arbeit mit den Händen, ein wichtiges Element des Reform-Lehrplans; auch wurden Theaterstücke einstudiert. Keilson gab außer Sportunterricht auch Musikunterricht. Dabei war er der unmittelbare Kollege seiner Ex-Freundin Eva Landsberger, die 1933/34 an dem Internat als Musik- und Zeichenlehrerin arbeitete.

Musik bildete ein Gegengewicht gegen den für die Juden so düsteren Zeitgeist. Oft musste Hans den Kindern etwas vorspielen, und das konnten auch moderne Nummern sein wie »Happy days are here again«, »I can't give you anything but love«, »Dinah«, »Stardust« und »In the mood«.[42] Hans Eppstein zufolge, der in Caputh von 1934 bis 1936 Musiklehrer war, war es üblich, morgens vor dem Frühstück zu musizieren: eine Morgenmusik.[43] Da trat dann ein Schüler auf, oder ein Lehrer, oder ein Duo. Der Tag wurde oft mit einem gemeinsamen Abendsingen abgeschlossen: meist hebräische Lieder oder deutsche Kanons.[44] Hebräische Lieder waren populär, weil die Kinder in der jüdischen Tradition Halt fanden.[45] Zum Laubhüttenfest, zur Erinnerung an den vierzigjährigen Zug der Israeliten durch die Wüste, holten sie Zweige aus dem Wald, um eine Laubhütte zu bauen. Sie bastelten auch selbst Menorahs.[46]

Hans Keilson und Gertrud Manz waren schon gut zwei Jahre in den Niederlanden, als das Internat am Morgen des 10. November 1938 überfallen wurde, in einer Art Pogromnacht mit Verspätung. Mehr als hundert Einwohner von Caputh, darunter SA-Leute und auch Lehrer und Schüler der Dorfschule, kamen zum Hauptgebäude, zertrümmerten die Scheiben, drangen ins Haus ein und riefen: »Raus! Raus! Sofort raus!« Die Schulleiterin Gertrud Feiertag konnte die Angreifer so weit bringen, dass sie die Kinder unversehrt ziehen ließen. In kleinen Gruppen von je fünfzehn Kindern und einem Erwachsenen wurden sie nach Berlin gebracht, zum Teil zu Fuß durch den Wald. »Derweil«, so liest man in einer Übersicht über die Ereignisse, »wurden in Caputh die Geigen und der Flügel zertrümmert, die Schulbücher zerrissen, Essen ausgekippt, der Boden mit Tinte beschmiert. Und alles aus dem Fenster geschmissen, was nicht niet- und nagelfest war. Es war das Ende des jüdischen Landschulheims in Caputh.«[47]

Die Kinder wurden vorläufig bei ihren Eltern oder bei anderen Privatpersonen in der Hauptstadt untergebracht. Gertrud Feiertag wurde 1943 in Auschwitz ermordet.[48]

Viel mehr Arbeit

Noch während der Zeit in Caputh erweiterte Hans Keilson seinen Wirkungskreis auf jüdische Schulen in Berlin, die neue Lehrer gebrauchen konnten.[49] Auch wenn die Zahl der Schüler im Internat zugenommen hatte, blieb es eine kleine Schule, an der ein Sport- und Musiklehrer nicht genug Stunden geben konnte. Außerdem war das Gehalt bescheiden, und die Bezahlung erfolgte nicht immer ganz regelmäßig.[50]

Jede der drei jüdischen Grundschulen in Berlin, die unter die Verwaltung der Jüdischen Gemeinde fielen, wuchs an auf etwa achthundert Schüler, jede beschäftigte etwa dreißig Lehrer. Bei der Mittelschule in der Großen Hamburger Straße stieg die Schülerzahl auf über tausend, mit achtundvierzig Lehrern und riesigen Klassen mit fünfzig bis sechzig Schülern. Weil in der Mittelschule zu wenig Platz war, wurde auch in Räumen der Jüdischen Gemeinde an der Oranienburgerstraße unterrichtet, was ein ständiges Hin und Her zwischen der eigentlichen Schule und der Dependance mit sich brachte.[51]

Ein ehemaliger Schüler, Meir Maskit, der 1939 nach Palästina flüchtete, hatte gute Erinnerungen an die Mittelschule:

> Es war wahrscheinlich nicht die Absicht der Nazipolitik, das jüdische Kulturleben zu fördern, aber die neue Wirklichkeit, die neue Situation, wirkte sich so aus: Die jüdischen Lehrer sahen in ihrer Beschäftigung ein höheres Ideal, diese Schule auf ein hohes Niveau zu bringen. Und so fühlten auch wir Schüler die große Verantwortung, zu beweisen, dass gerade diese unterdrückte und als minderwertig bezeichnete Schicht, zu der die in Deutschland lebenden Juden gestempelt wurden, fähig ist, ein reges intellektuelles Leben zu führen.
>
> […] Die Lehrer waren gefordert, alles herzugeben, was sie als

gute Erzieher auszeichnete. Und so stand nach nicht langer Zeit ein Erziehungszentrum da, das bis heute seine positiven Seiten bei uns allen hinterlassen hat. Der Fremdsprachenunterricht – Französisch und Englisch – bekam eine besonders wichtige Bedeutung, weil die Leitung verstand, dass der größte Teil der Schüler zur Auswanderung gezwungen war. Auch die sportliche Seite wurde betont, eigentlich auch um zu beweisen: »Auch wir können!«[52]

Hans Keilson unterrichtete seit dem Frühjahr 1934 an der Mittelschule und an Volksschulen der Jüdischen Gemeinde. Außerdem war er, zusammen mit einem älteren Kollegen, Dr. Friedberg, Sportberater bei der Jüdischen Gemeinde. Mit Friedberg und einem weiteren Freund verbrachte er viele Sonntagabende im gastlichen Haus des Physikers Carl Friedrich Weiss, der Cello spielte. Zu viert spielten sie Streichquartette von Haydn und Beethoven.[53]

Keilson war sehr aktiv. Er gab auch noch Sportunterricht in einem jüdischen Waisenhaus, an einer kleinen jüdischen Privatschule in Berlin-Grunewald[54] und an der zionistisch orientierten Theodor-Herzl-Schule am Kaiserdamm, die seit Hitlers Machtübernahme von zweihundert auf sechshundert Schüler angewachsen war und darum in ein größeres Gebäude hatte umziehen müssen.[55] Die Schüler waren sich dessen bewusst, dass sie Deutschland in absehbarer Zeit verlassen würden. Eine ehemalige Schülerin erinnert sich: »Auf dem Weg zur Schule habe ich überall in flammend roter Schrift ›Juden raus. Geht nach Palästina‹ gelesen. Da habe ich gedacht: Was wollt ihr eigentlich? Genau das haben wir doch vor.«[56]

In seinem Unterricht versuchte Keilson den Kindern und Jugendlichen der jüdischen Schulen und des Waisenhauses die Entspannung zu bieten, die sie gerade jetzt so nötig hatten. Er sagte darüber, offenbar auch noch im Hinblick auf seine kulturellen Unterrichtsstunden in Caputh:

> Viele dieser Menschen standen vor der Frage, auszuwandern, das Deutsche aufzugeben oder – zu bleiben, in der Hoffnung auf bessere Zeiten. Wie andere Lehrer versuchte ich, meinen Unterricht so zu gestalten, dass die Kinder, auch draußen auf dem Sportfeld, Freude daran hatten und entspannten. Sich von Konflikten fernzuhalten, nicht von Ängsten und Problemen einschüchtern zu lassen, war eine wichtige Losung. Ich erinnere, dass wir jüdische Gemeindegesänge mit den Kindern einstudierten, uns mit Mendelssohn-Bartholdy, den jüdischen Elementen seiner Musik beschäftigten; auch über Heines Position als Jude in der deutschen Literatur wurde diskutiert. Unser jahrtausendealtes kulturelles Erbe wurde neu, im Licht der deutschen Judenfeindlichkeit betrachtet. Eines Tages, so hofften wir, würde es den Deutschen vergolten – auch wenn wir traurig darüber waren. – In dieser Gemeinschaft fühlte ich mich wohl, kam mit Kindern, Lehrern und Kollegen sehr gut aus.[57]

»Ich befürchte das Schlimmste!«

Hitlers Machtergreifung, der Reichstagsbrand, die Bücherverbrennung – den Unheil kündenden Ereignissen von 1933 folgte 1934 die »Nacht der langen Messer«. Die Spitze der SA, der von Ernst Röhm angeführten paramilitärischen Organisation der NSDAP, wurde von Heinrich Himmlers SS liquidiert. Das war, wie Hans Keilson es nannte, ein Schlüsselmoment. Ihm und Gertrud wurde deutlich, dass in Deutschland etwas Wesentliches schieflief: »Die

Röhmaffäre öffnete uns die Augen. Der Rechtsstaat hatte aufgehört zu bestehen, das deutsche Bürgertum blieb stumm.«[58]

Oskar Loerke, sein Lektor beim S. Fischer Verlag, warnte ihn, dass es in Deutschland zu gefährlich werde: »Machen Sie, daß Sie rauskommen, ich befürchte das Schlimmste!«[59] Gertrud äußerte sich ähnlich: »Wir müssen raus, wir können hier nicht bleiben.«[60]

1935 wurden die Nürnberger Rassengesetze erlassen, die das Verbot von Ehe und Sexualverkehr zwischen Juden und Nichtjuden bedeuteten, wodurch die Beziehung zwischen Hans und Gertrud illegal wurde. Keilson sagte später, die neuen Gesetze seien der unmittelbare Anlass gewesen, Deutschland zu verlassen.[61] Doch sollten er und seine Freundin es wagen, noch ein Jahr zu bleiben. Auf seinen Musik-Freund Carl Friedrich Weiss machte er in dieser Zeit zunächst noch einen relativ ruhigen Eindruck, so als gingen ihn die Entwicklungen in Deutschland nichts an. Aber das war nur nach außen hin so. In Gesprächen mit Weiss wurde er allmählich offener: Er zeigte, beinah gegen seinen Willen, wie sehr er sich durch die Rassengesetze bedroht fühlte.[62] Später sollte er erzählen, wie Gertrud und er in diesem letzten Berliner Jahr immer erschraken, wenn es klingelte: Vielleicht war man denunziert worden, vielleicht wurde man verhaftet.[63] Trotz all dem konnte er sich nicht richtig vorstellen, dass er wirklich weggehen würde:

> Ich bin nicht sicher, ob ich ohne meine Frau diese Entscheidung 1935 schon getroffen hätte. Ich war blind, so deutsch bin ich gewesen. Mein Vater war dekorierter Frontkämpfer, trug immer so ein kleines Abzeichen in seinem Knopfloch; unsere Lehrer waren im ersten Weltkrieg gefallen. Musik und Goethe, Schiller, Heine, Hesse, auch Freud, der Deutsch geschrieben hatte – all das war für uns wichtig. Im Wirken der deutschen Juden in der Kultur, auch in der Politik sah ich den Beweis dafür, dass ein

Leben im Lande möglich war. Ich hatte weiterhin die Hoffnung, das Gute würde siegen.[64]

Beinahe selbstverständlich scheint es gewesen zu sein, dass Hans und Gertrud, wenn sie weggingen, sich für die Niederlande entscheiden würden. Er habe doch etwas in der Nähe seiner Eltern bleiben wollen, sagte er Ende der achtziger Jahre einer niederländischen Studentin, »und ich wusste, dass es zwischen den Niederlanden und Deutschland eine starke kulturelle Verbindung gab. [...] Leute in Berlin, mit denen ich Kontakt hatte, emigrierten auch nach Amsterdam«. Eine andere Möglichkeit, die Schweiz, kam nicht in Frage. Keilson fand die Schweizer »furchtbar unhöflich. Die sind so eingebildet und richtige Bauern, brrr.«[65]

Olympische Spiele

Es war ein Glück, dass die Jüdische Gemeinde von Berlin im Grunewald einen eigenen Sportplatz hatte, der in den Jahren 1932/33 angelegt worden war. Alle jüdischen Schulen der Stadt und auch das Internat in Caputh konnten dort trainieren und Wettkämpfe austragen, was gerade jetzt so wichtig war, weil im April 1933 bei Sportvereinen ein Arierparagraph eingeführt worden war und Juden dort seitdem nicht mehr willkommen waren.[66]

Im August 1936, in dem Monat, in dem in Berlin die Olympischen Spiele abgehalten wurden, äußerte sich Hans Keilson in einer dem Thema Sport gewidmeten Nummer des jüdischen Monatsblattes *Der Morgen* über einige prinzipielle Aspekte.[67] Sport treiben, schrieb er, sorge für Freude, Harmonie und »eine Form der übernationalen Übereinkunft unter den Menschen«.[68] Diese Sicht passte zu dem ursprünglichen Olympischen Gedanken von Freundschaft und Verbundensein, war aber unvereinbar mit der nationalsozialistischen Ideologie der Ausgrenzung und Diskriminierung.

Als Sportbegeisterter und Sportlehrer muss er an den Olympischen Spielen sehr interessiert gewesen sein, notabene in seiner eigenen Stadt; aber was er darüber dachte, ist nicht überliefert. Abgesehen vom Sport als solchem hätte er darüber nachdenken können, wie die Nationalsozialisten das Sportereignis propagandistisch ausbeuteten und beispielsweise dafür gesorgt hatten, dass in der Stadt während der Spiele keine antijüdischen Parolen zu sehen waren. Er hätte sich darüber erzürnen können, was in Caputh geschah: Einer Gruppe Japaner wurde das Internat durch die Nazis »als ein Beispiel jüdisch-autonomer Erziehung im Dritten Reich« vorgeführt,[69] und das, während die Schule Anfang desselben Jahres noch evakuiert werden musste, weil ein Überfall durch die Hitlerjugend drohte.[70]

Karl Manz, Gertruds jüngerer Bruder, war während der Olympischen Spiele in Berlin. Eine Karte, die er und seine Schwester aus der Hauptstadt an ihre Mutter schrieben, hat sich im Familiennachlass erhalten. »Recht interessante Stunden liegen hinter uns«, schrieb Karl. »Auch das Wetter hatte ein Einsehen, es war erstklassig, der Führer, Goebbels, Göring [...] waren auch dabei.« Gertrud: »Es ist wunderschön, dass Karl'chen hier ist.«[71] Bruder und Schwester müssen bei den Wettkämpfen im Publikum gesessen haben. Vielleicht waren sie am 1. August bei der Eröffnungszeremonie dabei – auch wenn das Datum der Karte, der 9. August, dafür recht spät ist.

Emigration in die Niederlande

Hans hatte viel zu tun im August 1936. Jüdische Sportfestlichkeiten im Grunewald, geplant für Anfang September, mussten vorbereitet werden. Und es musste eine Menge geregelt werden, weil er jetzt im Begriff war, Deutschland zu verlassen.

Gertrud hatte die Emigration vorbereitet. Bei einem Besuch in den Niederlanden traf sie wahrscheinlich zwei Bekannte: Traudelise Katz aus der jüdischen Berliner Familie, bei der sie Hans kennengelernt hatte, und Traudelises Freund Gerd Klaass, nicht jüdisch, Kommunist. Das Paar hatte Deutschland schon früher verlassen und wohnte jetzt in einer Pension in Amsterdam.[72] Gertrud wird mit ihnen über das Leben in den Niederlanden gesprochen haben, über die Möglichkeiten, dort sein Brot zu verdienen und eine Wohnung zu finden. Sie machte Quartier, wie Hans das später nannte. Als Geschenk brachte sie eine Schallplatte mit niederländischen Kinderliedern mit nach Berlin. Zu Hans sagte sie: »In Holland gibt es auch Kinder, für die Du arbeiten kannst. Ich gehe!«[73]

Es gab noch einen Köder. Gertrud hatte sich mit dem Berliner Gynäkologen Benno Hallauer zusammengetan, um es für Hans verlockend zu machen, wegzugehen. Der Gynäkologe hatte Hans versprochen, dass er in den Niederlanden eine Anstellung bekommen werde. Keilson sah Probleme:

> Der Berliner Kollege erklärte mir, dass er eine Verabredung mit einem holländischen Kollegen an einer holländischen Universität habe, um dort zusammen mit ihm Krebsforschungen zu betreiben. Er nannte mir Namen des holländischen Arztes und der Universität. Er lud mich ein, ihm dabei zu helfen. Meinen Einwand, dass ich keine Ahnung und keine Erfahrung mit Arbeiten in einem Labor und vor allem keine Ahnung von Krebs

hätte, besänftigte er mit dem Hinweis: Desto besser, dann hätte ich auch keine wissenschaftlichen Vorurteile und könne unbefangen die Probleme studieren.[74]

Hans begann, seine Ausreise vorzubereiten. An den Schulvorstand der Jüdischen Gemeinde schrieb er am 12. August, als die Olympischen Spiele noch in vollem Gange waren, einen Brief, um eine Reihe von Dingen zu regeln. Er bat um ein Vierteljahr Urlaub, um im Ausland medizinisch-wissenschaftlich arbeiten zu können. Und weil er auch für den Lebensunterhalt seiner Eltern aufkommen müsse, bat er die Jüdische Gemeinde, sein Gehalt weiter zu zahlen.[75]

Dem Brief muss ein Gespräch mit der Jüdischen Gemeinde vorangegangen sein, wo man seinen Wunsch zu emigrieren nur zu gut verstanden haben wird und bereit war, einem Lehrer, der sich so sehr eingesetzt hatte, zu helfen. Beide Parteien werden gewusst haben, dass dieser Urlaub in Wirklichkeit einen definitiven Weggang bedeutete. Keilsons Bitten wurde entsprochen: Er durfte gehen und bezog sein Gehalt bis zum Januar 1937. Anfang Januar erhielt er den – wahrscheinlich mündlich verabredeten – Entlassungsbrief und ein Zeugnis, in dem stand, dass er seine Arbeit »mit Hingebung und frischem Impuls« getan hatte.[76]

Es gab noch mehr gute Zeugnisse. Das jüdische Waisenhaus erklärte: »Sein Weggang wird außerordentlich bedauert«.[77] Die Mittelschule formulierte es so: »Er hat sich im Amte nach jeder Richtung hin bewährt und als Persönlichkeit die ungeteilten Sympathien seiner Kollegen erworben. Sein Fachwissen und -können macht ihn zu einem guten Lehrer und sein frisches Wesen zu einem beliebten Führer der Jugend.«[78]

Das Regeln der Zeugnisse nahm wohl mehr Zeit in Anspruch als gedacht. Auch wollte oder musste er noch bei den jüdischen

Sportfestlichkeiten im Grunewald dabei sein, die in den ersten Septembertagen stattfanden und wichtig waren als jüdische Antwort auf die Olympischen Spiele. Seinem Vater hatte er gesagt, dass er noch dringende Angelegenheiten regeln müsse.[79] Die Abreise wurde verschoben und Vater Keilson gab diese Nachricht weiter an Gerd Klaass in Amsterdam. Schließlich konnte er mitteilen, dass sein Sohn definitiv am Sonnabend, den 5. September 1936 abends in Amsterdam eintreffen werde.[80]

Max und Else hatten, auch wenn sie über seinen Weggang traurig waren, das vollste Verständnis für seinen Schritt.[81] Dasselbe Verständnis werden sie auch für Hilde gehabt haben, die am 1. September nach Frankreich gefahren war, um von dort nach Palästina weiterzureisen. Innerhalb einer knappen Woche sahen die Eltern Keilson ihre beiden Kinder Deutschland verlassen.

An das, was sich beim Überschreiten der deutsch-niederländischen Grenze im Zuge zutrug, erinnerte sich Hans Keilson so: »Der holländische Grenzpolizist im Zuge, ein kleiner beleibter Mann mit rötlichem Haar, musterte mich genau und fragte: ›Was wollen Sie denn hier?‹ Ich antwortete, dass ich meine Ferien in Holland verbringen wollte. Da schrieb er in meinem Pass ›Nach sieben Tagen melden!‹ Sobald ich wieder allein war im Abteil, habe ich die Seite herausgerissen.«[82]

In Holland war es regnerisch. Gerd Klaass und Traudelise Katz standen am Bahnhof in Amsterdam, um ihn abzuholen.[83] Gertrud war nicht dabei. Sie sollte ihrem Freund erst im Oktober folgen.

Das Handgepäck von Hans bestand aus nur einem Koffer – so wie er Jahre zuvor mit nur einem Koffer aus Bad Freienwalde nach Berlin gereist war, um dort zu studieren.[84] In Amsterdam bezog er ein Zimmer in derselben Pension an der Anna van den Vondelstraat 4, in der auch seine deutschen Freunde wohnten.[85]

Teil 2

Auf der Flucht und im Versteck

5 Exil

1936–1940
»Die Freiheit saß uns im Genick«

Amsterdam und Naarden

Weil Hans Keilson mit nur einem Koffer in die Niederlande abgereist war, hatte er nicht viel mitnehmen können. Die Eltern schickten ihm seine Sachen nach. Zwischen das Porzellan hatte Max Noten gelegt: Musik für Geige und Klavier, zwei Geigen-Schulen.[1] Später schickte er die Trompete, den Smoking seines Sohnes sowie zweihundert Kilo Bücher, darunter zehn Bände Freud. Doch blieben in Berlin noch so viele seiner Bücher zurück, dass Max und Else nicht recht wussten, was sie damit machen sollten.[2]

Der Beginn des neuen Lebens in den Niederlanden war alles andere als einfach. Die versprochene Stelle als Assistent in der Krebsforschung gab es gar nicht: Hans begriff, dass man ihm das nur in Aussicht gestellt hatte, um ihn zur Emigration zu überreden.[3] In seinem neuen Leben war er vorläufig arm dran: Er musste mit 75 Cent oder höchstens einem Gulden pro Tag auskommen, was ihm ein ziemliches Kunststück zu sein schien (ein Gulden entsprach etwa heutigen zehn Euro).[4]

Nach einer kurzen Zeit an der Anna van den Vondelstraat konnte er bei einem Berliner Ehepaar unterkommen, das auch in die Niederlande geflohen war: Hugo Fürth und Alice Rothenstein. In ihrer Wohnung, Beethovenstraat 132, zweiter Stock, war ein Zimmer frei geworden, weil ihr vierzehnjähriger Sohn Franz Ulrich nach Ommen ging, in das dortige Quäker-Internat.[5]

So landete Hans Keilson in Amsterdam-Zuid, einem Stadtteil, wo viele geflüchtete Deutsche, größtenteils Juden, sich angesiedelt hatten. Die Haltung der Niederländer gegenüber den deutschen Emigranten in und um die Beethovenstraat konnte ziemlich ablehnend sein; dabei mischte sich das antideutsche mit dem antijüdischen Ressentiment.[6] Da gab es vieles, das Ärger erregte: Mit teurer Kleidung und Juwelen zeigten die mondänen Berliner ihren Reichtum, sie aßen Torte, mitten am Tag, und sie redeten so laut.[7] Und es waren so viele. Die 24, die Straßenbahn, die dort entlangfuhr, wurde spöttisch »Berlin Express« genannt.[8] Keilson scheint unter diesen niederländischen Empfindlichkeiten nicht gelitten zu haben.

Sich in diese Flüchtlingskreise zu begeben und dort sein soziales und intellektuelles Leben zu führen, hatte er sowieso nicht vor.[9] Deutsche Bohemien-Emigranten, die in Cafés saßen, ihre Wunden leckten und unausführbare politische Pläne schmiedeten – das waren Versager, fand Keilson. Man sollte besser einen Bogen um sie machen.[10] Die Niederländer gefielen ihm besser. Das waren, sagte er, freie Bürger, die ihre Meinung auszusprechen wagten, die ihren Gegnern die passende Antwort ins Gesicht sagten. Und ihm gefiel, dass sie nach einem heftigen Streitgespräch zusammen ein Bier trinken gingen.[11]

Er wollte an seiner Zukunft in seinem neuen Land arbeiten, und doch waren Exil-Deutsche vorläufig sein natürliches Umfeld. So wurde er beispielsweise eingeladen, im deutsch-jüdischen Kulturzentrum in Amsterdam, »Tehuis Oosteinde«, einen Vortrag zu halten. Dort trafen sich jüdische Flüchtlinge und auch niederländische Juden unter anderem zu Englisch- und Hebräischkursen. Der Roman *Das Leben geht weiter* stand dort in der Bibliothek.[12]

Hans Keilson sprach über das Phänomen Emigration. Er warnte vor einer Verengung des Blickwinkels, davor, als Juden den Blick nur auf jüdische historische Persönlichkeiten zu richten, gerade in einer Zeit, in der die Tendenz herrschte, das Judentum wirtschaftlich und kulturell von der übrigen Gesellschaft zu isolieren. Als leuchtendes Vorbild wählte er einen Christen aus dem 17. Jahrhundert, Comenius, der auch in die Niederlande geflohen war. Die Bedeutung dieses Gelehrten reichte weit über seinen eigenen kleinen Kreis hinaus: Er war als Philosoph und Pädagoge für die ganze Menschheit von Bedeutung. Keilson erwähnte nicht, dass Comenius, ganz modern, für eine Erziehung plädierte, die für alle, für Jungen und Mädchen aller Stände offen sein müsse. Aber das dürfte ihn wohl besonders angesprochen haben.[13]

Von Amsterdam mit seiner Offenheit und Freiheit, auch für Juden, war Hans Keilson begeistert. Er fühlte sich als Fremder, das schon, aber nicht abgewiesen wie in Deutschland.[14] Naiv fand er die Pazifisten, die er überall sah, kenntlich an einem Abzeichen mit zerbrochenem Gewehr auf ihrem Revers. »Dass man Hitler mit einem gebrochenen Gewehr würde bekämpfen können«, sagte er später, »das fand ich doch ein bisschen lauwarm.«[15] Und die geplante Verteidigung der westlichen Niederlande mit Hilfe einer Reihe von Festungsbauten und dem Plan, ganze Gebiete unter Wasser zu setzen, die »Nieuwe Hollandse Waterlinie«, erschien ihm als »eine sehr naive Lösung«.[16] Er sah noch das Bild einer großen Militärparade vor sich, die er Unter den Linden in Berlin gesehen hatte, kurz bevor er das Land verließ. Gegen dieses Heer würden die Niederlande rasch den Kürzeren ziehen.

Etwas von der Atmosphäre der unsicheren Anfangszeit in den Niederlanden kann man in einem frühen Gedicht wiederfinden:

Amsterdamer Lied

Zu Amsterdam im vierten Stock
mit einer Laus im Haar,
da lebten wir, mein Schatz und ich,
dreiviertel und ein Jahr.

Wir liebten uns am Schwanenteich
des Nachts im Vondelpark.
Der Himmel glänzte: Leuchtmetall,
die Erde roch so stark.

Die Freiheit saß uns im Genick,
zuvor die Polizei.
In Amsterdam war es noch kalt
im Tulpenmonat Mai.

Weit draußen rauscht das große Meer
bei Zandvoort und Zaandam.
Doch dahinaus gelangt nur, wer
es auch bezahlen kann.

Es lebt sich in der schönsten Stadt
selbst mit der liebsten Frau,
wenn man dort keine Arbeit hat,
am Ende ungenau.

Denn wenn du nichts zum Beißen hast,
sei's auch in Amsterdam,
dann nützt dir nichts das IJsselmeer,
Marken und Volendam.

Kind, pack die Koffer wieder ein!
Zu Ende ist die Jagd.
Noch einmal über'n Rembrandtplein,
dann schmeiß dich in die Gracht.[17]

Die Zeilen »Die Freiheit saß uns im Genick, / zuvor die Polizei« hat Keilson später so kommentiert: In Deutschland, sagte er, hatten Gertrud und er wegen ihrer verbotenen jüdisch / nicht jüdischen Beziehung den heißen Atem der Polizei im Nacken gespürt. In den Niederlanden hatte die Freiheit auch ihre Gefahren. Die Nürnberger Rassengesetze galten auch für Deutsche im Ausland. Wenn man auf der Straße mit jemandem sprach, sah man sich erst um, ob nicht ein potenzieller Denunziant mithörte.[18] Ein kleiner Immigranten-Fehler in dem Gedicht wurde niemals korrigiert: Zaandam liegt nicht am Meer.

Um hier leben zu können, war es nötig, Niederländisch zu lernen. Wörter, die sich ihm als erste einprägten, waren »netjes« (ordentlich) und »zuinig« (sparsam). Das letztere war ein Schlüsselwort des damaligen Ministerpräsidenten Colijn und für Hans Keilson vielleicht besonders vielsagend, weil er selbst so knapp bei Kasse war.[19] Eine Weise, sich in die neue Sprache einzuleben, war: Bücher, Zeitungen und Zeitschriften zu lesen versuchen.[20] Eine wichtige Rolle spielte das Radio: Er lernte in dieser Anfangszeit, wie er sich später erinnerte, vielleicht am meisten von dem populären Sportreporter Han Hollander, der vor allem durch seine Kommentare zu Fußballwettkämpfen bekannt war. Dessen Sprechtempo konnte er gut folgen, und Fußball interessierte ihn.[21] Mit Hilfe deutscher Zeitungen und Zeitschriften, die er in Amsterdam in der Universitätsbibliothek und in der auf jüdische Bücher und Zeitschriften spezialisierten Bibliotheca Rosenthaliana las, blieb er, was Nachrichten aus seinem Vaterland betraf, auf der Höhe.[22]

Gertrud, inzwischen auch in den Niederlanden, zog mit Hans von Amsterdam nach Naarden. Dass es gerade Naarden wurde, ebenso wie später der Nachbarort Bussum gelegen in einer Gegend südöstlich von Amsterdam, die »Het Gooi« heißt, hatte auch wieder mit deutschen Kontakten zu tun.

Graphologie und pädagogische Praxis

Traudelise Katz, die mit ihrem Freund Gerd Klaass in derselben Amsterdamer Pension gewohnt hatte, in der auch Hans zunächst eingezogen war, dürfte dafür gesorgt haben, dass er und Gertrud in ihrem neuen Land wieder einen Schritt weiter kamen. Sie wird es gewesen sein, die die beiden mit ihrer Tante Marie Anna Adelaar-Fürth in Kontakt brachte, einer Deutschen, die mit einem Niederländer verheiratet war.[23] Das Ehepaar Adelaar wohnte bereits längere Zeit in Naarden. Frau Adelaar interessierte sich für moderne Pädagogik; Anfang der zwanziger Jahre war sie die treibende Kraft hinter der Gründung einer Montessorischule in Bussum. Sie wurde Vorsitzende der Abteilung Naarden-Bussum der Niederländischen Montessori-Vereinigung und war außerdem seit 1930 für die Sozialdemokraten Mitglied des Gemeinderats von Naarden, als einzige Frau unter lauter Männern.[24] Sie konnte erreichen, dass Hans und Gertrud eine Aufenthaltsgenehmigung bekamen. 1938 folgte die Aufnahme ins Einwohnerregister von Naarden.[25] Ebenfalls ins Einwohnerregister aufgenommen wurde Annemarie Pfeiffer, Gertruds Tochter aus erster Ehe, die im Mai 1938 nachgekommen war.[26] Gertruds und Annemaries Adresse in Naarden: Keizer Ottoweg 9.

Hans Keilsons offizielle Adresse in Naarden lautete Verlengde Fortlaan 4. Dass er offiziell getrennt von seiner Freundin wohnte, war eine Vorsichtsmaßnahme wegen der Nürnberger Rassengesetze. Aber unverheiratet Zusammenwohnen an sich galt auch als etwas Ungehöriges, und so werden die gesellschaftlichen Normen dabei auch eine Rolle gespielt haben.

Gertrud suchte Arbeit als Graphologin und machte unter anderem Handschriftenanalysen von Stellenbewerbern für das große Amsterdamer Warenhaus De Bijenkorf.[27] Auch für »De Werkplaats« in Bilthoven, die Schule des Schulreformers Kees Boeke, beurteilte sie Handschriften, sowohl von Lehrern als auch von Schülern.[28] Außerdem hatte sie Kontakt mit einem deutschen Handlinienkundigen und Psychotherapeuten, der auch aus Berlin in die Niederlande geflüchtet war: Julius Spier, in den Niederlanden vor allem bekannt als der Freund von Etty Hillesum. Seine Praxis hatte er in seiner Wohnung in Amsterdam-Zuid.[29]

In Kees Boekes »Werkplaats« lernte Gertrud das deutsche Flüchtlingsehepaar Heinrich und Ilse von der Dunk kennen. Deren Sohn, der Historiker Hermann von der Dunk, schreibt in seinen Erinnerungen über Gertrud:

> 1938 hatten meine Eltern bei einem Samstagmorgenkurs, den der Werkplaats organisiert hatte, Gertrud Pfeiffer kennengelernt [...]. Mit ihrem zweiten Mann Hans Keilson waren wir nach kurzer Zeit befreundet. [...] Sie war eine geniale Graphologin, begabt mit einem visionären Sinnesorgan, mit dem sie in einer Handschrift sogleich das Wesen des Schreibers oder der Schreiberin erkannte, und meine Eltern, die dem, als einer Art halber Wahrsagerei, anfangs skeptisch gegenübergestanden hatten, waren immer wieder von ihren Analysen beeindruckt. Natürlich konnten meine Mutter und meine Großmutter der indiskreten Verlockung nicht widerstehen, ihr, wenn sie zu Besuch kam, beiläufig Briefe von Verwandten oder Bekannten (die sie nie gesehen hatte) vorzulegen, und beinahe immer war das

Urteil treffend; manchmal nachdem sie nur einen Blick darauf geworfen hatte, denn eigentlich hasste sie es, bei Kaffee und Kuchen zu analysieren.[30]

Gertrud erweiterte ihren Wirkungskreis und bekam mehr Auftraggeber. Jahre später schreibt sie im Rückblick auf ihre Anfangszeit in den Niederlanden, sie habe sich in ihrer Arbeit hier fast nur mit Kindern und Jugendlichen beschäftigt, im Auftrag von Schulen und von »Instituten für Schwachsinnige und Kriminelle«.[31] Ihre Kontakte waren wichtig für Hans, weil sie Kindern begegnete, für die er etwas tun konnte. Eines Tages erzählte sie ihm von einem Jungen aus Köln, der Hilfe gebrauchen könnte: »Du hast so viel Erfahrung mit Kindern, hier ist ein Junge von Emigranten, der hat's so schwierig, beschäftige dich doch mal ein bisschen mit ihm.«[32] Bald wurden andere Kinder mit Problemen zu ihm geschickt, und so entwickelte sich eine kleine therapeutische und pädagogische Praxis. Formale Hindernisse, wie Gesetze, die eine Ausbildung zum Therapeuten verlangten, gab es so gut wie gar nicht: »Damals konnte«, wie Hans Keilson später sagte, »sozusagen jeder Friseur auch Psychotherapie machen.«[33] Er war nur nicht berechtigt, Rezepte auszustellen.[34]

So hat Gertrud an der Wiege der Praxis von Hans gestanden. Nach ihrem Drängen, Deutschland zu verlassen, war dies die zweite entscheidende Initiative, mit der sie dem Leben ihres Freundes und späteren Ehemannes eine neue Richtung gab. Gern hätten sie in diesen Jahren ihre Beziehung mit einer Eheschließung besiegelt, aber die Nürnberger Gesetze standen dem im Wege. Um diese Frage zu besprechen, war Hans 1938 zu Jurjen Visser gegangen, dem Gemeindesekretär von Naarden, aber dieser Beamte konnte nichts für ihn tun. Er habe gesagt: »Wir haben einen Vertrag mit Deutschland, wir dürfen keine Ehen schließen, die in Deutschland verboten sind.«[35] Das stimmte: Als Deutsche fielen sie unter die Gesetzgebung des Landes, aus dem sie geflohen waren.[36]

Hans bekam auch Kinder aus dem »Werkplaats« in seine Praxis,[37] und die Jugendschutzorganisation Pro Juventute holte bei ihm Rat ein.[38] Auch Frau Adelaar-Fürth spielte eine nicht unbedeutende Rolle beim Ausbau seiner Praxis. Sie schickte ihm Kinder aus der Montessorischule und vermittelte den Kontakt mit dem antroposophisch-homöopathisch orientierten Arzt Cas Emmer, der Keilsons Hausarzt wurde und zugleich dafür sorgte, dass er neue Patienten bekam. Hans Keilson: »Er fand, dass ich gut zuhören konnte, und verwies Eltern mit schwererziehbaren Kindern zu mir.«[39] Wenn nötig stellte Emmer Rezepte für ihn aus.[40] Die Zusammenarbeit lief gut, und auf persönlicher Ebene verstanden die beiden Männer sich ausgezeichnet. Hans nannte Cas Emmer immer »meinen ältesten Freund in den Niederlanden«.[41] Durch ihn lernte er damals noch jemand anders kennen, der in seinem Leben eine Rolle spielen sollte: den Juristen Jan Thomassen, aufgewachsen in Bussum, nach dem Krieg Privatsekretär von Prinz Bernhard, dem Prinzgemahl der niederländischen Königin Juliana.[42]

Es bildete sich eine kleine, kulturell interessierte Gruppe, deren harter Kern aus Emmer, Thomassen und Keilson bestand. Man traf sich meist am Wochenende bei Cas Emmer. Diskutiert wurde über Musik und Literatur, wobei Emmer sich als »germanophil« erwies, Thomassen als eher »frankophil«, wie Keilson das ausdrückte. »Aber sie waren beide gute Niederländer, solidarisch und mit viel Verständnis für meine Situation.«[43]

Auch mit von der Partie war Rudi van Brakell Buys, Anglist, Philosoph und Direktor eines theosophisch orientierten Lyzeums in Naarden.[44] In den Kriegsjahren dürfte auch der Schriftsteller Jef

Last, der zeitweise bei Cas Emmer untergetaucht war, sich angeschlossen haben.[45]

In der öffentlichen Bibliothek in Naarden las Keilson die literarische Zeitschrift *Groot Nederland* und entdeckte so bedeutende niederländische Dichter der Zeit für sich, zum Beispiel Hendrik Marsman und Martinus Nijhoff. Mit der Dichtung von Gerrit Achterberg kam er auf andere Weise in Berührung: Es war Jan Thomassen, der eines Tages den 1931 erschienenen schmalen Gedichtband *Afvaart* von Achterberg in den kleinen kulturellen Club mitbrachte und daraus vorlas. Das war für Hans Keilson ein wichtiges Erlebnis, weil in diesen Gedichten ein neuer, origineller Ton angeschlagen wurde.[46] »Da war ein Vibrato in seiner Dichtung«, sagte er, »das ich noch nie irgendwo anders gehört habe.«[47]

Pädagogische Grundsätze

Es war Hans Keilson gelungen, eine kleine pädagogische Praxis aufzubauen. Worin seine Betreuung genau bestand, ist nicht deutlich, auch deshalb, weil nicht bekannt ist, welche Probleme diese Kinder hatten. Jedenfalls gehörten Emigrantenkinder zu seiner Zielgruppe. Hatten sie es schwer mit dem zwangsweise auferlegten Neuanfang in einem fremden Land? Hatten sie Lernprobleme? Waren sie still, trübselig, einsam? Verstand Keilson die Kinder aus Deutschland besonders gut, weil er seine eigene Geschichte als Flüchtling hatte?

Auch wenn er in Berlin während seines Medizinstudiums Vorlesungen über Kinder- und Jugendpsychiatrie bei dem Psychiater Franz Kramer gehört hatte, so war er doch noch kein zugelassener Arzt oder Psychiater und muss bei der Betreuung der Kinder vor allem seine praktische Erfahrung als Lehrer an den jüdischen Schulen in Berlin und Caputh eingesetzt haben. Dort hatte er die

Kinder nicht nur unterrichten wollen, sondern hatte auch versucht, ihnen Ablenkung zu bieten, indem er eine Atmosphäre von Ausgeglichenheit und vielleicht sogar ein bisschen Glück schuf. Die bösartige Außenwelt zumindest zeitweise auf Abstand halten – das konnte zum Beispiel beim Sport erreicht werden.

Er empfing seine Patienten zu Hause. Wo er mit ihnen Sport trieb, ist unbekannt. Ging er mit ihnen ins Schwimmbad, auf einen Sportplatz, in eine Turnhalle? Machte er, wie die Montessorischule, die keine eigene Turnhalle besaß, Gebrauch von derjenigen der Julianaschule?[48] Konnte er Räume des »Werkplaats« in Bilthoven nutzen? Die Frau von Franz Kramer – sie, ihr Mann und ihre beiden Kinder waren Ende der dreißiger Jahre auch in die Niederlande geflohen – gab immerhin auf dem Dachboden ihres Hauses in Bilthoven Turnstunden für Kinder.[49]

Seine pädagogischen Prinzipien hatte Keilson bereits in Berlin in drei Artikeln über Erziehungsfragen zu Papier gebracht. Übersetzt ins Niederländische konnte er sie in einer Lokalzeitung, dem *Algemeen Nieuwsblad voor Het Gooi*, unterbringen, so dass die örtlichen Leser seine Ideen kennenlernten.[50] Er wird gehofft haben, mit diesen Publikationen seinen Patientenkreis zu erweitern.

Keilson plädierte für eine Entwicklung ohne Zwang, für Freiheit mit Eigenverantwortung und für nicht autoritäres, geduldiges, taktisch geschicktes pädagogisches Vorgehen. Diese der Montessori-Pädagogik verwandten Ideen zeigen, dass Frau Adelaar-Fürth in ihm einen Geistesverwandten gefunden hatte, dem sie mit gutem Gewissen ihre Schüler anvertrauen konnte, wenn sie zusätzliche Betreuung brauchten.

Großen Wert legte er auf Ruhe und Regelmäßigkeit, genau das, was bei den Flüchtlingskindern nicht gewährleistet war: »Der festgelegte Rhythmus des Tagesablaufes im elterlichen Hause, die

Essens-, die Schlafenszeiten, die sich nie verändernde Umgebung der Heimat, die festen Plätze der Wohnung, der Schule, alles dies bereitet unmerklich den Boden, auf dem eine Erziehung erst möglich wird, es schafft Ruhe und Sicherheit, es gewährleistet damit die ungestörte Entwicklung.«[51]

Auch wenn die Immigranten Hans Keilson und Gertrud Manz in den Niederlanden Fuß gefasst hatten – Vater Max in Berlin hatte doch Vorbehalte in Bezug auf die Lebensqualität seines Sohnes. An Hilde in Palästina schrieb er: »Er könnte sich wohl noch mehr und besser entfalten, wenn es ein großes Land wäre. Wenn ihn Kinos und Kaffees auch nie allzusehr interessiert haben, aber Konzerte – Theater, Vorträge u. s. w. Aber dort [d. i. in den Niederlanden] spielt sich das Leben nur in d[er] Familie ab, um 10 Uhr ab[en]ds ist auf den Straßen alles ausgestorben. Dies ist auch die Sehnsucht vom Jungen, nicht nur nach uns, sondern nach Gewesenem Großen und was sonst daran hängt.«[52]

Konnte die holländische Eintönigkeit durch häusliche Gemütlichkeit mit Erinnerungen an früher einigermaßen kompensiert werden? Gertrud tat ihr Bestes, um eine heimatliche Atmosphäre zu schaffen, jedenfalls an den Feiertagen. Obwohl sie noch immer Katholikin war, verlieh sie ihrer Liebe zu Hans und zum Judentum in dem, was sie organisierte, auf ihre Weise Ausdruck. An die Keilson-Eltern in Berlin schrieb sie über ihre Pessach-Vorbereitungen (wobei sie es versehentlich »Ostern« nennt): »Wir bauen uns hier an guten alten und mütterlichen Rezepten ein freundliches Ostern mit Heimatgeruch auf. Gestern habe ich alles Nötige dazu besorgt in einem winzig kleinen Lädchen mit zwei ehrwürdigen alten Leuten drin.« Es gab Matzen (ungesäuertes Brot) und Krimsels (kleine Pfannkuchen aus Matze, Apfel, Rosinen und Mandeln). Und es gab Honig und Huhn, und sogar Wein aus Palästina.[53]

Eine poetische Eruption und eine Handvoll Anthologien

Mit dem Erscheinen seines ersten Romans im Frühjahr 1933 hatte Hans Keilsons literarische Karriere begonnen, aber ihr Anfang schien beinahe mit ihrem Ende zusammenzufallen. Es war ein Einstieg und unmittelbar wieder ein Ausstieg, wie er es selbst formulierte. Dass er sein Debüt in niederländischen Bibliotheken wie im Kulturzentrum »Tehuis Oosteinde« in Amsterdam und in der öffentlichen Bibliothek in Naarden vorfand, war ein Trost. In Naarden konnte er an Datumsstempeln vorne im Buch sehen, dass es von Zeit zu Zeit ausgeliehen wurde.[54]

Er war selbst überrascht, dass er sich 1937 plötzlich inspiriert fühlte, Gedichte zu schreiben. In einer Art poetischer Eruption,[55] die er später dem Gefühl der Befreiung zuschrieb, das in den Niederlanden über ihn gekommen sei,[56] entstanden Texte, die unmittelbar mit seinen Lebensumständen zu tun hatten, etwa das »Amsterdamer Lied«. Andere, die von Juden und Judentum handelten, atmeten Illusionslosigkeit, Bitterkeit und Rebellion. Ein Beispiel:

Wir Juden sind auf dieser Welt
ein schmutziger Haufe billiges Geld,
von Gott längst abgewertet.

Er zieht uns nicht aus dem Verkehr,
er wirft uns weg, er ruft uns her, –
Wir zahlen alle Schulden.

So wandern wir im Kreis herum,
von Hand zu Hand, den Buckel krumm,
uns reibt kein Putztuch helle.

Wo wären wir, wo wär die Welt,
führt sie ein Leben ohne Geld, –
Wer zahlte ihre Schulden?

Drum braucht sie uns noch lange Zeit.
Doch sie wird rot, wenn ein Jud schreit:
Die Welt hat mich geschlagen.

Ich werd's dem Gott schon sagen.[57]

Diese Gedichte lagen Hans Keilson sehr am Herzen; sie waren sogar, wie er später einmal sagte, das Wichtigste, was er je geschrieben hatte. Das habe nicht nur mit ihrem Inhalt zu tun, sondern auch mit ihrer Sprachmusikalität.[58] In der progressiv-katholischen, antifaschistischen Zeitschrift *De Gemeenschap* wurden neun dieser Texte 1938, 1939 und 1940 in drei Nummern des Blattes gedruckt.[59]

Hans Keilson publizierte die Gedichte unter dem Halbpseudonym Alexander Kailand. Sein zweiter Vorname war Alex. Der erfundene Nachname Kailand sollte die Assoziation »kein Land« aufrufen. Dass er seinen wirklichen Namen nicht preisgeben wollte, war eine Vorsichtsmaßnahme. Als die ersten sechs Gedichte im März 1938 erschienen, wohnten die Eltern noch in Berlin. Sie hätten Aggressionen ausgesetzt sein können, wenn Judenhasser in Deutschland dahintergekommen wären, was ihr Sohn in den Niederlanden publizierte. Auch Gertrud, ihre Familie und er selbst hätten in Gefahr kommen können, wenn er seinen wirklichen Namen gebrauchte.[60]

Die Gedichte waren auf Deutsch geschrieben und erschienen auch in dieser Sprache in der niederländischen Zeitschrift. Hans freute sich, als er hörte, dass die ersten sechs Gedichte publiziert werden sollten, nicht zuletzt, weil auch Texte von Joseph Roth in derselben Zeitschrift gestanden hatten. Die Redaktion stellte dieser ersten Auswahl eine Einleitung voran, aller Wahrscheinlichkeit nach aus der Feder des Redakteurs Anton van Duinkerken, Stütze der Zeitschrift, ein bekannter katholischer Dichter und Literaturwissenschaftler – und ein entschiedener Gegner des Nazitums.[61] Van Duinkerken nahm sich auch sonst des Schicksals der deutschen Exil-Autoren in den Niederlanden an; so hatte Joseph Roth dank seiner Initiative in *De Gemeenschap* publizieren können. In der Einleitung zu den Gedichten von Keilson / Kailand heißt es:

> Die Welt, die irregeführt wird, die Stimme des erstickten Leids hören zu lassen – das war wohl der wesentliche Antrieb des jüdischen Dichters Alexander Kailand beim Schreiben der [...] Gedichte, die sicher nicht frei sind von einem harten und mitunter allzu bitteren Zynismus, aber die dasjenige ansprechen wollen, was an unversehrtem Gerechtigkeitsgefühl noch lebendig blieb.
> [...]
> Hinter einer deutlich Heine'schen Spottsucht verbirgt Alexander Kailand das untröstbare Verwundet-Sein seines gläubigen Gemütes. [...]
> Es ist möglich und sogar leicht, an der scheinbar arroganten Ausdrucksweise des Dichters Kailand [...] Anstoß zu nehmen, aber gerade diejenigen, die einmal Bert Brecht und die Expressionisten verstanden, müssten in Kailands Dichtung den verbitterten Ton einer provozierten Rebellion zu schätzen wissen. Was die anderen betrifft, muss man sich fragen, ob es wahrhaft katholisch sein kann, der Stimme eines Menschen, der nach Gerechtigkeit hungert, das Schweigen aufzuerlegen, weil sie rau geworden ist.

Die Rezensenten waren unterschiedlicher Meinung über die Qualität der Gedichte von Keilson. Ausgesprochen negative Urteile (»deutlich schlechter als das, was Brecht hin und wieder schrieb«[62], »besonders hässliches Deutsch«[63]) standen neben positiven Beurteilungen (»sehr außergewöhnliche Verse«[64], »geschrieben in bitterem Ton, aber herzzerreißend und tief empfunden in dem Heimweh nach Gerechtigkeit und Menschlichkeit«[65]). Der Rezensent im *Utrechtsch Dagblad* übernahm das Urteil der Einleitung: »sicher nicht frei von einem harten und mitunter allzu bitteren Zynismus à la Bert Brecht«.[66] *Het Vaderland*, das die ersten sechs Gedichte »erschütternd« fand, zitierte »Wir Juden« in voller Länge, so dass dieser Text den Hauptteil der Besprechung bildete.[67]

Auch wenn man Keilsons Ton und Stil etwas reserviert gegenüberstand und seine Gedichte einige Literaturliebhaber etwas schockierten, sie erhielten in der Presse jedenfalls relativ große Aufmerksamkeit. Für ihn persönlich bedeutete die Publikation, auch wenn sie in deutscher Sprache war, seinen Eintritt in die niederländische literarische Welt.

In der Zeitschrift *De Gemeenschap* erreichten die Gedichte ein kleines, überwiegend katholisches Publikum; vielleicht waren unter den Lesern auch deutsche Flüchtlinge, die hier ihre eigene Bitterkeit und Illusionslosigkeit in Worte gefasst sahen. Christliche Leser hatten allen Grund, besonders an dem letzten Kailand-Gedicht interessiert zu sein, das *De Gemeenschap* veröffentlichte, »In memoriam«, das seinen Ursprung in der Situation in Berlin nach der Pogromnacht hatte. Von seiner Mutter hatte Hans Keilson gehört, dass einige Kirchen eine Einladung an ihren Türen aufgehängt hatten: »Juden kommt zu uns beten«.[68] Das hatte ihn zu dem Gedicht angeregt, in dem Christus angesprochen wird:

Sag deiner Mutter, daß sie tröstend sehe
auf Frauen, Männer, Kinder, groß und klein,
die über Nacht so jäh ein Leid und Wehe
zum Schutz in deinen Tempel trieb hinein.[69]

Ein paar Jahre später, in seiner Untertauchzeit, sollte er das Gedicht vervielfältigen und die Blätter zum Kauf anbieten. Der Erlös war dazu bestimmt, zum Lebensunterhalt von Gertrud und der 1941 geborenen Tochter Barbara beizutragen.[70]

Hans Keilson hatte sich in den Vorkriegsniederlanden als engagierter deutsch-jüdischer Dichter positioniert. Aber seine Ambitionen reichten weiter. Er dachte an die Möglichkeit, die Gedichte in der Schweiz zu publizieren, und zwar in der Kulturzeitschrift *Mass und Wert*[71], zu deren Herausgebern Thomas Mann zählte und in der viele Exil-Autoren vertreten waren. Keilson reichte einige der *Gemeenschap*-Gedichte ein, bekam sie aber zurück, ohne dass der Redakteur Ferdinand Lion sich die Mühe eines Absagebriefes gemacht hätte.[72]

Die *Jüdische Welt-Rundschau* schien ihm ebenfalls ein geeigneter Ort für seine Gedichte zu sein. Das war das Nachfolgeblatt der *Jüdischen Rundschau*, die die Keilsons in Berlin gelesen hatten, die aber nach der Pogromnacht verboten worden war.

Die Redaktion der neuen Zeitschrift, im März 1939 gegründet, befand sich in Jerusalem; also schien Hilde die Richtige zu sein, um seine Gedichte dort abzugeben. Auch hier ging es um die Texte, die in *De Gemeenschap* erschienen waren. »Bitte geh mit meinen Gedichten zur Rundschau«, schrieb er ihr, »vielleicht kriegst Du ein paar unter. Oder wenigstens eine Besprechung in der Zeitung. Sei doch darin bitte ein wenig aktiver.«[73] Die *Jüdische Welt-Rundschau* sollte Keilson keine Beachtung schenken.

Sammelbände

Der Kontakt mit dem Mitflüchtling Gerd Klaass bekam auch auf beruflichem Gebiet Bedeutung für Hans Keilson: er verschaffte ihm eine Verdienstmöglichkeit.[74]

1934 hatte der belgische Fotograf Paul Guermonprez[75] mit dem aus Deutschland geflüchteten Graphiker Hajo Rose[76] eine Firma gegründet: Co-op 2, Atelier für graphische Gestaltung. Dieses Unternehmen in der Innenstadt von Amsterdam war unter anderem spezialisiert auf Buchgestaltung: Schutzumschläge, Einbände, Illustrationen. In den Jahren 1938/39 stellte die Firma auch selbständig Anthologien zusammen. Inhaltlich und im Layout fix und fertig wurden die Sammelbände Verlagen zur Publikation angeboten. Gerd Klaass arbeitete für diese Firma, und so war er es wohl, der Hans Keilson als neuen Mitarbeiter dort eingeführt hatte. Neben der Poesie und der pädagogischen Beratung begab Keilson sich hiermit wieder auf ein anderes, in diesem Fall ihm noch unbekanntes Arbeitsgebiet: Er wurde Herausgeber/Redakteur.

Co-op 2 erstellte sechs solche Anthologien unter der Herausgeberschaft von »Benjamin Cooper«. Das war, in Anspielung auf den Firmennamen Co-op 2, ein ungewöhnliches Pseudonym, denn es konnten sich zwei Personen dahinter verbergen: Hans Keilson und/oder Gerd Klaass. Als Duo machten sie nur ein Buch, eine Art Festschrift anlässlich des siebzigsten Geburtstages des Ministerpräsidenten Hendrik Colijn.[77] Keilson war froh, dass er inzwischen so gut in die niederländische Gesellschaft integriert war, dass er Colijn einordnen konnte. »Einen Calvinisten bis auf die Knochen«, nannte er ihn, »einen Politiker der holländischer wäre als er, gab es nicht.«[78]

Das Pseudonym Benjamin Cooper wurde von Klaass sonst nur noch für eine Sammlung von Liebesgedichten benutzt.[79] Und dann waren da noch vier weitere Cooper-Publikationen, an denen Klaass wohl nicht beteiligt war. In diesen Fällen war »Benjamin Cooper« das Solo-Pseudonym von Hans Keilson.[80]

Mit dem Dichter J. W. F. Werumeus Buning stellte Cooper/Keilson eine Anthologie mit Seemannsliedern und -gedichten unter dem Titel *De zingende walvisch* zusammen. Der Untertitel gab eine nähere Beschreibung: »eine Sammlung Seemannslieder und Verse, Reime, Sprichwörter und Raritäten, aus vielen Jahrhunderten, ernster und unterhaltender Art«. Das klang spielerisch, auch das Wort »ernst« änderte daran wenig. Aber rund um dieses Geschenkbuch, wie wir das heute nennen würden, entstand ein ernsthafter literarischer Skandal: Die Herausgeber hätten, hieß es, wohl arg viel Material einfach aus einer anderen Anthologie, nämlich aus dem von D. F. Scheurleer 1914 publizierten Standardwerk *Van varen en van vechten*, übernommen.[81] Die Zeitschrift *De Groene Amsterdammer* bemerkte, die Herausgeber hätten dieses Buch geplündert, ohne um Erlaubnis zu bitten.[82] Die Zeitung *Het Vaderland* dagegen fand es gerade umgekehrt traurig, dass die Zusammensteller ein so wichtiges Werk offenbar gar nicht kannten.[83] Diese Ansicht hätte etwas Positives gehabt: Wenn sie von der Existenz der Scheurleer-Ausgabe gar nichts wussten, hatten sie das Buch auch nicht als literarische Fundgrube benutzen können.

Die Einleitung, geschrieben von Werumeus Buning, lässt in der Tat vermuten, dass den Herausgebern etwas entgangen war: »Eine ernsthafte, große Anthologie aus unserer maritimen Poesie wäre neben dem wenigen, was es auf diesem Gebiet gibt, nicht schlecht; es ist eine der Merkwürdigkeiten in den Niederlanden, dass man sie noch nicht gemacht hat.«[84] Hans Keilson wiederholte diesen Standpunkt, als ein Blogger ihn 2011 fragte, warum er damals ein Buch mit Seemannsliedern hatte machen wollen. Er fand, »dass das eigentlich auf der Hand lag: Die Niederlande waren doch eine seefahrende Nation und es hatte ihn befremdet, dass es so eine Sammlung noch nicht gab«.[85] Dabei war das Buch von Scheurleer genau so eine Sammlung: drei dicke Bände mit insgesamt 1700 Seiten mit Texten aus der Periode 1572–1800.[86]

Dass Erinnerungen in verschiedenen Lebensabschnitten ziemlich verschieden ausfallen können, zeigt ein Radiointerview mit Hans Keilson aus dem Jahre 1990. Darin berichtet er, dass er zur Zusammenstellung der Anthologie in eine Bibliothek gegangen war, um Scheurleer und andere Bücher einzusehen. Er kannte die große Anthologie also und hatte sie benutzt.[87]

Etwas ernster als *De zingende walvisch*, aber doch leicht im Ton, waren zwei Keilson-Anthologien über Größen der Geschichte: Erasmus und Comenius. Sie werden in die moderne Zeit versetzt, und die Zitate sind so ausgesucht, dass sie sich auch auf die Gegenwart der dreißiger Jahre beziehen lassen. Erasmus bespricht »Frauen, Soldaten und andere Christen«, Comenius muss sich zum »Zeitalter der Panzer, Autos und Flugmaschinen« äußern. Da Keilson sich mit Comenius bereits für seinen Vortrag in Amsterdam beschäftigt hatte, war ihm diese historische Figur vertraut, die ja in seinem eigenen Wohnort Naarden begraben lag. Vielleicht hat er bei Co-op 2 sogar selbst vorgeschlagen, ihn zum Gegenstand eines Büchleins zu machen. Der Protagonist Comenius hatte eine sehr aktuelle Seite: Er war ein Flüchtling.

Politisch engagiert war Keilsons Anthologie zum Thema Frieden: *Zeven maal zeven vredesstemmen aller tijden en volken*, d.i. »Sieben mal sieben Friedensstimmen aller Zeiten und Völker«. Es werden Zeitgenossen zitiert, und in der Einleitung wird unterschieden zwischen wahren und falschen Friedenspropheten. Es gibt Zeiten, so steht in der Einleitung zu lesen, in denen man nach Frieden dürstet, auch nach innerem Frieden:

> Kein Friede aus Angst, in Zeiten der Unterdrückung, kein Sonderfriede im Dienst bestimmter Interessen. Kein Friede auf Kosten der Gerechtigkeit!
> Ein Friede aus Mut und Kraft, der der Überwindung der Aggression entstammt. Friede des Menschen mit sich selbst, ein menschenwürdiger Friede.[88]

Für Keilson persönlich stellte das Friedensbuch eine deutliche Stellungnahme dar, ebenso wie die Gedichte, die in *De Gemeenschap* erschienen.

Mit der Publikation seiner Gedichte war er ein Exil-Autor geworden, durch seine Arbeit für Co-op 2 könnte man ihn mit einem weniger gebräuchlichen Wort einen Exil-Redakteur nennen. In beiden Fällen benutzte er ein Pseudonym.

Ein Brief an Chamberlain

Nach dem »Anschluss«, der Einverleibung Österreichs im März 1938, war der Spätsommer des Jahres voll politischer Spannungen wegen Hitlers Annexion des Sudetenlandes, des Teils der Tschechoslowakei, in dem hauptsächlich Deutschsprachige lebten. Der englische Premier Neville Chamberlain flog im September dreimal nach Deutschland, um mit Hitler zu verhandeln. Im Münchner Abkommen vom 30. September 1938 akzeptierten Großbritannien, Frankreich und Italien die Annexion, weil sie dachten, dass damit der Friede in Europa garantiert sei.

Anlässlich dieser Ereignisse verfasste Hans Keilson einen Brief an Chamberlain, der niemals abgeschickt oder veröffentlicht wurde und der dafür vielleicht auch gar nicht bestimmt war. Es sitzt ein Stückchen Fiktion in diesem Text: Der Briefschreiber tut so, als ob er sich in Deutschland befinde und am nächsten Tag das Land verlassen werde, wodurch eine Atmosphäre der Dringlichkeit entsteht, verständlich nach dem Kniefall Chamberlains vor Hitler. Der Briefschreiber evoziert die aktuelle Situation in Deutschland:

> Während ich hier an meinem Schreibtisch sitze und Ihnen schreibe, zieht draußen, unten auf der Straße, ein langer Aufzug vorbei. S. A., S. S., Arbeitsdienst, Hitlerjugend, Musik und Fahnen. Auch Plakate werden im Zuge mitgetragen. Ich lese ihre Aufschrift: Deutschland säubert die Landkarte – Nieder mit dem slawischen Gesindel – Hängt den Verbrecher Benesch[89] – Hoch Chamberlain – Heil Hitler – Viva Mussolini – lebe Franco … Auch Ihr Name wird mitherumgeführt. Ich habe genau hingesehen. Unter den vielen Plakaten habe ich eines nicht entdecken können: Es lebe der Friede.[90]

Im Radio hat der Briefschreiber Hitlers Rede auf dem Nürnberger Parteitag gehört, in der der Führer das Recht auf Selbstbestimmung der 3,5 Millionen Sudetendeutschen in der Tschechoslowakei betonte und erklärte, Deutschland werde sie nicht im Stich lassen.[91] Er, der Autor, habe mit ein paar Freunden zugehört, die sich nach Ende der Rede schämten, weil Deutschland jetzt im Begriff war, einen Eroberungskrieg zu beginnen, und damit seine Würde und seinen Anstand verlieren werde. Auch die Sprache und die Kultur waren bedroht. Einer aus der Gruppe hatte einen Band Goethe aus dem Bücherschrank genommen, um darin zu lesen: Das war das echte, gute, schöne Deutsch, so anders als die Sprache Hitlers. Deutschland mache einen großen Fehler, meint der Briefschreiber: »Wir Deutsche ziehen aus, vielleicht eine Weltherrschaft zu erobern. Und merken nicht, dass wir eine Weltherrschaft, die wir besaßen, im Geiste und in der Musik, darüber verlieren. Wir treiben mit uns den schlechtesten Handel.«[92]

Dann legt der fiktive Briefschreiber ein unerwartetes Bekenntnis ab: Einst hatte er Hoffnungen, was Hitler und seine Bewegung betraf. »So wie ich, haben viele Deutsche jedweden Alters versucht Anschluss an die Bewegung zu bekommen, die im Augenblick das Vaterland mit ihren Ideen und Parolen erfüllt. Vielleicht, so dachten wir, ist sie nur ein Instrument der Geschichte, um Deutschland den Platz anzuweisen, den es gerechterweise unter den Völkern verdient. Dass es nicht ohne Opfer abging, war uns eine täglich[e] und schmerzliche Gewissenslast. Aber vielleicht … So wurde vieles hingenommen, was eigentlich schon über das erlaubte Maß hinaus ging.«[93] Aber am Ende war dieser Preis zu hoch. Der Briefschreiber ist aus seinem Traum erwacht. Er weigert sich, noch länger dem Mann zu folgen, der blinden Gehorsam verlangt:

> Während ich dieses niederschreibe, fühle ich eine Welle von Hass und Anschuldigungen gegen diesen Mann in mir aufsteigen. Ich fühle mich versucht schärfere Worte zu gebrauchen. Schon lange habe ich den Zweifel in mir niedergekämpft. Und immer wieder an die guten Absichten und das gute Ende geglaubt. Obwohl die Erfahrungen etwas anderes lehrten. Aber ich zwinge mich alles in diesem einen Satz zusammenzufassen: dass ich nicht mehr die Leichtfertigkeit und Schwerhörigkeit aufbringe, diesem Manne weiter zu glauben.
>
> Dabei bin ich mir voll bewusst, dass ich noch jung bin. Ich weiß, dass ich viele Dinge noch nicht weiß, die Sie Kraft Ihrer Jahre erfahren haben und wissen. Trotzdem fühle ich mich als Jüngerer berechtigt in dieser ernsten Sache meine Stimme zu erheben. Mag das Alter erfahren haben und »wissen« – wir Jungen, die wir fast noch Kinder scheinen, an den Konferenztafeln der Al-

> ten, haben den unverdorbenen Instinkt für das Echte und das Falsche. Unsere Ohren haben noch die unverbildete Schärfe, einen Klang zu durchhören, ob echt oder falsch. Unser Blick ist noch ungetrübt für Wahrheit und Anstellerei. Und weil wir dieses noch unverdorbene Geschenk der Natur in uns tragen, dürfen wir, darf *ich* sagen: ich glaubte und ich glaube nicht mehr. Ich glaube Adolf Hitler nicht mehr.[94]

Durch seine schwache, zögernde Haltung habe England sich an die Seite von Deutschland mit seiner niederen Moral gestellt und diese Moral eigentlich gestützt, fährt der Briefschreiber fort. Der Frieden, über den in München verhandelt wurde, habe vielleicht einen wirtschaftlichen Nutzen, stehe aber fern von dem, was Frieden eigentlich sei: ein moralisches, menschliches, religiöses Bedürfnis. Er fürchtet einen europäischen Krieg, denn der Umstand, dass Hitler sich gegen die Tschechoslowakei stelle, bedeute, dass er sich ebenso gegen London, Paris, Warschau stellen könne.

Der Brief endet mit einer Vision. Eine kommende Weltrevolution, wenn sie denn komme, werde nicht das Werk einer sozialen Klasse oder einer politischen Ideologie sein. Es werde eine Revolution der Werte sein, des Gefühls und des Gewissen, die unterdrückt seien, und sie werde über alle Grenzen, durch alle Klassen gehen. Das gebe ihm den Mut zu gehen. »Wo man [dieser Revolution] dient, dient man seinem Vaterland, Europa, der Welt und schließlich dem göttlichen Gedanken. Dazu verlasse ich mein Vaterland.«[95]

Das klingt, als wollte Keilson, zwei Jahre nachdem er sein Land verlassen hatte, Rechenschaft ablegen. Zwar war die Situation 1938 beim Schreiben des Textes eine andere als 1936 bei seiner Flucht, vor allem durch die Annexion des Sudetenlandes, die der Rest Europas einfach hatte geschehen lassen. Und er hatte ein wenig Fiktion hinzugefügt, so dass ein gewisser Abstand zu seinen persönlichen Umständen und Auffassungen entstand. Dennoch können die hier beschriebenen Überlegungen, die zur Emigration führten, die ganze Wahrheit gewesen sein.

Der Briefschreiber bekennt, dass er Hitler einst einen Vertrauensvorschuss gegeben habe. War das auch Fiktion? Hatte Hans Keilson irgendwann selbst solche vorerst positiven Gedanken gehegt? Hatte er irgendwann Sympathie empfunden für die Ideenwelt des *Deutschen Vortrupp*, eines Blattes von und für national gesinnte deutsche Juden, die Hitler als einen Erneuerer sahen? Dafür gibt es keine Anzeichen. Wahrscheinlicher ist, dass Hans Keilson aus rhetorischen Gründen eine Figur wählte, die zunächst an Hitlers Heilsstaat glaubte. Jemand, der sich zu einem Gegner entwickelt hatte, war überzeugender als jemand, der immer schon dagegen gewesen war. Nun musste es nur noch Chamberlain wie Schuppen von den Augen fallen. Der Briefschreiber war eine symbolische Figur: Er war ein Vertreter derjenigen in der deutschen Gesellschaft, die einmal etwas Positives in Hitler gesehen hatten, die es aber inzwischen besser wussten.

Die Eltern in Berlin

Vor Hitlers Machtergreifung lebten in Deutschland ungefähr 525 000 Juden, im Mai 1939 waren es noch 290 000. Von einer Massenflucht ins Ausland kann man vor allem im ersten Jahr der Naziherrschaft sprechen und nach der Pogromnacht im November 1938.[96]

Hans und seine Schwester Hilde, die Deutschland 1936 verlassen hatten, waren keine »frühen«, aber auch keine »späten«

Emigranten. Den Mord an den SA-Führern (die »Nacht der langen Messer«) im Sommer 1934 und die Einführung der Nürnberger Rassengesetze 1935 hatten sie noch in Deutschland miterlebt.

Für Vater und Mutter Keilson war es schmerzlich gewesen, von beiden Kindern Abschied nehmen zu müssen, aber sie hatten sie nicht am Aufbruch gehindert. Sie waren Gertrud sogar dankbar dafür, dass sie Hans zur Emigration gedrängt hatte, denn in Deutschland wäre er ohne jede Aussicht gewesen und hätte ein verbittertes und unfreies Leben führen müssen.[97]

Durch Beziehungen von Hilde hatte Max eine Stelle als Bote gefunden.[98] Außerdem half er, um etwas dazuzuverdienen, bei Freunden im Haushalt: Fensterputzen, Teppichklopfen.[99] Auch vermieteten die Keilsons ein Zimmer, erst an eine junge Frau, später an einen Studenten.[100] Mutter Keilson wusch die Wäsche des Studenten, sogar noch, als er bereits woanders wohnte.[101]

Glücklicherweise bekamen sie etwas finanzielle Unterstützung, aber Schmalhans war Küchenmeister.[102] Im Mai 1938 schrieb die Mutter an Hilde, dass sie jetzt schon vier Jahre denselben Hut trage und dass Hans bei ihrem Besuch in den Niederlanden im Sommer 1937 »entsetzt« darüber gewesen sei.[103] Der Vater kleidete sich auch nicht mehr oft neu ein, aber er war zufrieden: Er hatte einen Sommeranzug von Onkel Hermann geerbt, und der war noch ganz in Ordnung. Seinen guten Anzug aus dem Jahr 1933, ein Geburtstagsgeschenk von Hilde, war nach fünf Jahren noch immer sein guter Anzug, auch wenn der dazugehörige rote Schlips seine beste Zeit hinter sich hatte.[104]

Ein warmes Mittagessen bei der Jüdischen Reformgemeinde bot die Möglichkeit, die Kosten für den Lebensunterhalt etwas zu drücken. Das Ehepaar fühlte sich in der Atmosphäre des liberalen Judentums zu Hause.[105] In einem Brief an Hilde im Januar

1938 zeigte Max sich zufrieden mit dem Essen dort: Es gab »ein sehr großes Stück Rinderbraten und Reis mit Tomaten gekocht und hinterher Apfelmus. Sehr gut zubereitet und nette Aufmachung, wie natürlich zu erwarten war, zwar nicht streng koscheres Fleisch«.[106] Überhaupt war Max ein Mann, der sich seine Ruhe, sein Relativierungsvermögen und sein Gefühl für das kleine Glück zu bewahren wusste: »wir freuen uns täglich über den Gesang der Vögelchen, besonders früh und abends, die machen keinen Unterschied, sie singen auch für uns. – Gesundheitlich geht es uns gottlob gut und sind wir zufrieden, Tausenden geht es weit schlechter«.[107] Manchmal war sogar großes Glück zu verzeichnen: Max und Else empfanden die Geburt von Prinzessin Beatrix am 31. Januar 1938 als etwas Erfreuliches. Sie gratulierten Hans, als ob er ein Niederländer wäre und es um »sein« Königshaus ginge.[108]

Die Keilsons hatten in Berlin Kontakte mit jüdischen Freunden und Verwandten. Emil Keilson, ein jüngerer Bruder von Max, und seine nicht jüdische Frau Emma waren ihre Nachbarn; sie wohnten im selben Häuserblock, am selben Treppenhaus, im selben Stockwerk, in einer Wohnung mit Blick auf die Straße, während Max und Else Ausblick auf den Hinterhof hatten. Kontakte außerhalb von Berlin wurden durch Briefeschreiben unterhalten, denn ihren Telefonanschluss meldeten Max und Else ab, zweifellos um Geld zu sparen.

Mit Hans in den Niederlanden wurden relativ wenig Briefe gewechselt. Seine Eltern sehnten sich nach Berichten von ihm, aber er schrieb nicht oft, weil er viel zu beschäftigt war. Oder, wie der Vater es einmal etwas ironisch gegenüber Hilde ausdrückte, weil er zu viel mit seinen Ferien beschäftigt war. Ein Besuch bei Hans und Gertrud muss den Eltern viel bedeutet haben. Im Sommer 1937 waren sie beide, aber einzeln, nicht gleichzeitig, in Naarden zu Gast gewesen.[109]

Eine Tochter in Palästina

Die Korrespondenz mit Hilde war lebhaft und regelmäßig: Alle zwei Wochen schrieben die Eltern am Sonntag einen Brief an ihr »liebes Hildchen«. Max war immer zuerst an der Reihe, anschließend schrieb Else weiter, dort, wo er aufgehört hatte. Es wurde kein Papier verschwendet.

Schon allein die Ausführlichkeit dieser Duo-Briefe zeigt, wie sehr die Eltern sich mit ihrer Tochter verbunden fühlten. Ihre Liebe und ihre Besorgnis waren groß. Die Briefe von Hilde, die nicht erhalten geblieben sind, müssen ihnen lebenswichtig gewesen sein. Dass Else in ihrer Umgebung oft zu hören bekam, dass sie gut aussehe, hatte, wie sie schrieb, nicht nur damit zu tun, dass sie zeitig ins Bett ging, sondern auch mit positiven Nachrichten von Hilde.[110] Sie schrieb an ihre Tochter: »Gib uns bald wieder gute Nachricht, das ist der Balsam für uns«.[111] Die Briefe schließen mit Standardformulierungen, wie dieser: »sei noch tausendmal gegrüßt und geküsst von Deiner Dich liebenden Mutter Else«.[112] Es sind Klischees, aber in diesen Briefen, die überfließen von Elternliebe, klingen sie nicht wie hohle Phrasen.

Als im August 1938 bekannt gemacht wurde, dass Juden, die keinen spezifisch jüdischen Vornamen hatten, ab dem 1. Januar 1939 ihrem Namen den Vornamen »Israel« bzw. »Sara« hinzufügen mussten, machte Vater Max sogleich Schreibübungen. Unter einem Brief von Anfang September 1938 steht: »sei herzlichst gegrüßt und geküßt von Deinem Dich liebenden Vater Max Israel Keilson.«[113] Er war schon recht zufrieden mit der neuen Unterschrift: »ich glaube ich habe den Schwung schon raus, na ich habe ja Zeit zum Üben, es wird schon werden«.[114]

Gesundheit war ein regelmäßig wiederkehrendes Thema. Oft meldeten die Eltern, dass sie gesund seien, während es in Wirklichkeit Probleme gab: Der Vater hatte grünen Star oder Glaukom und wurde operiert. Die Mutter hatte Darmprobleme. In einem Brief an Hans, Ende 1936, schrieb sie, der Hausarzt habe ihr geraten, viel Milch zu trinken, woraufhin sie aber Durchfall bekommen habe.[115]

Max und Else machten sich Sorgen um ihre Tochter: Wie wohnt sie dort in Palästina? Isst sie auch genug? Hat sie eine Arbeit? Die Besorgnis und die Unruhe waren erklärlich: Hilde lebte in einem fernen Land, wo es gefährlich sein konnte, wie den Berichten in der Zeitung zu entnehmen war. Und sie war »ein Mädchen«, nach konventioneller Auffassung schwächer und verletzbarer als »ein Junge«. Mehr als einmal erbaten sie ein Foto, wahrscheinlich um beurteilen zu können, ob Hilde gesund aussah. Aber Hilde schickte kein Foto.

Wie sah Hildes Leben in Palästina aus? Nach ihrer Ankunft wohnte und arbeitete sie in einem Kibbuz, später zog sie nach Jerusalem.[116] 1938, sie war damals einunddreißig, begann ihre Beziehung mit dem neun Jahre jüngeren Saul Robinsohn, für die Keilsons »Schaul«, der Deutschland bereits in dem Jahr verlassen hatte, als Hitler an die Macht gekommen war.[117] An der Hebräischen Universität in Jerusalem studierte er vier Fächer gleichzeitig: Geschichte, Soziologie, Philosophie und Pädagogik. Die Eltern waren sehr erfreut, als Hilde sie wissen ließ, dass sie einen Freund habe; für sie war es ein beruhigender Gedanke, die Tochter nun unter dem Schutz eines Mannes zu wissen.[118] Aus einem Foto von Schaul zieht die Mutter den Schluss, dass er jemand sei, der nicht böse werden könne.[119] Das Paar heiratete 1941. Die Ehe blieb kinderlos.

Ende der dreißiger Jahre hatte Hilde allerlei kleine Anstellungen hier und da, manchmal auch gar keine Arbeit. Als sie wieder einmal auf der Suche nach einer Stelle war, ermutigte sie der Vater: »Ich kann nur immer wiederholen, habe Mut und nochmals Mut, siehe unter Dich da wirst Du immer noch finden, daß es eine Menge Menschen gibt, denen es noch viel schlechter geht, die wenig oder gar keine Zukunftschancen haben«.[120] Jedenfalls sei sie in Palästina frei: keine Schwierigkeiten mit der Ausländerpolizei und wenn sie Arbeit finde, dann dürfe sie auch arbeiten. Das, schrieb der Vater, habe sie Juden, die in andere Länder ausgewichen seien, voraus.[121]

Hilde lernte Ivrit und gab Englischunterricht.[122] Eine Zeitlang arbeitete sie in der Schocken-Bibliothek in Jerusalem, gegründet von dem Warenhausbesitzer, Verleger, Büchersammler und Bibliophilen Salman Schocken. Er hatte in Deutschland eine Privatbibliothek von rund sechzigtausend Büchern zusammengetragen, darunter ein großer Anteil Judaika und Hebraika.[123] 1936 ließ er in Jerusalem ein eigenes Gebäude errichten, die Schocken-Bibliothek, in der er seine Sammlung der wissenschaftlichen Forschung zugänglich machte. Seine Sammlung erweiterte er durch unter anderem den Ankauf von circa achttausend Büchern und Autographen aus dem Besitz von Karl Wolfskehl, der in Neuseeland Zuflucht gesucht hatte.[124] Hilde Keilson hatte die Aufgabe, diese Wolfskehl-Sammlung zu ordnen und zu katalogisieren.[125]

Die Eltern Keilson fragten sich, ob die Auswanderung nach Palästina auch für sie selbst eine sinnvolle Idee sei, zumal das Wort »Auswanderung« in Berlin inzwischen umging und auch die Rabbiner in ihren Predigten darüber sprachen.[126] Anfang 1937 versuchte Hilde, sie nach Palästina kommen zu lassen. Der Plan zerschlug sich, aber den Gedanken, in das neue Land ihrer Tochter auszuwandern, die sie dann wiedersehen würden, behielten sie im Kopf.[127] So ging Max im Mai 1938 zu einer zionistischen Veranstaltung, wo Vorträge mit Lichtbildern gehalten wurden. Es sei »schön gesprochen« worden, und die Bilder sahen anziehend aus, wodurch er von Zeit zu Zeit Begeisterung aufkommen fühlte. Doch ließ seine Skepsis sich nicht vertreiben. Kurz vor dem zionistischen Abend hatte er in der Zeitung wieder einmal über Unruhen in Palästina gelesen, wobei es auch Tote gegeben hatte.[128]

Pläne, in die Niederlande auszuweichen, hatten die Keilsons im Sommer 1938 inzwischen aufgegeben. Die Einwanderungsbestimmungen waren strenger geworden, und Max fand, die Niederlande, »dies kleine Ländchen«, habe genug Flüchtlinge aufgenommen.[129] Und was würde die Zukunft der Juden in einem fremden Lande sein, auch wenn es Holland sei? Noch etwas kam hinzu: Max hatte in der *Jüdischen Rundschau* gelesen, dass Leute über 45 nicht mehr »auswanderungsfähig« seien. Er gab sich damit zufrieden, denn »zuerst kommt die Jugend und wenn noch Platz vorhanden und es wirtschaftlich angebracht [ist], dann die Alten«.[130]

Pogromnacht

Im Oktober 1938 beschloss Hitler, zwölftausend polnisch-deutsche Juden auszuweisen. Nur viertausend davon wurden in Polen zugelassen, die anderen achttausend konnten nicht weiter und mussten an der Grenze im Freien übernachten. Auch die Familie eines 17-jährigen jüdischen Jungen in Paris, Herschel Grynszpan, gehörte zu dieser Gruppe. Grynszpan entschloss sich aus Protest zu einer aufsehenerregenden Tat: Am 7. November betrat er mit einer Waffe die Deutsche Botschaft in der französischen Hauptstadt und schoss den Diplomaten Ernst vom Rath nieder, der zwei Tage später an seinen Verletzungen starb. Die Nazis antworteten mit einem Racheakt ohne Beispiel: In der Nacht vom 9. auf den 10. November wurden in ganz Deutschland und Österreich Synagogen angezündet und jüdische Geschäfte zerstört und geplündert. Auch die Synagoge in der Prinzregentenstraße in Berlin-Wilmersdorf, zugleich jüdisches Kulturzentrum, wurde ein Raub der Flammen und blieb als Ruine zurück; das war ein Ort gewesen, den Max und Else gerne aufgesucht hatten.[131] Hier und da drangen die Nazis in Wohnungen ein und schlugen dort alles kurz und klein. Etwa dreißigtausend jüdische Männer wurden verhaftet und in Konzentrationslager gebracht.[132] Einer Schätzung zufolge gab es vier- bis sechshundert Tote.[133]

Am Tag nachdem die Furie durch das Land gerast war, konnte man die Scherben der zertrümmerten Schaufensterscheiben, das »Kristall« der »Kristallnacht«, auf der Straße liegen sehen. Aber es lag noch viel mehr auf der Straße, und die Zerstörung endete nicht überall bei Tagesanbruch. Wenn Max und Else Keilson, selbst einst Inhaber eines Geschäftes, am 10. November 1938 zum Kurfürstendamm gegangen wären, hätten sie dies sehen können:

> Der Kurfürstendamm [...] sah am Mittag des 10. November aus wie nach einem Luftbombardement. Das Pflaster mit Glas bedeckt, mit zerbrochenen Möbelstücken, umgestürzten Warenstapeln, zerrissenen Kleidern, verstreuten Schuhen, Handtaschen, zerbrochenem Porzellan, Weinflaschen; dazwischen mit gläsernem Lächeln der abgebrochene Kopf einer Schaufensterpuppe, Staubsauger, Topfpflanzen, Registrierkassen, Zylinderhüte, Schreibmaschinen, Hosenträger, Radioapparate, Tischbeine, Wanduhren, alles zerbrochen, zerstampft, zerpulvert, Stück für Stück mit Liebe vernichtet. Das schwere Möbelholz zeigt seine Eingeweide, die Bruchflächen des Glases glänzen, aus den zerborstenen Musikinstrumenten starrt das zersprungene Federwerk fremdartig in die Luft, Tausende und Abertausende von Gegenständen des täglichen Bedarfs enthüllen im Sterben zum

> ersten Mal das unbekannte Innere ihrer zerstörten Substanz. Es ist ein riesiger, klirrender, glänzender Massenmord an den Produkten der Zivilisation, und die unheimliche Atmosphäre einer befriedigten tierischen Lust lagert über der zerstörten Straße. Nein, keiner befriedigten, es ist noch nicht zu Ende. Kleine Menschenhaufen stürzen sich mit dem fanatischen Schrei: »Deutschland erwache! Juda verrecke!« immer aufs neue in die halb geplünderten Läden, schleudern die schweren Ladenkassen gegen die Fensterscheiben, reißen die Regale um. Lebensmittel, Unterwäsche, Pelze fliegen durch die leeren Schaufensterhöhlen auf die Straße, bereite Hände fangen sie auf.[134]

Max Keilson schickte Karten an Sohn und Tochter, um sie zu beruhigen. Hans hatte da bereits bei Dori, der Tochter von Emil Keilson, angerufen. Onkel Emil war zufällig gerade bei seiner Tochter zu Besuch, als der Anruf aus den Niederlanden kam. Er konnte Hans gleich berichten, dass mit seinen Eltern alles in Ordnung sei.[135] Hans schrieb einen Brief:

> Liebe Eltern! Eure Karte habe ich erhalten. Gestern rief ich an, Sonntag will ich wieder anrufen. Wir können uns nur so unterhalten, über das Wetter. Euer Paket ist gut angekommen, bitte erregt Euch nicht zu sehr. Wir haben die Zeitungsberichte gelesen. Bitte schreibt mir jeden Tag, Sonntag wird hier nicht ausgetragen. Mit meiner Arbeit geht es gut. Aber meine Gedanken sind natürlich bei Euch. Versucht so ruhig wie möglich zu bleiben. Ich werde mich hier für Euch bemühen. Lasst es Euch nicht so schwer werden. Wir sind Juden, der liebe Gott weiß es, auch das neue Testament schreibt es. Ich umarme Euch und küsse Euch, mehr für heute nicht zu schreiben. Euer Hans. Grüße von allen.[136]

Ein Resultat des Pogromnacht-Schocks war, dass Hans jetzt versuchte, seine Eltern in die Niederlande kommen zu lassen. Sein Plan, seine kranke Mutter schon Mitte Juli emigrieren zu lassen, war gescheitert.[137] In der neuen, gefährlicheren Situation nach den Pogromen war es lebenswichtig, dass beide Eltern Deutschland verließen. Hans hatte in den vergangenen zwei Jahren nur sparsam mit ihnen korrespondiert, und sie hatten es schade gefunden, dass sie so wenig von ihm hörten. Aber jetzt, wo die Not groß war, konnten sie auf ihn rechnen.

Max, der früher gar nicht so gern weggewollt hatte, stand der Emigration jetzt positiv gegenüber.[138] Die Mutter berichtete Hilde, wie viele Spannungen die letzten Tage verursacht hatten. Mit Hans zu sprechen – inzwischen hatte es ein weiteres Telefongespräch gegeben, das fünfzehn Minuten dauerte und für das die Eltern aufs Postamt gegangen waren, um Dori nicht bemühen zu müssen – habe ihnen wieder etwas Ruhe und Vertrauen in die Zukunft gegeben. Sie hält Hilde vor Augen, wie frei sie sei, da sie tun kann, was sie will.[139] Max schreibt, dass Else und er selbst immer sehr glücklich sind, wenn ein Brief aus Palästina oder aus Holland kommt; sie »vergessen dann was so hinter uns liegt, wir verlangen nicht viel, sind mit allem zufrieden nur etwas mehr Ruhe, weniger seelische Aufregungen, nur einmal wieder Mensch sein zu dürfen«.[140]

Hans schrieb jetzt zweimal in der Woche. Seine Briefe gaben den Eltern Mut. Wenn Post von Hilde eine Zeitlang ausblieb, gerieten sie ganz aus dem Gleichgewicht. Umso größer war die Aufregung, wenn ein verspäteter Brief endlich doch ankam: »Mein Freudensschrei lockte sogar unsere Mieterin aus dem Badezimmer, die mir wie immer wieder versicherte, wie sehr sie sich mit mir freute. Vater war gerade nicht zuhause, ich traf ihn unten, als ich vom Markt kam, und war das strahlende Leuchten, das auf einmal auf sein Gesicht trat, wert zu photographieren.«[141]

Ein Gedicht über Hitler

Nach der Pogromnacht wollten Zehntausende deutscher Juden in die Niederlande emigrieren, aber der katholische Justizminister Carel Goseling führte eine strenge Asylpolitik. Er wollte siebentausend Flüchtlinge zulassen. Im März 1939 waren es bereits achttausend. Man ging davon aus, dass etwa fünfzehnhundert Personen, wahrscheinlich sogar mehr, illegal über die Grenze gekommen waren.[142]

Kurz nach der Pogromnacht hatte Hans Keilson beim Comité voor Joodsche Vluchtelingen (CJV), dem jüdischen Flüchtlingskomitee in Amsterdam, zu dessen Aufgaben das Regeln der Einreisevisa gehörte, einen Antrag gestellt.[143] Er wollte, dass seine Eltern die Erlaubnis erhielten, in die Niederlande zu kommen. Die Kosten für ihren Lebensunterhalt wollte er übernehmen, es brauchte deshalb auch kein Platz für sie in einem Auffanglager organisiert zu werden. Dass er die finanzielle Last tragen könne, bestätigten der Gewerkschaftler Sam Goudeket[144], der im Nachbarort Bussum wohnte und zum Bekanntenkreis von Hans und Gertrud gehörte, und Alfred Goudsmit vom Amsterdamer Warenhaus De Bijenkorf, für das Gertrud Handschriftanalysen erstellte.[145] Hans machte deutlich, dass die Einreise seiner Eltern in die Niederlande aus zwei Gründen dringend erwünscht war. Der erste Grund: Ende Dezember müssten sie in Berlin ihre Wohnung verlassen und wüssten dann nicht, wohin. Der zweite Grund: Er habe bestimmte Texte publiziert und fürchte, dass seine Eltern deswegen in Schwierigkeiten geraten könnten.[146] Ersteres trat dann doch nicht ein, denn die Eltern Keilson konnten bis zu ihrer Ausreise am 21. Februar 1939 in ihrer Wohnung in Berlin bleiben. Das Zweite betraf die Gedichte in *De Gemeenschap*, die zu Repressalien hätten führen können.

Die Schriftstellerin Marianne Philips, die Frau von Sam Goudeket, schrieb einen Brief an das Komitee, um den Antrag zu unterstützen. Sie nannte noch einen weiteren Grund für die Aufnahme der Eltern in den Niederlanden: die schlechte Gesundheit der beiden. Dabei übertrieb sie etwas, denn die Augen des Vaters konnten doch noch Mitte Dezember in Berlin operiert werden.[147] Der Brief von Marianne Philips ist an Raphaël Henri Eitje gerichtet, der mit einem Kollegen die Geschäftsführung des Komitees für jüdische Flüchtlinge innehatte.

> Sehr geehrter Herr Eitje,
> Wegen sehr dringender Notwendigkeit nehme ich mir die Freiheit, einen kurzen Augenblick Ihrer kostbaren Zeit zu beanspruchen. Es betrifft die Eltern des Dichters Alexander Kailand, Pseudonym von Hans Keilson, ein sehr begabter junger Mann, Mediziner, der seit mehr als zwei Jahren in Holland lebt. Der katholische Dichter Anton van Duinkerken hat bereits einmal deutsch-jüdische Gedichte von ihm in »De Gemeenschap« aufgenommen und auch in der Dezembernummer sollen wieder Gedichte erscheinen. Da eines davon, »Bild[nis] eines Feindes« ziemlich kämpferisch ist, fürchtet er, dass seine Eltern dort Schwierigkeiten bekommen werden, aber es war zu spät, um vor dem Druck dieses Gedicht zu entfernen. Nun hat er bereits vor vierzehn Tagen ein Gesuch beim Flüchtlingskomitee eingereicht, aber noch keine Antwort erhalten. Sie werden verstehen, dass diese äußerst sensibele Dichternatur entsetzlich leidet bei dem Gedanken, dass seine Eltern durch seine Schuld ins Elend geraten könnten, oder besser: in noch größeres Elend als das, das sie jetzt schon ertragen. Der Vater ist nämlich beinah blind, kann aber in Deutschland nicht mehr operiert werden, und die Mutter ist vollkommen erschöpft. […]
> Falls nötig, ist Unterzeichnete bereit, Hilfe zu leisten. Es geht

> hier um kulturelle Belange, denn der junge Keilson verkehrt in literarischen Kreisen und verteidigt die jüdische Sache. Könnten Sie etwas tun, um das Kommen der Eltern zu beschleunigen?[148]

In der Dezembernummer 1938 der *Gemeenschap* erschienen keine Gedichte von Alexander Kailand. Erst einige Monate später, im Mai 1939, brachte das Blatt wieder zwei Gedichte von ihm, darunter »Bildnis eines Feindes« über Hitler und seine Haltung gegenüber den Juden, mit Zeilen wie diesen: »Vom Menschen bist du nur ein Scherben / und malst mich groß als wütenden Moloch, / um dich dahinter rasend zu verbergen.«[149] Dieser Text, im April 1938 bei der Zeitschrift eingereicht, konnte also doch noch aus dem Manuskript der Dezembernummer zurückgezogen werden, als deutlich geworden war, welche Katastrophe die deutschen Juden in der Nacht vom 9. auf den 10. November getroffen hatte.[150]

Was Marianne Philips über das Gedicht schrieb und über die (Un)möglichkeit, die Augen von Max Keilson noch in Deutschland operieren zu lassen, wird Hans Keilson ihr so gesagt haben. Die teilweise Anpassung der Wahrheit diente dem einen großen Ziel, das um jeden Preis erreicht werden musste: Max und Else in die Niederlande zu holen.

Von noch einem weiteren Mitglied der Familie Goudeket-Philips kam Hilfe: Der junge Jurist August (Guus) Belinfante, verheiratet mit der Tochter Hester Goudeket, richtete im Namen von Hans Keilson ein Gesuch an den Justizminister. Das hatte Erfolg. Am 14. Dezember 1938 fiel die Entscheidung: Max und Else Keilson durften in die Niederlande kommen.[151]

Hans Keilson zufolge hatte die positive Wendung vor allem auch etwas mit der Publikation seiner Gedichte in *De Gemeenschap* zu tun, denn der Justizminister Goseling hatte Freunde im Umfeld der Zeitschrift.[152] Man könnte diese spekulative Linie weiter fortsetzen: Es könnte Anton van Duinkerken gewesen sein, der eine Vermittlerrolle spielte, indem er bei dem Minister für das Anliegen Keilsons und seiner Eltern eintrat. In den soziokulturell und religiös nach Gruppeninteressen, sogenannten »Säulen«, organisierten Niederlanden dürften Literaten und Minister sich als prominente Katholiken miteinander verbunden gefühlt haben, was bedeutete, dass man bereit war, etwas füreinander zu tun.

Max und Else flüchten

Am Samstag, den 17. Dezember 1938, wurde gegen drei Uhr nachmittags bei den Keilsons in Berlin ein Telegramm ihres Sohnes abgeliefert: »Einreise bewilligt, schnell herkommen, Hans.«[153] Else gab die gute Nachricht gleich an ihre Tochter weiter. Sie schrieb: »Kannst Du Dir unsere Freude vorstellen, laß Dir diese Worte genügen. Es ist doch ein Glück, daß Vater seine Augensache hinter sich hat und Montag gleich die ersten Schritte unternehmen kann. So ganz leicht wird es ja nicht sein, aber die Hauptsache ist, wir kommen ans Ziel. Wir kündigen jetzt per 1. April die Wohnung, unsere Mieterin hat uns auch per 1. 1. gekündigt, da sie auswandert.«[154]

Das Thema Emigration war nach der Pogromnacht aktueller denn je; alle sprachen darüber. Max und Else gingen in die Niederlande. Die Cousine Lieselotte Frank aus Angermünde, in die Hans als Junge verliebt gewesen war, wollte nach England, und das gelang.[155] Erna Keilson aus Hamburg, die Witwe von Onkel Hermann, wollte nach Kanada, bekam aber längere Zeit von den Instanzen keine Einreisebewilligung.[156] Ihre Tochter Eva plante mitzugehen, sah aber später davon ab, weil sie in Europa studieren wollte.[157] Hugo Cohn, ein Bekannter der Keilsons, wurde krank und musste sich einen Arm amputieren lassen. Er fragte sich, ob er mit nur einem Arm nach Brasilien würde auswandern können.[158]

Die soziale Umwelt von Max und Else war ausgedünnt. Sie müssen das Gefühl von Einsamkeit und tiefer Beunruhigung der gefährdeten Zurückbleibenden gekannt haben, schon seit dem Weggehen von Hans und Hilde. Jetzt, wo sie selbst flüchteten, wussten sie nur allzu gut, mit welchen Gefühlen sie die Zurückbleibenden belasteten. Tante Minna, eine jüngere unverheiratete Schwester von Max, die seit 1923 an einer jüdischen Schule in Frankfurt am Main unterrichtete, war so jemand.[159] Sie ist »so fromm und gottesfürchtend und doch verlassen«, schrieb Max Ende 1938 an seine Tochter, und sie »klammert sich so sehr an uns und hat vor Monaten und Monaten schon an uns geschrieben, wenn wir noch weggehen, steht sie hier ganz allein, dies [...] ist für mich sehr weh, es ist meine einzige Schwester, die allein dasteht und ich kann leider nicht helfen«.[160]

Max und Else trafen Vorbereitungen: die Pässe, das Anmelden der Dinge, die sie mitnahmen, per Spedition oder als Handgepäck. Wertsachen hatten sie nicht viele, »gottlob«, wie Max schrieb: vier Ringe, darunter ihre beiden Trauringe, und zwei Paar Manschettenknöpfe.[161] Allerlei Dinge, die sie nicht mitnahmen, wollten sie verkaufen und zu diesem Zweck hängten sie, wie andere Emigranten, einen Zettel an die Haustür. Zu ihrer Überraschung wurden sie das meiste los, sogar zu guten Preisen. Was ihren Hausrat betrifft: Dinge, die noch von der Großmutter Buttermilch waren, nahmen sie mit: einen Wäscheschrank, eine Standuhr und die beiden Schabbes-Leuchter, die später im Haus von Hans Keilson in Bussum in Gebrauch waren und noch immer sind.[162] Auch Küchengeräte, Kochtöpfe, Teller, Gläser, Kleidungsstücke, darunter drei Büstenhalter und zweiunddreißig Paar Herrensocken, kamen mit in die Niederlande.[163]

Bei aller Geschäftigkeit vergaßen die Eltern Keilson den Geburtstag ihrer Tochter nicht. Es wurden sechs Päckchen von je einem Pfund für sie gepackt: in fünf davon Mohnkuchen, in einem eine Wurst. Der Gratulationsbrief sollte pünktlich am Geburtstag ankommen, darum wählten sie einen Luftpostbrief. Da wussten sie genau, wie lange er unterwegs war. Und traditionell komme aller Segen von oben, meinte Max, das gelte mitunter auch noch im zwanzigsten Jahrhundert. Er schrieb: »Also mein liebes Kind ich gratuliere herzlichst, einzeln meine Wünsche aufzählen ist unmöglich und würde dazu wohl kaum ein Zeppelin ausreichen.«[164]

Am Dienstag, den 21. Februar 1939, morgens um 9 Uhr, bestiegen Max und Else den Zug Richtung Niederlande. Die Reise verlief ohne Probleme. Sobald sie über die Grenze waren, »fiel uns ein Stein vom Herzen«, schrieb Max drei Tage später an Hilde.[165] Am ersten Bahnhof in den Niederlanden wurde ihnen ein Telegramm überreicht: ein Willkommensgruß von Hans. Er reiste seinen Eltern entgegen und stand in Amersfoort, wo sie umsteigen mussten, auf dem Bahnsteig, um sie zu begleiten. In Naarden folgte ein herzlicher Empfang durch Gertrud und Annemarie. Bekannte von Gertrud und Hans schickten Briefe und Blumen, und eine Torte wurde gebracht. Max an Hilde: »Alle kommen uns freundschaftlich und nett entgegen, wir sind wieder Menschen und nicht so wie wir in Deutschland geschildert worden sind, wir können jedem Menschen aufrecht in die Augen sehen und nicht Gefahr laufen Anstoß zu erregen.«[166] Vorläufig konnten sie bei Gertrud wohnen, in einem Zimmer mit zwei Betten.[167]

Sorgen um Verwandte und Freunde in Deutschland

Max und Else freuten sich auf die Wohnung im ersten Stock, die Hans für sie in Naarden, Sandtmannlaan 34, gemietet hatte. Dort musste noch renoviert werden, dann konnten sie einziehen.

Die Wohnung hatte drei Zimmer, von denen die Eltern zwei bekamen. Im dritten Zimmer richtete Hans sein Sprechzimmer ein, wahrscheinlich mit einer Möglichkeit, dort zu schlafen. Sandtmannlaan 34 wurde seine offizielle Adresse. Die Zimmer, die er bis dahin gemietet hatte (Verlengde Fortlaan 4), gab er auf. Aber etwas blieb, wie es war: Er wohnte offiziell nicht bei Gertrud.

Von Bekannten von Hans bekamen die Eltern allerlei Dinge: ein Bett, eine Matratze, vier Wolldecken, eine Couch, einen Küchentisch, einen Herd und zwei Stühle.[168] Marianne Philips half beim Einrichten.[169] Im Mai ließ die Mutter Hilde wissen, wie behaglich und gemütlich sie das Haus finde, das ganz von Grün umgeben sei.[170] Noch im selben Monat bezog ein deutscher Journalist das Mansardenzimmer, das zur Wohnung der Keilsons gehörte; er gab in Amsterdam Englischunterricht. Else wusch seine Wäsche und sorgte für sein Frühstück.[171] Max ging einkaufen und Else kochte, auch für Hans, Gertrud und Annemarie. Die neue Sprache übten sie, indem sie in der Bibliothek niederländische Zeitungen lasen und mit dem niederländischen Ehepaar sprachen, das unter ihnen wohnte.[172] Im Frühjahr 1939 besorgte Hans Karten für die Matthäuspassion in Naarden.[173] Von einem Konzert einer deutsch-jüdischen Musikgruppe besuchte Max den ersten Teil, während Hans, der erst spät mit seiner Arbeit fertig war, ihn nach der Pause ablöste.[174] So blieben die Kosten bezahlbar, und es konnte doch etwas Kultur genossen werden.

Entspannung war dringend nötig, vor allem für Hans. Weil er so wenig Zeit fand, Briefe zu schreiben, war den Eltern schon in

Berlin deutlich geworden, wie viel er zu tun hatte. Seit sie in den Niederlanden waren, sahen sie, wie viele Stunden er arbeitete: beinah jeden Tag bis abends um halb zehn.[175] Er hatte seine Praxis, und er stellte die Bücher für Co-op 2 zusammen. Seine Eltern sahen ihn eigentlich nur bei den Mahlzeiten, und auch dann war er oft in Eile.[176] Gertrud hatte mit Handschriftenanalysen viel zu tun.

Urlaub machten Hans und Gertrud nicht immer zusammen. Im Sommer 1938 zog Hans ein paar Wochen lang allein durch Frankreich: Er besuchte Paris, Orléans und Nantes[177] und auch die Bretagne, wo der Küstenort Saint-Guénolé ihn zu einer Bertolt-Brecht-artigen Ballade über die Fischer dort inspirierte: »Ein Sterben gibt es, das tut nicht weh, / bei Fischen kein Schrei, keine Not.«[178] Im Juli 1939 machten Hans und Gertrud zu zweit eine kleine Reise nach Paris, wo sie sich als unverheiratetes Paar vielleicht freier fühlten als in den Niederlanden.[179] Als Hans im August 1939 auf Terschelling Erholung suchte, war Gertrud wieder nicht dabei. Seine Eltern hatten ihn zu dieser Reise gedrängt.

Dünen, Strand, das Meer – das liebte er. Als Kind hatte er mit Mutter und Schwester Ferien in Swinemünde an der Ostsee verbracht.

> Das Wasser und der feine Sand des Strandes war mein Element. Als ich Jahre später im Exil die schönen, langgestreckten holländischen Strände mit den Dünen im Hintergrund entdeckte, wurde dies Element zugleich ein Trost. Der ungetrübte Blick auf das Meer, der unendliche Horizont, die nur zu ahnende, anscheinend langsame Fahrt der Schiffe in der Ferne unter einem weit ausgespannten Himmel, dahinter, wie im Traum, die unsichtbaren Küsten der Länder, in denen noch keine Tyrannis herrschte, alle diese Bilder lösten für einen Moment des Glückes die angst-

beladenen Zwänge der Verbannung, und gaukelten dem Vaterlandslosen vor, als läge er im warmen Sand als freier Mensch zu oberst dem Planeten.[180]

In seiner Pension in Hoorn, einem Dorf auf Terschelling, hörte er im Radio, dass Deutschland und die Sowjetunion einen Nichtangriffspakt geschlossen haben, den Molotow-Ribbentrop-Pakt. Für Hitler wurde es dadurch einfacher, Polen anzugreifen, weil er dann nicht gleich mit den Russen Krieg führen musste. Dieser »Teufelspakt«, von dem eine große Bedrohung ausging, war für Hans Keilson Grund genug, seine Ferien abzubrechen und nach Hause zurückzukehren. »Unterwegs kontrollierten bereits holländische Soldaten meinen noch immer gültigen deutschen Pass ohne Beanstandung. In Naarden erwartete mich meine Frau. Wir wussten beide noch nicht, was uns erwartete.«[181]

Die Eltern kümmerten sich um Hans und Gertrud, Hans seinerseits setzte sich für seine Eltern ein. An Hilde meldete er, dass sie gesund seien, aber auch »ziemlich alt und verbissen. Dazwischen immer noch lieb und so wie früher.« Es wäre gut, wenn sie oft Briefe schicken würde, denn – es klingt, als ob ein Arzt eine Medizin verschreibt – »für ihre gesundheitliche Disposition sind regelmäßige Berichte von Dir das Einzig Erforderliche«.[182] Er trage mehr zum Lebensunterhalt der Eltern bei als Hilde, also könne seine Bitte, oft zu schreiben, nicht zu viel verlangt sein.

Finanzielle Sorgen gab es übrigens nicht; die Eltern schrieben an Hilde, dass sie kein Geld mehr zu schicken brauche.[183] Was sie aber unbedingt tun sollte: eine Reise nach Europa machen. Else: »Wie oft denke ich so im Stillen, ob Hildchens Herkommen wirklich Wahrheit werden wird und dabei an die Worte meiner seligen Mutter, ›sich darauf mit Zittern freuen‹ in dieser unruhigen

Zeit.«[184] Ein Wiedersehen sollte es nicht mehr geben. Hans sprach gelegentlich davon, dass die Eltern auch nach Palästina emigrieren sollten, aber sie wollten das nicht.[185]

Gertrud unterzog Hildes Handschrift einer graphologischen Analyse. Eines ihrer Ergebnisse gab Vater Keilson an seine Tochter weiter: »Gertrud fand Deine Schrift kräftiger und ruhiger, ruhiger besonders, daß wir hier sind und Du nicht mehr die Angstsorge um uns hast.«[186] An der Handschrift eines anderen Briefes konnte Gertrud ablesen, dass Hilde »in gutgelaunter Stimmung« war, als sie schrieb.[187]

Alles in allem waren Max und Else sehr zufrieden. Kurz nach seinem vierundsechzigsten Geburtstag ließ Max seine Tochter wissen, dass er sich im neuen Land »geborgen« fühle. Er und Else wohnten angenehm und hatten genug zu essen – etwas, was so viele andere nicht von sich sagen könnten. »Ich habe in den letzten 3 Jahren nicht so viel Butter gegessen wie hier in den Paar Monaten, Eier haben wir nicht soviel in den letzten Jahren in unserem Haushalt gehabt, wie wir hier in den paar Monate[n] schon gegessen haben, ganz abgesehen von Obst, dieser Artikel war nicht nur knapp, sondern auch garnicht zu bezahlen.« Kaffee trank er in Deutschland nur selten und manchmal gemischt mit Ersatzkaffee. Und Kaffeesatz wurde auch wiederverwendet, indem man ihn noch einmal mit heißem Wasser aufgoss. Diese Armseligkeiten gehörten in den Niederlanden, wo der Kaffee vortrefflich war, der Vergangenheit an.[188]

Das viele Grün in ihrer Umgebung trug zum Wohlbefinden des Ehepaars Keilson bei. Die Straßen mit all den Vorgärten gefielen ihnen: Es war wie auf dem Lande, aber mit ein bisschen Stadtgefühl. Und in der näheren Umgebung gab es Wälder, wo Max gern allein seine Abendspaziergänge machte, so wie früher in Bad Freienwalde. Er ging dann um sieben Uhr weg und kam erst gegen elf zurück. Else ging nicht mit, denn stundenlang auf den Beinen sein, das konnte sie nicht mehr.[189]

Tante Jenny, Tante Hedel, Tante Minna

Die Sorgen um die in Deutschland Zurückgebliebenen konzentrierten sich auf die drei Tanten. Else zeigte sich immer wieder beunruhigt über Jenny und Hedel, ihre älteren Halbschwestern in Breslau, die jetzt arm waren, während sie noch 1938 den Keilsons Geld nach Berlin geschickt hatten, um sie etwas zu unterstützen. Jenny war Witwe, Hedel war nie verheiratet gewesen. Sie teilten sich eine Mietwohnung, aber nach einem sie erschreckenden Ereignis mussten sie dort weg: Ihrer Vermieterin wurde es während eines Gesprächs mit Jenny schlecht, sie verlor ihr Gleichgewicht und starb in Jennys Armen.[190] Danach sahen die beiden Frauen sich nochmals gezwungen umzuziehen, weil für Juden ein Verbot erlassen wurde, in einem »arischen« Haus zu wohnen.[191]

Als Junge hatte Hans Keilson seine beiden Tanten gut gekannt: 1923 hatte er die Weihnachtsferien bei ihnen verbracht. Da war Jenny siebenundfünfzig, Hedel einundfünfzig. »Die Tanten«, erinnerte er sich später, »waren zwei sehr gemütliche Damen mit viel Humor«. Zu dritt fuhren sie mit der Straßenbahn durch Breslau, so dass er die Stadt kennenlernte, und machten Spaziergänge in den Parks.[192] Für den Silvesterabend überraschten die Tanten Hans mit einer Karte für die *Die Fledermaus*. Das war sein erster Besuch in einem Opernhaus.[193]

Und dann war da Tante Minna in Frankfurt am Main, die Schwester von Vater Keilson. 1937 hatte sie von ihrem Bruder gehört, dass Hans auf der Suche nach Material für einen Vortrag über jüdische Schulen in Deutschland war. Sie werde, schrieb sie an Hans, ihm eine kleine Liste von hilfreichen Publikationen schicken, die er in Amsterdam sicherlich in einer Bibliothek finden könne. Und noch etwas schrieb sie: »Weißt Du, lieber Hans, Deine Tante Minna spinnt ein wenig, – – ich bilde mir nämlich ein, Du, ja gerade Du sollst einmal einen Ersatz für Franz Rosenzweig geben, ein gottvoller Gedanke, gelt? Ich sehe Dich im Geiste den Kopf schütteln, und Dein Gesichtsausdruck sagt mir etwa: die ist ja reif fürs – – – –«.[194] Hans Keilson hatte Medizin studiert, eine Sportlehrerausbildung gemacht und Sportunterricht gegeben. Es war nicht zu erwarten, dass er je in die Fußstapfen des 1929 in Frankfurt am Main verstorbenen Theologen und Religionsphilosophen Franz Rosenzweig treten würde. Doch ging der Wunsch von Tante Minna in Erfüllung. Was sie vorhersagte und sich wünschte, wurde auf unvorhergesehene Weise Wirklichkeit: Hans sollte fast sechzig Jahre später als Gastprofessor den Franz-Rosenzweig-Lehrstuhl in Kassel bekleiden, um dort Vorlesungen über Nazismus und Antisemitismus zu halten.

Max Keilson dachte oft an seine Schwester. Er fand, dass sie nicht richtig verstand, was in der Welt vor sich ging. Die Gräber ihrer Eltern in Königsberg, die Hans einst auf einer Reise mit Gertrud in völlig verwahrlostem Zustand angetroffen hatte, ließ sie 1938 wieder instand setzen, und inzwischen hatte sie eine Nathan-Emilie-Keilson-Stiftung ins Leben gerufen, die dafür sorgen sollte, dass jedes Jahr an den Sterbetagen des Ehepaars Keilson-Mossesson für sie Kaddisch gesagt wird. Max:

> So schön und pietätvoll diese ganze Sache ist daraus nehme ich die Nichterfassung der Situation von Tante Minna, heute in Deutschland eine Stiftung … – wenn diese Leute noch einige Jahre am Ruder sein werden, so wird es nicht nur keine Juden in Deutschland geben, sondern auch keine jüdischen Krankenhäuser, Siechenhäuser und Friedhöfe werden dem Erdboden

> gleich gemacht, das Material wird diesen Verbrechern gut zu Pass kommen.[195]

Im Winter erschraken die Keilsons, als sie in einem Brief von Tante Minna lasen, dass ihr Zimmer ein Eiskeller war und dass sie nichts zu essen hatte. Else nannte den Brief einen »Hungerschrei«. Sie und Max beschlossen, an Minna in Frankfurt und an die Tanten in Breslau fortan alle zwei Wochen ein Paket mit Lebensmitteln zu schicken. Auch andere in Deutschland Zurückgebliebene bekamen Lebensmittel von ihnen.[196]

Wer die Chance hatte, wegzukommen, einer neuen Zukunft entgegen, konnte trotz allen Aufatmens doch noch mit dramatischen Umständen und Verzögerungen zu tun bekommen. Eine Freundin aus Bad Freienwalde, Rut Karger, musste erleben, dass ihr Vater kurz vor dem geplanten Ausreisedatum von einem Auto angefahren wurde; schwerverletzt kam er in das Jüdische Krankenhaus in Berlin. Sie verschob ihre Reise immer wieder von einem Tag auf den nächsten, reiste dann doch ab, weil ihr Vater sie dazu drängte. Unterwegs zu ihrem Reiseziel in Florida besuchte sie auf der Durchreise die Keilsons in Naarden. Else in einem Brief an Hilde: »Gerade an dem Tag, an dem Rut bei uns war, starb der Vater, doch soll Rut vorläufig noch nichts erfahren, man hat ihr hierher sowohl wie nach Florida immer geschrieben, es geht besser.«[197]

Hin und wieder gab es auch gute Nachrichten über die Flüchtlinge. So war Fritz Happ, der Hausarzt der Keilsons in Bad Freienwalde, nach Bolivien entkommen. Er hatte dort rasch Arbeit als Militärarzt gefunden.[198]

Krieg und jüdisches Neujahr

Mit dem Überfall der Deutschen auf Polen, am Freitag, den 1. September 1939, begann der Zweite Weltkrieg. Am Sonntag, den 3. September, dem Tag, an dem England und Frankreich Deutschland den Krieg erklärten, schrieb Max an seine Tochter, »durch die Ereignisse der letzten Tage, insbesondere der letzten Stunden« sei man eigentlich nicht aufgelegt zu ausführlichen Briefen. Dann wurde er beim Briefschreiben von seinem Sohn unterbrochen, der mit den Eltern einen Ausflug mit dem Auto zu den nahegelegenen Loosdrechter Seen machen wollte. Die Eltern genossen den Anblick der vielen kleinen Segelbote, und Hans ging schwimmen.[199]

Am Montag konnte Hans sich in seiner Praxis nur schwer konzentrieren. Er war mit seinen Gedanken nicht bei der Sache, weil die Nachrichten über den Krieg immerfort in seinem Kopf kreisten.[200] Max an Hilde: »Hans hat eine Dame, etwas sehr schwierig, c. 2 Std. danach ist er wie zerschlagen.«[201] Es scheint, als ob er es alles kaum mehr bewältigen konnte. Er veränderte in dieser Zeit sein Äußeres: Zum rötlich-dunkelblonden Haar kam ein roter Bart.[202]

Es war ein irrwitziger Zufall, dass das jüdische Neujahrsfest gerade in den ersten Kriegsmonat fiel und gute Wünsche ausgetauscht wurden. Mutter Keilson wünschte Hilde »noch ein gesundes, freudiges Jahr 5700, der liebe Gott möge sich unserer Menschen erbarmen.«[203] Trost und Stütze fanden Hans und seine Eltern vielleicht in der Synagoge in Bussum.[204] Der Vater an Hilde: »[Wir haben] den ersten Teil der Feiertage gut, nach alter Sitte, verlebt. [...] der Vorbeter hat diesmal sogar eine kurze Ansprache in Deutsch gehalten, der vielen Fremden wegen.« In einem Ton, der so nüchtern ist, dass jeder Gedanke an den Krieg in den Hintergrund tritt, fügte er hinzu:

Da Damenplätze sehr wenig sind, muß Mutti spätestens schon um 8 Uhr dort sein, um nicht Gefahr zu laufen einige Stunden stehen zu müssen, ich war nach 9 Uhr dort, Platz für mich ist vorhanden und genügte es mir bis 12 Uhr vollauf. – Nun richten wir uns zum Fasten, es ist für Mutti und für mich kein Opfer, wir haben bisher immer gut gefastet, für Dich mein liebes Kind alles Gute, kannst Du, oder vielmehr wirst Du auch zum Gottesdienst gehen? – Hans sagte uns soeben beim Abendtisch, er fastet auch, am 1. Neujahrstag kam er auch zur Synagoge nach.[205]

Neue deutsche Freunde

Max und Else hätten sich in Naarden und Bussum bis zu einem gewissen Grade in die wachsende Gruppe der deutsch-jüdischen Flüchtlinge eingebettet fühlen können, aber das war nicht der Fall. Abgesehen von der eigenen Familie lebten sie ziemlich in sich selbst gekehrt.[206] Doch das änderte sich.

Als sie eines Abends einen Spaziergang machten und auf einer Bank neben einem anderen Ehepaar Platz nahmen, ergab sich mit den Unbekannten ein Gespräch. Else nannte ihren Mädchennamen: Buttermilch, und da stand die andere Frau erregt auf: »Doch nicht aus Hirschberg? Else Buttermilch?« Die Frau sagte, dass sie auch dort aufgewachsen sei und dass ihr Mädchenname Herrnstadt sei. Es war eine Bekannte von früher, Frieda Herrnstadt. Vierzig Jahre hatten sie sich nicht gesehen. Friedas Mann hieß Haymann Badrian.[207]

Die Badrians wohnten im an Naarden grenzenden Bussum.[208] Sie hatten eine geschiedene Tochter mit Kind und einen Sohn, ein paar Jahre älter als Hans, der in Amsterdam als Fotograf arbeitete und seine Eltern finanziell unterstützte: Gerhard Badrian.[209]

Diese Begegnung sorgte für neues soziales Leben. An den Sonntagen gingen die beiden Ehepaare nachmittags öfters zusammen spazieren. Und die Keilsons kamen regelmäßig zu den Badrians, die ein gutes Radio hatten.[210] Sie spielten Karten und hörten englische oder französische Sender, obwohl wahrscheinlich keiner von ihnen genug Englisch oder Französisch verstand.[211]

Max und Else hatten Gesellschaft gefunden und jemanden zum Reden, und vermutlich wurden sie durch ihre neuen Freunde auch ins Schlepptau genommen, um Zusammenkünfte deutscher Flüchtlinge zu besuchen. Else schätzte, dass in Naarden und Bussum fünfzig Immigrantenfamilien wohnten.[212] Es war geplant, solche Zusammenkünfte wöchentlich abzuhalten – keine schlechte Idee, fand Max, denn die Einsamkeit unter den Flüchtlingen war groß.[213]

Hans verdiente jetzt weniger als vorher. Weil seine Eltern finanziell von ihm abhängig waren, wollten sie ihre Ausgaben einschränken und nicht zu viel unternehmen. Doch meldeten sie sich für einen Niederländischkurs an, der im Rahmen der Immigrantenzusammenkünfte organisiert wurde. Beinahe täglich gingen sie schon davor in die öffentliche Bibliothek, um niederländische Zeitungen zu lesen. Bei Artikeln über die Nazis fühlte Max ein starkes Verlangen in sich aufkommen, »daß mit diesen Unmenschen einmal gründlich aufgeräumt wird«.[214] Hitler nannte er einen »verfluchten Himmelhund«, einen Schuft, und er verlangte nach dem Augenblick, da dessen letzte Stunde schlagen und die Menschheit zur Ruhe kommen werde.[215]

Am Vorabend

Direkt nach seiner Einwanderung dachte Hans Keilson, dass die Niederlande bei einer Invasion rettungslos verloren sein würden. Doch im Januar 1940 zeigte er sich optimistisch. Seiner Meinung nach war die Situation sicher. Die Deutschen müssten verrückt sein, wenn sie die Niederlande überfallen würden, denn das Land habe seine Verteidigung ausgezeichnet organisiert. »Die öffentliche Meinung ist anti-deutsch, und wird das immer mehr. Voller Vertrauen und Ruhe sehen wir der Zukunft entgegen. Niemand glaubt, dass die Barbaren den Krieg gewinnen werden.«[216]

Abgesehen von einer Krankheit der Mutter gehe alles gut: »Unsere Arbeit hier geht weiter. Kinder müssen immer erzogen werden, auch im Krieg, und Gertrud arbeitet auch. Wir freuen uns, dass wir unsere Eltern hier haben. Mutter ist im Augenblick krank, Blasenentzündung [...]. Unsere Wohnung ist warm, und das Essen ist hier immer noch gut. Sie sehnen sich nach einem Brief von Dir.«[217]

Mit seinen Gedichten beschäftigte er sich auch, oder zumindest mit dem Versuch, Aufmerksamkeit für sie zu schaffen. Eine Schauspielerin habe aus seinen Gedichten vorgetragen, und er möchte, dass Hilde sechs Gedichte bei der Redaktion der *Jüdischen Welt-Rundschau* in Jerusalem abgibt. Diese Bitte hatte er schon einmal geäußert, vergeblich. Die Gedichte genügten dem persönlichen Urteil Hildes nicht: Sie fand die Texte nicht für das Blatt geeignet.[218]

Hans berichtet seiner Schwester, dass er bei der Women's International Zionist Organization (WIZO) einen Vortrag über den Propheten Amos gehalten habe und dass er dort in Kürze noch einmal sprechen werde; Thema: die Erziehung des jüdischen Kindes. Ansonsten vertiefte er sich in die jüdische Geschichte. Und er lernte Ivrit, als ob er eine Emigration nach Palästina nicht ausschloss.

Max und Else waren in den letzten Monaten vor dem deutschen Überfall auf die Niederlande in trüber Stimmung. Pakete, die sie an die Verwandten schickten, kamen nicht immer an. Die Mutter hatte Schwierigkeiten beim Gehen und litt an Schlaflosigkeit, weswegen sie Tabletten einnahm, die aber nach einiger Zeit nicht mehr wirkten. Dazu kam, dass sie unter geräuschvollen Hausbewohnern zu leiden hatten; das Haus in Naarden war ein Holzbau. Sie hörten jedes Wort der Nachbarn, die Kinder lärmten ab sieben Uhr morgens – Schreien, Singen –, und mitunter lief das Radio von halb elf in der Früh bis zehn Uhr abends. Das machte Else todmüde. Aber sie wagten nicht, sich zu beklagen.[219] Es gab noch mehr Probleme: Der Untermieter in der Mansarde hatte gekündigt, weil er nach Amsterdam zog. Das drückte das Einkommen der Keilsons.[220] Max hatte zu wenig zu tun. Er half seiner Frau im Haushalt, fühlte sich aber unproduktiv. Das stimmte ihn bitter.[221]

Als ob das nicht genug Elend gewesen wäre, gab es noch die Fortsetzung der Geschichte über die Not und Hilflosigkeit der drei Tanten. »Tante Minna in irgend einer Weise aus dieser Hölle herauszubekommen«, schrieb Max an Hilde, »diese Freude wäre nicht zu beschreiben«.[222] Tante Jenny und Tante Hedel wurden, wohl von der Gestapo, unter Druck gesetzt, Deutschland zu verlassen: Sie hätten Verwandte in den Niederlanden und könnten also dorthin auswandern, wurde ihnen gesagt. Die Frauen mussten beweisen, dass sie alles zu einer Emigration Nötige versucht hatten, aber das gelang nicht, denn das Comité voor Joodsche Vluchtelingen in Amsterdam beantwortete die Anfrage des jüdischen Hilfsvereins in Breslau nicht. Wenn die Tanten ein Nein bekommen hätten, also einen Bericht, dass die Niederlande sie nicht aufnehmen wollten, dann wäre bewiesen gewesen, dass sie ihr Bestes getan hatten, um wegzukommen, und dann hätte man sie vorläufig in Ruhe gelassen. Hans hatte in Amsterdam beim Comité ein Gespräch, ohne Resultat. Und Hilde habe vier Wochen lang nichts getan, wie Else ihr vorwarf.[223]

In ihrer Verzweiflung hatten die Tanten einen wilden Plan geschmiedet, der keinerlei Aussicht auf Erfolg hatte und den sie auch nicht ausführten: illegal nach Palästina reisen. Else war sehr besorgt, auch dann noch, als sich ergab, dass Jenny vorläufig in Ruhe gelassen wurde und nicht mehr zu beweisen brauchte, dass sie nicht auswandern konnte: »wie oft schlafe ich durch die Sorge um die beiden alten Menschen nicht. Freitag nachmittag kam wieder 1 Karte aus Breslau und scheint wohl Tante Jenny vorläufig sich nicht weiter zu bemühen brauchen, vielleicht ihrer 74 Jahre wegen, nun ist Tante Hedel ihretwegen doppelt unruhig, weil Tante Jenny fast ganz hilflos ist durch ihre Kurzsichtigkeit. Es ist nicht so ganz einfach, was man durchmacht.«[224]

Aber Else hatte auch eine gute Nachricht für ihre Tochter: »Hans wird im Oktober Vater! Sie freuen sich beide darauf es war besonders G[ertrud]s Wunsch. Sie bekommt jetzt schon viel von ihren Bekannten dazu geschenkt, alles selbstgestrickte Sachen, wir haben sie uns gestern abend angesehen. Hoffentlich übersteht sie alles gut, sie hat doch viel mit der Galle zu tun.«[225]

Tante Jenny und Tante Hedel sollten 1942 in Theresienstadt ihr Ende finden, sechsundsiebzig und siebzig Jahre alt. Tante Minna wurde vermutlich 1941, mit achtundfünfzig, aus ihrem Wohnort Frankfurt am Main deportiert. Ihr Schicksal ist unbekannt.[226]

6 Liebe und Grauen

1940–1945
»Noch nie hat ein Mensch so in meinen Armen gelegen«

Die Invasion und die Kinder

»Ich wurde frühmorgens um vier, fünf Uhr wach, hörte die Flugzeuge, ging zum Radio-Apparat und hörte die Stimme des Ansagers: ›Feindliche Flugzeuge …‹ usw. Ich wußte sofort, dass das deutsche Flugzeuge sind. Ich ging rauf zu meiner Frau, die oben in ihrem Zimmer schlief, sie war schwanger. Ich begann furchtbar zu weinen, war untröstbar. Ich weiß nur, dass ich sagte: es wird furchtbar, es wird unvorstellbar.«[1]

So erinnerte sich Hans Keilson an den Morgen des 10. Mai 1940.

Flüchten in die Niederlande – das schien so eine gute Idee gewesen zu sein. Noch im Januar hatte er an Hilde nach Palästina geschrieben, dass es in Holland sicher sei und ein deutscher Überfall nicht zu erwarten. Für Hans, Gertrud, Max, Else und Annemarie, Gertruds Tochter, bedeutete die neue Situation, dass sie vorläufig nicht mehr tun und lassen konnten, was sie wollten: Als deutsche Staatsbürger bekamen sie Hausarrest. Diese Maßnahme wurde am Morgen des 10. Mai erlassen.[2]

Gertrud gab später in einem Brief an Hilde und Schaul, Hildes Mann, ein detaillierteres Bild der Reaktion von Hans auf die Invasion. In den ersten Tagen wuchsen Angst und Anspannung bei ihm ins Unerträgliche, auch weil er nicht zu seinen Eltern in die Sandtmannlaan konnte und sich allerlei Fürchterliches ausmalte. Was könnte seinem Vater und seiner Mutter nicht alles geschehen, gerade jetzt, wo er nichts für sie tun konnte? Am vierten Tag des Hausarrestes ging er »wie ein gefangenes Tier im Käfig« immerzu hin und her im Haus und bekam am Abend einen Panik- und Wutanfall. Gertrud nannte es eine Explosion: »Hans hat alles, Menschen und Dinge um sich hin wie irrsinnig geschlagen und wollte zum Fenster hinaus springen. Ich war damals im 5ten Monat mit Tom, ich hielt ihn so fest, bis ein Agent kam und mir half, dann kam der Arzt und machte ihm eine Einspritzung. Er schlief dann 2 Tage und Nächte bewusstlos durch und erinnert sich auch heute an nichts mehr.«[3]

Viele jüdische Niederländer flüchteten direkt nach dem deutschen Überfall nach England oder Frankreich. Alfred Goudsmit, der Direktor des Warenhauses De Bijenkorf in Amsterdam, hatte Hans telefonisch angeboten, ihn nach England mitzunehmen, per Schiff aus IJmuiden, aber er schlug das Angebot ab. Er wollte Gertrud und seine Eltern nicht im Stich lassen.[4]

Als der Schock der Invasion vorbei war und das Verbot, das Haus zu verlassen, aufgehoben wurde, fielen ein paar folgenreiche Entscheidungen: Hans zog ganz zu seinen Eltern, Gertrud ging in das Dorf Groenekan bei Utrecht, wo sie bei Maarten Hulst, einem Mitarbeiter von »De Werkplaats«, Unterschlupf fand. Dort konnte sie für die letzten Monate ihrer Schwangerschaft bleiben. Es war eine Art Untertauchen, denn durch die Schwangerschaft war sie in Gefahr: Ein Kind aus einem Verhältnis zwischen einem jüdischen Mann und einer nicht jüdischen Frau bedeutete, dass die Eltern sich der »Rassenschande« schuldig gemacht hatten. Hinzu kam, dass Gertrud über den Panik- und Wutanfall von Hans sehr erschrocken war. Es schien ihr vernünftig, vorläufig buchstäblich Abstand zu bewahren.

Im Juli hatte Hans den Eindruck, dass bei Gertrud die Angst und der Schreck abgeebbt waren, während er selbst das ganze

Gewicht von beidem noch auf seinen Schultern spürte; es sei, als ob er Gertruds Ängste übernommen habe, schrieb er ihr. Aber er wolle nicht klagen. Er hatte es als ein großes Glück empfunden, zwei Tage bei ihr verbringen zu können, und freute sich auf die nächste Begegnung. Er werde dann auf seiner Geige für sie spielen, und nicht nur für sie: auch für sein ungeborenes Kind.[5]

Tom und Barbara

Die Geburt ihres Kindes erlebten Gertrud und Hans bei ihren Freunden Heinrich und Ilse von der Dunk, die in ihrem Hause in Bilthoven inzwischen ein kleines Internat für Schüler von »De Werkplaats« unterhielten. Wenn so die Geburt heimlich stattfinden konnte, und nicht in Gertruds Wohnung, dann gab es weniger Klatsch in der Nachbarschaft, auch wenn sie natürlich eines Tages mit dem Kind nach Hause musste. Falls man fragen würde, wer der Vater sei, dann hatte sie sich eine Antwort zurechtgelegt: ein deutscher Soldat.

Im Mansardenzimmer bei den von der Dunks kam das Kind am 27. August 1940 zur Welt: ein Junge. Er starb noch am selben Tag.[6] Dass das Kind nicht lebensfähig war, brachte Gertrud in Zusammenhang mit dem Schock, den Hans mit seinem Panik- und Wutanfall verursacht hatte.

Das Kind erhielt den Namen Tom, wahrscheinlich nach dem Autor, den Hans so bewunderte: Thomas Mann. Auch Gerd Klaass und seine Freundin Traudelise Katz hatten ihrem um etwa dieselbe Zeit geborenen Sohn einen aus der Literatur bekannten Namen gegeben: Malte, nach der Hauptperson in Rilkes Roman *Die Aufzeichnungen des Malte Laurids Brigge.*

In einem kleinen Notizbuch, in dem Hans im Krieg noch viele Gedichte aufschreiben sollte, steht ein niemals publiziertes Gedicht in fünfzehn eher traditionellen Vierzeiler-Strophen über das tote Kind.[7] Wer den Anfang wörtlich nimmt, kann zu dem Schluss kommen, dass der kleine Tom, noch nass von der Geburt, in seinen Händen starb.

> Ich habe meinen Sohn im Sterben angeschaut.
> Ich fühlt – ich, der ich Vater ward – in meiner Hand
> sein kleines Leben, wie's noch von Geburt betaut,
> zur bitteren Seligkeit entschwand.

Ein Jahr später, am 22. August 1941, bekamen Hans und Gertrud eine Tochter, Barbara; auch sie kam im Hause der Familie von der Dunk zur Welt.[8] So rasch nach Geburt und Tod des kleinen Tom wieder ein Kind in die Welt setzen, in Kriegszeiten, das schien unvernünftig. Gertrud war zunächst gar nicht glücklich über ihre Tochter, aber das änderte sich.[9] Schon bald bedeutete Barbara ihr sehr viel und ebenso Hans und den Großeltern. Das kleine Mädchen war eine Art Gegengewicht gegen alles Elend, etwas Positives, ein Grund weiterzuleben.

So blickte Hans Keilson zurück auf das, was damals rund um die Geburt der beiden Kinder geschehen war:

> [...] meine Frau war schwanger, Sie tauchte dann unter, um das Kind zur Welt zu bringen, das dann leider kurz nach der Geburt starb. Das war [...] eine furchtbare Sache, so eine furchtbare Sache. Ich hab das Kindchen begraben in Utrecht, zusammen mit meinem Freund, und dann ging das Leben auch wieder auf irgendeine Weise weiter. Und im Jahr darauf kriegten wir unsere Tochter, Barbara. Ach, eine wahnwitzige Situation. Vielleicht hat uns das am Leben gehalten, dass man sich nicht ganz den Ideen der Destruktion so auslieferte, dass man sich in sei-

nem persönlichen Leben etwas aneignete. Die Leute sagten: Das ist doch wahnwitzig, was ihr tut, aber vielleicht war es unsere Rettung.[10]

Anfang 1941 hatten Juden sich melden müssen, um registriert zu werden; die Namenlisten, die dabei angelegt wurden, sollten im Laufe des Krieges als Deportationslisten dienen.[11] Im Herbst folgte eine Registrierungspflicht für Deutsche in den Niederlanden. Nicht-Juden aus »Het Gooi«, der Gegend um Naarden und Hilversum, konnten das im »Deutschen Haus« in Bussum, dem Ortsgruppenhaus der NSDAP, erledigen; Juden mussten dafür in die Provinzhauptstadt Haarlem reisen.[12]

Gertruds Besuch im Deutschen Haus verlief in angespannter Atmosphäre. Ein NSDAP-Funktionär stellte ihr die Frage, wer Barbaras Vater sei. Sie antwortete nicht gleich, sondern holte ihr altmodisches Hörrohr hervor und setzte ihre Schwerhörigkeit als Waffe ein: Sie bat den Mann drei- oder viermal, seine Frage zu wiederholen, in der Hoffnung, dass er der Fragerei müde werden und einsehen würde, dass von dieser tauben Frau keine Information zu bekommen sei. Schließlich sagte sie: »Das war eine Affäre mit einem Offizier.« Damit gab sich der Mann zufrieden.[13]

Der erste Zufluchtsort

In den ersten beiden Kriegsjahren[14] behielt das Leben von Hans Keilson eine scheinbare Normalität, während doch all dies geschah: die Ankündigung der antijüdischen Maßnahmen seit dem Sommer 1940, die Verpflichtung für Juden, sich registrieren zu lassen, die »Februaristaking«, eine Art Generalstreik im Februar 1941 als Widerstandsantwort auf die ersten Juden-Razzias in Amsterdam, die Einführung eines allgemeinen Ausweises (»persoonsbewijs«), in den für Juden ein J gestempelt wurde, und die Verpflichtung, den Judenstern zu tragen.

Keilson setzte seine informelle pädagogische Praxis fort, und er bekam noch mehr zu tun: Ab Herbst 1941 unterrichtete er an der jüdischen Schule in Bussum, eigens ins Leben gerufen für die etwa hundert jüdischen Kinder, die in der normalen Schule nicht mehr willkommen waren. Ein ehemaliger Schüler, Nico Vissel, fand diese Grundschule in einer Villa »ein Vergnügen«. »Wir hatten [...] regelmäßig eisfrei und gingen mit der ganzen Schule in der Pause Schlitten fahren.« Im Laufe der Monate nahm die Anzahl der Schüler durch die Deportationen ab. Nach einem Jahr wurde die Schule von den Behörden geschlossen.[15]

Seit Anfang April 1942 war Hans Keilson Mitarbeiter einer privaten Schulberatung mit dem Namen »Laboratorium voor Aanlegonderzoek van schoolkinderen« (Laboratorium für Begabungstests für Schulkinder) in Bussum. Dort fungierte er als »Kinderpsychologe«. Diese Arbeit sollte er fortführen, bis er ein Jahr später untertauchte.[16]

Im Sommer 1942 kamen die systematischen Deportationen in Gang. Auch im Wohnort der Keilsons vollzog sich das Unheil: In den Tagen vom 29. Juni bis zum 3. Juli 1942 mussten 193 Juden in Naarden ihr Haus verlassen. Sie wurden nach Amsterdam, Westerbork, Vught oder Theresienstadt deportiert.[17]

Hans Keilson und seine Eltern hatten sich für diese »Evakuierung« angemeldet und wären am 30. Juni 1942 an der Reihe gewesen.[18] Aber sie mussten noch nicht weg: Sie bekamen Aufschub wegen Krankheit.[19] Else war in der Tat krank, und Max galt als beinah blind, was nicht ganz der Wahrheit entsprach, aber mit dem übereinstimmte, was Marianne Philips 1939 an das Komitee für die jüdischen Flüchtlinge geschrieben hatte. Über eine Krankheit von

Hans in dieser Zeit ist nichts bekannt. Vielleicht gab er an, dass er für seine Eltern sorgen müsse.

Ein Gast in Rekken

Am 10. April 1943, dreizehn Tage vor dem Datum, von dem an es für Juden verboten war, sich in den Niederlanden woanders aufzuhalten als in Amsterdam, tauchte Hans unter.[20] Sein Netzwerk machte das möglich: Er konnte bei seinem Freund und pädagogischen Kollegen Henk Fontein in Rekken im Osten der Niederlande unterkommen.

Marie Anna Adelaar-Fürth, die in Naarden im Stadtrat saß, hatte in den zwanziger Jahren in Bussum für die erneute Gründung einer Montessorischule gesorgt.[21] Der Grundschullehrer Henk Fontein wurde dort 1927 Direktor der Grundschule und bekam später auch die Leitung der Hauptschule. Hans Keilson ist vermutlich durch Frau Adelaar-Fürth mit Fontein in Kontakt gekommen. So erweiterte sich sein Netzwerk.

Fontein hatte 1940 die Montessorischule in Bussum verlassen und war Direktor der »Rekkense Inrichtingen« geworden, eines Heims für schwererziehbare Kinder und geistig behinderte junge Erwachsene. Die Verwaltung hatte ein Gutachten über ihn erstellen lassen, zu dem auch Hans Keilson einen Beitrag geliefert hatte. Er nannte Fontein »einen genialen Pädagogen«.[22] Bei der feierlichen Einführung Fonteins als neuer Direktor im Juli 1940 war er auch dabei gewesen.[23]

Die »Rekkense Inrichtingen« bestanden aus einem Gebäudekomplex mit mehreren kleineren Gebäuden, einem Bauernhof und der Wohnung des Direktors. Seit dem Ende der zwanziger Jahre wurden auch Patienten aufgenommen, denen gerichtlich Sicherungsverwahrung auferlegt worden war.[24] Sie waren in einer besonderen Abteilung untergebracht, dem Haus Oldenkotte auf demselben Grundstück, bestehend aus zwei kleineren und einem Hauptgebäude.[25]

Dem Kontakt zwischen Fontein und Keilson muss gegenseitiges Vertrauen, Kollegialität und Freundschaft zugrunde gelegen haben. Keilson wurde in den Kriegsjahren auch hin und wieder in Rekken um psychiatrischen Rat gebeten.[26] 1941 arrangierte Fontein eine Begegnung mit dem Dichter Gerrit Achterberg, dem wegen Totschlags an seiner Vermieterin Sicherungsverwahrung auferlegt worden war und der in Haus Oldenkotte untergebracht war. Keilson wird nur zu gern die Gelegenheit ergriffen haben, Achterberg persönlich kennenzulernen, denn das Erste, was er von ihm las, den kleinen Gedichtband *Afvaart* aus dem Jahre 1931, hatte er in seinem neuen Ton gleich faszinierend gefunden.[27] Fontein seinerseits wird gedacht haben, dass es nützlich sein könnte, wenn der selbst dichtende und zugleich psychiatrisch und psychoanalytisch orientierte Keilson mit seinem Patienten sprach. Eine der Schlussfolgerungen, die Keilson zog, war, dass Achterberg »ein moderner Orpheus« sei, weil er »Reanimationspoesie« schrieb: Er wolle die Toten zum Leben erwecken. Dabei gelinge es dem Dichter, ein Gebiet zu betreten, wohin die Sprache eigentlich nicht reiche.[28] Aus Bewunderung trug er eine Reihe von Achterbergs Gedichten in sein kleines Notizbuch mit Gedichten ein.

Durch diese Besuche war Rekken für Keilson im Frühjahr 1943 kein unbekanntes Terrain mehr. Und für Fontein war es nichts Neues, Untertaucher im Haus zu haben: Jungen Niederländern, die sich dem erzwungenen Arbeitseinsatz in Deutschland entziehen wollten, hatte er mehrfach die Möglichkeit gegeben, in den »Rekkense Inrichtingen« unterzuschlüpfen.[29] Achterberg war nicht mehr dort, als Keilson in Rekken untertauchte.

Hans Keilson machte die Reise nach Rekken mit einem gefälschten Ausweis, der vermutlich durch Mitglieder des Widerstands in »Het Gooi« hergestellt worden war.[30] Später berichtete er, dass er mit Gertrud zu Fuß zum gut sieben Kilometer entfernten Bahnhof in Hilversum gegangen war. Unterwegs, irgendwo im Wald- und Heidegebiet zwischen Naarden und Hilversum, wo niemand sie sehen konnte, entfernte er den Judenstern von seinem Mantel.[31]

Den Bahnhof in Hilversum wählte er, weil er größer war als der in Naarden und weil er weiter weg lag. Die Gefahr, einem Bekannten zu begegnen, der sich fragen würde, warum er keinen Judenstern mehr trug, war dort geringer. Die Bahnfahrt endete in Deventer, wo er abgeholt wurde, vielleicht von Henk Fontein selbst.

In seinem Gedicht »Sterne« gab Hans Keilson 1967 eine literarische Beschreibung seines Aufbruchs. Hier hat die Phantasie die Wirklichkeit ein wenig verdrängt: er entfernt den Stern »in der kurve / vor den friedhöfen«, also den beiden Friedhöfen kurz vor der heutigen Bahnstation Bussum-Zuid, die es 1943 noch nicht gab:

ich riß ihn mir
in der kurve
vor den friedhöfen
von der jacke
bestieg einen anderen zug
warf den erhabenen orden
in den nebel
bei den kilometersteinen
und spuckte
auf die geschichte[32]

Ob der Stern wirklich weggeworfen wurde, ist nicht bekannt. Jedenfalls hat Hans Keilson ihn nicht aufbewahrt.[33] Die Worte »bestieg einen anderen zug« bieten verschiedene Interpretationsmöglichkeiten. Meint er einen Nicht-Deportationszug? Oder will er ausdrücken, dass dieser Zug in ein neues Leben führt?

Weit weg von »Het Gooi«, der Umgebung, die ihm mit Familie, Freunden, Bekannten und Patienten inzwischen zum Zuhause geworden war, begann in Rekken in der Tat ein neuer Abschnitt seines Lebens. Allein auf der Welt[34] brauchte er sich nicht zu fühlen: Er bewohnte im Haus von Henk Fontein, dessen Frau und den drei Kindern das Gästezimmer im ersten Stock.[35] Er aß mit der Familie, brachte Jan, einem der Söhne, das Geigenspielen bei und setzte sich ans Klavier, um populäre Melodien zu spielen, wie »Alexander's Ragtime Band« von Irving Berlin. Der andere Sohn, Dick Fontein, erinnert sich: »Die fröhliche amerikanische Musik war für uns etwas Besonderes, denn wir wuchsen mit den klassischen Komponisten auf: Mozart, Chopin, Tschaikowski und so. Mit Hans Keilson kam eine neue Lebendigkeit ins Haus.«[36]

Den Bewohnern und dem Personal der »Rekkense Inrichtingen« gegenüber tat die Familie Fontein so, als sei Keilson ihr Gast. Er muss sich relativ wenig eingeschränkt gefühlt haben, er konnte das Haus verlassen und sich auf dem Terrain der Anstalt frei bewegen. Und er gestattete sich noch mehr Freiheiten: Während dieser Untertauchperiode reiste er mindestens einmal nach Ommen, wo er sich mit Gertrud traf. Sie wohnten dort in einem Holzhäuschen auf dem Terrain von Schloss Eerde. Auch das hatte Hans wieder mit Hilfe seines Netzwerks möglich gemacht. Das ging so: Der Schriftsteller Jef Last, der mehrmals bei Cas Emmer untergetaucht war und ab und zu an den Zusammenkünften des kleinen kulturellen Clubs teilgenommen hatte, dem auch Hans Keilson angehörte, war mit Ida ter Haar verheiratet, Hausmutter in dem Internat, das auf dem Landgut Eerde angesiedelt war. Vermutlich hatte also sie, auf Bitten ihres Mannes oder Cas Emmers, das Holzhäuschen für Hans und Gertrud gemietet.

Wenn man das Leben von Hans Keilson als Untertaucher in Rekken betrachtet, dann bekommt man mitunter den Eindruck, dass der Krieg zu weit weg war, als dass man davon etwas merken konnte. Aber in seinen Erinnerungen *Da steht mein Haus* beschrieb er ein Kriegserlebnis aus dem ersten Monat seiner Zeit in Rekken. Henk Fontein hatte ihn eines Abends spät nach draußen gerufen, wo sie das Geräusch von Flugzeugen hörten. Es folgten Explosionen und Scheinwerferlicht, man hörte Abwehrgeschütz und der Himmel erhellte sich. »Wir standen beide schweigend und sahen das nächtliche Spektakel jenseits der Grenze. [...] Wir hörten, dass Deutschland bombardiert wurde. Es war das erste Mal, dass ich es hörte.«[37]

Im Gästezimmer der Familie Fontein war Lesen eine von Hans Keilsons Lieblingsbeschäftigungen. Er machte eine Liste der dort gelesenen Bücher, darauf unter anderem eine Übersicht über *De Nederlandsche schilderkunst van Van Eyck tot Van Gogh* (Die niederländische Malerei von van Eyck bis van Gogh) und eine weitere über *De Nederlandsche dichtkunst sinds 1880* (Die niederländische Dichtung seit 1880).[38] So machte er sich mit der Kultur seines neuen Landes vertraut, auch wenn die niederländische Dichtung längst kein unbekanntes Gebiet mehr für ihn war. Die Weltliteratur war auf der Liste auch reichlich vertreten: Sappho, Shakespeare, Puschkin, Stendhal (*Le Rouge et le Noir*), Keats, Tolstoi (*Anna Karenina*) und Gustav Meyrink (*Der Golem*). Einen modernen Roman las er auch: *Eyeless in Gaza* von Aldous Huxley. Viele Bücher auf seiner Liste handeln von Psychoanalyse, Sozialpsychologie, Kinderpsychologie und Pädagogik.

Er schrieb in Rekken auch Gedichte. In einem nie publizierten

Sonett mit dem Titel »Amsterdam« gab er einen Eindruck davon, wie ein Flüchtling den Einmarsch des Feindes in Amsterdam erlebt.[39] Er verbirgt sich in einem Hausportal, während die Soldaten in die Stadt einmarschieren. Und während er da im Verborgenen sitzt, fühlt er Zugehörigkeit und Schicksalsverbundenheit mit denen, die sich der Übermacht beugen müssen. Er ist einer von ihnen, wie er es in der letzten Zeile formuliert: »Sohn unter Söhnen«. Es ist, als ob er auf der Stelle zum Niederländer wird. Obwohl Hans Keilson am 15. Mai 1940 nicht Zeuge des Einmarsches der Deutschen in der Hauptstadt gewesen sein kann, hatte ihn doch getroffen, was da geschah. In emotionaler Hinsicht ist der Text autobiographisch.

Untergetaucht in Rekken schrieb Hans Keilson in den Monaten Juli und August des Jahres 1943 auch das lange Gedicht »Einer Träumenden«, über Gertrud.[40] Er wählte hier einen hohen, mythisch-poetischen Stil, in der Art der »Ode aan Sappho« des niederländischen Dichters P. C. Boutens, ein Gedicht, das er gelesen hatte, kurz bevor er seinen eigenen Text zu schreiben begann. Später fand er sein Produkt einigermaßen altmodisch, »sodass man vielleicht sagen kann, es wäre schon wieder avant-gardistisch«.[41]

In »Einer Träumenden« erscheinen die Nazitruppen als eine Riesenschlange, die alles verwüstend umherzieht und am Ende sich selbst verschlingt, beginnend bei ihrem Schwanz, wobei der Giftzahn ins eigene Fleisch getrieben wird. Das Böse ist auch Zerstörer seiner selbst – ein Gedanke, der in Keilsons späterem Werk wiederkehren wird. Im Gedicht steht all der Negativität eine starke, edle Gestalt gegenüber, eine Frau, die »Schwester« genannt wird. Boutens kann ihn auf die Idee gebracht haben, diese Anrede zu gebrauchen, denn in der »Ode aan Sappho« wird auch eine »Schwester«, niederländisch: »zuster«, angesprochen: Sappho, mit der Boutens sich dichterisch verwandt fühlt. Die »Schwester« bei

Keilson hat als Seherin die Zerstörung ihres Landes gesehen und am Ende des Sommers auch noch mitansehen müssen, dass ihr gerade geborenes Kind stirbt – ein Verweis auf die Geburt und den Tod von Tom. Aber sie hält stand. Und zum Glück fügt sich in die Schicksale des Menschen auch die Liebe. Dafür sorgen die Götter.

Die Anrede »Schwester« kann auch eine Vorsichtsmaßnahme gewesen sein. Dadurch war die Angesprochene in dem Gedicht nicht direkt als Gertrud zu erkennen, auch wenn es sich auf sie bezog. Keilson wollte verhindern, dass das Gedicht, sollte es in die falschen Hände geraten, den Eindruck erweckte, dass er eine Liebesbeziehung mit ihr hatte.

Gertrud hatte für Hans auch wirklich etwas Schwesterliches, so wie eine ältere Schwester manchmal ihren jüngeren Bruder unter ihre Fittiche nimmt. War es erst Hilde gewesen, die ihm bei den Schulaufgaben half und ihn während seiner Studentenzeit in Berlin ein wenig bemutterte und dafür sorgte, dass er Leute kennenlernte, so war es später die gut sieben Jahre ältere Gertrud, die tatkräftig organisierend eingriff, indem sie seine Emigration durchsetzte und ihn in den Niederlanden ermutigte, eine Praxis zur Behandlung und Beratung von Kindern zu eröffnen. Zwischen Hans und Gertrud hatte es vielleicht einmal eine leidenschaftliche Liebe gegeben, darüber lässt sich nicht wirklich etwas sagen, später war das sicherlich nicht mehr der Fall, da ist die Beziehung wohl eher als »kameradschaftlich« zu bezeichnen. Hans nannte sie einmal eine »gemeenschap uit nood«, eine »Notgemeinschaft«.[42]

Obwohl sie nicht verheiratet waren, betrachteten Hans und Gertrud sich als Ehepaar; ohne die Rassengesetze wären sie das auch offiziell seit Jahren gewesen. Aber während der Kriegsjahre fing Gertrud an zu zweifeln, ob sie überhaupt heiraten wollte. Sie zeigte, wie Hans fand, eine Art Widerstand gegen eine Ehe[43], vielleicht verursacht durch den Wut- und Panikanfall von Hans angesichts der deutschen Invasion. Fürchtete sie sich vor einem Mann, der so außer Kontrolle geraten konnte? Hatte sie zu wenig Halt an ihm? Oder war da einfach nicht mehr genug Liebe?

Hans gab in einem Brief zu, dass er dumme Dinge getan hatte, aber sie habe auch ihre Fehler: Sie sei unsicher, habe Wutanfälle, sei jedenfalls früher dickköpfig und eigensinnig gewesen, sie wolle jünger und schöner aussehen, als sie sei, während solche Äußerlichkeiten doch nichts bedeuteten. Und womöglich suchte sie eigentlich einen älteren Mann, jemanden wie ihren Vater (Gertruds erster Mann war 28 Jahre älter als sie). Lauter Gründe, so sagte er mit Humor und vielleicht auch etwas boshaft, um einen Psychiater aufzusuchen.[44] Kritik an sich selbst übte er auch: »Wie schwer fällt es mir doch, eine Frau zu akzeptieren, wie sie ist, ohne Kritik und ohne Tadeln. Ich merke immer wieder, wie schwer es für einen Mann ist, eine Frau zu ertragen, wie sie ist: in ihrem Reichtum an Gegensätzen und Schwachheiten.«[45]

Was er brauche, meinte er, sei eine etwas ältere Frau. So jemand gebe ihm Ruhe, wodurch er ins Gleichgewicht komme und in seinen beiden Fächern, der Psychologie und der Literatur, etwas leisten könne. Durch Barbara war er mit Gertrud verbunden, aber es gab auch »viele andere gemeinsame, tiefe Momente, die uns verbinden. Ich gebrauche nicht das Wort ›Liebe‹ [...]. Vertrauen, Kameradschaft und geistige und körperliche Intimität, Anstand und Niveau – das ist doch wohl mehr als ›Liebe‹, die sich auf die Beschreibung gewisser süßlicher Gefühle beschränkt, die danach oft eher sauer werden.«[46]

Max und Else im Lager Westerbork

Am 20. April 1943 schrieb Max Keilson einen Brief an seine Tochter Hilde in Palästina, aber dieser Brief fand sich in den Papieren von Hans Keilson in den Niederlanden und wird wohl niemals abgeschickt worden sein. Max berichtet, dass die letzten Juden am 23. April aus Naarden wegmüssen und in einem niederländischen Lager untergebracht werden. Auch wenn er keinen Namen nennt: Es geht um das im Nordosten der Niederlande, in der Provinz Drenthe gelegene Durchgangslager Westerbork. Von dort dürfen, wie er sagt, er und seine Frau alle zwei Wochen einen Brief schreiben, das hätten sie denen voraus, die schon früher weggemusst hatten. Es war typisch für Max, dass er doch noch Licht im Dunkel sah. In Berlin hatte er seinen Briefen auch mitunter dieselbe positive Wendung gegeben: Im Vergleich mit anderen geht es uns noch gar nicht so schlecht.[47] Dazu kam, dass er sich als dekorierter ehemaliger Frontsoldat überhaupt nicht vorstellen konnte, dass man ihm etwas antun werde.[48]

Der Gesundheitszustand von Else war miserabel. Sie litt an einer Dysfunktion der Schilddrüse, mit Durchfall und Gewichtsverlust als Folgeerscheinungen.[49] Deshalb konnte sie nicht untertauchen, und ohne seine Frau wollte Max nicht untertauchen. Gertrud kam 1946 in einem Brief an Hilde und Schaul noch einmal auf die damalige Situation zu sprechen: Sie schreibt, Mutter Keilson, diese Frau, die immer so auf Reinlichkeit achtete, sei damals inkontinent gewesen und habe einen unerträglichen Geruch verbreitet. Vater Max und Gertrud waren der Meinung gewesen, dass sie operiert werden müsse, wofür sie aber eigentlich zu schwach war. Eine Operation hätte unvermeidlich ihr Ende bedeutet, was ihr selbst auch bewusst gewesen sei. »Mutter wollte nicht und bei der kleinsten Anspielung vom Arzt oder von uns weinte sie und sagte, dass man sie los sein wolle. Und damit hatte sie recht und sei es auch ein Recht zu ihrem eigenen Frieden geworden.«[50] Ihr Tod wäre ein Segen gewesen, meinte Gertrud, denn dann wäre sie inmitten ihrer Lieben gestorben. Und der Vater hätte dann allein untertauchen können.

Hans sah das anders. Dass seine Mutter schlecht roch, konnte er besser ertragen als die anderen; das war für Gertrud »das rührendste weil unglaubliche Wunder der Sohnesliebe«.[51] Er wollte nicht, dass sie während der Operation starb, auch nicht, wenn das bedeutete, dass sein Vater dadurch gerettet werden konnte. Else hoffte das Kriegsende zu erleben, weil sie so gerne wissen wollte, ob ihre Kinder diese schweren Zeiten überleben würden. Diese Hoffnung wollte er ihr nicht nehmen.[52]

Gertrud hatte noch einen anderen Vorschlag: Ihre Schwiegereltern könnten bei ihr untertauchen. Hans fand das riskant. Wenn jemand seine Eltern verraten hätte, hätte das Gertrud und Barbara in Gefahr gebracht. Später sagte er darüber: »Ich stand vor der Wahl. Wen beschütze ich, meine Frau und mein Kind, oder meine Eltern?« Dass die Nazis ihn vor dieses Dilemma gestellt hatten, fand er unverzeihlich[53] und »rundweg barbarisch«.[54] Es machte ihn wütend, auch noch Jahrzehnte später.

In seinem Brief vom 20. April 1943 an Hilde berichtete Max, dass Else bereits seit Mitte März im Krankenhaus lag, und auf die Operation wartete, die jetzt doch noch geplant war. Bislang sei ein Eingriff nicht möglich gewesen, schrieb Max, weil Else so schwach war und nur noch vierzig Kilo wog. Und jetzt müsse sie fort, so wie er selbst, an einen unbekannten Ort im Norden des Landes. Max hatte keine Ahnung, wie sie dorthin gebracht werden sollte. Er hoffte, dass sie die beschwerliche Reise gut überstehen würde, auch wenn es für jemand, der so krank war wie sie, nicht leicht sei. Sie war schwach, sie brauchte viel Fürsorge. Das war schon seit Jahren so. Max: »mit einem Kind hat man weniger Arbeit«.[55]

Die Eltern werden abgeholt

Ab Karfreitag, den 23. April 1943, durften keine Juden mehr in Naarden wohnen. Die letzten 78 Juden sollten an diesem Tag abgeholt werden. Laut Plan hätten es 93 sein müssen, aber einige tauchten im letzten Moment unter oder nahmen sich das Leben.[56] Freistellungen gab es kaum noch.

Am Vorabend seines Abschieds von Naarden – er sollte am 22. April abgeholt und nach Westerbork gebracht werden – war Max die Ruhe und Schicksalsergebenheit in Person, jedenfalls in dem, was er an Hilde schrieb: »Von mir – ich klage Euch nichts vor, bin sehr gefaßt und überhaupt sehr ruhig, was Millionen Juden vor sich hatten und haben, warum soll ich davon befreit werden, jedes Juden Schicksal ist ein Roman und werden nach dieser Zeit, die Schriftsteller Stoff genug haben zu schreiben.«[57] Wie in früheren Briefen zeigte er sich froh darüber, dass Hilde rechtzeitig aus Europa weggegangen war. Einst, wahrscheinlich nicht allzu lange vor ihrer Reise nach Palästina, hatte sie zu ihrem Vater gesagt: »Europa ist für uns Juden nichts mehr«. Fort, »nur alle über das große Wasser«, war ihrer Meinung nach die einzige Lösung.[58] Das Elend, das ihn treffe, schrieb Max, sei leichter zu ertragen, weil er wisse, dass seine Tochter in Sicherheit sei.[59]

Weil Hans Keilson am 10. April in Rekken untertauchte, kann er nicht als Zeuge miterlebt haben, wie seine Eltern abgeholt wurden. Wohl gibt es in seinem späteren Roman *Der Tod des Widersachers* eine oft zitierte »Rucksackszene«, in der erzählt wird, wie ein Ehepaar, Vater und Mutter des Ich-Erzählers, sich auf die zwangsweise Abholung aus ihrem Hause vorbereiten. Genau genommen ist es nur der Vater, der sich vorbereitet. In der Hoffnung, dass seine Frau nichts davon merkt, hat er wochenlang in aller Stille allerlei Dinge auf den Dachboden gebracht, um dort einen alten Rucksack damit zu füllen: Seife, Handtücher, wollene Unterwäsche, Bouillonwürfel, Aspirin, Verbandzeug, Pflaster usw. Seine Frau hat längst begriffen, was ihr Mann da macht, aber sie tut, als ob sie von nichts weiß. Sie würde, sagt sie zu ihrem Sohn, auch gern einen Rucksack mitnehmen. Einen kleinen kann sie doch noch tragen, denkt sie, denn so schwach ist sie auch wieder nicht. Der Sohn blickt zurück: »Ich hätte sie nicht gehen lassen sollen, aber ich konnte nicht verhindern, daß sie gingen, daß sie sich vorbereiteten. Es war gut, daß sie sich vorbereiteten, aber es war nicht gut, daß ich sie gehen ließ.«[60]

Es lässt sich nicht sagen, wie genau oder wie frei die Romanszene nach den wirklichen Ereignissen modelliert ist, aber Max und Else sind in dem schweigsamen Vater und der kränklichen Mutter unschwer zu erkennen. Wenn das allmähliche, heimliche Packen des Rucksacks auch tatsächlich so stattgefunden und wochenlang gedauert hat, kann Hans, bevor er nach Rekken abreiste, seinen Vater dabei noch beobachtet haben. Dass das Ehepaar Keilson tatsächlich zur Vorbereitung auf die Reise nach Westerbork und noch weiter einen Rucksack packte oder zwei, ist mehr als wahrscheinlich. Der »Joodse Raad«[61] gab Ratschläge: Man solle Rucksäcke wählen, keine Koffer. Bezüglich der Dinge, die man mitnehmen sollte, gab es beim Joodse Raad Listen. Es wurde empfohlen, warme Kleidung und Unterwäsche einzupacken sowie Handschuhe und Decken. Auf sehr detaillierten Listen standen auch Dinge wie Kohletabletten, Aspirin, Pflaster und Insektenpuder.[62]

Beim Abschied hatte Vater Max zu seinem Sohn gesagt: »Hans, vergiss nicht, dass Du Arzt bist.«[63] Von dem ehemaligen Sanitätssoldaten Max Keilson, der die Wichtigkeit ärztlicher Hilfe jetzt, wo es seiner Frau so schlecht ging, mehr denn je zu schätzen gewusst haben muss, konnte man einen solchen Lebensauftrag erwarten. Die Schriftstellerei seines Sohnes war ihm offenbar weniger wichtig.

Obwohl er nicht Augenzeuge gewesen war, erzählte Hans Keilson später, dass seine Eltern von den Deutschen in einem Personenwagen abgeholt worden waren. Soweit er wusste, wurden sie im Auto direkt nach Westerbork gebracht.[64] Das stimmt nicht ganz, denn Else wurde aus dem Naardener Diakonissenhaus abgeholt, zuerst in das Lager Vught und erst von dort nach Westerbork gebracht. Sie kam dort einen Tag nach ihrem Mann an.[65]

Der Tod des Widersachers enthält eine filmartige Beschreibung, wie die Eltern des Erzählers abgeholt werden. In dieser Romanszene werden sie zusammen aus ihrer Wohnung abgeholt.

> Eines Tages schon gegen Abend fuhr in der Dämmerung ein Auto vor ihr Haus, ein Personenwagen mit sechs Sitzen. Man hat es mir später berichtet. Zwei Mann, bewaffnet, sprangen heraus und gingen nach oben, der Chauffeur und ein anderer neben ihm auf dem Sitz, ebenfalls bewaffnet, warteten unten. Es war etwas Besonderes, ja, es war ein Vorzug, beinahe eine Freundlichkeit, daß sie mit einem Personenwagen kamen. Sonst gebrauchten sie einfach Lastwagen. Es dauerte nicht lange.
> Sie nahmen die alten Leute mit.
> Mein Vater trug seinen Rucksack auf dem Rücken. Die Mutter weinte. Ich werde sie nie wiedersehen.
> […]
> O mein Gott, […] warum hast Du Rucksäcke geschaffen, mit denen Du alte Leute auf Reisen schickst in Deine schöne Welt zu einem schrecklichen Ende? Warum ließest Du sie gehen und warum ließest Du zu, daß man sie gehen ließ?[66]

In einem Brief an Hilde im Dezember 1945 berichtete Gertrud mehr über die Ereignisse rund um das Abholen der Eltern Keilson. Sie habe dem Vater Max vorgeschlagen, nachts die Möbel aus der Wohnung der Eltern zu holen und sie durch alte, wertlose Dinge zu ersetzen; aber er hatte darauf ängstlich reagiert – verständlich, weil eine solche Aktion implizierte, dass die Deportation bevorstand. Gertrud hatte den Plan dann auch nicht ausgeführt. Als Max und Else weg waren, sei ihr Hab und Gut verkauft worden. Nach dem Krieg habe Hans die Polizei eingeschaltet, um noch etwas von der Einrichtung zurückzubekommen. Gertrud an Hilde: »Die Uhr ist gerettet, ein Schrank und die Kommode von Deinem Zimmer, auch der Gasherd auf dem Mutti kochte.«[67]

Ein Teil des Hausrats der Eltern ist in der Familie geblieben. Die von Gertrud genannte große Standuhr, ein Wäscheschrank und eine Kommode gehörten später zu den Möbeln im Haushalt von Hans und Gertrud, auch noch, als sie Ende der fünfziger Jahre nach Bussum umzogen. Die beiden Schabbes-Leuchter aus Bad Freienwalde, die Gertrud hier nicht nennt, sind auch erhalten geblieben. Was aus dem geretteten Gasherd geworden ist, ist unbekannt.

Max und Else wurden am 22. bzw. 23. April in Westerbork interniert und sollten dort noch beinahe sieben Monate zubringen. Bei ihrer Ankunft wurden sie im zentralen Karteikartensystem des Lagers registriert und auch noch zusätzlich im Kartensystem der »Antragsstelle«, einer Art Schattensystem, wo die Namen derjenigen inventarisiert wurden, die Anspruch auf eine sogenannte »Sperre« erheben konnten, einen vorläufigen Aufschub des Weitertransports in die Vernichtungslager. Max war ein Veteran des Ersten Weltkriegs, das konnte Aufschub bedeuten. Gleichzeitig drohte die Gefahr, dass Else und Max sogar vorzeitig auf Transport mussten, weil es ein Problem gab, das mit Hilde zusammenhing: Als Jurastudentin in Berlin hatte sie eine finanzielle Unterstützung erhalten, die noch zurückbezahlt werden musste. Die Zentralstelle für Jüdische Auswanderung in Amsterdam war darüber informiert, und Max, der keinerlei Vermögen hatte, bekam die Aufforderung, die Schuld von 534 Mark zu bezahlen. Andernfalls werde er womöglich früher als geplant in Richtung Osten deportiert. Der Joodse Raad wandte diese Gefahr ab und bezahlte den gesamten Betrag.[68]

Für Max und Else schien die Situation nicht ganz hoffnungslos, denn vielleicht konnten sie doch noch nach Palästina. Die Engländer hatten mit den Deutschen ausgehandelt, dass (nicht jüdische) deutsche Staatsbürger, die sich in Palästina befanden, gegen Juden ausgetauscht werden konnten.[69] Um in Palästina einreisen zu können, war ein sogenanntes Palästina-Zertifikat erforderlich.[70] Juden, die direkte Familienmitglieder in Palästina hatten, konnten dafür in Frage kommen, und so wurde Hilde zu einer Rettungsmöglichkeit für ihre Eltern.

Als Hans ihnen 1939 vorschlug, nach Palästina auszuwandern, hatten sie das nicht gewollt, aber jetzt war es eine verlockende Aussicht. Max hatte für sich und seine Frau beim Joodse Raad ein Zertifikat beantragt. Daraufhin kam eine langwierige bürokratische Prozedur in Gang. Der Joodse Raad schickte über das Rote Kreuz ein Telegramm an das Einwanderungsbüro in Jerusalem, die Jewish Agency, mit der Bitte um nähere Informationen. Hilde Keilson muss mit dieser Instanz Kontakt gehabt haben, um über ihre Eltern Auskunft zu geben.

Die Jewish Agency hatte mit den britischen Behörden in Palästina Verabredungen bezüglich der Zertifikate, unter anderem über die Anzahl. War ein Zertifikat einmal gewährt, dann wurde das durch das Einwanderungsbüro über das Rote Kreuz an den Jüdischen Rat weitergegeben.[71]

Obwohl tatsächlich Juden über diesen Austauschplan gerettet wurden, war die Anzahl der Geretteten sehr gering. Palästina-Anwärter, denen ein Zertifikat zugesagt war, fassten Hoffnung – eine Hoffnung, die sich so gut wie immer als falsche Hoffnung erwies. Weil die Deportationszüge gefüllt werden mussten, konnten ganze Namenslisten von einem Tag auf den anderen für ungültig erklärt werden; das nannte man »platzen«. So wurden im Sommer 1943 in Westerbork die meisten Namen plötzlich von der Palästinaliste gestrichen.[72] Das galt nicht für Max und Else. Sie blieben vorläufig, wo sie waren, in den Baracken des Lagers Westerbork in der Provinz Drenthe.

Post aus dem Lager

Aus der Zeit in Westerbork haben sich acht Briefe und Karten der Eltern Keilson erhalten. In sechs Fällen ist der Empfänger unbekannt bzw. unlesbar gemacht, aber es dürfte Gertrud gewesen sein, die die Briefe am Ende bekam. In zwei Fällen sind die Briefe an eine Familie Rau gerichtet; vermutlich waren das Bekannte der Keilsons, die die Briefe an Gertrud weitergaben.

Für das Briefschreiben galten in Westerbork folgende Regeln: »Alle vierzehn Tage durfte jeder Lagerinsasse einen Brief von zwei Seiten oder zwei Postkarten schreiben. [...] Selbstverständlich durfte nicht über interne Lagerangelegenheiten geschrieben werden [...]. Die Post wurde zensiert; alle ein- und ausgehende Post wurde grundsätzlich von der Lagerleitung eingesehen.«[73] Das geschah vermutlich stichprobenweise. Da die Keilsons etwa dreißig Wochen in Westerbork zugebracht haben, hätten sie bedeutend mehr als acht Briefe und/oder Karten versenden dürfen. Möglicherweise ist Post verlorengegangen, oder es ist nach dem Krieg nicht alles aufbewahrt geblieben.

Aus den überlieferten Briefen und Karten bekommt man den Eindruck, dass Max und Else ihr Leben dort erträglich fanden – eine Haltung, die in den Briefen der Westerbork-Gefangenen auch im Allgemeinen anzutreffen ist.[74] Das Bild dürfte wegen der Zensur nicht wirklichkeitsgetreu sein, denn negative Äußerungen über das Lager waren unmöglich. Dazu kam bei Max Keilson, dass er von Natur geneigt war, Elend in seinen Briefen zu relativieren. Ein weiterer Grund, das Lagerleben rosiger zu schildern, als es in Wirklichkeit war: Die Eltern wollten Gertrud und Hans nicht beunruhigen.

Aus anderen Quellen, wie beispielsweise aus dem Westerbork-Tagebuch *In Dépôt* des Journalisten Philip Mechanicus, können wir indirekt etwas mehr über die Monate ihrer Gefangenschaft erfahren. Auch sie werden Gerüchte und Vermutungen über das Schicksal derjenigen gehört haben, die mit den Zügen fortmussten. Auf Transport nach Osten zu müssen galt als eine Katastrophe, die, wie Mechanicus schreibt, jede Woche vor der Abfahrt des Zuges zu herzzerreißenden Szenen führte.[75] Unter den Intellektuellen im Lager war man der Überzeugung, dass Polen »das Ende von allem« bedeutete.[76] Manche nahmen ihr Schicksal selbst in die Hand. Etty Hillesum, die auch in Westerbork war, schrieb im Juni 1943 über »verschiedene Selbstmorde heute Nacht vor dem Transport, mit Rasierklingen und so«.[77]

Max und Else Keilson werden sich eine Zeitlang mit dem Gedanken beruhigt haben, dass auf sie ja nicht die unheilverheißende Endbestimmung in Polen wartete, sondern das Gelobte Land, wo sie ihre Tochter wiedersehen würden. Dass im Sommer plötzlich viele Namen von der Palästinaliste gestrichen wurden, muss ein ziemlicher Schock für sie gewesen sein.

Was lässt sich ihren Briefen entnehmen? Else schrieb Anfang Mai, dass das Mittagessen und das Abendbrot in Ordnung seien; doch war sie froh, dass Herr Rau ein Paket mit Lebensmitteln geschickt hatte. Wegen ihrer Krankheit konnte sie das Bett nicht verlassen; sie lag in einem Raum mit 140 anderen. Der Joodse Raad hatte dafür gesorgt, dass sie ihre Medizin bekam. Max besuchte sie jeden Tag. Zu ihrem 65. Geburtstag am 5. Mai hatte er ihr sechs rote Tulpen gebracht.[78]

Gertrud schickte Fotos von Barbara. Die Großeltern weinten, als sie das kleine Mädchen sahen. Else: »Werden wir sie noch mal plappern hören?«[79] Im August schrieb sie einen Brief, um Barbara, die zwei wurde, zum Geburtstag zu gratulieren, und um zu melden, dass ihr Gesundheitszustand sich gebessert hat. Der Arzt habe gesagt, dass sie besser aussehe und keine Medizin mehr bekomme, wohl aber »mehr zu essen«.[80]

Max berichtete, dass seine Frau alle vier, fünf Tage einen Schmerzanfall habe. Aber es gebe ihr etwas Ruhe, dass es mit der Auswanderung zu klappen schien: Hilde hat ein »Zertifikat-Telegramm« geschickt. Darin dürfte gestanden haben, dass das Palästina-Zertifikat für Max und Else geregelt sei. Sicherheitshalber, so Max, habe er noch ein paar Mal in dieser Sache beim Joodse Raad in Westerbork nachgefragt. Jedes Mal habe man ihm versichert, dass alles in Ordnung sei.[81]

Monate verstrichen. Die Möglichkeit, nach Palästina zu emigrieren, kam nicht. Vieles bleibt in den Briefen unerwähnt: die Hektik und der Lärm in den Baracken, der Mangel an Privatsphäre, die Hitzewelle im Juli und August 1943, die Fliegen- und Mückenplage, die schlechte Hygiene, Fälle von Durchfall, Gelbsucht, Scharlach und Diphterie, die vielen Kinder, die starben, die Selbstmorde, die im Herbst sich verschlechternde Ernährungssituation. Auch positive Nachrichten vertrauten Max und Else nicht dem Papier an, wie beispielsweise den im Sommer '43 allgemein im Lager verbreiteten Gedanken, dass der Krieg beinah vorbei sei.[82]

Auffallend ist, dass die Keilsons auch Dinge nicht erwähnten, die für die Zensur kein Problem gewesen wären. Über die Möglichkeiten, sich die Zeit zu vertreiben – in Westerbork wurden Sportwettkämpfe, Konzerte und deutschsprachige Kabarettprogramme organisiert, die Vater Keilson hätte besuchen können –, findet sich in ihren Briefen nichts. Was da alles organisiert wurde, wird wohl für Max wenig Bedeutung gehabt haben: Seine Frau war krank und bettlägerig, und Sport war eher etwas für jüngere Leute. Über andere Internierte: kein Wort. Die Keilsons könnten Etty Hillesum getroffen haben, die Freundin des handlesenden Psychotherapeuten Julius Spier, mit dem Gertrud Kontakt gehabt hatte. Übrigens wurde generell in Briefen aus Westerbork hauptsächlich über persönliche Umstände und Probleme geschrieben und nicht über andere Lagerinsassen.[83]

Ende September schrieb Else, dass es ihr gesundheitlich nicht gut gehe, dass sie bis drei Uhr nachmittags im Bett liege. Ihr Haar falle aus und sie glaube, dass Klettenwurzelöl helfen könnte. Sie bat, wie offenbar schon öfter, ihr welches zu schicken. Auf dem Brief steht am Rande in der Handschrift von Hans Keilson: »Zum vierten Mal!! Ich habe keins!«[84] Die Notiz zeigt, dass er während der Untertauchzeit die Briefe seiner Eltern zu sehen bekam. Dafür kann Gertrud gesorgt haben. Immerhin korrespondierte er mit ihr.

Einer der Briefe des Vaters erschreckte Hans sehr: Seine Mutter hatte einen Schlaganfall.[85] An Gertrud schrieb er über die Situation: »Immerzu muss ich an die alte Frau denken und an ihren Kampf gegen den Tod, der sie doch eines Tages holen kommt.« Er fühle sich auf alles vorbereitet, »was nicht verhindert, dass ich jede Nacht am Fenster stehe und fest an beide denke und ihnen Mut zuspreche. Vielleicht erreicht es sie und sie können sich etwas davon nehmen.«[86]

Es fällt auf, dass Hans Keilson nicht von seiner Mutter spricht, sondern von der »alten Frau«. Seinen Vater nennt er den »alten Mann«. So werden die Familienbeziehungen verschleiert. Sollten die Briefe in falsche Hände geraten, dann würden Worte wie »Mutter« und »Vater«, als Juden interniert in Westerbork, deutlich machen, dass der Absender auch ein Jude sein musste. Die wahre Identität des Johannes Gerrit van der Linden, der Name, den Hans Keilson in seinen falschen Ausweisen trug, wäre dann herausgekommen. Lebensgefährlich.

Am Ende sind da noch zwei Berichte aus Westerbork, zwei Briefkarten. Obwohl Else jetzt auch noch an Rheuma litt und eines Tages ihren rechten Arm plötzlich nicht mehr bewegen konnte, ging es ihnen »zufriedenstellend«, wie Max das euphemistisch ausdrückte.[87] Die letzte Karte, abgestempelt in Assen am 9. November 1943, kam von Else. Sie hatte, vor allem dank der Lebensmittelpakete, zwei Kilo zugenommen und wog jetzt mehr als im Diakonissenhaus in Naarden; der Arzt hatte ihr gratuliert. Sie schließt den Brief mit optimistisch klingenden Worten, den letzten, die von ihr überliefert sind: »Vielleicht erhole ich mich noch weiter, daß ich operiert werden kann. Zu diesem Erfolg habt Ihr, meine lieben Freunde, erheblich beigetragen. Was wäre sonst aus mir geworden. Und dafür noch besonderen Dank! Ich schreibe im Bett auf einem Buch das ist etwas schwierig, daher immer diese schlechte Schrift. Gebt uns bald wieder einen Bericht. Viele herzliche Grüße von Else.«[88]

Auschwitz

Die Palästinaliste, auf der die Eltern Keilson standen, hatte die Deportation aufgeschoben, aber sie nicht verhindert, denn im November ’43 wurde die Liste für ungültig erklärt. Die Zusage eines Zertifikats, so zeigte sich, bot schließlich keine Sicherheit. Dass es Else gesundheitlich etwas besser ging, kann ein Grund gewesen sein, sie (und Max) gerade jetzt zu deportieren: Ein Grund weniger, sie noch wegen »Transportunfähigkeit« zu verschonen.[89]

Am Dienstag, den 16. November 1943 begann für Max und Else der Transport nach Auschwitz.[90] Der Zug setzte sich morgens um halb sieben in Bewegung, bei einer Temperatur um den Gefrierpunkt.[91] Die Anzahl der mit diesem Zug deportierten Menschen: 995.[92] Philip Mechanicus beschreibt, welche Westerbork-Gefangenen an diesem Morgen mitmussten: »Straffälle, Menschen ohne [Sperre-]Stempel, Palästina-Anwärter, die abgewiesen worden waren, worunter viele junge Männer, Krankenhauspersonal, Kranke. Die Quarantäne erwies sich als kein Hindernis; sie wurde am Montagnachmittag zu diesem Zweck aufgehoben. Eltern, die fürchteten, mit dem Transport mitzumüssen, und Kinder im Krankenhaus liegen hatten, forderten deren Herausgabe, weil sie die Kinder nicht allein zurücklassen wollten. Im Übrigen ein ›normaler‹ Transport, der unter dem Gesang der jungen Männer und Frauen unter den Verbannten die Reise antrat.«[93]

Es ist bitter, sich bewusst zu machen, dass der Transport Max und Else gleich zweifach in Richtung »Heimat« führte: Der Zug fuhr durch Berlin, wo sie jahrelang gewohnt hatten, und durch Liegnitz in Schlesien, etwa 55 Kilometer von Hirschberg, wo Else geboren und aufgewachsen war.[94]

Am 17. November erreichte der Deportationszug Auschwitz.[95] Auch wenn Else Keilson in Westerbork etwas zu Kräften gekommen war, so war sie doch immer noch schwach. Es ist schwer sich vorzustellen, wie sie die lange Reise überleben konnte – wenn sie sie denn überlebte und nicht unterwegs starb.

Die Frauen und Kinder aus diesem Zug wurden zwei Tage nach der Ankunft vergast. Dasselbe geschah mit den Männern über fünfzig.[96]

Als aus Westerbork keine Post mehr kam, waren Hans und Gertrud im Ungewissen über das Schicksal der Eltern. Waren sie unterwegs nach Palästina? Hans rechnete mit dem Schlimmsten. In seinem Untertauchtagebuch schrieb er beinah ein Jahr später am 14. Oktober 1944: »Denke ruhiger an die Eltern, an ihren möglichen Tod. Und merke es beim Geigen. Ich spiele als ob ein anderer spielte. Weniger rauh und kräftig, feiner, ausgewogener.«[97] 18. Oktober: Das englische Radio berichtete über den Massenmord an den Juden und über die Gaskammern.[98] Am 20. November im Tagebuch: Hans hat das Gedicht »Gas!« geschrieben.[99] Den Gedanken, dass Vergasung das Schicksal seiner Eltern gewesen sein könnte, lässt er vielleicht doch noch nicht an sich heran.

Gas! Süssestes aller Gase,
so leicht an Bau und Gewicht,
in dich wie in eine Vase
verströmt der Tod sein Gesicht:

Braue, Mund und Nase.
Schmerzlos wie Schlafmohn bricht
dein Korn dem verfallenen Aase
in Lungen und Adergeflicht.

O Leiber, gepfercht in die Kammer,
so gläubig dem wendenden Hahne,
im langsam erstickenden Jammer

genast ihr vom letzten Wahne,
als härter denn Schlag und Hammer
wehte des Grauens Fahne.[100]

Der zweite Zufluchtsort

Zurück in das Jahr 1943. Die deutschen Besetzer erließen in diesem Sommer eine Verordnung, die den Zweck hatte, es den Widerstandsgruppen schwerer zu machen: Männer ab 16 Jahren, die ihren Wohnsitz nicht in den Provinzen Friesland, Groningen, Drenthe, Overijssel oder Gelderland hatten, war es nun verboten, sich dort aufzuhalten. Angeblich gab es dort kommunistische Aktivitäten, oder in der Sprache der Nazis: »bolschewistisches Banditentum«.[101] Rekken lag in der Provinz Gelderland. Hans Keilson konnte also nicht bei der Familie Fontein bleiben.

Im gefälschten, leider nicht erhaltenen ersten Ausweis, den Keilson über Widerstandsleute in »Het Gooi« bekommen hatte, muss als sein angeblicher Wohnort eine Adresse in Südholland gestanden haben. Also begab er sich in diese Provinz, und zwar nach Delft. Erst am 7. September 1943, einen Monat nachdem die Verordnung in Kraft getreten war, beschloss er sich auf den Weg zu machen. Das bedeutete ein Risiko, aber ängstlich war er nicht. Er schrieb später, er habe die Reise mit der Bahn »wohlgemut« angetreten.

In Delft konnte er bei dem Ehepaar Leo und Suus Rientsma-Warsen unterkommen.[102] Er kannte die Familie. Eine ihrer kleinen Töchter, Hannie, hatte eine Zeitlang bei einer Tante in Bussum gewohnt, weil sie dort die Montessorischule besuchte, deren freie Unterrichtsmethode gut für sie geeignet war. Die Tante, Mies Warsen, eine Schwester der Mutter, war zu Hans Keilson gekommen, um sich Rat bezüglich der Erziehung und Betreuung des Kindes zu holen.[103] Das Mädchen hatte er eine Zeitlang behandelt, wie er später schrieb.[104] Auch seine neue Untertauchadresse hatte er so über sein Netzwerk gefunden.

Die Familie Rientsma wohnte in Delft, Wallerstraat 3, in einem geräumigen, schönen Reihenhaus im Architekturstil der »Amsterdamse School«, an einem Park gelegen. Das Ehepaar beherbergte öfter Untertaucher. Leo war Chemiker und Leiter des Laboratoriums der »Nederlandsche Gist- en Spiritusfabriek«, später Teil der Firma DSM. In der Dunkelkammer der Firma entwickelte er gelegentlich seine Familienfotos.[105] Dass er Zugang zu technischen Möglichkeiten hatte, bot Vorteile bei seinen Tätigkeiten in der Illegalität. So konnte er beispielsweise Tinte für falsche Ausweise analysieren, um die richtige Farbe zu ermitteln.[106]

Als Hans Keilson in Delft untertauchte, war die achtjährige Hannie inzwischen wieder in ihr Elternhaus zurückgekehrt. Sie hatte eine zehnjährige Schwester, Lies. Vater Leo versorgte den Haushalt mit Kohlen und war, als die Deutschen sein Auto beschlagnahmt hatten, per Fahrrad unterwegs, um bei Bauern auf den südholländischen Inseln Lebensmittel zu besorgen. Mutter Suus kochte. Man aß gemeinsam mit den Untertauchern im hinteren Zimmer. Lies kümmerte sich um Futter für den Hund, die Katzen und die Meerschweinchen. Kaninchen hatten die Rientsmas zeitweise auch. Zum Zeitvertreib wurden endlos viele Puzzles gelegt.[107]

Die Rientsmas hatten ein Radio, das sie unter den Bodenbrettern eines Einbauschrankes versteckt hielten; sie hatten es 1943 nicht, wie die Deutschen das verlangt hatten, abgeliefert. Lies und Hannie produzierten den nötigen Strom, indem sie abwechselnd ein Fahrrad in Bewegung hielten. Die Schwestern hatten noch eine Aufgabe: Sie mussten jeden Tag bei der Fabrik zwei kleine Rollen Hefe holen. Auf dem Heimweg naschten sie heimlich davon, als wäre es eine Süßigkeit.[108]

Die meisten Untertaucher waren in diesem Delfter Haus nur für kurze Zeit zu Gast. Einige blieben länger, wie »Corrie« (in Wirklichkeit: Rosa Groenteman), die als Haushälterin galt und auch als solche für die Rientsmas arbeitete und mitunter sogar Einkäufe machte.[109] Auch Hans Keilson war einer der Untertaucher, der längere Zeit blieb. »Wir Kinder durften außerhalb des Hauses nicht über den Mann sprechen, der bei uns wohnte«, erinnert sich Lies.[110]

Hans Keilson wurde auch in das soziale Leben der Nachbarn aufgenommen. Ab und zu ging er zu den Nachbarn in der Wallerstraat 5, die mit den Rientsmas befreundet waren: Jan und Cora van der Lek. Sie bewohnten das Erdgeschoss, während im ersten Stock ein anderes Ehepaar lebte: Herman und Leida van Oyen, evakuiert aus Den Haag, als ein Teil dieser Stadt auf Anordnung der Besetzer geräumt werden musste. Die van Oyens hatten zwei Kinder, das Ehepaar van der Lek drei.

Die fünf Kinder van der Lek und van Oyen schliefen im Dachgeschoss in zwei Zimmern, deren Türen immer offen waren. Der Dachboden hatte noch ein drittes Zimmer, einen Abstellraum mit einem verdeckten Zugang zum Nachbarhaus Nummer 3. So hatten die Untertaucher der Rientsmas einen Fluchtweg ins Nachbarhaus, für den Fall einer Haussuchung.[111] Der Zugang war durch davorstehende Möbel verborgen.[112]

Hans machte abends hin und wieder Gebrauch von diesem Schleichweg, um mit den Nachbarn zu musizieren. Dann hörten die Kinder, zu Bett, aber noch wach, wie die verborgene Tür geöffnet wurde und jemand vorbeiging. Das fanden sie unheimlich.[113]

Musik war wichtig für die Bewohner des Hauses Nummer 5. Bei den van der Leks stand ein Thürmer-Flügel im Wohnzimmer, auf dem Mutter Cora spielte, auf professionellem Niveau, sie hatte eine Konservatoriumsausbildung. Ihr Mann und Herman van Oyen spielten Querflöte. An den Abenden, an denen Hans Keilson sich ihnen mit seiner Geige zugesellte, gab es also Möglichkeiten genug, Kammermusik zu machen. »Ich durfte dabei sein«, erzählt Els Birnie-van Oyen, die Tochter von Herman, die 1944 acht Jahre alt war. »Musik wurde am frühen Abend gemacht, wenn die Fenster schon mit Verdunkelungspapier versehen waren, aber der Ofen, auf dem gekocht worden war, noch warm genug war. Ich erinnere mich vor allem an Duette von Cora und Hans. Mein Vater hatte Deutsch studiert und führte auch manchmal Gespräche mit Hans oder, wie wir immer sagten, mit Herrn van der Linden – wir wussten noch nicht, dass das sein Deckname war. Dann wurde über Literatur und Philosophie gesprochen.«[114]

Der dreizehnjährige Bram van der Lek, der spätere sozialistische Politiker und Europarlamentarier, schrieb Gedichte und fühlte sich ernst genommen, weil Herr van der Linden sich die Zeit nahm, mit ihm über seine Texte zu sprechen, und ihm literarische Romane empfahl, als er der Jungensbücher überdrüssig war.[115] Er hatte keine Ahnung, dass es sich um einen Untertaucher handelte. »Für uns Kinder war er einfach ein Herr, der neben uns zur Untermiete wohnte, wohl mit einem deutschen Akzent. Ich genoss die Musik im Hause, Sonaten von Mozart und Beethoven, sehr gut gespielt. Meine Mutter war Berufspianistin und Keilson war ein ausgezeichneter Amateurgeiger. Meine acht Jahre jüngere kleine Schwester hasste es, wenn er abends durch die Zwischentür ins Haus kam. Sie rief dann nach ihrem Vater. Nach ihrer Mutter zu rufen, hatte keinen Sinn, denn die hatte dann natürlich sowieso keine Zeit und Aufmerksamkeit mehr für sie.«[116] Mitunter kam Hans Keilson auch, um mit Mutter Cora van der Lek zu reden, statt Musik zu machen. Sie hatten einander gern, es war Freundschaft auf der Grenze zur Liebe.[117]

Auch im nächsten Haus in der Häuserreihe, Wallerstraat 7, stand ein Flügel im Wohnzimmer; auch da musizierte Hans Keilson mit den Bewohnern. »Zuhause«, bei den Rientsmas, spielte er auf seiner Geige für die beiden kleinen Schwestern und sang mit ihnen. »Sie sind lieb«, schrieb er an Gertrud, »aber sie singen so falsch. Aber mit Begeisterung.«[118] Mitunter fragte er sich, ob sein eigenes Töchterchen auch sang. Und wie sie sprach.[119]

So wusste Hans Keilson sich in Delft umgeben von freundlichen Menschen in gleich drei benachbarten Häusern. Er konnte seiner musikalischen Leidenschaft frönen und mit seinen Mitbewohnern und Nachbarn in einer lebensgefährlichen Zeit eine Insel der Zusammengehörigkeit schaffen.

Ein gut gefälschter Ausweis

Zehn Minuten zu Fuß von der Wallerstraat wohnte in der Tak van Poortvlietstraat 20 das Ehepaar Arie und Evy Bakker, Freunde der Rientsmas. Arie, Ingenieur von Beruf, verfertigte zusammen mit Leo gefälschte Ausweise für Untertaucher. Sie hatten mit geübtem Blick den Ausweis von Hans begutachtet und konstatiert, dass es eine schlechte Fälschung war; bei einer Kontrolle würde er sehr schnell auffliegen.

Arie machte einen neuen Ausweis für Hans auf den Namen Johannes Gerrit van der Linden, geboren am 10. November 1904 in

Semarang, Niederländisch-Indien.[120] Als Wohnort war Den Haag eingetragen, glaubwürdig wegen der vielen Menschen aus Niederländisch-Indien, heute Indonesien, in dieser Stadt. Ein mit den Rientsmas befreundeter Polizeibeamter in Amsterdam prüfte den Ausweis und kam zu dem Schluss, dass man ihn nicht als Fälschung erkennen konnte.[121]

Es ist wahrscheinlich mehr für Hans Keilson geregelt worden als ein neuer Ausweis. In Den Haag könnte der städtische Beamte Niek Buurma, der auf der »guten Seite« stand und immer wieder in den Registern das eine oder andere anpasste, um Untertauchern zu helfen, für eine Eintragung beim Einwohnermeldeamt Den Haag gesorgt haben, die mit dem Ausweis von Hans übereinstimmte.[122] So könnte die Eintragung beim Einwohnermeldeamt bestätigt haben, dass es wirklich einen Johannes Gerrit van der Linden gab. Die scheinbare Echtheit hatte zwei Vorteile: »Van der Linden« bekam eine Lebensmittelstammkarte, und er konnte sich mit seinem Ausweis in der Tasche einigermaßen ungefährdet bewegen.[123]

Arie und Evy Bakker hatten in ihrem Haus an der Tak van Poortvlietstraat auch Untertaucher und standen in Verbindung mit der Untergrundbewegung in anderen Städten.[124] Wahrscheinlich waren es die Bakkers, die Hans Keilson vorschlugen, selbst auch im Widerstand mitzuarbeiten. So kam er in Kontakt mit den sogenannten »Vrije Groepen Amsterdam« (VGA, Freie Gruppen Amsterdam), einem organisatorischen Zusammenschluss einer Anzahl kleiner Widerstandsgruppen, die sich der Unterstützung von Untertauchern widmeten: Sie suchten sichere Untertauchadressen, versorgten die Untergetauchten mit Lebensmittelmarken und Medikamenten, und sie stellten falsche Ausweispapiere her.

Das Arbeitsgebiet der »Vrije Groepen Amsterdam« beschränkte sich nicht auf die Hauptstadt. Für Hans Keilson war es nicht unmöglich, von Delft nach Amsterdam oder anderswohin zu reisen, wenn das nötig war: Mit seinem neuen Ausweis wagte er, natürlich ohne Judenstern, das Haus zu verlassen und mit der Bahn zu reisen. Er sah nicht »jüdisch« aus und hatte eine ersonnene Biographie des Johannes Gerrit van der Linden parat, falls sein Ausweis kontrolliert werden sollte. An diese ersonnene Geschichte erinnerte er sich später so:

> Da ich ja fließend Deutsch und Holländisch sprach, schien es mir bei einem oberflächlichen Verhör für die Polizei äußerst schwierig zu sein, dahinterzukommen, wer der Dr. Van der Linden, der in Deutschland studiert hatte, eigentlich war. Im Grunde war ich mir bewusst, dass auch die besterfundene Geschichte sich als eine Lügengeschichte erweisen würde, wenn man sie bis zum Ende durchforschte. Das Einzige, was mir hätte passieren können, bildete ich mir ein, war, dass man mich als Arzt verpflichtet und in irgendeinem Krankenhaus hätte arbeiten lassen. Auch wenn ich das obligatorische praktische Jahr damals in Berlin nicht hatte absolvieren können, hätte ich mich gewiss gut durchgeschlagen.[125]

Hans Keilson machte für die VGA, was andere auch machten: Ausweise, Lebensmittelmarken und Medikamente überbringen. Aber seine Spezialität war etwas anderes: zu versuchen, Untergetauchten Mut zu machen, wenn sie nicht mehr weiterwussten, und »Konflikte [zu] lösen zwischen Untergetauchten und Gastfamilien«.[126] Durch Spannungen konnte sich »geistiges Dynamit« ansammeln.[127] Er hatte vor allem mit untergetauchten Kindern zu tun:

> Die Kinder hatten als Erstes bei ihren Eltern die Bedrohung wegen ihres jüdischen Hintergrundes erlebt. Dann mussten sie von ihren Eltern Abschied nehmen und wurden in einer fremden Umgebung untergebracht. Da konnten sie nicht zur Schule gehen, nicht tun, was gewöhnliche Kinder tun, und mussten mit einer falschen Identität leben. Unter diesen Umständen wurden die Kinder, oft in der Pubertät, regelmäßig schwer handhabbar. Es entstand kein guter Kontakt zwischen den Kindern und den Pflegeeltern. Ich kam dann und hörte beiden Parteien zu und versuchte so eine Lösung zu finden.[128]

Ein deutsch-jüdischer Junge, der Probleme verursachte, war Thomas Goldstern, Rufname Torry, 1927 in München geboren. Sein Vater, Ingenieur, wurde 1943 in Sobibor ermordet, seine Mutter, Architektin, wurde, soweit bekannt, nach Auschwitz deportiert. Der Junge hatte eine Reihe von Untertauchadressen gehabt und machte einen gestörten Eindruck. Er war schwierig, stahl Essen und begann ausführliche Diskussionen mit seinen Untertauch-Gasteltern, wobei er Sympathie für den Faschismus äußerte. Dass er die Untertauchadressen so oft wechselte, lag wohl daran, dass er schwer zu handhaben war. Zu seinem Vertrauensmann bei den »Vrije Groepen Amsterdam« sagte er, er werde eines Tages zur deutschen Ortskommandantur gehen und erzählen, was er über die Widerstandsbewegung wisse. Er hätte viele Untertauchadressen verraten können, weshalb die Widerstandsgruppe erwog, ihn zu liquidieren.

Die VGA schaltete Hans Keilson ein, und es folgte ein Treffen mit Torry, das, so erinnerte sich Keilson, in einem Haus an der Bloemgracht in Amsterdam stattgefunden habe, in seinem Versteck, einem nicht sehr geräumigen Zimmer, notdürftig möbliert, an der Wand stand ein großes Bett. Hierin schlief er zusammen mit einem jung verheirateten Ehepaar[129], das tagsüber in der Stadt arbeitete. Der Junge war völlig sich selbst und seinen Ängsten überlassen. Als ich mit ihm sprach, hatte ich den Eindruck, mit einem Papagei zu reden, der sich die virulentesten antisemitischen Losungen zu eigen gemacht hatte. Er transpirierte während des Gespräches, seine Gesichtsmuskeln »flimmerten«. Ich rapportierte meinem Auftraggeber in Amsterdam [...] und empfahl eine dringende Aufnahme in einer psychiatrischen Klinik auf Grund eines psychotisch-schizophrenen Prozesses. Mit Hilfe eines befreundeten holländischen Psychiaters wurde er kurz darauf in einer Klinik aufgenommen.[130]

Bei der Klinik handelte es sich um die als »Paviljoen III« bekannte psychiatrische Abteilung des Krankenhauses Wilhelmina Gasthuis (im Krieg wegen des Namens der im Londoner Exil lebenden niederländischen Königin umbenannt in »Wester Gasthuis«), im Volksmund bekannt als »het gekkenhuis« (das Irrenhaus).[131] Der Dichter Wolfgang Frommel kümmerte sich in dieser Zeit um Torry und erreichte, dass er dort untergebracht werden konnte, wo er selbst auch wohnte: in dem später als »Castrum Peregrini« bekannten Haus an der Herengracht, der Wohnung der Malerin Gisèle van Waterschoot van der Gracht, in dem bereits einige Untertaucher lebten.[132] Auch hier sollte der Junge im Hungerwinter 1944/45 für Aufregung sorgen, als er Gisèle mit einem Messer bedrohte, weil er fand, dass er nicht genug Brot bekam.[133] Er überlebte den Krieg, ebenso wie seine Mutter, lebte dann bei ihr und arbeitete als Verkäufer. 1974 setzte Torry, siebenundvierzig Jahre alt, seinem Leben ein Ende.[134]

Hanna, eine Freundin

In seinem Zimmer an der Wallerstraat begann Hans Keilson 1944 Tagebuch zu schreiben. Er spürte ein Bedürfnis und sogar einen »brennenden Wunsch« danach. Bei der Lektüre der Tagebücher von Friedrich Hebbel war ihm klargeworden, dass ein Tagebuch für einen Schriftsteller eine Lebensnotwendigkeit ist. In seinem Tagebuch zeigt ein Autor die Wahrheit seines Lebens, und das ist dann der Ausgangspunkt seiner Kunst.[135] Ein Gedanke, der gut zu einem so autobiographischen Autor wie Keilson passt.

Der erste datierte Tagebucheintrag ist vom 3. März 1944, nicht lange nach der Begegnung mit Hanna Sanders, einer zweiundzwanzigjährigen jüdischen Frau, die bei Arie und Evy Bakker untergetaucht war.[136] Hans wird wohl zu den Bakkers geschickt worden sein, um zu tun, was ihm aufgetragen war: Probleme lösen, die die Untertauchsituation mit sich brachte, oder zumindest gut zuhören. Bei den Bakkers waren oft sieben, acht oder sogar zehn Menschen auf kleinstem Raum untergetaucht, was beinah unvermeidlich zu Spannungen führte.

Im Fall Hanna wurde aber nichts aus der Rolle des Beraters oder Betreuers. Ein Funke sprang über. Liebe auf den ersten Blick, eine ganz unerwartete Wendung seines Lebens. Das Tagebuch bekam sogleich eine wichtige Funktion: Es gab ihm die Möglichkeit, über Hanna und Gertrud, über sich selbst und über die Liebe nachzudenken und ein Selbstgespräch zu führen. Auch Gott kommt in diesen Überlegungen vor – keine Selbstverständlichkeit bei einem so wenig religiösen Menschen wie Hans Keilson. Am 6. März 1944 schrieb er: »Gesteigertes Bedürfnis nach Aufzeichnungen. Was ist Liebe? Mehr als nur ein lokaler Kitzel und seine Befriedigung. Hatte ich vergessen diese einfachste Regel der Liebe, daß der Gott in dem Liebenden ist.«[137]

Hanna Sanders, 1921 in Rotterdam geboren als Tochter eines Rechtsanwalts, war das dritte Kind in einer Familie mit drei Mädchen und zwei Jungen. Sie war klug, besuchte das Gymnasium und war vor allem gut in Fremdsprachen.[138] Ihren ursprünglichen Plan zu studieren gab sie auf, vielleicht im Hinblick auf den drohenden Krieg. Um Geld zu verdienen, gaben sie und ihre Schwester Tini in Den Haag Privatstunden in Französisch, Deutsch, Englisch und Spanisch. In einer Zeitungsannonce boten sie auch Nachhilfestunden für Kinder an.[139]

Das Haus der Familie Sanders am Mauritsweg 23, in dem sich auch die Anwaltskanzlei von Vater Heijman Sanders befand, wurde bei dem Bombardement von Rotterdam zerstört.[140] Die Familie, die an diesem Tag nicht zu Hause war, blieb unversehrt.

In den Jahren 1942 bis 1945 war Hanna in Delft untergetaucht. Ihr ältester Bruder hatte sich dem Widerstand angeschlossen und wollte nicht untertauchen. Er wurde verhaftet, deportiert und in Auschwitz-Monowitz ermordet. Die anderen Kinder überlebten den Krieg. Vater Sanders führte nach dem Krieg viele Wiedergutmachungsprozesse. Über den Verlust seines Sohnes konnte er nur schwer hinwegkommen.[141]

Für Hans Keilson war Hanna, zwölf Jahre jünger als er, eine geradezu ideale Geliebte. Er schrieb schwärmerisch über das »Mädchen«, wie er sie nannte: »Noch nie lag ein Mensch so in meinen Armen. War ich Gott so nahe, jemals, wie in dieser Hingabe?«[142] Er hatte sich danach gesehnt, »mit einem jungen Mädchen vertraut zu sein. Nicht weil Gertrud zu alt wäre, – nein. Ich hatte eine Frau eher begriffen als ein Mädchen. Ich würde es jetzt beinahe einholen, was ich früher nicht gewußt und gekonnt hatte.«[143]

Lieb, liebreizend, natürlich, fein, ehrlich, rein, kindlich unbefangen – er war unerschöpflich in Worten, Hanna zu beschreiben. Auch dass sie etwas Trauriges und Einsames an sich hatte, fand er

1 Vater Max und Mutter Else Keilson als junges Ehepaar mit den Halbschwestern von Else. V.l. Max Keilson, Else Keilson-Buttermilch, Jenny Chariner-Buttermilch und Hedel (Hedwig) Buttermilch.

2 Bad Freienwalde, rechts das Eckhaus, wo das Ehepaar Keilson eine Mietwohnung bewohnte. Der Eingang zum Textilgeschäft war an der Ecke und links davon, in der Königstraße, ein Schaufenster.

3 Anzeige im *Oberbarnimer Kreisblatt.* Ankündigung der Geschäftseröffnung des Textilgeschäfts von Max Keilson am 22. März 1904.

4 Anzeige im Adressbuch von Bad Freienwalde aus den Jahren vor dem Ersten Weltkrieg, als das Geschäft von Max Keilson blühte.

Statt besonderer Meldung.

Die glückliche Geburt eines kräftigen Jungen

Hans

zeigen hocherfreut an

Freienwalde a. O., den 12. Dezember 1909.

Max Keilson u. Frau.

5 Geburtsanzeige Hans Keilson im *Oberbarnimer Kreisblatt* vom 14. Dezember 1909.

6 Hans Keilson als Kleinkind.

7 Hans und seine Schwester Hilde.

8 Hans Keilson an seinem ersten Schultag, 1915.

9 Hilde, Max, Else und Hans Keilson, 24. Juli 1919. Studiofoto, im Hintergrund die Schneekoppe im Riesengebirge.

10 Gymnasium in Bad Freienwalde.

11 Abiturfoto, links stehend Hans Keilson, rechts vorn sitzend Günther Neuenfeldt.

12 Else Keilson-Buttermilch, Mutter von Hans Keilson, 1938.

13 Max Keilson, Vater von Hans Keilson, 1938.

14 Dora und Minna Keilson,
die Schwestern von Max Keilson,
als junge Frauen in Königsberg.

15 Onkel Hermann Keilson, Hausarzt in Hamburg, der Bruder von Max Keilson.

16 Studentisch-fröhliches Foto einer Musikantengruppe mit Hans Keilson (ganz rechts), Kassel 1932.

17 Musikanten und Ballettmädchen auf einer Tournee, Zwickau 1932. Hans Keilson als Zweiter von rechts.

18 Debütroman *Das Leben geht weiter*, 1933. Umschlag: Georg Salter.

19 Widmung von Hans an seine Eltern: »Um dieses Buches willen, ist nichts vergebens gewesen. Für meine lieben ›Alten‹. Hans.«

20 Pressefoto Hans Keilson zum Erscheinen von *Das Leben geht weiter*, 1933.

21 Sportlehrer Hans Keilson mit Schülern, Berlin 1935 oder 1936.

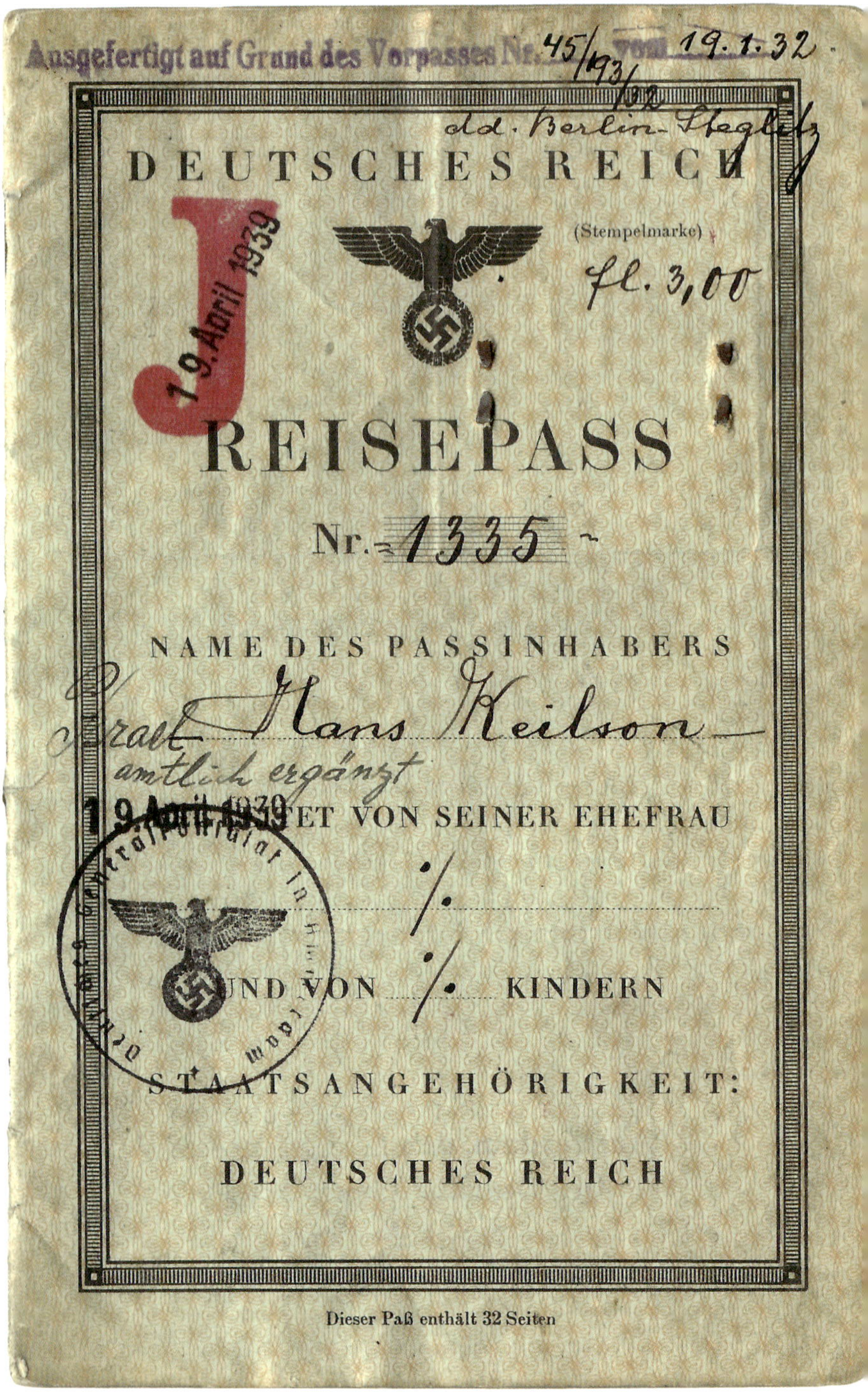

22 Reisepass mit dem »J« für »Jude« und der vorgeschriebenen Zufügung »Israel« zum Vornamen.

23 Marianne Goudeket-Philips (links), ihre Tochter Hester Belinfante-Goudeket und ihre Enkelin Judith Belinfante.

24 Umschlag der Zeitschrift *De Gemeenschap*, in der Hans Keilsons Gedicht über Hitler, »Bildnis eines Feindes«, publiziert wurde.

25 Festliches Beisammensein, vermutlich am 12. Januar 1943, dem 90. Geburtstag von Marie Anne Adelaar-Fürth, Gemeinderatsmitglied in Naarden (in der Mitte). Links hinten Vater Max Keilson, links vorne Mutter Else Keilson. Neben Max Keilson steht der Mitflüchtling Gerd Klaass.

26 Gertrud und Barbara Keilson, vermutlich 1943.

27 Suus und Leo Rientsma, Untertauchgastgeber von Hans Keilson in Delft.

28 Evy und Arie Bakker, Untertauchgastgeber von Hanna Sanders in Delft.

29 Gefälschter Ausweis von Hans Keilson (aus dem Dokumentarfilm *Bis zur Umkehrbank*).

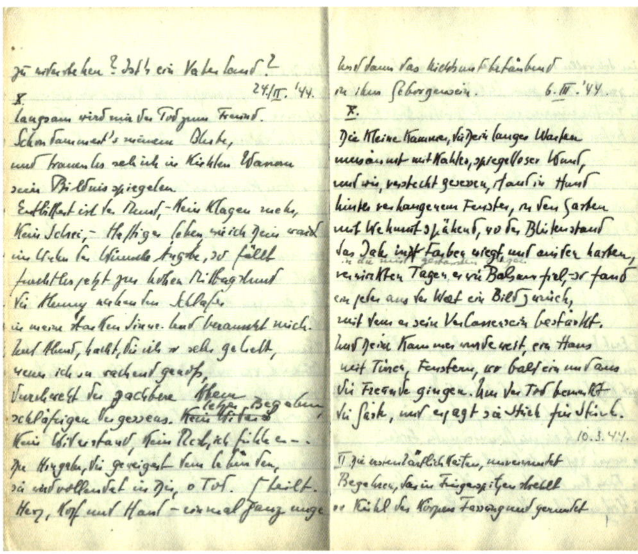

30 Notizbüchlein von Hans Keilson mit Gedichten, auf der rechten Seite das Sonett »Die kleine Kammer«.

31 Hanna Sanders, Hans Keilsons Geliebte während der Untertauchzeit in Delft. Für sie schrieb er sechsundvierzig Sonette.

anziehend. Und weil sie Jüdin war, entstand ein Gefühl der Verwandtschaft: Sie beide sind »Kinder eines Blutes«, sagt er in einem der ersten Sonette, die er seit dem 1. Februar 1944, in einer zweiten poetischen Eruption nach den Gedichten Ende der dreißiger Jahre, für und über sie schrieb.[144] Ein Beispiel:

Die Stunden all, die nur ihr eigen sind
von ihrem Leben, wenn sie mir erzählt
zur Liebesstund und mich Genossen wählt
zum Freudenbronn, zu dem ihr Herzschlag rinnt.

Ich sah sie wie in jener Zeit, als Kind,
als Mädchen blühend, das ein Sehnen quält
in Träumen, die sich ihre Scham verhehlt.
Doch regt im Kuss sich eine Kraft gelind.

Sie lag in meinem Arm so neugewiegt,
so immerjung wie zwischen Nacht und Tag,
eh' noch die Sonne kam, der Zeit Heraut.

Vergessen dann und stumm in eins geschmiegt
beim Schmerzenschimmer. Als das Frühlicht brach,
stand sie vom Lager auf, Geliebte, Braut.[145]

Die Rolle seiner beiden Frauen war ungleich. Mit Gertrud und seiner Tochter bildete Hans Keilson eine Familie, auch wenn er nicht verheiratet war und zu dieser Zeit nicht mit ihnen zusammenleben konnte. Das Band mit Hanna, seiner Geliebten, war loser. Von einer Familie konnte nicht die Rede sein und auch eine gemeinsame Geschichte fehlte – auch wenn andererseits das Judentum das Band verstärkte. Sie waren auch sonst ungleich: Hanna wusste so gut wie von Anfang an von Gertrud und dem Töchterchen, während Gertrud vorläufig von dem Verhältnis zwischen Hans und Hanna keine Ahnung hatte. Eine komplizierte Situation für die beiden Verliebten. In seinem Tagebuch reflektierte Hans seine Position zwischen den beiden Frauen:

> Gespräch mit Hanna. »Ich habe doch kein Recht auf Dich«, sagte sie. Trotzdem Zusammensein im Gespräch voll tiefem Einverständnis. »Hast Du nur pädagogische Erwägungen«, fragte sie. Ich versuchte ihr auseinanderzusetzen, was mich bewegt. Dabei legte ich ihr einen Teil des Konfliktes dar. Sie hörte beglückt zu. Ich erschrak, da ich meine tiefe Zuneigung zu ihr erkannte. »Verwandtschaft« nannte ich es. [...]
> Brief von Gertrud. Sehr traurig, sie ist nicht gesund. Ich begreife sie sehr tief. Sie ist allein, es greift mir an die Tränen, wenn ich an sie denke. Sie ist der Leidtragende meines Konfliktes. Meine Haltung ihr gegenüber ist alles andere als kameradschaftlich. Ich hasse mich, mein Ressentiment. [...] Wir passen nicht zusammen. Unsere Arten sind völlig verschieden, trotz tiefer Verwandtschaften. Ich zittere noch, sie ist zu wenig in sich ruhig. Nervös. Und keine rechte Vorstellung vom Mann. Zu primitiv. Das sind alles Vorwürfe? Nein, nein [...]. Ich will nicht mehr gelähmt sein, wenn ich in ihrer Nähe bin. Ich bin es. Kann nichts arbeiten, und wenn ich weg bin, werde ich produktiv. Soll unser Bärbelchen [Barbara, JV] der Preis sein, daß ich mich von ihr los kaufe. Der Gedanke der Trennung ist immer anwesend gewesen. Wir kennen kein schweigendes Einverständnis. Ich habe ein solches Bedürfnis. [...] Hat Dein Vater doch recht gehabt, als er sagte, daß ich Dich verlassen werde. Wenn Du nur Deinen Trotz nicht hättest, diesen harten Schädel, an dem ich fast kaputt gegangen wäre. Seit ich von zu Hause weg bin, leb' ich in einem produktiven

> Strom, den ich nicht kenne. Trotzdem verdanke ich Gertrud sehr viel. Sie hat alles in Bewegung gebracht.[146] Wir passen erotisch gut zusammen, ja sehr gut. Ich liebe ihren schwer gewordenen Leib. Er ist mir eine Heimat. Wenn ich bei ihr liege, fühle ich mich zu Hause. Aber das Erotische ist in der Ehe doch nicht ausschlaggebend. Ich weiß nicht, wie dies endet.
> Daß ich mit Hanna leise sprechen kann, daß sie mich versteht, wenn ich flüstere, – es ist alles soviel, und zugleich so gemein. Ich wollte es nicht missen, – aber ich habe es doch sehr vermißt. Wenn man lauter spricht, werden Dinge härter, geraten sie in ein anderes Niveau. Meistens tiefer.[147]

Manchmal kam Gertrud ihn in Delft bei den Rientsmas besuchen. Einer Tagebucheintragung vom 8. März zufolge, zwei Tage nach dem Gespräch mit Hanna, spielte sich dort diese Szene ab:

> Gertrud kam überraschend. Sah schlecht aus. »Ich gehe zu Grunde«, schrieb sie. Heftiger Widerstreit in mir von tiefster Verwandtschaft und noch tiefster Fremdheit. Zuerst nur negative Situation durch Mangel an Bereitschaft. An der Katastrophe vorbei. Dadurch daß ich nichts tat, liegen blieb und anscheinend wartete, – kam sie zu sich und wurde warm. Vertraut. Hanna rückt in die Ferne. Wie Gedichte und alles andere. Nur noch sinnenhafte Wirklichkeit, – die ich oft fliehend erstrebe. Am Nachmittag sagte Gertrud: »Ich glaubte, Du bist so grob, weil Du Deine feineren Gefühle für Deine Gedichte aufsparst.« Endlich. Ich bestätigte es. [...]
> Abend. Bin ich mit Gertrud zusammen, begreife ich nicht mehr, was mit Hanna mich verbindet. Bin ich mit Hanna zusammen, ist Gertrud in eine Entfernung gerückt. Und beide Male bin »ich« es.[148]

Es war wohl Rudi van Brakell Buys, einer der Freunde aus dem kleinen Kulturclub in »Het Gooi«, der Gertrud einige Hanna-Gedichte zeigte.[149] Sie wusste nichts über den Entstehungshintergrund, ebenso wenig wie van Brakell Buys, und dachte womöglich, dass sie von ihr selbst handeln. Van Brakell Buys fragte Hans, ob die Gedichte für Gertrud bestimmt seien, und bekam als Antwort ein Nein. In seiner Erklärung umging Hans Keilson die Frage, indem er sagte, »dass in dem Anlaß Dichtung und Wahrheit durcheinander gingen«.[150]

Hans empfand eine starke Bindung mit Hanna und scheint ein immer schärferes Bild seiner Beziehung zu Gertrud bekommen zu haben. Nachdem er offenbar ein paar Tage bei Hanna (bei den Bakkers) zugebracht hatte, notierte er hochgestimmt im Tagebuch:

> Seit Mittwoch wieder zu Haus. 4 Tage, ein Wunder. Wußte nicht, daß es dies gab. Nachdem der Körper befreit war, wurde es die Seele auch. Ein langsames Brennen, von Zärtlichkeit zur Innigkeit. Ihre natürliche Angst und natürliche Freude, als es gelang. Begriff, daß Syphiliskranke von einer Jungfrau Heilung erhoffen. Ein tiefer Gedanke. Dahinter der Wunsch, das Geschlecht neu zu erleben. Neu zu beginnen. Auch mir war es, als würde meine Vergangenheit ausgewischt. Was an Erfahrungen übrig geblieben war, stammte aus einer anderen Welt. Natürliche Zartheit und Rücksichtnahme. Unvergeßlich tiefes Verstehen. Und zugleich als Spiegel für mich selbst. Das bin ich also. Am letzten Nachmittag dann allein in der kleinen Kammer, Anfall tiefster Schwermut, Verzweiflung. Hoffe nicht, daß meine Ehe kaputt geht. Trotz des sicheren Wissens, daß sie unheilbare Wunden hat. Selbst ein Kind kann diese nicht kitten. Darf es nicht. Es wäre eine schreckliche Belastung. [...]

> Wie wird es sich mit mir und Hanna weiter entwickeln? Wird das Mädchen so stark sich an mich binden, daß sie Schaden erleidet. Wenn sie nur alles tief in mir und sich selbst erlebt, dann verschwindet vielleicht ihre Halbheit. Als Gertrud ihre Schrift sah, sagte sie: diesem Mädchen müßtest Du anders helfen, die kannst Du nicht behandeln. Wenn sie nur einen Mann findet, der sie sehr liebt, – der sie alles tief erleben läßt. Nicht halb und spielen. Diese ihre spontane Äußerung war sicherlich richtig.[151]

Gertrud, die nichts von der Liebesbeziehung wusste, die sich sozusagen unter ihren Augen abspielte, sagte beratend zu Hans, dass seine Geliebte einen liebenden Mann brauche – es liest sich wie eine schlechte Komödie.

Die Spannung wuchs. Sich von Gertrud zu trennen, sah Hans als eine Möglichkeit. Seiner Meinung nach waren ihre Charaktere zu unterschiedlich – das sah er als das Grundproblem, auch abgesehen von seinem Verhältnis mit Hanna. Gertrud sei so anders als er: primitiv und aggressiv, sie denke magisch, er könne sich in ihr nicht spiegeln, sie höre nicht gut zu (buchstäblich kann das an ihrem Gehörproblem gelegen haben). Doch fühlte er, dass sie ihn stützte; und auch er konnte noch zärtliche Gefühle für sie aufbringen, als er sie eines Tages in Amsterdam traf, strahlend und ein bisschen zurechtgemacht, und sie sich bei ihm über die kühle Sachlichkeit seiner Briefe beklagte.[152] Barbara wird er nicht loslassen. »Mein Kind ist von mir. Zwischen uns entsteht das Band, das zwischen Mann und Frau oft verloren gegangen ist.«[153] Gerührt schrieb er, als er ein paar Tage »zu Hause bei Gertrud und dem Kind« war: »Barbara strich mir über den Arm, als wir zusammen am Morgen allein im Zimmer waren, und sagte: Lieber Tate. Tate ist lieb. Sie sah mich strahlend und tief mit ihren großen Augen an.«[154]

Gertrud heiraten

So schwankte Hans Keilson emotional zwischen Hanna und seiner Tochter, mitunter auch mit positiven Gefühlen für Gertrud. Im Laufe des Sommers schien Gertrud allmählich wichtiger zu werden; eine Trennung war keine Option mehr. Er hatte mit ihr ein gutes Gespräch über die Prosa, die er schrieb, und wollte auf kameradschaftlicher Basis mit ihr gemeinsam Barbara großziehen. Jetzt fand er sogar, dass niemand ihn besser verstand als sie.[155] Das hatte Folgen für die Hanna-Seite seines Liebeslebens.

> Mein Gefühl für Hanna ist sehr verändert. Die ganz große rauschvolle Beglückung ist gewichen einer tiefen, teils fremden und erstarrenden, teils schweren (an Gewicht) Erfahrung. Ihre Traurigkeit und ihre kindliche Unbefangenheit bewegen mich. Das sind die guten Seiten unserer Freundschaft. Schwerer ist für mich das Gefühl zu ertragen, das ich in diesem Maße nicht in mir anwesend geglaubt habe: Sadismus. Die Neigung, sie zu quälen, zu peinigen. Und wenn ich sie erblicke, tut sie mir zugleich wieder so leid, daß ich heulen könnte.[156]

Anfang September, als die Befreiung nah schien, notierte er in seinem Tagebuch, dass ihm seine harten Worte über Gertrud leidtun. Nach dem Krieg würden sie heiraten und dann würde Barbara auch offiziell sein Kind sein. Gertrud und Barbara waren, wie er es nannte, »einer der Kerne […], die in mir ruhen«, und ihm kamen fast die Tränen, wenn er diese beiden Gesichter im Geiste vor sich sah.[157] Er wollte nach Hause, fürchtete aber Razzias unterwegs in der Bahn. Über Hanna schrieb er:

> Von Hanna werde ich mich trennen. Obwohl ich sie oft vergessen habe, war ich immer wieder zu ihr zurückgekehrt wie zu einer

> Melodie, die ich gerne hörte und selbst sang. Sie selbst steht unter dem doppelten Eindruck des zu Ende gehenden Krieges und des zu Ende gehenden Zusammenseins. Sie schrieb mir einen Brief, in dem dieser furchtbare Streit zwischen Hoffnung auf Erlösung und Angst vor dem Verlust sich ausdrückt. Aber auch in diesem Kampf ist sie noch liebenswert, unsagbar lieblich und milde, – Dinge, die mich so besonders an sie gebunden haben.[158]

Hanna ihrerseits ließ Hans, ihre große Liebe, nicht einfach los. Sie klammerte sich an ihn, gerade auch dann, wenn er aggressiv reagierte. Seine sadistische Gemeinheit, dieser Charakterzug, den er gerade erst bei sich selbst entdeckt hatte, fühlte sich fast an »wie Freude, einen Menschen leiden zu machen. Für den anderen ist es das Leid, für mich eine Krankheit!«[159]

Emotionale Unsicherheit, der Gedanke, dass Gertrud doch keine ideale Geliebte ist, Schuldgefühl gegenüber Hanna, weil er sie für seine Gedichte benutzt: Das waren die Themen der letzten Tagebuch-Monate. Ende Oktober notierte er: »Von Gertrud heute keine Post. Sehr unruhig. Beinahe wütend. Stelle mir ununterbrochen ihren Leib vor, den ich einst sehr gern mochte, und ihre Liebkosungen, die ich nie recht mochte in der letzten Zeit. Die sensitive Feinheit, für mich der stärkste Reiz, fehlt ihr.«[160] Dazu kommen ihre Jähzornanfälle. »Ich will sie tragen lernen.«[161]

Gertrud konnte sich während der Zeit, als Hans untergetaucht war, über Wasser halten, indem sie in einem Haushalt in Hilversum arbeitete, auch unterstützten sie Freunde, wahrscheinlich mit Lebensmitteln.[162] Um Barbara machte Gertrud sich Sorgen: Sie fürchtete, dass die ungewöhnlichen Umstände, unter denen das Kind aufwuchs, ihr psychisch schaden könnten. Aus Delft reagierte Hans in einem Brief. Nüchtern und mit einer gewissen Selbstironie schrieb er, sie brauche keine Angst zu haben, denn

»ein Kind nimmt nicht so schnell psychisch Schaden. Das behaupten nur die Psychologen, um ihre Praxis zu füllen.«[163] Für Barbara und sich selbst hielt Gertrud an einem Ritual fest: »Ich habe in den Jahren, da Hans weg war, Mutters Sabbathleuchter jeden Freitag angezündet«, schrieb sie nach dem Krieg an Hilde, »sodass mein Kindchen und ich immer eine Hoffnung in all der Düsternis um uns hin hatten. Barbara, die so ganz ein Lichtkind ist, litt sehr an der Dunkelheit, das Sabbathlicht war dann immer ein Trost der ganzen Woche.«[164]

Hanna fühlte sich unglücklich. Sie könne Barbara und Gertrud nicht mehr »neben sich« ertragen[165], und sie vermutete, dass Hans sie nur benutze, um Gedichte zu schreiben, dass sie für ihn »nur ein literarisches Erlebnis« sei.[166] Seine Gedanken darüber waren zwiespältig. Er scheint ihr recht zu geben, wenn er schreibt: »Ich habe das Gefühl, als wenn ich wie aus einer Citrone alles aus ihr herausgeholt habe, was für mich herauszusaugen ist ... und in Poesie umgeschmolzen. Ein unmoralisches Unternehmen. Beinah verwerflich, wenn man nicht die Qualität des Neuentstandenen als Schadensersatz für das Verlorengegangene nimmt.«[167] Andrerseits bestritt er ausdrücklich, dass Hannas Vermutungen zutreffen. Sie wisse nicht, schrieb er in seinem Tagebuch, dass ihrer beider Liebe sein Verhältnis mit Gertrud unterminiert habe, dass er sich oft mehr nach ihr sehne als nach Gertrud und Barbara, dass er sogar an eine Ehe mit ihr gedacht habe.[168] Auch körperlich fand er sie noch immer anziehend: »selbst in ihrer Aggressivität, Heftigkeit liebe ich sie sehr. Dieses kleine Zwergenköpfchen, das so schöne Proportionen hat, ist dann wunderbar gestrafft. Immer muß ich denken, wie ich den kräftigen, ununterbrochenen Strahl hörte, als sie auf dem W. C. saß. Auch dieses war mir ein Zeichen, wie alles an ihr gestrafft, gespannt, noch jung ist. Welche Herrlichkeit!«[169]

Mitte November beschrieb er ein offenherziges Gespräch mit Hanna. Sie waren sich noch einmal sehr nahe.

> Abendspaziergang mit Hanna. Einer der wunderbarsten unserer Freundschaft. Aus einem Mädchen ist eine Frau geworden. Anders lag sie in meinem Arm als früher. Und dann ein seltsames Gespräch über das, was sie mir einst sagte: Daß sie unglücklich ist. Ich posierte ein wenig, indem ich sagte, es wäre nicht gerade ein Kompliment für einen Mann, von einer Frau hören zu müssen, daß er sie unglücklich mache. Sie merkte, daß es Pose war, und sagte es auch. Dann fragte sie mich auf einmal: »Warum, bin ich eigentlich unglücklich, glaubst Du?«
> Ich erwiderte: »Weil ich nicht für Dich da sein kann.«
> »Ach,« sagte sie, »Gertrud und das Kind, – das ist es im Grunde nicht.«
> »Nicht?«
> »Nein.«
> »So, was dann,« fragte ich.
> Sie ging langsam und gefaßt neben mir, ich war ein wenig verwundert, welche Kraft des Gemütes, Ruhe und Einfachheit in ihr sich zusammenraffte. Dann sprach sie weiter, während ich sie leicht untergefaßt hielt:
> »Wer bist Du eigentlich? Ich kenne Dich nicht. Ich weiß nicht, was Du tust.« Sie verbesserte sich und lächelte ein wenig. »Was Du für ein Mensch bist.«
> Ich erschrak. Denn ich fühlte eine große Kritik hinter ihren Worten. [...]
> »Ich bin ein Landstreicher, sagte ich, ein besserer Strolch.«
> »Ach nein, laß das,« widersprach sie. »So meine ich es nicht.«
> »Wenn ich völlig frei wäre, und ich würde Dich fragen, ob wir zusammen bleiben wollten, würdest Du Nein sagen.«

»Nein,« sagte sie, »ich würde Ja sagen, – aber ich wüßte, was ich auf mich nähme.«
Alles klang so einfach, ungekünstelt. Ich war wieder tief getroffen. Ein Ton klang auf, wie zu Anfang unserer Freundschaft. Eine tiefe Seligkeit. Eine tiefe, echte Wärme bei einer ungebrochenen Natürlichkeit! Ich war erstaunt und zugleich sehr glücklich, da ich nicht erwartet hatte, daß dieser kleine Mensch so tief gedacht und erlebt hatte. Was für ein alberner Gedanke, daß ein kleiner Mensch weniger tief und echt durchdenken soll.
Aber das war es. Ich hatte gedacht, daß es eine Jungmädchenverliebtheit war. Aber dies war es nicht. Es ist die Liebe, das Leiden einer kleinen Frau geworden. Ihr liebes Gesichtchen. So wie sie neben mir ging, in den langsamen, kurzen Schritten, in der Dunkelheit.[170]

Auch wenn er während dieses Spaziergangs wieder ganz mit Hanna vertraut war – in seinen Tagebucheintragungen kann man sehen, wie schnell seine Gefühle sich ändern. Einen Tag später schreibt er gerührt über Cora van der Lek, die Nachbarin. Er hat mit ihr über ihren Sohn Bram gesprochen. Eine therapeutische Stunde, bei der von ihr eine Art Bezauberung ausging. »Ihr Leben, das so stark auf der Grenze der Unsicherheit und des Zweifels steht, war mir so lieb, die Frau gab mir alle guten Gedanken, die ich ihr zurückerstatten konnte. Sie sagte in der Naivität, daß sie trotz des Krieges so überaus glücklich wäre, wie noch nie. Sie könnte sich keine Sorgen machen, als die täglichen Sorgen, die ein jeder hat.«[171] Cora van der Lek war offen gegenüber Hans Keilson, auch in einem Sonett, das sie für ihn schrieb und in dem sie an die gemeinsamen Musikabende erinnert: »Durch das Tor der schönen Klänge tratst Du ein. / Zusammen durften wir der Klänge Wohllaut lieben; / das rührte mehr als flüchtig an mein off'nes Herz.«

Die letzten Zeilen: »Und diese Freundschaft, wichtig mir im Leben, / berührte, wie ich traurig weiß, Dich grad nur eben.«[172]

Ein Tagebucheintrag vom 29. November berichtet, knapp zwei Wochen nach dem Abendspaziergang, von einem Besuch bei Hanna. Als er wegging, rief sie verzweifelt: »Aber das kann doch nicht so sein, daß Du immer hier weggehst bis in alle Ewigkeit.« Für ihn ein Anlass, wieder über die Grausamkeit nachzudenken, die er in solchen Situationen bei sich selbst bemerkt: »Ich muß zu meinem eigenen Abscheu gestehen, daß ich mich an ihrer Verzweiflung ergötze. Es ist das gemeinste Schauspiel, dessen ich fähig bin. Ich gehe fast darüber zu Grunde, daß alles Gute in das Gedicht strömt, und alles Satanische in die menschliche Beziehung«.[173] Und er zitiert die Eingangszeile eines seiner Sonette: »Zuweilen bin ich meinem Herzen fremd«.[174]

Ende Dezember kehrte Hans Keilson nach Naarden zu Gertrud und Barbara zurück.[175] Seine Liebesbeziehung mit Hanna war vorbei, aber ihre Liebe zu ihm war damit nicht auf einmal vorüber; bei der letzten Begegnung zeigte sie sich sehr niedergeschlagen und sagte beinah nichts.[176] Wie Cora van der Lek schrieb sie für Hans ein Gedicht, in dem zu lesen ist: »Gij zijt gegaan. Ik ben alleen gebleven.« (»Du bist gegangen, ich allein geblieben.«) Das sich stets wiederholende Weggehen von Hans – zur anderen Delfter Adresse, zur anderen Geliebten in Naarden – machte sie, wie sie es in dem Gedicht ausdrückt, böse und unglücklich, aber am traurigsten machten sie seine Tränen, sein Kummer. In ihrem doppelten Leid, schreibt sie, können die beiden Liebenden einander nicht trösten.[177] Hans, seinerseits, machte aus Hanna in einem seiner Sonette eine erhabene ewige Geliebte. Er hat sie ganz zu Poesie umgeschmolzen:

Oft denk ich: wenn ich alt bin und ich denk
an jene Tage, da ich liebt und schrieb
Dir Vers auf Vers, und mir von Deiner Lieb
ein Kuss nur blieb, dessen ich eingedenk;

und les – so denk ich weiter – einsam dann
mit meinen alten Augen, was ich schrieb,
und mir zum letzten Male Du, mein Lieb,
den Atem schenkst, in dem Dein Herzschlag rann, –

dann spür ich heut, das erste Grau im Haar
und bittere Furchen um den Sehnsuchtsmund,
späten Erinnerns sanften Dämmerstrom,

wie er mir löst der Gier verrucht Atom.
Dein ewig Wesen steigt in diese Stund,
da ich der Zeit entrückt, der Ängste bar.[178]

Literarische Vorbilder

Die neue Liebe hatte Hans Keilson am 1. Februar 1944 zum Dichten veranlasst; am 6. März waren neun Sonette geschrieben.[179] In derselben Zeit las er *Les fleurs du mal* von Baudelaire und erkannte darin »die Gebrochenheit, Verdammnis der menschlichen Existenz«[180] und zugleich das Fehlen eines (christlichen) Verlangens nach Erlösung. Vielleicht sah er, dass die Liebe zwischen ihm und Hanna auch etwas »Gebrochenes« hatte: Sie wusste von Anfang an, dass sie den Geliebten verlieren wird, und er konnte sie nicht unbekümmert lieben, wenn er an Gertrud und sein Töchterchen dachte. In Franz Kafkas Erzählung »Beim Bau der Chinesischen Mauer«[181]

und dem langen Zyklus »Een winter aan zee« von Adriaan Roland Holst[182] sieht er eine vergleichbare Haltung: Der Mensch kann ohne Glauben sein, bei gleichzeitigem »mythischen Wissen um eine Glaubensmöglichkeit«.[183] »Neuer Psalm«, sein eigenes Gedicht, geschrieben 1933, das erste, das publiziert wurde, war durchzogen von einem vergleichbaren Gedanken: Gott, der große Abwesende, hat allenfalls noch irgendwo weit weg Einfluss auf den Gang der Dinge, während der Mensch verwaist zurückgeblieben ist.

Baudelaire, fand Keilson, war vollkommen aufrichtig; was er über das Leben schrieb, beruhte auf seiner eigenen Erfahrung. Bei Shakespeare sah er dasselbe: Auch wenn wir nicht wissen, an wen seine Sonette gerichtet sind, in all ihrer Herbheit und Süße, ihrer Kraft und ihrer Zartheit legen sie Zeugnis ab von seiner Existenz.[184] Das wurde ein Maßstab für die Beurteilung künstlerischer Leistung: »Kunst, wo sie aus dem Leben aufsteigt, wird für mich erst wertvoll«.[185] Dass er selbst aus dieser Haltung der Authentizität zu schreiben suchte, ist unverkennbar. Sein Debütroman *Das Leben geht weiter* war autobiographisch. Die danach entstandenen Gedichte und die Prosa kamen, wie auch das Tagebuch, geradewegs aus seinem Leben, seinen Erfahrungen. Hans Keilson war ein Autor, der zur Feder griff, um von dem Zeugnis abzulegen, was ihm widerfuhr, und um zu analysieren, was in ihm selbst und in anderen vorging.

Für das Schreiben von Poesie galt ihm ein besonderes, der Romantik entlehntes Kriterium als entscheidend: Gedichte müssen nicht nur unbedingt aus dem Leben selbst kommen, sie müssen außerdem »gegeben« werden, sie müssen von selbst kommen, wie Träume.[186] Und wenn man ein Gedicht liest, dann ist es gut, wenn es sich nicht unmittelbar preisgibt, »denn ein Gedicht muss sein wie eine Frau, man darf beide nicht gleich beim ersten Mal nackt sehen«.[187]

Er las in der Untertauchzeit auch die englischen Dichter Rossetti[188] und Swinburne in der Übersetzung von Stefan George, die er sehr bewunderte: »Hätte George nichts anderes getan als dies, er wäre ein großer Poet gewesen.«[189] Und er fährt fort: »Aber was für ein Poet war Ros[s]etti erst. Meine Gedichte suchen vergebens diese kristallene Durchsichtigkeit und Bach'sche Musik zu erreichen. Auch Verlaine auf Französisch ist mir auf einmal nahe gekommen. *Avant de toute chose la musique!* [sic] Seine besten Gedichte sind fast – chinesisch. Ich kenne keine höhere Qualification. Meine Kunstauffassung ist die musikalische. Ich höre an dem Satz wie die Melodie weiter laufen muß. Oft suche ich vergeblich die richtige Fortsetzung. Es gelingt so wenig. Vieles, was zunächst annehmbar scheint, muß später verworfen werden. Mein Bedürfnis, mich auszudrücken, ist eine Notwendigkeit geworden, die ich noch nicht kannte. Ich tue fast nichts anderes mehr. Und geigen. Auch hier finde ich eine Möglichkeit der Zwiesprache, die mich erfüllt.«[190]

Er vermutete, dass er seine Produktivität einem dauernden Zwiespalt in seinem Leben verdankte. Als Untertaucher war er weit entfernt von einem normalen, geregelten bürgerlichen Leben und so hat der Künstler in ihm eine größere Chance erhalten. »Das Doppelwesen, das ich bin, ermüdet mich. Je doppelter, desto mehr Artist. Dies ist die Einheit, die ich erstrebe.«[191] Er fragte sich, ob der Künstler »mit der Rückkehr in die Familie« nicht »abstirbt«.[192]

Er konstatierte, dass der brennende Wunsch, ein nicht bürgerliches Leben zu führen wie Verlaine, Baudelaire und Heine, in Erfüllung gegangen war. Er war nicht Hausarzt geworden, nicht als Nachfolger von Onkel Hermann in Hamburg lebendig begraben. Was er in seinen eigenen Augen geworden war: ein Schlemihl, aufrichtig, nicht snobistisch, nicht eitel. Seine Gedichte seien wahr, authentisch: »nur ein Schlemihl kann so schreiben«.[193] Es ist typisch für seine Zwiespältigkeit, dass er diese Gedanken hatte, während er in Delft zum Bethel-Krankenhaus unterwegs war, wo er bei Operationen hospitieren durfte[194] – doch wieder, buchstäblich, auf dem Wege zu seiner Existenz als Arzt. Und bei näherer Betrachtung war ein Leben wie das von Verlaine doch nichts für ihn. »Nicht das eine, Poeta, und das andere, Bürger-Arzt, sondern beides, das bin ich, immer unentschieden, das eine seiend und das andere suchend oder das andere seiend und das eine suchend.«[195]

Rainer Maria Rilke war für ihn damals der größte deutsche Dichter, bei dem literarische Etiketierungen wie Romantik, Barock, Symbolismus und Dekadenz nicht griffen: Er war zu groß, die üblichen literarischen Kategorien sagten nichts über ihn. Keilson war der Auffassung, dass es bei Rilke nicht der Mensch war, der den Dichter schuf, sondern umgekehrt: Indem er dichtete und auf diese Weise mit großem Einsatz seine Haltung gegenüber der Umwelt bestimmte, schuf er, Rilke, sich selbst als Menschen. Keilson folgte diesem Gedankengang, wenn er über seine eigenen Sonette sagte, er wolle durch sie »zum Menschen werden«.[196]

Wegen Rilkes Schwäche, seinem »Ungeschaffensein«[197], wie Keilson es umschrieb, war es nur natürlich, dass er Frau und Kind verließ: Seine Frau litt unter seiner inneren Schwäche, die sich für die Dichtung gerade als eine vitale Kraft erwies. Wenn er das Privatleben von Rilke mit seinem eigenen verglich, kann er zu dem Schluss gekommen sein, dass der Verzicht auf die Rolle als Familienmann einer der Gründe dafür war, dass Rilke ein wirklicher Künstler sein konnte. Um seiner künstlerischen Berufung zu genügen, musste er diese Wahl treffen. So schien Hans Keilson vor sich selbst zu verantworten, dass er nicht immer treu an Gertruds Seite stand.

Viel Rilke zu lesen barg eine Gefahr: Man könnte den eigenen poetischen Ton verlieren. Aber diese Angst überwand er; zumindest einige seiner Sonette, fand er, haben durchaus einen eigenen Ton.[198] Wie auch immer, Tatsache ist, dass der Gedichtzyklus Rilkes Einfluss zeigt.[199] Vor allem die *Sonette an Orpheus* (1922), die Hans Keilson bewunderte und offenbar in der Untertauchzeit las, waren gewissermaßen als Hintergrund anwesend, wenn er für Hanna schrieb. Ein Beispiel: Er verwendet als Liebessymbol den »Baum des Herzens« (Sonett XXV), der im Herzen wurzelt und im Munde der Geliebten wächst. Dieses Bild kommt von Rilke, der einen kuriosen symbolischen »Baum im Ohr« wachsen lässt. Keilson machte eine deutliche Anleihe bei diesem Vorbild, übernahm es aber in abgewandelter Form.

Wenn wir den Einfluss Rilkes auf Keilson etwas allgemeiner sehen, dann ist auch das »Schlußstück« aus Rilkes *Buch der Bilder* ein Beispiel:

> Der Tod ist groß.
> Wir sind die Seinen
> lachenden Munds.
> Wenn wir uns mitten im Leben meinen,
> wagt er zu weinen
> mitten in uns.[200]

Der Tod lebt im Menschen: Das ist ein Gedanke, der Keilson ansprach. In seinen Sonetten sind Tod und Leben, Tod und Liebe und auch Grauen und Liebe eng miteinander verwoben. Das Negative, Bedrohliche ist untrennbar mit dem Positiven verbunden, und um das Leben in seiner ganzen Fülle erfahren zu können, muss das auch so sein, wie er meinte. Das war eine Botschaft, die auch schon in Hermann Hesses *Demian* verkündet wurde.

Das Sonett als Halt – die deutsche Sprache als Problem

Als Keilson in Delft wieder zu dichten begann, war es nicht selbstverständlich, dass er die Form des Sonetts wählte. Wohl hatte er vor dem Krieg gereimte und metrische Poesie geschrieben, ebenso während der Zeit in Rekken. Auch waren dort einige Sonette entstanden, aber eine besondere Vorliebe für diese Form schien er nicht zu haben.

In Delft las er Sonette von Rilke, Shakespeare und anderen, war beeindruckt und muss beschlossen haben, diese Form jetzt konsequenter anzuwenden. Die sechsundvierzig Sonette für Hanna kamen in hohem Tempo aus seiner Feder. Das Schreiben muss etwas Eruptives gehabt haben, wie in den dreißiger Jahren, als er die Gedichte schrieb, die in *De Gemeenschap* publiziert wurden.

Indem er Liebessonette schrieb, fügte er sich in eine große Tradition, mit Shakespeare und Petrarca als Höhepunkten. Von Petrarca, bei dem er Subtilität und Leichtigkeit mit »schöner Tiefe« verbunden sah, schwärmte er geradezu.[201] In einem Brief an Gertrud: »Ich habe eine Menge italien[ische] Gedichte gelesen, gerade das erste Gedicht von Petrarca an seine Laura. Wie wunderbar! Eine Welt öffnet sich.«[202] Keilsons eigene Laura hieß Hanna. Die Parallele kann ihm kaum entgangen sein, während Gertrud keine Ahnung davon hatte, dass Hanna in Delft die diensthabende Muse war.

Über das Sonett sagt man, dass es in Zeiten großer Unruhe und Erschütterungen mit seiner strengen Form Halt bieten könne. Es biete ein Gegengewicht, es sei »Rettung von dem Chaos«.[203] Während und nach den Umbrüchen des Zweiten Weltkriegs scheinen Dichter mitunter an diesem festgefügten, traditionellen Bauwerk Halt gefunden zu haben, aber das bleibt Spekulation.[204] Genauso wie die Frage, ob diese Theorie für Hans Keilson Gültigkeit hat.

Als die Beziehung mit Hanna immer mehr an Intensität verlor und ihm bewusst wurde, dass er sie in Poesie umsetzte, schienen ihm die Sonette allmählich wichtiger zu werden als die Wirklichkeit: Er suchte seine Zuflucht mehr in den Hanna-Gedichten als bei Hanna selbst.

Während die Form des Sonetts möglicherweise Halt bot, wurde die Sprache, in der Keilson schrieb, das Deutsche, für ihn zum Problem, denn es war die Sprache des Feindes geworden. Er schämte sich seiner Gedichte. Mögliche offizielle Ehrungen aus Deutschland, später, nach dem Krieg, wollte er ablehnen und das dann als einen Triumph empfinden. »Nur einen, Thomas Mann, möchte ich meine Gedichte preisen hören. Das wäre mir Dank genug.«[205]

Das Problem der Sprache wird in einem der Sonette angesprochen und zugleich gelöst. Der Dichter schreibt dem Vorlesen seiner Gedichte durch die Geliebte einen günstigen Effekt zu: Sie bekommen für ihn einen neuen Klang. So kann es in Wirklichkeit gewesen sein: Hanna las ihm seine Gedichte vor (mit niederländischem Akzent?), und so lernte er das Deutsche wieder schätzen und als schön empfinden.

Ward je der Zunge, die er sprach, ein Dichter
so gram wie ich, der ich mich bitter schäm,
dass ich bespien, besudelt von Gelichter
Zeichen und Laut aus ihrem Munde nehm?

Und zwiefach gram, da, die mein Singen beut,
Geliebte Du und fremder Sprache Kind,
doch mir verwandt, von gleicher Not umdräut,
als wären's ihre, meinen Klängen sinnt.

Und jedes Wort, das mir unwillig fast
entfällt und steht, erinnert mich an eines,
das ich verdammt, und schwer wird mir die Last

des Verses, hart der Mund wie eines Steines.
Du, die rauh-lieblich nachsprichst Ton und Mass,
gabst neuen Glanz und Schall, dass ich vergass.[206]

Die Sonette sind weitgehend in einem hohen literarischen Ton geschrieben, mit Wendungen, die ab und zu altmodisch wirken und zu denen das schwergewichtige Thema »Liebe und Grauen« passt. Die Gedichte, die in *De Gemeenschap* erschienen, waren ganz anders: direkter, simpler, sarkastisch.

Es gibt noch einen Unterschied. Die Gedichte in *De Gemeenschap* sind in einwandfreiem Deutsch geschrieben, während man den Sonetten anmerkt, dass der Dichter inzwischen bereits einige Zeit im niederländischen Sprachgebiet lebt: Es tauchen Niederlandismen auf. Er schreibt zum Beispiel »Greis im Haar«, wo er »Grau im Haar« (»grau« wäre im Niederländischen »grijs«) meint. Manchmal benutzt er ein niederländisches Wort anstelle eines deutschen: »Heraut« statt »Herold«, »Geheim« statt »Geheimnis«.[207] Bei der Verbform »wacht«, die ein Niederlandismus (wachten = dt. warten) sein könnte, stellte mich das 2015 als Übersetzer der Sonette vor ein kurioses Problem. Bei der Formulierung »Liebe, darin Grauen wacht« hatte ich die Wahl: »liefde, waarin gruwel wacht« (also »wartet«) oder »liefde, waarin gruwel waakt« (also »wacht«). Ich habe mich für die erste Lösung entschieden und »wacht« also als Niederlandismus aufgefasst.

Was die Sprache betrifft, stand Hans Keilson nicht mehr hundertprozentig auf sicherem Boden, und das gilt auch für das Tagebuch. Im Nachwort zur zweisprachigen Ausgabe der Sonette habe ich das so formuliert: »In gewisser Hinsicht finde ich Keilsons Niederlandismen irgendwie rührend und bewegend. Sie zeigen, wie er auf der Grenze zweier Sprachen und zweier Kulturen balancierte. Seine doppelte Stellung als Deutscher und (noch nicht naturalisierter) Niederländer, auf dem Hintergrund seiner Flucht vor den Nazis, kommt darin auf ganz konkrete Weise zum Ausdruck.«[208]

Dass das Niederländische in seine Sonette und sein Tagebuch einfloss, hätte der Beginn eines Prozesses sein können, der mit dem definitiven Umschalten auf die Sprache seines neuen Landes endete. Das geschah aber nicht; er schrieb weiter auf Deutsch. Diese Sprache bedeutete für ihn ein Band mit der Vergangenheit, mit dem Land, an das er trotz der Naziherrschaft so viele gute Jugenderinnerungen hatte. Er könne Deutschland nicht hassen, sagte der Hundertjährige.[209]

Prosa

In Delft las Hans Keilson viel Lyrik, eine Quelle der Inspiration für seine Sonette. Aber auch Prosa beschäftigte ihn. In seinem Tagebuch nennt er drei wichtige Romane, die er als Untertaucher las: *Der Prozeß* von Kafka, *Schuld und Sühne* von Dostojewski und *Voyage au bout de la nuit* von Céline. Kafkas Buch handelt nach Keilsons Auffassung von der Erbsünde, »der Schuldhaftigkeit des unschuldigen Menschen«[210], aber er bedauert, dass er nicht weiß, was die Erbsünde für Kafka selbst, in seinem persönlichen Leben, bedeutete. Der Gedanke, grundsätzlich mit Sünde beladen zu sein, liegt Keilson fern. »Ich bin ein sündiger Mensch? Ich müßte über diese Formulierung lachen, wenn ich nicht zugleich auch meine Trauer bereit hätte, wenn ich etwas erlebe wie das Grauen der Liebe.«[211] Er nennt den Menschen ein »Geschöpf aus

Staub und Ewigkeit«, das »erhöht« ist, um leben zu dürfen. »Klage und Rühmen, Grauen und Liebe, das ist's. Wo ist der Platz für die Sünde.«[212]

Besonders beeindruckt ist er von *Voyage au bout de la nuit* von Céline, weil es ein Buch »ohne idealistische Verbrämung« sei.[213] Hier zeige sich ein einsamer Mensch, jemand der keine Vorbilder hat, nach denen er sein Leben ausrichten kann. Er sieht eine Verwandtschaft mit der illusionslosen Stimmung seiner eigenen Vorkriegsgedichte. Er fragt sich, ob so viel »Lebenstrieb« und Authentizität ohne falsches Pathos bei Céline und anderen notwendigerweise in den Dienst der Sache der Nazis gestellt werden musste. »Welche Verirrung.«[214]

In Keilsons Augen ist Célines Buch geboren aus dem Drang, etwas zu bauen; ein Drang, der gepaart ist mit dem Drang zu zerstören. Wer etwas kaputt macht, hat danach alle Freiheit, etwas Neues zu schaffen. Diese Gedanken führen zu einem Plan: Keilson möchte ein vergleichbares Buch über die Juden schreiben. »Ungeschminkt, ohne Jehovismus, noch messianisches Pathos. Es müßte gelingen. Das Gegenstück zum Hiob. Auch kein Dostojewski. Man darf kein Antisemit sein, um das zu tun, darum kann nur ein Jude das Buch schreiben. Einer meiner Pläne, die mich hindern werden, Arzt zu werden.«[215] Das Buch müsste einem seiner literarischen Ansprüche genügen: ein Bild zeigen von »nacktem Menschsein«, der »Existenz an sich«, wobei der Mensch »Heiligkeit« und »Himmel« eine Absage erteilt.[216]

Er hatte noch einen anderen großen literarischen Plan:

> Heute kam mir die Idee, als ich an die Möglichkeit dachte, nun gepackt zu werden. Ein Jude, der Streit hat mit seinen Wirtsleuten, bei denen er untergetaucht ist, meldet sich freiwillig als Arzt nach Deutschland, unter einem Namen, auf den er seinen neuen

> Pass hat. Er kommt zurück in eine kleine Stadt und erlebt dort Deutschlands Untergang. Das Verhalten, die Freude über den Untergang und der Schmerz über das, was zugleich mit untergeht, die Befriedigung der Rache und das reine, tierische Leiden, das sich bis zuletzt aufbäumt gegen das Sterben. Solch ein Buch hätte große menschliche Möglichkeiten. Es müßte alles zeigen können: Die Nazis, die Halben, die Viertel, die Garnichts, die Anti, die Dummen, die Lauen, die Untergangsfanatiker, alles und dahinter: Mozart! Schubert. A-moll Quartett oder d-Moll. Was für ein Thema!«[217]

Diese beiden Bücher schreibt Keilson nicht, aber literarisch produktiv ist er doch. Céline gab ihm, wie er es ausdrückte, »Dynamit für Prosa«.[218] Ende Oktober 1944 liegen zwei Manuskripte vor: *Die Wäschenummer, oder der Untertaucher* (eine Novelle über einen Mann, der im Versteck stirbt) und *Der Tod des Feindes* (ein Ansatz zu einem Buch über Hitler und das Böse, aus dem später der Roman *Der Tod des Widersachers* wurde).[219] Die Novelle wird kurz nach dem Krieg als *Komödie in Moll* erscheinen und gleichzeitig in der niederländischen Übersetzung von Hanna Sanders als *Comedie in mineur*.[220]

Mitte Dezember ist im Tagebuch von einem weiteren Roman die Rede, jedenfalls von einem Ansatz zu einem solchen: *Das Opfer*, ein Text, der unpubliziert bleiben sollte. Was davon geschrieben und erhalten ist, handelt von einem gewissen Willibald, einem Mann mit zwei Identitäten. Die Kafka-artige Geschichte passt zu Keilsons doppelter Lebensspur als Autor und Arzt und zu der doppelten Identität in der Untertauchsituation. Doch ist dieser Text nicht autobiographisch. Möglicherweise aus diesem Grunde spürte er nicht genug Antrieb, *Das Opfer* fertig zu schreiben. Es war zu sehr etwas Ausgedachtes. Das könnte auch der Grund gewesen sein, warum die Bücher über die Juden und über den Arzt in Deutschland ungeschrieben blieben.

Ein Untertaucher stirbt

Komödie in Moll ist der Wirklichkeit sehr nahe. Hans Keilson schrieb diesen Text, während er selbst untergetaucht war, und die Hauptfigur ist ein Untertaucher wie er selbst. Die Geschichte beruht auf einer wahren Begebenheit.

Der Inhalt: Das junge, kinderlose Ehepaar Wim und Marie wohnt am westlichen Rand einer Stadt, deren Name nicht genannt wird. Sie ist Hausfrau, er arbeitet als Buchhalter in einer Maschinenfabrik. Sie sind »nicht ängstlich von Natur«[221] und nehmen einen jüdischen Untertaucher ins Haus, einen Vertreter in Parfümeriewaren, den sie nur unter seinem Decknamen Nico kennen. Er bekommt ein Zimmer im ersten Stock, an der Vorderseite des Hauses, von wo aus er den Park sehen kann. In einer hinteren Ecke seines Zimmers ist ein Versteck eingerichtet. Um sich die Zeit zu vertreiben, liest er, oder er spielt Schach gegen sich selbst.

Nico denkt, dass seine Eltern nicht mehr leben. Er findet, dass das für sie und für ihn selbst ein Glück ist, weil er weiß, wozu die Besetzer imstande sind. »Sie haben alte Leute verschleppt, im Viehwagen«, sagt er zu Wim, »Greise, Kranke … keine Märchen.«[222] In seiner Einsamkeit sieht er albtraumartige Bilder:

> Dann bevölkerte sich seine Kammer mit blutiggeschlagenen, verzerrten und entstellten Leidensgesichtern, in deren Zügen er gierig forschte, ob sie ihm nicht vielleicht bekannt waren. Er hörte Stöhnen, Wimmern, Winseln, Jammern, Gott anrufen, Gott verfluchen; sah Greise, Männer, Frauen, Kinder. – Endlos waren die Bilder dieser Stunden. Er lag angekleidet auf der

> Couch, […] Wenn er tief Atem holte, schmeckte er Gas. Gas! Seine Kammer stand voll Gas.[223]

Dem Wohlwollen anderer ausgeliefert zu sein, wird für Nico immer mehr zum Problem, zu einem unerträglichen Problem. »Der kleine Stachel, der in jedem verborgen wächst, der von der Hilfe und dem Erbarmen anderer lebt, wurde riesengroß, wurde ein Speer, der tief im Fleische saß und schmerzte.«[224]

Der Untertaucher, der es psychisch schon so schwer hat, wird krank, bekommt eine Lungenentzündung. Es entsteht eine größere Vertrautheit zwischen ihm und dem Ehepaar. Vor allem Marie kommt ihm näher, als sie mit einem Handtuch das verschwitzte Gesicht, die Brust und die Achseln des fiebernden Nico trocknet. Als er keinen sauberen Pyjama mehr hat, ziehen Wim und Marie ihm einen Pyjama von Wim an.

Nico stirbt. Nicht die deutschen Besetzer haben seinen Tod verursacht, wie man es hätte erwarten können, sondern eine Krankheit. Während in einer Komödie eine unerwartete Wendung als humoristischer Effekt eingesetzt werden kann, gibt es hier den Überraschungseffekt zwar auch, aber auf tragische Weise. Dem entlehnt die Erzählung ihren bitter-wehmütigen Titel.

Zusammen mit dem herbeigerufenen Arzt trägt Wim die Leiche, in eine Decke eingepackt, im Dunkeln aus dem Haus. Sie legen sie unter eine Bank im nahen Park.

Als alles vorbei ist, fühlt Marie, dass ihr Untertaucher für sie ein Geheimnis geblieben ist: »Wie ein Niemandsland lag es um ihn, fremd und undurchdringbar.«[225] In seinem Versteck findet sie ein Päckchen amerikanische Zigaretten, Marke Lucky Star, ein Name mit einem durchaus positiven Klang, in schrillem Kontrast zu der Welt des Elends, die mit dem anderen Stern, dem Judenstern, verbunden ist. In aller Einsamkeit hatte er sechs oder sieben davon geraucht. Die altmodisch-guten Zigaretten waren für den Untertaucher ein Trost, eine letzte Rettung in der Verzweiflung. Marie findet, dass sonst niemand dieses intime Geheimnis zu kennen braucht, auch ihr Mann nicht, und verbrennt die übriggebliebenen Zigaretten.

Wim und Marie hatten nicht daran gedacht, dass in Wims Pyjama eine Wäschenummer und Wims Monogramm eingenäht waren. Wenn man Nico fand, würde die Polizei schnell dahinter kommen, wem der Pyjama gehörte, und das Ehepaar verhaften. In aller Eile wird in einer Pension in Den Haag ein Zimmer für sie gefunden. Die Untertauchgastgeber sind selbst Untertaucher geworden. Jetzt, in der Position des anderen, begreifen sie erst richtig, was er durchmachen musste.

Ein Polizist, der den Deutschen nicht freundlich gesinnt ist, greift ein: Er entfernt die Wäschenummer und das Monogramm aus dem Pyjama und vernichtet beides. Sein mit den Deutschen kollaborierender Chef weiß von nichts. Das Ehepaar ist nicht mehr gefährdet und kann nach Hause zurückkehren.

»Nico, das bin ich«

Geschichten über Untertaucher, die im Versteck starben, und vor allem Geschichten über die Art und Weise, wie man sich der Leichen entledigte, gab es im Krieg genug. In seinem Buch über das Los der niederländischen Juden während der deutschen Besetzung erzählt der Historiker Jacques Presser einige davon.[226] So wurden in Amsterdam verstorbene Untertaucher in die Anatomie der Medizinischen Fakultät gebracht, in einem Park auf eine Bank gelegt oder in der Gracht versenkt. In der Provinz Gelderland soll eine tote Untertaucherin angekleidet, auf ein Fahrrad gesetzt und so, links und rechts gestützt, auf den Friedhof gebracht worden sein.

In Delft ereignete sich während der Untertauchzeit von Hans Keilson etwas Ähnliches. Er beschloss es literarisch umzusetzen und begann am 19. April 1944 seine kleine Geschichte über Wim, Marie und Nico zu schreiben. Ein halbes Jahr später lag sie vor.[227] Dies war die wahre Begebenheit hinter Keilsons Erzählung:

In einem Haus an der Adriaan Pauwstraat 2 in Delft waren Juden untergetaucht. Einer von ihnen, der 37-jährige Samuel Opdenberg, starb am 14. April 1944 an Unterernährung. Jetzt hatte die Familie Poot, bei der er untergetaucht war, ein Problem: Was sollte mit der Leiche geschehen? Zwei Mitglieder einer Widerstandsorganisation haben damals, einer historischen Darstellung über Krieg und Widerstand in Delft zufolge, »den angekleideten Leichnam mit einem Hut auf dem Kopf auf ein Fahrrad gesetzt und sind links und rechts davon gegangen, um so den Toten im Gleichgewicht zu halten. Wenn jemand vorbeikam, wurde zur Camouflage auf den Verstorbenen eingeredet. Der makabere Aufzug endete am Westplantsoen, wo er auf dem Gehweg abgelegt wurde.«[228] Später folgte eine Beerdigung.

Bei der Familie Poot hielten sich auch Vater, Mutter und ein älterer Bruder von Samuel Opdenberg verborgen. Nach seinem Tod durften oder wollten sie nicht dort bleiben und tauchten anderswo in Delft unter. »Der Umzug wurde beobachtet und verraten, wonach das Haus der Poots durch die Polizei versiegelt wurde.«[229] Die drei Opdenbergs wurden verhaftet und im Mai 1944 in Auschwitz ermordet. Die Familie Poot überlebte den Krieg.

Als Untertaucher muss Hans Keilson sich als Schicksalsgenosse der Hauptfigur seiner *Komödie in Moll* gesehen haben; die Verzweiflung und Beklommenheit des Untertauchers Nico können durchaus seine eigenen Gefühle gewesen sein, auch wenn Nico einsamer erscheint als Keilson, der in Delft ein soziales Leben hatte und im Auftrag der Widerstandsbewegung unterwegs war. Wie Keilson nimmt Nico die Mahlzeiten zusammen mit seinen Untertauchgastgebern ein, aber ansonsten sitzt er mutterseelenallein in seinem Zimmer. Auch bei seinem Äußeren gibt es einen Unterschied: Nico wäre mit seinen schwarzen Haaren und seiner dunkleren Haut in Frankreich oder Spanien nicht aufgefallen, wie Marie sagt[230], was seine Identität als Jude unterstreicht und die Kluft zwischen Untertaucher und Untertauchgastgeber größer macht. Keilson hatte rotblondes Haar und eine helle Haut. Als Nico sich während seiner Krankheit lange Zeit nicht rasiert, sieht sein Bart übrigens rötlich aus.

So zeichnete Keilson in seiner Hauptfigur ein Bild seiner selbst, mit Variationen. Im Alter sagte er sehr nachdrücklich und direkt über die Identität des Untertauchers in der *Komödie in Moll*: »Nico, das bin ich.«[231]

Eine erkennbare Nebenfigur ist Leo, ein Bekannter von Wim und Marie, der »alle möglichen nützlichen Dinge im Verborgenen tat«.[232] Das ist wohl eine Anspielung auf Leo Rientsma und seine Hilfe beim Fälschen der Ausweise. Und wahrscheinlich ist Marie, »die etwas Kühles, Herbes hatte«, ein Abbild von Evy Bakker. In seinem Tagebuch nennt Keilson sie emanzipiert, männlich und wissenschaftlich.[233]

Und dann der Ort der Handlung: War das Haus von Leo und Suus Rientsma an der Wallerstraat das Vorbild des Hauses, in dem Nico untergetaucht war? Die Lage am Park könnte darauf verweisen. Es »stimmt« auch, dass das Haus Teil einer Reihe damals neu gebauter Häuser war. Und die Stadt, in der Wim und Marie wohnen, könnte gut Delft sein: nicht weit von der Residenzstadt (das wäre Den Haag) und nahe am Westland – ein Name, der im Buch genannt wird.

Die Außenwelt ist in der *Komödie in Moll* nur allzu hörbar: Die alliierten Flugzeuge, die in der Nacht auf dem Weg nach Deutschland sind, um dort Bombenangriffe auszuführen, machen ein brummendes Geräusch, unterbrochen vom Knallen der Luftabwehrgeschütze. Die Atmosphäre von Bedrohung und Gewalt steht in Kontrast zu dem kleinen, stillen, behutsamen Leben im Hause des Ehepaars mit ihrem Untertaucher.

Die Situation erinnert an das Gedicht »Variation«, im Dezember 1943 in Delft geschrieben:

Denk ich an Deutschland in der Nacht –
Wie oft hab ich den Vers gelesen
und dessen, der ihn schrieb, gelacht.
Er wär mein Bruder nicht gewesen.

Ich nicht – ich bin aus andrem Holz,
dacht ich, mich kann die Axt nicht kerben,
ich trage meinen harten Stolz
im Leben hart – hart auch im Sterben?

Doch lieg ich jetzt und gar so wund
in fremdem Land und scheu das Licht.
Es tönt aus meines Kindes Mund
ein andrer Klang als mein Gedicht.

Und wenn es dämmert, ziehn vom Meer
Flieger herauf zur Phosphorschlacht.
Ich lieg auf meinem Lager, schwer,
denk ich an Deutschland – in der Nacht.[234]

Das Gedicht ist eine Variation und Reaktion auf Heines Gedicht »Nachtgedanken« mit der berühmten ersten Zeile »Denk ich an

Deutschland in der Nacht«, die Keilson aufnimmt und am Ende wiederholt. Heine schrieb sein Gedicht in selbstgewählter Verbannung in Paris, um seinem Heimweh Ausdruck zu geben, es wird aber oft als eine Unheilsprophezeiung über das Vaterland gelesen, wo im übertragenen Sinne Finsternis herrscht.

Hans Keilson wird es, biographisch interpretiert, schwer ums Herz, wenn er an die Schrecken denkt, die Deutschland jetzt – buchstäblich und in übertragenem Sinne »in der Nacht« – erwarten. Das Gedicht handelt auch von der Sprache: Sein Kind spricht eine andere Sprache als die, in der er dichtet. Mit anderen Worten: Sein Töchterchen Barbara spricht Niederländisch, er schreibt auf Deutsch. Eine ambivalente Situation, die seiner zwiespältigen Haltung gegenüber Deutschland ähnelt. Die charakterliche Härte, die er zu haben glaubte, hält nicht stand und schlägt in eine gewisse Emotionalität um, wenn es sein Vaterland betrifft.

Viel später wird er in einem Interview sagen:

> Damals haben die englischen Flugzeuge Phosphor über Deutschland abgeworfen. Und ich lag auf meinem Lager, versteckt, und wollte nicht, daß mein Land mit Phospor bombardiert wird. Ich wünschte es auch meinen Feinden nicht. Ich habe kein Bedürfnis nach Rache […]. Mir war nicht wohl bei der Vorstellung, daß auf Zerstörung immer nur Zerstörung folgt, daß man einen Brand, also die Bombardierungen durch die Deutschen, mit neuen Bränden löschen will.[235]

Wie viel Dramatisches sich in seiner Umgebung auch abspielte – in literarischer Hinsicht war die Untertauchzeit in Delft fruchtbar. Es kam vieles zustande: das Tagebuch, die Hanna-Sonette, die *Komödie in Moll* und der Ansatz zum *Tod des Widersachers*. Das Kriegstagebuch war ein Mittel der Selbstreflexion und in dieser

Hinsicht, wenngleich in anderer Form, eine Fortsetzung von *Das Leben geht weiter*. Auch die Sonette, *Komödie in Moll* und *Der Tod des Widersachers* waren teilweise reflektierend. Der autobiographische, reflektierende Autor Hans Keilson verleugnete sich nicht, welche literarische Form er auch wählte.

Hanna Sanders übersetzte die *Komödie in Moll* noch während des Krieges ins Niederländische, und Hans Keilson soll die Erzählung den Bewohnern der Wallerstraat vorgelesen haben. Scherzend fragten ihn Leo und Suus im Hinblick auf das Schicksal der Hauptperson Nico: »Was machen wir mit Dir, wenn Dir dasselbe passiert?«[236]

Glaube, Gefahr und ein letztes Sonett

Nicht nur Aufträge der Widerstandsbewegung waren für Hans Keilson ein Grund, um in seiner Untertauchzeit das Haus zu verlassen, er ging auch aus dem Haus, um Hanna oder Gertrud zu treffen. Oder um an der jüdischen Hochzeit von zwei Delfter Mit-Untertauchern, Joop und Fiet Andriesse, teilzunehmen. Die einfache orthodoxe Zeremonie in Utrecht, mitten im Krieg, rührte ihn, und er stellte sich vor, dass er selbst auf diese Weise die Ehe eingehe. In seiner Phantasie waren seine beiden Partnerinnen die Braut, bald die eine, bald die andere: »Abwechselnd sah ich Gertrud und Hanna unter die Chuppa treten. Aber Gertrud stand dort wie der Schlag meines Herzens, ein Schrei zu Gott. Hanna einsam, traurig, fein, so wie ich sie liebe.«[237]

In Den Haag kannte er den remonstrantischen Pfarrer Dr. Fetter[238], den er Ende März 1944 dort aufsuchte. Fetter hatte ihm versprochen, zehn Exemplare des Gedichtes »In memoriam«, das Keilson illegal hatte vervielfältigen lassen, weiterzugeben; der

Zweck war, etwas Geld für Gertrud und Barbara zu bekommen.[239] Ob Fetter sein Versprechen einlöste, ist fraglich, denn schon der Beginn des Textes ärgerte ihn, weil das Ich des Gedichtes erklärt, sich vor Christus nicht beugen zu können.

Fetter wollte trotzdem helfen: Er wollte Gertrud 25 Gulden schenken. Aber er fragte Keilson, warum er sich nicht an eine Organisation wende, die ihm helfen könne; wahrscheinlich meinte er seine eigene Remonstrantische Bruderschaft in Den Haag, die in ihrer Kirche Untertaucher beherbergte.[240] Hans Keilson dachte darüber nach, entschied sich aber doch dagegen. In dem Gespräch, über das Keilson im Tagebuch ausführlich berichtet, erweist Fetter sich als Antisemit. Er findet seinen Gast sympathisch, hat aber an den Juden im Allgemeinen allerlei auszusetzen: ihre Ablehnung Christi, ihre Schlauheit und Aufdringlichkeit und dass beispielsweise eine Frau leiden müsse, weil sie Untertaucher im Hause hatte.

Es ist nicht das, was man erwarten würde, aber es sieht beinah so aus, als ob die beiden Männer sich im Gespräch einander annäherten. Keilson, sarkastisch: »Sie haben recht, wir haben eine ganze Menge Eigenschaften, die für andere sicher unerträglich sind.«[241] Dass Fetter anfangs fünfzig Prozent der Nazipläne befürwortet habe, fand Keilson gefährlich viel, und der Pfarrer musste zugeben, dass er inzwischen auch zu diesem Schluss gekommen war. Die Christus-Frage wurde ebenfalls deutlicher. Keilson fand es inakzeptabel, »daß der eine Teil der Menschen erlöst ist, der andere nicht«.[242]

Das Gespräch verdeutlicht auch die Position Hans Keilsons im Judentum. Er wünscht sich eine andere religiöse Form: Vielleicht sei es möglich, »eine neue Tradition zu finden. Nicht die alte mit den Gesetzen, die unsinnig geworden sind, magische Handlungen ohne geistigen Inhalt.«[243] Das Gespräch mit Fetter endet in guter

Atmosphäre, sogar mit einer Einladung des Pfarrers, wiederzukommen.

An anderer Stelle in seinem Tagebuch nennt Keilson den Gott des Alten Testamentes eine »ganz famose Verkörperung des Unfassbaren«.[244] Das große Mysterium, vor dem man bebt und zittert. Leider habe das Judentum Gesetze und Formeln ins Leben gerufen, die seither zwischen dem Menschen und dieser Unfassbarkeit stehen: »Die Qual des Juden. Sein Sehnen begräbt er in Gesetzen.«[245] Er plädierte für ein Ur-Judentum, das die Gesetze von sich abschüttelt und sich die Freiheit nimmt, die direkte Verbindung mit dem Mysterium wiederherzustellen.

Sein religiöser Wunsch ähnelte einem künstlerischen Ideal, dem er nachstrebte. Dem »Unfassbaren« gegenüber, das so beeindruckend ist, das Schauder erregt, wollte er eine unbefangene Haltung einnehmen. Auf künstlerischem Gebiet stehen Schönheit und Schauder nebeneinander, sind selbst unlösbar miteinander verbunden. Er sprach davon, dass seine Gedichte »Liebe und Grauen zusammenbinden«: »Die Schönheitsanbeter. Ich kann mir oft den Gedanken nicht versagen, daß sie die Schönheit garnicht kennen, daß sie garnicht wissen, was sie anbeten. Sie müßten sonst erschrecken und Grauen zeigen.«[246] Das war für ihn eine universelle Wahrheit: Schönheit ist verbunden mit Schrecken und Grauen, nicht nur in Kriegszeiten.

Bei Rilke konnte er seine Ideen bestätigt finden, oder vielleicht hatte er sie aus dessen Werk übernommen. »Denn das Schöne ist nichts«, heißt es in der ersten Elegie, »als des Schrecklichen Anfang, den wir noch grade ertragen, / und wir bewundern es so, weil es gelassen verschmäht, / uns zu zerstören. Ein jeder Engel ist schrecklich.«[247]

Hans Keilson hat sich alles in allem wenig mit der Beziehung zu dem großen Mysterium beschäftigt. Sein Werk zeugt eher von der

Abwesenheit Gottes. Schon vor seiner Bar Mizwa hatte er Glaubenszweifel, und sein erstes Gedicht, »Neuer Psalm«, handelt von einem Gott, dessen Einfluss nicht wahrnehmbar ist. In seinem – nie geschriebenen – Buch über die Juden wollte er den Menschen zu allem Höheren Nein sagen lassen. Wohl war da im Judentum etwas, das ihn zu Tränen rührte: der »Zug durch die Wüste«, den er 1938 / 39 in einem langen Gedicht beschrieb.[248] Er sah darin ein Symbol für die schwere Reise, die das Leben sein kann, die mühsame Befreiung von Verleumdung und Unglück.

Menschenjagd

Im Hause der Rientsmas hielt Hans sich meist im ersten Stock auf, an der Rückseite des Hauses. Ein Ort, wo er sich verstecken konnte, wenn Gefahr drohte, befand sich im Mansardenzimmer, in dem die Töchter Lies und Hannie schliefen. Der Raum der Dachschrägung unter dem breiten Mansardenfenster war mit einer Holzplatte abgeschlossen. Dahinter konnte man sich liegend verbergen.[249]

Am 9. Dezember 1944 fand in Delft eine Razzia statt. Ziel: Männer einsammeln zum Arbeitseinsatz in Deutschland. Draußen patrouillierte die sogenannte »grüne« (d. i. deutsche) Polizei, Schüsse fielen. »Menschenjagd in Delft« nannte Keilson es in seinem Tagebuch. Die Dramatik mischte sich mit dem täglichen Leben: Frauen, die ihre Fußmatten ausklopfen, und weil sie es so auffällig laut machten, war es wie eine Form von Protest. Auch Frauen mit Milchkannen waren unterwegs. Im Haus der Rientsmas konnte man hören, wie bei den Nachbarn die achtjährige Hanneke van Oyen Tonleitern übte.

> Sie kamen. Ich sah, wie sie sich vor dem Parktor aufstellten. In Truppen zogen sie in den Park. Ich verschwand oben in meinem Versteck, in der hinteren Außenwand der Dachkammer, wo die beiden Mädchen [Hannie und Lies Rientsma, JV] schlafen. Ich war sehr ruhig und hatte in nichts das Gefühl einer gespannten Lage. Meine Umgebung, vor allem Leo war sehr ruhig. Ich hörte unten undeutliche Stimmen, Türen schlagen. Auch schien es mir, als wenn vom Hof her Stimmen herauf kamen. Ich lag in der hinteren Wand. Nach einer Weile begann mir das alles einigermaßen komisch vorzukommen, und um wenigstens ein wenig Spannung und innere Handlung in den Ablauf hineinzugeheimnissen, probierte ich an Gertrud und Barbara zu denken. Aber das einzige was mir einfiel, war, was ich sagen würde, wenn mich Gertrud später nach meinen Erlebnissen fragen würde. »Ich habe mich versteckt.« Das war wirklich alles.[250]

Doch sollte ihm noch viel mehr einfallen, denn er bekam Zeit zum Nachdenken. Über den dummen Gehorsam der Deutschen gegenüber der Nazipartei. Über den Plan, nach Deutschland zu gehen, dort als Arzt zu arbeiten und sich als Spion unter die Nazis zu begeben – ein Abenteuer, aus dem ein Buch entstehen könnte. Über den Genuss, dann ihre intimsten Geheimnisse anzuhören und in ihren Gesichtern ihren Untergang zu lesen. Über »Gentleman-Verbrecher« wie die »grünen« Polizisten, die eine menschliche Seite hatten, aber doch wirklich Verbrecher waren. Über Frauen, die inmitten von Chaos und Gewalt besänftigend wirkten und womöglich sogar Kriege verhindern könnten.[251]

Während Hans oben in seinem Versteck lag, hielt unten die »grüne« Polizei Haussuchung. Hannie Rientsma, Augenzeugin, erinnert sich: »Sie wollten unten alles sehen: Wohnzimmer, Küche, den Garten. Im Garten haben sie eine halbe Stunde mit den

Meerschweinchen gespielt, es können auch Kaninchen gewesen sein, die hatten einen Stall, aber durften auch frei herumlaufen. Dann gingen sie wieder.« Ihr Vater war auch im Garten. Weil er Mitte vierzig war, gehörte er nicht zu der Altersgruppe (siebzehn bis vierzig) der Jungen und Männer, die für den Arbeitseinsatz in Frage kamen.

Die beiden Polizisten gingen nicht nach oben und entdeckten so auch nicht, dass sich im Hause jemand versteckte. Hannie Rientsma: »Wahrscheinlich stand draußen eine Wache, die aufpasste, dass die Haussuchung so lange dauerte, wie dafür nötig war. Indem sie mit den Tieren spielten, verbrachten die beiden Jungs so die erforderliche Zeit.« Warum sind sie nicht oben gewesen? Weil Leo sie mit den Tieren ablenkte? Weil sie sich absichtlich Zeit ließen und niemand entdecken wollten? Hannie: »Wenn jemand im Hause eine Waffe hatte, konnte das gefährlich sein.« Oder spielte ein Gefühl der Menschlichkeit eine Rolle?[252]

Hans Keilson, Leo Rientsma und Corrie Groenteman beobachteten das Resultat der Razzia:

> Nach einer Weile kamen Schritte aus der hinteren Parksiedlung. Sechs junge Männer, jeder einen zugebundenen Kartoffelsack auf dem Rücken, bogen langsam mißmutig träge unter Bewachung dreier Polizisten in den Parkweg ein. Ein trauriger Zug. Es waren zum größten Teil junge Burschen unter 30 Jahren, ohne Kopfbedeckung. Unter ihren Mänteln trugen sie ihre blauen Overalls. [...] Sie trugen den Kopf auf eine eigenartige Weise nach oben gerichtet, nicht als wenn sie stolz wären, sondern auf die Art von Menschen, die sich völlig willenlos einem stärkeren Willen widerstandslos unterworfen haben. Was Widerstand geboten hat und überwunden wurde, senkt seinen Kopf, aus Scham über seine Schwäche – Corrie, die neben uns stand, brach

> in Tränen aus. Sie sagte ein Schimpfwort, ein deutsches Schimpfwort, als wäre selbst noch ein holländisches Wort zu gut für sie. Gewiss erinnert sie sich an die Razzias auf Juden in Amsterdam, bei denen sie zwei Kinder verlor.[253] Mir dämmerte jetzt erst langsam, welcher Gefahr ich eben erst entgangen war, als ich so ruhig zusah, wie andere in die Falle gelaufen waren. Aber auch dies Bewußtsein ließ mich ziemlich unberührt. [...] Ein Grüner ging zu unseren rechten Nachbarn, und ich verschwand noch einmal oben ins Versteck. Ich nestelte mich gut in meinen Mantel und lag der Länge nach, unbeweglich, ein wenig klamm in dem engen, düsteren Versteck und dämmerte vor mich hin. Es dauerte dieses Mal länger, bis Corrie kam und mich erlöste.[254]

Auch im Untertauch-Haus von Arie und Evy Bakker an der Tak van Poortvlietstraat fand an diesem Tag eine Haussuchung statt. Hier wurde jedoch gründlich gesucht. Zwei »Grüne« durchsuchten alle Zimmer, Schränke und den Dachboden, entdeckten den »het hok« genannten Versteckraum aber nicht: einen hinter einem verschiebbaren Öfchen verborgenen Raum im ersten Stock, wo Arie und die Untertaucher, darunter Hanna, sich verborgen hielten. Die Deutschen wollten vor allem Arie finden, aber Evy konnte sie mit der Ausrede abwimmeln, er sei seit einer Woche verreist.[255]

Das Ende des Krieges

Der Aufmarsch der Alliierten in Süd- und Westeuropa, die Befreiung der südlichen Niederlande, das Heranrücken der Russen im Osten: Im Laufe des Jahres 1944 wurde deutlich, dass der Krieg nicht mehr lange dauern konnte. Über die Ereignisse im Osten hatte Hans Keilson am 21. Oktober in sein Tagebuch geschrieben:

»Eydtkuhnen gefallen! Geburtsstadt meines Vaters! Ob er es noch hört? Unsichtbar quälende Verzweiflung.«[256]

Dass er zu Gertrud und Barbara zurückkehren würde, war sicher. Einer Tagebucheintragung vom 21. Dezember zufolge waren sie ihm »auf einmal viel näher als je«.[257] Und sie waren beide krank, ein Grund warum er sie nicht allein lassen konnte. Die Reihe der Sonette schloss er ab; das letzte Gedicht, notierte er, »habe ich mehr für Gertrud geschrieben als für Hanna«.[258] Es endet mit einer Zeile über den »Flüchtigen« – den Mann, der keine Verbindungen oder Verpflichtungen einging und jetzt endlich sein »Haus des Lebens« findet. Er fügt sich wieder in ein normaleres Leben mit mehr Stabilität.

Durch das Hospitieren bei Operationen im Delfter Krankenhaus hatte er inzwischen wieder mehr medizinisches Wissen angesammelt – eine Vorbereitung auf die Nachkriegszeit, falls er doch Arzt werden sollte. Möglich wäre das in ihm noch unbekanntem Ausland: Schweden, Norwegen oder Russland. Auch erwog er, als psychologischer Berater zu arbeiten oder erst mal ein paar Jahre als freischaffender Autor. Nach Palästina emigrieren und auf einer Apfelsinenplantage oder einer Hühnerfarm (ein Wort, das er mit etwas Spott niederzuschreiben scheint) arbeiten: Das kam für ihn nicht in Frage. Auch das Ivrit war ein Hindernis.[259]

Schriftsteller zu werden schien in dieser Lebensphase keine unlogische Wahl. Er hatte große Pläne für neue Arbeiten, und einige Manuskripte lagen bereits vor.

Zwei Jahre nach Kriegsende wird er die *Komödie in Moll* publizieren, Ende der fünfziger Jahre den *Tod des Widersachers*. Was nicht veröffentlicht wird, ist das Tagebuch. Man kann sich auch nur schwer vorstellen, dass er das vorgehabt hätte. Für Gertrud wie für Hanna wäre es verletzend gewesen, und viele seiner sehr persönlichen Gedanken und Wünsche waren doch zu intim, als dass man sie der Öffentlichkeit in einer Zeit beengend-bürgerlicher sozialer Konventionen hätte preisgeben wollen. Das Tagebuch, aus dem man hätte ersehen können, dass er eine Beziehung mit einer »Patientin« einging und ein Doppelleben mit zwei Frauen führte, hätte seiner Nachkriegslaufbahn als Arzt und Psychiater im Wege gestanden.

Das Manuskript, ein Heft im Folioformat mit gut vierzig dichtbeschriebenen Seiten, bewahrte er im Verborgenen auf, und selbst Gertrud hat womöglich nicht gewusst, dass es diese Aufzeichnungen gab. Seine zweite Frau Marita fand sie 2009 oder 2010 in einer Schublade, als sie für ihren Mann etwas anderes suchen sollte. Marita Keilson schreibt in der Einleitung zur niederländischen Ausgabe: »Und so fand ich dies. Die Handschrift winzig, die Blätter bis an den Rand beschrieben, als ob man Papier sparen müsse – während doch hinten im Heft schließlich eine Menge leere Seiten übrig geblieben waren. Ich habe das eine oder andere entziffert, ihm vorgelesen [durch Makuladegeneration war sein Sehvermögen vermindert, JV]. Ich habe ihn ein bisschen mit seinem Sprachgebrauch geneckt: das Original ist auf Deutsch geschrieben, aber durchsetzt mit niederländischen Worten, Begriffen, deutschen Worten in niederländischer Orthographie und umgekehrt. Das, sagte ich, meinte Gertrud also, als sie sagte, du dürftest die deutsche Sprache nicht verlernen! Und darüber haben wir dann zusammen ein bisschen gelacht.«[260] Noch etwas war zu besprechen: Der Name »Hanna« kam in dem Manuskript immer wieder vor. Hans erzählte seiner zweiten Frau, wer das gewesen war: eine junge Frau, wie er in Delft untergetaucht, die etwas verliebt in ihn gewesen sei. »Und zögernd: Ja, die hatte er damals wohl auch geliebt.«[261]

Nach dem Tod ihres Mannes beschließt Marita Keilson, dass das Kriegstagebuch herausgegeben werden sollte. Sie schreibt in der

Einleitung zur niederländischen Übersetzung: »Ob er über eine Publikation dieses Textes nachgedacht hat? Ich glaube nicht. So etwas veröffentlicht man nicht zu Lebzeiten. Mit einigem Zögern habe ich inzwischen beschlossen, darin bestätigt durch Kinder und Freunde, dieses Dokument aus Zeiten von Verfolgung und Gefahr, dieses Zeugnis von Gewissensbefragung, von teuflischen Dilemmas und dem Willen zu überleben herauszugeben, weil es wichtig ist für unser Bild der Zeit und für unser Bild des Dichters, Schriftstellers, Psychoanalytikers Hans Keilson.«[262] Siebzig Jahre nachdem es geschrieben wurde erschien es auf Deutsch als *Tagebuch 1944* und in niederländischer Übersetzung als *Dagboek 1944*.

In seinem Tagebuch notierte Hans Keilson Bemerkungen über Sonette, die er in der Untertauchzeit für Hanna schrieb. Marita Keilson war zunächst der Meinung, dass diese Gedichte vielleicht Hanna geschenkt wurden oder verlorengegangen seien. Aber dann fand sie beim Ordnen der Papiere ihres verstorbenen Mannes ein Typoskript mit sechsundvierzig Sonetten. Ihre erste Vermutung war, dass es sich um Übersetzungen handeln müsse. Keilsons Lektor bei S. Fischer, Roland Spahr, vermutete, dass dies die im Tagebuch erwähnten Gedichte sein könnten. Und das erwies sich als richtig. Die Liebesgeschichte von Hans und Hanna, die so nachdrücklich ein Thema des Tagebuchs ist, hat im selben Untertauchjahr 1944 ihren Niederschlag in Gedichten gefunden.[263]

Ende Dezember kehrte Hans Keilson, wie erwähnt, nach Naarden zurück. Wegen des Bahnstreiks[264] fuhren keine Züge; er legte die Strecke, etwa achtzig Kilometer, per Fahrrad zurück, auf einem Fahrrad mit Holzreifen, von den Delfter Nachbarn geliehen, im Rucksack Butter und Käse für Gertrud und Barbara. Zu Hause erkannte ihn sein Töchterchen nicht mehr. Gertrud war krank. Sie hustete und dachte, dass es womöglich Tuberkulose sei.[265] Hanna ging Ende Januar 1945 zu Fuß nach Nord-Holland zu einem Bauern, bei dem ihre Schwester untergetaucht war. Dort war die Ernährungssituation im Hungerwinter 1944/45 besser als bei Arie und Evy Bakker. Als sie in der zweiten Märzhälfte nach Delft zurückkam, sah sie besser aus.[266]

Während der Endphase des Krieges lebte Hans Keilson untergetaucht im Haus Van Hall-laan 15 in Naarden, wo Gertrud jetzt wohnte.[267] Tagebuch schrieb er nicht mehr, und da nun die Liebesgeschichte mit Hanna vorbei war, kamen auch keine Sonette mehr aus seiner Feder.

Mehr noch als zuvor muss Barbara jetzt einen zentralen Platz in seinem und Gertruds Leben eingenommen haben. Gertrud hatte im Januar 1944 die Vormundschaft erhalten.[268] Gut ein Jahr später, im März 1945, bekam sie einen Brief vom Vormundschaftsrichter mit der dringenden Aufforderung, Auskunft über ihre Situation zu geben. Sie sollte eine Reihe von Fragen beantworten: Lebte ihre Tochter bei ihr im selben Haushalt? Wer war der Vater? Bezahlte er Unterhalt für seine Tochter und falls ja: wie viel?[269] Von dem Brief ging eine Bedrohung aus, weil es auf die Dauer schwierig sein würde, die Identität des Vaters zu verhüllen. Ob sie diesen Brief beantwortete, ist nicht bekannt.

In diesen Monaten hatte Hans Keilson in »Het Gooi«, der Gegend um Naarden und Bussum, Kontakt mit anderen untergetauchten Juden aus dem Kreis um das Blatt *De keten* (*Hasjalsjèeleth*; dt. Die Kette). Diese hektographierte illegale Zeitschrift erschien gegen Ende der Besetzungszeit und hatte vor allem den Zweck, den Untertauchern dieser Gegend Mut zu machen. Eine Frau brachte sie als Kurier zu den Untergetauchten, die das Blatt auch untereinander weitergaben.[270]

Erschienen Texte von Hans Keilson in *De keten*? Kurz vor Pessach 1945 publizierte die Zeitschrift einen niederländischen Leserbrief eines »Dr. K.«.[271] Es ist verlockend zu denken, dass es hier um Hans Keilson ging, aber das ist keineswegs sicher. »Nog even de tanden op elkaar«, noch eben die Zähne zusammenzubeißen, rät »Dr. K.« seinen Lesern. Um den »ägyptischen König von heute« sei es beinah geschehen. Er sei im Begriff, im Roten Meer zu ertrinken.

Teil 3

In den Niederlanden zu Hause

7 Die Zukunft beginnt

1945–1951
»Das Einzige, was wir tun können, ist den Menschen zu helfen, ihre Verletzungen zu ertragen«

»Sie sind ermordet!«

Eine Woche nach der Befreiung schrieb Hans Keilson seiner Schwester Hilde in Palästina einen Brief.[1] Für ihn und seine kleine Familie ist das Leben schwierig, schrieb er, es fehlt an Geld und Kleidung, und er weiß nicht, was die Zukunft bringen wird. Er hofft, in den Niederlanden als Arzt arbeiten zu können, denn auf diesem Gebiet gibt es genug zu tun. Große Sorgen macht er sich um Vater und Mutter. Er weiß nicht, wo sie sind. Wie es ihnen nach der Internierung in Westerbork ergangen ist, ist ein Rätsel. Er vermutet, dass sie dank der Palästina-Zertifikate Europa verlassen konnten. Er wagt aber kaum zu hoffen, dass sie noch leben, und wird sein Bestes tun, Informationen zu erhalten. Theoretisch ist es möglich, dass sie inzwischen Palästina erreicht haben, aber diese Chance hält er für gering.

Das schrieb er am 12. Mai 1945. Im August desselben Jahres gab es noch immer keinerlei Gewissheit über das Los der Eltern. Wann sie Westerbork verlassen hatten, war unbekannt, ließ er die Schwester wissen. Die Transportlisten kämen demnächst nach Amsterdam, dann könne man das Abreisedatum feststellen. Er fürchtete Schlimmes. »Bergen-Belsen war die Hölle. Ich glaube nicht, dass sie dort gewesen sind. Theresienstadt: Ich weiß es nicht.«[2] Gertrud hatte noch Hoffnung auf einen guten Ausgang, wegen der Zertifikate. Die Eltern hatten doch die Erlaubnis, nach Palästina zu emigrieren, und, so glaubte sie zu wissen, über die Türkei dorthin zu reisen.

Kurz darauf besuchte Hans Keilson das Jüdische Informationsbüro (Joodsch Informatie Bureau) an der Weteringschans 104 in Amsterdam.[3] Dort befand sich die Kartei des Jüdischen Rates (Joodse Raad Cartotheek): Karteikarten mit Eintragungen über Aufenthaltsort und Internierung der individuellen Juden während der deutschen Besetzung. In handschriftlichen Notizen beschrieb er seine Begegnung mit einem Herrn Stern, der dort Auskunft erteilte:

> Dann geht er [Stern] zur Kartothek, während er die Karten heraussucht, singt er mit lyrischer Stimme. »Max und Else Keilson,« – ja, hier sind sie. Seine triumph[ierende] Stimme, dass er sie gefunden hat. Aber als er Ihren Namen aussprach, erschrak ich.
>
> Ich wusste, dass sie tot waren, ein altes Ehepaar, – so hat sie Gott zu sich gerufen: M. u. E. Keilson. Hier sind wir, hat mein Vater geantwortet. Die Mutter weinte. Mein Vater war Soldat. Es tat mir gut, dass Stern ihren Namen genannt hatte. So sind sie nicht ganz vergessen.
>
> Und doch bleibt die ganz irrsinnige Hoffnung, dass Vati vielleicht noch am Leben ist, irgendwo gerettet, durch einen unlogischen Akt. Es ist so schwer sich vor Tatsachen zu beugen. Man nimmt sie an, und dahinter wuchert der Glaube an das Wunder. […]
>
> Zu Herrn Stern. 16.11 Auschwitz. Also da wissen Sie sofort, – da brauchen wir nicht weiter zu suchen. Er ist so erfreut, dass er mich so gut bedienen kann. Was für eine gute Bedienung.[4]

Seine Tochter Barbara, damals vier Jahre alt, war zu Hause, als er an diesem Tag aus Amsterdam zurückkam. Sie erinnert sich, dass sie ihm die Tür aufmachte. »›Sie sind ermordet!‹ schrie er. ›Sie sind ermordet!‹ Schreiend und jammernd stürmte er die Treppe hinauf.«[5] Tage des Entsetzens und der Erstarrung folgten, wonach die Emotionen in aller Heftigkeit ausbrachen. Gertrud nannte es eine »Krise«, einen Anfall von Wut, Panik und Verzweiflung.[6]

Wenig später bekamen die Keilsons Besuch von einem Verwandten von Erna Keilson, der Witwe von Onkel Hermann. Wer das genau war und wie er hieß, ist unbekannt, aber durch einen Brief von Gertrud an Hilde kann man sich einigermaßen vorstellen, was sich abspielte. Der Besucher war auch in Westerbork interniert gewesen, und jetzt sprach er zweieinhalb Stunden über nichts anderes als das Lager und seine Begegnungen dort mit den Eltern Keilson. Wieder geriet Hans außer sich. Gertrud nennt es in einem Brief an Hilde »plötzlich ausbrechende Aggressivität«.[7]

Vielleicht um Barbara den Anblick des rasenden und tobenden Vaters zu ersparen, vielleicht auch weil sie sich selbst fürchtete, verließ Gertrud mit dem Kind für einige Tage das Haus. An Hans schrieb sie: Sie wolle bei ihm bleiben; sie fühle sich ganz als jüdische Frau. Aber sie machte zur Bedingung, dass er sich in Psychoanalyse begab. Wie kein anderer begriff sie seine heftigen Emotionen und seine extreme Verletzbarkeit. An Hilde schrieb sie, er habe so gelitten, »dass er mir oft vorkommt, wie ein Mensch, der ohne Haut herumläuft«.[8]

Für Hans Keilson hatte die Zeit der Trauer begonnen. Hinzu kam, dass er mit Schuldgefühlen zu kämpfen hatte, weil es nicht möglich gewesen war, die Eltern untertauchen zu lassen.[9] In mehreren Gedichten schrieb er über ihr Schicksal, namentlich das des Vaters. Erhalten geblieben ist ein unpublizierter Text über den Vater, der vergiftete Luft einatmet, nackt zu Boden fällt und stirbt.

Und das ebenfalls unveröffentlichte, albtraumartige Gedicht »Auschwitz«, in dem er vor sich sieht, dass eine Stadt aus Steinen aus »blutbraunem« menschlichem Gebein gebaut wird: »Ein großer Ofen ist die Stadt, / Rauchfahnen qualmen aus dem Bad.«[10]

Manchmal versuchte er sich vorzustellen, dass er mit seinen Eltern im Deportationszug nach Auschwitz sitzt. In einem Interview im Jahr 2010, am Ende seines Lebens, sprach er über diese Phantasie. Der Interviewer: »Wie weit wagen sie dabei zu gehen?« Keilson: »Ich sitze in dem Zug. Ich reise mit meinen Eltern mit, aber ich steige nicht aus. Nein, ich steige nicht aus …«. Der Interviewer: »Und dann?« Keilson: »Dann kommen die Tränen.«[11]

Pakete aus Palästina

Seit dem Sommer 1945 arbeitete Hans Keilson mit und für jüdische Kinder, die im Krieg ihre Eltern verloren hatten; er vertiefte sich in ihr Leben und trat als Berater auf. Annemarie Pfeiffer, Gertruds Tochter aus erster Ehe, fand im »Werkplaats« in Bilthoven eine Anstellung als Haushaltslehrerin. Möglicherweise hatte ihre Mutter, die für die Schule Handschriften analysierte, ein gutes Wort für sie eingelegt. In einer der Werkplaats-Villen lehrte sie fünf- bis elfjährige Kinder Kochen und andere Haushaltstätigkeiten. Sie war begeistert über die Art und Weise, wie die Kinder dort lernten: in großer Freiheit und buchstäblich spielend. Dass im »Werkplaats« Theater und Musik viel Aufmerksamkeit gewidmet wurde, fand sie großartig.[12]

Auch wenn Hans, Gertrud und Annemarie so etwas Geld verdienten – man konnte nur wenig dafür kaufen. Lebensmittel und allerlei andere Dinge gab es jahrelang nur auf Marken; erst 1949 wurde die Rationierung allmählich aufgehoben.[13] Dass die Keilsons Verwandte in Palästina hatten, bot einen Ausweg. Gertrud, praktisch wie sie sein konnte, bat in Briefen an Hilde regelmäßig um getragene Kleidung und um Lebensmittel, als Ergänzung der Rationen in den Niederlanden. So meldete sie Ende September 1945, dass es genug Brot gebe, aber wenig Fett und Fleisch.[14] Kaffee und Tee waren überhaupt nicht zu bekommen, was, wie sie hinzufügte, für Menschen die Geistesarbeit verrichten, ein großes Manko sei. Für Barbara wollte sie gerne Milchpulver oder Dosenmilch und Trockenobst haben. Einen Monat später gab es zwar inzwischen Kaffee, aber noch immer keinen Tee.[15] Sie bat Hilde um Schokolade und andere Süßigkeiten, um Suppenwürfel, Muskatnuss, Zimt und Lorbeer. Wieder einen Monat später wünschte sie sich Öl zum Braten und Reis »fürs Kind«.[16] Honig war ihr versprochen worden und, wie sie schrieb, leckten sie sich in Gedanken schon die Finger ab. Für sich selbst wollte sie gern Strümpfe haben, auch getragene und gestopfte. Annemarie könne auch etwas Neues gebrauchen. Schon drei Jahre lang trug sie eine Herrenhose, um ihre Nylonstrümpfe zu schonen. »Aber auch eine Herrenhose nimmt ein Ende.« Schließlich dachte sie, als Geschenk für Barbara, an einen bunten Ball und eine waschbare Stoffpuppe.

Gertrud zeigte sich froh und dankbar für die Hilfspakete: »Das Esspaket kam ganz hier an, es war wieder großer Festtag«, schrieb sie im Januar 1946.[17] »Thee, Kaffee, Chokolade, Kakao, Milch, Rosinen, herrlicher Honig, Sardinen, es war alles wundervoll und genießen wir mit dankbarem Herzen von diesen seltenen Dingen. Bärbel ist wie besessen auf die Rosinen, wir sehen doch hier keine Früchte, auch der Honig hilft der Kleinen gut voran.« Für Annemarie und Gertrud waren Strümpfe im Paket gewesen, die sie als »herrlich« bezeichnete, auch wenn sie noch passend gemacht werden müssten. Hans bekam Unterwäsche und Schuhe, was ihm, einen Monat nach seinem Geburtstag, das Gefühl gab, schon wieder Geburtstag zu haben. Er sei sehr froh, nicht mehr mit kaputten

Schuhen herumlaufen zu müssen, vor allem jetzt, wo es so kalt war.

Im Frühling 1946 kamen Grapefruits[18], später im Jahr gefolgt von Grapefruitsaft in Dosen; eine davon wurde gleich für Barbara aufgemacht.[19] Im März des darauffolgenden Jahres schickte Hilde eine neue Herrlichkeit: Apfelsinen.[20] Die waren mehr als willkommen in einer von Krankheiten geprägten Periode: Hans hatte eine Grippe, Barbara kämpfte mit einer beidseitigen Mittelohrentzündung.

Gertrud und Hanna

Am 5. Juli 1945 heirateten Hans und Gertrud. Endlich war es möglich, die Verbindung, die sie selbst schon längst als Ehe betrachteten, formell zu besiegeln. Gertrud, von Haus aus katholisch, wollte am liebsten eine jüdische Hochzeit, aber für eine traditionelle Zeremonie in der Synagoge war es zu früh, weil sie noch nicht zum Judentum übergetreten war. Doch fühlte sie sich schon als Teil des jüdischen Volkes. Sie lernte Hebräisch.

Gertrud wollte durch den jüdischen Glauben »ein Gefühl der Ganzheit« erreichen, sowohl für sich selbst als auch für ihr Kind.[21] Das hatte mit Liebe zu und Kontakt mit Gott zu tun, schrieb sie an Hilde. Oft höre sie in Zeiten von Not und Gefahr eine Stimme, der sie blind vertraue, sogar gegen ihren eigenen Willen und ihre eigene Einsicht. Auf diese Weise werde sie »aus dem Düsteren ins Licht« geführt.[22] Sie halte an ihrem Glauben fest, an dieser Sicherheit, gerade jetzt, wo so viel Furchtbares geschehen sei. Mehr noch als die Juden, die in Palästina wohnten, bedürften die Juden außerhalb von Palästina ihrer Meinung nach einer »Heimat des Glaubens«.[23]

Barbara wolle sie eine jüdische Erziehung geben. Gerade weil so viele jüdische Kinder umgekommen waren, hatte sie sich vorgenommen, ihrem kleinen Mädchen etwas vom Judentum mitzugeben. Weil ihre Tochter nicht in einer ausgesprochen jüdischen Umgebung aufwachse und natürlich eines Tages Fragen stellen werde, werde sie ihre Mutter noch sehr nötig haben, meinte Gertrud, obwohl auch Hans in allem, was das Judentum betreffe, ein Wegweiser sein werde.

Der zeigte sich vor allem als liebender, stolzer Vater, der sich an seinem Kind freute. »Unser Kind ist ein hübsches, charmantes Mädchen«, schrieb er kurz nach der Befreiung an Hilde[24], um einige Monate später hinzuzufügen: »Barbara hat goldenes Haar und blaue Augen wie in einem Gedicht von Keats«.[25] Wie schon im Krieg war sie auch jetzt ein Lichtblick, etwas Positives in einem Leben voller Unsicherheiten und Probleme – auch wenn er das Erziehen eines Kindes »unmenschlich schwer« nannte.[26]

Bei der standesamtlichen Trauung wusste Gertrud noch nicht, dass Hans ein Verhältnis mit Hanna Sanders gehabt hatte. Das entdeckte sie erst beinah ein Jahr später. Es war wie mit ihrem ersten Mann, Rudolf. Auch der »liebte eine Andere«. An Hilde und Schaul schrieb sie:

> Ungefähr 2,5 Monate zurück [= vor ungefähr zweieinhalb Monaten] erfuhr ich, nicht von Hans, durch einen Zufall, dass Hans in der illegalen Zeit mit einem jungen jüdischen Mädchen gelebt hat. Diese Tatsache kann, so schmerzlich sie auch berührte, sehr sicher auch acceptiert werden als unter abnormalen Umständen geschehen. Schwerer war es für mich zu überwinden, dass Hans nicht vertraute, als ich ihn vor unserer formellen Eheschließung frug. So haben schließlich Andere gewusst und die es anging nicht. Hans war vielleicht bang, dass ich dann nicht heiraten und

> er das Kind verlieren würde. Aber aus so schlechtem Holz bin ich sicher nicht geschnitzt. Ich bin, glaube ich, darüber hinaus gekommen, es war doch auch schwer für ihn, da ich ja regelmäßig von den Menschen, wo er wohnte, zu Gast eingeladen war, sodass er zwischen zwei Frauen stand, von denen die eine wusste, die andere nicht.[27]

Dass Hans etwas Wesentliches verschwieg und es nicht für nötig hielt oder den Mut nicht aufbringen konnte, ihr gegenüber ehrlich zu sein, war eine bittere Pille, die Gertrud schluckte – nicht gern, aber doch. Eine Trennung von Hans hätte eine neue, große Katastrophe bedeutet – für ihn, für Barbara und für sie selbst. Gertruds Vermutung, dass Hans schwieg, weil er fürchtete, sie und seine Tochter zu verlieren, dürfte zutreffen. Er hätte keinen Rat gewusst, wenn er nach seinen Eltern plötzlich auch seine unverzichtbare Stütze Gertrud und sein Töchterchen verloren hätte. Die Gefahr einer neuerlichen Krise wäre groß gewesen. Und auch auf längere Sicht hätte er unter dem Verlust schwer gelitten.

Ein Selbstmordversuch, ein toter Bruder und ein bitterer Vater

Kurz nach dem Krieg unternahm Hanna einen Selbstmordversuch. Im Nachhinein betrachtete sie das als einen großen Fehler. An ihre Untertauchgastgeber Arie und Evy Bakker schrieb sie, »dass ein Mensch sich unter keinen Umständen der Verantwortung für sich selbst gegenüber anderen Menschen, die ihm das Leben auferlege, entziehen kann. Keine vergebliche, bitter-leidenschaftliche Liebe, kein nagendes Bewusstsein eigener Unwissenheit und Wertlosigkeit und Insuffizienz, keine Hilfslosigkeit und Verlorenheit im Chaos der eigenen Zeit gibt einem Menschen das

Recht, in sein eigenes Leben einzugreifen.«[28] Die Beziehung mit Hans Keilson, die für sie so traurig endete, dürfte bei ihrem Selbstmordversuch eine ausschlaggebende Rolle gespielt haben. Hatte Hanna nach der Befreiung Kontakt mit ihm gesucht und war sie abgewiesen worden? Sie fühlte sich schuldig, ihrer Familie, ihren Untertauchgastgebern und auch Hans gegenüber. »Wird es mir noch einmal zu viel werden? Ich weiß es nicht, vorläufig nicht, denke ich.«[29] Sie sollte sich jedenfalls noch bis Anfang 1946 emotional mit ihm verbunden fühlen.[30]

Tragisch für die Familie Sanders war der Tod von Hannas ältestem Bruder Jook, der sich dem Widerstand angeschlossen hatte. Er wurde in Auschwitz ermordet. »Besonders Vater ist meist furchtbar düster gestimmt und schrecklich miesepetrig«, schrieb Hanna an Arie Bakker. »Er kommt nicht darüber weg, über den Verlust meines Bruders. Der Almanach 1946 der Universität Leiden ist gerade erschienen, wir haben ihn hier. Darin finden sich die Porträts der toten Studenten, darunter auch Jook. Immer wieder nimmt Vater das Buch und immer wieder erträgt er es nicht. Und er wird so alt und ist sich dessen so bewusst, auch das macht ihn bitter und düster.«[31]

Hanna wusste sich zu helfen. Sie fand eine Stelle bei einer Organisation in Amsterdam, der »Joodse Coördinatie Commissie« (JCC; dt. Jüdische Koordinationskommission), die im Juni 1945 gegründet wurde, um die Interessen der jüdischen Niederländer zu vertreten. Die Amsterdamer Abteilung der JCC, genauer die Kontakt-Kommission, war die Zentralstelle für die überall im Land ins Leben gerufenen regionalen JCCs. Eine der Aufgaben der Amsterdamer Abteilung war es, sich um die Zukunft der jüdischen Kinder, die im Krieg ihre Eltern verloren hatten, zu kümmern.[32]

Hanna arbeitete erst bei der Registrierung, später bei der juristischen Abteilung der JCC:

> Das ist wohl eine angenehmere Arbeit, es ist jedenfalls ein Stückchen interessanter und nicht so deprimierend wie die Beschäftigung mit lauter Adressen, Deportationsdaten, Sterbeurkunden usw. Auch die Arbeitsatmosphäre ist angenehmer, denn ich teile das Zimmer jetzt nur mit meinem Chef, einem kompetenten und netten Mann, und das gefällt mir prima so. Aber natürlich bin ich noch immer einfach eine Tippse, man kann es auch Sekretärin nennen, das klingt etwas besser.[33]

Jüdische Kriegswaisen

Während des Krieges hatten Widerstandsorganisationen jüdische Kinder vor den deutschen Besetzern retten können, indem sie Untertauchadressen für sie suchten und fanden. Teilweise hatten auch Eltern selbst ihre Kinder bei vertrauenswürdigen Menschen untergebracht.

Etwa 4000 niederländische jüdische Kinder hatten den Krieg überlebt. Für wie viele davon eine Vormundschaft geregelt werden musste, weil sie ihre Eltern verloren hatten, ist nicht genau bekannt; einer Schätzung aus dem Jahre 1947 zufolge waren es 2050.[34] Die Frage war, was mit diesen Waisenkindern weiter geschehen sollte. Konnten sie bei ihren meist protestantischen oder katholischen Untertaucheltern bleiben? Waren das gute Erzieher? Glich ihr soziokulturelles Milieu einigermaßen dem Milieu, aus dem das Kind kam? Wie jüdisch oder nicht jüdisch sollte die Erziehung aussehen? Hing das davon ab, wie orthodox oder liberal die Eltern vor dem Krieg gewesen waren? Wenn noch jüdische Verwandte am Leben waren, zum Beispiel Onkel oder Tanten, hatten die dann ein Anrecht auf das Kind? Und war es für das Kind günstig, in diesem jüdischen Milieu aufzuwachsen? War es besser, wenn die Kinder in einem jüdischen Heim untergebracht wurden?

Viele Pflegeeltern hingen an ihrem Pflegekind, vor allem wenn sie selbst kinderlos waren. Die Kinder ihrerseits fühlten sich bei ihren Pflegeeltern in vertrauterer Umgebung als bei jüdischen Onkeln oder Tanten, die sie kaum kannten; in manchen Fällen dachten sie, dass ihre Pflegeeltern wirklich ihre Eltern seien. Wie traumatisierend war es, wieder woanders hinzumüssen? Mitunter hatten jüdische Kinder während der Untertauchzeit Interesse am christlichen Glauben ihrer Pflegeeltern entwickelt und waren getauft worden. Es kam vor, dass Pflegeeltern die Taufe ganz bewusst für eine gute Idee hielten: Das Kind würde so, dachten sie, nie mehr wegen seiner jüdischen Identität Probleme haben. Und sie hatten eine Seele für das Christentum gewonnen. »Aber«, so fragte sich die Journalistin Elma Verhey, »konnten insbesondere die orthodoxen und die zionistischen Juden akzeptieren, dass jüdische Kinder katholisch oder reformiert erzogen wurden?«[35]

Die niederländische Regierung versuchte die Angelegenheit mit Hilfe einer Kommission zu regeln, zusammengesetzt aus Mitgliedern der Widerstandsgruppen, die die Kinder hatten untertauchen lassen. Die Mehrheit der Kommissionsmitglieder war nicht jüdisch, die Vorsitzende Gezina van der Molen war streng reformiert. Dadurch waren die Probleme von Anfang an gewissermaßen eingebaut. Die Kommission hatte einen allgemein-niederländischen Auftrag, wie das im Sprachgebrauch damals hieß, und war nicht geneigt, den spezifisch jüdischen Gesichtspunkten besonderes Gewicht zuzuerkennen. Diese »Voogdijcommissie voor Oorlogspleegkinderen« (OPK, dt. Vormundschaftskommission für Kriegspflegekinder) und ihre Ausführungsorgane wurden, so Elma Verhey, »zu einem großen Teil mit prominenten Mitgliedern des Widerstands besetzt, die die Kinder während des Krieges untergebracht hatten. Ihre Solidarität lag, nicht ganz unbegreiflich, aufseiten der Untertaucheltern«.[36] Die hatten schließlich ihr eigenes Leben riskiert, um die Kinder zu retten. Auch Gezina van der Molen hatte während des Krieges Untertauchadressen für diese Kinder gesucht und gefunden.

Formaljuristisch war es so geregelt, dass die Bezirksgerichte auf Vorschlag der OPK-Kommission entweder Privatpersonen oder eine Rechtsperson, also eine Vereinigung oder eine Stiftung, mit der Vormundschaft betraute. Auch die Kommission selbst konnte Vormund werden. Natürlich befürwortete sie auch immer wieder, Kinder in das jüdische Milieu zurückzugeben. In bestimmten Fällen war das die Regel: wenn die Untertaucheltern die Vormundschaft nicht übernehmen wollten und wenn die Kinder keine Untertaucheltern hatten, zum Beispiel weil sie in einem Konzentrationslager überlebt hatten.[37]

Die Jüdische Koordinationskommission (JCC) dagegen vertrat den Standpunkt, dass die nicht jüdischen Pflegeeltern die jüdischen Kinder in jedem Falle abgeben mussten. Wenn sie das nicht taten, war das Diebstahl, wie der Vorsitzende Bram de Jong konstatierte.[38] Die Organisation gründete am 30. August 1945 eine spezifisch jüdische Vormundschaftsstiftung mit dem Namen »Le-Esrath Ha-Jeled« (Zur Hilfe des Kindes), eine Organisation, der durch das Gericht die Vormundschaft übertragen werden konnte.[39] Das Ziel von Le-Esrath war, die Kriegspflegekinder in eine jüdische Umgebung zu bringen. Sie sollten eine jüdische Erziehung erhalten, am besten in Familien, wobei die neu gegründete Organisation »moralisch und materiell« die nötige Unterstützung bieten werde.[40] Im *Nieuw Israelietisch Weekblad* wurden jüdische Familien aufgerufen, Kinder aufzunehmen, während die Unterbringung der Kinder in jüdischen Heimen ebenfalls eine Möglichkeit war:

> Jüdische Mitbürger, die Stunde ist gekommen!! Es wird eine Tat verlangt! Eine Tat, die in Euer Leben eingreift, eine historische Tat. Wir müssen die Aufgabe unserer deportierten und umgebrachten Mit-Juden erfüllen, wir müssen ihre Kinder erziehen. Dies dürfen wir niemand anders überlassen – dies müssen wir selbst tun!
> [...]
> [In] den vorhandenen Heimen wird man es so einrichten, dass kleine Einheiten (Pavillions) entstehen und alles, was an ein großes Heim erinnert, vermieden wird. Eine Familie haben unsere Waisen verloren, eine Familie soll es sein, eine angenehme häusliche Umgebung, wo ihnen das Lebensglück wiedergegeben wird. Bei der Aufnahme in Familien oder Heime werden die Kinder psychotechnisch untersucht, um für jedes von ihnen das Beste nach Anlage und Entwicklungsstand zu finden. So wird für eine Berufswahl usw. gesorgt werden.
> [...]
> Verstreut ist die jüdische Gemeinschaft. Aber ... es gibt noch Kinder. Unsere einzige Zukunft, unsere letzte Hoffnung. Uns bleibt die Aufgabe, diese Jugend zu erziehen und für sie zu sorgen.[41]

Hans Keilson hatte im Juni 1945, direkt nach der Gründung, eine Anstellung bei der Amsterdamer jüdischen Kommission JCC gefunden, dort, wo auch Hanna arbeitete.[42] Er habe Geld verdienen müssen, erzählte er später, darum sei er auf gut Glück in das Büro in der Johannes Vermeerstraat gegangen. Immer wieder ein neues Leben beginnen, das konnte er gut. Er wurde mit offenen Armen empfangen: Aufgrund seiner Ausbildung und seiner Erfahrung mit Kindern habe er von einem Tag auf den anderen als »Referent für Jugendangelegenheiten« anfangen können, wie er es selbst umschrieb.[43] Er bekam ein Sprechzimmer, wo er jüdische Kinder und ihre Pflegeeltern empfangen und beraten konnte.

Als Le-Esrath Ha-Jeled ins Leben gerufen wurde, wurde er dorthin übernommen, was nur logisch war: Er vertrat den Standpunkt, dass jüdische Pflegekinder in eine jüdische Umgebung zurückkehren mussten, genau wie die Organisation das wollte. »Die Juden bilden eine Gruppe«, schrieb Keilson, »wie auch immer man diese Gruppe nach ihrem Glauben oder ihrer Rasse interpretieren will.« Es gebe eine »jüdische Existenz«, Werte, durch die das jüdische Individuum und die jüdische Gruppe als Ganzes sich »getragen wissen«. »Wer sich ein wenig in die jüdische Religion und die jüdische Geschichte vertieft hat und auch nur oberflächlich mit jüdischer Symbolik und jüdischen Gebetsritualen in Berührung gekommen ist, weiß, dass hier das individuelle und das soziale Element, die beide zum spezifischen Charakter des jüdischen Individuums gehören, miteinander verflochten sind.« Wer das jüdische Kind aus seiner sozialen Umgebung löse, nehme ihm etwas Wesentliches, etwas, das ganz spezifisch zu diesem Kind gehöre. Das würde nichts anderes bedeuten als Entwurzelung.[44] Wenn ein jüdisches Kind dagegen in seinem eigenen Milieu aufwachse, fühle es sich mit seiner Umgebung verbunden und entwickle sein Selbstwertgefühl, ein fruchtbarer Boden für seine weitere Entfaltung.[45]

Le-Esrath Ha-Jeled und die OPK-Kommission arbeiteten anfangs relativ gut zusammen und tauschten Informationen aus. In der OPK-Kommission saßen Vertreter von Le-Esrath, auch wenn sie dort eine Minderheit bildeten. Kinder nachweislich orthodoxer oder zionistischer Eltern wollten auch die nicht jüdischen Kommissionsmitglieder der Vormundschaft von Le-Esrath anvertrauen, für Kinder aus eher assimilierten Familien galt das nicht unbedingt.[46]

Die Spannungen wuchsen und führten dazu, dass die meisten jüdischen Kommissionsmitglieder ihren Austritt erklärten. Vermittlungsversuche folgten, und Gezina van der Molen, die Vorsitzende, war nach einigem Zögern mit einer neuen Regelung einverstanden: Die jüdischen Kommissionsmitglieder erhielten, wie der Historiker Martin Bossenbroek schreibt, das Recht, »eigene Gutachten, einen Minderheitsstandpunkt, den Gerichten vorzulegen, die über die Vormundschaften entschieden. Auch mussten regelmäßig Beratungen mit Le-Esrath Ha-Jeled stattfinden. Und schließlich galt fortan die wichtige Regel, dass Waisenkinder, deren Eltern am 9. Mai 1940 [d. i. der Tag vor der deutschen Invasion, JV] als zahlende Mitglieder einer jüdischen Gemeinde eingeschrieben gewesen waren, eine jüdische Erziehung erhalten sollten.«[47] Die jüdischen Kommissionsmitglieder, die ausgetreten waren, stimmten diesen Regelungen zu und kehrten in die OPK-Kommission zurück.

Wie gesagt: Einer Schätzung aus dem Jahre 1947 zufolge waren es ungefähr 2050 jüdische Kriegspflegekinder, für die die Vormundschaft geregelt werden musste.[48] Diese Anzahl verringerte sich mit der Zeit, weil Kinder volljährig wurden, ins Ausland gingen (vor allem in die USA und nach Palästina / Israel) oder doch noch mit einem Elternteil oder beiden vereint werden konnten. Als die OPK-Kommission im September 1949 aufgelöst wurde, war für 1004 Kinder eine definitive Entscheidung getroffen worden.[49] Die Anzahl der in einem jüdischen Milieu untergebrachten Kinder betrug 601.[50]

Es wird getestet

Die Kriegswaisen sollten »psychotechnisch« untersucht werden, so stand es in dem Aufruf an die »jüdischen Mitbürger« im *Nieuw Israelietisch Weekblad.* Das war die Aufgabe des Psychiaters Berthold Stokvis und Hans Keilsons, die beide für Le-Esrath Ha-Jeled arbeiteten. Mit der Zeit war es immer öfter Keilson, der die Untersuchungen durchführte. Er gehörte dem »Plaatsingsraad« von Le-Esrath an[51], der darüber entschied, welche Umgebung für ein bestimmtes Kind die beste war: eine jüdische Familie oder eines der jüdischen Kinderheime, z. B. das »Joods Jongensweeshuis« in Amsterdam, die Rudelsheimstiftung in Hilversum oder die Berg-Stiftung in Laren.[52] Er fühlte sich bei Le-Esrath am rechten Ort. »Die Arbeit ist wunderbar«, schrieb er an Evy Bakker.[53] Er hatte eine Tätigkeit gefunden, die zu ihm passte.

Die Untersuchung der Kinder begann mit dem Rorschachtest, danach wurde die Intelligenz nach der Methode Binet / Terman getestet: Die Kinder bekamen kleine Aufgaben wie das Wiederholen einer Zahlenreihe, das Benennen von Unterschieden (z. B. zwischen Holz und Glas oder zwischen Schmetterlingen und Fliegen), das Benennen von Gemeinsamkeiten (eines Schiffs mit einem Auto oder eines Apfels mit einer Birne), das Geben von Definitionen (auf die Frage »Was ist ein Soldat?« antwortete ein achtjähriger Junge: »Ein Mann mit einem Anzug, mit Stiefeln und einem Gewehr«), das Finden von Reimwörtern, Zeichnen aus dem Gedächtnis und einen Text auswendig lernen.[54]

Die Ergebnisse der Tests, in Kombination mit Hintergrundwissen über das Kind und der Beurteilung der Interaktion zwischen Kind und Untersucher im Sprechzimmer, führten zu einem Gutachten, in dem der Untersucher seine Eindrücke zusammenfasste. Darin formulierte er zugleich eine Meinung über die künftigen

Lebensumstände des Kindes: Was wäre für den betreffenden Jungen oder das betreffende Mädchen die beste Umgebung, um erwachsen zu werden? Auch gab er Ratschläge bezüglich der Schulausbildung.

Gertrud analysiert Handschriften, Hanna übersetzt

Zur psychotechnischen Untersuchung gehörte mitunter auch eine Handschriftanalyse, um mehr Klarheit über den Charakter der Kinder zu gewinnen und besser beraten zu können.[55] Die graphologischen Schlussfolgerungen waren klar wie Glas – und oft hart wie Glas: unzuverlässig im Umgang infolge eines psychopathologischen Charakterzuges, ängstlich, einsam, egoistisch, reizbar, überempfindlich gegenüber Lob oder Kritik, eigensinnig, dominierend, herrschsüchtig. Die erhaltenen graphologischen Analysen sind anonym, aber es ist so gut wie sicher, dass Gertrud sie machte, im Auftrag von Hans. Der Pädagoge und die Graphologin arbeiteten zusammen, und das war in Gertruds Augen selbstverständlich. Handschriftdeutung sei, so schrieb sie in einem Artikel, eine objektive, wissenschaftliche Untersuchungsmethode, auf die der Pädagoge sich verlassen könne. Die Methode gebe ihm festen Boden unter den Füßen, könne Fehler korrigieren und neue Perspektiven bieten.[56] In einem anderen Artikel behandelte sie speziell die Berufsberatung. Dabei könne die Graphologie, neben psychotechnischen Tests, von Nutzen sein.[57]

Gertrud schrieb ihre Analysen auf Deutsch. Sie mussten ins Niederländische übersetzt werden, und mit dieser Aufgabe wurde Hanna betraut: »Ab und zu bekomme ich von Hans […] eine Handschriftanalyse von Gertrud zum Übersetzen. Das ist eine Arbeit, die ich gerne mache, und auch mit Erfolg. Meine Übersetzungen werden gelobt. Gertruds Analysen sind meisterhaft, sowohl was ihren psychologischen Durchblick, als auch was ihre Sprach- und Formulierungsmöglichkeiten betrifft.«[58]

So war eine informelle Zusammenarbeit zwischen Hans, Gertrud und Hanna entstanden. Da Gertrud Ende 1945, Anfang 1946 noch nicht wusste, welch große Verliebtheit in der Delfter Untertauchsituation erblüht war, stand sie Hanna unbefangen gegenüber.

In praktischer Hinsicht hätte die Zusammenarbeit nicht besser geregelt sein können. Es mussten keine Texte per Post verschickt werden, denn Hans und Hanna konnten sie an Ort und Stelle in Amsterdam austauschen; ihre Arbeitsplätze lagen dicht beieinander.[59] Hans war häufig bei Le-Esrath zu finden, aber nicht täglich. Er testete auch Kinder in der Berg-Stiftung in Laren.[60]

Hanna fühlte sich noch immer mit ihrer großen Liebe aus der Untertauchzeit verbunden: »Es hat sich viel geändert in meinen Gefühlen für ihn (ich meine das nicht in ungünstigem Sinne!), aber zu endgültiger Klarheit konnte ich darüber noch nicht gelangen, ich bin noch nicht von ihm ›los‹, während ich erst doch dachte, dass ich das wäre.«[61]

Ein Junge, der Bergen-Belsen überlebte

Im November 1945 hatte Hans Keilson in seinem Sprechzimmer bei Le-Esrath Ha-Jeled zum ersten Mal ein Kind vor sich, das aus einem Konzentrationslager zurückgekehrt war: Bram Asscher, geboren 1933.[62] Er und sein vier Jahre jüngerer Bruder Joop hatten Bergen-Belsen überlebt. Seine Eltern, drei Brüder und ein in Westerbork geborenes Schwesterchen waren umgekommen.

Auf den ersten Blick hatte Hans Keilson den Eindruck, dass er einen Schlafwandler vor sich hatte, jemand aus einer anderen Welt, der voller Erstaunen um sich schaute. Er war in sich selbst gekehrt und missmutig. Keilson schrieb ein Gutachten über den Jungen. Das Folgende ist einem Artikel entnommen, der sich auf dieses Gutachten stützt:

> Seine Antworten kamen langsam und zögernd. Und obwohl man nicht den Eindruck erhielt, daß er sich bewußt gegen die Untersuchung wehrte, kamen seine Worte nur mit Mühe und mit deutlichem Widerwillen über seine Lippen. Obgleich er über einen guten Wortschatz verfügt und auch seine Ausdrucksweise zeigt, daß er einem kultivierten Milieu entstammt, fällt eine gewisse Sprachgehemmtheit auf. Diese muß man als ein Signal begreifen, daß er das, was er erlebt hat, nur mit Mühe in Worte kleiden kann, da er noch völlig unter dem Eindruck des Erlebnisses steht, zugleich aber auch als ein Zeichen, daß die Erlebnisse mit starken Unlustgefühlen einhergehen, die hemmend und störend in die kindliche Psyche eingegriffen haben.
>
> Ein von Natur einfaches, nicht übermäßig starkes Kind kämpft hier – zum großen Teil noch unbewußt – einen Kampf, den es selbst noch nicht begreift. Aus dem Konzentrationslager ist es nicht verhärtet oder abgestumpft zurückgekommen, sondern sensitiver. Die Unempfindlichkeit, die er mit seinen Verhaltensstörungen in seiner neuen Umgebung zu Schau trägt, ist nichts anderes als eine gewisse Hilflosigkeit. Die Wirklichkeit, mit der er in Berührung gekommen ist, war so übermächtig und hat so tiefe Spuren hinterlassen, daß seine Kräfte gegenwärtig nicht mehr ausreichen, um das tägliche Leben, das in vieler Hinsicht verändert ist, zu bewältigen. Seine Ängste, seine sonderbaren befremdenden Einfälle, sein Gefühl, gequält zu werden, das sich darin äußert, daß er andere quält, dies alles verrät die tiefe Kluft, die sich hier aufgetan hat zwischen der Umwelt und einem in seinem tiefsten Wesen erschütterten Kind. Charakteristisch war

seine Reaktion auf die vorsichtig gestellte Frage nach seinen Eltern, seinen Geschwistern, seinem Erleben im Konzentrationslager. Als Antwort ließ er nur seinen Kopf auf die Brust sinken. So blieb er lange Zeit schweigend sitzen. Ohne jegliches Pathos und ohne jegliche literarische Schönschreiberei muß hier festgestellt werden: Dieses Kind fühlt erst jetzt, wo es in das normale Leben zurückkehrt, den Schmerz und die Qual all dessen, was es gesehen und erlebt hat. Bisher steht er all diesem noch hilflos gegenüber. Der einzige Ausweg, um sich von all dem zu befreien, ist im Moment der Versuch, es zu verstecken. Man muß ihn als ein Kind betrachten, das einerseits im psychischen Sinne unterernährt ist (obwohl uns auch seine körperliche Verfassung nicht gut erscheint), andererseits ein enormes innerliches Pensum noch verarbeiten muß. Und es wird voraussichtlich noch lange Zeit dauern, bis er alles verarbeitet hat. Seinen gegenwärtigen Zustand muß man als einen Ausdruck seiner Hilflosigkeit sehen, als ein Unvermögen, in sich selbst Ordnung zu schaffen und sich normal ins tägliche Leben einzuschalten.[63]

Vorläufig bestand zwischen Keilson und Kindern wie Bram eine unüberbrückbare Kluft. Ihre Erfahrungen ließen sich nicht nachempfinden und nicht in Worte fassen, weil das Leben in der Hölle zu sehr von allem abweicht, was ein Außenstehender sich auch nur vorstellen kann. Jemand, der dort leben muss, verliert den Anschluss an die normale Welt – wenn er denn lebend in die normale Welt zurückkehrt. In Hans Keilsons Worten, der für Bram das Pseudonym Esra gebraucht:

Man hat mir von den Kindern erzählt, die aus den befreiten Lagern in ein jüdisches Heim in den Niederlanden gebracht wurden, in die Bergstichting in Laren. Die Erwachsenen, die

die Kinder erwarteten mit ihren eigenen Vorstellungen davon, wie man Kinder, die soviel mitgemacht haben, empfängt, waren entsetzt. Die Kinder negierten sie; sie stiegen durch die Fenster, die sie einschlugen, in die unteren Räume ein, verbarrikadierten die Türen, setzten sich zum Essen auf den Fußboden; Bestecke wurden in die Tasche gesteckt für andere Zwecke, für später; die Teller wurden hastig leergegessen: man konnte ja nicht wissen, wie groß der Hunger des Nachbarn war. Sie schliefen in ihren Kleidern unter den Betten.

Etwas Ähnliches muß sich auch in dem Gespräch zwischen Esra und mir zugetragen haben. Wenn ich z. B. ›Bett‹ sagte, verband ich damit die Vorstellung, daß man auf ihm liegt, er dagegen, daß man unter ihm liegt, um zu schlafen. Die sprachlichen Konventionen, die ich gebrauchte, entsprachen nicht mehr den Erfahrungen und seinem Bild von der Welt, für die er vielleicht noch nicht die passenden sprachlichen Konventionen gefunden hatte. Ebensowenig hatte ich die sprachlichen Konventionen gefunden, die der Welt des Konzentrationslagers entsprachen, so daß die im Verlauf einer Untersuchung formulierten Fragen auch für Esra aus einer ›anderen‹ Welt kamen, auf die er erlebnismäßig sich nicht mehr beziehen konnte.[64]

Bram und Joop wurden in der orthodox jüdischen Familie Lissauer liebevoll aufgenommen. Ro Lissauer war ihre Tante, die Schwester ihres umgekommenen Vaters. Wie Bram und sein Bruder hatten Ro, ihr Mann Jack und ihre beiden eigenen Kinder Bergen-Belsen überlebt. Für das Ehepaar war es selbstverständlich, die beiden Brüder in ihre Familie aufzunehmen.[65] Dagegen gab es auch keinerlei Widerspruch, weder von dem Untersucher / Berater Hans Keilson, noch von den Vormundschaftsinstanzen Le-Esrath Ha-Jeled und der OPK-Kommission.

Hans Keilson verstand sich gut mit den Lissauers, besonders mit Ro. Er wurde ein Freund des Hauses, besprach Familienangelegenheiten mit ihnen und kam auch zu den Lissauers, um gemeinsam Musik zu machen. Bram fasste allmählich mehr Zutrauen. Nach etwa anderthalb Jahren tat der Junge einen großen Schritt: Er bat selbst um eine Verabredung. Der Zweck: Schulprobleme besprechen. Die tägliche Routine in der elektrotechnischen Schule, die er besuchte, bereitete ihm Schwierigkeiten. Als Keilson in einem der folgenden Gespräche erstmals Bergen-Belsen erwähnte, sah Bram ihn erstaunt und schweigend an. Es war immerhin ein Fortschritt, fand Keilson, dass er seinen Blick nicht abwandte.

Schweigen über den Krieg war in diesen Jahren in der jüdischen Gemeinschaft eher die Regel als die Ausnahme. Joop Asscher: »Ich hatte zum Beispiel mit meiner Pflegemutter Tante Ro guten Kontakt, aber wir sprachen nie über den Krieg. Das was allgemein so: Man sprach nicht darüber.«[66] Keilson sah in Zurückhaltung oder Schweigen nicht unbedingt etwas Negatives. Was verdrängt wird, kann, meinte er, an die Oberfläche kommen, wenn die Zeit dafür reif ist.

Bram fing an, nach und nach über seine Gefühle und Gedanken zu reden: Er sprach von seiner Einsamkeit, seinem Neid auf die beiden Kinder seiner Pflegeeltern, die den Krieg überlebt und ihren Vater und ihre Mutter nicht verloren hatten, von dem Morgen in Bergen-Belsen, als er aufwachte und merkte, dass seine Mutter tot neben ihm lag, von seinen Phantasien über seine Eltern, seine Brüder und die kleine Schwester. Immer wieder überfiel ihn der Gedanke, dass sie alle noch lebten und dass sein Vater in Russland war, irgendwo weit weg, hinter dem Ural, von wo er ihn nachts anzurufen versuchte. Wenn Bram mitten in der Nacht wach wurde, glaubte er, dass das Telefon geklingelt hatte. Es werde, meinte er, nicht mehr lange dauern, bis all seine Lieben auf dem Flughafen Schiphol landen würden.[67]

Die Gespräche waren eine Form der Therapie. Indem er sich aussprechen konnte, stand der Junge allmählich dem Leben entspannter gegenüber. Eine auf »Genesung« ausgerichtete Therapie wäre Keilson zufolge sinnlos gewesen. Wer ein solches Ziel anstrebt, wird enttäuscht, davon war er überzeugt: Genesung hiervon gibt es nicht.[68] »Was wir tun können: den Menschen helfen, ihre Verletzungen zu ertragen und sie in ihr Leben zu integrieren, auf eine Weise, dass sie dies Leben noch lebenswert finden.«[69] Das war das im günstigsten Falle Erreichbare.

Klassische Musik hatte eine günstige Wirkung auf Bram. Er ging gern in Konzerte im Amsterdamer Concertgebouw. Und wenn Hans Keilson zu den Lissauers kam, um Hausmusik zu machen, bedeutete ihm das viel. Daniël Asscher, Joops Sohn, sagt darüber: »Wenn Keilson Geige spielte und mein Onkel ihm zuhörte, dann gab ihm das Ruhe.«[70]

Für die Familie Lissauer wurde Keilson ein Berater in persönlichen Fragen. Er riet Joop beispielsweise, nicht nach Israel zu emigrieren, weil das zu viel Unruhe und Unsicherheit in sein junges Leben bringen würde. »Das hat er gut gesehen,« sagt Joop Ascher. »Wenn ich nach Israel gegangen wäre, hätte ich es nicht weit gebracht. Mit Hans Keilson konnte man über so was gut sprechen. Er war dann nicht so sehr der Fachmann, sondern mehr ein weiser Mann, jemand mit *Fingerspitzengefühl*.«[71]

Bram ging nach Israel, als er zwanzig war. Da suchte Keilson ihn 1969 auf, als er seine Doktorarbeit über die jüdischen Kriegswaisen vorbereitete. Bram war einer von ihnen. In den Kapiteln 10 und 11 ist von dieser Forschungsarbeit und damit auch von Bram Asschers Leben als Erwachsener die Rede.

Kriegspflegekinder in Kinderheimen

Während Bram und Joop Asscher nach dem Krieg in eine Familie aufgenommen wurden, wuchsen andere jüdische Kriegswaisen in einem Heim auf.

Philip Staal (* 1941) und sein Bruder hatten die Kriegsjahre in einem Kinderheim verbracht, wo sie es gut hatten. Nach dem Krieg wurde die Rudelsheimstiftung für sie zum Vormund bestellt.[72] »Was hatte ich Falsches getan«, schrieb Staal später, »dass ich zum zweiten Mal in meinem jungen Leben aus meiner liebevollen und vertrauten Umgebung herausgerissen wurde?«[73] Die Eltern der beiden Jungen waren liberale Juden gewesen, die Rudelsheimstiftung war als orthodox-jüdisch bekannt; das waren sehr unterschiedliche Weltanschauungen und Lebensweisen. Auch war Philip Staal der Meinung, dass diese Stiftung etwas für dumme Kinder war – vielleicht eine Image-Frage, dort waren nämlich vor dem Krieg geistig behinderte Kinder untergebracht. So konnte ein jüdisches Waisenkind das Gefühl bekommen, dass alles missglückte. Bitterkeit kam in sein Leben. Im Juni 2004, bei einem Treffen ehemaliger Kriegspflegekinder, die nach dem Krieg in Heimen untergebracht worden waren, bekam Philip Staal den Eindruck,

> dass die Jugenderinnerungen der ehemaligen Insassen der Berg-Stiftung und [des Waisenhauses] ›Joods Jongenshuis‹ in Amsterdam ziemlich positiv waren. [...] Kann der Unterschied in den Erinnerungen daran gelegen haben, dass die Rudelsheimstiftung als einziges der jüdischen Waisenhäuser den Kindern eine orthodox-jüdische Erziehung angedeihen ließ? Oder kam es daher, dass der Direktor der Berg-Stiftung wie der des ›Joods Jongenshuis‹ Nicht-Juden und deshalb viel weniger durch den Krieg traumatisiert waren? Vielleicht lag der Grund darin, dass

diese beiden Direktoren lange Zeit und bis zur Volljährigkeit der Kriegswaisen ihre Funktion ausübten? Die Kinder in der Nachkriegs-Rudelsheimstiftung dagegen bekamen dreimal einen neuen Direktor. Alle drei waren orthodoxe Juden, die selbst traumatisiert den Krieg überlebt hatten.[74]

Dass jüdische Waisenkinder es in der Berg-Stiftung in Laren kurz nach dem Krieg nicht schlecht hatten, sagt auch die Geschichtsschreibung über dieses Heim. Der Direktor und seine Frau hatten ein herzliches, persönliches Verhältnis zu den Kindern[75], und es gab psychologische und psychiatrische Beratung, unter anderem durch Berthold Stokvis und Hans Keilson. Letzterer war dort schon seit 1945 als Berater tätig, und als Stokvis in den fünfziger Jahren als Hauspsychiater bei der Berg-Stiftung aufhörte, übernahm Keilson seine Stelle.[76] Trotzdem fand Rob Fransman (* 1940), der als Kind in der Berg-Stiftung untergebracht war, es dort äußerst unangenehm. Während andere sich lobend über die Gemütlichkeit und die moderne, demokratische Erziehung mit wenig Kontrollmechanismen äußerten[77], verglich Fransman die Stiftung mit einem Jugendgefängnis, wo das Leben im Vergleich mit dem Reichtum der Villenbewohner der Umgebung armselig war. Die jüdischen Feiertage und Rituale sagten ihm wenig, und über den Krieg wurde seiner Wahrnehmung nach nicht gesprochen. »Als ob die Kinder dort von einem anderen Planet kamen.«[78] 1952 schickte die Leitung der Berg-Stiftung ihn zu Hans Keilson.

Er saß hinter seinem Schreibtisch, saugte an seiner Pfeife, und ich saß davor. Woran ich mich vor allem erinnere: Es wurde geschwiegen. Ich begriff das nicht. Was sollte ich mit diesem sonderbaren Mann anfangen? Ich dachte, dass ich zur Strafe zu ihm geschickt worden war. Und das ging so weiter: Alle zwei Wochen

> fuhr ich auf meinem Fahrrad durch Wind und Wetter zu ihm hin, ohne zu verstehen, warum das nötig war. Therapie habe ich nicht bekommen, jedenfalls nicht dass ich wüsste. Keilson erreichte, dass ich zu weinen anfing, bagatellisierte das aber, indem er sagte, das komme von meinen ›inneren Spannungen‹. Damals musste ich arbeiten, erst in einer Fabrik, wo Malerleinwand hergestellt wurde, später im Magazin einer Schürzenfabrik. Vor allem die erste Anstellung war physisch zu schwer für mich. Es wird wohl die Berg-Stiftung gewesen sein, die diese Arbeiten für mich regelte, aber Keilson hat dem jedenfalls zugestimmt, und das werfe ich ihm vor.[79]

Als Rob Fransman ihm auf die Frage nach seinem Berufswunsch gesagt hatte, dass er Jazzmusiker werden wolle, hatte Hans Keilson sich für ihn eingesetzt: Er überredete den Pflegevater des Jungen, seinen Onkel, ihm eine Trompete zu verschaffen. Bei Keilson mochten Erinnerungen an seine Berliner Studentenzeit aufgekommen sein, als er selbst so unerwarteterweise ein solches Instrument geschenkt bekommen und mit Vergnügen in allerlei Bands gespielt hatte. Auch Rob Fransman bekam seine Trompete, aber er hatte kein Geld für Stunden. Und er hatte auch kein Talent, wie er selbst konstatierte.[80]

Die Qualität des Pflegemilieus

Als die OPK-Kommission 1949 aufgelöst wurde, übernahm der staatliche »Voogdijraad« (Vormundschaftsrat) ihre Aufgaben. Diese Instanz beriet über die Kriegswaisen und gab dem Gericht eine Empfehlung, wie das zuvor die OPK-Kommission getan hatte. Doch hatte sich etwas geändert: Die Vormundschaft wurde jetzt öfter Le-Esrath Ha-Jeled übertragen. Über die möglichen Ursachen schrieb Elma Verhey: »War es, weil der Vormundschaftsrat [...] eine jahrelange Tradition darin hatte, auf den religiösen Hintergrund von Kindern und Eltern zu achten, oder weil ganz allgemein allmählich eine größere Akzeptanz für den jüdischen Standpunkt entstand? Das heißt: Gab es inzwischen mehr Verständnis für das große Leid, das namentlich der jüdischen Gemeinschaft während des Krieges angetan worden war?«[81]

Im Jahre 1950 beschlossen Le-Esrath Ha-Jeled und drei jüdische Kinderheime zu fusionieren.[82] Innerhalb der neuen Organisation, meist kurz »de Fusie«, die Fusion, genannt[83], gab es Le-Esrath auch weiterhin, wenn auch unter einer gemeinsamen, übergeordneten Verwaltung.[84] Im Laufe der fünfziger und sechziger Jahre wurden immer mehr Kriegspflegekinder volljährig, und so wandte Hans Keilson sich in Forschung und Betreuung auch jüdischen Kindern zu, die keine Kriegswaisen waren.[85] Für Le-Esrath arbeitete er bis 1970. Zu diesem Zeitpunkt hatte er die Arbeit an seiner Dissertation bereits aufgenommen.

Wie gut oder wie schlecht waren die Maßnahmen, die bezüglich der jüdischen Kriegspflegekinder getroffen wurden? Auf diese Frage gibt es unterschiedliche Antworten, die für jeden einzelnen Betroffenen verschieden sein können und die sicherlich nicht nur davon abhängen, was die Sachverständigen oder die Gerichte damals beschlossen. Ein Kind konnte sich bei christlichen Pflegeeltern, bei jüdischen Pflegeeltern oder in einem Heim glücklich fühlen – oder unglücklich. Alles war möglich und hing ab von der Vorgeschichte, dem Charakter, der sozialen Umgebung und anderen Faktoren.

Hans Keilson schrieb 1985 rückblickend in der medizinischen Fachzeitschrift *Nederlands Tijdschrift voor Geneeskunde*, dass Verpflanzung in ein jüdisches Milieu keine Garantie für eine ungestörte Entwicklung gewesen sei. Die Kinder mussten in diesem Fall ja schon wieder fort aus einer vertrauten Umgebung und gelangten in der Folge in ein traumatisiertes Milieu.[86]

In seiner Doktorarbeit (1979), einer Untersuchung der Traumatisierungsgeschichte von 204 jüdischen Kriegswaisen, kam er zu dem Schluss, dass die »Qualität des Pflegemilieus« wesentlich war. Wenn dieses Milieu dem Kind genug Hilfe bieten konnte und das erlittene Kriegstrauma gewissermaßen milderte (indem es für eine Atmosphäre der Wärme, Sicherheit und Stabilität sorgte), war das für die Entwicklung des Kindes günstig. War das Pflegemilieu dazu nicht imstande, dann machte das Hilfe und Beratung erforderlich. Seine allgemeine Schlussfolgerung lautete, »dass die Vormundschaftszuweisung als solche keine Voraussage über den weiteren Entwicklungsgang des Kindes gestattet«.[87]

So entschärfte er im Rückblick die Kontroverse zwischen der OPK-Kommission und Le-Esrath Ha-Jeled, denn die Milderung konnte in jedem Milieu, jüdisch oder nicht, glücken – oder nicht. Dazu kam ein beruhigender Gedanke: Jüdische Kinder, die in einer nicht jüdischen Umgebung aufwuchsen, würden in vielen Fällen später doch auf die Suche nach ihren Wurzeln gehen.[88] Manchmal lebten sie in zwei unterschiedlichen Milieus gleichzeitig, was weder für sie selbst noch für ihre Pflegeeltern problematisch zu sein brauchte. Margriet van de Kar, die als Baby bei remonstrantischen Pflegeeltern in Limburg untergebracht wurde, fühlte sich bei ihnen zu Hause, nannte sie »Vater« und »Mutter« und behielt das auch bei, als sie wusste, dass sie jüdisch war und in den fünfziger Jahren in der Berg-Stiftung untergebracht wurde.[89] Der jüdische Junge Rob Hompes ging mit seinen katholischen Pflegeeltern in die Kirche. Aber sein Pflegevater, zu dem er guten Kontakt hatte, besuchte mit ihm auch Gottesdienste in der Synagoge.[90] Ein anderer jüdischer Junge ging getreulich zum reformierten Religionsunterricht und »fand« Christus. Seine reformierte Pflegemutter sah es als den größten denkbaren Reichtum an, dass er zugleich jüdisch war *und* die Seligkeit des Heilands erfahren durfte.[91]

Emigration nach Palästina?

Zionistische Aktivitäten für Kinder: auch da leistete Hans Keilson seinen Beitrag. Im Sommer 1946 nahm er an einer Veranstaltung der Jugend-Alija, der Emigration von Kindern und Jugendlichen nach Palästina, teil. Über diese Veranstaltung in Bussum für Kinder von sechs bis dreizehn Jahren aus verschiedenen Heimen schrieb er einen Bericht. Die Kinder hatten Informationen über das Leben in einem Heim in Palästina bekommen und einen Film über das Land gesehen. Keilson zeigte sich zufrieden, denn er hatte gemerkt, dass schon während der gemeinsamen Mahlzeit ein Gemeinschaftsgefühl entstanden war.[92]

Im selben Jahr hatte er bei einer Purim-Feier der örtlichen Abteilung des Niederländischen Zionistenbundes (NZB), ebenfalls in Bussum, gesprochen. Einem Zeitungsbericht zufolge war der Vortragende voller Begeisterung und unterstrich »die Notwendigkeit, den Kampf für eine jüdische Zukunft in Palästina zu führen, da die Mehrheit der Juden in Europa nur eine Sehnsucht hat: nach Eretz Israel zu gehen!«[93]

Wollte er selbst auch auswandern? Seine Schwester Hilde in Palästina bat er ab und zu um Informationen über das Land. Und es gab eine Zeit, in der er versuchte Ivrit zu lernen, auch wenn er diese Sprache immer noch als ein Hindernis erfuhr. Trotz seiner Begeisterung bei den örtlichen Zionisten schien er persönlich nicht viel Lust gehabt zu haben, die Niederlande zu verlassen und ein neues Leben zu beginnen. Wie schon sein Untertauchtagebuch zeigte, fühlte er wenig Neigung, in Palästina auf einer Apfelsinenplantage oder einer Hühnerfarm zu arbeiten. Auch das heiße Klima würde er nicht vertragen[94], und überhaupt fühlte er sich langsam zu alt für einen Neustart in einer Kultur, die ihm fremd war.[95] Dass es um die jüdische Kultur ging, fiel nicht ins Gewicht.

In dieser Zeit bereitete Hanna Sanders sich auf ihre Auswanderung vor. Sie war

> ganz und gar zum Zionismus bekehrt […]. Ich bin jetzt doch zu der Einsicht gelangt, dass es wirklich noch die einzige Möglichkeit, die einzige Chance auf Rettung für die Juden ist. Rettung nicht nur im negativen Sinne des Wortes, als Entkommen, Flucht vor der Gefahr, sondern auch im positiven Sinne: bewusst einer guten Zukunft entgegengehen. Es gibt hier in Holland, wo der Antisemitismus vielleicht noch sehr zahm, vielleicht ›latent‹ ist, nicht jüdische Leute, die es gut meinen, die sagen, dass sie es so schade finden. Dass Juden und Nichtjuden durchaus in Frieden zusammen leben können, dass die Flucht nach Palästina nicht nötig sei. Aber sie begreifen nicht, dass es nicht nur eine Flucht ist, dass Palästina eine positive Idee ist. Na ja, ich hab gut reden: Im Moment ist Palästina als Zufluchtsort für alle Juden, die in Osteuropa noch immer verfolgt werden, und für die, die nur der Möglichkeit sehr leichter Formen von Antisemitismus in Westeuropa ausgesetzt sind, noch immer wichtiger als meine schöne Erfindung ›positive Idee‹.[96]

Das schrieb Hanna am 20. Januar 1946. Ein paar Monate später hatte sie noch einen besonderen Grund, sich fürs Auswandern zu entscheiden: Ein neuer Mann, der in Palästina wohnte, trat in ihr Leben. Er hieß Chanan Hoffman.

Nach dem Ersten Weltkrieg kam Palästina unter britische Verwaltung und sollte bis zum Ausrufen des Staates Israel im Jahre 1948 britisches Mandatsgebiet bleiben. Aus Juden in Palästina bildeten die Engländer 1944 eine Heereseinheit, die Jewish Brigade. Die Juden hätten, wie Winston Churchill sagte, das Recht auf eine solche erkennbare jüdische Heereseinheit: Es war eine Antwort auf all das, was Hitler ihnen antat. Etwa fünftausend Mann waren es, die in Europa mitkämpften und Nazis liquidierten. In den befreiten Gebieten boten sie Kriegsopfern Hilfe an und unterstützten Juden, die – mitunter illegal – nach Palästina auswandern wollten.

Im Sommer 1945 erreichten Brigade-Soldaten das befreite Belgien und die Niederlande. Sie konnten mit großem Enthusiasmus der jüdischen Bürger rechnen.[97] »Die Soldaten besuchten die Kinderheime, verteilten Süßigkeiten und Kleidung, organisierten jüdische Feste und versuchten die Flamme des Zionismus auf alle mögliche Weise am Brennen zu halten.« Mitunter knüpften sie Beziehungen mit jüdischen Mädchen oder jungen Frauen, was zu Eheschließungen führte.[98]

Der sechsundzwanzigjährige Chanan Hoffman, Elektrotechniker und ursprünglich aus Hamburg, war Soldat bei der Jewish Brigade. Er hatte schon einige Jahre vor dem Krieg sein Vaterland gegen Palästina eingetauscht. Seine Eltern, nach England geflohen, waren in London durch deutsche Bomben ums Leben gekommen. Chanan war mit der Jewish Brigade kurze Zeit in Amsterdam und begegnete dort Hanna Sanders, die ihn intelligent und nett fand.[99]

Sie verlobten sich in der ersten Maihälfte 1946. Hanna wollte schnell heiraten und Chanan nach Palästina folgen, sobald er demobilisiert war. Sie hatte ihre Stelle bei der JCC zum 15. Juni gekündigt und war dabei, ihre Papiere zur Auswanderung zu regeln.[100]

In einem Brief, in dem sie Evy Bakker ihre Gefühle anvertraute, blickte sie der Wahrheit ohne viel Illusionen ins Auge: Sie hätte ihr

Leben lieber mit Hans Keilson geteilt, aber da das unmöglich war, bot Chanan einen Ausweg.

> Muss ich Dir noch viel über die emotionale Seite der Sache sagen? Er [Chanan] liebt mich sehr, ich ihn wohl auch. Ich habe Dir seinerzeit gesagt, dass meine Gefühle für Hans vollkommen verschwunden waren. Das war nicht wahr, in diesem Punkt habe ich mir selbst was vorgemacht, und vielleicht wusste ich ganz tief in mir auch, dass ich mir etwas vormachte. Das hat sich nicht geändert. Aber es ist nun einmal unmöglich, dass ich mich länger an eine so hoffnungslose Sache klammere. Es führt zu nichts und macht, dass ich mich abscheulich fühle. Wirklich, ich werde hier in diesem Zimmer in A[mster]dam in letzter Zeit ab und zu fast verrückt vor Verzweiflung und Einsamkeit. Wirklich. Aber so wie es jetzt ist, ist es gut. Es wird schon werden mit Chanan und mir, ich bin voll Vertrauen und froh, dass ich nach Palästina gehe. Hans ist auch froh …[101]

Hanna begann ein neues Leben, wissend dass ihre Umstände nicht ideal, aber auch nicht aussichtslos waren. Über die Eheschließung am 16. Juni in der Großen Synagoge an der Wagenstraat in Den Haag[102] schrieb sie nüchtern und leichthin relativierend: »Die Trauung in der Kirche war nicht besonders eindrucksvoll. Niemand außer uns, die wir direkt vor seiner Nase saßen, konnte den alten Rabbiner verstehen, aber es ist den anderen auch nicht viel entgangen dabei, denn es war alles ziemlicher Qu…, was er sagte. Ich fühlte Chanan wie eine steinerne Statue an meiner Seite, aber ich scheine die ganze Zeit gegrinst zu haben. Und ich fühlte mich so ungelenk mit diesem Brautstrauß, es muss ausgesehen haben, als ob ich da mit einem Blumenkohl im Arm stand.«[103] Den Empfang mit vielen Leuten aus Delft fand sie sehr »gesellig«. Die Rientsmas beispielsweise waren da, aber Hans Keilson fehlte.

Nach einer einwöchigen Hochzeitsreise nach Paris kehrte Chanan nach Palästina zurück. Hanna sollte nachkommen.[104] Aber seit Ende Mai war sie ungewollt schwanger. Als sie an Röteln erkrankte, was beim Kind zu Herz-, Augen- oder Ohrenproblemen führen konnte, entschloss sie sich zu einem Schwangerschaftsabbruch. Arie und Evy Bakker ließ sie wissen:

> Das Dümmste an der ganzen Sache fand ich eigentlich, dass ich gar nichts mit Chanan besprechen konnte, aber weil nun einmal große Eile geboten war, auch im Hinblick auf meine womöglich unmittelbar bevorstehende Reise, war das unmöglich. Ich habe ihm jetzt vor ein paar Tagen mühsam die ganze Geschichte geschrieben. Er wird natürlich sehr erschrecken, aber er wird natürlich ganz einverstanden sein, dass es geschehen ist. Jeder normal denkende Mensch muss das doch sein. Und was denke ich jetzt selbst darüber? Ach, ich bin doch froh, dass es geschehen ist, es ist in vielerlei Hinsicht besser, angesichts der Reise und der ersten Zeit in Palästina, wenn alles noch neu ist und so.[105]

Nicht dass Hanna Trübsal blies. Der Brief enthielt auch positive Neuigkeiten: Sie fand es spannend, dass ihre Übersetzung der *Komödie in Moll* erscheinen sollte, das Buch über einen sterbenden Untertaucher, das Hans Keilson in Delft geschrieben hatte. Der neue Titel gefiel ihr besser als »Die Wäschenummer«, wie die Erzählung erst hätte heißen sollen.[106]

Hanna hatte, wie erwähnt, das Buch noch im Krieg übersetzt. Jetzt überarbeitete sie den ganzen Text nochmals.[107] Für Arie und Evy hatte sie sich schon eine Widmung ausgedacht: »Süße Früchte saurer Arbeit in einer bitteren Zeit.«[108]

Hans machte eine freundliche Geste, möglicherweise als Dank für ihre Bemühungen: Er wies den Verlag Phoenix in Bussum, wo die niederländische Übersetzung der *Komödie in Moll* erscheinen sollte, auf Hannas Übersetzung der Erzählungen von Katherine Mansfield hin.[109] Der Verleger fand die Übersetzungen »recht gut«[110], publizierte sie aber nicht.

Im Herbst 1946 reiste Hanna nach Palästina, wo sie mit Chanan vorläufig in einer Vorstadt von Tel Aviv lebte. Ihre kleine, aber hübsche Wohnung, die sie »Chanans Status als ehemaliger Soldat und auch seiner Geschicklichkeit und Energie« zu verdanken hatten, lag hoch und hatte eine prächtige Aussicht, aber sie mussten sich wohl immer 109 Stufen hinaufschleppen, um dorthin zu gelangen.[111] Hanna machte den Haushalt und arbeitete nachmittags in einem Büro, um etwas dazuzuverdienen, Chanan hatte eine Stelle in einer pharmazeutischen Fabrik.[112]

Palästina war ein Land im Aufbau. Die Bevölkerung wuchs schnell, Häuser wurden in großer Geschwindigkeit hochgezogen. Zupacken, nicht am Rande stehen und zuschauen war die Devise. Wenn man an der Bushaltestelle, auf der Post oder bei einer Zuteilungsinstanz Schlange stand, musste man aufpassen, dass man seinen Platz nicht verlor. »Ellenbogen sind hier absolut erforderliche Körperteile«, schrieb Hanna. Es gab Konflikte mit Chanan, »den meine unpraktische Art und meine Träumerei oft zum Wahnsinn treiben«. Er war ihrer Meinung nach eine »ziemlich geglückte Mischung aus europäischer Kultur und palästinischer Aktivität«, und so wollte sie selbst auch werden.[113]

Die niederländische Ausgabe der *Komödie in Moll* erschien im Frühjahr 1947. Hanna ließ Arie und Evy Bakker wissen: »Vor ein paar Wochen bekam ich ein paar Exemplare, zwei vom Verlag und eins von Hans persönlich. Wenn Ihr eins haben wollt, schreibt an Hans, der wird dann schon den Verlag bitten, Euch eins zu schicken. Aber eigentlich vermute ich, dass er das schon so gemacht hat. Ich würde es jedenfalls angebracht finden. Ich selbst will lieber keines abgeben und auch eine Versendung von hier kommt mir riskant vor. Das Wiederlesen der Geschichte ist, milde gesagt, herzzerreißend, aber zugleich gibt es mir auch so ein Gefühl von Heimweh nach Delft, dass ich heulen könnte.«[114] Rückblickend sah sie die Untertauchzeit als die schönste Zeit ihres Lebens, wegen der »erzwungenen Konzentration auf sich selbst, dem Nach-innen-Leben in dieser Zeit«. Und auch wegen »meiner Erlebnisse mit Hans, die sich nie wiederholen werden«.[115]

Das junge Paar zog in das Kibbuz Gesher HaZiv im Nordwesten des Landes, nahe der Grenze zum Libanon. Chanan arbeitete wieder als Elektrotechniker und Hanna als Kindergärtnerin. Außerdem baute sie eine Kibbuzbibliothek auf, die sich in der ganzen Umgebung einen Namen machte; ihr Großneffe erinnert sich, dass sie sich für Freud und Jung interessierte.[116] Sie übersetzte auch wieder, unter anderem Texte der israelischen Dichterin Zelda Schneurson-Mishkovsky.[117] Die Kriegsvergangenheit ließ sie ruhen, im Familienkreis beschränkte sie sich auf Bemerkungen wie: »Drei Jahre lang haben wir das Tageslicht kaum gesehen.«[118]

Zwei Kinder wurden geboren: ein Junge, Yoram, und ein Mädchen, Vardit. Hannas Schwestern hatten sich auch in Israel niedergelassen, und an Feiertagen kam die Familie zusammen, später kamen auch Hannas Enkelkinder dazu. Mit ihren Schwestern sprach sie auch über die Vergangenheit.[119]

Dass sie mitunter an ihre große Liebe von einst zurückdachte, zeigt ein Briefchen aus dem Jahre 1971:

> Lieber Hans,
> Vor ein paar Tagen hörte ich im Radio das fünfte Violinkonzert von Mozart. Eine Welt von einst öffnete sich mir, voll der unter-

schiedlichsten Emotionen und Spannungen, die es für Dich auf die eine oder andere Weise auch noch geben wird, in der einen oder anderen verborgenen Ecke. Das veranlasste mich, auf diese Weise Kontakt zu Dir zu suchen. Würde furchtbar gern wissen, wie es Dir geht, was Du machst, wie Du lebst. Übst Du Dein Fach als Psychologe noch aus? Schreibst Du noch? Spielst Du noch Geige? Bist Du anders geworden als Du damals warst? Wie geht es Deiner Tochter Barbara? [...]
Vielleicht komme ich einmal nach Holland. Wann weiß ich nicht. Dann komm ich zu Dir. Schreibst Du mir?
Herzliche Grüße,
Hanna[120]

Eine Antwort von Hans Keilson ist nicht bekannt. 1981 hat Hanna ihn in Bussum besucht, aber die Begegnung scheint enttäuschend verlaufen zu sein.[121]

Chanan starb 1988. Hanna litt in ihren letzten Lebensjahren an Demenz. Mit ihren Schwestern sprach sie noch etwas Niederländisch, aber verworren. Später sprach sie gar nicht mehr und lächelte nur noch ab und zu. Am 6. Februar 2008 kam das Ende.[122]

Hannas Kinder besuchten während einer Holland-Reise 2016 das Haus in Delft, in dem ihre Mutter untergetaucht gelebt hatte, und auch das Haus an der Wallerstraat, Hans Keilsons Delfter Untertauchadresse. Weil sie weder Deutsch noch Niederländisch sprechen, konnten sie das Tagebuch aus dem Jahre 1944 und die Hanna-Sonette erst lesen, als sie ins Englische übersetzt waren.[123] Yoram las die englischen Texte noch vor der Publikation im Manuskript. Er fand, dass Hans mitunter grausam gewesen war zu »poor little Hanna«.[124]

Die »Komödie« und die Familie Mann

Thomas Mann hatte sich 1942 in Kalifornien niedergelassen. 1946 sandte Hans Keilson ihm dorthin einen Brief, in dem er sein Buch *Komödie in Moll* ankündigte. Der berühmte Autor antwortete, dass er sich nicht vorstellen könne, dass es um etwas »Nichtiges« gehe, wie Keilson sein eigenes Werk qualifiziert hatte. »Es wird schon etwas Gutes, Wohltuendes sein, und ich rechne darauf, es eines Tages zu lesen«,[125] ließ Thomas Mann ihn in einem mit türkisfarbener Tinte geschriebenen Brief wissen (der jahrelang im Hause Keilson verschwunden war, was Hans Keilson schrecklich fand; erst nach seinem Tode entdeckte seine zweite Frau Marita ihn wieder). Als Thomas Mann im Sommer 1947 zu Vorträgen in den Niederlanden war und in Noordwijk aan Zee wohnte, versuchte Hans Keilson eine Begegnung zu erreichen, aber sein Held hatte keine Zeit.[126] Der Plan war wohl, ihm persönlich ein Exemplar der *Komödie in Moll* zu überbringen. Die deutsche Ausgabe war im selben Jahr wie die niederländische erschienen.

Komödie in Moll, publiziert bei der deutschen Abteilung des Verlags Querido, konnte durch Einfuhrbeschränkungen in Deutschland nicht in den Buchhandel gelangen und blieb dort unbekannt. Wenn Thomas Mann das Buch in Briefen erwähnt hätte, wäre das ein Stückchen Publizität gewesen – etwas, was Keilson bei seinem Kontaktversuch möglicherweise im Hinterkopf hatte.

Dem Verleger Fritz Landshoff, der bei Querido die deutsche Abteilung leitete, war bewusst, dass die *Komödie in Moll* unverkäuflich sein würde, sagte sein Sohn Andreas Landshoff: »In der unmittelbaren Nachkriegszeit gab es kein Interesse an Büchern über den Krieg oder den Holocaust. Dennoch publizierte mein Vater die *Komödie in Moll*, er fand, dass das sein musste. Er kannte Hans Keilson aus der Zeit vor dem Krieg, und er publizierte öfter Bücher, die ihm nichts einbrachten.«[127]

Der niederländische Historiker Jacques Presser dürfte die deutsche Ausgabe zur Hand gehabt haben, als er seine Geschichte des Untergangs der niederländischen jüdischen Gemeinschaft schrieb, denn in seinem Lob des Buches zitiert er den deutschen Titel *Komödie in Moll*. In dieser kurzen Erzählung, schreibt er, werde »auf unnachahmlich behutsame Weise das langsame Sterben eines vollkommen vereinsamten Untertauchers beschrieben«.[128] Auch der Literaturwissenschaftler F. W. van Heerikhuizen schrieb seine Besprechung anhand der deutschen Ausgabe. Die Atmosphäre in den besetzten Niederlanden, urteilte er, mit ihrer seltsamen Spannung zwischen Lebensgefahr und Alltäglichkeit, sei überzeugend festgehalten.[129]

Die niederländische Ausgabe in der Übersetzung von Hanna Sanders wurde auch besprochen. Die Lokalzeitung *Gooi- en Eemlander* schrieb, die Kriegserzählung mache die Tragik eines verfolgten Menschen zwei Jahre nach Kriegsende nacherlebbar, mehr als im Kriege selbst, als es sich abspielte. »Und beim Lesen dieses Buches wurden wir noch mehr des Segens der Freiheit, die wir jetzt wieder genießen, gewahr. Das ist das bleibende Verdienst dieses Buches.«[130] Das *Nieuw Israelietisch Weekblad* nennt die drei Hauptfiguren untragische Menschen, die tragisch werden. »Der Höhepunkt der Novelle ist erreicht, wenn die Beschützer, selbst untergetaucht, lernen, die Gefühle ihres gestorbenen Schützlings nachzuempfinden.«[131]

Als Autor der deutschen Abteilung des Verlags Querido befand Hans Keilson sich in guter Gesellschaft, denn dort erschienen Werke von Großmeistern wie Thomas und Klaus Mann, Joseph Roth, Alfred Döblin und Anna Seghers.[132] Als der Verlag ein Gedenkbuch für Klaus Mann plante, der sich im Mai 1949 das Leben genommen hatte, bat Fritz Landshoff auch Hans Keilson um einen

Beitrag. Der nahm die Einladung an. Der Herausgeberin Erika Mann gefiel der Text, aber sie wollte »stilistische Unebenheiten« und »sachliche Unstimmigkeiten« korrigieren.[133] Keilson ließ wissen, dass er das eigentlich lieber nicht wollte, woraufhin sie antwortete, dass – wenn er darauf bestehe – die Änderungen ungeschehen gemacht werden könnten, da die »Fremdartigkeiten« im Text auch ihren Reiz hätten.[134] So geschah's, und Erika zeigte sich nicht gekränkt.[135] Eine der »Unstimmigkeiten«: Im Manuskript hatte gestanden, dass Klaus Mann »kahl« war, während er seiner Schwester zufolge allenfalls »erkahlend« war, eine Umschreibung, die Keilson übrigens übernahm.[136]

Ungleich schwerwiegender war ein anderer strittiger Punkt. Keilson hatte in seinem Beitrag geschrieben, dass er, als er bei Freunden vom Tode Klaus Manns hörte, an zwei andere Autoren hatte denken müssen, die ihrem Leben auch ein Ende gemacht hatten: Ernst Toller und Stefan Zweig. Diese Passage hätte Erika Mann lieber gestrichen. War für sie die existentielle Krise ihres Bruders nicht zu vergleichen mit dem, was andere durchgemacht hatten?

Erika legte die Frage ihrem Vater vor, der für Streichung optierte. Keilson akzeptierte diesen Änderungsvorschlag nicht und drohte, seinen Beitrag zurückzuziehen, falls die Passage gestrichen werde.[137] Erika Mann gab nach, während sie sich gegenüber anderen, die etwas über ihren Bruder schrieben, was ihr nicht gefiel, hart und bitter zeigen konnte.[138] In späteren Jahren sollte Keilson sich negativ über sie äußern, unter anderem weil sie Drogen nahm.

Das Buch *Klaus Mann zum Gedächtnis* erschien 1950.[139] In seinem Beitrag schreibt Keilson, dass er nie mit dem Schriftsteller gesprochen habe.[140] Er habe ihn nach dem Krieg zweimal in Amsterdam aus der Nähe gesehen: Das erste Mal saß er ein paar Reihen schräg hinter Klaus Mann, als dessen Vater einen Vortrag hielt, und das zweite Mal in ähnlicher Weise in einem Konzert. Auch wenn es keinen persönlichen Kontakt gegeben hatte – eine Verbundenheit fühle er durchaus: Beide waren sie bei S. Fischer und bei Querido erschienen. Einige Erzählungen von Klaus Mann liebe er sehr, besonders wenn die Hauptfigur noch voll Erwartung am Beginn des eigentlichen Lebens steht oder wenn sie vom Leben ausgeschlossen ist, wie der gefangene, unter Kuratel gestellte bayerische König Ludwig II. in der Erzählung *Vergittertes Fenster*, die Keilson »von allem, was ich von ihm kenne, das Liebste« war. Keilson muss in diesen Gestalten etwas wiedererkannt haben. Oft wird ihn das Gefühl beschlichen haben, dass er in der Welt der Literatur nicht wirklich dazugehörte, auch wenn er das eine und andere publiziert hatte. Ein hübsches Detail, von dem er noch nicht wissen konnte: Klaus Mann hatte, wie er am 8. Oktober 1947 in seinem Tagebuch notierte, die *Komödie in Moll* gelesen. Sein Urteil: »nicht ohne Reiz«.[141]

Das Studium und die Spezialistenausbildung

Auf medizinischem Gebiet hatte Hans Keilson drei Ziele vor Augen: Arzt, Nervenarzt und Psychoanalytiker werden.

In Berlin hatte er 1934 sein Medizinstudium nicht mit dem erforderlichen praktischen Jahr abschließen können. Nach dem Krieg, im Begriff, sich eine neue Existenz in den Niederlanden aufzubauen, wollte er sein Studium endlich beenden und richtete an den Minister für Unterricht, Kunst und Wissenschaft ein Gesuch mit der Bitte, an der Universität von Amsterdam Vorlesungen und Praktika besuchen zu dürfen. Da er in Deutschland sein Medizinstudium so gut wie abgeschlossen hatte, bat er um Freistellung vom Doctoraalexamen, dem ersten Abschlussexamen. Dann könne er, den niederländischen Regeln folgend, erst sein Semi-Arztexamen und dann sein Arztexamen ablegen. Danach wolle er sich in Psychologie und Psychiatrie spezialisieren.[142]

Interessant an diesem Gesuch ist die Art, wie die Vergangenheit präsentiert wurde: 1930 habe er das Diplom als Turn- und Sportlehrer gemacht, weil er »in der Kombination von Arzt und Lehrer Kinder besser erreichen und führen zu können« gehofft habe.[143] War das damals bereits so gedacht oder war es eine nachträgliche Konstruktion, um dem Gesuch Nachdruck zu verleihen? In den Jahren, als er in Spandau die Sportlehrerausbildung machte, sah es noch so aus, als werde er Hausarzt in Hamburg werden.

Die Freistellung vom Doctoraalexamen kam im August 1946.[144] Sein Semi-Arztexamen machte er im April des folgenden Jahres, sein Arztexamen im Oktober.[145] Gut neunzehn Jahre nach seiner Immatrikulation als Medizinstudent in Berlin hatte er ein Ziel erreicht: Er war Arzt.

Er konnte jetzt seine Spezialistenausbildung beginnen, zunächst in der psychiatrischen Klinik »Paviljoen III« des Krankenhauses »Wilhelmina Gasthuis« in Amsterdam. Unter der Leitung des Psychiaters Professor Lammert van der Horst arbeitete er dort als Assistent.

Van der Horst war nach dem Krieg Chef von Paviljoen III geworden. Schon lange hatte er die Valeriuskliniek, die psychiatrische Klinik der anderen Amsterdamer Universität, der »Vrije Universiteit«, geleitet. Er war im Widerstand aktiv gewesen. In der Valeriusklinik hatte er jüdische Untertaucher aufgenommen, auch Mitarbeiter der Universität, denen Zwangsarbeit in Deutschland drohte, und Studenten, die die Loyalitätserklärung gegenüber den deutschen Besetzern nicht unterschreiben wollten, konnten dort untertauchen. Leiter von Widerstandsgruppen hielten in der Klinik Versammlungen ab.[146]

Das dürfte ein Band zwischen dem Professor und dem Assistenten Keilson geknüpft haben. Als Literat muss Hans Keilson bei van der Horst auch eine Sonderstellung eingenommen haben. »Er war literarisch interessiert«, sagte Keilson über ihn, »und er fand es schön, so einen Literaten in seiner Klinik zu haben. Ich kam sehr gut mit ihm aus. So habe ich diese Stelle bekommen.«[147] Die Literatur und die Medizin, die beiden Gleise, denen Hans Keilson in seiner Karriere folgte, kamen hier zusammen. Wer dabei mitgeholfen hatte, war Anton van Duinkerken. Bei seiner Bewerbung um die Assistentenstelle hatte Hans ihn als Referenz angegeben. Van der Horst fragte bei van Duinkerken nach, weil er mehr über den Hintergrund des Bewerbers wissen wollte. Er bekam zu hören, »dass Herr Keilson ein gebildeter und bescheidener Mann mit literarischem Talent ist, der auch in schwierigen Lebenssituationen sich als tapferer Mensch erwiesen hat«.[148]

Die Assistenz im Wilhelmina Gasthuis dauerte drei Jahre. Am 1. Januar 1951 erhielt Hans Keilson seine Anerkennung als Spezialist auf dem Gebiet der »zenuw- en zielsziekten«, wörtlich: der Nerven- und Seelenkrankheiten, kurz als »zenuwarts«, Nervenarzt.[149]

Psychoanalyse

Der Wunsch, Psychoanalytiker zu werden, war bei Hans Keilson in seiner Gymnasialzeit durch Freuds *Vorlesungen zur Einführung in die Psychoanalyse* geweckt worden. Der Junge aus Bad Freienwalde, für den dieses Buch eine Offenbarung war, wollte in die Fußspuren des Meisters treten. Für seine Arbeit als Nervenarzt konnte er die Psychoanalyse als therapeutische Methode einsetzen.

1949 begann Hans Keilson bei der Nederlandse Vereniging voor

Psychoanalyse (NVPA) in Amsterdam seine Ausbildung zum Psychoanalytiker. Er begann, wie üblich, mit einer Lehranalyse: Ein künftiger Psychoanalytiker unterwirft sich selbst einer Analyse, um so viel Klarheit wie möglich über das eigene Leben und die eigenen Kümmernisse zu bekommen, über seine starken und seine schwachen Seiten. Er muss lernen, als Fachmann seine persönliche Problematik von derjenigen seiner Klienten getrennt zu halten.

Keilsons Lehranalytiker wurde Rik le Coultre, einer der Dozenten am Ausbildungsinstitut und ein anerkannter Freud-Kenner.[150] Le Coultre spielte Cello und sollte später viele Jahre mit Keilson in einem Streichquartett musizieren. Ein Buch über die Psychoanalyse in den Niederlanden nennt ihn »einen brillanten Mann mit vielen Interessengebieten neben der Psychoanalyse: Frauen, Philosophie und Musik«.[151]

In Keilsons Lehranalyse wurde die Bedeutung sozialer Faktoren thematisiert. Le Coultre war der Meinung, wie Keilson es später formulierte, dass »die psychische Welt nicht von der Außenwelt getrennt gedacht werden kann; dass nichts geschieht, wobei nicht beides beteiligt ist; dass Stimmungen, Gefühle, Wahrnehmungen, Gedanken, all das, undenkbar [ist] ohne die Beziehung von Innen- und Außenwelt; dass äußere Umstände sich auf eine zufällige, besondere Weise mit dem Innern der Individuen mischen«.[152] In seiner Arbeit mit den jüdischen Kriegspflegekindern konnte Hans Keilson täglich sehen, wie wahr das war. Später, in den siebziger Jahren, sollte er sich in seiner Doktorarbeit über diese Opfer von Krieg und Verfolgung auch für die psychosoziale Perspektive entscheiden.

Ansonsten wurde ihm, soweit er es noch nicht wusste, auf le Coultres Analysecouch deutlich, was der klassische Psychoanalytiker zu tun hat: den Mund halten, zuhören, keine Kritik üben, ab und zu Fragen stellen, um Gedanken und Gefühle, Ängste zum Beispiel, ans Licht zu bringen, ohne dass der Analysand sich gekränkt fühlt.[153] Vor allem das Schweigen des Analytikers galt als wichtig, weil der Analysand dadurch Raum bekommt, auszusprechen, was ihm oder ihr gerade einfällt. Le Coultre habe gesagt: »Man wird bezahlt, um zu schweigen.«[154] Zum Schweigen gehörte gutes und genaues Zuhören. Das wurde denn auch eine starke Seite von Keilson. »Er konnte zuhören, als ob sein ganzer Körper zuhört«, sagt der Psychoanalytiker Isi Kaminer, »das merkte man sogar am Telefon.«[155] Während der Analysen stellte Keilson von Zeit zu Zeit eine vorsichtige Frage, und regelmäßig sagte er: »Interessant, interessant …«. So regte er den Mann oder die Frau auf der Couch dazu an, weiterzusprechen.[156]

Während seiner psychoanalytischen Ausbildung musste Keilson – und das wird er mit großem Interesse getan haben – eine lange Literaturliste mit Texten abarbeiten, darunter Publikationen von Freud im Überfluss. Die Themen: Traumdeutung, Sexualtheorie, Hysterie, Zwangsneurosen und Perversionen, Ödipus- und Kastrationskomplex.[157] Auf die Theorie folgte die Praxis: Er erhielt die Erlaubnis, mit eigenen Analysen zu beginnen.[158] Das geschah unter der Supervision eines erfahrenen Psychoanalytikers (vermutlich auch wieder le Coultre), der die Analysen mit ihm besprach. 1963 wurde Hans Keilson Mitglied der Nederlandse Vereniging voor Psychoanalyse.

Keilson hat sich gelegentlich über seine Arbeit als Psychoanalytiker geäußert. Sein Ziel war es, wie er das selbst formulierte, dass die Patienten sich selbst kennenlernten, »mit ihren positiven *und* ihren negativen oder problematischen Seiten. Wenn man es wagt, zu den eigenen Hassgefühlen, Ängsten und Lüsten hinabzusteigen, dann wird man ein reicherer Mensch, und es entsteht in einem selbst ein Gleichgewicht. Man lernt dann, wo die eigenen

Grenzen liegen: was man kann und was nicht, und man kann dann aufpassen, dass man kein Schuft wird oder ein Angsthase oder sexbesessen. Es ist wie mit einer Flasche Wein: dass man nicht die ganze Flasche auf einmal leer trinkt, sondern nur ein oder zwei Gläser.«[159]

8 Neue Niederländer

1945–1958
»Die Praxis von Hans breitet sich aus, man kann stolz darauf sein«

Zurück nach Deutschland?

Arbeiten, studieren, ein Buch veröffentlichen – in den ersten Nachkriegsjahren entfaltete Hans Keilson eine ganze Palette an Aktivitäten. Er bewegte sich in der niederländischen Gesellschaft, als ob er ihr vollkommen angehörte. Das war in einem wesentlichen Punkte nicht der Fall: Ebenso wenig wie Gertrud besaß er die niederländische Staatsangehörigkeit.

Die Haltung gegenüber den deutsch-jüdischen Flüchtlingen der Vorkriegsjahre war in den befreiten Niederlanden nicht unbedingt wohlwollend. Hier und da entflammte Antisemitismus. Auch hieß es, die Flüchtlinge seien nicht dankbar genug dafür gewesen, dass man sie aufgenommen habe.[1]

Die niederländische Regierung fasste 1945 einen bemerkenswerten Beschluss: Die Maßnahme der Hitlerregierung, geflüchteten deutschen Bürgern die Staatsangehörigkeit abzunehmen und sie damit staatenlos zu machen, wurde nicht mehr anerkannt. Dadurch wurden die Staatenlosen formell wieder Deutsche und damit unerwünschte Ausländer.[2] Nach einer Geschichte voll Bedrohung, Flucht und Überleben im Versteck muss es geschmerzt haben, wenn man als »unerwünscht« abgestempelt wurde.

Der Justizminister Kolfschoten entwickelte einen Plan mit dem Codenamen »Black Tulip«: Alle 25 000 deutschen Staatsbürger, die sich in den Niederlanden aufhielten, sollten ausgewiesen werden. »Zunächst sollte diese Maßnahme alle ohne Ausnahme treffen«, schreibt der Historiker Martin Bossenbroek. »Bei den vorbereitenden Gesprächen mit den Ministerkollegen wurde aber dann doch beschlossen, einige Ausnahmen zu machen. Das galt unter anderem für Flüchtlinge, die vor dem Krieg aus Deutschland gekommen waren, sofern sie seinerzeit eine Aufenthaltsgenehmigung hatten, während der deutschen Besetzung der niederländischen Sache treu gedient hatten und nach dem Krieg politisch zuverlässig gewesen waren. Wer diesen Bedingungen entsprach, konnte aufs Neue eine zeitlich begrenzte Aufenthaltsgenehmigung erhalten, so lange, bis eine Sonderregelung getroffen sein würde.«[3] So beschloss es denn auch das Justizministerium am 1. Oktober 1945.

Der Ausweisungsplan stieß auf Kritik seitens der Alliierten und auch seitens der katholischen Kirche: Die Lebensumstände in Deutschland seien zu schlecht, als dass man große Gruppen von Menschen dorthin schicken könne.[4] Von den erwähnten 25 000 Deutschen wurden schließlich etwa 3500 ausgewiesen. 1948 änderte sich die Politik: Die Ausweisung ganzer Gruppen wurde beendet.[5] In den beiden folgenden Jahren verließen noch einige Deutsche die Niederlande, nachdem sie zu unerwünschten Ausländern erklärt worden waren.[6]

Hans Keilson hatte, wie er später sagte, niemals Angst gehabt, die Niederlande verlassen zu müssen[7], auch wenn er in Unsicherheit gelebt habe.[8] Er hatte vor dem Krieg eine Aufenthaltsgenehmigung. Nach dem Krieg beantragte er einen sogenannten »Gunstpass«, einen Pass für Ausländer. Wenn er den bekäme, bräuchte er nicht mehr jedes Jahr seine Aufenthaltsgenehmigung zu verlängern. Am Ende winkte am Horizont die niederländische Staatsangehörigkeit.

Ende 1945 beschloss die Stadtverwaltung Naarden, ihm diesen

»Gunstpass« nicht zu gewähren; einige Jahre später erhielt er ihn dann doch.[9] Für die ursprüngliche Verweigerung wurde keine Begründung gegeben. Dass der Stadtsekretär von Naarden damit etwas zu tun hatte, ist aber nicht unwahrscheinlich. Er hatte 1945 schlechte Erfahrungen mit den Keilsons gemacht.

Ein Stadtsekretär will Auskunft

Weil die Stadtverwaltung Naarden sich einen Überblick darüber verschaffen wollte, wer von ihren Einwohnern Mitglied der NSB (der niederländischen nationalsozialistischen Partei) gewesen war oder auf andere Weise Sympathie für Hitlerdeutschland gezeigt hatte, stand der Stadtsekretär Jurjen Visser eines Tages bei den Keilsons in der Van Hall-laan vor der Tür. Gertrud war zu Hause, Hans nicht. Der Beamte wollte Informationen über einen gewissen Johan Gerard Grönloh, von Beruf Schneider, der in der Nachbarschaft einen schlechten Ruf hatte. Möglicherweise war er NSB-Mitglied gewesen. Er arbeitete für die Textilfirma Deiters, die der Kollaboration verdächtig war. Via Grönloh hoffte die Stadt mehr über das Tun und Lassen dieser Firma während des Krieges zu erfahren.

Grönloh hatte seit Mitte August 1940 im Hause Keizer Ottoweg 9 in Naarden gewohnt. Bis Mitte Mai desselben Jahres war das die Adresse von Gertrud gewesen, aber nach dem Wut- und Verzweiflungsanfall von Hans in den ersten Kriegstagen war sie vorläufig in Groenekan untergekommen, einem Dorf in der Provinz Utrecht.

Gertrud hatte also nicht gleichzeitig mit Grönloh im selben Haus gewohnt; ihre Informationen kamen aus zweiter Hand. Sie stand Jurjen Visser Rede und Antwort und versprach ihre Aussage zu Papier zu bringen, so dass der Beamte sie am nächsten

Tag abholen könne. »Sie hatte am nächsten Tag aber Bedenken«, so Visser in einem späteren Bericht, »sie hatte die versprochene Erklärung nicht geschrieben und erklärte, ihr Mann sei dagegen, dass sie die Erklärung abgebe, weil er Schwierigkeiten wegen einer positiven Aktivität befürchtete, auch wenn sie gegen NSB-Anhänger gerichtet sei.«[10]

Jurjen Visser wollte Hans Keilson sprechen und stand einen Tag später wieder vor der Tür. Diesmal war es Hans, der ihn einließ, wenn auch nicht gern: Er verweigerte jede Kooperation, eine schriftliche Erklärung seiner Frau sei »völlig ausgeschlossen«.[11] Auf die Frage, ob sie zu Hause sei, antwortete er: Leider nicht. Es entstand eine peinliche Situation, weil Gertrud genau in diesem Augenblick die Treppe herunterkam und das Zimmer betrat. Gegenüber Visser wiederholte sie, dass sie ihre Erklärung zu Papier hatte bringen wollen, aber ihr Mann habe sie davon abgehalten.

Hans Keilson berief sich, so notierte Visser in seinem Bericht, auf die Schwerhörigkeit seiner Frau. Da sie so gut wie taub sei, könne sie Gespräche der Nachbarn des Hauses Keizer Ottoweg 9 nie und nimmer gut verstanden haben, das sei Grund genug dafür, dass sie keine stichhaltige Erklärung abgeben könne. Merkwürdigerweise erwähnte er nicht, dass Gertrud schon seit Monaten nicht mehr in dem Hause gewohnt hatte, als Grönloh dort einzog. Oder gelangte dieser Umstand irrtümlich nicht in den Bericht, den Jurjen Visser nachträglich aufsetzte?

Der Stadtsekretär zog ohne schriftliche Erklärung ab, aber nicht ohne Stoff zum Nachdenken. Er hatte konstatiert, dass Keilson bezüglich der Abwesenheit von Gertrud gelogen hatte. Seine ausdrückliche Weigerung, Informationen über einen deutschfreundlichen Einwohner von Naarden zu geben, verstand er nicht. Er schrieb: »Dies geschah in Friedenszeiten, in einer Zeit, wo es für

Dr. Keilson keinerlei Hindernis gab, sich in positiv niederländischem Sinn frei zu äußern.«

Welche Schwierigkeiten fürchtete Keilson? War ein Racheakt aus den Kreisen Grönlohs zu erwarten? Schätzte er wegen seines Hintergrundes als jüdischer Flüchtling und Untertaucher diese Gefahr als ernstzunehmender ein als Visser, der keine Gefahr sah? Und was wussten die Keilsons über Grönloh? Genug, um sagen zu können, dass er »fout« (falsch) gewesen war, das heißt: politisch auf der falschen Seite gestanden hatte? Wollte Hans Keilson auf keinerlei Weise mit so jemand in Verbindung gebracht werden?

Jurjen Visser dürfte dafür gesorgt haben, dass Hans Keilson 1945 seinen »Gunstpass« nicht bekam, weil er sich sonderbar verhalten hatte und zu Zweifeln bezüglich seiner politischen Haltung Anlass gab. Zu einem Zeitpunkt, da die Regierung plante, Deutsche auszuweisen, und diese Pläne 1946 auch in die Tat umzusetzen begann, hing ein Damoklesschwert über Hans und Gertrud. Es bestand die Gefahr, dass sie zurück nach Deutschland mussten. Das wollten sie verhindern.

»Entfeindung«

Nach dem Krieg wurde das »Nederlandse Beheersinstituut (NBI)« gegründet. Diese staatliche Einrichtung, vergleichbar einer Treuhandgesellschaft, versuchte Vermögen verschwundener Staatsbürger, vor allem Juden, sicherzustellen. Ihr Arbeitsgebiet erstreckte sich aber auch auf die andere Seite des politischen Spektrums: Vermögen von Feinden des niederländischen Staates wurde aufgespürt und enteignet. Es ging dabei nicht nur um NSB-Mitglieder und offensichtlich »foute« Deutsche, sondern auch um Deutsche, die sich nichts zuschulden hatten kommen lassen. Von ihnen wurde erwartet, dass sie sich den Niederlanden gegenüber loyal verhalten hatten; Mitarbeit im Widerstand war ein günstiger Umstand. Das NBI untersuchte also, inwiefern jemand »goed« oder »fout« gewesen war, und gab dem Staat damit ein Argument in die Hand, Deutsche auszuweisen oder nicht. Wer bleiben durfte, war damit »ontvijand«, »entfeindet«, wie man das nannte, und konnte wieder über sein Vermögen verfügen. Auch Juden, die vor den Nazis geflohen waren, galten als feindliche Untertanen, bis das Gegenteil bewiesen war.[12]

Hans Keilson und Gertrud Manz waren durch den Beschluss der niederländischen Regierung wieder Deutsche und wurden darum Gegenstand einer solchen Untersuchung. Aber Hans sah dazu keinen Anlass. Auch ohne Nachforschungen über seine Vergangenheit konnte er beweisen, dass er sich für Untertaucher eingesetzt und also auf der guten Seite gestanden hatte.[13] Karel de Vries, Leiter der Widerstandsorganisation »Vrije Groepen Amsterdam«, hatte ihm auf seine Bitte hin eine Erklärung geschickt, in der zu lesen war, dass Hans Keilson

> während der Zeit der Besetzung den niederländischen Vrije Groepen als Mediziner wichtige Dienste erwiesen hatte, und zwar bei der Versorgung mehrerer Untertaucher, die in ihrer [Untertauch-]Umgebung Schwierigkeiten machten, Schwierigkeiten, die zumeist durch psychische Probleme aufgrund des Untertauchens verursacht wurden.
> Die Behandlung dieser Fälle durch Herrn Keilson hatte ausgezeichnete Resultate, weshalb wir Herrn Keilson zu unseren festen Mitarbeitern gezählt haben.[14]

Zwei Freunde aus dem kleinen Kulturclub Ende der dreißiger, Anfang der vierziger Jahre waren auch bereit zu helfen: Cas Emmer, Hausarzt in Bussum, und Jan Thomassen, inzwischen Privatsekretär von Prinz Bernhard der Niederlande, dem Prinzgemahl der Kronprinzessin. Sie waren bereit, so schrieb Keilson an das NBI, Auskunft über ihn zu erteilen, wenn das erforderlich sei.[15]

Trotzdem wurde ein Entfeindungs-Verfahren in Gang gesetzt. Im Auftrag des NBI begannen Amsterdam und Naarden eine polizeiliche Untersuchung, mit dem Ergebnis, dass Keilson strafrechtlich nichts vorzuwerfen war. Er stand in einem sehr guten Ruf, schrieb der Polizeibeamte in Naarden.[16] Auch wurde untersucht, ob er seine Steuern ordentlich bezahlte, und das war offenbar der Fall. Das NBI kam zu dem Schluss, dass Keilson kein »feindlicher Untertan« war. Dieser positive Bescheid kam am 18. Oktober 1947.[17]

Hilfe von Freunden

Vom nicht feindlichen Deutschen zum Niederländer: Das war der nächste Schritt, den Hans Keilson machen wollte. Dieser Zukunftstraum führte zu einem Verfahren, das komplizierter und langwieriger sein sollte als die Entfeindung.

Den Antrag auf die niederländische Staatsangehörigkeit hatte er bereits im Frühjahr 1947 beim niederländischen Staat, formell bei der Königin, eingereicht, also noch bevor er zum Nicht-mehr-Feind erklärt worden war. Erst nachdem er diesen Status erreicht hatte, kamen 1948 die amtlichen Einbürgerungsmühlen für ihn in Gang. Die Angelegenheit Grönloh und die schlechten Erfahrungen, die Jurjen Visser mit den Keilsons gemacht hatte, schienen in diesem Verfahren ein Hindernis zu werden.

De Muinck Keizer, Staatsanwalt beim Amtsgericht Amsterdam, war bei dem Schachspiel, das folgte, als Erster am Zuge. Er fragte bei Jurjen Visser an, der es inzwischen zum Bürgermeister von Naarden gebracht hatte. Der hatte ihm im Januar 1948 nichts Positives zu melden: Die Arbeit von Keilson im Widerstand sei von »sehr geringer Bedeutung« gewesen, und er habe sich geweigert über ein NSB-Mitglied Auskunft zu geben. Der Bürgermeister empfahl, die Staatsbürgerschaft nicht zu verleihen.[18]

Hans Keilson durfte sich auch äußern. Er schrieb dem Staatsanwalt, dass er Grönloh nicht kenne und nichts über ihn wisse. Um deutlich zu machen, dass er im Krieg auf der richtigen Seite gestanden und sich für die Sache der Niederlande eingesetzt hatte, fügte er zwei Erklärungen bei: Leo Rientsma aus Delft schrieb, dass Keilson von September 1943 bis Ende 1944 in seinem Haus gewohnt habe, und fügte hinzu: »In dieser Zeit war er als Kontaktperson für Widerstandsgruppen in verschiedenen Teilen des Landes tätig und brachte Lebensmittelkarten und Personalausweise dorthin, wo sie gebraucht wurden. Auch hat er mehrmals als Psychiater in schwierigen Fällen mit Untertauchern eingreifen müssen, unter anderem in Amsterdam.«[19] Die zweite Erklärung kam von Karel de Vries, der sich wieder für Keilson einsetzte. Er bestätigte, dass Keilson für seine Widerstandsorganisation, die »Vrije Groepen Amsterdam«, gearbeitet hatte. Seine Formulierungen ähneln sehr denen von Leo Rientsma: »Er übernahm die Sorge für Untertaucher, ihre Begleitung und psychotherapeutische Behandlung.[20] Er stand außerdem in Verbindung mit anderen illegalen Gruppen in der Provinz. Auf seinen vielen Reisen brachte er Personalausweise und Lebensmittelkarten dorthin, wo sie gebraucht wurden.«[21]

Auch bei diesem Verfahren setzte Hans Keilson einen wichtigen Spieler aus seinem Netzwerk ein: Jan Thomassen. Auf Briefpapier aus dem königlichen Palast in Soestdijk schrieb Thomassen einen Brief an den Staatsanwalt, in dem so ziemlich alles vorkam, was Positives über Keilson zu sagen war: Er habe eine Anstellung bei der Universität und sei im Begriff, sich als Nervenarzt zu spezialisieren; er arbeite an wichtiger Stelle für Kriegswaisenkinder; er sei integriert in die niederländische Gesellschaft und die niederländische Kultur; er habe eine Reihe von Büchern publiziert, die die niederländische Kultur bereichert hätten. Und natürlich vergaß Thomassen das Wichtigste nicht: Keilsons Aktivitäten während des Krieges:

> Herr Keilson, der als Jude allen Grund hatte, im Haus zu bleiben, hat sich immer wieder auf die Straße gewagt und wirklich in nicht zu unterschätzendem Maße Widerstandsarbeit geleistet. Die Erklärungen von seinerzeit illegaler Seite, welche diesbezüglich für ihn abgegeben wurden, sprechen für sich.
> Als ehemaliges Mitglied der Illegalität glaube ich mir überdies mit einiger Sachkenntnis selbst ein Urteil über die von Herrn Keilson verrichtete Widerstandstätigkeit erlauben zu können. Meiner Überzeugung nach war diese Arbeit von einer Art, die mancher Niederländer sich zum Vorbild nehmen könnte. Mit Entrüstung weise ich deshalb die von amtlicher Seite gegen Herrn Keilson erhobenen Vorwürfe zurück.[22]

Es dürfte eine suggestive Wirkung von diesem Text auf dem Briefpapier des königlichen Palastes ausgegangen sein. Wenn der Sekretär des Prinzen Bernhard dies schrieb, dann dachte Seine Königliche Hoheit womöglich ebenso über diese Angelegenheit.

Im Mai 1948 gab Bürgermeister Visser dem Staatsanwalt de Muinck Keizer nähere Erläuterungen. Dabei behauptete er irrtümlich – und das zieht sich wie ein bösartiger roter Faden durch das weitere Verfahren –, dass Gertrud im Hause Keizer Ottoweg 9 bei der Familie Grönloh gewohnt habe. Ferner schreibt er, dass sie bei seinem ersten Besuch erzählt habe, dass die Familie Grönloh als »deutschfreundlich« betrachtet werden müsse. Sie habe Details angegeben, aber zu einer schriftlichen Bestätigung sei es nicht gekommen, weil Hans Keilson das nicht wollte. Über Grönloh und die Textilfabrik wusste Visser inzwischen zu berichten: »Grönloh ist später verhaftet worden, und gegen einige Leute der Firma Deiters ist ein Prozess wegen Kollaboration in Gang gesetzt worden, der inzwischen zu einer oder mehreren Verurteilungen geführt hat.«[23]

Anton van Duinkerken, der Keilson Ende der dreißiger Jahre als Dichter in seiner Zeitschrift *De Gemeenschap* in den Niederlanden hatte debütieren lassen, tat auch jetzt, wie De Vries und Thomassen, sein Bestes für ihn. Er sehe keinerlei Hindernisse für die Verleihung der niederländischen Staatsangehörigkeit, schrieb er in einer Erklärung. Und er konnte bekannte Namen aus der niederländischen Literatur wie F. Bordewijk und Antoon Coolen dazu bewegen, ebenfalls günstige Erklärungen abzugeben.

Auch der Dichter Victor E. van Vriesland, der seine Erklärung als Vorsitzender des niederländischen PEN-Zentrums abgab, äußerte sich positiv. Er verwies auf Keilsons Gedichte und seine Novelle *Komödie in Moll* und erinnerte daran, dass er unter dem Pseudonym Benjamin Cooper Bücher herausgegeben hatte. Keilson sei ihm bekannt »als ein durch und durch anständiger Mann von unbescholtenem Lebenswandel und aus niederländischer Perspektive von ausgezeichneter politischer Gesinnung. Er ist ein kultivierter, gebildeter, bescheidener und friedfertiger Mann, alle für unser Land unerwünschten Bestrebungen liegen ihm fern, und er steht allen totalitären Ideologien vollkommen abweisend gegenüber.«[24]

Der Text war eine außerordentlich freundschaftliche und nützliche Geste. Keilson hatte den Kontakt mit van Vriesland, einem prominenten Literaten seiner Zeit, nicht umsonst warm gehalten. Er hatte ihm die *Komödie in Moll* und auch Gedichte geschickt, in der Hoffnung, dass van Vriesland ihm helfen könne, für Letztere einen Verlag zu finden. Ein Verleger wurde nicht gefunden, aber die zitierte Erklärung kann man als positives Resultat von Keilsons aktiver Haltung sehen.[25]

Nähere Nachforschungen

Die Angelegenheit erklomm eine höhere Stufe in der amtlichen Hierarchie: Der Generalstaatsanwalt am Gericht in Amsterdam, van Thiel, bekam die Erklärungen der Literaten auf seinen Schreibtisch und auch das Dossier, das der Staatsanwalt de Muinck Keizer über die Staatsbürgerschaftsfrage zusammengestellt hatte.[26]

Es waren nähere Nachforschungen nötig, befand van Thiel, der als Chef der Polizei eigene Ermittlungsbeamte zur Verfügung hatte. Einem dieser Beamten gegenüber gab Gertrud eine Erklärung ab, so dass schließlich doch schwarz auf weiß zu lesen war, was sie zu sagen hatte:

> »Ich wohnte von etwa 1938 bis zum 16. Mai 1940 im Hause Keizer Ottoweg 9 in Naarden. Ich bin von dort weggegangen, um in Groenekan unterzutauchen. Im Dezember desselben Jahres bin ich jedoch zurückgekehrt und wohnte dann im Haus Van Halllaan 15, wo ich auch jetzt wohne. Nachdem ich das Haus am Keizer Ottoweg verließ, hat es noch einige Wochen leer gestanden.
> Als ich einmal mit einer früheren Nachbarin sprach, ich glaube im Jahre 1944, erzählte diese mir, dass es so schade sei, dass ich den Keizer Ottoweg verlassen hatte, weil da jetzt jemand wohnte, dem ihrer Meinung nach nicht zu trauen war.
> Ich kannte die Leute nicht und habe auch nie mit ihnen Kontakt gehabt. Später, nach der Befreiung, hörte ich von dem Stadtsekretär Visser, dass der Mann Grönloh heiße.

Herr Visser behauptete, dass ich Grönloh gut kenne und dass ich ihm, Herrn Visser, Informationen geben könne.
Ich habe damals Herrn Visser von dem Gespräch, das ich mit einer meiner alten Nachbarinnen (Frau Duim) gehabt hatte, berichtet, und hinzugefügt, dass ich Grönloh überhaupt nicht kenne, diesen Mann sogar nie gesehen oder gesprochen hatte.
Trotzdem bat Herr Visser mich, alles aufzuschreiben.
Da ich taub bin, hat mein Mann das Gespräch übernommen.
Ich sah wohl, dass Herr Visser sich während des Gespräches aufregte, weil er der Meinung war, dass mein Mann mich beeinflusste. Das war aber keinesfalls so, mein Mann übernahm das Gespräch denn auch, weil Herr Visser beharrlich blieb, während ich doch nicht mehr mitzuteilen hatte.
Ich erkläre nochmals, dass ich von Grönlohs Existenz nichts wusste und von diesem Mann erst von Herrn Visser hörte.«[27]

Der Ermittlungsbeamte hatte auch mit Grönloh gesprochen und kam zu dem Schluss, dass dessen Aussagen mit denen von Gertrud übereinstimmten. Es war einfach und deutlich: Gertrud hatte in der Tat nie mit Grönloh im selben Hause gewohnt und kannte ihn gar nicht. Einen Hinderungsgrund für die Zuerkennung der Staatsbürgerschaft sah er nicht.[28]

Der Generalstaatsanwalt van Thiel informierte den Justizminister: Es sei begreiflich, dass Gertrud Manz keine »gut begründeten Erklärungen« über Grönloh abgeben konnte, außerdem sei »Herr Keilson sehr gegen das Abgeben von Erklärungen. Dies kann ihm denn auch schwerlich zu seinen Ungunsten angerechnet werden.«[29]

Van Thiel kam zu dem Schluss, dass »auch in Anbetracht der über Herrn Keilson abgegebenen günstigen Erklärungen, Anlass besteht, Euer Exzellenz in Erwägung zu geben, den Antrag auf

Einbürgerung in günstigem Sinne in Erwägung zu ziehen«.[30] Aus diesem Satz lässt sich ablesen, dass die Attestierungen der Literaten bei den Überlegungen eine Rolle spielten. Das Netzwerken war nicht umsonst gewesen.

Auch der Kommissar der Königin für Nord-Holland, also die höchste politische Instanz dieser Provinz, gab, nachdem einer seiner Beamten Anfang 1950 mit Hans Keilson ein Gespräch geführt hatte, gegenüber dem Minister eine Stellungnahme ab.[31] Hundertprozentig überzeugt war der Kommissar der Königin von der Vertrauenswürdigkeit Keilsons nicht: »Ich möchte in Erwägung geben, mit der Einbürgerung noch einige Zeit zu warten, um zu sehen, wie der Betreffende sich in den kommenden Jahren verhalten wird.«[32] Nicht zu schnell beschließen war hier der Vorschlag. Dann konnte man Keilson gewissermaßen noch unter Beobachtung stellen.

Der Justizminister wollte wissen, was in der Akte Grönloh stand. De Muinck Keizer übersandte sie ihm mit einem Begleitbrief, in dem er schrieb: »Dieses Dossier enthält nichts Belastendes über denjenigen, auf dessen Namen es angelegt ist, und das Ehepaar Keilson-Manz wird darin überhaupt nicht genannt!« De Muinck Keizer fand, dass Keilson wohl übertrieben vorsichtig und gegenüber Visser sogar irritierend gewesen sei, »indem er seine Frau vom Abgeben einer schriftlichen Erklärung abhielt« und durch »die unwahre Mitteilung von Keilson, seine Frau sei nicht zu Hause«, aber all dies sei nicht Grund genug, ihm die niederländische Staatsbürgerschaft vorzuenthalten. Dass alles so lange dauerte, habe Keilson seinem Mangel an Kooperationsbereitschaft zuzuschreiben.[33] Und so hatte de Muinck Keizer einen Wechsel von einem negativen zu einem positiven, wenn auch kritischen Standpunkt vollzogen. Der Generalstaatsanwalt van Thiel war nun auch der Meinung, dass Keilson Niederländer werden konnte.[34]

Wer seine Meinung nicht änderte, war Jurjen Visser. Er gab zu, dass er sich bezüglich der Bewohner des Hauses am Keizer Ottoweg geirrt hatte, aber er stand noch immer zu seiner Sicht auf das, was sich bei den Keilsons abgespielt hatte. Er blieb dabei, dass er seinerzeit bei seinen Hausbesuchen nicht ausreichend Kooperation erlebt habe, und er war, so schrieb er an den Kommissar der Königin, gegen die Einbürgerung.[35] Hans Keilson sollte ihn später in einem Interview des Antisemitismus bezichtigen.[36]

Der Justizminister, von allen Seiten informiert und beraten, bewilligte die Einbürgerung, aber erst Ende 1951. Das *Staatsblad* meldete am 14. November des Jahres, dass Hans Keilson »de hoedanigheid van Nederlander«, der Status als Niederländer, verliehen worden sei.[37] Damit erhielten auch Gertrud und Barbara, als Ehefrau und Tochter, die niederländische Staatsbürgerschaft.

Ein Ziel war erreicht, und es war nicht das einzige. Aufgrund seiner Spezialistenausbildung und der Assistentenstelle im Wilhelmina Gasthuis erhielt Keilson 1951 die Anerkennung als Nervenarzt und die Genehmigung, eine Praxis zu eröffnen.[38]

Eine eigene Praxis

»Zenuwarts«, Nervenarzt, so nannte sich Hans Keilson in der Anzeige, mit der er im Spätsommer 1951 in den Tageszeitungen *Het Parool* und *De Tijd* bekannt machte, dass er eine Praxis eröffnet hatte.[39]

Die Berufsbezeichnung »zenuwarts«, die inzwischen Geschichte ist, bezeichnete einen Mediziner, der nicht nur psychische Krankheiten diagnostizierte und behandelte, sondern auch Nerven- und Hirnerkrankungen: Er behandelte Geist *und* Körper. Inzwischen ist das Fachgebiet in die Spezialgebiete Psychiatrie und Neurologie aufgeteilt.[40] Keilson hatte noch die kombinierte Ausbildung erhalten und durfte den Titel »zenuwarts« weiterhin führen. Das Holzschild, auf dem mit weißen Buchstaben »H. Keilson, zenuwarts« geschrieben stand, sollte denn auch mit gutem Recht sein Leben lang im Vorgarten seines Hauses stehen bleiben. Doch war die Psychiatrie sein eigentliches Fach, mehr als die Neurologie.

Den eigenen »Betrieb«, und das ist eine medizinische Praxis schließlich auch, in Gang zu bringen und in Gang zu halten, kann eine schwere Aufgabe sein. Der Niedergang des Geschäfts seiner Eltern in Bad Freienwalde könnte als Albtraum in seinem Kopf herumgegeistert haben. So oder so, es musste genug Geld verdient werden. Neben den Kosten für den Lebensunterhalt der eigenen Familie waren da die Ausgaben für Anna Manz, Gertruds Mutter, die seit 1951 in einem Altersheim in Miltenberg wohnte, nicht weit von Gertruds Geburtsstädtchen Amorbach. Die Keilsons unterstützten sie finanziell.[41]

Glücklicherweise arbeitete Hans gern, besser gesagt: Er war ein Workaholic. Und die Praxis lief gut. Mitte der fünfziger Jahre nahm sie ihn voll und ganz in Anspruch.[42] Gertrud war froh darüber. »Hansens Praxis breit[et] sich aus«, schrieb sie an Hilde in Israel, »man kann stolz darauf sein.«[43] Die harte Arbeit warf Früchte ab, aber sie hatte auch eine Kehrseite: große Erschöpfung. Hans und Gertrud hätten oft dringend Urlaub nötig gehabt, aber sie hatten nicht die Kraft, ihre Koffer zu packen und zu verreisen.[44]

Die Nachrichten über die Spannungen und Kämpfe im Mittleren Osten waren auch ein Faktor, der das Leben in Naarden beeinflusste. Der ägyptische Präsident Nasser – Hans buchstabierte ihn in einem Brief als »NaSSer«[45] – hatte im Sommer 1956 den Suezkanal verstaatlicht und verweigerte israelischen Schiffen die Durchfahrt. Die Folge: Krieg zwischen Ägypten auf der einen und Israel, England und Frankreich auf der anderen Seite. Hans ließ Hilde wissen, dass er es nobel fand, dass die niederländische Regierung und das Parlament, wenn auch mit Ausnahme der Kommunisten, sich auf die Seite Israels gestellt hatten und das Eingreifen gegen Ägypten als Selbstverteidigung betrachteten. Als er Berichte über den »Aufmarsch der Israelischen Truppen«[46] hörte, seien ihm schöne Erinnerungen an Bad Freienwalde gekommen, wie er als Junge mit der Kapelle mitlief, die Märsche spielte: »Ich glaube, dass mir damals auch schon die Tränen in die Augen sprangen.«[47]

Er wollte wissen, ob Hilde, die inzwischen eine Praxis als Rechtsanwältin eröffnet hatte, durch die politischen Spannungen gesundheitlichen Schaden erleide. Eine Antwort ist nicht erhalten. Große Sorgen machte er sich übrigens nicht, denn »ein Mensch kann viel aushalten, Juden anscheinend noch mehr«.[48]

Im Frühjahr 1958 bezogen Hans, Gertrud und Barbara ein eigenes, größeres Haus in Bussum, die Hälfte einer Doppelhausvilla aus dem Jahre 1920, vorn, seitlich und hinten von einem kleinen Garten umgeben. In diesem Haus mit der Adresse Nieuwe Hilversumseweg 29 sollte Hans Keilson den Rest seines Lebens wohnen bleiben. Kurz nach dem Hauskauf schrieb er an Hilde: »Unser Haus ist phantastisch, ein Gedicht, eine wahre Freude, etwas, was Freund und Feind neidisch macht.«[49] Er könne beinah nicht glauben, dass er jetzt ein Hausbesitzer sei. Die Verantwortung, die das mit sich bringe, beunruhige ihn.[50]

1960 wurde renoviert: Es wurde gestrichen, die Regenrinnen wurden erneuert und die Küche modernisiert.[51] Das Wartezimmer und das Sprechzimmer, das mit den vielen Büchern aussah wie das Studierzimmer eines Wissenschaftlers, befanden sich im ersten Stock.[52] Später wurde unten ein zweites Wartezimmer eingerichtet, mit Spielzeug für die Kinder unter den Patienten.

Der Umzug nach Bussum hatte auch eine emotionale Seite. In Naarden drängten sich Gertrud immer wieder bittere Erinnerungen auf; das war jetzt vorbei.[53] Ob das auch für Hans galt? Dafür gibt es keine Anhaltspunkte, aber es ist denkbar, dass in seiner Begeisterung über das neue Haus auch eine Dosis Erleichterung darüber mitschwang, dass das Kapitel »Naarden« abgeschlossen war. Hilde und Schaul, die 1961 erstmals in Bussum zu Besuch waren, fanden die Wohnung ganz wunderbar.[54]

Im Sprechzimmer bei Doktor Keilson

Der Kreis der Patienten in Keilsons Praxis war breit gefächert: Kindergartenkinder, Schulkinder, Erwachsene aller Altersstufen bis Mitte achtzig. Damit die Patienten zu ihm kamen, mussten die örtlichen Hausärzte sie an ihn überweisen. Einer davon war sein eigener Hausarzt und Freund Cas Emmer. Aber auch andere, beispielsweise ein Internist in Amsterdam, schickten Patienten zu ihm.[55] Das Wort »Patient« gebrauchte Keilson übrigens ganz bewusst, auch als die Bezeichnung »Klient« üblich wurde. Klienten, sagte er, waren im alten Rom die Menschen, die von anderen abhängig waren. »Ich habe Patienten, Menschen, die leiden. Das ist ganz was anderes.«[56]

In den Jahren 1951 bis 1960 kamen 886 Patienten in sein Sprechzimmer. Es stimmte, was Gertrud an Hilde schrieb: Die Praxis wuchs. Die Anzahl neuer Patienten in der ersten Hälfte des Jahrzehnts betrug 343, in der zweiten Hälfte waren es 543.[57] In der ganzen Gegend wurde »Doktor Keilson« langsam ein Begriff.

Die Häufigkeit der Arztbesuche konnte sehr unterschiedlich sein: Manche Patienten sah er nur ein einziges Mal, andere kamen jahrelang alle paar Monate oder jede Woche. Unter den Erwachsenen waren viele Hausfrauen. Im Übrigen waren es in vielen Fällen Menschen aus der Mittelklasse, Geschäftsleute.

Die erwachsenen Patienten kamen mit einer breiten Palette an

Problemen, wobei Hysterie, Halluzinationen und Psychosen zu den ernsteren Diagnosen gehörten. Oft ging es um psychosoziale Probleme: Einsamkeit oder Eheprobleme, zum Beispiel durch Untreue oder sadistisches Verhalten des Partners. Beschwerden wurden nur selten auf Erfahrungen während des Krieges zurückgeführt, aber es gab Ausnahmen. Einer seiner Patienten bekam immer Angst, wenn er Flugzeuge hörte, weil das Erinnerungen an Bombenangriffe wachrief.

Keilson untersuchte seine Patienten psychiatrisch oder neurologisch oder in beiderlei Hinsicht. Er verschrieb Medikamente, oder er behandelte sie psychotherapeutisch. Manchmal empfahl er autogenes Training, eine Methode zur Selbstentspannung, und begleitete die Patienten darin.[58] Er konnte auch beschließen, Patienten einweisen zu lassen, beispielsweise in die Willem Arntsz Hoeve, eine psychiatrische Klinik in Den Dolder, oder in die Valeriusklinik in Amsterdam, die bis 1963 von seinem Lehrmeister und Psychiater-Kollegen Lammert van der Horst geleitet wurde. Es kam auch vor, dass Keilson Patienten nur eine Art väterlichen Rat gab, zum Beispiel: Gehen Sie auf Reisen, um neue Eindrücke zu gewinnen. Reiseerfahrungen sollten als Gegengewicht gegen Spannungen und Depressionen dienen.[59] Gelegentlich führte Hans Keilson auch im Auftrag von Unternehmen Untersuchungen durch.[60] Die Ergebnisse sollten den Betriebsärzten und der Betriebsleitung mehr Sicherheit in der Beurteilung eines Bewerbers oder eines Mitarbeiters geben, der sich merkwürdig verhielt. Die Abteilung Verkehrssicherheit des Verkehrsministeriums (in den Niederlanden zuständig für die Führerscheine) schaltete ihn bei Fragen der Fahrtüchtigkeit ein.[61]

Bei Kindern zeigte er sich vor allem als Berater. Seine Arbeit glich hier derjenigen, die er für Le-Esrath Ha-Jeled verrichtet hatte und noch verrichtete, auch wenn es dort ausschließlich um jüdische Kinder ging. Seine Empfehlungen in seiner privaten Praxis stützte er auf Testergebnisse, auf kleine Geschichten, die er schreiben ließ, um das Denk- und Entwicklungsniveau eines Kindes einschätzen zu können, und auf den eigenen Eindruck, den er während der Untersuchung gewann: War das Kind nett und offen, witzig, verlegen, oder war es misstrauisch und sah ihn mit einem aggressiven Ausdruck an? In manchen Fällen betrachtete er Neurosen der Kinder im größeren Zusammenhang von Problemen der Eltern. Es konnte sich um einen »Reisbreiberg von Neurosen« handeln, wie er das in einem Gutachten für einen Hausarzt ausdrückte. In solchen Fällen ging die individuelle Behandlung über in eine Familientherapie, wobei er auch Gespräche mit den Eltern führte.[62]

Bei den Schülern, die in seine Praxis kamen, gab es alle möglichen Probleme. Da waren Kinder, die gemobbt wurden, und solche, die sich aggressiv verhielten, solche, die sich schlecht konzentrieren konnten, deren Schulleistungen schlechter wurden, die zu wenig selbständig waren, die in einer schlecht funktionierenden Familie aufwuchsen, oder solche, die unter einer Mischung von all dem litten.[63]

Drei Patienten und eine Vaterfigur

Patrick de Knoest (* 1960) musste bei Keilson in Therapie, weil er Geld gestohlen hatte. »Von meinem zwölften bis zu meinem sechzehnten Lebensjahr ging ich regelmäßig zu ihm. Erst waren es mühsame Gespräche, bei denen ich mich ganz pubertär widersetzte. Später gelang es ihm, mich in sein Denken mitzunehmen. Ich lernte, auf mich selbst zu schauen, auf die Ursache meines Verhaltens. Es zeigte sich, dass das, was ich tat, ein Schrei nach Aufmerksamkeit meines Vater war, selbst wenn es denn um negative Aufmerksamkeit ging.« Patricks Vater, in Anspruch genommen durch seine Arbeit, kümmerte sich wenig um die Erziehung. Das wurde jetzt durch die Stunden mit Keilson ersetzt. »Meine Wertschätzung wuchs immer mehr«, berichtet Patrick. »Ich spürte seine Aufmerksamkeit, seine Anteilnahme an meinem Leben. Unsere Gespräche wurden eine Art notwendige Brücke zu meinem Erwachsensein, ohne dass er zum Beispiel mit Warnungen ankam.«[64]

Ein anderes Beispiel eines Patienten in der Pubertät war der spätere Schriftsteller und Schauspieler Gerben Hellinga (* 1937). Die Psychiater-Kollegin Margaretha Droogleever Fortuyn-Leenmans, unter ihrem Pseudonym M. Vasalis eine bekannte und geschätzte niederländische Dichterin, vermittelte seinen Besuch bei Hans Keilson. Der Junge war widerspenstig und wollte weg aus den Niederlanden. Er hatte Beängstigendes erlebt: Im Krieg war er zweimal Zeuge einer gerade noch verhinderten Verhaftung seines Vaters gewesen, und nach der Befreiung entkam er im Schwimmbad nur knapp dem Tod durch Ertrinken. Über die Besuche bei Hans Keilson schrieb er später: »Ich muss nur die Augen schließen und ich befinde mich wieder in einem kleinen Zimmer, fast ganz ausgefüllt von einem Schreibtisch, einem niedrigen Tischchen und zwei Stühlen. Wir sitzen einander gegenüber. Worüber reden wir? Über meinen Vater und meine Mutter natürlich, über die Schule, wo ich rausgeflogen bin, und über Literatur. Dr. Keilson ist Schriftsteller und Dichter. Sprechen wir über den Krieg? Dr. Keilson riet meinen Eltern, mir Freiheit zu geben. Ich brauchte nicht wegzulaufen, sondern bin mit ihrer Zustimmung hinaus in die Welt gezogen. Ich war sechzehn.«[65] Er besuchte die Kunstakademie in Brüssel und die Schauspielschule in Wien. In Berlin arbeitete er in der Theater- und Filmwelt. Hellinga: »Ich finde es mutig, dass Hans Keilson diesen Rat zu geben wagte. Und es war auch mutig von meinen Eltern, dass sie mich ziehen ließen. Zum Glück waren sie außergewöhnlich aufgeklärt. So entkam ich der Spießbürgerlichkeit der Niederlande in den fünfziger Jahren und konnte mich in eine Richtung entwickeln, die mir lieb war.«[66]

Ein erwachsener Patient aus den späteren Jahren war der Radiojournalist Wim Bloemendaal (* 1936), Sohn eines jüdischen Vaters und einer nicht jüdischen Mutter und darum nach jüdischer Tradition kein Jude. Im Krieg war er bei Christen untergebracht, die ihn hatten taufen lassen. Bloemendaal fühlte sich ausgeschlossen von der jüdischen Kultur seines verstorbenen Vaters, in die er sich als junger Mann nicht vertieft hatte. Die Gespräche mit Hans Keilson und die Bücher, die er jetzt las, bedeuteten für ihn eine Entdeckung des Judentums. »Er wurde ein stellvertretender Vater«, sagt Bloemendaal, »der mich mit Wissen nährte und mir auf diese Weise einen Hintergrund verschaffte. Dass ich eine jüdische Identität erlangte, das war meine Therapie. Mit Hilfe eines Rabbinatsgerichts bin ich damals jüdisch geworden.«[67]

Die Tochter Barbara

Ein ungehindertes tägliches Ein und Aus der Patienten und eine deutliche Trennung von Privatleben und beruflicher Sphäre waren Hans Keilson wichtig. Das hieß: immer geschlossene Küchen- und Wohnzimmertüren und keine unnötigen Geräusche aus den Wohnräumen. Tochter Barbara musste auf Zehenspitzen durchs Haus gehen. Freundinnen mit nach Hause bringen – das kam selten vor. Auch draußen, rund um das Haus, sah Hans Keilson lieber keine spielenden Kinder, wenn er Patienten hatte.[68]

So flexibel und entgegenkommend er gegenüber Kindern und Jugendlichen in seinem Sprechzimmer war – zu Barbara war er streng und unerbittlich. Regeln mussten befolgt und Verabredungen eingehalten werden. Einmal ließ er sie in einem Kino in Hilversum ausrufen: Sie musste sofort nach Hause kommen, wo ihre Klavierstunde wartete. Mit zwanzig machte sie zum ersten Mal allein eine Reise: mit dem Zug von Amsterdam nach Hamburg zu Tante Hilde und Onkel Schaul, der dort inzwischen bei der UNESCO arbeitete. Hans regelte das. In einem Brief an seine Schwester und seinen Schwager teilte er mit, dass Barbara sich im mittleren Teil des Zuges befinden werde. Sie werde aussteigen und dort an Ort und Stelle auf dem Bahnsteig warten, »bis Ihr sie gefunden habt, – das erscheint mir das Sicherste zu sein«.[69]

Er war übermäßig besorgt und dadurch verkrampft, denn nach dem Tod seines Söhnchens Tom durfte Barbara nichts passieren. Nach dem Mord an seinen Eltern waren sie und Hilde seine letzten nahen Verwandten.[70]

Barbaras Höhere Schule wurde das »Incrementum«, eine Dependance des Lyzeums in Baarn, eigens gegründet für die Prinzessinnen Beatrix und Irene. Diese kleine Mädchenschule in einer Villa wurde geleitet von Sophie (»Iet«) Ramondt, Griechisch- und Lateinlehrerin. Sie war seit den Vorkriegsjahren mit Gertrud befreundet, was vielleicht erklärt, dass Barbara zu dieser exklusiven Schule zugelassen wurde. Auch dass Hans Keilson sich inzwischen mit seiner Praxis einen guten Namen gemacht hatte, dürfte eine Rolle gespielt haben.

Mit neunzehn machte sie Abitur, und wie ihr Vater am Ende seiner Gymnasialzeit nicht gewusst hatte, was er werden wollte, so hatte auch sie keine genauen Pläne für die Zukunft. Schließlich entschied sie sich für ein Studium mit Deutsch im Hauptfach, Jiddisch im Nebenfach, und zog in ein Studentenzimmer in Amsterdam.

Am Ende dieses Studiums wartete aller Voraussicht nach der

Lehrberuf. Das behagte ihr gar nicht, und so wechselte sie zur Musikwissenschaft. Interesse an der Musik hatte sie von zu Hause durch ihren Vater mitbekommen. Mit ihm Musik zu erleben, das liebte sie. So war es für sie, als sie zwanzig war, ein besonderes Erlebnis, mit ihm eine Verfilmung der Oper *Don Giovanni* zu sehen.

Ihr Vater begrüßte die Wahl der Musikwissenschaft, denn er sah, mit wie viel Hingabe sie harmonisierte, komponierte, Flöte und Klavier spielte.[71] Zu ihrem vierundzwanzigsten Geburtstag bekam sie von den Eltern einen Plattenspieler, im folgenden Jahr ein Klavier. Mit diesem großen Geschenk wähnte sie sich im siebten Himmel.[72]

Barbara Keilson entwickelte eine Art Fanatismus für klassische Musik. Während eines Ferienaufenthaltes in Wien im Sommer 1965 besuchte sie mit ihrem Vater die Geburtshäuser und die Gräber der Großen der Musik.[73] Ein Jahr später schrieb sie an Tante Hilde und Onkel Schaul begeistert über eine Musikwoche, die »Polyphone Woche« in Flandern, mit täglichen Konzerten und Vorträgen.[74] Das Band mit ihrem Vater wurde noch intensiver, als sie sich für Richard Wagner begeisterte, den auch er sehr liebte.[75] Vater und Tochter sprachen gern über Komponisten und ihre Musik, über die Qualität von Interpretationen und Aufnahmen. Opern, Mozart-Sonaten, Schubert-Lieder, alles war dabei. Auch sang Barbara als Mezzosopran in mehreren Chören. Eine Zeitlang spielte sie in einem Gamelanorchester. In späteren Jahren nahm sie Cellounterricht.[76]

Eine Zeitlang arbeitete sie in der Musikabteilung der öffentlichen Bibliothek in Amsterdam. Sie heiratete den Pianisten, Dirigenten und Schulmusiker Ed Wertwijn, wie sie selbst 1941 geboren. Für die gemeinsame Tochter Esther wurde Musik das Selbstverständlichste auf der Welt: »Ich wuchs auf mit den Klängen meiner Mutter, die unten im Wohnzimmer Cello übte.«[77] Als

Studium wählte Esther die Philosophie; die Geige war, wie bei ihrem Großvater, »ein sehr seriöses Hobby«.[78] Mitunter musizierte die Familie zu dritt: Dann spielte Esther Geige, Ed Klavier und Barbara Blockflöte.

Barbara vertiefte sich auch in ein ganz anderes Thema: den Antisemitismus. Hans Keilson machte sich Sorgen über dieses Interessengebiet seiner Tochter. »Barbara ist schrecklich beschäftigt mit dem Sammeln antisemitischer Äußerungen«, klagte er dem befreundeten Psychiater Wim Lucieer, »und ich frage mich, ob das gut ist.« Er fürchtete, dass sie sich in all dem Geschimpfe und Geschelte verlieren würde und dass sie das Schmerzliche gewissermaßen suchte.[79]

Musikalische Schönheit und antisemitischer Hass, in diesen beiden Interessengebieten klang bei Barbara ein Echo des Lebens ihres Vaters nach. Sie band sich stärker an ihn, indem sie diese Themen wählte. Dabei schien die klassische Musik ein Gegengift gegen das andere Thema zu sein. Musik war für sie, wie ihre Tochter es ausdrückte, »unbefleckte Schönheit« und »eine Erfahrung jenseits aller Erfahrungen«.[80]

9 Das Buch über Hitler

1958–1962

»Ein Tropfen Liebe würzt das Hassen«

Hass und Faszination

Auch wenn Hans Keilson als Psychiater, Psychoanalytiker und pädagogischer Berater viel zu tun hatte – er versuchte sein Glück auch weiterhin in der Literatur. 1947 hatte er für die *Komödie in Moll* und für die niederländische Übersetzung *Comedie in mineur* Verleger gefunden. Aber die Publikation seines wichtigsten Buches, *Der Tod des Widersachers*, über die Schicksalsverbundenheit geschworener Feinde, sollte noch ziemlich lange auf sich warten lassen.

In den Nachkriegsjahren musste er eine Reihe von Enttäuschungen hinnehmen. Eine Erzählung über die Kraft der Musik, »… Aber die Musici bleiben bestehen«, hatte er 1946 an die *Neue Rundschau*, die Zeitschrift des Verlages S. Fischer, geschickt; der Text wurde nicht publiziert.[1] Versuche bei anderen Verlagen in den fünfziger Jahren waren ebenfalls vergeblich.[2] Auch Gertrud wird das schade gefunden haben, denn Hans hatte ihre Geburtsstadt Amorbach als Ort der Handlung gewählt.

»… Aber die Musici« ist eine muntere, märchenartige Erzählung: Als ein Musikant eine Gruppe streitender Leute dazu bringt, gemeinsam einen Kanon zu singen, sind ihre Streitigkeiten wie durch Zauberei vergessen und vergeben.[3] In einer Zeit, wo die Welt sich vom Krieg zu erholen suchte, war das eine gute Botschaft: Musik bringt Versöhnung.

Der Plan, Gedichte aus der Vorkriegszeit in Deutschland zu

publizieren, missglückte. Anfang der fünfziger Jahre schickte er einige davon an Peter Huchel, den Redakteur von *Sinn und Form*, damals die Literaturzeitschrift der Deutschen Akademie der Künste in Ostberlin. Das hätte ein erster Schritt im Anlauf zu einem Gedichtband sein sollen. Gab es einmal eine Vorpublikation in einem angesehenen Blatt, so muss Keilson gedacht haben, dann käme ein Gedichtband in Sicht.

Huchel ließ ihn wissen, dass er beeindruckt sei und in seinem Blatt eine Auswahl publizieren werde. Am Ende nahm er nur einen Text auf, »Zu einem alten Niggun«, ein Gedicht, in dem die Atmosphäre eines gemeinsam gesungenen jüdisch-religiösen Liedes aufgerufen wird. Als Honorar bekam er nicht einen Betrag in DDR-Währung, sondern etwas Musikalisches, was er sich erbeten hatte: Noten der Mozart-Streichquartette. Er sollte davon bei Hausmusik-Gelegenheiten dankbar Gebrauch machen.[4] Auch für ihn selbst konnte Musik ein Heilmittel sein.

Dass Huchel so zurückhaltend mit dem Publizieren war, erklärte sich Keilson mit den Ereignissen in der Sowjetunion, wo damals der Antisemitismus aufloderte, nachdem Stalin behauptet hatte, jüdische Ärzte hätten kommunistische Führer und auch ihn selbst vergiften wollen. Keilson schrieb an Hans Würzner, den späteren Professor für deutsche Sprache und Literatur in Leiden: »Huchel fürchtete Konflikte wegen des Themas meiner Gedichte, es handelt sich um ›Judenverse‹.«[5] Er hatte dazu eine Theorie: »Auch diese Episode schien mir symbolisch für mein Leben zu sein. Immer funkte die ›Weltgeschichte‹ dazwischen, wenn es um ärztliche oder literarische Ambitionen ging.«[6]

Der Lauf der Weltgeschichte hatte ihm in der Tat bereits ein paarmal den Weg versperrt; es war, als ob sich ein Pechvogel-Muster abzeichnete. In den dreißiger Jahren wurde seine medizinische Laufbahn im Keim erstickt, auch durfte er nicht Mitglied der Reichsschrifttumskammer werden, was einem Berufsverbot gleichkam. Der Beginn des Krieges in den Niederlanden und die antijüdischen Maßnahmen der deutschen Besetzer bedeuteten, dass er überhaupt alle Zukunftspläne vorläufig begraben musste.

Sein größtes literarisches Projekt in den Nachkriegsjahren war die Vollendung des Romans *Der Tod des Widersachers*. Das folgende Gedicht über Hitler und die Juden spielte dabei eine Rolle:

Bildnis eines Feindes

In deinem Angesicht bin ich die Falte
eingekerbt um deinen Mund,
wenn er spricht: du Judenhund.
Und du spuckst durch deiner Vorderzähne schwarze Spalte.
In deiner Stimme, wenn sie brüllt, bin ich das Zittern,
Ängste vor Weltenungewittern,
die vom Grund wegreißen und zerstreuen.
Deine Hände würgen. Deine Enkel werden es bereuen.
Im Schnitt der Augen, wie deine Haare fallen,
erkenn ich mich, seh ich die Krallen
des Unheils wieder, das ich überwand.
Du Tor, du hast dich nicht erkannt.
Vom Menschen bist du nur ein Scherben
und malst mich groß als wütenden Moloch,
um dich dahinter rasend zu verbergen.
Was bleibt dir eigenes noch?
Denn deine Stirn ist stets zu klein, um je zu fassen:
… ein Tropfen Liebe würzt das Hassen.[7]

1939 war das Gedicht auf Deutsch in *De Gemeenschap* veröffentlicht worden.[8] Hans Keilson nannte es »die Keimzelle meines Romans *Der Tod des Widersachers*«.[9] Es enthält denn auch Theorien, die das gesamte Buch tragen: Gut und Böse sind miteinander verbunden, und Feinde empfinden eine gegenseitige Faszination, sie erkennen im anderen etwas von sich selbst. Das sind Gedanken, die auch in einem Roman im Mittelpunkt stehen, den Hans Keilson in seiner Gymnasialzeit las und bewunderte: *Demian* von Herman Hesse. »Wenn wir einen Menschen hassen«, sagt in Hesses Roman eine der Hauptfiguren, »so hassen wir in seinem Bild etwas, was in uns selber sitzt.«[10]

»Bildnis eines Feindes« und *Demian* boten einen Ausgangspunkt, eine Denkweise, die Hans Keilson im Krieg zu einem Prosatext von um die fünfzig Seiten inspiriert hatte.[11] In den Jahren nach 1948 baute er das Manuskript zu einem vollwertigen Roman aus.[12] Das machte er in seiner Freizeit, wenn er nicht für Le-Esrath Ha-Jeled oder in seiner eigenen Praxis am Werk war.

Ein junger Lehrer

Der Roman ist eine Rahmenerzählung: Zu Beginn gibt ein Rechtsanwalt in Amsterdam einem Bekannten leihweise ein Manuskript in deutscher Sprache zum Lesen mit. Der Rechtsanwalt hat es seinerseits im Krieg von einem Klienten bekommen, der als Flüchtling in die Niederlande kam und dort untertauchen musste. Der Anwalt hatte die Papiere vergraben, aber sie nach dem Krieg wieder zum Vorschein geholt.

Es handelt sich um tagebuchartige Erinnerungen und Gedankenspiele eines jungen Sportlehrers, der namenlos bleibt.

Dieser Lehrer / Flüchtling spricht zunächst davon, dass der Tod Teil seines Lebens geworden, gleichsam bei ihm eingezogen sei. Es ist nicht so sehr sein eigener Tod, der ihn beschäftigt, sondern der Tod seines Feindes, eines gewissen »B.«. Ohne dass sein Name fällt, wird schnell deutlich, dass mit dieser Initiale Hitler gemeint ist. Und der Lehrer ist offenbar ein Jude, obwohl auch dieses Wort nirgends im Text zu finden ist. Sein Text bleibe in diesem Punkte absichtlich vage, schreibt er, damit derjenige, der ihn später zur Aufbewahrung bekommt, nicht in Gefahr gerät.

Der Lehrer greift zwanzig Jahre in der Zeit zurück, und ein Strom von Erinnerungen kommt in Gang. Damals, als zehnjähriges Kind, hörte er seinen Vater und seine Mutter flüsternd über B. sprechen, vor allem über die Bedrohung, die von ihm ausging.

> Mein Vater sagte: »Wenn B. je an die Macht kommt, dann gnade uns Gott! Dann werden wir noch etwas erleben.«
> Meine Mutter erwiderte ruhiger: »Wer weiß, vielleicht kommt es auch anders. Ein so großer Herr ist er noch nicht.«[13]

Eltern und Sohn sprechen nicht mehr über B. Der Vater ist düster gestimmt und glaubt, dass großes Unheil droht. Der Sohn betrachtet das Bild von B. in Zeitungen und Zeitschriften, es scheint ihm alltäglich zu sein, und er begreift nicht, wie dieser Mann die Macht haben kann, schreckliche Dinge geschehen zu lassen. Aber mit ebendieser Macht wird der Lehrer als Kind tatsächlich zunehmend konfrontiert: Die anderen Kinder beschimpfen ihn, und er darf nicht mehr mitspielen. Wenig später, beim Fußball, wird er getreten und geschubst, und er tritt zurück. In der Schule fühlt er sich einsam und ausgeschlossen. Irgendwo im Hintergrund, das weiß er, ist es B., der all dies verursacht: Seine Macht wächst, er kommt näher, drängt sich auf. Und das Seltsame ist, dass er selbst, wenn er ein Foto von B. betrachtet, das Gefühl bekommt, dass er sich in ihm erkennt.

Ein Freund, drei Jahre älter als der junge Lehrer, ist ganz und gar im Banne von B. »Er gibt unserem Leben neue, große Ziele«, sagt er, »wert für sie zu leben oder zu sterben.«[14] B. müsse tief von seinen Widersachern – lies: den Juden – getroffen sein. Es könne vielleicht so etwas wie eine Verwandtschaft bestehen, aber das kann der Lehrer sich einstweilen nicht vorstellen.[15]

Um seinen Ideen Nachdruck zu verleihen, erzählt der Freund eine parabelartige Geschichte. Gelegentlich eines Staatsbesuches des deutschen Kaisers beim russischen Zaren schenkte der Zar dem Kaiser eine Herde Elche, die in einem Naturschutzgebiet an der Ostsee angesiedelt wurden. Aber so gut die Tiere es auch hatten, sie wurden apathisch und starben eines nach dem anderen. Der Grund: Es fehlten ihnen die Wölfe, die sie in ihrem ursprünglichen Lebensraum wachsam und lebendig gehalten hatten. Gut und Böse haben einander nötig, lautet die Botschaft.

Die Begegnung mit dem Freund ist inzwischen etwa fünfzehn Jahre her, schreibt der Lehrer. Er hat ihn nie mehr wiedergesehen. Er soll Karriere gemacht haben. Suggeriert wird, dass er in der Nazipartei, die nicht mit Namen genannt wird, den Weg nach oben gefunden hat.

Auch wenn er den Freund mit der Geschichte von den Elchen längst aus den Augen verloren hat – der Lehrer bleibt unter seinem Einfluss. Durch das, was dieser Freund ihm vor Augen geführt hat, kann er sich ein besseres Bild von B. machen. Er ist ihm nähergekommen. Dazu kommt, dass er sich selbst zu den »Objektiven« zählt: Er will wissen, was die Gegenpartei denkt, er will nicht immer gleich eine Meinung zu allem haben.

Auf einer Reise, nach einer langen Wanderung durch die Wälder, macht er eine neue Erfahrung mit B. Dieser Mann kommt ihm beängstigend nahe: In einer kleinen Stadt tritt B. im Saal eines Gasthofs als Redner auf, während der Lehrer ihn in der Gaststube desselben Gasthofs über einen Lautsprecher hören kann. So ist er

Zeuge der Art und Weise, wie B. spricht, wie er immer wieder eine erfundene Person, einen imaginierten Widersacher, anspricht, der ihm angeblich Fragen stellt. B. redet sich selbst in einen Rausch, er beschuldigt, verspottet und erniedrigt den erfundenen anderen, während dieser keinen hatte, »der für ihn sprach. Er, der nie bestand, wurde durch die Stimme totgemacht.« Der Lehrer: »Wehrlos saß ich in der Gaststube. Ich war der Niemand da in dem Saale. Ich hörte meine eigene Vernichtung. Eine dunkle Ahnung befiel mich, und der Mut sank mir.«[16] Die Gaststube wird an diesem Abend durch eine Gruppe von B.-Gegnern überfallen und teilweise demoliert: Auch von der »guten« Seite ist also Gewalt zu erwarten.

Das Denken über B. entwickelt sich beim Lehrer in eine Richtung, die ihn selbst erstaunt:

> Wenn ich meine Augen schloß, erstand mir seine Gestalt von innen, und wenn ich in mich hineinhörte, summte in meinem Ohr seine Stimme. Sosehr ich mich auch zur Wehr setzte, ich konnte nicht verhindern, daß mir Bild und Schall vertraut wurden, als wären sie völlig aus meinen Sinnen entstanden und führten selbstständig ihr äußeres Leben. Erging es ihm mit mir anders? Wie stark ich in seinen Gedanken lag, dessen war ich eben wieder Zeuge gewesen. Kein Liebhaber kann anhänglicher von dem Gegenstand seiner Liebe sprechen als auf die Weise, die die seine war, auch wenn er mich verwünschte. Er suchte mich. War dies nicht deutlich? Stets war ich bei ihm. Er trug mich mit sich herum geradeso wie er seine Hand, sein Ohr oder seine Zunge stets mit sich herumführte. Er muß von mir besessen gewesen sein.[17]

B. hatte einen guten Grund, sich so auf seinen Feind zu fixieren: Indem er ein negatives Bild des anderen evozierte, konnte er seine

Unsicherheit über sich selbst abwehren. Aber etwas Wesentliches entging ihm: Was er evozierte, konnte nicht ohne ihn standhalten, es war ein erfundener, fiktiver Widersacher, der dasjenige verkörperte, was er selbst *nicht* war, oder besser gesagt: was er nicht sein wollte oder in sich selbst nicht wahrhaben wollte.

> So schuf er sich in mir ein Gegenbild und wußte von nun an: Wer ich nicht bin, dies weiß ich wohl. Alles was er in sich verschwieg und womit er selbst nicht zu Rande kam, erblickte er in mir. Bezaubert, hingerissen und zugleich voll Entsetzen und Grauen. Er glaubte, daß ich es sei, so wie er mich beschrieb. Aber er irrte sich vorerst. Ich war es nicht. Sein Entsetzen verhüllte ihm meine wahre Gestalt. [...] Er und ich, wir waren einander ins Blickfeld geraten, wir hatten miteinander zu schaffen. Wir wuchsen aneinander auf. Eine Verwandtschaft war zwischen uns aufgerichtet, gebunden mit den starken Banden einer Feindschaft auf Leben und Tod. Sie begann mit dem Leben, sie zielte schließlich auf den Tod. Aber im Anfang war sie beides, Leben und Tod.[18]

Das Verhältnis zwischen B. und dem anderen führt zu einer auf hohen Ton gestimmten, paradoxen Argumentation. Gerade die beiden großen Gegner, B. und der Jude, seien womöglich vorhergesehen »im Plane der Schöpfung«.[19] Der Lehrer braucht B., so wie die Elche die Wölfe brauchen. Er hält die Erniedrigungen und Schläge, die ihm zugefügt werden, sogar für gerechtfertigt:

> Ich konnte ihn nicht aufgeben, ich hatte ihn nötig. Sein Dasein bedeutete in einer nahen Zukunft meine Vernichtung, dies war gewiß. Aber sein plötzlicher Tod oder irgendein anderes Ereignis, das mich seiner drohenden Gegenwart beraubt

> hätte, hätte ebenfalls meinen Untergang zur Folge gehabt. Zwischen uns waren Bindungen und Verpflichtungen entstanden.
> [...]
> Er machte mich leiden und ich litt voller Hingabe. Jede Veränderung dieses Zustandes zwischen uns hätte mich in ein Vakuum gestürzt, hätte mich des heftigen Lebensantriebes beraubt, der aus dem Willen zum Leiden stammt. Wohin hätte ich mich wenden sollen? Er war mir alles.[20]

Die jüdischen Freunde des Erzählers haben beschlossen, jetzt, da sie überall aus der Gesellschaft ausgeschlossen werden, eine eigene Sub-Gemeinschaft aufzubauen, mit Sportplätzen, Krankenhäusern, Schulen, Kinos, Tanzgelegenheiten und so weiter. Der Lehrer wird gefragt, ob er als Sportlehrer in dieser kleinen Parallelwelt mitmachen will. Er fühlt sich durchaus mit seinen Freunden und der eigenen Gemeinschaft verbunden, aber gleichzeitig ist da »die Gemeinschaft derer, die unlösbar auf Tod und Leben in ihrem Streit aneinandergebunden sind«.[21] Das Band mit dem Feind hält er für stärker, es hat für ihn mehr Bedeutung.

Der Theorie des Lehrers steht die nüchterne Alltäglichkeit der Freunde gegenüber. Einer von ihnen sagt über B.: »Man müßte ihn totschlagen, einfach totschlagen. Aus.«[22] Das könnte der Lehrer nicht so einfach, denn das Leben des anderen, des Feindes, liebt er auch; es ist genauso Teil der Schöpfung. Bei seinen Freunden kommen seine Ideen nicht gut an. Sie finden ihn lästig und glauben, dass er mit seiner Philosophie nicht weit kommen wird. »Und passen Sie lieber auf«, bekommt der Lehrer zu hören, »daß Sie nicht sein erstes Schlachtopfer werden.«[23]

Der Erzähler beschreibt einen Abend bei einer jungen Frau, Lisa, die er in einem Warenhaus kennengelernt hat; sie war dort Verkäuferin, und er hatte eine Teilzeitstelle als Einpacker gefunden.

An diesem Abend kamen drei ihrer Freunde zu Besuch, die auf der Seite von B. standen. Einer von ihnen berichtete über eine Grabschändung auf einem jüdischen Friedhof, an der er mit einer Gruppe von B.-Anhängern teilgenommen hatte. Der Lehrer hörte von ihren Ängsten und Unsicherheiten, von der Mühe, die es sie kostete, die schweren Steine zu zerstören, von den Trieben, die ausgelöst wurden. Einer der Jungs ließ sich der Länge nach auf ein Grab fallen:

> [Er] griff mit seinen Händen in die nasse, klamme Erde und begann zu buddeln und zu graben. Seine Finger fraßen die Erde und griffen immer tiefer hinein, als verspürte er das Verlangen, mit seinen Händen das Gebein herauszukratzen. Sein Kopf lag auf der Erde, und der Sand kam in seinen Mund. Er spuckte, gurgelte und kratzte in einem rasenden Tempo weiter. Dann hielt er plötzlich inne, blieb wie tot auf dem Hügel liegen, sprang auf und besprang das Nachbargrab. Hier wiederholte er das gleiche […].[24]

Dann kommt der Lehrer wieder auf seine Eltern zu sprechen, die eines Abends von bewaffneten Männern aus ihrem Haus geholt wurden, der Vater mit seinem Rucksack, die Mutter weinend. Die Macht von B. reicht inzwischen so weit, dass er so unerbittlich zuschlagen kann. Die Eltern hatten es kommen sehen, denn der Vater war schon einige Zeit damit beschäftigt gewesen, seinen Rucksack zu packen, mit für die Reise ins Ungewisse unentbehrlichen Dingen: Seife, Handtücher, warme Kleidung, Schlaftabletten und so weiter.[25]

Jetzt, wo die Eltern weg sind, vollzieht der Lehrer in seinem Denken eine Kehrtwende: Vielleicht wäre es doch besser gewesen, wenn man B. einfach totgeschlagen hätte, denn inzwischen ist klar, dass er die Drohungen von einst wahr macht. Der Lehrer hat, wie er selbst glaubt, in dem Wahn gelebt, dass B. »ein Positivum sei«.[26] Jetzt hasst er ihn und will nichts lieber tun als ihn töten, so einfach und eindeutig ist es. Aber der Einzige, der B. noch vernichten kann, ist B. selbst.

Die jüdischen Freunde des Lehrers fordern ihn auf, Fotos von ihnen zu machen. Sie inszenieren sich als Verwundete, mit Verband um Kopf, Bauch, Arm oder Fuß. Die Freunde wollen die Fotos an Zeitungen schicken und so versuchen, »Dinge die geschehen, allgemein bekannt werden zu lassen« (gemeint sind die Gewalttätigkeiten auf der Straße gegen die Juden).[27] Die inszenierten Fotos würden, denkt der Lehrer, das Publikum aber nicht so weit bringen, dass sie sehen und glauben, was sich abspielt.

Fotos spielen im Roman mehrfach eine Rolle. Sie sind in den Erzählverlauf eingeflochten, um eine Botschaft zu verkünden: Fotos lügen, sie präsentieren die Wirklichkeit auf eine Weise, die dem Fotografen oder seinem Auftraggeber am besten passt. Die Scheinwelt, die sie zeigen, hat großen Einfluss auf das menschliche Denken und Handeln.

Der Lehrer hat B. zweimal aus nächster Nähe gesehen. Das zweite Mal – der Roman erzählt es in dieser nicht chronologischen Reihenfolge – war es in der Oper, wo *Tristan und Isolde* von Richard Wagner gegeben wurde. Der Lehrer erinnert sich, dass das Publikum sich erhob, als B. in der Ehrenloge erschien. »Ich saß unten und stand auch auf, ohne zu wissen warum. Ich sah mich um und verharrte schweigend auf meinem Platz, während die anderen grüßten. Das Orchester spielte die Hymne, seine Hymne. Die

Vorstellung war mir verleidet. Aber ich blieb dennoch.«[28] In der Pause sieht der Erzähler, wie B. im Foyer entspannt Kaffee trinkt und plaudert. Er steht nicht in seiner unmittelbaren Nähe, aber beobachtet ihn aufmerksam, mit seinem glatt gebürsteten Haar und seinen wuscheligen Augenbrauen.

Die Erinnerung an die Begegnung in der Oper führt ihn in Gedanken zurück zu dem Moment, als er B. zum ersten Mal sah. Es war September, und er kam aus der Universität, wo er ein Examen abgelegt hatte. Von dem Boulevard mit den alten Linden auf dem Mittelstreifen bog er in eine Seitenstraße ein, die voller Menschen war, denn B. sollte im Auto seinen Präsidentenpalast verlassen, um die »S.-Werke« zu besuchen. Dass er B. jetzt leibhaftig sehen würde, bedeutete, dass es ihn wirklich gab und dass er nicht nur im Spiel der Phantasie eine Rolle innehatte. Das würde den Lehrer auch einsam machen, denn die Menschen, die zusammengeströmt sind, um B. zu sehen, sind aufgeregt und werden seinen Triumphzug genießen. Der Lehrer würde deshalb, so wie früher, das Gefühl haben, dass er nicht dazugehört. Er denkt zurück an seine Angst und Verzweiflung als Kind, an den Bund, den er mit B. geschlossen hatte, an die Transformation, der er B. in Gedanken unterworfen hatte: aus einer bedrohlichen Macht in einen, »der das Heil brächte. Und jetzt das Wissen und die Trauer, daß nichts mehr half […] und alles, alles zunichte und unabänderlich.«[29]

Der Lehrer sieht B., der im offenen Auto steht. Für den Bruchteil einer Sekunde gibt es sogar Augenkontakt. Der Mann sieht absolut gewöhnlich aus, und vielleicht, schlussfolgert der Lehrer, ist es das, was ihn für viele so anziehend macht. In seiner Phantasie erschießt er ihn.

Der Lehrer weiß, wie sehr die Elche (die Juden) mittlerweile gelitten haben. Aber jetzt schlägt der Tod unter den Wölfen (den Nazis) zu. Sie hatten die Elche in ihrer Macht, aber selbst sind sie einer noch höheren Macht unterworfen. Der Schluss des Manuskriptes berichtet von B.s Selbstmord.

Der Ich-Erzähler der Rahmenhandlung bringt dem Rechtsanwalt in Amsterdam das ausgeliehene Manuskript zurück, und es entspinnt sich ein Gespräch. Der Anwalt weiß, dass der Lehrer im Widerstand eine wichtige Rolle spielte, unter anderem als Fälscher von Ausweisen. Durch eine Bekannte wurde er verraten und vom »Chef der gegnerischen Sicherheitsstelle«[30] in eine Falle gelockt. Er wurde in einem Schusswechsel getötet, aber nicht ohne dass er selbst auch einen der Sicherheitsdienstler erschoss. Das war das Ende zweier Feinde.

Der Tod des Widersachers ist ein kaleidoskopisches Buch, dessen zentrales Thema das Verhältnis von Gut und Böse ist. Beides hängt zusammen, das eine ist ohne das andere nicht denkbar, und bis zu einem gewissen Grade gehen sie ineinander über. In scheinbar unschuldigen Menschen wie dem Lehrer und seinem Vater ist das Böse, wenn auch in milderer Form, anwesend: Der Lehrer hat als Kind Briefmarken gefälscht, und der Vater hat einmal einen kleinen finanziellen Fehltritt begangen.

Vertreter des großen Bösen ist B., der jedoch für seine Hass-Exerzitien einen Gegner, einen Widersacher nötig hat. Und ebenso denkt dieser Widersacher, der Jude, dass er B. braucht, wie die Elche die Wölfe brauchen, um nicht in Apathie zu verfallen. Die jungen Männer, die die Gräber schänden, scheinen sich, auf den Gräbern liegend und wild in der Erde wühlend, beinah mit den Toten, die sie so hassen, vereinen zu wollen. Hier kommen Hass und Liebe einander körperlich nahe.

Die Theorie, dass Gut und Böse miteinander verbunden sind und dass sogar die unterlegene Seite die böse Macht B. nötig hat, lässt sich am Ende nicht aufrechterhalten. Es sind Phantasien, die

Geschichte von den Elchen und den Wölfen ist in letzter Instanz ein nutzloses Märchen. Die Freunde des Erzählers sind nüchtern in Bezug auf B.: Er müsste einfach totgeschlagen werden. Sie haben die Illusion hinter sich gelassen, sie halten nichts von Theorien über den Nutzen eines Feindes.

Der Lehrer aber glaubt immer noch an seinen Bund mit B. und zeigt sogar Mitgefühl. »Ich habe meinen Feind erkannt«, sagt er. »Ich verdanke ihm viel. In meiner Furcht war es, daß ich ihn erkannt habe. Und die Bitterkeit der Feindschaft verschaffte mir die Süße der Erkenntnis. [...] Auch die Wölfe sind sterblich. Sie stehen in der Macht eines Stärkeren, fürchterlicher als die Elche in der ihren. [...] Auch der Feind ist der Gnade teilhaftig, ich kann dies nicht vergessen.«[31] Dann kommt die Nachricht von B.s Selbstmord. Der Lehrer schreibt:

> Er hätte es schwerlich ertragen können, zuletzt allein ohne mich weiterzuleben. Meine Gegenwart beunruhigte ihn. Seine Unrast verbürgte ihm lange Zeit sein Bestehen. Solange er mich bestreiten konnte, hatte er festen Grund unter den Füßen. Als ihm alles gelang und er Sieger ward, hatte er ihn schon wieder verloren. Der Tor, er hat in mir bekämpft, was er in sich selbst nie Auge in Auge zu schauen wagte. Zum Schluß gebrauchte er mich, um sich dahinter rasend vor sich selbst zu verbergen. Er hat sich nie gekannt. Ich habe in ihm geliebt, was ich in mir selbst nicht vernichten konnte. Ich wollte diesen Verlust verhindern, ich dachte, daß es in meiner Macht läge, ihn zu verhindern [...].[32]

Das eigentliche Drama im *Tod des Widersachers* ist, dass B. auf radikale Vernichtung aus ist und nicht begreift, dass sich in seinem Widersacher etwas von ihm selbst erkennen lässt. Sein Selbstmord ist denn auch für den Lehrer, für den die gegenseitige Verbundenheit nun einmal eine Tatsache darstellt, ein Verlust: »Ein Stück meines Lebens hat er mit in seinen Tod hineingenommen, unwiederbringlich. Ein Korn seines Todes hat seine bestürzende Saat in mich ausgestreut.«[33] Diese Gedanken sind der logische Auftakt zu dem Schluss des Romans, wo auch der junge Lehrer den Tod findet.

Verbindungslinien zur Wirklichkeit

Die Beziehung zwischen Hitler und den Juden, erbitterten Feinden, ist das Thema des Romans *Der Tod des Widersachers* und stellt das Buch in einen historischen Kontext. Aber auch davon abgesehen ist die Wirklichkeit an vielen Stellen wiederzuerkennen.

Kurios ist die Beschreibung des Warenhauses, in dem der Erzähler arbeitet und wo er Lisa begegnet. Im Roman liegt es einen halben Kilometer vom Bahnhof entfernt, in der Nähe der Börse und des königlichen Palastes, und es hat ein Atrium. Keilson hatte bei dieser Beschreibung ganz offensichtlich das Warenhaus »De Bijenkorf« in Amsterdam vor Augen. Verwirrend, denn die Handlung spielt eindeutig in Berlin. Die Keilsons hatten Verbindungen zu diesem Warenhaus. Der Direktor, Alfred Goudsmit, hatte Hans Keilson im Mai 1940 angeboten, mit ihm nach England zu kommen; nach dem Krieg war er im Vorstand von Le-Esrath Ha-Jeled. Gertrud hatte für die Personalabteilung des Warenhauses Handschriftanalysen geliefert. Hans dürfte es reizvoll gefunden haben, das Kaufhaus zu beschreiben: ein Augenzwinkern des Autors, bestimmt für Goudsmit und Gertrud.

Ein weiteres Augenzwinkern, ein kleiner Scherz für Eingeweihte in diesem sonst so ernsten Buch, sind die Namen eines Hundes und einer Katze, Hützi und Bützi. Diese Namen verweisen auf die

Kinder des deutschen Psychiaters Franz Kramer, bei dem Hans Keilson in Berlin noch Vorlesungen gehört hatte. Die Familie war Ende der dreißiger Jahre in Bilthoven, also im Umkreis des Werkplaats-Internats und der Familie von der Dunk gelandet. »Hüddi« war der Kosename der Tochter, »Bützi« wurde der Sohn genannt.[34] Im Roman versucht ein Fotograf, der Vater des Lehrers, die beiden Tiere zusammen zu fotografieren. Als das nicht gelingt, beschließt er zwei getrennte Fotos zusammenzumontieren. Der kleine Betrug des Vaters zeigt, dass Wirklichkeit durch Lüge und Propaganda vorgetäuscht werden kann. Zugleich wird gezeigt, dass das Koppeln von zwei Feinden etwas Künstliches und Betrügerisches ist: ein ironischer Blick auf den Grundgedanken des Romans.

Es gibt auch Anspielungen auf Keilson, der ja selbst Sportlehrer war. Die Eltern des jungen Lehrers erinnern an Max und Else Keilson. Der Vater war einst bei einem Uhrmacher in der Lehre: Das stimmt mit der Lebensgeschichte von Max überein. Die Eltern stehen vor allem in Kapitel XII im Vordergrund, wo der Vater des Lehrers einen Rucksack packt, bevor er und seine Frau mit unbekanntem Ziel weggebracht werden.[35] Diese Szene basiert auf dem, was im Frühjahr 1943 in Naarden geschah, als das Ehepaar Keilson abgeholt und in Westerbork interniert wurde, ihrem Wartezimmer für Auschwitz. Der Vater wurde damals aus der Wohnung abgeholt, die Mutter aus dem Krankenhaus. Im Roman werden sie zusammen in ihrem Haus abgeholt.

Und dann ist da Hitler. Zweimal sah Hans Keilson ihn in Berlin leibhaftig, und zweimal hat er diese Erfahrung in seinem Roman verarbeitet. Die Szene, in der B. im Auto seinen Palast verlässt, basiert auf einem Erlebnis am 10. November 1933.[36] An diesem Tag war Hans Keilson Unter den Linden unterwegs und blickte von dort in die Wilhelmstraße mit all den Regierungsgebäuden.

Und da standen viele Menschen, und neugierig, wie ich bin, dachte ich: »Da mußt du hin!« Ich ging hin. Da standen viele Mütter mit Kindern, auch erwachsene Männer und ein paar Polizisten, Berliner Polizisten, sehr gemütlich: »Sag' mal, was ist denn hier los?« »Ja, der Führer kommt, der fährt heute zu den Siemens-Schuckertwerken. [...] Er muß gleich herauskommen!« Ich hatte Zeit. Ich stellte mich auch auf, und da kam er tatsächlich, stand in seinem Auto neben seinem Chauffeur, in der Uniform der SA-Leute. Wir rannten alle auf den Damm, die Kinder und ich auch. Und die Kinder, die die Versperrung durchbrachen, tanzten vor dem Auto von Hitler. Und Hitler wurde nervös und sagte zu seinem Chauffeur: »Die Kinder! Die Kinder!« Ich sah, wie er nervös war, wie er ängstlich war.[37]

Als Keilson aus solcher Nähe den »Führer« wahrnehmen konnte, erschien er ihm als »ein fieser kleiner Mann in Uniform – gar keine strahlende, charismatische Figur«.[38] Rückblickend begriff er, dass dieser Mann dieselben Kinder, die er damals beschützen wollte, später, als Erwachsene, mitleidslos als Kanonenfutter opfern sollte.[39]

Ein zweites Mal sah er ihn in der Oper, wo *Tristan und Isolde* gegeben wurde, wie im Roman. Hans war dort an diesem Abend zusammen mit Gertrud.

Und später habe ich ihn dann 1935 gesehen, in der Städtischen Oper in Berlin in einer Tristan-Aufführung, die Karl Böhm dirigiert hat. Ich saß mit meiner Frau unten im Parkett, und Karl Böhm beginnt zu dirigieren: Das »Horst-Wessel-Lied«! Meine Frau sagte zu mir: »Ich gehe!« und ich sagte: »Du bleibst!« Und sie ist geblieben. Jetzt kann man darüber streiten, ob man Wagner gern hat oder nicht, und *Tristan* ist, finde ich, sein größtes

Werk. Und von Böhm habe ich wunderbare Aufführungen gehört. Aber daß der dann das »Horst-Wessel-Lied« davor spielen läßt …[40]

Gerhard Badrian

Am Ende des Romans sprechen der Anwalt und sein Bekannter über den Autor des Manuskriptes, der im Widerstand als Fälscher, unter anderem von Ausweisen, Wichtiges geleistet hatte. In der Geschichte seines Untergangs spielen zwei Frauen eine Rolle: sein »Mädchen« und deren Freundin, die »anrüchige Beziehungen« hatte. Eines Tages, erzählt der Anwalt, ging er zu ihr zum Tee, ohne zu wissen, dass auf derselben Etage die Freundin des »Chefs der gegnerischen Sicherheitsstelle« wohnte.

»[…] Er klingelte. Als die Tür geöffnet wurde, sah er oben an der Treppe eine Uniform. Er lief weg. Der andere folgte ihm, auf der Straße schoß er ihn nieder.«
»Eine Riesendummheit, er lief also in die Falle.«
»Die Geschichte ist noch nicht aus. Hören Sie. Er trug stets einen Revolver bei sich. Er war getroffen. Als er fiel, hatte er schon seinen Revolver gezogen und schoß im Fallen. Der andere starb kurz nach ihm.«
»Er hat also doch geschossen«, sagte ich.
»Ja«, erwiderte er. »Sie dachten, daß er log, was er schrieb? Natürlich hat er geschossen und gut getroffen, sie lagen beide auf dem Bürgersteig. Wir hatten einen guten Mann verloren und einen gefährlichen Feind. Zur Erinnerung haben wir an der Stelle, wo er fiel, eine Plakette anbringen lassen. Sie trägt nur seinen Namen und das Datum.«[41]

Es war der Schriftsteller Arnon Grünberg, der entdeckte, dass der Schluss des Romans auf Ereignissen beruht, die sich am 30. Juni 1944 in der Rubensstraat in Amsterdam abspielten. Der deutsch-jüdische Widerstandskämpfer Gerhard Badrian, der dort an diesem Tag liquidiert wurde, stand Modell für den namenlosen Widerstandskämpfer am Ende des Romans *Der Tod des Widersachers.*[42]

Gerhard Badrian, Jahrgang 1905, war in den dreißiger Jahren in die Niederlande geflohen, ebenso wie sein Vater, seine Mutter und seine Schwester. Die Eltern wohnten in Bussum und hatten sich mit Max und Else Keilson angefreundet.[43]

Badrian, Berufsfotograf, schloss sich dem Widerstand an, wo er in der von Gerrit van der Veen geleiteten »Persoonsbewijzencentrale« (PBC; wörtlich: Personenausweiszentrale) gefälschte Ausweise für Untertaucher herstellte. Er soll sich besonders intensiv der Widerstandsarbeit gewidmet haben, nachdem seine Eltern und seine Schwester deportiert worden waren – alle drei wurden in Sobibor ermordet.

Als Mitglied der Widerstandsgruppe van der Veen nahm er an dem Überfall auf das Gefängnis an der Weteringschans in Amsterdam am 1. Mai 1944 teil. Dieser Überfall, bei dem Gefangene aus dem Gewahrsam der deutschen Besetzer befreit werden sollten, misslang. Gerrit van der Veen wurde schwer verwundet und konnte die »Persoonsbewijzencentrale« nicht mehr leiten. Mit zwei anderen übernahm Badrian diese Aufgabe.

Kurz darauf lernte er eine junge Frau kennen, Betje Wery, genannt »Bella«. Er erzählte ihr, dass er dem Widerstand angehörte und für gefälschte Papiere sorgen konnte, wenn das nötig sei. Was er nicht wusste: Betje Wery war eine Informantin der deutschen Besetzer. Sie verriet ihn. Der SD beschloss, Badrian und zwei andere Widerstandsleute zu verhaften.

Der Autor und Journalist Bart Middelburg skizziert den Plan so:

> Da Badrian und seine Freundin gegenüber Betje Wery erwähnt hatten, dass sie eine Wohnung suchten, beschloss man, sie in die Wohnung von »Bella« und so in eine Falle zu locken. Betje Wery sollte Badrian und die anderen einladen, sich ihre Wohnung anzusehen, wobei man sie an Ort und Stelle verhaften wollte.[44]

Am 30. Juni wurde, Middelburg zufolge, die Aktion folgendermaßen ausgeführt: Gerhard Badrian, seine Freundin Annemarie Dey und ein Widerstandskämpfer (der andere war nicht gekommen) besichtigten die Wohnung von Betje Wery in der Rubensstraat 26, erster Stock. Als sie die Wohnung wieder verließen und das Treppenhaus betraten, standen da zwei SD-Männer, bereit, Badrian und den anderen Mann festzunehmen. Badrian soll mit großen Sprüngen die Treppe heruntergeeilt sein. Einer der SD-Männer auf dem Treppenabsatz schoss von hinten auf ihn und traf, aber Badrian war nicht tot.

> Alarmiert durch den Schuss öffnete der Metzger Joseph Heinen [ein SD-Mann, der auf der Straße Wache gehalten hatte] die Haustür genau in dem Moment, als Badrian das Haus verlassen wollte. Badrian feuerte daraufhin auf Heinen, und sowohl Badrian wie Heinen lagen am Ende schwer verwundet auf dem Bürgersteig.[45]

Badrian wurde von Männern, die draußen Wache gestanden hatten, nochmals beschossen und starb an Ort und Stelle, auf der Straße. Auch Joseph Heinen kam nicht lebend davon. Er starb im Krankenhaus.[46]

Ohne Namen zu nennen hat Hans Keilson dieses Drama in dem abschließenden Dialog seines Buches verarbeitet, wobei er nah an der Wirklichkeit blieb. Der vorletzte Satz des Romans besagt, dass an der Stelle, wo der Widerstandskämpfer starb, eine Plakette angebracht wurde. Das ist ganz und gar Wirklichkeit. Die Plakette am Giebel des Hauses Rubensstraat 26 hängt dort noch immer. Der Text lautet:

In memoriam
GERHARD BADRIAN
geboren als Duitsche Jood en op
deze plaats op vrijdag 30 juni 1944
als strijder voor Neerland's
vrijheid gesneuveld

Zu deutsch: »In Memoriam Gerhard Badrian, geboren als deutscher Jude und an dieser Stelle am Freitag, den 30. Juni 1944, als Kämpfer für die Freiheit der Niederlande gefallen.«

Die Figur des Lehrers im *Tod des Widersachers* ist der Person Hans Keilson nachgebildet, aber am Ende gibt es eine Metamorphose: Der junge Lehrer beginnt Gerhard Badrian zu ähneln. Dadurch, dass die Figur des Lehrers auf zwei recht unterschiedlichen Vorbildern beruht, bekommt sie etwas Gespaltenes. Der ums Leben gekommene tatkräftige Widerstandskämpfer ist eine andere Persönlichkeit als der Mann, der ausführlich über Hitler philosophiert und bei dem das Denken im Vordergrund steht.

Ein Journalist meinte in einem persönlichen Brief an Hans Keilson, dass er mit seinem Buch offenbar die Notwendigkeit habe aufzeigen wollen, Dummheit und Gemeinheit zu bekämpfen. Das habe eine merkwürdige Folge für den Inhalt gehabt: Er musste dem Helden »zum Schluß – allerdings sehr abrupt und inkonsequent – die Gloriole eines Widerstandskämpfers anhängen, obwohl er sich fast das ganze Buch hindurch – verzeihen Sie bitte die Formulierung – als Masochist erweist, der freudig die Foltern der Sadisten erleidet«.[47]

Bruder Hitler

Obwohl der Roman offensichtlich in den Hitlerjahren in Deutschland und im Zweiten Weltkrieg in den Niederlanden spielt, hat der Autor eine Art Abstraktion gewählt, indem er Worte wie »Hitler«, »Nazi« und »Jude« nicht benutzt. Hans Keilson erzählte später, dass er sich intuitiv dafür entschieden habe, nicht explizit über Hitler und die Juden zu sprechen.[48] Beim Schreiben merkte er, dass das eine gute Entscheidung war.

Der Leser bekommt so die Möglichkeit, die Ereignisse sowohl auf einer historischen als auch auf einer abstrakteren psychologischen Ebene zu interpretieren. In der Figur B. wird Hitler zum Prototyp des Gewalttätigen und des Barbaren, und als namenloser Unterdrückter wird der Lehrer der Prototyp des Opfers, das etwas tun muss, um sein Verhältnis zu seinem Widersacher zu klären: theoretisieren über den Zusammenhang von Hass und Liebe oder den Revolver ziehen und schießen. Darüber hinaus war die Camouflage der Namen eine Vorsichtsmaßnahme, wie das auch der Lehrer selbst schreibt. Das Manuskript entstand in seinem Kern während der Kriegsjahre. Wäre es in falsche Hände gefallen, dann wäre nicht direkt deutlich geworden, dass es von Hitler handelte.[49]

Bleibt die Frage, warum Hans Keilson die Initiale B. wählte und nicht irgendeine andere. Es wurde gemutmaßt, dass dieser Buchstabe für Belzebub, den Teufel, stand. Ein niederländischer Rezensent dachte an »Betrüger« und »Brüller«.[50] Andere Möglichkeiten wären »Barbar«, »Bösewicht« und »das Böse«. Meinte er womöglich Ernst Burkart, den literarischen Freund aus Bad Freienwalde, der sich zu Keilsons großer Enttäuschung der Nazipartei anschloss?[51] Oder vielleicht dachte er: Hitler hieß Adolf, das wäre A; dann wähle ich einfach den nächsten Buchstaben im Alphabet. »Wer A sagt, muss auch B sagen«, war mitunter seine lakonische Reaktion, wenn bei Lesungen Fragen zum Initialenproblem gestellt wurden.[52]

Die Literaturwissenschaftlerin Birgit Erdle, die in den achtziger und neunziger Jahren ausführlich mit Hans Keilson korrespondierte, bekennt, dass sie zu ihrer eigenen Überraschung nicht auf den Gedanken gekommen war, diese Frage anzuschneiden.[53] Sie sei immer davon ausgegangen, dass Hans absichtlich eine bedeutungslose Initiale benutzt hatte, so dass jeder darin lesen konnte, was er wollte. Inzwischen denke sie an eine andere Möglichkeit: »B.« könnte eine Anspielung auf »Belsatzar« sein, Titel und Hauptfigur einer kurzen Ballade von Heinrich Heine aus dem Jahr 1820.[54] Die Geschichte handelt von dem babylonischen König, der dem Buch Daniel des Alten Testaments zufolge ein großes Festmahl anrichtet, bei dem alle aus den Bechern trinken müssen, die man aus dem Tempel in Jerusalem geraubt hatte. Als wäre das der Erniedrigung nicht genug, prophezeit der König auch noch, Jehova, der Gott Israels, werde ewigem Hohn anheimfallen. Unmittelbar darauf erscheint an der Wand eine Hand und schreibt den unheilverkündenden Text »Mene Mene Tekel Ufarsin« (gezählt, gezählt, gewogen, geteilt), Worte, die besagen, dass Belsatzars Königtum und Königreich am Ende sind. Heines Nachdichtung hat etwas Theatralisches: Er lässt den König erbleichen, während seine Vasallen verstummt und schaudernd dasitzen. Erst tun sie nichts, aber dann greifen sie ein: »Belsatzar ward aber in selbiger Nacht / Von seinen Knechten umgebracht.«

Es wäre möglich, dass Hans Keilson nur an das Buch Daniel gedacht hat, nicht an die Ballade; er hätte Heine nicht gebraucht, um die Geschichte über den König aus dem Alten Testament zu kennen. Aber Heine war ein Dichter, der ihm am Herzen lag. Und weil der König in der Ballade so explizit den Gott der Juden verhöhnt, war es leichter, die Verbindung zur Figur Hitlers zu legen.

Wie auch immer: B. ist im *Tod des Widersachers* der große Feind der Juden. In der jüdischen Tradition wird die Anwesenheit des Bösen in der Welt anerkannt. Wie das Gute hat Gott auch Satan geschaffen, der den Menschen herausfordert und ihm so die Möglichkeit gibt, das Gute zu tun. Ohne das Böse könnte das Gute sich nicht manifestieren. In der Schöpfung als Ganzes, aber auch im einzelnen Menschen gibt es gute und böse Neigungen. Nur indem der Mensch das erkennt, kann er die Fülle des Lebens erfahren.[55]

Die Verbundenheit von Gut und Böse gehört, wie gesagt, zum elementaren Gedankengut in Hermann Hesses Roman *Demian*, den Hans Keilson schon als Schüler gelesen und bewundert hatte. Ein anderer Geistesverwandter ist Thomas Mann, der 1938 sein Essay »Bruder Hitler« publizierte, das von dem Sich-Wiedererkennen in Hitler handelt:

> Ein Bruder… Ein etwas unangenehmer und beschämender Bruder: er geht einem auf die Nerven, es ist eine reichlich peinliche Verwandtschaft. Ich will trotzdem die Augen nicht davor schließen, denn nochmals: besser, aufrichtiger, heiterer und produktiver als der Haß, ist das Sich-wieder-Erkennen, die Bereitschaft zur Selbstvereinigung mit dem Hassenswerten, möge sie auch die moralische Gefahr mit sich bringen, das Nein-Sagen zu verlernen. Mir ist nicht bange deswegen – und übrigens ist Moral, sofern sie die Spontanität und Unschuld des Lebens beeinträchtigt, nicht unbedingt Sache des Künstlers.[56]

Es ist kein überflüssiger Luxus, dass der Mensch das Böse in sich selbst erkennt, sagt Keilson in seinem Roman, denn wenn er das Böse ausschließlich als »etwas im anderen« sähe, würde der Mensch seinen Widersacher nur noch auf Leben und Tod bekämpfen wollen. Erkennt er aber im Bösen des Widersachers »etwas von sich selbst«, so wird er weniger schnell dazu übergehen. Dann sind die Widersacher miteinander verbunden, dann ist, wie er es in seinem Gedicht formulierte, der Hass mit einem Tropfen Liebe gewürzt.[57]

Wie die Verleger reagierten

Indem er die Geschichte des Lehrers / Flüchtlings, der am Ende umkommt, in eine Rahmenhandlung einbettet, schafft Hans Keilson extra Raum in seinem Buch. Der Amsterdamer Anwalt, der das Manuskript bekommen, und sein Bekannter, dem er es ausgeliehen hatte, sprechen über den Text, den Lehrer und seinen Tod. So erhält der Leser die notwendigen Informationen über diesen Mann, über das, was er mitgemacht und aufgeschrieben hat. Ohne diese »Zuschauer«, ohne diesen Rahmen, wäre die Geschichte unvollständig, schon weil der Lehrer nicht über seinen eigenen Tod hätte schreiben können.

Hans Keilson, der den Krieg zwar überlebte, aber in der Figur des Lehrers und Untertauchers doch ein Selbstporträt zeichnete, hatte aus Vorsicht eine frühe Version seines Manuskripts in einem Garten vergraben oder von Gertrud vergraben lassen. Auch der Rechtsanwalt im Roman vergrub das Manuskript des umgekommenen Lehrers, und so stand die reale Wirklichkeit Modell für die Romanwirklichkeit.

Bezüglich der Entstehungsgeschichte des Buches gibt es allerlei

Unsicherheiten. Das Jahr, in dem Hans Keilson es zu schreiben begann, war nach eigener Aussage – je nachdem welchen seiner Artikel oder Interviews man zu Rate zieht – das Jahr 1940, 1941, 1942 oder 1944. Die erste Fassung, von der nur Fragmente erhalten sind, hatte wahrscheinlich vierzig oder vielleicht auch siebzig Seiten umfasst.[58]

Das *Tagebuch 1944* gibt Anhaltspunkte: Am 24. Oktober 1944 notierte Hans Keilson, dass »Der Tod des Feindes«, wie das Buch ursprünglich heißen sollte, fertig sei; da ist die Rede von einem kleinen Manuskript.[59] Auffallend ist, dass es zwischen dem 15. Juli und dem 6. September dieses Jahres keine einzige Tagebucheintragung gibt. Schrieb er da an diesem Roman? War er dazu durch den Anschlag auf Hitler am 20. Juli 1944 angeregt worden, über den am nächsten Tag in den Niederlanden alle Zeitungen, die offiziellen und die illegalen, berichteten?

Wenn der Text »Der Tod des Feindes« im Herbst 1944 in Delft fertiggestellt wurde, ist es unwahrscheinlich, dass ein Teil des Manuskripts unterdessen im Garten in Naarden vergraben lag und er beim Schreiben den ursprünglichen Text nicht zur Hand hatte.

Das Manuskript war also nicht umfangreich, während es in den fünfziger Jahren zu einem richtigen Roman anwachsen sollte. Die »Kriegsfassung« könnte Hans Keilson in Delft im Garten vergraben haben. Aber es ist auch möglich, dass er Ende Dezember 1944, als er aus Delft per Fahrrad nach Naarden zurückkehrte, das Manuskript im Gepäck hatte (was riskant war), um es dort im Garten zu vergraben. Eine weitere Möglichkeit wäre, dass Gertrud es bei einem ihrer Besuche in Delft mitnahm und in Naarden vergrub.[60]

Zum Vergraben des Manuskriptes wurde eine Blechbüchse benutzt. Als Keilson nach der Befreiung der Niederlande die Papiere wieder zum Vorschein holte, waren sie durch Feuchtigkeit etwas beschädigt, aber der Text war gut lesbar.[61]

Versuche, das Buch zu veröffentlichen

Nach dem Krieg erweiterte Hans Keilson sein Manuskript um etwa achtzig Seiten und schickte es 1951 an Peter Suhrkamp, der ihm in den dreißiger Jahren als Mitarbeiter bei S. Fischer noch zu Änderungen in der Schlussszene von *Das Leben geht weiter* geraten hatte.[62] Er muss gedacht haben, dass er, aufgrund des mehr oder weniger vertrauten Kontaktes von einst, an der richtigen Adresse war. Suhrkamp hatte sich inzwischen mit den Erben von S. Fischer überworfen und leitete seinen eigenen, nach ihm benannten Verlag.[63]

Es kam eine ablehnende Antwort. Suhrkamp meinte, der Feind sei in dem Roman nicht scharf genug gezeichnet; er bleibe zu skizzenhaft, zu abstrakt, zu wenig detailliert. Suhrkamp: »Ich glaube, man kriegt auf diese Art den Feind, wie überhaupt das Böse, nie ganz zu fassen. Die letzte Identifizierung der realen Figur, die wir erlebten, mit dem Feind als Wesen oder Geschöpf in uns, kann auf diese Weise nicht gelingen.«[64]

Neben dem schriftlichen Kontakt muss es auch ein Gespräch über das Manuskript gegeben haben. 1984 erzählte Hans Keilson dem niederländischen Journalisten Ischa Meijer in einem Interview, was er von Suhrkamps Kritik in Erinnerung behalten hatte:

> Er hat das Manuskript lange und genau studiert. Seine Schlussfolgerung war: »Du hast nur die eine Seite der Beziehung beschrieben.« Ich verstand sofort, was er meinte: Ich hatte nur gezeigt, was der Feind auf mich projizierte; seine Unsicherheit, seine Angst – ich hatte meine eigene Angst nicht zu zeigen ge-

> wagt, die Anziehung, die er auf mich ausübte, war in der Erzählung nicht ausgearbeitet. Suhrkamp sagte mir wörtlich: »Schreiben sie das Buch nicht zu Ende – daran werden sie sterben.« Ich bekam kurz darauf in der Tat neurologische Symptome, als ich begann, die Täterseite im Opfer auszuarbeiten; meine Faszination für den Täter: dass er das tat, was ich nicht zu tun wagte. Ich hatte Angst, die Aggression, die er auf mich losließ, zu fühlen – in mir, gegen ihn.[65]

Als er mit den Ergänzungen fertig war, wagte er nicht, das bearbeitete Manuskript an den Verleger zu schicken, der inzwischen an Krebs erkrankt war. Keilson: »Er war todkrank, und ich hatte das Gefühl, dass er dem Roman nicht gewachsen war.«[66] Peter Suhrkamp starb im Mai 1959.

Eine Reihe anderer Verleger bekamen das Manuskript zu lesen, aber eine Zusage blieb aus.[67] Mitunter gaben die Verlage eine Erläuterung für ihre Entscheidung. Kiepenheuer & Witsch schrieb, dass sie schlechte Erfahrungen mit vergleichbaren Büchern gemacht haben. Der Verleger Joseph Witsch dachte dabei vor allem an den heftig kritisierten Roman *Der Funke Leben* (1952) von Erich Maria Remarque über ein fiktives Konzentrationslager am Ende des Krieges.[68] Witsch meinte, Keilsons Roman sei auch nicht mehr aktuell: Das Publikum denke, dass die darin behandelten Fragen allmählich beantwortet seien.[69] Das Lektorat verlangte es offensichtlich nicht nach einer neuen Runde Kriegselend, auch wenn das Buch von Remarque mit seinen eindringlich beschriebenen Nazigrausamkeiten sich sehr von dem unterschied, was Keilson zu bieten hatte.

»Das Manuskript ist zu anspruchsvoll«, meinte der Verlag Kurt Desch. »Die Gefahr, dass Ihr Buch nicht verstanden oder missverstanden wird, ist überaus groß.«[70] Unausgesprochen bleibt dabei, was genau zum Nicht-Begreifen oder zu Missverständnissen hätte führen können. Das Problem war wohl, dass der Roman an ein großes Tabu rührte. Es war, jedenfalls so kurz nach dem Krieg, gewagt und schockierend, zu unterstellen, dass zwischen Hitler und den Juden so etwas wie ein Band bestanden habe.

Es kann sein, dass auch beim Verlag Rainer Wunderlich solche Überlegungen eine Rolle spielten: »Naturgemäß häufen sich auf den Schreibtischen der Lektorate die antinationalsozialistischen Manuskripte. ›Der Tod des Widersachers‹ gehört zu den wenigen, die das Problem in seiner ganzen verwickelten Schwierigkeit sehen.«[71] Es falle ihr darum nicht leicht, so die Verlegerin, das Manuskript abzulehnen. Vermutlich war die nüchterne Wahrheit, dass sie sich an einem Text, der vor allem deshalb so kompliziert war, weil das Thema Hass / Liebe nicht schwarz-weiß, sondern nuanciert behandelt wurde, nicht die Finger verbrennen wollte.

Da es ihm nicht gelang, selbst das Buch bei einem Verlag unterzubringen, beschloss Hans Keilson, die Suche nach einem Verleger anders in Angriff zu nehmen. Er wandte sich an die Hamburger Literaturagentin Ruth Liepman, die auf den gesamten deutschen Sprachraum ausgerichtet war. Aber auch deren Versuche, Verleger zu interessieren, führten nur zu weiteren Absagen.[72]

Hans Keilson hatte kein Glück, und das hätte er voraussehen können. Nicht nur, dass er sich mit seiner Thematik auf allerglattestes Glatteis begab, er hatte auch noch einen Stil und eine Struktur gewählt, die nicht jedermanns Sache war. Analysen der Psyche von Täter und Opfer machten das Buch für gewöhnliche Leser weniger zugänglich, und der Aufbau in losen Szenen kann den Eindruck erweckt haben, dass es dem Roman an Struktur fehle. Dazu kam noch ein materielles Problem: In den Nachkriegsjahren konnten deutsche Verleger mit Exilliteratur nicht genug verdienen, vor allem, wenn es um einen so gut wie unbekannten Autor ging.[73]

Der Westermann Verlag

Am 11. Januar 1958 schickte Hans Keilson sein Manuskript an einen Verlag in Braunschweig, den Georg Westermann Verlag, gegründet im 19. Jahrhundert und bekannt für seine Fachzeitschriften, Atlanten und Schulbücher. Er tat das auf Anraten eines neuen Literaturagenten, den er gefunden hatte, Henk Drijvers.

Dass der Westermann Verlag in den zwanziger Jahren rassistische und antisemitische Bücher auf den Markt gebracht hatte (eine Tendenz, die sich in der Hitlerzeit fortsetzte), war offenbar kein ausreichender Hinderungsgrund.[74] War Keilson inzwischen so verzweifelt wegen der Absagen, dass er die Geschichte des Westermann Verlages in Kauf nahm? Oder wusste er nichts davon? Abgesehen von welcher Vergangenheit auch immer war es für den Verlag *und* für den Autor gewagt, ein Buch zu publizieren, das zur Relativierung der Naziverbrechen Anlass geben konnte.

Anfang der fünfziger Jahre hatte er mit »... Aber die Musici bleiben bestehen« auch schon bei Westermann angeklopft: Er hatte die Erzählung an *Westermanns Monatshefte* geschickt, die Zeitschrift des Verlages. Die Redaktion fand den Text zu lang, aber zeigte sich wohlwollend: Man ermutigte ihn, wieder einmal ein Manuskript zu schicken, aber lieber etwas Kürzeres.[75] Kurz war der Roman nicht. Dieser Text war denn auch eindeutig nicht für die *Monatshefte* gedacht.

Blitzschnell verlief die Kommunikation nicht, aber Mitte Juli 1958 kam dann doch eine ermutigende Reaktion: Es sei ein sehr gelungenes Buch, das Thema, schrieb der gerade erst angetretene junge Lektor Wolfram Buddecke, sei »problematisch, aber interessant«; nach ein paar Wochen werde Keilson hören, was man beschlossen habe.[76] Katharina Boje, die Leiterin der Literaturabteilung, meldete im August: »Ich möchte Ihr Buch gern für unseren Verlag erwerben.« Sie nannte es eine »großartige Arbeit«.[77] Hans Keilson war froh, fand, dass sein Buch bei Westermann gut aufgehoben sei (einen Grund nannte er nicht), und hatte Vertrauen in die Zusammenarbeit. Es folgten abschließende Besprechungen im Team des Verlages, und dann fiel der definitive Beschluss: *Der Tod des Widersachers* wird erscheinen.

Ein Besuch Hans Keilsons im Verlag, im Oktober 1958, war ein großer Erfolg. Frau Boje schrieb ihm, dass alle froh waren, dass er gekommen sei. »Sie haben aber auch genauso gespürt, mit welcher Liebe wir an Ihrem Buch arbeiten. Ich kann kaum etwas hinzufügen, es sei denn der Wunsch, dass wir uns trotz der großen Entfernung öfter sehen und sprechen werden. Und für den Verlag den Wunsch, dass wir noch manches Werk von Ihnen in Zukunft hier betreuen dürfen.«[78]

Das Manuskript wurde lektoriert. Der Verlag nahm die Sache ernst: Der Lektor Hermann Mährlen reiste im Februar 1959 nach Bussum und arbeitete tagelang mit Keilson in dessen Sprechzimmer an dem Text. Unebenheiten im Deutsch erklärten sich aus dem Einfluss des Niederländischen und waren leicht zu beheben. Der Autor sei sehr entgegenkommend gewesen, so Mährlen in seinem Bericht für den Verlag.[79]

Am letzten Tag des Besuches wurde über Keilsons literarische Pläne gesprochen. Neues aus seiner Feder werde immer ein psychologisches Thema haben, sagte er zu Mährlen. In organisatorischer Hinsicht könne er wohl etwas Hilfe gebrauchen: Am liebsten wolle er seinen handgeschriebenen Text auf Band sprechen und ihn dann von jemand tippen lassen. Das wollte der Verlag für ihn übernehmen.[80] Hans war zufrieden, der Verlag auch. Mährlen war der Meinung, dass durch technische Unterstützung schneller ein neues Buch vorliegen werde.[81]

Ein Autor, der so lange vergeblich sein Manuskript angeboten hatte, fühlte sich plötzlich in einem Verlagshaus ganz und gar aufgenommen. Und doch nicht ganz: Hermann Mährlen war kein Bewunderer der alten Gedichte, die Keilson ihm zu lesen gab. Er fand sie nicht originell genug.[82]

Viele Monate bevor der Roman erschien, kam die Publicity-Maschinerie in Gang. Im Rahmen der Woche der Brüderlichkeit, alljährlich veranstaltet, um den Kontakt zwischen Christen und Juden in Deutschland zu fördern, wurde im März 1959 die Rucksackszene aus dem *Tod des Widersachers* im Radio vorgelesen. Die Westermann-Mitarbeiter waren ergriffen, als sie die Bandaufnahme der Sendung zu hören bekamen.[83]

Während der Verlag mit den letzten Korrekturen und dem Satz beschäftigt war, reiste Katharina Boje nach Berlin, um dort die Presse für den Roman zu erwärmen. An Hans Keilson schrieb sie: »Unser Wunsch ist ja, dass dieses Buch ernsthaft und gründlich diskutiert wird.«[84] Die Vorzeichen schienen günstig, denn das Thema Antisemitismus erhielt in der Presse auf einmal größere Aufmerksamkeit; Katharina Boje verwies auf einen guten Artikel zu diesem Thema von Rudolf Walter Leonhardt in *Die Zeit*.

In all dieser Geschäftigkeit um den redaktionellen *finishing touch* und die Werbemaßnahmen hatte der Verlag versäumt, dem Autor etwas Wichtiges mitzuteilen: der Untertitel des Romans, »Bericht einer Feindschaft«, war gestrichen worden, weil negativ klingende Titel Käufer abschreckten. Auch gegen den Titel »Der Tod des Widersachers« hatte es in der Werbeabteilung bereits Bedenken gegeben; eine Zustimmung war nur möglich, wenn der Untertitel geopfert wurde.[85] Wie wichtig Hans Keilson die Sache war und ob er protestierte, ist nicht überliefert.

Mitte August wurde der Roman gedruckt. Der Verkaufspreis: DM 13,80. Keilson fand, dass das Buch, in Leinen gebunden, gut aussah.[86] Der Schutzumschlag von Gerhard M. Hotop, mit handschriftartiger Typographie, der Titel auf rotem Grund, war in seinen Augen perfekt. Etwas anderes sei seiner Meinung nach einfach undenkbar.

Der Westermann Verlag sah den *Tod des Widersachers* als einen wichtigen Titel in seinem Verlagsprogramm. In einem Brief an die Buchhändler wies der Verlag darauf hin, dass es kein Buch für jemand sei, der unterhalten werden will, sondern für Leser, die Tiefgang suchen: »Mit Keilsons Roman können Sie die Wünsche eines anspruchsvollen Leserkreises erfüllen.« Im selben Brief schreibt die Werbeabteilung, dass das Buch dem Tagebuch von Anne Frank ähnele, aber »auf einer viel höheren geistigen Ebene« stehe.[87]

Der Verlag bat den Autor, bei der Werbung zu helfen: Könnte er vielleicht auf Karten einen Gruß an die Rezensenten schreiben? Kurze Briefe wären auch gut. Man wolle seine persönlichen Worte den Rezensionsexemplaren beilegen. Und ob er so freundlich wäre, eine Liste von Freunden und Bekannten zu machen, denen der Verlag die Broschüre zuschicken könne, in der *Der Tod des Widersachers* angekündigt wird.[88] Wie lang die Liste wurde, ist nicht überliefert. Belegt ist, dass er das Buch an Edgar Rabsch, seinen geschätzten Musiklehrer aus Bad Freienwalde, schicken ließ, und auch an Peter Huchel, den Redakteur von *Sinn und Form*.[89]

Auf der Frankfurter Buchmesse 1959 präsentierte der Verlag das Buch von Hans Keilson als seine derzeit wichtigste Publikation. Darum sei es wünschenswert, schrieb Frau Boje, dass der Autor vor Ort den Journalisten und interessierten ausländischen Verlegern Rede und Antwort stehe.[90] Zusammen mit Gertrud kam er nach Frankfurt[91], und vermutlich war er jeden Tag auf der Messe. Er muss die Aufmerksamkeit, die ihm seine Identität als Schriftsteller bestätigte, genossen haben.

Westermann führte auf der Buchmesse Gespräche mit dem Verleger Oswald Wolff aus London, der erklärte, keine Möglichkeit zu sehen, den *Tod des Widersachers* in englischer Übersetzung auf den Markt zu bringen, weil die Engländer seiner Meinung nach deutsche Literatur mieden, mit ein paar Ausnahmen wie Heinrich Böll und Bertolt Brecht. Das Gespräch war noch in vollem Gange, als Hans Keilson dazukam. Er setzte sich für sein Buch ein und muss entschlossen gewesen sein, ihm auch in England eine Zukunft zu verschaffen. Aus dem Bericht von Katharina Boje: »Herr Dr. Keilson [erschien] in Standnähe, und ich konnte die beiden Herren zusammenbringen, was sofort eine Verschiebung der Situation mit sich brachte. Sie waren in Sekundenschnelle mitten im Problemgespräch.« Einen Tag später gab es ein zweites Gespräch, an dem auch Wolffs Ehefrau Ilse Wolff, Bibliothekarin der Londoner Wiener Library, teilnahm, und jetzt wurden Verabredungen getroffen: Der Roman werde in England erscheinen. Ende Oktober gab es bereits einen Vertrag.[92]

Rezensionen im Überfluss

Die Werbung des Verlags trug Früchte: Bis zum Mai 1960 wurde das Buch im deutschen Sprachgebiet, soweit bekannt, 78 Mal besprochen.[93] Viele Rezensenten waren beeindruckt von der Rucksackszene und der eindringlich beschriebenen Friedhofsschändung. Kritik gab es an den reflektierenden, psychologischen Passagen.

Die *Frankfurter Allgemeine* meinte, der Roman habe viele überzeugende Szenen, fragte sich zugleich aber, ob der Autor wohl Talent genug besitze, um ein glaubhaftes Bild »vom verfolgten Menschen in einer unmenschlichen Zeit« zu zeichnen. Mitunter seien der Tiefsinn und die düstere Problematik für den Leser schwer zu begreifen, so der Rezensent.[94] *Die Welt* urteilte vergleichbar: ausgezeichnet geschriebene Szenen, seriös, interessant, aber »ein nicht leicht zu lesendes Buch«.[95] Die *Süddeutsche Zeitung* wählte eine religiöse Perspektive: »Hier ist mit großem Ernst die uralte jüdische Schicksalsfrage nach dem Sinn der Verfolgung gestellt, und zwar so kühn und unerbittlich, daß nur noch eine religiöse Antwort möglich bleibt. Keilson packt den Stier bei den Hörnern: Der Widersacher ist Hitler, ist der auf jeden einzelnen Juden zielende Angriff des Antisemiten, ist jene gemeinste aller Diskriminierungen, die nicht nur die materielle und geistige, sondern auch die biologische Existenz des Gegners in Frage stellt.« Es ergebe sich die Frage, ob Gott dies alles zugelassen oder womöglich sogar gewollt hat. Der Rezensent konstatierte, dass Keilson diese Frage auf radikale Weise stelle, das beweise seinen geistigen Rang. »Das Verhältnis des Gepeinigten zu seinem Peiniger, des Verfolgten zu seinem Verfolger gewinnt durch die Einbeziehung Gottes einen Aspekt, der dicht an die christliche Forderung grenzt, seine Feinde zu lieben. Keilson hat weit mehr getan als einen Roman geschrieben, er hat die Dimension gezeigt, in welcher jeglicher Hass sinnlos und sogar gottlos wird.«[96]

Dass es eine Verwandtschaft zwischen Verfolger und Verfolgten gibt, dass sie mit dem starken Band einer Feindschaft auf Leben und Tod miteinander verbunden sind, fand *Die Zeit* eine schockierende Botschaft. Das sei eine Einsicht, schrieb der Rezensent, die nur ein Opfer aussprechen dürfe und die von einer Humanität und Noblesse zeuge, die einem die Schamröte auf die Wangen treibe. Das abschließende Urteil der *Zeit* über den *Tod des Widersachers*: »Ein literarisch beachtlicher – ein menschlich großer Roman.«[97]

Wie *Die Zeit* empfanden viele jüdische Zeitschriften mitunter angesichts des Romans ein Unbehagen. Hans Keilson biete keine Lösungen, meinte das *Allgemeine Wochenblatt der Juden in Deutschland*: Nachdem er die Problematik der Widersacher skizziert habe, gebe er keine Hinweise, was nun weiter zu tun sei.[98]

Der Rezensent der deutschsprachigen Zeitung *Jedioth Chadashoth*, die in Tel Aviv erscheint, war entsetzt und fragte sich, ob dieser Roman, mit all seinen gelungenen Passagen, wohl hätte veröffentlicht werden dürfen. Dass der Lehrer im *Tod des Widersachers* sich zu den »Objektiven« zählt, Menschen, die es dem Roman zufolge »als ihre sittliche Pflicht betrachten, jedes Geschehen frei von jeder persönlichen Meinung zu schauen«, fand der Rezensent einen unerhörten Standpunkt, wenn es um die Judenverfolgung ging. Er zitierte noch einen Auszug: »Es könnte nämlich sein, daß unser Gegner recht hat. Dann verbleibt uns nichts anderes, als dies freimütig zu bekennen. Malt Plakate und hängt sie Euch um, zieht damit durch die Stadt, daß jeder es vernehmen kann: ›Wir sind unser Unglück! Raus mit uns!‹ Dies verlangt die Menschenwürde.«[99] Das müsse man sich mal vorstellen, so der Rezensent. Er hoffe, dass der Autor es ironisch meint, finde dafür aber nicht genug Hinweise.[100] Ein anderes jüdisches Blatt stand dem objektiven Charakter des Buches gerade positiv gegenüber, dadurch sei es frei von Ressentiments.[101]

Im *Rheinischen Merkur* erschien eine ausgesprochen negative Besprechung.[102] Der Rezensent fand, dass das Buch ungeschickt komponiert sei: Die Rucksackszene und die Beschreibung der Friedhofsschändung beispielsweise seien zu lang und zu wenig in den Gedankenfluss des Ich-Erzählers über Hitler integriert. Außerdem stünden diese Szenen in keinem Verhältnis zu dem Leid und den Schrecken der Nazizeit. Wolfram Buddecke reagierte mit einem langen Brief an den Chefredakteur des Blattes: Die Rucksackszene verweise, auf symbolische und zurückhaltende Weise, doch gerade auf das Leid der Verfolgten. Die Grabschändung zeichne ein Bild von Hitlers Absichten. Und, so fügt Buddecke hinzu, Hitlers Schreckensherrschaft zu schildern sei ja gar nicht der Sinn des Romans.[103]

Wie erwähnt, wurde die Rucksackszene aus dem *Tod des Widersachers* im Radio vorgelesen, noch bevor das Buch erschienen war; die Verlagsmitarbeiter waren beeindruckt gewesen. Der Verlag sah, dass die Szene, stark und gänsehauterregend, wie sie war, als Visitenkarte des Romans dienen konnte, und tat sein Bestes, ihr Aufmerksamkeit zu verschaffen. Zur Woche der Brüderlichkeit im März 1960 wurde die Passage einer Reihe von Zeitungen in etwas gekürzter Form zum Nachdruck angeboten. Das funktionierte. Bis April hatten zwölf Zeitungen den Text in ihre Spalten aufgenommen.[104] Zur Woche der Brüderlichkeit zwei Jahre später war diese Form der Werbung noch immer fruchtbar: Diesmal waren es zehn Zeitungen, die die Szene publizierten.[105]

Trotz aller Aufmerksamkeit gab es etwas, was dem Verlag Sorgen machte: Das Buch war nicht gerade ein Verkaufserfolg. Doch Hermann Mährlen meinte, dass wirklich interessierte Leser, »die wesentlichen Menschen«, die Qualität erkennen würden. Das große Publikum, das Romane wie *Lolita* von Nabokov und *Die Blechtrommel* von Günter Grass bevorzugte, könne mit diesem Buch nun einmal nichts anfangen. Es gelte ruhig abzuwarten, denn: »Echte Qualität hat sich noch immer durchgesetzt.«[106] Wohl sei es wichtig, dass Keilsons nächstes Buch nicht zu lange auf sich warten lasse, damit sein Name bei Rezensenten und Lesern nicht in Vergessenheit gerate.

Probleme im Verlag

Anfang 1960 wurde deutlich, dass *Der Tod des Widersachers* in einer niederländischen Übersetzung erscheinen sollte. Wieder war es Keilsons Literaturagent Henk Drijvers, der einen Verlag gefunden hatte: De Tijdstroom in Lochem. Auch von Oswald Wolff in London kamen gute Nachrichten. Er hatte einen amerikanischen Verlag für den Roman interessieren können, und man war mit Westermann in Verhandlungen über die Bedingungen der Ausgabe. Im Oktober des Jahres, auf der Frankfurter Buchmesse, sollten die Gespräche fortgesetzt werden.[107]

Unterdessen hatte es bei Westermann ernstliche Probleme gegeben. Zwischen dem Verlagsleiter und Eigentümer Georg Mackensen und der literarischen Abteilung des Lektorats war es zu einem Konflikt über einen geplanten Roman, *Absturz* von Hans Olschewski, gekommen. In einem langen Brief an Hans Keilson erläuterte Wolfram Buddecke, was geschehen war. Das Buch von Olschewksi war bereits im Druck, als Mackensen es las. Er fand es schrecklich, war wütend, weil es sich seiner Meinung nach um einen nihilistischen und pornographischen Text handelte. Eine der Passagen, an der er Anstoß nahm, dürfte die kuriose Szene gewesen sein, in der ein Vater bei der gemeinsamen Mahlzeit nach der Beerdigung seines Sohnes (der junge Mann ist mit dem Flugzeug abgestürzt) ausführlich die Zeugung des Jungen beschreibt. Mackensen, schrieb Buddecke, verbot die Publikation und drohte den Lektoren mit ihrer Entlassung, falls sie noch Kontakt mit dem Autor aufnähmen. Im Verlag fühlte das Literatur-Lektorat sich immer mehr isoliert von den übrigen Mitarbeitern. Wie ein Grüppchen Leprakranker saßen sie beieinander, so Buddecke, ohne irgendwelche Initiativen entwickeln oder an Büchern arbeiten zu können. Dieser Brief war vom September 1960.[108]

Wolfram Buddecke kündigte und ging als Assistent eines Professors der Literaturwissenschaft nach Karlsruhe; später wurde er selbst Professor in Kassel. In seinem Brief vom September 1960 an Keilson schrieb er, dass er die Freundschaft aufrecht erhalten wolle. Und falls das nötig sei, wolle er ihm mit Freuden bei der Suche nach einem neuen Verleger helfen.[109] Das muss für Keilson eine interessante Mitteilung gewesen sein. Der Roman von Olschewski erschien bei S. Fischer, und Buddecke soll dabei eine Vermittlerrolle gespielt haben. Wer weiß: vielleicht war es denkbar, dass Keilson in Zukunft, wenn er ein neues Manuskript hatte, via Buddecke zu S. Fischer zurückkehrte, zu dem Verleger seines ersten Romans.

In seinem Antwortbrief zeigte Hans Keilson sich dankbar für Buddeckes Einsatz bei der Publikation von *Der Tod des Widersachers.*[110] Die Freundschaft und Verbundenheit werde bleiben, versicherte er nachdrücklich. Vielleicht könne man sich regelmäßig treffen, jetzt wo Buddecke in Karlsruhe war, denn »wie Sie wissen, [sind] wir oft im Odenwald, vielleicht bauen wir uns dort ein kleines Sommerhäuschen, in dem es sich ungestört arbeiten lässt. Von dort aus nach Karlsruhe ist es nicht weit.« Ein solches Häuschen entstand 1962 am Ortsrand von Amorbach, und ein Jahr später wurde neben das erste ein zweites gebaut.

Der Brief ist auch deshalb interessant, weil er zeigt, welches neue literarische Projekt Keilson 1960 in Angriff nahm. Er wollte ein Buch über »Schildbürger« schreiben, über Leute, die mit den besten Absichten unsinnige Pläne ausführen. Wenn man von dem ausgeht, was er Buddecke mitteilte, könnte man beinahe denken, dass Eindhoven, die Stadt der Philips-Glühlampen, ihn auf diese Idee gebracht hatte:

> Zudem arbeite ich an einem herrlichen Thema, an einem Schildbürger-Roman von einer Lichtstadt, die Glühlampen produziert und nichts weiter tut, als Glühlampen zu produzieren, um den Unterschied zwischen Tag und Nacht auszubannen, es bleibt immer Tag. Bis eines Tages eine Laterne an einer verschwiegenen Stelle der Stadt, an einem Viersprong [ein niederländisches Wort, gemeint ist eine Kreuzung], durch einen betrunkenen Automobilisten, umgefahren wird, sodass das bisher krampfhaft unterdrückte Dunkel seine gesteigerte Virulenz beweist. Das Ganze nicht im moralischen Sinne gemeint, sondern im technisch-organisatorischen. Der Mensch als technisch-organisatorisches Wesen und zugleich als Dunkelheit, je heller das Licht, desto tätlicher die unterdrückte Dunkelheit. Ich habe bereits einiges geschrieben. Aber vorläufig übersteigt das Thema noch meine Kräfte. Es muss ein kurzes, aggressiv-ironisches Buch werden [...]. Ich hoffe, dass wir noch oft hierüber unsere Gedanken austauschen können.

Auch wenn er nicht mehr im Verlag arbeitete: Buddecke reagierte positiv auf diesen Plan. Er fand ihn »ungemein interessant«, »genuin literarisch« und auch »so recht zugeschnitten für Hans Keilson«.[111] Ob dieses technische Thema so gut zu Keilson, einem ausgesprochen autobiographischen Autor, passte, ist fraglich.

Das Glühlampenbuch kam nicht zustande. Wenn er es geschrieben hätte, dann hätte dieser Autor eine symbolische Aufladung seines Textes vermutlich nicht vermieden: Die unterdrückte Finsternis hätte als Symbol des gezügelten und geleugneten Bösen gedeutet werden können. In diesem Fall hätte der Roman an die Thematik von *Der Tod des Widersachers* angeknüpft. Aber das ist Spekulation. Ein Buch, das es nicht gibt, lässt sich schwerlich interpretieren.

Ein paar Monate nach dem begeisterten Brief von Buddecke erhielt Keilson die Verlagsabrechnung für den *Tod des Widersachers* über das Jahr 1960. Es waren 372 Exemplare über den Ladentisch gegangen.[112] Die große Aufmerksamkeit in der Presse hatte wenig Einfluss auf den Verkauf gehabt.

Gefährlich, aber notwendig

Die niederländische Übersetzung erschien 1960. Der Titel *In de ban van de tegenstander* (wörtlich: Im Banne des Gegners / Widersachers) war keine direkte Übertragung des deutschen Titels, erwies sich aber als eine gute Lösung: Die Opponenten im Buch sind tatsächlich im Banne des jeweils anderen, sie sind in der gegenseitigen Faszination gefangen. Einer der Rezensenten fand den niederländischen Titel besser als den deutschen[113], und darin stimmte Keilson ihm zu.[114] Ein abgelehnter Titelvorschlag der Übersetzerin Lenie Schenk hatte »De heerschappij van de hater«, also »Die Herrschaft des Hassenden«, gelautet.[115] Das hätte ausschließlich auf Hitler verwiesen und die Gegenseitigkeit des Verhältnisses zwischen Hitler und den Juden außer Acht gelassen.

Seit September 1959 und bis in den März 1963 wurde das Buch in den Niederlanden besprochen, in einer ansehnlichen Zahl kleiner und großer Medien, vom *Bussumse Kerkbode* bis zum *Nieuw Israelietisch Weekblad, De Groene Amsterdammer, Het Vrije Volk* und *Algemeen Handelsblad*. Die Rezensenten ließen kein Gras darüber wachsen, viele warteten nicht auf die Publikation der Übersetzung und stützten sich auf den deutschen Originaltext.

Es gab Kritiker, die es für ein gefährliches Buch hielten, auch wenn sie es zu würdigen wussten. Das *Nieuw Israelietisch Weekblad*:

> Dieses Buch wird zu Diskussionen führen, zu heftigen und bewegten Diskussionen. Man wird dem Autor vorwerfen, dass er es nicht gewagt hat zu hassen, nicht gewagt hat zu verfluchen. Nein, wird er sagen, so weit bin ich noch nicht … »mein Hass enthält noch immer zu viel Angst vor seinen eigenen kalten Möglichkeiten, vor der eigenen Grausamkeit und der eigenen Verwüstung«. Er hat Angst und verliert die Sympathie des Lesers, der Heiligenlegenden bevorzugt. Dieses Buch ist das Buch von der menschlichen Schuld an einer zerbrochenen Welt, und es ist noch viel mehr das Buch unseres Leidens als Menschen denn unseres Leidens als Juden. Von Schuld ist nicht die Rede, und darum läuft dieses Buch Gefahr, verworfen und totgeschwiegen zu werden, weil es unsere Rolle im Drama einzugestehen wagt. Die Rolle der Ohnmacht des Menschen, der in einer jammervollen, gespaltenen Welt leben muss …[116]

Der Literaturwissenschaftler Ad den Besten schloss sich dem in der Wochenzeitschrift *De Groene Amsterdammer* an. Er fürchtete, dass der Roman in Deutschland von »gewissen Leuten« als Rechtfertigung ihrer »düsteren Taten« benutzt werden könnte. Keilsons Gedanke von der Verbindung von Gut und Böse mache deshalb *In de ban van de tegenstander* zu einem gefährlichen Buch. Den Besten hoffte, dass das Buch in Deutschland wenig Beachtung finden möge, den niederländischen Lesern aber riet er, es unbedingt zu lesen.[117]

Einige Rezensenten hatten Bedenken bezüglich der literarischen Qualität. Sie kritisierten ungeschickt gebaute Dialoge[118], zu lang ausgesponnene Passagen[119], Wiederholungen und die Analyse der Feindschaft, die den Leser nicht ergreife.[120] Dem stand beispielsweise eine Beurteilung wie diese gegenüber: Es sei einfach ein notwendiges Buch.[121]

Die Rezensenten waren im Übrigen zurückhaltend in ihrer Kritik am Roman als literarischem Kunstwerk, weil es eine psychologisch-ethisch so wichtige Publikation sei und ein so dramatisches Thema behandle. Der Kritiker im *Friese Koerier* sagte es so: Keilson habe keinen Roman »im landläufigen Sinne« schreiben wollen. *Der Tod des Widersachers* gehöre einem anderen Genre an, und damit müsse man bei der Beurteilung Rechnung halten. »Eher als einen Roman würde ich dies äußerst wichtige, mehrmaliges Lesen erfordernde und verdienende Buch ein dramatisiertes Essay nennen.«[122]

Der objektive Charakter des Buches, mit einer Hauptfigur, die nüchtern und faktentreu sein zu müssen glaubt, war auch aufgefallen. Das *Haagsch Dagblad* urteilte positiv über den nicht emotionalen Stils eines Autors, der die Dinge, über die er schrieb, doch aus nächster Nähe hatte erleben müssen.[123] Das liberal-jüdische Monatsblatt *Levend Joods Geloof* fand Selbstanalyse und Objektivität notwendig, denn damit entkomme man »dem Gruppendenken mit seinem Leben aus der Perspektive eingebildeter Gegensätze, mit der dauernden Suche nach den Symbolen des Ressentiments und mit der Liebe zum Hass«.[124] Ressentiments und Fanatismus müssten bekämpft werden, so die Zeitschrift, und Keilsons Buch rege zum Nachdenken über die Methode an, mit der dieses Ziel erreicht werden könne.

Die Rucksackszene fand man auch in den Niederlanden eindrucksvoll. Der Pfarrer W. Knoppers, der im VPRO-Radio seine Rezension vorlas, wies außerdem auf die Grabschändungsszene hin, von der er paradoxerweise fand, dass sie von Menschlichkeit zeuge. Nachdem die jungen Nazis ihr »schmutziges Werk« getan haben, so Pfarrer Knoppers, »gelingt es dem Autor dennoch, diese Menschen in ihrer Menschlichkeit zu zeigen, sie werden als kleine, beschränkte, ängstliche Menschen, aber auf jeden Fall als Menschen gezeichnet«.[125]

Eines der besten zehn Bücher von 1962

Ein Verkaufserfolg wurde der Roman nirgends, aber er zog immer wieder die Aufmerksamkeit der Rezensenten auf sich. Nach der niederländischen Übersetzung kam 1961 in England die Ausgabe des Verlags Oswald Wolff Publishers auf den Markt: *The Death of the Adversary*. Ein Jahr später lag das Buch auch in den USA in den Buchläden. Das war erfreulich, auch wenn es eine weniger erfreuliche Seite hatte: Der Verkauf in England war sehr bescheiden geblieben[126], weshalb Wolff beschlossen hatte, als Notlösung fünfzehnhundert Exemplare an die Orion Press in New York zu verkaufen.[127] Der dortige Lektor, Peter Mayer, war begeistert. Er fand, wie er Hans Keilson wissen ließ, *The Death of the Adversary* sei »one of the most significant books to come from Europe for quite some time«: eines der bedeutendsten Bücher, die in letzter Zeit aus Europa gekommen seien.[128]

In der angelsächsischen Welt waren die Rezensionen positiv.[129] Nur ein Blatt konstatierte Schwächen in Struktur und Stil.[130] Manchmal wurde die Grabschändungsszene als Höhepunkt genannt, manchmal die Rucksackszene. Das gerade diese Szenen gewürdigt wurden, war allmählich zum roten Faden in der Rezeption des Buches geworden. Die Passage mit dem Rucksack war womöglich am eindrucksvollsten, weil die Emotionen nicht benannt und gerade dadurch stärker empfunden werden – als ob sie unterdrückt werden müssten. Interessant war die These des anonymen Rezensenten in *The Guardian*, dass die Dinge, die das ältere Ehepaar in den Rucksack packt, »civilised things« sind, Dinge, die Zivilisation bedeuten: Seife, Kölnisch Wasser, Taschentücher, Handcreme gegen raue Hände im Winter.[131] Mit diesen Produkten, nicht lebensnotwendig, aber gerade darum Beispiele eines hohen Zivilisationsniveaus, gehen der Mann und die Frau auf die Reise ins Konzentrationslager.

Auch ein alter Bekannter von Keilson schrieb über den Roman: Edwin Sears oder, wie er ursprünglich hieß, Edwin Sieradz, mit dem er als Student in Berlin in der kleinen Band gespielt hatte. Sears war inzwischen Rechtsanwalt in Denver, Colorado, und schickte seine Besprechung in den *Rocky Mountain News* an den Autor in Bussum. Darin stand zu lesen, dass die Hauptfigur des Romans – dem Rezensenten zufolge buchstäblich eine »inside story«, weil es um die Seele des Opfers und die seines Widersachers geht – lange braucht, um zu der Einsicht zu gelangen, dass hartes Eingreifen bei einem Gegner wie B. notwendig sein kann. Manchmal habe man keine Wahl, und dann müsse Gewalt mit Gewalt beantwortet werden – das sei es in letzter Instanz, was das Buch sagen wolle.[132] So dachte der Jurist Sears darüber. Er hatte ins Schwarze getroffen.

Die amerikanische Wochenzeitung *Time*, mit einer Auflage von anderthalb Millionen Exemplaren, signalisierte dies: »Was Keilson von anderen Autoren unterscheidet, die über die Nazizeit schreiben, ist sein ungewohntes Verständnis für den Verfolger ebenso wie für den Verfolgten.« Das Blatt lässt den Autor selbst auch zu Wort kommen: »›Alle schreiben Romane über Liebe und/oder über Sex‹, sagt er. ›Mein Buch handelt von dem Phänomen des Hasses.‹«[133]

Besondere Aufmerksamkeit gab es, weil die *Time* den Roman in eine Liste der zehn besten Bücher des Monats Oktober 1962 aufnahm.[134] Anfang 1963 wurde eine Auswahl aus allen Monatslisten des vergangenen Jahres gemacht, und so entstand eine Liste der zehn besten Bücher des Jahres 1962. *The Death of the Adversary* war einer dieser ausgewählten Titel, so dass der Name Hans Keilson neben Jorge Luis Borges, William Faulkner, Vladimir Nabokov und Philip Roth zu stehen kam.[135] Hilde und Schaul waren stolz auf ihren Bruder und Schwager. Sie bestellten sich sogleich die Nummer der *Time* vom 4. Januar 1963, in der die Auswahl abgedruckt war.[136]

Vor allem durch die gute Besprechung in der *Time* und durch den ehrenvollen Platz unter den zehn besten Büchern von 1962 schien ein Durchbruch für Hans Keilson in der angelsächsischen Welt möglich. Aber der blieb aus. Es erschien kein neues Buch von ihm, und die alten Titel, *Das Leben geht weiter* und *Komödie in Moll*, wurden zu diesem Zeitpunkt nicht ins Englische übersetzt – das sollte erst Jahrzehnte später geschehen.

Es war eine Katastrophe für den *Tod des Widersachers*, dass in der literarischen Abteilung bei Westermann nichts mehr geschah. Waren die Verkaufszahlen gleich nach Erscheinen schon sehr mäßig gewesen, in den folgenden Jahren näherten sie sich dem Nullpunkt. In den Jahren 1962 bis 1967 blieb der Verkauf bei jeweils 26, 20, 3, 5, 22 und 6 Exemplaren stecken.[137]

Im Januar 1968 schrieb Katharina Boje, der Roman werde aus dem Verlagsprogramm gestrichen. Wegen des minimalen Verkaufs sei es Zeit, den restlichen Vorrat zu verramschen. Es ging um eine große Anzahl gebundener Exemplare und eine kleinere Anzahl Paperbacks. Keilson könne, wenn er wolle, Exemplare bestellen.

> Lieber Herr Dr. Keilson, ich glaube, niemand weiß genauer als Sie selbst, mit wie starker innerer Anteilnahme und Überzeugung die Herren, die seinerzeit mit mir hier gearbeitet haben, und ich uns für dieses Buch eingesetzt haben. Wie ich darüber denke, daß es keine stärkere Resonanz hat finden können wissen Sie ebenso. Mir ist zumute wie bei einem schweren persönlichen Abschied.[138]

Es kam dann doch nicht zum Verramschen, denn Frau Boje konnte das nicht übers Herz bringen. Und sie schickte ihm dreißig Exemplare anstelle der zehn, die er bestellt hatte.[139]

So endete nach einem Jahrzehnt das Abenteuer Westermann. Dazu kam, dass im gleichen Jahr 1968 der Verleger Oswald Wolff starb, der Mann, der dafür gesorgt hatte, dass Keilsons Roman in England und in den USA auf den Markt kam. 1970 ließ seine Witwe Ilse Wolff den verbliebenen Vorrat in England verramschen. Die Anzahl der regulär verkauften Exemplare dort betrug 478.[140]

In späteren Interviews kam Hans Keilson zu der mutlosen Schlussfolgerung, dass *Der Tod des Widersachers* keinen Erfolg gehabt hatte. Was den Verkauf anbelangt, stimmt das. Aber in einem anderen Punkte hatte seine Erinnerung die Wirklichkeit verformt und sogar umgedreht, denn statt mit Stolz auf die große Zahl der Rezensionen, vor allem im deutschen Sprachgebiet, zu verweisen, schrieb er 1998 in einem Brief an den einstigen Professor der Germanistik Hans Schwerte, das Buch sei »nur von sehr wenigen Kritikern überhaupt wahrgenommen« worden. Im selben Brief meinte er, der Ehrenplatz in der *Time* habe nicht viel bedeutet.[141]

Er konnte nicht ahnen, dass der Roman noch einmal weltweites Interesse erregen sollte.

10 Die sechziger Jahre und ein trauriges Ende

1962–1970

»Der Sommer verlief verrückt!«

Amorbach

Deutschland wurde kein Tabu-Land. Kurz nach Kriegsende war Gertrud, allein, nach Süddeutschland gereist, um ihre Mutter zu besuchen. In den folgenden Jahren machten die Keilsons regelmäßig Ferien im Land ihrer Herkunft, unter anderem im Schwarzwald. Auch kamen sie gern in die kleine Barockstadt Amorbach, Gertruds Geburtsort. Das war ein schöner, freundlicher Ort. Adorno, der in seiner Jugend dort die Ferien verbracht hatte, fand, dass sich das Städtchen, etwa achtzig Kilometer südlich von Frankfurt gelegen, über alle Katastrophen des zwanzigsten Jahrhunderts hinweg eine gewisse Unschuld und Idylle bewahrt hatte.[1] Abneigung gegen Deutschland fühlte Hans Keilson nicht. Später sollte er sagen, dass er das Land niemals gehasst habe, weil dort so viel schöne Jugenderinnerungen lagen. Und er schrieb auf Deutsch, diese Verbindung blieb.[2] Definitiv zurückkehren wollte er nicht. Er fürchtete die Rolle als stolzer Überlebender, der kommt, um den Deutschen zu sagen, wie sie ihr Leben künftig zu führen hätten.[3]

Gertrud hatte eine starke Bindung an Amorbach, im Odenwald gelegen, einer waldreichen Gegend mit malerischen Hügeln. In und um das Städtchen kannte sie noch allerlei Leute. Als sie hörte, dass ein Grundstück zum Verkauf angeboten wurde, überredete sie ihren Bruder Karl, es zu erwerben: Es war gut, Grundbesitz in Amorbach zu haben und vielleicht einmal dorthin zurückzukehren. Gertrud brachte auch Hans auf die Idee, in Amorbach ein Stück Grund zu kaufen. Man könnte ein Sommerhäuschen darauf bauen. Sie wäre dann wieder »daheim«, und Hans könnte in der Ruhe und Stille der eigenen Umgebung besser arbeiten als in einem Hotel – denn arbeiten wollte er auch in seiner Freizeit.[4] Für Hans, den Autor, hatte sie noch ein extra Argument, das für eine Verwirklichung des Häuschen-Planes sprach: Er durfte den Kontakt mit der deutschen Sprache nicht verlieren.

Etwas außerhalb des Stadtgebietes kauften Hans und Gertrud ein kleines Grundstück am Hang des Wolkmann, den Adorno als einen freundlichen Riesen beschreibt, der sich oberhalb des Städtchens niedergelassen hat.[5] 1962 ließen sie dort ein Holzhäuschen errichten, »ein allerliebstes Gartenhaus«, wie Hans es nannte.[6] Es sollte sein Studio sein, ein Ort zum Schreiben. Der Bau des eigentlichen Sommerhäuschens wurde ein Jahr später in Angriff genommen.

In dieser Zeit, Anfang der sechziger Jahre, setzte Gertrud ihren langgehegten Wunsch in die Tat um: Sie trat zum jüdischen Glauben über. Schon vor dem Krieg, als sie Hans noch nicht lange kannte, hatte sie diesen Schritt tun wollen. Er hatte sie zurückgehalten, »mit Mühe«, wie er sagte.[7] Vermutlich wollte er ihr das Gefühl von Bedrohung und Gefahr ersparen, das in den dreißiger Jahren das Leben der Juden in Deutschland immer mehr bestimmte. Jetzt setzte sie ihren Plan durch. In der Liberalen Jüdischen Gemeinde in Amsterdam nahm sie an einem Kurs über jüdische Grundkenntnisse teil, in dem sie sich das hebräische Alphabet zu eigen machte und alles über die Speisegesetze, die Feiertage und den Sabbath lernte. Auch ein Brief über ihre Motivation und Gespräche mit den Rabbinern gehörten zum Programm. Im Dezember 1962 trat sie zum Judentum über.[8]

Auf diese Weise verband sich Gertrud noch mehr mit Hans und distanzierte sich von der katholischen Kirche, der sie vorwarf, in der Nazizeit zu wenig für die Juden getan zu haben. Sie verachtete die Kirche. Hans teilte ihre Meinung von ganzem Herzen. Als 91-Jähriger nannte er in einem Interview Papst Pius XII., alias Eugenio Pacelli (Pontifikat 1939 bis 1958) einen Verbrecher, den man hätte hängen müssen.[9] Es ging ihm nicht nur um Pacellis schwache Haltung während des Krieges, er kritisierte auch, dass er 1933 als Nuntius des Vatikans das Konkordat mit der nationalsozialistischen Regierung geschlossen hatte, in dem die katholische Kirche die Regierung Hitlers anerkannte.

Am 3. Januar 1963 fand in der Synagoge der Liberalen Jüdischen Gemeinde in Amsterdam die jüdische Eheschließung statt. Gertrud nannte die Zeremonie »wirklich unerwartet ergreifend und eindruckweckend«.[10] Sie und Hans gingen danach noch mit einiger Regelmäßigkeit zu den liberalen Gottesdiensten. Viel später, als immer mehr Sicherheitsmaßnahmen getroffen wurden, wollte Hans nicht mehr in die Synagoge. Die Atmosphäre war ihm zu beklemmend.

Im Sommer 1963 wurde in Amorbach neben dem hölzernen Studio der Boden für den Bau des Sommerhäuschens aus Beton vorbereitet, das in der Familie immer »het stenen huisje«, das Steinhäuschen, genannt werden sollte. Mit jugendlichem Eifer half Hans, inzwischen 53, dabei mit: Mit einer Spitzhacke holte er große Stücke Sandstein aus dem Boden. Gertrud beobachtete ihn voller Bewunderung. Vielleicht war durch ihre jüdische Eheschließung und durch das Gefühl, dass »Amorbach« das Leben besser und schöner machen werde, neuer Elan in die Beziehung gekommen. Auch wenn es nicht für permanente Bewohnung bestimmt und genehmigt war, wurde das Ferienhäuschen doch ein

Neubeginn, so wie das 1958 in den Niederlanden der Umzug nach Bussum gewesen war. Gertrud schrieb an Hilde:

> Der Sommer verlief verrückt! Hans war abwechselnd alles in einem, er rührte Cement an, reichte begeistert Bausteine hinzu, half beim Sägen indem er das Holz festhielt, grub, hackte, rannte, wusch sich des Morgens 5 lange Wochen unter der Schlange [= Gartenschlauch], ging abends dreckig ins Bett, bewunderte alle Leute aufrichtig, die etwas Anderes konnten als er, machte sich hierdurch alle Säufer in der Umgebung, wenn sie zufällig nicht blau machten, zu sich selbst hochachtenden Intelligenzern u. besprach dann in der Mittagspause, Hitzegrad ± 40 Gr. im Schatten, die Probleme der jungen angehenden Bauunternehmer, die für sie gar keine waren, weil sie sie im Bier ertrinken ließen. Kurzum, er erholte sich glänzend.[11]

Gertrud amüsierte sich weniger gut. Sie fand es mühsam, auf einem Propangaskocher Kaffee und Tee für die sechs bis vierzehn Bauarbeiter zu kochen, die da tagein tagaus an der Arbeit waren. Auch mussten beträchtliche Mengen Bier herbeigeschafft werden: drei bis fünf Flaschen pro Person pro Tag. In einem Gasthof in Amorbach wurden beim Richtfest Lieder zu Ehren von Hans und Gertrud gesungen. Der Vorarbeiter erklärte, wie Gertrud schrieb, dass Dr. Keilson »für allzeit der Gemeinde Amorbach einverleibt sei«. Hans, schrieb sie, »war beim dritten Schoppen so stolz darauf, dass er sichtlich gerührt wurde«.[12]

Das Steinhäuschen stand kurz vor der Vollendung. Hans fuhr zurück in die Niederlande, während Gertrud blieb, um am Wolkmann alles im Auge zu behalten: Klempner, Elektriker und Maler mussten noch kommen und ihr Werk verrichten.

Wieder daheim in Bussum wurde Hans von seinen Patienten angerufen, die hören wollten, wann er sie wieder empfangen könne.[13] Aber inzwischen hatte der Psychiater selbst ein Problem: Die Vergangenheit kehrte wieder, in Form von Albträumen. Er habe, wie er Gertrud anvertraute, mehrfach von einem Graben geträumt,

> genau wie ihn die Deutschen gegraben haben oder durch die Juden graben ließen, danach stellten sich diese rücklings an den Rand und fielen nach dem wohlgezielten Nackenschuss hinein, danach warf man den Sand hinauf. Jede Nacht wachte ich schweißtriefend auf, es war fürchterlich. Heute Nacht habe ich deutlich von meinem Vater geträumt, das erste Mal, dass ihn mir ein Traum brachte. Ich wurde im Traum ohnmächtig, als ich sein vom Entsetzen gegruftes Gesicht sah. Trotzdem glaube ich, dass es gut ist, dass man sich von Zeit zu Zeit erinnert, was geschehen ist. Der »Wohlstand«, in dem man in Bussum lebt, ist eine nicht gesunde Maskerade. Ich hoffe, dass Du es mir nicht übel nimmst, dass ich Dir das so schreibe, aber wem sollte ich dies dann erzählen? Das sind Dinge, die nur uns beide angehen.[14]

War das Graben im Amorbacher Boden in seinen Albträumen zum Ausheben eines Grabes geworden? Hatte der Prozess gegen Eichmann, der 1962 hingerichtet wurde, und die Flut an Publizität, die das mit sich brachte, bei ihm die Erinnerung an die jüdische Tragödie in aller Heftigkeit wieder in Erinnerung gerufen, wie bei so vielen?

Hans blieb nicht lange allein in Bussum. Nach einer Woche fuhr er schon wieder zurück nach Amorbach, um Gertrud abzuholen.

Das neue, weiß gestuckte Mini-Haus neben dem Holzhäuschen war offiziell nicht zum Wohnen zugelassen, sondern nur als »Bienenhaus« mit einem Arbeitsraum für den Imker. Nur unter dieser Bedingung und unter strengen Vorgaben bezüglich der Form und der Größe durfte es außerhalb des Amorbacher Bebauungsgebietes errichtet werden. Hans Keilson hielt sich an die Regeln, aber das Halten von Bienen war ungefähr das Letzte, was er vorhatte. Ihm ging es darum, im Sommer ungestört ein paar Wochen im sogenannten Bienenhaus verbringen zu können. Auch wenn es klein war – ihm galt es als ein wertvoller Besitz, auch in materieller Hinsicht. Er hatte nicht allzu viel bezahlt und dachte, dass die Gegend in absehbarer Zeit erschlossen werden würde, womit auch der Wert seines Grundstücks steigen werde.

Amorbach wurde ein fester Punkt im Leben von Hans und Gertrud. Die Stelle, wo ihre Ferienhäuschen standen, an einem bewaldeten Berghang, mit einer Wiese davor und Aussicht auf das Tal, erschien ihnen wundervoll, auch wenn man dort nicht ganz in *splendid isolation* lebte. Etwas unterhalb ihres Grundstücks standen die ersten Amorbacher Häuser, und aus der Tiefe des Tales stieg der Lärm von Stadt und Straßen den Berg hinauf. Es störte sie nicht.

Sie verbrachten viele Ferien in ihrem Häuschen. Hans saß oft an seinem Schreibtisch im Studio, aber er liebte auch die körperliche Arbeit, die zu tun war: zum Beispiel das Mähen der Wiese mit der Sense. Im Sommer 1968 meldete er Hilde und Schaul: »Inzwischen ist das Gras wieder gemäht, Bäume gerodet, Büsche gekappt, – es ist eine herrliche Arbeit für einen gewöhnlichen Mann, halbnackt und von Ameisen und Dornenhecken lädiert zu sein.«[15]

Die Keilsons stärkten ihre Verbindung mit Deutschland, ohne ganz dort zu leben. Im Städtchen lernten sie immer mehr Menschen kennen, einer davon war der örtliche Buchhändler Emig, der lange Gespräche liebte. Praktisch gesehen war Amorbach auch ein guter Ausgangspunkt, zum Beispiel für den Besuch der Buchmesse in Frankfurt oder wenn Vorträge zu halten oder zu besuchen waren. Und man konnte dort deutsche Gäste empfangen. Für so manchen war Amorbach näher als Bussum.

Neue Gedichte und eine Erzählung

In Deutschland und in den Niederlanden war die Publizität rund um den *Tod des Widersachers* noch in vollem Gange, als auch wieder Gedichte von Keilson erschienen: Texte älteren Datums in einem Sammelband mit Gedichten, die in Konzentrationslagern, Ghettos und im Exil entstanden waren, Titel: *An den Wind geschrieben.*[16] Selbst nannte er den Band eine »repräsentative Auslese von großen und kleinen Machern, wie ich einer bin«.[17] Das war falsche Bescheidenheit. Als seine zweite Frau einmal bemerkte, er gehöre möglicherweise zu den *poetae minores*, reagierte er verärgert und beleidigt.[18]

An den Wind geschrieben enthielt sein erstes je publiziertes Gedicht, »Neuer Psalm« aus dem Jahre 1933, in dem er seine Sorge um die Zukunft und sein Gefühl der Gottverlassenheit in Worte gefasst hatte. Das zweite Gedicht von Hans Keilson in dieser Anthologie stammte aus dem Kriegsjahr 1943. Es hatte sich vieles verändert: An die Stelle des unbestimmten, sorgenvollen Vorgefühls waren beklemmende Tatsachen getreten:

Geh nicht nach Haus,
es erwarten dich Trümmer.
Schmerzen wachsen empor,
das Unkraut der Leiden.
Geht darüber der Wind,
aus Liebe um jene,

vernimmst du die Seufzer
derer, die darbten,
die wußten und starben,
geöffneten Auges,
unvollendet.[19]

Es kam auch Neues aus seiner Feder. Dass der literarische Zeitgeist sich geändert hatte und in der Poesie die freie Form und ein parlandoartiger, weniger hoch gestimmter Ton die Oberhand bekommen hatten, spiegelt sich in seiner Weiterentwicklung als Dichter: Hatte er früher überwiegend reimend und metrisch geschrieben und im Krieg selbst die traditionelle Form des Sonetts gewählt – jetzt bevorzugte er den freien, nicht typisch poetischen Vers. Dazu passend, wie bei vielen Dichtern damals: keine großen Anfangsbuchstaben, keine Interpunktion. Die Erneuerung begann zögernd. 1963 schrieb er ein einziges Gedicht in diesem modernen, losen Stil: »Sprachwurzellos«, ein Einbürgerungsgedicht, in dem er die Niederlande und das Niederländische kennenlernt.[20] Im deutschen Text tauchen niederländische Wörter auf: »dames«, »heren«, »hutspot« und »bols«. An den Grachten grüßt er seine neuen Freunde: »und sie nennen mich mijnheer«.

Wer für die Entwicklung von Keilsons Dichterschaft in den sechziger Jahren eine gewisse Rolle gespielt haben dürfte, war Hilde Domin, eine Dichterin, die ursprünglich aus Köln kam, mehr als zwanzig Jahre im Exil lebte und in den fünfziger Jahren nach Deutschland zurückgekehrt war.[21] Keilson ist vermutlich bei ihren Lesungen gewesen, denn er besaß Exemplare ihrer Gedichtbände *Nur eine Rose als Stütze* (1959) und *Rückkehr der Schiffe* (1962) mit persönlichen, handschriftlichen Widmungen aus den Jahren 1964 und 1965.[22] Sein eigenes Schreiben von Gedichten neuen Stils kam ab 1966 in Gang. Stimulierend und motivierend war möglicherweise der Umstand, dass Hilde Domins Gedichte bei S. Fischer erschienen.

Bei ihr fand er nicht nur eine Form, sondern auch einen Inhalt, der ihn berührte. Er mag an seine Eltern gedacht haben, beispielsweise beim Lesen oder Hören von Zeilen über die symbolische Rückkehr nach Hause, an einen Ort, wo sowohl »die verlierbaren Lebenden« als »die unverlierbaren Toten« sich befinden und in einer Sphäre ruhigen Glücks mit uns essen und trinken, und wo man ihre Stimmen wieder hört, »ganz nahe / bei deinem Herzen«.[23] Eine solche Vision, so ein wiederkehrendes Wunder – so die Dichterin – brauchen wir, um leben zu können.

Keilsons Dichtung zeugt von der harten Wirklichkeit, die die Kehrseite von Domins Traum ist. Bei ihr die Illusion, bei ihm die Illusionslosigkeit: Es ist die Verwandtschaft von Gegensätzen. »Geh nicht nach Haus« ist das absolute Gegenteil ihrer lieblichen Phantasie.

Auch in »Sanierung Amsterdam« aus dem Jahre 1967 wird ein Zuhause zerstört.[24] Da handelt es sich um den Abriss des jüdischen Viertels, der in Amsterdam in den sechziger Jahren zügig durchgesetzt wurde, um für den Verkehr Platz zu schaffen. Die Häuser an der Weesperstraat beispielsweise mussten weg, während sie Krieg und Besetzung größtenteils überstanden hatten. Das Gedicht ist in zweifacher Hinsicht bitter: Erst mussten die Juden weg, jetzt sind ihre Häuser an der Reihe. Keilson beschreibt die verfallenen, leeren Häuser und sagt dann:

auf den schwellen
die bazillen
der razzia

den bewohnern
brauchte
man
also
nicht mehr zu kündigen

Die Arbeiter gehen rigoros zu Werke:

es kam
die brigade
der straßenmeister
mit
bulldozern preßlufthammern
asphaltöfen
die rammler und buddler
spitzhacke spaten
und
psalter

ruinen geschleift
gelände geebnet
ratten verjagt
und vergiftet
hygiene verordnet
der himmel geteert
so
wurde erinnerung
beigesetzt
das leben geht
weiter

Die Aktion und die rabiate Weise, wie sie ausgeführt wurde, erwecken Erinnerungen an die blind wütende Gewalt der Kriegszeit. »Ratten verjagt« hätte eine Naziformulierung über die Juden sein können. Es klang wie eine Anspielung auf den Propagandafilm *Der ewige Jude* aus dem Jahre 1940, in dem Juden mit Ratten verglichen werden.

Seinen vertrauten Ort verlieren, an diesen vertrauten Ort nicht mehr zurückkehren können, den Ort, wo man jetzt ist, nicht als vertraut erfahren: Das waren die Themen der Exil-Dichtung Hans Keilsons. Dem Verlust standen neue vertraute Orte gegenüber, die er gefunden hatte: ein Haus in den Niederlanden und zwei kleine Häuschen in Deutschland. Vielleicht alles Surrogate für das ideale Zuhause mit allen, die ihm teuer waren. Etwas, was es nur in der Phantasie geben konnte. So ein geträumtes Haus hatte er schon einmal evoziert, in einem der Hanna-Sonette: zwei Menschen, im Versteck, in einem kahlen Zimmer, abgeschnitten von der Welt. Plötzlich ist da die tagtraumartige Phantasie, in der das Zimmer eine Metamorphose erfährt: »Und Deine Kammer wurde weit, ein Haus // mit Türen, Fenstern, wo bald ein und aus / die Freunde gingen«. Das Glück aber wird sogleich durch das Unglück eingeholt: »Nur der Tod bemerkt / die Gäste, und erjagt sie Stück für Stück.«[25]

Die Prosa versiegt

Waren die sechziger Jahre für den Dichter Hans Keilson fruchtbar – auf dem Gebiet der Prosa kam das Ende seiner Kreativität in Sicht. Er schrieb noch eine einzige Erzählung, die letzte, die er publizierte: »Dissonanzen-Quartett«, über den Untergang einer normalen, harmonischen Familie. In dieser nach einem Streichquartett von Mozart benannten Geschichte verlässt ein Professor, Spross einer ostpreußischen Pastorenfamilie, seine jüdische Frau, um es ihr und den Kindern leichter zu machen, zu emigrieren. Aber die Frau und die Tochter flüchten nicht und finden den Tod. Unter seinen Kollegen bleibt der Professor standhaft: Er schimpft nicht mit über die Juden, auch wenn er sich damit isoliert. Das wird sein Untergang. An seinen Sohn, der in die USA emigriert war, schreibt er: »Ich wollte die Unmenschlichkeit der Machthaber ins öffentliche Gerede bringen, auf einem anderen Wege hätte ich es nie erreicht. Man sollte sehen, wie ich, von dem jedermann wußte, daß er an Deiner Mutter und an Euch hing, in aller Öffentlichkeit zugrunde ging. Man sollte auf der Straße und in der Universität mit dem Finger nach mir weisen.«[26] Der mutige Professor verkommt und findet gegen Ende des Krieges bei Kämpfen in Königsberg, wo er studiert hatte, den Tod.

In der Erzählung gibt es Anspielungen auf die Wirklichkeit (der Ich-Erzähler zum Beispiel ist Musiker, man verbringt die Ferien an der Ostsee), aber autobiographisch ist sie nicht. Keilson wählte symbolische Hauptfiguren. Der christliche Mann und die jüdische Frau repräsentieren zwei Gruppen: Verfolger und Verfolgte. Der Hass, der jahrhundertelang zwischen den Vorfahren der Eheleute geherrscht hatte, schien in ihrer Familie keine Rolle mehr zu spielen: »In unserem Hause fühlte man sich beiden Religionen verbunden und keiner verpflichtet.«[27] In der Nazizeit war Schluss mit dieser entspannten Atmosphäre und der selbstverständlichen Zusammengehörigkeit.

Die Erzählung »Dissonanzen-Quartett« hatte Keilson auf Einladung von Peter Härtling, Cheflektor bei S. Fischer, für dessen Anthologie *Die Väter* geschrieben.[28] Es war das erste Mal nach dem Krieg, dass Hans Keilson wieder bei S. Fischer erschien. Mit dem Text als solchem war er selbst nicht ganz zufrieden. Er hatte für diesen Beitrag nicht genug aus seinem eigenen Leben schöpfen können.[29]

Der Brief, in dem Katharina Boje 1968 aus dem Westermann Verlag meldete, dass *Der Tod des Widersachers* aus dem Programm gestrichen werde, muss ein Dämpfer gewesen sein. Hinzu kamen weitere Enttäuschungen. Seine Versuche, die *Komödie in Moll* auf Niederländisch, aber auch auf Deutsch zu neuem Leben zu erwecken, waren erfolglos. 1969 schickte er die Untertaucher-Novelle an den Verlag Athenaeum-Polak & Van Gennep in Amsterdam, mit der Frage, ob sie das Buch wieder auflegen wollten. Das Lektorat reagierte mit einem kurzen, wenig Hoffnung gebenden Briefchen: Der Verlag könne zu diesem Zeitpunkt keine Neuausgabe zusagen. Eine Zusage gab es auch später nicht.[30]

Dass bei Westermann die Tür zugeschlagen wurde und kein anderer Verlag eine Tür öffnete, könnte ein zusätzlicher Grund dafür gewesen sein, dass er keine literarische Prosa mehr schrieb. Doch es gab noch einen Grund: Seit 1967 war er vollauf mit seiner wissenschaftlichen Arbeit beschäftigt.

Studienreise nach Israel

Schon in den fünfziger Jahren hatte Hans Keilson die ersten Schritte in Richtung einer Doktorarbeit tun wollen. Sein Thema: die Schicksale der jüdischen Kriegswaisen, von denen er als Mitarbeiter von Le-Esrath Ha-Jeled viele kennengelernt hatte. Er wollte die Dossiers von Le-Esrath und die der OPK-Kommission auswerten. Er glaubte, er müsse mit diesem Material etwas machen, etwas Wissenschaftliches, das für ihn zugleich »eine menschliche Notwendigkeit« darstellte.[31] Aber in den fünfziger Jahren konnte er für diesen Plan kein Stipendium bekommen.[32]

In den sechziger Jahren lagen die Karten günstiger. Bets Frijling-Schreuder, Professorin und Leiterin der kinderpsychiatrischen Klinik der Universiteit van Amsterdam, machte ihm ein verlockendes Angebot: Er konnte 1967 einen sogenannten »promotiestafplaats«, eine Art Doktorandenstelle, in ihrer Klinik bekommen. Das bedeutete: einen halben Tag in der Woche in der Klinik arbeiten, den Rest der Teilzeitanstellung durfte er seiner Doktorarbeit widmen.[33] Frau Frijling-Schreuder wurde seine Doktormutter.[34]

Weil eine Reihe der inzwischen erwachsenen Kinder in Israel wohnten, war für die geplante Nachuntersuchung eine Reise nötig, Gertrud reiste mit.

Unter den Papieren von Hans Keilson, die seine Doktorarbeit betreffen, befindet sich eine Liste mit Namen und Adressen von 66 israelischen Staatsangehörigen niederländischer Herkunft, die für die Nachuntersuchung in Frage kamen. Mit einem Brief waren sie eingeladen worden teilzunehmen. Aus ihren Antwortbriefen spricht eine große Bereitwilligkeit, den Untersucher zu empfangen; es gibt nur einen einzigen ablehnenden Brief einer Frau, die schreibt, dass sie keine Zeit habe. Am Ende sollten 53 aus diesem Personenkreis in der Untersuchung eine Rolle spielen.[35]

Hilde, die seit 1964 in Berlin wohnte, wo ihr Mann eine leitende Funktion im Max-Planck-Institut für Bildungsforschung innehatte, war ganz begeistert von dieser Reise ihres Bruders und ihrer Schwägerin. Israel war ihr lieb geworden, und es schien sie wehmütig zu stimmen, dass sie nicht mitreisen konnte. »Wenn ich so denke«, schrieb sie an Hans, »was Ihr alles sehen werdet! In Gedanken gehe ich alle Wege mit Euch. In Jerusalem haben Schaul und ich uns kennengelernt, in der Schocken-Bibliothek in Talbieh [ein Stadtteil von Jerusalem]. Wenn Du vorbeigehst, denke daran.«[36]

Am 15. April 1969 flogen Hans und Gertrud nach Tel Aviv. Am frühen Abend wurden sie dort am Flughafen von Eva Friedländer-Landsberger abgeholt, mit der Hans in Berlin eine kurze Beziehung gehabt hatte und die in Caputh seine Kollegin gewesen war; auch jetzt gab sie wieder Kindern Musikunterricht. Die Keilsons wohnten in einer Pension in Jerusalem, die Eva ihnen vermittelt hatte.

Wiedersehen

Hans Keilson ging bei der Nachuntersuchung der nach Israel emigrierten »Kinder« systematisch zu Werk.[37] Er hatte eine dreiseitige Fragenliste erstellt mit Themen wie diesen: Erinnerungen an die Niederlande, warum man nach Israel gegangen war, der Verlauf der Integration, körperliche Beschwerden, Freundeskreis, Familiensituation, eventuelle Probleme in der Familie oder im Beruf.

Bram Asscher, den Jungen, der Bergen-Belsen überlebte und mit dem er seit 1945 als Betreuer eine vertrauensvolle Verbindung aufzubauen versucht hatte, sah er in Israel wieder.[38] Bram war inzwischen Mitte dreißig und berichtete ihm über sein Leben.

Nach dem Krieg hatte er sich in den Niederlanden »fremd« gefühlt. Er wollte weg. Dabei spielte eine Rolle, dass seine Eltern, wie er wusste, auch nach Israel gewollt hatten. 1948 vollzog er diesen großen Schritt. In der Anfangszeit in seinem neuen Land schlief er oft schlecht und litt an Kopfschmerzen. Bilder von Bergen-Belsen hatte er auf seiner Netzhaut, auch später noch. Er arbeitete als Elektriker und Laborant und bei einer Krankenkasse. Während des Militärdienstes machte er eine technische Ausbildung. Seit einigen Jahren war er Mitglied einer kleinen religiösen Gruppe, da er sich religiös fühlte. »Wetsgetrouw«, gesetzestreu, war der Ausdruck, den Keilson im Fragenformular notierte (die Formulare wurden nur selten von den Betreffenden selbst ausgefüllt).

Asscher liebte die Niederlande noch immer, obwohl er durch sein Berufsleben und die Beherrschung des Iwrit gut in der israelischen Gesellschaft integriert war. Er beneidete Menschen, die in Israel geboren waren, weil er meinte, dass die Vergangenheit weniger schwer auf ihnen lastete. Den Eichmann-Prozess hatte er verfolgt – eine furchtbare Erfahrung. Er hatte geweint, sich gebrochen gefühlt. Jetzt mied er alle Filme, die mit der Judenverfolgung zu tun hatten.

Er war mit einer ehemaligen Untertaucherin verheiratet und hatte drei Kinder, die zur Zeit des Gesprächs zehn, acht und viereinhalb Jahre alt waren. Wenn er ihnen gute Nacht sagte, gab er ihnen einen doppelten Gutenachtkuss: einen von ihm selbst und einen von den Großeltern, die sie nie gekannt hatten. Er versuchte ein möglichst guter Vater zu sein, zum Beispiel indem er zu Hause war, wenn sie aus der Schule kamen und seine Frau nicht da sein konnte.

Das war, zusammengefasst, die Geschichte des erwachsenen Bram Asscher, wie Hans Keilson sie auf dem Fragenformular notierte. Auf diese Weise Lebensgeschichten aufzeichnend, die er für seine Doktorarbeit verwenden wollte, zog er von Adresse zu Adresse. Über Bram Asscher sollte er in seiner Doktorarbeit zu dem Schluss kommen, dass er eine große »Ich-Stärke« zeige, ein »Vermögen, sich zu regulieren und zu kontrollieren«.[39]

Hans und Gertrud hatten in Israel auch Zeit, wichtige und interessante Orte aufzusuchen. Sie gingen zur Klagemauer in Jerusalem und besuchten unter anderem Bethlehem, Masada und Caesarea, ohne dass das zu begeisterten Beschreibungen in Briefen führte.

Der Aufenthalt in Israel dauerte einen Monat. Am 13. Mai flogen die Keilsons zurück in die Niederlande. Sie würden unbedingt noch einmal zusammen nach Israel kommen, nahmen sie sich vor.[40] Aber Gertrud sollte nie mehr zurückkehren. Hans schon, zu Vorträgen.

Gertruds Tod

Es war praktisch, einen Mediziner zum Bruder oder Ehemann zu haben, den man bei körperlichen Beschwerden um Rat fragen konnte. Hilde, die aus Hamburg und später aus Berlin lange Briefe schrieb, wandte sich in diesen Dingen regelmäßig an Hans. Sie wollte seine Meinung über die verschiedenen Möglichkeiten einer Hüftoperation hören, die ihr Berliner Arzt mit ihr besprochen hatte. Auch wollte sie, dass Hans für sie und ihren Mann Rezepte schrieb. Sie litt an Kreislaufstörungen und Schaul an Krämpfen der Blutgefäße, weil er so hart arbeiten musste.[41] Ob Hans auf ihre medizinisch laienhaft formulierten und darum vagen Wünsche einging, ist nicht bekannt. Später schickte er Hilde und Schaul gelegentlich Schlaftabletten.[42]

Gertrud, die Hans zufolge tablettenabhängig war, profitierte auch von dem Mediziner in der Familie. Auch wenn Hans nicht – wie viele Landärzte in den Niederlanden – mit kleinem Sortiment zugleich Apotheker war: Vertreter pharmazeutischer Firmen machten Arztbesuche, um ihre Erzeugnisse anzupreisen, und ließen Musterpackungen zurück, die Hans in einem Wandschrank in seinem Sprechzimmer aufbewahrte. In diesen Vorräten konnte Gertrud leicht finden, was sie haben wollte. Dass sie Schlaftabletten nahm, ist sehr wahrscheinlich.[43]

Im Sommer 1969, nach ihrer Israel-Reise, waren Hans und Gertrud in Amorbach. Dort schliefen sie in der Nacht vom 6. zum

7. Juli nicht beieinander. Sie schlief im Holzhäuschen, er im gemeinsamen Schlafzimmer des Steinhäuschens.[44]

Am frühen Morgen des 7. Juli ging Hans hinüber ins Holzhäuschen und fand dort seine Frau – tot. Was den Zeitpunkt des Todes betrifft, nennt der Totenschein eine große Spanne: zwischen zehn Uhr abends und halb sieben Uhr morgens.[45] Gertruds 68. Geburtstag am 18. Juni lag keine drei Wochen zurück.

Sie hatte Tabletten eingenommen, wahrscheinlich Schlaftabletten, zusammen mit anderen Medikamenten. War die Dosis zu hoch gewesen? Fühlte sie sich krank oder erschöpft? Wer die Briefe liest, die vor der Reise nach Israel zwischen Hans und Hilde gewechselt wurden, findet Bemerkungen, die auf einen schlechten körperlichen Zustand von Gertrud hindeuten. Sie hatte Herzprobleme und litt an Rheuma, war dringend der Ruhe bedürftig und musste geschont werden. Hans wollte nicht, dass sie in Israel über die politisch-militärische Situation beunruhigt sein müsse, wo doch gerade am Suezkanal Schusswechsel zwischen Ägypten und Israel stattgefunden hatten: »Ich selbst habe keine Angst, aber Gertrud möchte ich nicht in zweifelhafte Situationen bringen.«[46] Hilde hatte Hans geraten, in Israel ein erstklassiges Hotel zu wählen, »wo sich auch Gertrud ausruhen und erholen kann«.[47]

Spielte etwas anderes als körperliches Unwohlsein eine Rolle? Hatten Hans und Gertrud am Abend vor ihrem Tod gestritten? Dass sie getrennt schliefen, könnte darauf hindeuten. War während der Israel-Reise etwas geschehen, worüber Gertrud ihm nachträglich Vorwürfe machte? Hatte er sich Eva Friedländer gegenüber zu vertraulich verhalten? Dafür gibt es keine Anhaltspunkte. Hatte er Hanna Sanders getroffen? Nein, denn ihr oben zitiertes Briefchen aus dem Jahre 1971 zeigt, dass man sich lange Zeit nicht gesehen hatte, viel länger als zwei Jahre.

Wenn man annimmt, dass es zwischen Hans und Gertrud zu

einem Wortwechsel über eine Freundin von Hans gekommen war, dann liegt es näher zu vermuten, dass Meta Ploeg das Problem war. Er hatte sie bei seiner Arbeit in Amsterdam kennengelernt, wo sie im Medisch Opvoedkundig Bureau, einer Einrichtung zur medizinischen Erziehungsberatung, als Sozialarbeiterin arbeitete. In späteren Jahren lebte sie in Assen, wo sie Dozentin an der Sozialen Akademie geworden war. Dort, in der Provinz Drenthe, besuchte Hans sie ab und zu.[48]

Von einem Tag auf den anderen war Gertrud nicht mehr da, die Frau, auf die er immer hatte rechnen können, organisatorisch begabt, »groß, wagnerianisch, mit wenig Humor und wenig Relativierungsvermögen«, wie der Internist Philip Rümke, ein Bekannter der Keilsons, sie beschreibt.[49] Eine andere Charakterisierung kommt von einem Freund des Hauses Keilson, dem Historiker Hermann von der Dunk. Er schätzte ihr Gefühl für Humor anders ein, vielleicht weil sie sich bei der Familie von der Dunk vertrauter und darum gelöster fühlte: »sie war vor allem eine dicke, warmherzige Frau mit viel Humor und Phantasie und konnte nicht weniger gut kochen und backen als aus Handschriften die Seele zum Vorschein holen«.[50] Eine Intellektuelle war sie nicht, urteilte der Historiker. Bei ihrer graphologischen Arbeit verließ sie sich vor allem auf ihre »geniale Intuition«.[51]

Hans blieb mit der quälenden Frage zurück, ob Gertruds Tod ein Unglück oder ein Selbstmord gewesen war. Letzteres schien ihm das Wahrscheinlichste.[52] War es seine Schuld, weil er untreu gewesen war? Trost und Halt suchte er bei Barbara, mit der er lange Gespräche führte. Auch ging er wieder in Psychoanalyse. Darüber schrieb er an Hilde: »Bei meinem Analyticus habe ich es sehr schwer. Er packt mich hart an, ich bin rasend, aber es ist die einzige Weise um aus dem Dilemma zu kommen, in dem ich schon so furchtbar lange sitze.«[53] Das ist eine Aussage, die ziemlich nebulös ist. Welches Dilemma? Wollte er sagen, dass er sich in der Liebe anderen Frauen zuwandte, während Gertrud doch so wichtig für ihn war, und immer gewesen war? Konnte er nicht *mit* ihr, aber auch nicht *ohne* sie leben? Hermann von der Dunk zufolge fand Hans, dass er neben ihr nicht zu seinem Recht kam. »Sie dominierte, hatte genug Arbeit und Aufmerksamkeit als Graphologin und verdiente in den Anfangsjahren in den Niederlanden mehr als er. Aus der Perspektive des Psychiaters betrachtete er ihre Graphologie ursprünglich als, etwas übertrieben gesagt, dilettantischen Quatsch. Er fand, dass er auf einem anderen Niveau operierte. Seine analytische Arbeit ähnelte der ihren, aber bei ihm galt es als Wissenschaft.« Im Laufe der Zeit, vor allem als sie nicht mehr am Leben war und er sich seine Sporen verdient hatte, »als er sich selbst gefunden hatte«, wie von der Dunk es ausdrückte, entwickelte er einen bewundernden Blick auf seine Frau, was ihre graphologischen Analysen betraf. Dass sie beispielsweise an der Handschrift von Hitler hatte ablesen können, dass er die Welt in Brand stecken würde, pflegte er immer wieder in Interviews zu erzählen.[54] Er betrachtete sie als Hellsehende.

Im Jahr nach Gertruds Tod schrieb er »Auch Eurydice«, ein Gedicht, in dem Orpheus wie im klassischen Mythos in die Unterwelt hinabsteigt, an den Ort, wo seine Geliebte sich nach ihrem Tod befindet. Über diese Geschichte hatte er im Krieg bereits einmal mit Gerrit Achterberg, dem Dichter der Wiedererweckungspoesie, wie Keilson es nannte, gesprochen. Jetzt hatte er wie Achterberg eine Tote zu betrauern, sie waren Schicksalsgenossen: zweimal Orpheus, zweimal auf literarisch-magische Weise suchend und tastend nach Leben im Reich der Schatten.

Keilsons Gedicht variiert den Mythos. Während des Rückwegs der beiden Liebenden in die Welt der Lebenden schreit Eurydice beim Sehen des ersten Lichtstrahls plötzlich auf – sie ist »verwundet«. Der Schrei ist so heftig, dass Orpheus' Leier davon zu tönen beginnt. Er selbst bleibt stumm, buchstäblich, wie man im Niederländischen sagt: »met stomheid geslagen«, mit Verstummen geschlagen. Singen kann er nicht mehr, und er weiß, dass in seinem Leben nur noch Niederlagen vor ihm liegen. Er sucht nach Hilfe und sieht sich um. Dann heißt es:

> zusammen weinten sie
> voneinander geschieden
> schweifend an den ufern[55]

Mann und Frau sind füreinander unerreichbar und zugleich miteinander verbunden durch ihre Trauer. Der Titel »Auch Eurydice« besagt, dass nicht nur Orpheus mit seinem großen Kummer zurückblieb, sondern Eurydice gleichermaßen.

Trauern sah Hans Keilson als nötig und nützlich an. Wer trauern kann, kann Abschied nehmen, und dann lassen sich die Erinnerungen an den verlorenen anderen leichter tragen und ertragen.[56] Dass er in seinem Gedicht auch Eurydice weinen lässt, mildert den Schmerz des Orpheus, der im ursprünglichen Mythos in aller Einsamkeit leiden muss. Keilson versuchte sich eine Gertrud vorzustellen, die in Gestalt der Eurydice um ihren Mann trauerte. Er schrieb ihr Trauer zu, als eine Phantasiemedizin für sich selbst.

Hilde bietet Unterstützung an, Barbara will allein sein

Hilde machte sich Sorgen, jetzt, wo ihr Bruder allein geblieben war. Weil er Erholung und Ablenkung nötig habe, schlug sie ihm vor, sie und Schaul im Herbst nach Baden-Baden zu begleiten. Sie könnten zu dritt im Waldhotel Der Selighof wohnen und zusammen die jüdischen Feiertage verbringen: Rosch Haschana (das jüdische Neujahrsfest) und Jom Kippur (das Versöhnungsfest). Und er könnte mit Schaul lange Spaziergänge machen – selbst war sie dazu wegen ihrer Hüft- und Beinprobleme nicht imstande.[57]

Zunächst ging Hans nicht auf diesen Vorschlag ein. Er hatte ein emotionales Problem: Baden-Baden erinnerte an Gertrud, die nicht weit davon entfernt, in Bühl, einen großen Teil ihrer Jugend verbracht hatte. In dieser Gegend hatte sie ein beängstigendes Erlebnis gehabt:

> Sie ist als junges Mädchen nachts durch die Wälder gelaufen um Essen für die Familie zu holen. Nur ich weiss, wie angstig [= ängstlich] sie war und wie sie diese Angst nimmer in ihrem Leben überwunden hat. Wohl war sie mutig, aber es war der Mut des im nächtlichen Walde Singenden. Ich kann nicht weiter darüber schreiben, denn ich habe sie in der Nacht ihres Sterbens auch alleine gelassen …[58]

Was Gertrud genau erlebt hat, ist nicht bekannt. Hans schrieb im Jahr ihres Todes ein Gedicht darüber, in dem er sich vorstellt, dass er über dieselben Hügel wandert wie damals Gertrud, und dann glaubt, wie ein Spurensucher der Liebe, noch etwas von ihrer Anwesenheit spüren zu können, etwas Immaterielles und Traumartiges, einen »Hauch«. Das Gedicht heißt »Bühlertal«, nach einem Dorf, das, jedenfalls entlang der Straße[59], etwa sechs Kilometer von Bühl entfernt ist. Gertrud wurde damals nach Bühlertal geschickt, um Essen zu holen, aber warum gerade sie, und dann noch in der Nacht? Hans nennt keine Fakten. Es ging ihm um etwas anderes, etwas das ihn rührte: der Gedanke an die Angst dieses Mädchens im Dunklen, fast wie in einer unheimlichen Märchenszene, das in ihrem Sterben auch wieder so allein gewesen war. Im Gedicht weiß er die Verbindung zwischen ihnen beiden zu ziehen: Sie war »im Schattenwald allein«, genauso wie der Dichter, der ihre Spur suchen kommt, später auch allein ist.

BÜHLERTAL
dem Andenken von Gertrud Manz

Dein Gang über die Höhen
und Widerhall im Tal
auf Wegen allzumal
ein zärtliches Verwehen
wie Vogelwolkenflug
dein Gang über die Höhen

Das Haar im Märzenwind
Schnee auf Geäst und Stein
im Schattenwald allein
ich eine Spur noch find
ein zärtliches Verwehen
dein Haar im Märzenwind

zum Gruß – leichter als Träumen
ein Hauch im Schattenwald
gelöst von Leibgestalt
Irrwisch in allen Räumen
wie Vogelwolkenflug
vorbei – leichter als Träumen[60]

Hans nahm seine Arbeit wieder auf, sowohl in der Kinderklinik in Amsterdam als auch in seiner Praxis. Mit seinen Psychoanalysepatienten besprach er auch seinen eigenen Kummer, für den es, wie er selbst sagte, keinen Trost gibt. An Hilde:

> Zuweilen rette ich mich ganz gut, ich habe – in der Waschmaschine – gewaschen und die Wäsche aufgehängt, mache zuweilen das Haus sauber, koche und wasche ab. Aber die halluzinatorische Phase der Trauer ist noch lange nicht abgeschlossen und dies ist der Würgegriff. Ich vermisse Gertrud furchtbar, sie ist immer noch in meiner Nähe, wie sie früher immer um mich war. Unser Leben war gewiss nicht leicht und frei von schweren Missverständnissen, aber so arm wie ich mich jetzt zuweilen fühle, – ich kann mein Weinen noch immer nicht bezwingen. Ich erfahre viel Anteilnahme und Hilfsbereitschaft, aber was bedeutet dies, – durch diese Wüste muss ich allein.[61]

Hilde zeigte sich hilfsbereit in Haushaltsfragen. Weil sie fand, dass er nicht immer Suppen aus der Dose essen sollte, gab sie ihm in ihren Briefen Mini-Kochstunden. Am 10. August widmete sie dem Thema einen ausführlichen Brief: Sie erläuterte den Unterschied zwischen Kochen, Dünsten und Braten, tippte ganze Rezepte für Hühnersuppe, für gekochte Kartoffeln mit Quark, Mohrrüben mit Petersilie, Erbsen, grüne Bohnen. »Gertrud hat viele Jahre gut für Dein leibliches Wohl gesorgt; Du darfst das jetzt nicht alles zum Teufel gehen lassen.«[62]

Hans stimmte schließlich doch dem Vorschlag seiner Schwester zu, mit ihr und Schaul in Baden-Baden Ferien zu machen. Wieder daheim konnte er auf eine angenehme Zeit zurückblicken. Es war wunderbar gewesen: die Spaziergänge durch die Wälder, die Schnecken, die sie gegessen, der Wein, den sie getrunken hatten. Er fühlte sich ausgeruht. Eine Enttäuschung bei der Heimkehr war es, dass in seiner Post kein Brief von Barbara war; er hätte so gerne etwas von ihr gehört. Wenn er jetzt sein Leben betrachte, so schrieb er an Hilde, müsse er zu diesem Schluss kommen: »Ich bin über Nacht sehr arm geworden.«[63] Wieder das Wort »arm«.

Seine Schwester setzte dem ihre eigene Sichtweise entgegen. Dass er ganz plötzlich arm geworden sei, das sehe er falsch. »Die Realität ist doch nicht sehr verschieden von derjenigen vor dem 7. Juli. Nur hast Du vorher einen großen Teil Deiner Kraft eingesetzt, um sie nicht als solche anzuerkennen.«[64] Meinte Hilde damit, dass die Beziehung mit Gertrud doch nicht mehr viel wert gewesen war, dass er vor ihrem Tod eigentlich auch schon allein gewesen, dafür aber blind gewesen sei? Falls ja, dann war das ein sehr hartes Urteil – aber nicht überraschend, weil Hilde ihrem Bruder öfter die harte Wahrheit sagte. Oder fand sie, dass Gertrud eine schwache Frau geworden war, auf die er nicht mehr bauen konnte? Hildes Brief, geschrieben auf dem Briefpapier des Waldhotels Der Selighof, wurde offenbar nicht abgeschickt.

Hilde fand, dass sich ihr Bruder in diesen schweren Zeiten tapfer schlage, so schreibt sie in einem Brief an ihren Schwager und seine Frau. Aber wie lange würde er durchhalten? Er war schon beinah sechzig. Sie hofft, dass er wieder eine Frau findet, »a good and sensitive and sensible companion«.[65]

Nach Gertruds Tod war Barbara ihrem Vater kurze Zeit eine Stütze und Zuflucht. Die Initiative, sich zu treffen, kam dabei von seiner Seite. Er ging zweimal in der Woche in Amsterdam bei ihr essen, kam unerwartet vorbei und rief sie oft an.[66] Er muss ratlos gewesen sein und verlor bei einem solchen Telefongespräch völlig die Fassung. »Ich wusste gleich, dass ich etwas falsch machte und dass vieles von dem, was ich sagen wollte, ganz falsch bei Dir ankam«[67], schrieb er ihr etwas vage einen Monat nach Gertruds Tod.

Die Emotionen, mit denen er seine Tochter überschüttete – sie nannte es ein Bombardement –, führten zu einer Abwehrreaktion. Es wurde ihr zu viel. Sie wollte nicht mehr mit ihm essen, sie wollte keine Anrufe und keine unerwarteten Besuche mehr. Sie wollte allein sein und nachdenken[68], als ob sie in Retraite ginge.[69] Jetzt, wo sie selbst um ihre Mutter trauerte, konnte sie die heftige Trauer und die Einsamkeit ihres Vaters nicht mittragen.[70] Seine finanzielle Unterstützung wollte sie nicht mehr.

Waren Vorwürfe der Grund für Barbaras abweisende Haltung? Hatte ihrer Meinung nach ihr Vater der Mutter das Leben zu schwer gemacht, weil er Affären hatte? Barbara will darüber nicht sprechen. Jedenfalls ist klar, dass Hans Keilson sich nicht an seine eigenen »Regeln« für eine liebevolle Beziehung gehalten hatte, wie er sie, freilich viel später, formulierte. Der Kern der Liebe sei, zu wissen, was man tun darf und was nicht. Liebe sei, die Ängste des anderen zu berücksichtigen, aufzupassen, dass man nichts tut, was den anderen enttäuscht.[71]

Annemarie, Gertruds Tochter aus erster Ehe, reagierte ähnlich wie Barbara. Am Telefon ließ sie ihn wissen, dass sie, abgesehen von organisatorischen Angelegenheiten, keinen Kontakt mehr wolle. Mit Annemarie hatte er nie eine wirklich gute Beziehung gehabt. Dass sie die Verbindung zu ihm abbrach, fiel ihm weniger schwer als die abweisende Haltung von Barbara.[72]

Seine Tochter hatte die Tür vor ihm zugeschlagen, und das war äußerst schmerzlich für einen Mann, der als Gymnasiast und als Jude erfahren hatte, was es heißt, ausgeschlossen zu werden. Er schaltete eine gute Bekannte ein: Ro Lissauer, Tante und Pflegemutter der Brüder Bram und Joop Asscher. Sie rief Barbara mehrmals an, wahrscheinlich um sie dazu zu bewegen, wieder Kontakt mit ihrem Vater aufzunehmen.

Barbara wollte diese Anrufe von Ro Lissauer nicht, wie sie ihren Vater im Oktober 1969 wissen ließ, als sie gerade von einer Konzertreise mit einem Studentenchor aus Schweden zurückgekehrt war. Doch zeigte sie nicht nur Härte und Unerbittlichkeit. Sie schrieb ihm auch tröstende und ermutigende Worte: Es werde eine andere Zeit kommen, er solle durchhalten, sie werde ihm wieder schreiben, sie sende ihm einen Kuss.[73] Im Dezember schickte sie ihm mit einer Glückwunschkarte wieder Küsse. In diesem Monat wurde er sechzig.[74]

Teil 4

Das Alter

11 Dynamik mit sechzig

1970–1986

»Deine liebevolle Zuneigung bedeutet mir viel, manchmal sogar zu viel«

Marita, die neue Frau

»Das Haus war erleuchtet, als ich ankam und ich wusste, dass man mich erwartete. Das hat den ersten Schlag gut aufgefangen.«[1]

Es lag Schnee in Deutschland und in den Niederlanden, als Hans Keilson an einem der ersten Tage des Jahres 1970 mit der Bahn aus Berlin zurückkehrte, wo er bei seiner Schwester und seinem Schwager zu Gast gewesen war. Dass er bei der Heimkehr abends um Viertel nach elf nicht eine dunkle, leere Wohnung antraf, dafür hatten, wie er der Familie in Berlin schrieb, seine Haushaltshilfe und ihr Mann gesorgt: Sie waren da, um ihn zu begrüßen. Das tat ihm gut, wie auch der Aufenthalt in Berlin ihm gutgetan hatte, nach seiner »Amputation«, wie er den Verlust Gertruds nannte.[2]

Karl Manz, Gertruds Bruder, schrieb seinem Schwager, der eine so schwere Zeit durchmachte, aus Lambach in Österreich herzliche Briefe. Über die Wohnsituation meinte er: Wenn er Hans wäre, würde er »das große, leere Haus« in Bussum verkaufen oder vermieten und in Amsterdam eine kleine, gemütliche Wohnung beziehen, vor allem wenn er jetzt mehr an der Universitätsklinik arbeitete. Barbara hing nicht an dem Bussumer Haus, insofern konnte er sich frei fühlen, fortzugehen und sein Leben ganz so einzurichten, wie er selbst es wollte. Karl Manz zufolge lauerte in Bussum Vereinsamung, in Amsterdam sei das nicht der Fall.[3] Aber

Hans wollte nicht umziehen. Obwohl er voll Lob über Amsterdam und seine Geschichte der Freiheit und Offenheit sein konnte, hatte er keine Lust, dort zu wohnen. Es war dort, wie er fand, unordentlich und schmuddelig auf den Straßen.[4]

Im neuen Jahr wurde er von allen Seiten zum Essen eingeladen. Er konnte gar nicht alle Einladungen annehmen, auch weil er fand, dass er regelmäßig selbst kochen müsse.[5] Hilde war immer noch hilfsbereit. Sie wollte gern helfen, nicht nur, weil ihr Bruder ihr am Herzen lag, »sondern auch, weil ich es als einen Auftrag von unseren Eltern empfinde; es ist der einzige Weg, ihnen auch mit Taten zu danken«.[6] Die Einladung zum Jahreswechsel, auch mit der Absicht, den einsamen Hans aufzufangen, war so eine Tat. Im Übrigen schickte sie weiter Rezepte für warme Mahlzeiten. Mitte Januar beispielsweise traf in Bussum ein ausführliches Rezept für einen Rindereintopf ein.[7] Hans probierte das Gericht erst für sich selbst aus, damit er später, wenn er es Gästen auftischte, schon etwas Übung in der Zubereitung hätte.[8]

Eine junge Frau

Anfang Juni 1970 besuchte Hans einen literarischen Abend im »Castrum Peregrini« in Amsterdam, im Krieg ein Ort, wo Untertaucher Zuflucht fanden, danach Lebensgemeinschaft und Verlag im Hause der Malerin Gisèle d'Ailly-van Waterschoot van der Gracht. Im Mittelpunkt des Interesses der Bewohner stand der Dichter Stefan George, den sie verehrten. Wolfgang Frommel, selbst auch Dichter, war der Mittelpunkt, der *pater familias* der Gemeinschaft.[9]

An diesem Abend saß Hans zufällig neben einer jungen Frau, der 35-jährigen Literaturwissenschaftlerin Marita Lauritz, die seit 1966 im Castrum Peregrini wohnte und arbeitete. Sie waren sich dort schon einmal bei einem Literaturabend begegnet und hatten flüchtig miteinander gesprochen, aber jetzt war das Gespräch seriöser. Sie verabredeten, sich öfter zu treffen. Noch im selben Monat besuchten sie zusammen das Theaterspektakel *Orlando Furioso*, das im Rahmen des Holland Festivals im Börsengebäude in Amsterdam aufgeführt wurde. Es war der Beginn einer neuen Liebesgeschichte.

Marita Lauritz kam aus einer protestantischen, deutschsprachigen Familie in Estland und wurde in Tallinn geboren. Ihr Vater arbeitete bei einem Großhandel, ihre Mutter hatte eine Ausbildung als Volksschullehrerin. Aufgrund des Molotow-Ribbentrop-Paktes, des Nichtangriffspaktes zwischen Deutschland und der Sowjetunion, der zugleich die Einflusssphären beider Staaten festlegte, hatten sie 1939 Estland verlassen müssen, weil Estland, wie Lettland und Litauen, fortan zur Sowjetsphäre gehörte; die baltisch-deutsche Minderheit wurde nach Polen umgesiedelt, das Hitler sich inzwischen angeeignet hatte. Nach 1945 leitete Mutter Lauritz für kurze Zeit eine Dorfschule in Mecklenburg, weil alle anderen verfügbaren Lehrkräfte wegen Mitgliedschaft in der Nazipartei dafür nicht in Frage kamen. In den fünfziger Jahren zog die Familie nach Süddeutschland, in die Nähe von Nürnberg.

Nach dem Abitur studierte Marita Lauritz, als eine der ersten Frauen, evangelische Theologie im bayerischen Neuendettelsau – ein einziges Semester lang. Eine Zukunft als Pfarrerin konnte sie sich durchaus vorstellen, aber als sie sich mit einem Mitstudenten verlobte, fiel diese Möglichkeit weg: Eine verheiratete Pfarrerin war in der Evangelisch-Lutherischen Landeskirche in Bayern absolut ausgeschlossen. Ihr Partner war der neun Jahre ältere promovierte Philosoph und Theologiestudent Johannes Koch, Witwer mit einer zweijährigen Tochter. Sie heirateten 1958 und bekamen eine Tochter, Christine, »Tini«.

Johannes Koch wurde Pfarrer in Nürnberg, und Marita übernahm die üblichen sozialen Verpflichtungen einer Pfarrfrau. Dazu kam die Sorge und Verantwortung für die Stieftochter und für ihr eigenes Baby. Das fiel ihr schwer, ohne Hilfe im Haushalt und mit einem Mann, der seiner jungen Frau nicht unter die Arme greifen wollte oder konnte. Die Beziehung scheiterte. Beide Ehepartner gingen fremd, und die Scheidung war eine willkommene Unvermeidlichkeit.

Einmal der Ehe entkommen, begann Marita eine neue Laufbahn als Studentin in Erlangen, während die kleine Tini bei den Großeltern ein Zuhause fand. Die Studienfächer waren jetzt Deutsch, Geschichte und Theaterwissenschaft. Sie fühlte sich wohl im linksgerichteten, politisch engagierten Studentenmilieu mit seiner idealistischen Mentalität – unterwegs zu einer besseren Welt. Ostermärsche gegen die Atombombe zum Beispiel gehörten dazu. Die Studenten sangen jiddische Lieder und Lieder aus der Zeit der Französischen Revolution.

Wofür Marita sich auch interessierte, waren die literarischen und ideologischen Wurzeln des Nationalsozialismus. Bei dem Germanisten und Theaterwissenschaftler Hans Schwerte begann sie eine Doktorarbeit über Alfred Schuler, einen Homosexuellen mit sonderbaren antisemitischen Ideen, der überraschenderweise sehr offenherzig über seine Gefühle für Jungens und junge Männer schrieb.[10] Er gehörte in München zum Kreis um Stefan George.

Dass eine Frau über Alfred Schuler promovieren wollte, war Wolfgang Frommel zu Ohren gekommen, und das schien ihm, einem George-Anhänger mit großem Interesse für Schuler, ein ganz unmögliches Unterfangen zu sein. Als Marita davon hörte, schrieb sie ihm einen geharnischten Brief. Resultat: Frommel wollte sie kennenlernen und reiste nach Marbach am Neckar, wo Marita im Deutschen Literatur Archiv den Schuler-Nachlass zu erforschen suchte.

Die Begegnung war ein Erfolg. Der bisexuelle Wolfgang Frommel und die heterosexuelle Marita Lauritz begannen eine Liebesbeziehung, und Marita beschloss, ihrem Leben noch einmal eine neue Wendung zu geben: Sie ging in die Niederlande, in die Lebensgemeinschaft Castrum Peregrini, wo Frommel, wie erwähnt, der *spiritus rector* war. Als Willkommensgeschenk bekam sie ein Heft der Zeitschrift *Castrum Peregrini* aus dem Jahr 1964, das auch drei Gedichte von Hans Keilson enthielt.[11] Es war das erste Mal, dass sie den Namen ihres künftigen Ehemannes hörte oder las.

Das Interesse von Marita Lauritz für Stefan George machte, dass sie gut in die Lebens- und Arbeitsgemeinschaft Castrum Peregrini passte, wo sie bald im Verlag mitarbeitete. Sie tauchte ganz in diese George-Welt ein, indem sie ein großes, an einen toten Punkt gekommenes Projekt zweier anderer George-Forscher zu einem guten Ende brachte: eine detaillierte chronologische Übersicht über Leben und Werk von George.[12] Sie übernahm auch eine nicht intellektuelle Aufgabe: Sie kochte jeden Abend für die Hausbewohner und für eventuelle Gäste.

Die Begegnung mit Hans Keilson führte zu Einladungen zum Essen im Castrum in Amsterdam und bei Hans Keilson in Bussum, zusammen mit den Freunden aus dem Castrum, darunter auch Wolfgang Frommel. Maritas Beziehung mit Frommel war inzwischen vorbei, die Freundschaft blieb. (Frommel, der 1986 starb, sollte drei Jahrzehnte nach seinem Tod erheblichen Schaden an seiner Reputation erleiden: Er war SA-Mitglied gewesen und wurde posthum sexueller Handlungen mit minderjährigen Jungen beschuldigt.)

Zwischen Hans und Marita erblühte eine Liebe. Sie verstanden sich blendend und hatten viel Gesprächsstoff. Auch wenn Marita keinen Moment daran dachte, zum Judentum überzutreten, war sie doch sehr interessiert an der deutsch-jüdischen Geschichte und der jüdischen Kultur. Für Hans war es spannend, eine Literaturkennerin als Gegenüber zu haben, jemanden, der auch Sinnvolles über sein eigenes literarisches Werk zu sagen hatte. Stefan Georges Dichtung war für sie beide interessant und wichtig. Und sie sprachen gern und lange über ihre jeweiligen wissenschaftlichen Projekte.

Dass ein Jahr nach Gertruds Tod schon eine neue Frau in das Leben von Hans getreten war, kann man einen Segen nennen: Er hatte Liebe und Aufmerksamkeit nötig, jemanden, auf den er sich verlassen konnte, der seine Einsamkeit als Witwer beendete und die Haushaltsführung auf sich nahm. Marita konnte all das.

Eine junge Frau war kein Problem mehr. Hatte er sich im Krieg gezwungen gesehen, zwischen der jugendlichen Hanna und der älteren Gertrud (mit der gemeinsamen Tochter) zu wählen, jetzt hatte er alle Freiheit Ja zu sagen zu der neuen Geliebten, die fünfundzwanzig Jahre jünger war als er. Und er konnte vertrauensvoll mit ihr über den Tod von Gertrud sprechen und über den Schock, den er für ihn bedeutet hatte. Marita: »Ich hatte das Gefühl, dass ich Barbara ersetzen musste, die Tochter, die in dieser Zeit nicht für ihn da war.« Mit ihrem kurzen, rotblonden Haar ähnelte sie Barbara sogar ein bisschen.

Musik spielte zu Beginn der Beziehung zwischen dem Psychiater und »Pile« (Maritas Kindername, den Hans gebrauchte) auch eine Rolle. Manchmal rief er sie morgens an, wenn sie noch in ihrem Castrum-Zimmer im Bett lag, legte den Hörer vor den Lautsprecher des Plattenspielers und weckte sie mit einem fröhlichen Stückchen Mozart.[13] Eines Tages hörte Marita ihn in der Küche in

Bussum auf seiner Geige einen wehmütigen Niggun spielen, eine jüdisch-religiöse Melodie. Obwohl sie seit ihrer gescheiterten Ehe mit dem Pfarrer nicht vorgehabt hatte, noch einmal zu heiraten, beschloss sie, während er spielte und sie ihm zuhörte, es mit diesem Mann noch einmal zu wagen. Sie war es dann, die ihm einen Heiratsantrag machte und später über sein Geigenspiel schrieb: »Ein jiddisches Lied / geigt in der Küche / wie Heimkunft«.[14]

Hochzeit in Berlin

Barbara hatte ihrem Vater 1969 geschrieben, dass für ihn sicherlich noch eine andere Zeit kommen werde. Im Sommer 1970 ließ er sie wissen, er habe das sehr lieb gefunden, auch wenn er damals nicht geglaubt habe, dass ihre Vorhersage wahr werden könne. Nun sei es doch so weit: Er hatte eine Frau gefunden, und im Herbst würden sie heiraten. Es gab Ähnlichkeiten zwischen Marita und Gertrud: Beide hatten ein Kind aus einer ersten Ehe, und keine von beiden war jüdisch. Die Geschichte wiederholte sich noch in anderer Hinsicht: Auch Marita war deutsch, was eine Bedingung für eine starke Bindung gewesen zu sein scheint. »Es ist mir unmöglich gewesen, mich mit einer holländischen Frau zu verbinden«, schrieb Hans an Barbara.[15] Wenn man das wörtlich nimmt, konnte Hanna Sanders keine ernsthafte Heiratskandidatin gewesen sein.

Der Brief an Barbara war der Beginn einer Entspannung im Verhältnis von Vater und Tochter. Sie hoffe, ließ sie ihn wissen, auf eine kleine Nachricht zu ihrem Geburtstag am 22. August und habe sich vorgenommen, ihm öfter zu schreiben. So langsam, meinte sie, sei es Zeit, den Kontakt wieder aufzunehmen.[16]

Hilde und Schaul in Berlin bekamen Fotos von Marita. Schaul fand sie »intelligent« und »knusprig«.[17] Hilde war froh, dass dieses Jahr der Tristesse und Einsamkeit im Leben ihres Bruders ein

Ende gefunden hatte.[18] Sie lernte Marita kennen, fand sie nett und sah, wie glücklich sie und Hans miteinander waren.[19]

Hans befand sich mehr oder weniger in höheren Sphären und ging in seinen Briefen an Marita mitunter in einen lyrischen Stil über, der an seine Gedichte für Hanna erinnert: »[…] wo ich Dir schreibe, fühle ich, daß Du in meinem Arm liegst, so liebevoll und leicht, wie ein Hauch, den man einatmet und schmeckt, und der im Körper bleibt, überall in allen Verästelungen und der nicht mehr sich verflüchtet, da er zur Substanz sich verwandelt hat«.[20] Über das, was sie in dieser Zeit emotionell erlebte, sagte er auch etwas: Sie finde bei ihm ein Zuhause, eine Heimat – und das während er selbst sich so heimatlos fühlte.[21] »Heimkunft«, das war in der Tat ihr Gefühl in der ersten Zeit dieser Beziehung, das sah er richtig.[22] Sein Geigenspiel hatte das zum Ausdruck gebracht.

Im Sommer 1970 fuhr Marita mit ihren Eltern und Tini für ein paar Ferienwochen nach Norddeutschland. Hans gesellte sich zu ihnen und lernte so die Familie seiner Geliebten kennen. Dass der Zukünftige ihrer Tochter älter war und sogar ihrer eigenen Generation angehörte – Vater Lauritz war Jahrgang 1906, die Mutter wie Hans Jahrgang 1909 – war für sie kein Problem. »Wohl kam aus einer verborgenen Ecke eine Art Antisemitismus zum Vorschein«, berichtet Marita im Rückblick. »Es war, als ob sie es nicht angenehm fänden, dass ich einen Juden heiratete. Das war etwas Intuitives, wozu keine Erklärung gegeben wurde.«[23]

Die standesamtliche Trauung fand am 5. Oktober 1970 in Berlin-Zehlendorf statt, mit Hilde und Schaul als Trauzeugen. Marita beantragte noch am selben Tag auf dem Konsulat die niederländische Staatsangehörigkeit. Sie war froh über ihren niederländischen Pass, weil sie nun formal, wie ihr Ehemann, nicht mehr dem Land der Naziverbrechen angehörte. Das verhinderte nicht, dass sie beide mit Deutschland verbunden blieben, mit der Literatur und der Musik, mit der Sprache, mit Freunden und Verwandten.

Tochter Tini wuchs bei Maritas Eltern auf, nicht bei ihrem biologischen Vater Johannes Koch, den sie nie wirklich als ihren Vater betrachtete. Sie ging in Deutschland zur Schule, wohnte später, nach Abitur und Studium, eine Zeitlang in Bussum, wo sie Niederländisch lernte, hatte aber schon vorher alle ihre Ferien dort oder in Amorbach verbracht. Ohne zu wissen warum, hatte sie anfangs etwas Angst vor »Tate«, wie sie Hans mit dem jiddischen Wort für »Vater« nannte, ein Wort, das auch Barbara oft benutzte. Und Tini war eifersüchtig, weil sie die Aufmerksamkeit ihrer Mutter jetzt mit Tate teilen musste. Niemand bemerkte ihre kleine Rebellion: Wenn sie den Tisch deckte, suchte sie für Hans Besteck aus, das etwas weniger glänzte, und Gabeln, deren Zinken nicht ganz gerade waren.[24]

Wenn es in späteren Jahren ab und zu heftigen Streit zwischen Tate und ihrer Mutter gab, wollte sie damit nichts zu tun haben. Dann zog sie sich in ihr Zimmer im Dachgeschoss zurück, bis der Sturm vorbei war und ihre Mutter sie rief, mit einem vertrauten, häuslichen: »Tini, kommst du? Es gibt Tee!«[25]

Allmählich fasste sie mehr Zutrauen zu Tate, der gut und oft witzig erzählen konnte. Sie sprach Niederländisch mit ihm, manchmal mit einem unvermittelten Übergang ins Deutsche, genau wie in Gesprächen mit ihrer Mutter; in Amorbach bekam das Deutsche öfter die Oberhand. Sein Leben, die deutsche Geschichte und das Judentum interessierten sie. Sie las den *Tod des Widersachers*. Aber ein Gespräch über das Buch wagte sie nicht.[26]

Dass Marita kochte und sich auch sonst um den Haushalt kümmerte, fand Hans angenehm. Er, ein traditioneller Mann, hatte es gern, wenn man für ihn sorgte. In Briefen erwähnte er gelegentlich gelungene Mahlzeiten, die seine Frau auf den Tisch gebracht hatte. An Hilde, nachdem man Besuch gehabt hatte: »Marita hat großartig gekocht: Rotkraut mit Lammkeule.«[27]

Jüdische Gerichte zu den jüdischen Feiertagen – das war ihm wichtig. Diese Gerichte waren Ausdruck seiner Bindung an das Judentum, wie er, halb ironisch, in einem Brief schrieb, der einem Besuch bei Hilde in Berlin vorausgeht: »Ich würde gerne Pessach mit Dir verbringen, kannst Du Matze-Klößchen machen, ich sehe unsere Mutter immer noch Gänsefett in ihre Handpalme schmieren und die Klößchen damit rollen. Gertrud tat es auch und auch die gute Pile. Jetzt kannst Du es für mich tun, mein Band mit der jüdischen Religion ist wie Du siehst hauptsächlich oral gefärbt, aber was sagt das schon?«[28]

Die zweite Tochter

Hans und Marita Keilson besuchten mehrmals im Jahr Maritas Eltern in Süddeutschland, oft von Amorbach aus. Auf einer solchen Reise, im Schlafwagen zurück in die Niederlande, gab es ein großes Erschrecken, als bei der schwangeren Marita viel zu früh Wehen einsetzten. Zu Hause in Bussum verlor sie das noch längst nicht lebensfähige Kind, ein Mädchen. Es hätte Josefine heißen sollen. In der Lebensgeschichte von Hans zeichnete sich eine traurige Reihe toter Kinder ab: der Bruder Herbert, der Sohn Tom, die Tochter Josefine. Mit seiner Frau sprach er darüber nicht.[29]

Die Jahre mit Marita brachten auch Elternglück. Am 25. Oktober 1974 erblickte Bloeme Josefine das Licht der Welt. Marita war erleichtert, dass es ein Mädchen war, denn das bedeutete: keine Beschneidung. Der Gedanke, dass jemand mit einem Messer »am Pimmelchen meines Kindes« herumhantieren würde, wäre ihr unerträglich gewesen. »Nur über meine Leiche ...!! Aber ich wagte nicht mit Hans darüber zu sprechen. Denn ich vermutete, dass es ihm wichtig gewesen wäre.«[30]

Sie hatte ihren Mann gefragt, ob er unter den Kriegswaisen vielleicht einen schönen Namen für die gemeinsame Tochter gefunden hätte. »Bloeme« (»Blume« ausgesprochen) war so ein Name. Mit dem zweiten Namen, »Josefine«, blieb das andere Mädchen in der Erinnerung. Wenn das Kind ein Junge gewesen wäre, hätte er Caspar heißen sollen, nach Cas Emmer, dem guten Freund und Hausarzt.

Die Eltern beschlossen, Bloeme mit dem Niederländischen als Muttersprache aufwachsen zu lassen, während sie sich bislang untereinander noch häufig des Deutschen bedient hatten. Wohl hatte Hans auf der Straße, in Restaurants und sonst in der Öffentlichkeit immer Niederländisch gesprochen, weil ihm bewusst war, wie leicht seine Muttersprache bei Niederländern Assoziationen mit der deutschen Besetzung hervorrufen könnte.

Bloeme wurde freier erzogen als Barbara. Wenn Patienten im Hause waren, brauchte sie nicht, wie Barbara als Kind, auf Zehenspitzen zu gehen, und das Wartezimmer war kein verbotenes Terrain mehr. Im Kindergartenalter kam Bloeme dort einmal zu einem wartenden Patienten und fragte: »Waarom ben je zo bedroefd?« (»Warum bist Du so betrübt?«).[31]

Weil seine kleine Tochter es sich wünschte, gab es jetzt am Jahresende einen geschmückten Weihnachtsbaum, während Hans davon vorher nichts hatte wissen wollen: Dies ist ein jüdisches Haus, hatte er zu seiner Frau gesagt. Auch Haustiere kamen in Haus, weil Bloeme es gerne wollte: erst Katzen und später ein kleiner Hund, der während der Analysen bei Hans auf dem Schoß schlief und so zu der ruhigen Atmosphäre beitrug, in der die Psychoanalyse gedeiht. Mit Bloeme unternahm er allerlei. Er ging mit ihr spazieren oder schwimmen. Der einstige Sportlehrer wurde wieder wach, wenn er ihr im Schwimmbad demonstrierte, wie man mit einem eleganten Kopfsprung ins Wasser taucht. Vater und Tochter nannten das »de superduik«, den Super-Kopfsprung.

Kurzum: Er sorgte für Gemütlichkeit und Entspannung, aus Liebe und vielleicht auch, weil er glaubte, Barbara gegenüber zu streng und krampfhaft gewesen zu sein, und weil er in der zweiten Runde seiner Vaterschaft nicht noch einmal erleben wollte, dass sein Kind die Tür vor ihm ins Schloss warf. Dazu kam, dass die strenge Erziehung – er war als Kind von seinem Vater gelegentlich geschlagen worden – aus der Mode gekommen war.[32] Über die moderne Elternrolle sagte er: »Nicht mehr dieser Befehlston, das Drohen mit Strafen. Ruhig, freundlich, einladend. Ja, ja, probier es nur. Gut so! Eltern haben in den vergangenen fünfzig Jahren viel gelernt. Sie sind nicht mehr Menschen, die Reden halten, sondern Menschen, die zuhören.«[33]

»Das Autoritäre, das er früher an sich gehabt haben muss, davon hab ich nichts mehr mitbekommen«, sagt Bloeme. »Er war schon älter und milder geworden, als ich kam. Ich fühlte mich auf Händen getragen, ich war eine Prinzessin. Und er war so offen. Er hörte wirklich zu, auch wenn es die Meinung eines kleinen Mädchens war.«[34]

Exklusivität in der Liebe

Auch wenn das Leben seit 1970 durch die Begegnung und die Ehe mit Marita unerwartet sonnig aussah, ideal wurde es auch jetzt nicht.[35] Mit seiner jungen Frau über sein literarisches Werk zu sprechen war interessant, aber vielleicht hatte er erwartet, dass sie zu ihm aufschauen werde und in der literarischen Welt, in der sie mehr zu Hause war als er, bei allen möglichen Gelegenheiten bewundernd über ihn sprechen und so zu seiner literarischen Anerkennung beitragen werde.

Er wird enttäuscht gewesen sein, dass sie negativ über den *Tod des Widersachers* urteilte. Sie verstand nicht, warum der Roman in eine Rahmenerzählung eingebettet werden musste – eine ihrer Meinung nach altmodische Form – und warum Hitler hinter der Initiale B. versteckt wurde. Auch die Theorie, dass Feinde durch ein Band miteinander verbunden und voneinander fasziniert sind, kam ihr sonderbar vor. Positiver urteilte sie über *Das Leben geht weiter*. In einem ihrer Liebesbriefe schrieb sie: »Natürlich stockt man mal hier und da, aber im Ganzen ist der Eindruck doch sehr stark; das Bild der Mutter mindestens so überzeugend evoziert wie das des Vaters. Und vielleicht am eindrucksvollsten die Zeitstimmung, die da eingefangen ist.«[36] Beinah ein halbes Jahrhundert später sagt sie über diesen Brief: »Ohne meine Verliebtheit wäre ich wohl kritischer gewesen.«

Etwas anderes sorgte für peinliche Momente. Marita hatte im Sommer 1970 noch ein Verhältnis mit dem verheirateten Kunsthändler Christoph Bernoulli in Basel. Hans wollte, dass sie es beendete. Marita: »Seine Eifersucht muss aus dem Gefühl gekommen sein, dass er bedroht sei, als ob er seiner Beziehung nicht sicher war. Darum verlangte er Exklusivität in der Liebe.« Auch unabhängig von den Emotionen, die bei Hans im Spiel waren, fand sie es korrekter, den Kontakt mit Bernoulli zu beenden, bevor sie heiratete. Dazu fuhr sie in die Schweiz. Jahre später, anlässlich eines Ehestreites, warf Hans ihr vor, dass sie die Briefe von Bernoulli noch immer wie einen Schatz bewahre. Um auch dieses Problem aus der Welt zu schaffen, verbrannte sie die Briefe, einschließlich der von Bernoulli kunstvoll bemalten Umschläge – eine Aktion, die sie später bereute.

Hans Keilson konnte außergewöhnlich eifersüchtig sein, wie

sich in den dreißiger Jahren gezeigt hatte, als er nicht ertragen konnte, dass seine Freundin Eva Landsberger einen alten Freund besuchte. Jetzt, wo Marita in sein Leben getreten war, duldete er selbst die Briefe ihres Ex-Freundes nicht im Hause. Fürchtete er, dass sie darin lesen und die Liebe zu Bernoulli wieder aufleben werde?

Mit den Gefühlen seiner Partnerinnen und Freundinnen ging Hans mitunter nicht sehr sorgsam um. Hanna Sanders musste Gertrud neben sich dulden, Gertrud musste nach der Eheschließung entdecken, dass ihr Mann in Hanna verliebt gewesen war. Es gab noch mehr Geliebte in der Gertrud-Periode, zum Beispiel Meta Ploeg, die Freundin in Amsterdam und später in Assen, von der im vorigen Kapitel die Rede war. Der Kontakt mit Meta endete nicht mit der neuen Ehe: Die Ehefrau wechselte, die Geliebte blieb. Einmal, nach einem Streit, suchte er bei Meta Trost und Sex und blieb über Nacht, während Marita verreist war. Danach hatte diese erotische Beziehung jedoch ein Ende, die Freundschaft blieb. Meta kam ab und zu in Bussum zu Besuch, man trank Kaffee zu dritt. Marita mochte sie. Metas Interesse an Hans blieb auch: Sie sammelte seine Artikel und schickte sie Marita nach seinem Tode. Sie kam zu seiner Beerdigung, so wie Marita Jahre später zu Metas Bestattung nach Assen fuhr.

Marita Keilson-Lauritz hatte 1970 mit fünfunddreißig einen Sechzigjährigen geheiratet, jemanden, der einen großen Teil seines Lebens schon hinter sich hatte. Man kann sich vorstellen, dass er keine Lust hatte, ihr all seine früheren Liebesgeschichten zu erzählen, und damit war sie auch einverstanden. Auf Affären während ihrer Ehe versuchte sie zurückhaltend zu reagieren. Intuitiv wusste sie, dass er sie nicht verlassen werde, um es mit einer anderen zu versuchen.

Wenn sie doch Kummer darüber verspürte, dass Hans Freundinnen hatte, dachte sie: Das gehört einfach dazu. Ich kann ihn nicht einsperren.[37] Mit offen gezeigten Verliebtheiten hatte sie ein Problem: Sie war »etwas allergisch« gegen anhimmelnd-schwärmerisches Getue. Als sie in Salzburg auf einer Tagung über jüdische Geschichte in der Pause von einem Toilettenbesuch ins Foyer zurückkam, konnte sie Hans erst nicht mehr finden. Bis sie entdeckte, dass er, eher klein von Wuchs, gewissermaßen von »einem ganzen Schwarm begeisterter Damen verschlungen war. Atemlos bewunderten sie ihn. Eigentlich auch schon wieder lustig.«[38]

Hätte sie ihm keinen Heiratsantrag gemacht, so hätte er vielleicht weiter lose Beziehungen gepflegt. Marita Keilson: »Das sagte er mir, und er sagte auch, dass ich so ein loser Kontakt hätte sein können. Dann wäre ich also in einer Art Harem gelandet.«[39]

Bewunderung – etwas, was Marita wie erwähnt nicht im Überfluss zu bieten hatte – spielte in seinen Kontakten mit Frauen eine große Rolle. Dass beispielsweise die Literaturwissenschaftlerin Birgit Erdle sein literarisches Werk wichtig fand, dürfte bei den Gefühlen, die er für sie entwickelte, durchaus eine Rolle gespielt haben: Freundschaft mit einem Schuss Liebe.

Birgit Erdle förderte mit Publikationen über ihn seinen Bekanntheitsgrad. Für ein Lexikon zur deutschen Literatur schrieb sie einen Übersichtsartikel über sein Werk und für ein Lexikon zur Weltliteratur ein Lemma über den *Tod des Widersachers*.[40] Das streichelte sein Ego.

Die Korrespondenz zwischen Birgit Erdle und Hans Keilson, die Ende der achtziger Jahre in Gang kam, war ausführlich und zeigt, dass sie Verbundenheit miteinander fühlten. Hans Keilson: »Deine liebevolle Zuneigung, sie bedeutet mir viel, manchmal sogar zu viel.«[41] Aber die Freundschaft kam nicht wirklich zur

Blüte. Birgit Erdle zog ihre eigenen Grenzen: Sie meldete sich nicht immer, wenn er das auf ihrem Anrufbeantworter erbat, und ließ Verabredungen ungenützt verstreichen. Ein anderes (kleines) Problem: Birgit Erdle unterschrieb mitunter mit »B.«. Das störte ihn, denn mit dieser Initiale hatte er im *Tod des Widersachers* die Hitlerfigur angedeutet.[42] »Bitte, schreib kein anonymes B. unter Deinen Brief an mich«, verlangte er. »Ich kenne nur eine Birgit und keine B Punkt.«[43] Spätere Briefe und Faxe unterschrieb sie dann manchmal aus Versehen doch mit einem B mit Punkt. Er war eifersüchtig, als sie heiratete.[44]

Homosexualität

Marita Keilson regelte den Haushalt in Bussum, aber zog keinen Schlussstrich unter ihr intellektuelles Leben.[45] Sie erwarb die Lehrbefähigung für Deutsch als Fremdsprache und schloss an der Universität von Amsterdam ihr Deutschstudium ab. Eines ihrer Nebenfächer war Allgemeine Literaturwissenschaft, wobei sie in diesem Fachbereich an einigen Seminaren über homoerotische Poesie teilnahm, angeboten von dem Dichter und Übersetzer James S. Holmes, mit dem sie sich anfreundete. »Wir untersuchten, wie Schriftsteller / Dichter ihre Gefühle und die Probleme, die sie damit in der Mainstream-Welt hatten, in große und weniger große Literatur umzusetzen wussten.«[46]

Schwule Literatur wurde immer mehr zu Maritas Spezialgebiet. In den Seminaren hielt sie ein Referat über Stefan George. Wenn sie auch ihre geplante Doktorarbeit über Alfred Schuler nicht fertigschrieb, 1997 promovierte sie über ein anderes Thema aus diesem Bereich: Literatur und Literaturkritik in der frühen Schwulenbewegung in Deutschland.[47] Sie untersuchte, wie Homosexuelle seit dem Ende des 19. Jahrhunderts begannen, ihre eigene

Geschichte und ihre eigene Literaturgeschichte zu entdecken und zu schreiben, und wie die Schwulenbewegung dieses »Eigene« für Emanzipationszwecke einsetzte: »Wenn Shakespeare und Michelangelo auch Männer und Jungen geliebt hatten, und wenn aus dieser Liebe Meisterwerke entstanden waren, dann konnte daran doch nichts Unrechtes sein?«[48]

Von Homosexuellen fühlte Hans Keilson sich nicht angezogen, während Maritas Freundeskreis inzwischen großenteils aus Schwulen bestand. Als Bloeme klein war, wollte er nicht, dass in Gegenwart des Kindes über Homosexualität gesprochen wurde.

Aber seine abwehrende Haltung änderte sich mit der Zeit. Er fing an, Maritas Artikel über schwule Themen zu lesen, und lernte immer mehr ihrer schwulen Freunde kennen und schätzen, wenn sie in Bussum zu Besuch kamen. Es wurde viel miteinander gesprochen, und die Chemie war meist ausgezeichnet. Als Bloeme als Dreizehnjährige zu einer Freundin sagte: »Mijn moeder studeert voor homoseksueel« (so viel wie: Meine Mutter studiert, um ein Homosexueller zu werden), fand er das durchaus amüsant.[49]

Die Freundschaften, die Marita mit Männern hatte, konnten ihn trotzdem irritieren. Nicht die Homosexualität war dann das Problem, sondern das Gefühl, ausgeschlossen zu werden – sein Leben lang ein sehr schmerzlicher Punkt. Einen ihrer besten Freunde, den Schriftsteller und Dichter Detlev Meyer aus Berlin, liebte er nicht besonders: Sie korrespondierte zu intensiv mit ihm und schien dessen Werk mehr zu schätzen als das seine. Marita: »Es ging zu viel von meinem Gefühl zu Detlev, fand er. Ich solle doch nach Berlin ziehen, sagte er, wenn er böse war.«[50]

Zur Feier seines 80. Geburtstages im Literaturhaus in Hamburg, wo zu seinen Ehren ein Symposium organisiert wurde, wollte er Meyer nicht einladen. Marita setzte ihn unter Druck: Wenn Detlev nicht kommen dürfe, käme sie auch nicht. Er gab nach.

Im täglichen Leben konnten allerlei kleine und größere Fragen für Unstimmigkeiten sorgen. Marita Keilson: »Die Streitigkeiten betrafen die verschiedensten Dinge: Wer das Huhn anschneidet. Ob ich der PvdA, den niederländischen Sozialdemokraten, beitreten durfte. Ob für das Wohnzimmer ein Sofa angeschafft werden sollte. Ob ich einen Rock oder eine Hose trug.«[51] Schwarze Stiefel durfte sie nicht tragen, denn die verursachten unerträgliche Assoziationen.

Was politische Parteien betraf: Man musste seine Vorliebe nicht öffentlich zur Schau stellen, fand er. Auch wenn er vermutlich, wie seine Frau, die PvdA wählte, er weigerte sich absolut, ein Wahlplakat zu Hause am Fenster aufzuhängen. Es könnte der Praxis schaden, Patienten mit anderer politischer Einstellung könnten wegbleiben. Sein Standpunkt war derselbe, wie der seines Vaters seinerzeit in Bad Freienwalde: Man muss sich neutral zeigen, das erhält einem die Kundschaft. Und was das Anschneiden des Huhns betrifft: Obwohl er darin nicht sehr geschickt war, wollte er es selbst machen. Er war schließlich der Mann im Hause, der *pater familias*, der auch bei Tisch zeigen musste, dass er die führende Rolle innehatte. Durch seinen Altersunterschied mit Gertrud und Hilde war er in deren Augen immer der »kleine Junge« gewesen, jetzt war Marita die Jüngere, und er dachte mehr denn je, dass er das auch zeigen müsse.

Gab's Streit, dann verfiel Hans mitunter in Schweigsamkeit. Marita: »Man hatte das Gefühl, dass man ihn nicht mehr erreichte. Schlimmstenfalls konnte das tagelang dauern. Ich fand das schwierig, und Gertrud wohl auch, denke ich.«[52] Übrigens überließ er das Zerlegen des Huhns später Marita. »Mit den Jahren änderte er sich. Das Autoritäre, keinen Widerspruch Duldende verschwand.«[53]

Marita ihrerseits konnte auch heftig reagieren. In einem erbitterten Streit rief sie: Gleich werfe ich mich vor einen Zug, und dann hast du wieder eine tote Frau. Bei einer anderen Streitigkeit am frühen Morgen legte sie sich ostentativ auf die Analysecouch, was Hans, wie sie sagte, als eine Art »Besetzung« empfand. Er rief die Polizei. Marita Keilson: »Ein Polizist kam, nahm Platz auf einem Sessel und besah sich die Situation. Die Ehefrau dürfe, wie er sagte, durchaus auf dieser Couch liegen, wenn sie das wünsche – was Hans einigermaßen enttäuschte und mich überraschte.« Als der erste Patient klingelte, räumte Marita freiwillig die Couch. »Danach wurden wir noch wochenlang von Sozialarbeiterinnen angerufen, die fragten, ob an unserer Beziehung gearbeitet werden müsse.«[54]

Auf der Suche nach einem Verleger

Als Autor befand sich Hans Keilson auf einem Abstellgleis. Das Roman-Abenteuer bei Westermann war vorbei, und er wurde ganz und gar durch seine Arbeit als Psychiater in Beschlag genommen. Im Laufe der sechziger Jahre hatte er neue Gedichte geschrieben, aber gab es einen Verleger für einen Gedichtband? Ein Nein hatte er in der Vergangenheit mehrmals zu hören bekommen, wenn es um seine scharfen, ironischen Texte aus der Vorkriegszeit ging und um die Sonette aus der Untertauchzeit.[55]

Sich Abfinden mit dem Gedanken, ausrangiert zu sein, war nicht seine Art. Er unternahm immer wieder Versuche, seine literarische Karriere wieder in Gang zu bekommen. So dachte er Anfang der siebziger Jahre, dass es an der Zeit sei, die Gedichte zu einem Bändchen zusammenzufügen. Er hatte Älteres und Neues zu bieten, fast immer autobiographisch und mit hoher emotionaler Stromstärke.

Wenn die Arbeit des Sammelns und Ordnens einmal getan war,

wollte er mit Rudolf Hagelstange Kontakt aufnehmen, der ihn vielleicht bei einem Verlag unterbringen könnte.[56] Hagelstange, den er schon Jahre kannte, war unter anderem bekannt durch seinen antifaschistisch getönten Sonett-Band *Venezianisches Credo* (1945). Diese Texte werden bei Hans Keilson Erinnerungen an 1944 geweckt haben, sein eigenes Jahr der Sonette.

Weil Hans so viel anderes zu tun hatte, übernahm Marita die Aufgabe, die Gedichte auszuwählen und zusammenzustellen – so lieferte die neue Ehefrau doch noch einen Beitrag zu seiner literarischen Zukunft. Sie fürchtete, dass die Texte bei Hans, unter einem Berg anderer Arbeit begraben, liegen bleiben würden.[57] Der Titel des Bändchens: *Sprachwurzellos*. Sie schickte das Typoskript an Hagelstange, der antwortete: »Ich kann mir im Augenblick keinen Versband denken, den ich lieber gedruckt sähe.«[58] Das klang erfolgversprechend, aber leider hatte Hagelstange inzwischen Streit mit dem Verlag Hoffmann & Campe, für den er eine Reihe mit Gedichtbänden herausgegeben hatte. Für Keilson konnte er dort also keine Tür öffnen.

1973 sah es so aus, als ob Hans Keilson einen Verleger für die Publikation seiner Gedichte und eine Neuausgabe seiner Prosa interessieren könnte. Im Frühjahr besuchte er mit seiner Frau einen Vortrag in Amsterdam: Siegfried Unseld sollte über Hermann Hesse sprechen.[59] Es wird wohl nach dem Vortrag, beim Umtrunk, gewesen sein, dass Hans mit Unseld ins Gespräch kam, der den Suhrkamp-Verlag seit dem Tode von Peter Suhrkamp leitete. Es folgte eine Einladung, die Unselds kamen zum Essen zu Hans und Marita nach Bussum. Bei diesem Abendessen war der Verleger voller Lob über das Werk von Hans, der geglaubt haben muss, dass er diesmal ein Ja zu hören bekommen werde.[60]

Siegfried Unseld überschlief die Sache und machte danach eine Wendung von hundertachtzig Grad. Möglich, dass sein Lektorat negativ über Keilsons Werk urteilte und er dieses Urteil übernahm. Die Gedichte und auch die *Komödie in Moll* schienen ihm bei näherer Betrachtung nicht stark, die literarische Sprache veraltet.[61] Wie er über die Qualität von *Das Leben geht weiter* und *Der Tod des Widersachers* urteilte, ist nicht überliefert, aber auch diese Bücher sollten nicht in seinem Verlag erscheinen. Den *Tod des Widersachers* hätte er eventuell als Taschenbuch publizieren wollen, aber um das finanziell möglich zu machen, wäre eine hohe Auflage nötig gewesen. Es war unwahrscheinlich, dass die verkauft werden konnte.[62]

Keilson fand es schade, so ließ er den Verleger wissen, dass man zu keinem Geschäft kommen konnte. Und noch etwas wollte er loswerden: Unseld habe den *Tod des Widersachers* falsch verstanden. Das Thema des Romans sei nicht, »daß nur Liebe Haß widerlegen kann«, wie Unseld denke. Es gehe um das Analysieren des Hasses. Darum, so schrieb er, war der Titel der Besprechung im Wochenblatt *Time* von 1962 so treffend gewesen: »Anatomy of Hatred«.[63]

Risse im Kontakt zwischen den Geschwistern

Hilde hatte ihr Bestes getan, um Hans nach Gertruds Tod eine Stütze zu sein. 1972 wechselten die Geschwister die Rollen. Am 9. April starb Schaul Robinsohn, und jetzt war es an Hans, zu trösten und zu helfen. Das ging nicht wirklich glatt.

Hilde war viel daran gelegen, einen Sammelband mit Schauls Artikeln, hauptsächlich über die Entwicklung des Curriculums für Höhere Schulen, erscheinen zu lassen. Aber nachdem sie in einem Telefongespräch mit Hans heftig über die Deutschen geschimpft hatte, fragte er sich, warum sie das Buch ausgerechnet in Deutschland publizieren wolle.[64]

In ihrem Antwortbrief klagte Hilde, dass Hans nach Schauls Tod nicht genug für sie da gewesen sei.[65] Sie verstehe das natürlich, denn ihr Bruder besitze nun einmal weniger Intelligenz, analytischen Verstand und Intuition als der Mann, mit dem sie 34 Jahre gelebt habe; sie habe an Hans eben Anforderungen gestellt, denen er nicht gewachsen sei. Dieser bissige Hochmut hätte leicht zu einem offenen Streit führen können, aber es gibt keinen Hinweis darauf, dass Hans sich beleidigt gefühlt hätte. Der normale Kontakt, vor allem per Brief, ging noch Jahre weiter.

Hans machte sich nach dem Tod von Schaul große Sorgen um Hilde. Sie könne ihre Trauer nicht gut verarbeiten, sie vereinsame, werde immer depressiver und aggressiver, terrorisiere gar ihre Umgebung – so stand es seiner Meinung nach mit ihr. Er bat ihre Ärztin in Berlin, sich um sie zu kümmern.[66] Das tat sie, offenbar mit Erfolg; Hilde war danach jedenfalls nicht mehr akut selbstmordgefährdet.[67] Im April 1973, ein Jahr nach Schauls Tod, ging es ihr wieder sehr schlecht, aber sie erholte sich nach einer Therapie mit Massage. Wichtig sei, so der Therapeut, dass Hans ihr ein Gefühl der Geborgenheit gebe, indem er sie regelmäßig anrufe. Der allgemeine Eindruck, den dieser Mediziner in einem Brief an Hans Keilson formulierte: »Sie kommt mir immer vor wie ein kleines Mädchen, das hilflos in der Welt ausgesetzt ist.«[68]

Es ist nicht ungewöhnlich, dass mit zunehmendem Alter die Vergangenheit nachdrücklicher der Gegenwart ihren Stempel aufdrückt. An der Korrespondenz zwischen Hans und Hilde kann man ablesen, wie Erinnerungen sich allmählich in den Vordergrund drängten und zu Vorwürfen führten, mitunter vermischt mit anderen Ärgernissen. 1973 waren die Erinnerungen noch unschuldig und liebevoll. Hans schrieb seiner Schwester, dass er zum ersten Mal von seiner Mutter geträumt habe. »Seltsam«, meinte er,

»dazu muss man 64 Jahre alt werden.«[69] Hilde antwortete, dass sie im Laufe der Jahre ab und zu von den Eltern geträumt hatte, nach dem Tod ihres Mannes häufiger.[70] 1976, in einem Glückwunschbrief zu seinem 67. Geburtstag, rief sie eine ihr teure Erinnerung auf: Sie wisse noch, wie sein Kinderbettchen in der Wohnung in Freienwalde in einer Ecke des Schlafzimmers stand und wie glücklich die Eltern waren. Sie habe keine Spur von Eifersucht gefühlt.[71]

Als Hilde ihrem Bruder im Dezember 1977 zu seinem nächsten Geburtstag schrieb, war etwas Säuerlichkeit in ihrem Text. Ihr schien das Niveau der Korrespondenz nicht hoch genug, der Kontakt beschränke sich auf den Austausch von Formalitäten bei besonderen Gelegenheiten, und selbst dann mache Hans es sich zu leicht. Sie habe keine ernstzunehmende Reaktion auf ihre hebräischen Wünsche zu Rosch Haschana bekommen, dieweil er doch Hebräisch lesen könne, das jedenfalls habe er ihr einmal gesagt. So unachtsam mit einem hebräischen Text umgehen – das habe ihr Großvater Alexander Buttermilch auch getan, wie ihr Vater ihr früher, auf Spaziergängen, erzählt habe. Etwas anderes, was Hilde kränkte: Für ihre Geburtstagsgeschenke für Bloeme, unter anderem ein Kinder-Xylofon, hatte sie keinen Dank erhalten. Hans hätte doch ein Foto des Kindes schicken können, zum Beispiel mit dem Xylofon?[72]

Marita spielte in diesen familiären Fragen mitunter auch eine Rolle. Sie übernahm das Briefeschreiben für ihren Mann und versuchte sich als Friedensstifterin zwischen Bruder und Schwester. Hans sei, berichtete sie Hilde, sehr beschäftigt und sie selbst mache höchstens Amateurfotos. Vielleicht wichtig: er sei etwas verstimmt, weil seine Schwester in den drei Jahren seit der Geburt von Bloeme noch nicht gekommen war, sich ihre kleine Nichte anzusehen. Und was das Hebräische betreffe: Vielleicht hatte Hans es nicht lesen können, weil es handgeschrieben war. So sei auf beiden

Seiten etwas schiefgelaufen. Sie schloss ihren vermittelnden Brief: »Ihr solltet einen ehrlichen Waffenstillstand schließen; wer weiß, wird's noch ein Frieden.«[73] Hans schickte seiner Schwester Tulpen zu ihrem 71. Geburtstag, und Marita betonte, wie willkommen sie sei, um einmal ihre Nichte Bloeme in Augenschein zu nehmen.[74] Auch sandte die junge Mutter Fotos ihrer Tochter per Post nach Berlin.[75]

Hilde vermisste ihren Mann noch immer, und gesundheitlich ging es ihr nicht gut. Außer Problemen mit ihrer Hüfte waren es vor allem ihre Augen, die ihr das Leben schwer machten. Ihr Sehvermögen war mitunter so schlecht, dass sie sich nicht aus dem Haus traute. Unter diesen Umständen schien es ihr schwerzufallen, nett zu Hans zu sein. Sie schrieb ihm, wie gern sie einen älteren Bruder gehabt hätte, der ihr Schutz und Hilfe hätte bieten können, als sie Anfang der dreißiger Jahre alles hatte regeln müssen. Sie sei es schließlich gewesen – hier begann die Vergangenheit sich nachdrücklicher einen Weg ins Heute zu bahnen –, die die geschäftliche Abwicklung des Textilgeschäfts in Bad Freienwalde auf sich genommen habe, und sie sei es auch gewesen, die in Berlin zehn Wochen lang eine Wohnung für Vater und Mutter gesucht habe. Das habe sie teuer bezahlen müssen: »Ich konnte nicht mehr essen und nicht mehr schlafen und habe 13 Pfund abgenommen.« Und was hatte Hans getan? Er hatte Vater und Mutter nur aus Freienwalde nach Berlin begleitet und sich auch noch beklagt.

Der ältere Bruder, auf den man sich verlassen konnte – das hätte Herbert sein können, das 1905 geborene Kind, das nach vierzig Tagen gestorben war: »Ich habe mir manchmal ausgemalt, wie es gewesen wäre, wenn Herbert, unser Bruder, am Leben geblieben wäre. Das letzte Mal habe ich es eben anlässlich der Kristallnacht gedacht; denn wenn wir zu zweit in Pal[ästina] gewesen wären, hätten wir die Eltern dahinbekommen.« Es war ein retrospektiver

Wunschtraum, eine Phantasie ohne Anknüpfungspunkte in der Realität.

Sie habe eigentlich, schrieb Hilde, in Schaul einen älteren Bruder gefunden; dabei spielte es offenbar keine Rolle, dass das so nicht stimmte, weil Schaul elf Jahre jünger war als sie. Schaul gab ihr selbst nach seinem Tod noch Kraft. Er half ihr mehr als ihr »eigentlicher Bruder, der sich immer noch als kritisierter und unterdrückter jüngerer Bruder fühlt, obgleich er bald 70 Jahre zählt«. Hans sei »ein schwacher Mensch«, und sie fürchte, dass er sich zu einem »Monstrum« entwickeln werde.[76]

Die Doktorarbeit

Hans Keilson hatte 1967 seine Promotionsanstellung an der Kinderpsychiatrischen Klinik der Universität von Amsterdam bekommen. Seitdem arbeitete er an seiner Untersuchung über die jüdischen Kriegswaisenkinder beziehungsweise die Erwachsenen, zu denen sie inzwischen herangewachsen waren.

Die Zahl der jüdischen Waisenkinder, für die nach dem Krieg die Vormundschaft geregelt werden musste, kam bereits zur Sprache: Es waren etwa 2050. Keilson ging aus von der Zahl 2041.[77] Er wollte zehn Prozent davon nachuntersuchen, also 204, geboren in den Jahren 1925 bis 1944.

Sein Informationsmaterial waren die Akten der beiden Organisationen, OPK-Kommission und Le-Esrath Ha-Jeled, die sich mit der Frage beschäftigt hatten, wer die Vormundschaft über diese Kinder erhalten sollte. Was Le-Esrath betraf, waren die Akten von ihm selbst mit angelegt worden. Er fand darin einen Schatz an Informationen, zum Beispiel über den gesellschaftlichen und religiösen Hintergrund der Eltern, über das Schicksal der Kinder in der Untertauchperiode oder im Konzentrationslager, über die mehr oder weniger gelungene Weise, wie die Kinder nach dem Krieg aufgefangen wurden, über ihren damaligen psychischen und physischen Zustand, über ihre Wünsche und Erwartungen.[78]

Für die Nachuntersuchung war persönlicher Kontakt mit denjenigen, die er ausgewählt hatte, erforderlich.[79] Während seiner Israel-Reise hatte er mit 53 gesprochen, die übrigen 151 waren in den Niederlanden geblieben. Um ihnen seine Fragen zu stellen, zog er bis 1973 durchs Land.[80] Marita begleitete ihn manchmal, mitunter auch Tini. Sie gingen dann spazieren oder irgendwo Kaffee trinken, bis Hans von seiner Verabredung zurückkehrte.[81]

Die Gespräche dauerten drei bis fünf Stunden.[82] Es konnte dabei zu heftigen Szenen kommen:

> Bei der Nachuntersuchung traf ich Menschen, die ich jahrelang nicht gesehen hatte. Viele haben mich heftig angegriffen, wegen der Fehler, die ich gemacht hatte. Ich hatte nur eine Antwort: Sie haben recht. Aber Sie vergessen, dass wir alle selbst schwer getroffen waren. Dann sah man auf einmal, wie diese Erwachsenen begriffen, dass sie noch als das Kind von damals mit mir sprachen, und dann ging es gut.
> In einem Fall bin ich aus meiner Rolle gefallen, war ich nicht mehr der Therapeut. Das war bei dem Jungen, der mich anschrie: »Du, du bist selbst ein Moff [niederländisches Schimpfwort für die Deutschen]. Die Moffen haben meine Eltern vergast. Du bist schuld, dass meine Eltern tot sind.« Und ich verließ meine Rolle und sagte: »Was willst du? Meine eigenen Eltern sind vergast.«[83]

Hans Keilson stützte sich in seiner Doktorarbeit auf die Lebensgeschichten aller 204 Interviewten, beschrieb aber im Haupttext ausführlicher nur vierzig Fälle. Das wurden vierzig Chroniken von

Entwurzelung und Leid, abgefasst in beherrschter, registrierender Sprache. Die Namen der Betreffenden sind Pseudonyme.

So schrieb er über einen Jungen, der Razzias erlebt hatte, zum Abtransport mit dem gepackten Rucksack bereitstand und gerade noch rechtzeitig in Sicherheit gebracht werden konnte.[84] Über ein Mädchen, das nacheinander bei elf verschiedenen Leuten untergetaucht war.[85] Und über einen Jungen, der als Einziger seiner Familie (Vater, Mutter und vier Kinder) mehrere Konzentrationslager überlebte:

> Bei den Transporten von einem Konzentrationslager ins andere hatte er Mithäftlinge in den Vieh- oder Kohlewagen krepieren sehen. Aus Buchenwald erinnert er sich des täglichen Appells, während dessen Gefangene aufgehängt oder erschossen wurden, während eine Musikkapelle spielte. Täglich kam er an einer Baracke vorbei, wo er Lampenschirme sah, von denen er wußte, daß sie aus präparierten Menschenhäuten angefertigt waren.[86]

Drei Phasen des Leidens

Dass Kriegserfahrungen ein Trauma verursachen konnten, das heißt eine schwere psychische Verletzung, war schon kurz nach Kriegsende deutlich geworden. Der Begriff KZ-Syndrom beispielsweise wurde Anfang der fünfziger Jahre zuerst in Dänemark geprägt[87] und findet sich auch in der wichtigen deutschen Untersuchung zur *Psychiatrie der Verfolgten* aus dem Jahre 1964.[88] In den Niederlanden galt der Psychiater Jan Bastiaans als prominenter Spezialist auf diesem Gebiet.

Hans Keilson war der Erste, der Kriegstraumatisierung bei Kindern und Jugendlichen systematisch und über einen längeren

Zeitraum untersuchte.[89] Er entwickelte dabei das Konzept der »sequentiellen Traumatisierung«, in dem er festhielt, dass verschiedene, aufeinander folgende Sequenzen (Phasen) der traumatisierenden Erfahrungen zu unterscheiden sind.

Seine Untersuchung richtete sich auf das Inventarisieren der Umstände und Ereignisse in der jeweiligen Sequenz oder Phase. So entstand ein Bild dessen, was das Kind durchgemacht hatte:

> *Erste Sequenz*: Die Besetzung der Niederlande und der Beginn der Maßnahmen gegen die Juden.
> *Zweite Sequenz*: Die eigentliche Verfolgung, mit Deportation von Eltern und Kindern oder der Trennung von Mutter und Kind, Aufenthalt in Konzentrationslagern oder untergetaucht bei Pflegeeltern.
> *Dritte Sequenz*: Die Nachkriegsperiode, in der die jüdischen Waisenkinder einem Vormund zugewiesen wurden; untergebracht wurden die Kinder entweder bei den nicht-jüdischen Kriegspflegeeltern, jüdischen Pflegeeltern oder in einem jüdischen Heim.[90]

Der Schwerpunkt der Untersuchung lag bei der zweiten und dritten Sequenz. Für die zweite Sequenz unterschied Keilson acht entscheidende Faktoren, die das Leben des Kindes bestimmten, darunter die Frage der Sicherheit. Das Ausmaß, in dem es dem Kind an Sicherheit mangelte, wurde in einer Fünf-Punkte-Skala spezifiziert, dabei bedeutete die niedrigste Ziffer das günstigste, die höchste das ungünstigste Szenario. Eine 1 bedeutete, dass das Kind direkt aus dem Elternhaus in einer Pflegefamilie untergebracht worden war und dass es dort keine Probleme gab. Eine 2 wurde unter anderem gegeben, wenn das Kind zeitweise die Adresse wechseln musste. Und so weiter. Eine 5 bedeutete ein extremes Ausmaß an Unsicherheit, zum Beispiel Verrat oder bei untergetauchten Adoleszenten die Teilnahme an Widerstandsaktivitäten.

Für die Nachkriegsperiode unterschied Keilson elf relevante Faktoren, darunter wiederum die Anzahl der Wechsel des Pflegemilieus. In der auch hier verwendeten Fünfpunkteskala bedeutet eine 1, dass das Kind nur einmal seinen Ort wechseln musste. Gab es viele Wechsel des Pflegemilieus, z. B. aus der Pflegefamilie in ein Heim und anschließend wieder in ein anderes Heim, dann galt das als ungünstig; eine 5 gab es für sieben bis zwanzig Wechsel des Pflegemilieus. Andere wichtige Faktoren waren die »Art der Hilfe« (von Unterstützung durch Sozialarbeiter und Psychotherapeuten bis zum Fehlen jeder Hilfe) und »Ausbildung und Beruf« (von passender Ausbildung bis zu einer abgebrochenen Ausbildung oder Berufslaufbahn).

Eines von Keilsons Ergebnissen war, dass die Folgen verschieden waren, je nach Altersstufe des Kindes, auf der sich die Traumatisierung abspielte. Bei kleinen Kindern zeigten sich vor allem charakterneurotische Probleme: Es trat eine Versteinerung des Charakters auf, sie waren nicht mehr »belehrbar«, wie er das nannte.[91] Adoleszente bekamen lang andauernde, schwere Depressionen.[92]

Keilsons wichtigste Einsicht in die Effekte von Krieg und Verfolgung war, dass die dritte Sequenz am schwersten wog. In dieser Phase entwickelten die Kinder zum Beispiel Identitätsprobleme. Wurden sie von ihren Kriegspflegeeltern getrennt, dann verstanden sie oft nicht, was der Grund dafür war, und fragten sich, wo sie eigentlich hingehörten. Und es kam vor, dass die Pflegeeltern nicht imstande waren, dem um seine wirklichen Eltern trauernden Kind adäquat zur Seite zu stehen. Die dritte Sequenz erwies sich als entscheidend für das Ausmaß der Traumatisierung und damit für das weitere Lebensglück. Keilson schreibt:

> Kinder mit einer günstigen zweiten, aber ungünstigen dritten traumatischen Sequenz zeigen ca. 25 Jahre später ein ungünstigeres Entwicklungsbild als Kinder mit einer ungünstigeren zweiten, aber einer günstigeren dritten traumatischen Sequenz.
> Die Bedeutung der dritten Sequenz liegt in der Qualität des Pflegemilieus, in seinem Vermögen, die Traumatisierungskette zu brechen und dadurch das Gesamtgeschehen zu mildern.[93]

Das war eine neue Einsicht: Mit der Befreiung war die Traumatisierung oft nicht vorbei. Es konnte sein, dass das Schlimmste, also eine eingreifende neue Traumatisierungsperiode, dem Kind vielmehr noch bevorstand, nämlich wenn das »Mildern« ausblieb und die Pflegeeltern, jüdisch oder nicht, keine warme, schützende Umgebung schaffen konnten. Diese Theorie schien unlogisch, denn die Zeit der deutschen Besetzung mit ihren Schrecknissen war schließlich vorüber.[94] Keilson: »Nicht jeder hat begriffen, dass der Krieg für viele Menschen erst nach 1945 so richtig angefangen hat.«[95]

Was Kriegswaisenkinder nach 1945 durchmachten

Der Kriegswaise Rob Hompes (*1943), der in der Dissertation »Abraham« heißt, machte eine anfänglich schwierige dritte Sequenz durch. Bei ihm war die Nachkriegssituation geprägt von wachsenden Spannungen: Er wollte nicht zu seiner jüdischen Familie in Zwolle, und die Ehe seiner katholischen Pflegeeltern in Delft war eine Katastrophe. Hompes: »Es gab richtige Gefechte, nachts, dann irrte ich auf der Straße herum. Als meine Pflegemutter nach gut zwölf Ehejahren endlich ein eigenes Kind, ein Mädchen, bekam, konnte ich es ihr auf keine Weise mehr recht machen und war ›die rotjood‹, dieser schreckliche Jude. Der Vater blieb mir gegenüber unvermindert freundlich.« Wenn Keilson oder eine Sozialarbeiterin der Organisation Le-Esrath Ha-Jeled, die die Vormundschaft hatte, ihn fragte, wieso er so verwahrlost aussah, kam der Junge beispielsweise mit der Ausrede, er habe gerade Fußball gespielt. Er wagte nicht, offen zu sein, weil er dann womöglich nach Zwolle musste; außerdem wollte die Pflegemutter nicht, dass ihre Eheprobleme ans Licht kamen. Keilson hatte den Eindruck, dass Rob angespannt und nervös war, und das stimmte auch, aber durch den Mangel an Informationen konnte er den Finger nicht auf die wunde Stelle legen.

1957 wurde der vierzehnjährige Rob bei der Familie eines Cousins seines Vaters in Den Haag untergebracht. Für viele Kinder war ein solcher Wechsel traumatisierend, aber für Rob Hompes war es ein Ausweg. Er war endlich erlöst von den Problemen in Delft, kam in eine Familie ohne Spannungen und konnte gleichzeitig seinen Kontakt mit dem katholischen Pflegevater fortsetzen. Rückblickend fand er, dass man ihn zu lange bei der ersten Pflegefamilie gelassen hatte. Hätte er mit Keilson über die Eheprobleme dort reden können, dann hätte man ihn sicherlich schon früher bei anderen Pflegeeltern untergebracht.[96] Bei Rob Hompes war die dritte Sequenz aufgeladen mit Negativität, aber am Ende kam es zu einer Lösung der Probleme.

Negative Erfahrungen in ihrer dritten Sequenz hatten auch Philip Staal und Rob Fransman, von denen in Kapitel 7 die Rede war. Staal fragte sich, warum er nach dem Krieg nicht in seiner vertrauten Umgebung bleiben durfte, Fransman erfuhr das Heim, in dem er untergebracht wurde, als ein Jugendgefängnis.[97]

Jemand, der eine günstige dritte Sequenz erlebte, war Bram Ascher. Es hatte etwas Selbstverständliches, dass das Ehepaar Lissauer ihn und seinen jüngeren Bruder aufnahm: Sie gehörten zur Familie, sie waren jüdisch, also gab es kein Tauziehen zwischen einer nicht jüdischen und einer jüdischen Pflegefamilie, und auch nicht die damit verbundenen Zweifel bezüglich der Identität. Natürlich hatte Bram es schwer, und die ersten Gespräche mit Hans Keilson schienen wenig auszurichten – sofern es denn überhaupt Gespräche waren. Doch muss Keilsons Zuwendung eine heilsame Wirkung gehabt haben, auch als noch keine wirkliche Kommunikation möglich war. Von großer Wichtigkeit für die Milderung seines Traumas war, dass der Junge schließlich doch etwas über seine Erlebnisse erzählen und von dem, was ihm zu schaffen machte, sprechen konnte.

Im Alter lebt Bram Asscher in einem Pflegeheim in der Nähe von Tel Aviv, das bei Ex-Niederländern beliebt ist: Beth Juliana, »Haus Juliana«, benannt nach der niederländischen Königin der Nachkriegsjahrzehnte. Im Jahr 2018 sprach ich ihn am Telefon und hatte auch E-Mail-Kontakt mit ihm. Er war inzwischen fünfundachtzig. Einen kurzen Satz, in seinen E-Mails ganz in Großbuchstaben, wiederholte er immer wieder: »HANS KEILSON HEEFT MIJN LEVEN GERED«, Hans Keilson hat mein Leben gerettet. Mehrmals gebrauchte er dasselbe Bild: Was ihm geschehen war, müsse man mit einem Sturz vergleichen. Er war mit einem heftigen Aufprall zu Boden gefallen, und es war Hans Keilson gewesen, der ihm geholfen hatte aufzustehen und der dafür gesorgt hatte, dass er wieder normal weitergehen konnte.

Promotion

Bets Frijling-Schreuder, Professorin der Kinderpsychiatrie, betreute die Untersuchung nicht bis zur Promotion. Ihre Doktormutterschaft endete 1975, weil sie keinerlei Affinität zu der statistischen Seite von Keilsons Arbeit hatte. Er schrieb ihr, er habe den Eindruck, »dass Dir die Betreuung des theoretischen, methodologischen und statistischen Teils meiner Untersuchung erhebliche

Mühe kostet. Übrigens hast Du nie einen Zweifel daran gelassen, dass Du diese Form der Wissenschaft nicht magst und dass sie Dir auch nicht liegt. Ich respektiere das.«[98] Der Kinderpsychiater Prof. David (»Dabbi«) de Levita übernahm die Doktorvaterschaft. Er unterstützte den Einsatz der Statistik.

Der neue Doktorvater war ein Mann mit einem dramatischen Kriegsschicksal: Seine ganze Familie, achtzig Personen, darunter seine Mutter und zwei Brüder, war umgekommen. Für Kriegsopfer, auch der zweiten Generation, gründete er Gesprächsgruppen.[99]

De Levita und Keilson, Kollegen in der Klinik, wurden Freunde. Sie musizierten zusammen, wobei der Professor Cello spielte. Einmal fuhren sie zusammen nach Bayreuth zu den Wagner-Festspielen. Wagners Antisemitismus und die Vorliebe, die Hitler für ihn an den Tag gelegt hatte, führten nicht dazu, dass sie sich von dieser Musik abwandten, denn die war großartig und bedeutend. Und ein deutscher Jude wie Hans Keilson fand, dass Wagner zu seinem kulturellen Hintergrund gehörte. Unterwegs hatte Keilson scherzend zu de Levita gesagt: »Wir reisen inkognito.«[100] Als ob sie etwas täten, was doch nicht ganz in Ordnung war.

In den Jahren, in denen er an seiner Untersuchung arbeitete, blieb Hans Keilson der Workaholic, der er immer gewesen war. Der Stress führte dazu, dass er ein Magengeschwür bekam.[101] Oft saß er morgens um sechs schon an seinem wissenschaftlichen Werk, lange bevor der erste Patient klingelte und sein Praxisalltag begann. Früh aufstehen war für ihn kein Problem, vor allem nicht in der Zeit, als Bloeme ein Baby war und seine Frau um diese Zeit auch aus dem Bett musste, um das Baby zu füttern.[102] Oft nahm er abends die Arbeit an der Dissertation wieder auf.

Im Jahre 1977 drohte eine Störung der ohnehin mühsam zu bewältigenden häuslichen und beruflichen Abläufe, als sich im

Nachbarhaus ein Tierarzt mit seiner Praxis niederlassen wollte.[103] Die Zwischenwand zur anderen Hälfte des Doppelhauses war nur einen Stein stark, so dass Störungen durch Geräusche, z. B. Hundegebell, zu befürchten waren. Der sehr geräuschempfindliche Hans Keilson wandte sich an einen Anwalt, der mit der Stadtverwaltung über die Situation verhandelte. Er argumentierte, dass sein Klient Keilson für die Behandlung seiner Patienten, Menschen, die mit Spannungen und Phobien leben mussten, die Ruhe des normalen Wohnviertels brauche. Es würde den Kontakt mit den Patienten stören, wenn auf der anderen Seite der Wand bellende und heulende Hunde zu hören wären. Keilson, so schrieb der Anwalt an die Stadtverwaltung, behandele nämlich viele Kriegs- und Verfolgungsopfer. Er sagte es nicht direkt, aber was er suggerierte, war: Juden, die im Krieg das aggressive Bellen der deutschen Schäferhunde der Nazis hatten hören müssen, könnten zu Tode erschrecken, wenn sie während der Behandlung im Sprechzimmer plötzlich wieder solche Töne aus dem Nachbarhaus zu hören bekämen.

Der Tierarzt bekam keine Genehmigung, das Haus anders denn als Wohnung zu nutzen, und beschloss, es nicht zu kaufen. Daraufhin kündigte sich das nächste Problem an: Ins Nachbarhaus zog eine Familie mit vier Söhnen, die ihre Lautsprecherboxen an der Zwischenwand aufhängten und laute Popmusik ertönen ließen. Die Folge war ernstliche Ruhestörung, aber es half, sich beim Nachbarn zu beklagen: Die Boxen wurden anderweitig aufgestellt, und die Lautstärke hielt sich in Grenzen. Die Familie zog bald wieder aus.[104]

Im Frühjahr 1978 konnte Hans Keilson seine Untersuchung abschließen. Inzwischen fragte er sich, in welchem Verlag sie erscheinen solle. Der Verlag S. Fischer, wo sein erstes Buch erschienen war, schien eine gute Wahl. Hellmut Becker vom Max-Planck-Institut in Berlin, einst der Kollege von Schaul Robinsohn, schien der geeignete Vermittler zu sein und sorgte in der Tat dafür, dass der Vorschlag das Fischer-Lektorat erreichte. Der Lektor zeigte sich grundsätzlich interessiert, wollte aber Auskunft über ein paar Fragen: Schrieb der Autor auf Deutsch? Gab es Informationen über seine bisherigen Publikationen?[105] Sein Verlag von einst wusste offenbar nicht mehr, wer er war. Stoßseufzer Hans Keilson: »Da sieht man, wie vergessen man sein kann.«[106]

Das Lektorat bei S. Fischer kam zu dem Schluss, dass die Doktorarbeit besser in einen wissenschaftlichen Verlag passen würde, weil die tabellarische Übersicht über alle 204 Fälle dann auch abgedruckt werden könnte; in einer Fischer-Ausgabe, als Taschenbuch, wäre das nicht wünschenswert.[107] Keilson fand einen solchen wissenschaftlichen Verlag: Ferdinand Enke in Stuttgart.[108] Der Psychiater Professor Walter Ritter von Baeyer[109] hatte ihn darauf hingewiesen, dass sein Buch gut in das Programm dieses Verlages passen würde, und zwar in die dort laufende Reihe zur Psychiatrie.[110]

Inzwischen wurde noch hart an dem Manuskript der Dissertation gearbeitet, die schließlich 464 dichtbedruckte Seiten umfassen sollte. Der Doktorand und seine Frau führten viele Gespräche über den Text, sie redigierte und tippte. So beschrieb er, was Maritas Anteil gewesen war: »Du hast Deine eigene Arbeit zur Seite gelegt, Dich über mein Manuskript gebeugt, ein Sträußchen Stilblüten und Unkraut herausgezupft und den Rest getippt.«[111] Er korrigierte den Text dann noch selbst.[112] Auch in den wochenlangen Ferien in Amorbach wurde weiter gearbeitet. Es war Dynamik im Alter.

Am 22. Februar 1979 wurde Hans Keilson *cum laude* zum Doktor der Medizin promoviert.[113] Er hatte seine Doktorarbeit mit dem Titel *Sequentielle Traumatisierung bei Kindern* auf Deutsch schreiben dürfen, und das freute ihn, weil das Buch so einen größeren Leserkreis erreichte als auf Niederländisch.[114]

Wie das Abschließen seines Medizinstudiums und die Spezialisierung zum Nervenarzt für Keilson nach dem Krieg Nachholaktionen gewesen waren, so war seine Promotion im Alter von neunundsechzig Jahren das auch. Eine späte Promotion hatte auch eine gute Seite, wie er fand. Bei mindestens einem der Kriegswaisen, die er betreut hatte, traumatisiert und dadurch nicht imstande, auf normale Weise seinen Weg durch die Ausbildungsinstitutionen zu gehen, hatte er konstatieren können, dass Promovieren ein Heilmittel für ein gestörtes Selbstbewusstsein sein konnte. Es half, es ermutigte, es stellte das geistige Gleichgewicht wieder her.[115]

An Stelle eines Kaddisch

Hilde, die bei der Promotion nicht anwesend war, schrieb ihrem Bruder, wie froh sie sei, dass er seine Untersuchung hatte vollenden können. Über die Widmung vorn im Buch, »An Stelle eines Kaddisch«, hatte sie sich ihre Gedanken gemacht:

> Du weißt (vielleicht oder wahrscheinlich oder auch nicht), dass dieses Totengebet eine Lobpreisung Gottes ist. Du hast durch Deine Arbeit das unsagbare und unzählbare Leid in etwas verwandelt, das Erkenntnis und Nutzen für die Menschen bringt. Das ist auch eine Art, das Göttliche zu preisen, und das ist die Art, wie das jüdische Volk immer wieder überlebt.
> Für den Psychologen ist interessant, dass das K-Gebet diese Bestimmung erlangt hat, um den Trauernden aufzurichten, ihn auf den göttlichen Willen hinzuweisen und ihn mit dem Kollektiv zu verbinden, das das Kommen des Gottesreiches erhofft.[116]

Dass ihr Bruder das Kriegselend in etwas Konstruktives umgesetzt hatte, das sah Hilde richtig. Das war ihm geglückt durch sein Verlangen nach Wissen, sein Wissen-Wollen. Von seinem persönlichen Leid war nicht die Rede, er hatte schließlich nicht sich selbst erforscht. Indirekt war es trotzdem anwesend, denn ebenso wie die jüdischen Kinder, denen die Doktorarbeit gewidmet war, hatte er im Zweiten Weltkrieg seine Eltern verloren. Die Kinder waren kein willkürliches Studienobjekt. Er hatte mit Herz und Seele Teil an ihrem Schicksal, ihrem Werdegang.

Über die Ergebnisse seiner Untersuchung war er selbst »ziemlich schockiert«, wie er später im Wochenblatt *Vrij Nederland* sagte. »Dass es so vielen Kindern so schlecht ergangen ist! Aber Professor von Baeyer sagte zu mir: Mensch, worüber klagen Sie! Sehen Sie doch, wie viele normale Kinder Sie gefunden haben. In allen Altersgruppen. Trotz allem, was sie mitgemacht haben. Ist das nicht ein Wunder?«[117]

Am Tag der Promotion brachten die großen Tageszeitungen *NRC Handelsblad, de Volkskrant, Trouw* und *Het Parool* je einen Artikel über die Doktorarbeit, und auch in den Tagen danach erschienen noch Rezensionen. Der Schwerpunkt der Arbeit, dass nämlich die Weise, wie die Kinder nach dem Krieg aufgefangen wurden, entscheidend gewesen war, wurde ausführlich belichtet. Auch die internationale Fachpresse reagierte interessiert und positiv; es erschienen mindestens elf Besprechungen.[118] Hans Keilson konnte sich glücklich schätzen, denn seine Arbeit war nicht unbemerkt geblieben. Später, 1988, schenkte auch Loe de Jong in seinem Standardwerk über die Niederlande im Zweiten Weltkrieg Keilsons Dissertation mit einer kurzen Zusammenfassung der Untersuchungsresultate einige Aufmerksamkeit.[119]

Bei Regelungen von Wiedergutmachungszahlungen an Menschen, die als Kinder Opfer der Verfolgung gewesen waren, wurde seither Keilsons Expertise genutzt. Seine Theorie über die Langzeittraumatisierung erwies sich dabei als ein nützliches Instrument, mit Hilfe dessen auch psychische Probleme von Erwachsenen lange nach dem Krieg als Kriegstraumatisierung anerkannt werden konnten.

Wurde die Privatsphäre verletzt?

Nicht jeder war mit der Untersuchung zufrieden. Das zeigte 1980 ein Artikel im *Maandblad Geestelijke volksgezondheid.* »Nach Erscheinen der Dissertation waren manche entrüstet, gekränkt, verletzt darüber, dass sie erkennbar waren, dass eine psychiatrische Diagnose gegeben wurde, dass allerlei Daten aus ihren Akten vorkamen, und über die wenig diskrete Weise, wie ›ihr Fall‹ wiedergegeben war.«[120] Das schrieb die Kulturanthropologin Minny Mock-Degen, Ende der siebziger Jahre Vorstandsmitglied von *Joods Maatschappelijk Werk*, der jüdischen Instanz für Sozialarbeit. Obwohl Keilson in den vierzig Fallgeschichten überall Pseudonyme verwendet und die Geburtsdaten etwas verändert hatte – durch allerlei Details in den Lebensgeschichten war es für die Betroffenen untereinander doch oft deutlich erkennbar, um wen es ging. Weil sie einander noch aus den jüdischen Heimen kannten, durchschauten sie den dünnen Schleier der erfundenen Daten.[121]

Bei elf Betroffenen hatte Mock-Degen es ausprobiert. In der Tat erkannten sie sich selbst und andere; einer erkannte bei flüchtigem Durchblättern der Dissertation auf den ersten Blick zehn Personen und legte das Buch daraufhin zur Seite. Es war peinlich, mit psychiatrischen Diagnosen von Freunden und Bekannten konfrontiert zu werden.[122]

Hans Keilson schwieg. Arnold Goedhart, der Mathematiker, der ihm bei der statistischen Auswertung der Ergebnisse seiner Arbeit geholfen hatte, meint rückblickend, Keilson habe diese Kritik als einen persönlichen Angriff auf sein Lebenswerk empfunden, als eine Art Brudermord aus der jüdischen Gemeinschaft. Er hatte mit ganzem Herzen an der Dissertation gearbeitet und war, wie er selbst fand, so sorgfältig wie möglich mit den Daten »seiner« Kinder umgegangen, die er, so gut er konnte, anonymisiert hatte. Die Kritik traf ihn so tief, dass er nicht gelassen und nüchtern reagieren konnte.[123] Es war ein Freund, der Psychiater und Sexuologe Herman Musaph, der den Fehdehandschuh aufnahm. Erst lobte er Keilson ausführlich. Er habe eine meisterhafte, international anerkannte Untersuchung vorgelegt. Sie gebe Einsicht in die Verarbeitung schwerer Traumata bei Kindern, wodurch Fehler in der Hilfeleistung fortan vermieden werden könnten. Und sie helfe, weltweit Not zu lindern, weil sie auch für andere, außerhalb der kleinen Gruppe der Untersuchten, Bedeutung habe.[124]

Dann versuchte Musaph eine Vorstellung von dem Umfang des Kriegstraumas zu geben, das die von Keilson untersuchten Kriegswaisen erlitten hatten. Die Deutschen hatten 1,5 Millionen jüdische Kinder in den Konzentrationslagern ermordet, schreibt er. Wer am Leben blieb, litt unter *survivor's guilt*, dem Schuldgefühl der Überlebenden, dem quälenden Gedanken: Warum hat das Schicksal andere getroffen und mich nicht? »Das Bewusstsein dieser unvorstellbar grauenhaften Realität bezüglich der eigenen Brüder und Schwestern, die den Krieg nicht überlebt haben, liegt wie ein Schatten auf den jüdischen Kriegspflegekindern. [...] Im Lichte dieser Tatsache ist die Kritik an möglichen Fehlern, die der Wissenschaftler auf dem Gebiet der Diskretion und Behutsamkeit gemacht hat, mit einem Wort lächerlich. Als Problem innerhalb einer normal funktionierenden Gesellschaft wie der unseren betrachtet, kann man wohl sagen, dass die Probleme der ethischen

Aspekte einer psychiatrischen Untersuchung Luxusprobleme sind. Und darüber kann man nur froh sein.«[125]

Minny Mock-Degen hielt dagegen die Entrüstung über die Erkennbarkeit für gerechtfertigt, auch wenn die Arbeit noch so gut und wichtig sei. Dass Musaph diese Empörung in den Zusammenhang der *survivor's guilt* stellte, verwarf sie: »Damit bringt Musaph ein untaugliches Element in die Diskussion, indem er die Reaktion der Betroffenen auf die Verletzung ihrer Anonymität und Privatsphäre ›psychiatrisiert‹ und in Richtung auf sie selbst umkehrt.«[126]

Auch jetzt, wo es in der Diskussion hart auf hart ging, trat Hans Keilson nicht in den Ring, jedenfalls nicht öffentlich. In einem Brief an eine befreundete Psychotherapeutin ging er jedoch auf die Frage ein. Er schrieb, dass alle nachuntersuchten Kinder der Publikation aller Fakten über ihren Fall zugestimmt hätten. Keilson: »Dass unter ihnen sehr gestörte und verbitterte Menschen sind, wusste ich.« Mock-Degen, die 1980 für ihren Artikel bei ihm gewesen sei, habe seiner Meinung nach ausgerechnet mit einer dieser verbitterten Personen Kontakt aufgenommen. Im Gespräch mit ihm habe sie nach drei Minuten gesagt: »Sie sind überhaupt nicht geeignet, eine solche Untersuchung durchzuführen.« Rückblickend fand Keilson, dass er sie damals vor die Tür hätte setzen müssen. »Das habe ich nie mit jemandem gemacht, der in meinem Sprechzimmer war. Aber hier war es ein Fehler.«[127]

Dreißig Jahre später, 2010, kam das *Nieuw Israelietisch Weekblad* in einem Interview mit Hans Keilson auf die Frage zurück. Wie sah er im Rückblick den Vorwurf, er habe seinerzeit die Privatsphäre verletzt? Seine Antwort: »Das war Geschwafel […]. Ich habe die Patienten gefragt, ob sie etwas gegen meine Untersuchung hätten, aber davon war keine Rede. Wenn man anfängt, auf Spießbürger zu hören, ist man verloren!«[128] Diese Auslassung erregte Ärger. Der Kriegswaise Rob Fransman reagierte mit einem Leserbrief:

> Bislang habe ich davon abgesehen, einen 101-Jährigen anzugreifen. Aber jetzt, wo Keilson die Chuzpe hat, Kritik als Geschwafel zu bezeichnen und Leute, die ihn 1979 mit Recht kritisierten, Spießbürger zu nennen, wird es höchste Zeit für eine Entgegnung, die all das Lob ein bisschen relativiert. Keilson ist ein Scharlatan, der seine Nachkriegskarriere auf unseren Kummer gegründet hat.[129]

Die Kinder- und Jugendpsychologin Bloeme Evers-Emden war auch darüber gestolpert, dass Keilson die Kritik an seiner Doktorarbeit als »Geschwafel« abgetan hatte. Die Erkennbarkeit der untersuchten Kinder war eine ernste Sache, schrieb sie. Die Kinder hatten in Keilsons Arbeit beinah alle eine psychiatrische Diagnose erhalten, und das könne in ihrem späteren Leben für Probleme sorgen, zum Beispiel bei Bewerbungen.[130]

Minny Mock-Degen berichtete in ihrem Artikel von 1980 auch von dem Gespräch, das sie mit Hans Keilson geführt hatte. Er hatte ihr gesagt, dass er sich der möglichen Erkennbarkeit der Betroffenen bewusst gewesen sei; das Risiko sei schwer zu vermeiden. Mock-Degen zitiert ihn: »Ich musste die Untersuchung auf diese Weise machen, oder gar nicht.«[131] Das war begreiflich. Er konnte die Identität der Kinder nicht vollkommen verschleiern, vor allem nicht, wo es um die essenziellen Fakten ging. Kam ein Kriegspflegekind beispielsweise aus einem liberal-jüdischen Milieu, dann konnte er daraus nicht gut ein orthodox-jüdisches Milieu machen, und umgekehrt. Wo es um den sozioökonomischen Hintergrund ging, boten Begriffe wie »Arbeitermilieu« oder »Mittelstandsmilieu« immerhin einen Ausweg, weil sie so allgemein waren.

Für Hans Keilson war es wichtig, dass Übersetzungen seiner Doktorarbeit erschienen, und er versuchte dafür finanzielle Unterstützung einzuwerben. Vor allem auf Englisch würde seine Untersuchung natürlich viele Leser erreichen. Wenn es einmal eine englische Ausgabe gäbe, wäre es beispielsweise leichter, die Problematik von Adoptivkindern aus Ländern der Dritten Welt im Licht seiner Theorie zu betrachten. Bei diesen Kindern wog seiner Meinung nach die Qualität der Art und Weise, wie sie aufgefangen wurden, also die dritte Sequenz, schwer, ebenso wie bei den Kriegswaisen.[132]

Fritz Landshoff, der Verleger, der die *Komödie in Moll* in das Programm des Querido-Verlages aufgenommen hatte, bemühte sich jetzt um eine englische Publikationsmöglichkeit für die Doktorarbeit.[133] Im Auge hatte er die Yale University Press in den USA. Der Plan glückte nicht, weil die Produktion teuer gewesen wäre und man davon ausging, dass das Buch nur von Spezialisten gekauft werden würde. Eine englische Ausgabe gab es dann 1992 schließlich doch, bei der Magnes Press der Hebräischen Universität in Jerusalem.[134] Keilson war froh darüber, auch wenn es ihn enttäuschte, dass es dem Verlag nicht recht gelang, das Buch in den USA zu verbreiten.[135] Bei näherer Betrachtung wäre es besser gewesen, meinte er, wenn es in England oder den USA erschienen wäre: mehr Status, mehr Aufmerksamkeit, mehr verkaufte Exemplare.[136]

1998 sah er sein Buch auch ins Französische übersetzt.[137] Der Verlag Van Gennep in Amsterdam spielte in späteren Jahren mit dem Gedanken, eine niederländische Version auf den Markt zu bringen, sah aber letztendlich davon ab.[138] Wenn das Buch auf Niederländisch erschienen wäre, hätte das vielleicht wieder allerlei Staub aufgewirbelt. Einige aus der von Keilson nachuntersuchten Gruppe wären womöglich vor Gericht gezogen.[139]

Ein unerträglicher Vortrag

Die Psychoanalyse, praktiziert von relativ vielen jüdischen Psychoanalytikern, war den Nationalsozialisten ein Dorn im Auge gewesen. In grober Nazisprache: eine »jüdisch-marxistische Schweinerei«.[140] Nach Hitlers Machtübernahme flohen viele Analytiker ins Ausland. Die Bücher von Freud wurden bei der Bücherverbrennung am 10. Mai 1933 mit den Worten »Gegen seelenzerfasernde Überschätzung des Trieblebens, für den Adel der menschlichen Seele!« in die Flammen geworfen.[141]

Der Deutschen Psychoanalytischen Gesellschaft (DPG) wurde das Funktionieren zunehmend erschwert, und sie selbst sorgte dafür, dass auch die letzten Juden aus der Organisation verschwanden. Die Leitung versuchte die Psychoanalyse in Deutschland zu »retten«, indem sie mit den Nazimachthabern zusammenarbeitete. So vertrat das Vorstandsmitglied Carl Müller-Braunschweig den Standpunkt, dass die Psychoanalyse für den nationalsozialistischen Staat von Nutzen war, weil sie bemüht sei, unfähige »Weichlinge« zu lebenstüchtigen Menschen, Instinktgehemmte zu Instinktsicheren umzuformen. Doch sah die DPG sich gezwungen, sich einem nationalsozialistischen Institut anzuschließen. 1938 folgte die formelle Schließung.[142]

Nach dem Krieg wurde die DPG neu gegründet. Infolge interner Richtungsstreitigkeiten kam es aber schnell zu einer Spaltung: 1950 wurde eine zweite Organisation ins Leben gerufen, die Deutsche Psychoanalytische Vereinigung (DPV). Die nationalsozialistische Vergangenheit der deutschen Psychoanalyse indessen blieb unterbelichtet.

1980 fand in Bamberg ein Kongress der psychoanalytischen Vereinigungen statt, bei dem Deutschland, Österreich, die Schweiz und die Niederlande vertreten waren. Thema: *Die Wiederkehr von Krieg und Verfolgung in Psychoanalysen.* Die Vorträge sollten also von Fällen, von Patienten handeln, nicht von der Rolle der Psychoanalytiker. Aber in Diskussionen mit jungen, angehenden Psychoanalytikern kam der heiße Brei, um den mancher gern herumgeredet hätte, doch zur Sprache: der Untergang der anständigen Psychoanalyse in Deutschland in den Hitlerjahren. Die neue Generation von Psychoanalytikern wollte wissen, wie die vorige Generation sich verhalten hatte.

In dieser explosiven Atmosphäre hielt Hans Keilson vor fast dreihundert Tagungsteilnehmern einen Vortrag über seine Untersuchung zur Traumatisierung der jüdischen Kriegswaisen.[143] Er sprach über die Sequenzen der Traumatisierung, das Gewicht der dritten Sequenz und über den Zusammenhang der Traumatisierung mit dem jeweiligen Alter der Kinder. Er erläuterte die Skalen, die er in seiner Arbeit verwendet hatte, um die Traumatisierung in Zahlen ausdrücken und vergleichen zu können; er zeigte Dias der Tabellen, ging ein auf die statistische Auswertung seines Materials.[144] Auf die Zuhörer wirkte das gefühllos und unterkühlt.

Der Psychoanalytiker Ludger Hermanns saß im Publikum und merkte, dass Unruhe entstand. Er sah, dass Menschen den Saal verließen, und hielt in seinem Bericht fest, wie Keilson reagierte: »Wissen Sie, entweder Sie gehen raus, oder ich gehe raus.« Seine Herangehensweise habe er bewusst gewählt: »Also das ist meine Art, so muss ich das machen, wissenschaftlich.«[145]

Indem er sachlich blieb, konnte Keilson emotional Distanz zu seinem Forschungsgegenstand bewahren. Die Psychoanalytikerin Professor Marianne Leuzinger-Bohleber, die in Bamberg auch im Saal gesessen hatte, brachte auf den Punkt, wie das damals mit Keilson und den Emotionen gewesen war: »Er hatte Trauer und Verzweiflung in seinem Referat vermittelt, ohne davon zu sprechen«.[146]

Ein internationaler Kongress in Hamburg

Auf dem nächsten Kongress derselben psychoanalytischen Vereinigungen in Murten in der Schweiz stand das Thema »Nationalsozialismus und Psychoanalyse« wieder auf dem Programm – ein Versuch, einen neuen Schritt zur Verarbeitung der Vergangenheit zu unternehmen. Die jungen jüdischen Psychoanalytiker Isidor Kaminer (Frankfurt am Main) und Elisabeth Brainin (Wien) kamen mit einer glasklaren These: Bei Psychoanalytikern, die mit den Nazis zusammengearbeitet hatten, ist die unbearbeitete Vergangenheit ein Trauma, »das ihrem radikalen Wahrheits- und Erkenntnisanspruch fatal im Wege steht«.[147]

Hans Keilson hielt keinen Vortrag, war aber anwesend. 1985 sollte er aufs Neue in den Vordergrund treten, als in Hamburg ein Kongress der International Psychoanalytical Association (IPA) stattfand. Es war der erste IPA-Kongress auf deutschem Boden seit dem Krieg, und damit eine Anerkennung der Bundesrepublik Deutschland als Ort, wo man wieder mit Anstand tagen konnte. Die deutschen Psychoanalytiker hatten bereits früher versucht, den internationalen Kongress nach Deutschland zu holen, aber das war am Widerstand der jüdischen Kollegen gescheitert.

In Hamburg gab es parallel zum Kongress eine Ausstellung über die Geschichte der Psychoanalyse in Deutschland, in der auch die politischen Fehler in dieser Geschichte belichtet wurden. Das Buch zu dieser Ausstellung, voller Informationen und Fotos, trug den Titel: *»Hier geht das Leben auf eine sehr merkwürdige Weise weiter…«*.[148] Das war ein Zitat eines von den Nazis ermordeten Psychoanalytikers aus Hamburg, und gleichzeitig schien der Titel von Keilsons Debüt-Roman darin mitzuschwingen. Der Roman war in der Ausstellung zu sehen, neben seiner Doktorarbeit.[149]

Keilson hatte zu *»Hier geht das Leben auf eine merkwürdige Weise weiter…«* ein Vorwort geschrieben.[150] Die Psychoanalyse, schrieb er, dürfe niemals mit den Machthabern zusammenarbeiten, die in ihrer Arroganz denken, dass sie tun können, was sie wollen; sie müsse immer versuchen zu demaskieren, das Wesentliche, den Kern der menschlichen Psyche bloßzulegen.

Er definierte die Psychoanalyse als »die Lehre von den Trieben und der Kultur«, vom Menschen mit seinen individuellen Trieben, Instinkten und Neigungen sowie von den gesellschaftlichen Strukturen. Dass die psychische Welt und die Außenwelt nicht unabhängig voneinander gesehen werden können – das war der Gedanke, der ihn bei seinem Lehranalytiker Rik le Coultre angesprochen hatte und den er sich zu eigen gemacht hatte. Er hatte auch deutsche Geistesverwandte wie Horst-Eberhard Richter, der die These vertrat, dass in der Psychoanalyse ein Verstehen unmöglich sei »ohne Berücksichtigung der psychosozialen Verhältnisse und des Schicksals der Familie im gesellschaftlichen Prozess«.[151]

Kollegen und Freunde

Auf den Kongressen in Bamberg und Hamburg erregte Hans Keilson Aufmerksamkeit, was weitere Einladungen zu Vorträgen nach sich zog. Das freute ihn, weil er auf diese Weise dem Konzept der sequenziellen Traumatisierung mehr Bekanntheit verschaffen konnte.[152] Auch indem er selbst die Initiative zu Vorträgen ergriff und in Briefen auf seine wissenschaftliche Arbeit aufmerksam machte, versuchte er ein guter Botschafter dieses Konzeptes und seiner Doktorarbeit zu sein.

Eine Reihe deutscher Wissenschaftler wurden zentrale Figuren in seinem Netzwerk und zugleich Freunde, wie der Psychoanalytiker Dierk Juelich in Hamburg, der den Begriff »Sequentielle Traumatisierung« so gut fand, weil er »das Prozeßhafte, Geschichtliche der Traumatisierung« so deutlich mache, wie er Keilson in einem Brief wissen ließ.[153]

An der Universität Tübingen konnte er auf den Professor für Kinder- und Jugendpsychiatrie Reinhart Lempp rechnen, der selbst über psychische Extrembelastung (auch durch Kriegstraumata) bei Kindern und Jugendlichen forschte. Der hilfsbereite Professor, der Keilson auch privat in Bussum und Amorbach besuchte, organisierte für ihn nicht nur Vorträge an seiner eigenen Universität, sondern auch bei Kollegen. Er gönnte ihm diese Auftritte, denn er hielt das für eine Form der Wiedergutmachung für all das Elend, das Keilson hatte durchmachen müssen.[154]

Lempp und Keilson befanden sich als Wissenschaftler oft auf denselben Gedankenwegen. Nach der Lektüre von Keilsons Artikel »Die Faszination·des Hasses«[155] schrieb Lempp, dass er bei Ehepaaren, die in Scheidung lagen, immer einen unversöhnlichen Hass hatte zutage kommen sehen, sobald es um die Regelung des elterlichen Sorgerechts gehe. »So gewann ich den Eindruck, dass Hass eigentlich nur dort entsteht, wo vorher Liebe bestanden hat. Ich sah bei diesen Eltern auch oft, dass Hass offenbar noch mehr aneinander bindet als die Liebe.«[156] Dieser letzte Satz hätte im *Tod des Widersachers* stehen können. Keilson folgend sprach Lempp auch von dem Missverständnis, dass nach dem Mai 1945 das psychische Elend der Kriegsopfer vorbei gewesen sei.[157]

Ein weiterer Kontakt in Deutschland war Isidor Kaminer. Er wurde einer der Organisatoren von Arbeitstreffen jüdischer Psychoanalytiker und Kinderanalytiker. Der allgemeine Widerstand gegen das Besprechbar-Machen der nationalsozialistischen Vergangenheit in psychoanalytischen Kreisen sei der Anlass gewesen, so Kaminer,

> dass wir uns als Juden zunehmend fremd in den analytischen Vereinigungen fühlten und uns darüber verständigen wollten. [...] Sehr bald wurde deutlich, dass großes Interesse an weiteren Zusammenkünften bestand. Mir war es wichtig, dass wir jüdischen Analytiker zu unseren Tagungen immer einen jüdischen Analytiker einluden, der emigriert ist oder die Shoah überlebt hatte – quasi als Identifikationspersonen, die uns hier in Deutschland fehlten. Als ich deshalb Hans Keilson fragte, ob er teilnehmen wolle, war er sofort einverstanden. Er kam regelmäßig zu unseren Treffen [...].[158]
>
> Man kann schon sagen, dass er nicht nur für unsere Gruppe außerordentlich wichtig war, sondern die Gruppe auch für ihn. So fand er in uns eine Art Verbindung zu seiner Voremigrationszeit in Deutschland und konnte mit uns über Themen sprechen, die ihm auch am Herzen lagen, wie Behandlung von Überlebenden und ihren Nachkommen, jüdische Identität und seine Gedichte.[159]
>
> Für mich persönlich war Hans sehr wichtig, und zwar, weil ich keinen Großvater hatte. Hans war älter als mein Vater, also eine Art Großvater, jemand, der die Welt schon kannte und der gleichzeitig ein Freund war.[160]

Dörte, eine Freundin

1985 bat der WDR Hans Keilson um ein Radiointerview. Die Journalistin, die mit ihm sprechen wollte und die er bereits in Hamburg auf dem Kongress kennengelernt hatte, war Dörte von Westernhagen. Sie schrieb ihm einen Brief über ihren Plan: Sie wollte mit ihm über seine Schicksale sprechen, in Beziehung zu den historischen Verwicklungen.[161]

Der Brief war zu einem kleinen Teil sachlich und zu einem großen Teil persönlich. Es war der zweiundvierzigjährigen Dörte, Tochter eines Obersturmbannführers der Waffen-SS, der am Ende des Kriegs ums Leben gekommen war, aufgefallen, dass Hans von dem, was sie über ihre Kindheit erzählte, berührt wurde. Sie hatte keinen emotionalen Kontakt mit ihrer Mutter gehabt, die sie gehasst hatte und ihr gegenüber aggressiv gewesen war, während sie selbst gerade ein großes Bedürfnis nach Liebe und nach Verständnis für den Schmerz des anderen gehabt habe. In einem zweiten Brief an Keilson betonte sie, wie wichtig es für sie sei, endlich Kontakte mit der »anderen Seite«, den Nicht-Nazis unter den Deutschen und den Opfern, knüpfen zu können. Sie verlange danach, zu verstehen und verstanden zu werden.[162] Gerade bei Hans Keilson habe sie keine Angst vor einer abwehrenden Reaktion. »Ich fühle mich mit Ihnen verbunden«, hatte er in Hamburg zu ihr gesagt.[163]

Schon lange vorher hatte er für Kinder von Nazieltern Verständnis gezeigt. 1975 widmete das niederländische Fernsehen (NCRV) den Kindern von niederländischen Nationalsozialisten einen Dokumentarfilm, in dem Keilson folgenden Kommentar gab: »Die Kinder der Verfolger sind 1945 selbst Verfolgte geworden. Nach dem Krieg war es besser, wenn man sagen konnte, die Eltern sind in Auschwitz vergast worden, als dass man zugeben musste, dass Vater und Mutter wegen NSB-Mitgliedschaft oder Kollaboration interniert waren. Diese Kinder hatten ein Geheimnis, und das musste bewahrt bleiben. Doch haben sie das Gefühl, dass alle es wissen, und sind darum misstrauisch und ängstlich. Auch jetzt noch.«[164]

Das Radiointerview mit Dörte wurde aufgenommen, aber durch die Redaktion des Senders abgelehnt, weil das Thema Psychoanalyse zu ausführlich behandelt wurde und weil zu viel Fachjargon benutzt worden war.[165] Dieser Fehlschlag stand dem Erblühen einer Freundschaft aber nicht im Wege.

Dörte von Westernhagen, frisch geschieden, schrieb lange Briefe, mitunter sieben oder acht Seiten, teilweise selbstanalytischer Art. Sie vertiefte sich in das Judentum, indem sie beispielsweise über das Schicksal der Juden in Polen las: Das war ihre Art und Weise um die Kluft zur »anderen Seite« zu überbrücken. Das könne man auch, meinte sie, auf eine tiefergehende persönliche Weise: Sie würde gern das Zarteste in sich selbst, ihre tiefste Menschlichkeit, mit dem Judentum verbinden, das heißt mit dem Zarten, Zerbrechlichen, mit der Liebe zu den einfachen Dingen, all dem was ihrer Meinung nach im Kern des Judentums anwesend war.[166]

Hans und Dörte lernten einander immer besser kennen. Nach einem Vortrag von Hans beschlossen sie, in ihre Wohnung in Stuttgart zu fahren, wo sie ihr erstes langes persönliches Gespräch führten. Das handelte schon bald von der Nazigeschichte und der Frage, wie Auschwitz möglich gewesen war. Hans gab keine Erklärung, sondern sagte einfach: »Man muss akzeptieren, dass es so war.« Dieses Akzeptieren, so sah Dörte das, war für ihn der Beginn des Begreifens.[167]

Bei neuerlichen Begegnungen erzählte er ihr aus seiner Vergangenheit: von dem Vorfall in der Schule mit dem Gedicht von

Heine, vom langsam verblutenden Textilgeschäft seines Vaters. Sie begann seine Bücher zu lesen: *Das Leben geht weiter* und *Der Tod des Widersachers*. Die Parabel von den Elchen und den Wölfen beschäftigte sie lange.[168] Sie gefiel ihr überhaupt nicht, weil eine Kampfmentalität daraus sprach. Die Elche können nur überleben, solange sie Wild sind, das gejagt wird: Das war absolut nicht das Verhältnis zwischen Gegnern, das sie selbst wählen würde. In der Parabel spielte der Instinkt eine zu große Rolle, wie sie meinte, und das erinnerte sie an den Sozialdarwinismus mit seinem *survival of the fittest*: Wer sich am besten an seine soziale Umgebung anpasst, hat die größte Chance zu überleben.[169]

Hans erzählte Dörte auch von seinen Jazz-Auftritten in Berlin, seinem Sportunterricht an jüdischen Schulen, seiner Flucht in die Niederlande, den jüdischen Kindern im Krieg, vom Tod seines Vaters und seiner Mutter. Er erzählte nicht, wie es gekommen war, dass er seine Eltern nicht gerettet hatte, obwohl das vielleicht möglich gewesen wäre. »Es lag ihm schwer auf der Seele«, erinnerte sich Dörte.[170]

Sie sah Hans als einen guten Vater, einen Mann, mit dem sie im Gespräch sein und bleiben wollte. Als sie ihn einmal aus Versehen »Heinz« nannte – so hieß ihr wirklicher Vater –, sah sie darin eine bedeutsame Fehlleistung.[171] In einem Artikel über die Auswirkung des Krieges auf ihr Leben berichtete sie, wie sehr sie sich durch ihren Vater im Stich gelassen fühlte und wie gern sie durch jemand bei der Hand genommen werden wolle, der ihr »die Welt erklären« würde, an »den man sich in den Fragen der Moral, des Gut und Böse unter den Menschen und in der Politik halten konnte«.[172]

Im Oktober 1986 schien sie intimeren Kontakt mit Hans Keilson zu suchen.[173] Sie benutzte in einem Brief die Eheschließungs-Formel: »bis dass der Tod uns scheidet«, so lange könne und wolle sie mit Hans reden, oder in Briefen zu ihm sprechen.[174]

Die Psychoanalyse war niemals weit weg in ihrer Beziehung. So berichtete Dörte, dass sie auf irrationale Weise das Gefühl hatte, am Tod ihres Vaters schuld zu sein: Er ging fort, als sie geboren wurde, sie war darum der Grund, warum er nicht mehr in die Familie zurückgekehrt war. In der Verlängerung dieses Gedankens lag die Phantasie, dass ihre Mutter sie wegen dieser Schuld hasse.[175]

Auch die Seele von Hans wurde ausgelotet. In einem Telefongespräch hatte er gesagt, seine neurotische Veranlagung spiegele sich in seiner Tochter Barbara. Dörte fragte sich, was er mit den Worten »neurotische Veranlagung« gemeint haben könne. Sie kam zu dem Schluss, dass er sein Anders-Sein und Ausgeschlossen-Werden als Jude meinte.[176] Es war ihr übrigens aufgefallen, dass viele Kinder von Tätern selbst keine Kinder wollten, während auf der guten Seite des Spektrums gerade wieder schnell ans Kinderkriegen gedacht wurde. Die Zurückhaltung auf der (Ex)-Täter-Seite sah sie als eine selbstauferlegte Strafe.[177]

Aus Freundschaft war Liebe geworden. Hans nahm Dörte mit ins sommerliche Amorbach. »Wir lagen auf der Wiese in der Sonne vor dem Haus«, erinnert sie sich, »und hatten hinterher beide lauter Zecken am Körper. Es war amüsant, die wieder abzusammeln.«[178] In Stuttgart gingen sie in die Staatsgalerie und in die Oper. Eines Abends verließen sie den Saal vor dem Ende der Vorstellung, um rechtzeitig zu Hause bei Dörte zu sein, denn im Fernsehen gab es eine Folge von Claude Lanzmanns *Shoah*, der neunstündigen Dokumentarserie über den Genozid an den Juden. Dörte wollte davon keine Sekunde versäumen.[179]

Mindestens einmal trafen sie sich in Bussum, nach einem Vortrag von Dörte im Goethe-Institut in Amsterdam. Marita war zu

Hause und lernte sie kennen. Sie hatte kein Problem mit dieser Freundschaft, weil sie fühlte, dass ihre Ehe mit Hans nicht gefährdet war. Dörte wusste um »seine Solidarität mit Gertrud und Dir«, wie sie sich später Marita gegenüber erinnerte.[180]

Dörte und Hans sahen einander das letzte Mal um 1992 in Berlin, wo sie inzwischen einen Freund hatte. Dörte: »Wir hatten nach dem Treffen noch ein Stück Wegs gemeinsam, und ich sehe mich mit Hans noch an der roten Ampel stehen. Ich erzählte ihm von dem Verhältnis. Er sagte zu mir: ›Lass dir den Braten schmecken.‹ «[181]

12 Keine Klagemauer

1982–1990

»Wie schwer hatte er es selbst?«

Comeback als Autor

In den siebziger Jahren sah es danach aus, dass Hans Keilson im Stillen Ozean vergessener Autoren versinken würde. Ein Lichtblick: Der Verleger Jan Geurt Gaarlandt, der den *Tod des Widersachers* als Junge gelesen hatte und damals tief beeindruckt gewesen war, wollte die niederländische Übersetzung neu herausgeben. Der Roman passte in das Programm seines Verlages De Haan / Unieboek, in dem der Zweite Weltkrieg als Thema eine beträchtliche Rolle spielte. Gaarlandt hatte zum Beispiel das Tagebuch von Etty Hillesum publiziert. Das erste Exemplar der Keilson-Neuausgabe überbrachte er Hans Keilson 1982 persönlich, der sehr glücklich darüber war. Aber die Verkaufszahlen enttäuschten. Der Autor war zu unbekannt.[1]

Dass 1983 in Deutschland der Bücherverbrennung gedacht wurde, die genau ein halbes Jahrhundert zurücklag, hatte für Hans Keilson günstige Folgen. Er wurde zu Vorträgen über Literatur eingeladen, und seine drei Prosabücher wurden im S. Fischer Verlag in die Reihe »Verboten und verbrannt / Exil« aufgenommen, die man dort für Literatur geschaffen hatte, die in den dreißiger Jahren in Ungnade gefallen oder im Exil entstanden war.

Als Erstes wurde 1984 *Das Leben geht weiter* neu aufgelegt, einundfünfzig Jahre nachdem es bei S. Fischer sein Debüt gewesen war. Er empfand es als »eine Art Wiedergeburt«.[2] Gerade weil das

Buch auf diese Weise ein zweites Leben bekam, muss es ein Wermutstropfen gewesen sein, dass der Rezensent der *Frankfurter Allgemeinen* ein negatives Urteil fällte. Der Text sei »blass«, schrieb er, und der Entschluss der Hauptfigur, sich politisch zu engagieren, klinge nicht überzeugend: »ein leerer Vorsatz«. Der Leser könne diesen Vorsatz beliebig interpretieren, denn es fehle eine zwingende politische Analyse, die in eine deutliche Richtung weise.[3] Keilsons Lektor Ulrich Walberer tröstete ihn: »Was macht es dem Mond, wenn ihn ein Hund anbellt.«[4]

Andere Rezensenten äußerten sich positiv, zum Beispiel über den ruhigen, ungekünstelten Stil.[5] »Unaufdringlich, aber eindringlich« nannte ihn eine Besprechung im Radio.[6] Würdigung seitens der Leser gab es auch, denn auf längere Sicht verkaufte sich das Buch nicht schlecht: 9000 Exemplare bis 2006.[7]

Die ermordeten Eltern

Der Verlag hatte Hans Keilson gebeten, für *Das Leben geht weiter* ein Nachwort zu schreiben: Die Leser sollten etwas über die Geschichte des Autors und seines Buches erfahren. Es wurde ein sechsseitiger Text, in dem er unter anderem auf das Schicksal seiner Eltern einging, für ihn das schmerzlichste aller Themen.[8]

Er berichtete, dass sein Vater und seine Mutter im Krieg auf einer besonderen Liste standen, die ein Anrecht auf Austausch gegen deutsche Staatsbürger in Palästina versprach. Aber alles missglückte, der Austausch kam nicht zustande. Er schließt den Absatz über seine Eltern mit den Worten: »Das Leben meiner Eltern wurde in Birkenau beendet.«[9] Er sagte oder schrieb lieber nicht »Auschwitz«, vielleicht um sich selbst vor dem Grauen zu schützen, das sich mit diesem Wort aufdrängt. »Birkenau« klang ein klein wenig erträglicher.[10]

Aus Berlin reagierte Hilde auf das Nachwort. Seit Schauls Tod habe sie nicht mehr weinen können, schrieb sie, jetzt seien doch wieder ein paar Tränen geflossen. Sie übte aber auch Kritik. Hans habe nicht erwähnt, dass sie es war, die dafür gesorgt hatte, dass die Eltern auf die Austauschliste für Palästina kamen. Es erfülle sie mit »wehmütiger Befriedigung«, dass sie auf diese Weise noch etwas für sie hatte tun können. Oft hatten die Eltern gesagt, dass sie auf sie, ihre Tochter, vertrauen könnten. Dieses Vertrauen hatte sie nicht enttäuscht. Durch den Platz auf dieser Palästina-Liste hatten Vater und Mutter »noch einmal einen Hauch von Freiheit und Geborgenheit« gespürt, mit diesen Worten hatte Schaul sie immer wieder zu trösten versucht.[11]

Hans fand, dass seine Schwester nicht wirklich wusste, was sich im Krieg in den Niederlanden in Bezug auf die deutschen und österreichischen Juden abgespielt hatte. Sie mussten sich zur Auswanderung anmelden, schrieb er ihr. Für einen Platz auf der Austauschliste oder ein Palästina-Zertifikat kam man nur in Betracht, wenn man bestimmte Verdienste für Deutschland vorweisen konnte. Dass Vater Keilson im Ersten Weltkrieg an der Front gewesen war, galt als ein solches Verdienst. Hilde hatte für ein Einreisevisum für Palästina gesorgt, und das hatte ein Gefühl der Erleichterung und Hoffnung gegeben.[12] Insofern gestand Hans Keilson seiner Schwester ihren Anteil zu, auch wenn die Eltern nur die Zusage eines Einreisevisums erhalten hatten.

Die Spannungen zwischen Bruder und Schwester nahmen zu, weil Hilde das Gefühl hatte, dass ihr Einsatz von damals noch immer nicht genügend gewürdigt werde. In einem Brief vom 9. Dezember 1984, zusammen mit der Gratulation zu seinem 75. Geburtstag, berichtete sie ausführlich über all ihre Bemühungen, die Eltern nach Palästina kommen zu lassen.[13] Das sah so aus: »Vati« hatte das Rote Kreuz um ein Zertifikat gebeten, das ihm und seiner Frau das Recht geben sollte, nach Palästina zu ihrer Tochter zu reisen. Sie, Hilde, hatte bei der Jewish Agency in Jerusalem das erforderliche Zertifikat beantragt und auch zugesichert bekommen, und sie hatte das telegraphisch dem Roten Kreuz in Genf gemeldet. Dieser Bericht wurde den Eltern weitergegeben, als sie noch in Naarden waren. Als der Vater wenig später aus Westerbork Sicherheit in dieser Angelegenheit wollte, telegraphierte Hilde nochmals an das Rote Kreuz, dass das Zertifikat vorliege. Auch das wurde den Eltern mitgeteilt, und zwar über das Büro des Jüdischen Rates in Westerbork. Sie habe noch ein Briefchen des Vaters mit den Worten: »Alles erhalten, auch Bericht aus Genf.«[14] Und so hatte Hilde noch öfter telegraphiert, schrieb sie ihrem Bruder. Die Zertifikate hätten damals bei dem »British Passport Officer« im englischen Konsulat in Istanbul bereit gelegen, denn die Eltern hätten über die Türkei nach Israel reisen sollen.

Hilde hatte Vater und Mutter nicht im Stich gelassen; das hatten sie noch mitbekommen. Sie fand es sehr vereinfachend und unrichtig, dass Hans in seinem Nachwort zu *Das Leben geht weiter* behauptete, die Eltern seien nur auf die Austauschliste gesetzt worden, weil der Vater »dekorierter Frontkämpfer« gewesen sei. Dadurch werde alles unterschlagen, was sie von Palästina aus unternommen und auch erreicht hatte.

Hildes ausführlicher Brief endete für Hans und Marita denkbar unfreundlich: »Ich habe von Euch Dreien eigentlich nur Bloeme wirklich gern gehabt.«

Hans fand es taktlos von seiner Schwester, ihm mit so einem Brief zum Geburtstag zu gratulieren. Sein Urteil war nicht gerade milde: Sie sei verwirrt, vergaloppiere sich und leide an zwanghafter Rechthaberei. Auf die nicht gelungene Rettungsaktion für die Eltern ging er nicht mehr ein: »Was mich mit Dir verbindet, ist unser gemeinsamer Schmerz um das Schicksal unserer Eltern.

Diesen Schmerz respektiere ich, alles andere was Du schreibst ist wahnwitzig.«[15]

Bruch zwischen Bruder und Schwester

Der neue Start der literarischen Laufbahn hatte große persönliche Folgen gehabt: Das Nachwort zum Roman hatte Emotionen aufgewühlt. Nach diesem Jahr lief die Korrespondenz zwischen Bruder und Schwester auf Sparflamme. Bis zum Tode von Hilde im Alter von 89 Jahren im Oktober 1996 sind nur noch zwei Briefe von Hans an seine Schwester erhalten, von ihr an ihn vier. In einem nicht abgeschickten Brief von Hilde zu Rosch Haschana, dem jüdischen Neujahr, ging es vor allem um ihre Nichte.

Sie fragte sich, wie es weitergehen solle mit der Enkelin von Max und Else, der jetzt dreizehnjährigen Bloeme, die das Alter für die Bat Mizwa erreicht hatte. Wie könnte sie die jüdische Vergangenheit kennenlernen, und würde sie Loyalität zu Holland oder zu Deutschland entwickeln? Hans habe einmal erwähnt, »dass Marita nichts von Religion hält. Selbst ein Mensch wie sie sollte verstehen, dass Judentum mehr ist als Religion. Vor allem aber sollten Eltern ihr Kind nicht in ein Vakuum stellen, in dem sie keine Loyalität entwickeln kann. Ich stelle mir Deine Besorgnis vor, dass das Kind nach Deinem Tode in einen Konflikt mit der Mutter gerät (dessen Ursprung natürlich Du verschüttet hast). Ich meine aber, dass Bloeme, die mir ja so ähnlich ist, damit fertig werden würde, besonders, wenn sie durch Lernen + Verstehen der Kontinuität eine innere Sicherheit gewonnen hat.«[16]

Bloeme Keilson konnte auf die Sympathie und Liebe von Tante Hilde rechnen. Dass die isoliert lebende Witwe – kinderlos, Zionistin, eher in Israel zu Hause als in Deutschland, wo sie lebte – gerne gesehen hätte, dass Bloeme sich mehr in die jüdische Richtung entwickelte, hatte wohl auch etwas mit emotionalem Eigennutz zu tun. Eine wirklich jüdische Nichte hätte für Hilde eine engere Verbindung, mehr Zuneigung, weniger Einsamkeit bedeutet.

Bloeme interessierte sich für das Judentum. Sie fand es wunderbar, mit Vater und Mutter Schabbes und die großen jüdischen Festtage zu feiern, denn das hatte eine warme, intime Atmosphäre, »so was wie Weihnachten«.[17] Mit in die Synagoge gehen und dem Gesang zuhören – das war wundervoll und interessant. Bloeme: »Die Rituale fühlten sich an wie ein Teil ›unserer‹ Geschichte, Pappas Jugend und der Erinnerung an seine Eltern.«[18] Aber gläubig war sie nicht, und als ihr Vater wollte, dass sie Hebräisch lernte – da war sie neun oder zehn –, hatte sie dazu keine Lust. Weil die Lehrerin plötzlich starb, fiel der Kurs aus. Bloeme war erleichtert und dachte: Da brauch ich also nicht hin! Ihr Vater übte ansonsten im Hinblick auf den Platz, den sie dem Judentum in ihrem Leben gab, keinen Druck auf sie aus. Bloeme: »Ich fühle mich jüdisch in *light*-Version.«[19]

Aus einer Pubertäts-Widerstandshaltung heraus las sie die Bücher ihres Vaters nicht, eine Rebellion, die im Laufe der Jahre in eine Art Aberglauben überging: Solange sie die Bücher ihres Vaters links liegen ließ, werde ihr Vater, den sie nur als alten Mann kannte, am Leben bleiben. Das habe lange Zeit recht gut geholfen, sollte sie in ihrer Ansprache bei seiner Beerdigung sagen, denn schließlich war er 101 Jahre alt geworden.[20] Nach seinem Tod begann sie ihn auch auf dem Papier zu entdecken.

Sein Interesse an klassischer Musik war auf seine ältere Tochter übergegangen. Bei der jüngeren Tochter geschah das auch. Bloeme bekam mit knapp sechs Jahren Klavierunterricht und sah ihre erste Oper, *Carmen*, als sie acht war.[21] Manchmal wurde zu Hause zusammen musiziert, dann spielte Hans auf der Geige ihre kleinen Klavierstückchen mit, und später konnte sie ihn richtig am Klavier begleiten.[22]

Es war ein wehmütiger, aber auch stolzer dreiundachtzigjähriger Vater Hans Keilson, der 1993 über seine achtzehnjährige musizierende Tochter an Birgit Erdle schrieb:

> Meine Frau ist seit Donnerstag zu einem Symposion in Göttingen, meine Tochter und ich sind allein mit Hund und Katzen im Haus. Soeben hat sie mir einen der schwierigsten Walzer von Chopin vorgespielt, E-Moll mit der Abwandlung im Mittelteil nach E-Dur, Opus posthum. Ich empfinde eine seltsame Mühe bei der Vorstellung, dass sie, die meinem Herzen sehr nahe steht, nicht mehr das kleine, vollendete Mädchen ist, dessen unvergessliches Bild ich bewahrt habe, vielmehr jetzt eine bezaubernde, junge Frau, die ihren Ablösungsprozess mit mehr Anstand und Witz vollführt, als es mir gegeben ist.[23]

Nicht lange danach sollte Bloeme das elterliche Haus verlassen. Nach dem Abitur begann sie ein Studium an der Hotelfachhochschule in Maastricht, weil sie für ihr Gefühl lange genug mit der Nase in den Büchern gesteckt hatte und etwas Praktisches tun wollte. Aber das Hotelfach gefiel ihr nicht. Sie kehrte zurück nach Bussum und fand eine Anstellung als Produktionsassistentin beim Fernsehen. Im Laufe der Jahre stieg sie auf zur Koordinatorin von Fernsehproduktionen. Eine begeisterte Fernseherin war sie von klein auf gewesen.

Bloeme heiratete den Architekten Paco Bunnik. Zwei Kinder wurden geboren: Leila und Hannah. Es dürfte den Großvater Hans überrascht haben, dass eine seiner Enkelinnen ganz zufällig – Bloeme und Paco wussten noch nichts von Hanna Sanders, als sie ihrer zweiten Tochter den Namen »Hannah« gaben – bis auf einen einzigen Buchstaben denselben Namen bekam wie seine Geliebte während des Krieges. Er sagte niemals etwas darüber.[24]

Das Band zwischen Hans und Hilde erwies sich als unheilbar beschädigt. Hilde, die bereits früher mit ihm hatte brechen wollen, kam zu dem Schluss, dass es nun genug war.[25] Sie wollte mit ihrem Bruder nichts mehr zu tun haben. In die Mappe, in der sie die Korrespondenz mit ihm verwahrte – eingegangene Briefe und Durchschläge ihrer eigenen –, heftete sie irgendwann um 1990 oben auf den letzten Brief ein Stückchen Papier. Zwei Worte hatte sie darauf geschrieben: »Exit Hans«.[26]

Präsident des deutschen PEN-Zentrums in London

Dafür zu sorgen, dass Autoren alles sagen und schreiben können, was sie wollen, ohne Zensur, ohne Publikationsverbote, ohne Verhaftung, Folter oder drohende Todesstrafe: Das war und ist das idealistische Ziel der Schriftstellerorganisation PEN (= Poets, Essayists, Novelists), die 1921 gegründet wurde. Sie nannte sich schon bald »PEN International«, um sich von den nationalen PEN-Clubs zu unterscheiden, die überall auf der Welt entstanden.

Deutschsprachige Schriftsteller, die vor den Nazis geflohen waren, gründeten 1934 eine eigene Abteilung, den »Deutschen PEN-Club im Exil«, mit Hauptsitz in London, wo sich auch der Sitz des »PEN International« befand. Die neue Abteilung sollte die Stimme der freien deutschen Literatur sein; der erste Präsident war Heinrich Mann.[27] Nach dem Krieg waren auch deutschsprachige Autoren willkommen, die keine Exil-Vergangenheit hatten, aber im Ausland lebten. Der Name wurde geändert und lautete jetzt »PEN-Zentrum deutschsprachiger Autoren im Ausland«.

Hans Keilson war diesem Zentrum 1965 beigetreten, das meist kurz »Exil-PEN« genannt wird.

Im Exil-PEN versuchte man, die Vergangenheit lebendig zu erhalten. Der Dichter Arno Reinfrank, der in den achtziger Jahren Sekretär des Exil-PEN war, fand es wichtig, »dass jüngere deutschsprachige Autoren, die ins Ausland gehen, durch unser Zentrum jene älteren unserer Autoren treffen, die sie mit der Tradition der Verfolgten in direkte Fühlung bringen können.«[28] Für junge Autoren wollte das Zentrum außerdem ein Netzwerk sein und ein Ort, wo sie »Rat und Vorbild« finden.[29] Vor Antisemitismus und Rassismus zu warnen – auch das betrachtete die Organisation als ihren selbstverständlichen Auftrag.

Es fiel dem Vorstand des Exil-PEN auf, dass Hans Keilson regelmäßig zum Thema jüdische Kriegsopfer das Wort ergriff, vor allem, seit er 1981 für seine Doktorarbeit mit der Ramaer-Medaille, dem wissenschaftlichen Preis der »Nederlandse Vereniging voor Psychoanalyse«, ausgezeichnet worden war.[30] Der Vorstand lud ihn ein, im Namen des Exil-PEN bei einer Gedenkveranstaltung zur Bücherverbrennung in Osnabrück eine Rede zu halten. Dort hatte man zum Erinnern und Gedenken in großem Stil einen sechstägigen Kongress organisiert, eine »Woche der verbrannten Bücher«. Vorträge bildeten den Hauptteil, aber es gab auch Ausstellungen, Filme, literarische Lesungen, Musik- und Theatervorstellungen.

Am 10. Mai 1983, auf den Tag genau fünfzig Jahre nachdem die Nazis an allerlei Orten in Deutschland Bücher in Flammen hatten aufgehen lassen, hielt Hans Keilson in der Dominikanerkirche in Osnabrück seine Rede, und zwar zur Eröffnung der von der Osnabrücker Universitätsbibliothek und der Stadtbibliothek dort organisierten Ausstellung »Wissenschaft und Kunst im Exil«. Keilson nannte die Literatur »eine Antwort auf die Kräfte der Zerstörung«, weil in Büchern das menschliche Leben in all seinen Facetten festgehalten wird: »Die Literatur ist das Gedächtnis der Menschheit. Wer schreibt, erinnert sich, und wer liest, hat an Erfahrungen teil.«[31] Außerdem betonte er, dass die Vernichtung von Büchern nicht unbedingt ihr Ende bedeutet: »Von Büchern gibt es Archivexemplare. Von Menschen nicht.«[32]

Hans Keilson sprach zwar im Namen des Exil-PEN, er stand in Osnabrück aber auch als Autor da, dem in den dreißiger Jahren in Berlin ein Berufsverbot auferlegt worden war und der hatte flüchten und untertauchen müssen. Seine persönliche Geschichte hoffte er in der Ausstellung in der Dominikanerkirche auch belichtet zu sehen. Aber er musste feststellen, dass keine seiner Publikationen ausgestellt war. Das gefiel ihm gar nicht.[33]

Die Organisatoren lösten das Problem umgehend, und auch Hans Keilson bekam seine Vitrine. Darin lagen Gedichte, die er als Alexander Kailand publiziert hatte, ein Exemplar von *Das Leben geht weiter* und wohl auch die *Komödie in Moll*.[34] Keilson, der die Angelegenheit gut geregelt wissen wollte, fuhr im Juni nochmals nach Osnabrück, um sich zu vergewissern, dass es in Ordnung war.[35] Er ließ nicht alles mit sich machen, oder, wie er sich ausdrückte: »Ich bin ja kein weiches Ei.«[36]

Jungfernrede

Der Sekretär Arno Reinfrank ließ Hans Keilson Anfang 1985 wissen, dass der Exil-PEN beginne, einen ermatteten Eindruck zu machen. Es drohe sogar eine Auflösung[37], während doch immerhin neunzig Autoren in vierzehn Ländern Mitglied waren.[38] Er sah in Keilson, obwohl er Mitte siebzig war, jemanden mit viel Energie, der neue Aktivitäten entfalten könnte. In Osnabrück hatte er sich bereits als ein guter Vertreter des Exil-PEN erwiesen, und auch danach zeigte sich, dass das Thema »deutsche Exil-Literatur« ihm eine Herzensangelegenheit war. So hielt er in Leipzig bei der Eröffnung einer Ausstellung über deutsche Exilliteratur in den Niederlanden einen längeren Vortrag. Er berichtete über die Verlage, die geflüchteten Autoren damals einen sicheren neuen Heimathafen geboten hatten. Er selbst hatte die Möglichkeit erhalten, deutschsprachige Gedichte zu publizieren und niederländische Anthologien zusammenzustellen.[39]

Reinfrank fragte Hans Keilson, ob er Präsident des Exil-PEN werden wolle, als Nachfolger von Hans Günther Adler, der die Funktion seit 1973 bekleidete und mit Gesundheitsproblemen kämpfte. Diese Präsidentschaft muss für einen Mann mit Ambitionen eine verlockende Aussicht gewesen sein: Die Funktion bot die Möglichkeit, an der Schnittstelle von Literatur, Politik und Gesellschaft eine Rolle zu spielen. Es bedeutete einen erfreulichen Schritt auf der Karriereleiter, in einer Zeit, in der er auch als Autor wieder Aufmerksamkeit fand.

Am 29. April 1985 wählte ihn die Mitgliederversammlung – er war der einzige Kandidat – zum Präsidenten. Als die zehnjährige Bloeme hörte, dass ihr Vater für ein Zentrum für deutschsprachige Autoren im Ausland arbeiten sollte, fragte sie erstaunt: »Aber wir wohnen doch nicht im Ausland?«

Keilsons Position in der Literatur hatte etwas Ambivalentes, was bei den Mitgliedern des Londoner Exil-PEN übrigens nichts Ungewöhnliches war. Er fühlte sich in den Niederlanden zu Hause und hatte die niederländische Staatsangehörigkeit, aber er war auch Teil der deutschen Kultur. Er war ein deutscher Autor, weil er auf Deutsch schrieb. Gleichzeitig war seine Verbundenheit mit den literarischen Kreisen seines Herkunftslandes nicht besonders stark: Er hatte zum Beispiel keinerlei Kontakt mit der Gruppe 47, die sich mit dem neuen Kurs der deutschen Nachkriegsliteratur beschäftigte. Teil der kleinen niederländischen Literaturwelt war er auch nicht wirklich; er war dort nie Mitglied einer Redaktion oder einer Jury.

Im Anschluss an die Wahl in London hielt er seine Jungfernrede: Um dem Exil-PEN einen neuen Impuls zu geben, plädierte er für ein kritisch-analytisches Überdenken der eigenen Situation. Einst, sagte er, habe die Treue der Exil-Autoren zur deutschen Sprache eine gewisse Hoffnung auf bessere Zeiten ausgedrückt, und diese Autoren konnten als Vertreter des besseren Deutschland gelten. Aber die Zeiten hatten sich geändert. Jetzt, sagte er, gehe es um die Frage, ob deutschsprachige Autoren im Ausland einen spezifischen Beitrag zur deutschen Literatur lieferten. Sie nähmen immerhin eine besondere Position ein, indem sie isoliert in einem anderen Sprachgebiet lebten, aber doch mit Deutschland verbunden seien – durch die Sprache, durch Vorträge, die sie hielten, durch Verlage und Zeitschriften. Keilson fragte sich, wie diese Autoren mit ihrer Loyalität gegenüber der deutschen Sprache und Kultur umgingen,

> wie sie ihre Teilhaberschaft an dem deutschen literarischen Kulturraum dessen Sprache sie pflegen, abstimmen mit der Sprache des Landes, dessen Staatsbürger sie eventuell geworden sind und in dessen sozio-kulturellem Klima sie leben; welche Interpretation sie der Rolle, evtl. der Doppelrolle geben, die sie übernommen haben, welche Erwartungen sie hegen, ihre Beziehungen zu deutschen und fremdsprachigen Verlagen und noch vieles mehr.[40]

Deutschsprachige Schriftsteller im Ausland sollten, wie der neue Präsident es ausdrückte, ihre kennzeichnende »gebrochene« Identität entdecken, die ihrer literarischen Arbeit zugrunde lag und sie zu einer besonderen Art von Autoren mache. Er sagte es so: »Die Risse und Widersprüche in unserem Leben gehören zu unserer Identität, sie bestimmen die Erscheinungsform mit, in der wir uns der Umwelt präsentieren.«[41]

Diese Gedanken fielen nicht auf fruchtbaren Boden. Waren viele Autoren hauptsächlich Mitglied des Exil-PEN, weil sie hofften, mit Hilfe dieser Organisation ihr Netzwerk zu vergrößern und Aufmerksamkeit für ihre literarischen Texte zu erwecken, und hatten sie wenig Lust, ihre Rolle und ihre Identität zu untersuchen, wenn das keinem praktischen Zweck diente? War der neue Präsident hier etwas zu sehr psychosozialer Analytiker? Zu einem Kurswechsel des Exil-PEN kam es nicht.

Aufgaben

Hans Keilson wurde in seiner Funktion als Präsident um Meinungen, Standpunkte und Reaktionen gebeten. So erreichte ihn aus Schweden die Frage des Nobelpreiskomitees, welchen Autor er für den Nobelpreis für Literatur 1986 vorschlage.[42] Seine Funktion im deutschen Exil-PEN machte ihn wichtig genug für diese Anfrage, aber er ging wie selbstverständlich davon aus, dass er als Niederländer einen niederländisch schreibenden Autor vorschlagen müsse.

In seiner Antwort konstatierte er, dass verschiedene niederländisch schreibende Schriftsteller in den vergangenen zwanzig Jahren einen gewissen Bekanntheitsgrad erreicht hätten, auch im Ausland. Doch hätten ihre Bücher oft etwas Beschränktes, Provinzielles. Der einzige, der seiner Meinung nach für den Nobelpreis in Frage komme, sei der Belgier Hugo Claus, Autor eines umfangreichen und respektablen Werkes in verschiedenen Gattungen. Provinziell sei er sicherlich nicht: In seinem Werk spüre man den Atem der Welt. Sein neuester großer Roman *Het verdriet van België* (1983) sei ein Meisterwerk. Krieg, Kollaboration und die Nachkriegsperiode in Belgien würden in einem Strom eigenwilliger und bewegender Bilder beschrieben, so Keilson an das Nobelpreiskomitee. Bei Claus finde er etwas wieder von der Bildkraft und dem Farbenreichtum südniederländischer Maler wie Jan und Pieter Brueghel, Peter Paul Rubens und James Ensor.[43]

Den Nobelpreis für Literatur erhielt 1986 der Nigerianer Wole Soyinka. Als Keilson danach noch zweimal eingeladen wurde, einen Namen vorzuschlagen, blieb er bei seiner ursprünglichen Wahl. Es half nichts. 1987 erhielt der russisch-amerikanische Dichter Joseph Brodsky den Preis, im Jahr darauf fiel die Ehre dem ägyptischen Autor Nagib Mahfuz zu. Spekulationen zufolge hat der Belgier Hugo Claus den Nobelpreis nicht bekommen, weil das Bild der Frau, das er zeichnete, nicht modern sei, zu abhängig vom Mann und also zu wenig autonom.[44]

Ein lexikalisches Problem, mit dem der Präsident zu tun bekam, war dieses: Was sollte mit judenunfreundlichen Ausdrücken und Redeweisen in deutschen Wörterbüchern geschehen?[45] Keilson fand, dass sie hineingehörten, da sie nun einmal Teil der Sprache seien. Von Böswilligkeit der Lexikographen könne keine Rede sein, sie beschäftigten sich schließlich nicht damit, diesen Wortgebrauch zu erfinden, sondern ihn zu registrieren. Aber er plädierte für die Aufnahme erläuternder Texte. Ohne solche Erklärungen würden Wörterbücher zum Fortbestehen diskriminierender Verhältnisse, Klischees, Stereotype und Verallgemeinerungen beitragen. Erläuterungen und Kommentare könnten zur Debatte zwischen der jüdischen Minderheit und dem Rest der Gesellschaft beitragen.[46]

Eine andere Aufgabe, die der Präsident übernehmen musste: ein

Vorwort zu einem Buch schreiben, in dem Karin Reinfrank-Clark, die Ehefrau des Sekretärs, alle Mitglieder des Exil-PEN mit Kurzbiographie und Foto vorstellte.[47] Obwohl er auch sonst viel zu tun hatte – den Sekretär ließ er wissen: »Es ist hier viel zu tun, zu viel für *einen* Juden«[48] –, fand er Zeit für einen langen Text, in dem er zustimmend Carl Zuckmayer zitierte:

> »Die Fahrt ins Exil ist ›the journey of no return‹. Wer sie antritt und von der Heimkehr träumt, ist verloren. Er mag wiederkehren – aber der Ort, den er dann findet, ist nicht mehr der gleiche, den er verlassen hat, und er ist selbst nicht mehr der gleiche, der fortgegangen ist. Er mag wiederkehren, zu Menschen, die er entbehren mußte, zu Stätten, die er liebte und nicht vergaß, in den Bereich der Sprache, die seine eigene ist. Aber er kehrt niemals heim.«[49]

Diesen Worten fügte Keilson hinzu: »Das unfreiwillige Exil wurde zur freiwilligen Diaspora.« Er sah darin etwas Positives, denn der deutsche Autor im Ausland entwickle einen besonders scharfen Blick auf das, was sich in dem Lande abspielt, aus dem er kommt.

Dieses Buch konnte man auf dem 49. Weltkongress des PEN International kaufen, der im Juni 1986 in Hamburg mit mehr als vierhundert Teilnehmern aus fünfundsechzig PEN-Zentren der ganzen Welt stattfand. Außer den Sitzungen gab es ein großangelegtes Programm mit Lesungen, an dem auch Keilson sich beteiligte.

Rückblickend urteilte er, dass der Exil-PEN zu wenig Aufmerksamkeit erhalten hatte.[50] So erwähnte der Bundespräsident Richard von Weizsäcker in seiner Eröffnungsrede nur die PEN-Organisationen der beiden deutschen Staaten, Ost und West, und nannte das Zentrum in London gar nicht.[51] Das hielt Keilson für einen Fehler des Sekretärs Reinfrank, der den deutschen Bundespräsidenten und seine Mitarbeiter besser hätte informieren müssen.

Das angespannte Verhältnis zu dem Sekretär wurde immer deutlicher zu einer Art rotem Faden, der sich durch die Geschichte von Keilsons Präsidentenjahren zog.

Am 8. Juni 1987 besprach die Mitgliederversammlung eine mögliche Änderung des Namens der Organisation. Die Formulierung »PEN-Zentrum deutschsprachiger Autoren im Ausland« hatte gelegentlich, zum Beispiel in der *Frankfurter Allgemeinen*, zur Folge, dass die Autoren kurz »auslandsdeutsch« genannt wurden, eine Bezeichnung, die für Deutsche gebraucht wurde, die seit Generationen im Ausland lebten, zum Beispiel in Russland. Reinfrank scheute das Wort, weil es nach Nazisprache roch: Hitlers Bestreben war es gewesen, diese Deutschen wieder Teil des Deutschen Reiches werden zu lassen. Abgesehen von der Naziassoziation traf das Wort nicht das Gefühl und die realen Umstände der dem Exil-PEN angeschlossenen Autoren – ein Einwand, der übrigens auch für die Bezeichnung »PEN-Zentrum deutschsprachiger Autoren im Ausland« zutraf. Keilson selbst war ein gutes Beispiel: Er wohnte nicht im »Ausland«, er war längst ein niederländischer Staatsbürger in den Niederlanden. Ein möglicher neuer Name: Heinrich-Heine-Zentrum.

Der Sekretär fasste die Angelegenheit in einem Brief an alle Mitglieder kurz zusammen und setzte »Hans Keilson« darunter. Der Text war von der Mitgliederversammlung angenommen worden, und außerdem hatte Reinfrank vor der Sitzung den Inhalt mit dem Präsidenten besprochen.[52] Keilson konnte nicht selbst unterzeichnen, er hatte die Sitzung vorzeitig verlassen müssen, um seinen Flug zurück in die Niederlande noch zu erreichen.

Der Präsident war *not amused* über die Abhandlung dieser Angelegenheit. Sein Standpunkt: Wenn mein Name unter einem Brief steht, muss ich den Brief zumindest vorher gelesen haben.[53] Ein weiterer Kritikpunkt: Die Mutterorganisation PEN International hätte bei den Überlegungen zur Namensgebung einbezogen werden müssen. Das war kein überflüssiger Einwand, denn dort hatte man die irrige Nachricht verbreitet, die deutschsprachigen Autoren im Ausland würden erwägen, das Wort »auslandsdeutsch« in den Namen ihres Zentrums aufzunehmen.[54] Wer das geschrieben hatte, hatte geschlafen. Das war genau die Bezeichnung, die Arno Reinfrank verhindern wollte.

Es gelang Reinfrank nicht, Keilsons Wut zu beschwichtigen. Nach sieben Jahren treuer Dienste als Sekretär fühlte er selbst sich brüskiert: Keilson beschuldigte ihn der »Narretei«, war am Telefon zornig geworden und hatte einfach aufgelegt.[55] Reinfrank wollte sein Amt niederlegen. Das geschah nicht, aber es wurde ihm ein »geschäftsführender Sekretär« zur Seite gestellt, der viele seiner Aufgaben übernahm: der österreichische Schriftsteller und Übersetzer Heinz Schneeweiß, der in den Niederlanden lebte und Bibliothekar des Goethe-Instituts in Rotterdam war. In Keilsons Augen konnte Schneeweiß als Gegengewicht zu Reinfrank und seinem allzu eigenmächtigen Auftreten dienen.[56]

Zu einer Namensänderung kam es nicht.

Schlussakkord in London

In seinen PEN-Jahren mutete Hans Keilson sich einiges zu. Neben seinen Londoner Aufgaben trat er immer wieder selbst ins Rampenlicht: literarische Lesungen und Vorträge über Psychoanalyse, Traumatisierung und zu pädagogischen Fragen. Die nahe Zukunft sah noch hektischer aus, weil zwei seiner Bücher neu aufgelegt werden sollten. Und die Praxis in Bussum gab es auch noch: »meine Patienten ermorden mich, wenn ich zu oft weg bin«.[57]

Sein Hausarzt und Freund Cas Emmer fand Ende 1986, dass er zu müde und angespannt wirke, und wollte ihn untersuchen. Emmer: »Die Einsamkeit desjenigen, auf dessen Schultern alle ihren Kummer und ihre Sorgen abladen und der selbst keine Klagemauer hat – die muss groß sein.«[58] Selbst bezeichnete Keilson sich im Februar 1988 als überlastet, und zwar vor allem durch seinen Terminkalender voller Vortragstermine.[59]

Dann geschah etwas, was das Ende seiner Karriere beim Exil-PEN einläutete. Als eine neue Präsidentenwahl bevorstand, gab es einen zweiten Kandidaten, den Journalisten und Schriftsteller Fritz Beer.[60] Dass Keilson nicht der einzige Kandidat war, gefiel ihm ganz und gar nicht. Am 27. März 1988 schrieb er Arno Reinfrank ein Briefchen: »Ich freue mich, dass Sie Herrn Beer bereit gefunden haben, die Präsidentschaft zu übernehmen. Hierdurch habe ich die Gelegenheit, aus meinem Amte auszuscheiden.«[61] Das Briefchen schien davon auszugehen, dass Reinfrank die Kandidatur von Beer geregelt hatte. Das war nicht so. Es war der Wunsch der Mitglieder. Zumindest laut Reinfrank.[62] Anderthalb Monate später kündigte Hans Keilson seine Mitgliedschaft.

Wie sarkastisch das Briefchen an Reinfrank auch klang – möglicherweise war er gar nicht traurig, dass das Londoner Abenteuer hinter ihm lag. Er hatte viel zu tun, und in seinem Leben begann die Uhr zu ticken. Arno Reinfrank war enttäuscht von Keilson, der ihn zu Unrecht beschuldigt habe, dass er sich zu viel Macht zueigne. Der Sekretär hatte den Eindruck bekommen, dass beständig eine Wolke psychoanalytischer Deutungen über ihm hing, etwas, was er mit einer Lawinengefahr verglich.[63] Keilsons Ausscheiden war ihm eine Erleichterung. Dasselbe Gefühl meinte er auch bei anderen Mitgliedern wahrzunehmen.[64]

Die Sache bekam noch eine Fortsetzung: Keilson trat dem westdeutschen PEN bei und sorgte so für einen neuen Kontakt mit der deutschen Literaturwelt. Und in London war er offenbar auch nicht endgültig in Ungnade gefallen. Das zeigte sich 2006, als der Exil-PEN ihn zum Ehrenmitglied machte, »in Anerkennung überragender literarischer Verdienste«.[65] Nach all den Jahren war die Unstimmigkeit ganz und gar vergessen. Der Sekretär Reinfrank lebte nicht mehr, und die Probleme aus der Zeit der Präsidentschaft waren in den Hintergrund getreten. Dazu kam, dass 2005 Keilsons gesammelte Werke im S. Fischer Verlag erschienen waren, ein sichtbares Zeichen, dass er als Schriftsteller und Essayist seine Sporen verdient hatte.

Auch bei ihm selbst scheint von Groll oder Bitterkeit nicht die Rede gewesen zu sein. Anlässlich des fünfundsiebzigjährigen Bestehens des Exil-PEN im Jahre 2009 schrieb er ein Vorwort für die Festschrift, in dem er ohne Fußnoten und Randbemerkungen behauptete, er sei fünfundvierzig Jahre lang Mitglied gewesen. Als ob es den Bruch von 1988 nie gegeben hätte.[66]

Schade für Keilson und peinlich für den Exil-PEN war, dass die Ehrenmitgliedschaftsurkunde beinahe fünf Jahre lang im Londoner Büro liegen geblieben war – als ob ein böser Geist aus seiner aktiven PEN-Vergangenheit ihm die Ehre nicht gönnte. Erst am 6. Februar 2011 sollte jemand daran denken, das Dokument, mit Entschuldigungen, nach Bussum abzuschicken. Gerade noch rechtzeitig, denn keine vier Monate später war der Ex-Präsident tot.

Für den Gedichtband *Sprachwurzellos*, den Marita Keilson Anfang der siebziger Jahre aus den Gedichten ihres Mannes zusammengestellt hatte, einen Verleger zu finden, erwies sich als schwierig. Schließlich sollte der Band 1986, mitten in der Periode der Exil-PEN-Präsidentschaft Keilsons, von einem kleinen Verlag in Gießen auf den Markt gebracht werden.[67] Die Frage ist, worauf er in dieser Periode stolzer war: auf sein literarisches Werk, das erschien, oder auf seine organisatorische Funktion beim Exil-PEN. Vermutlich auf das Erstere.

Dass es mit dieser Ausgabe auf einmal glückte, hatte er Gerhard Kurz zu verdanken, einem deutschen Germanisten, der vier Jahre lang eine Professur an der Universität von Amsterdam bekleidet hatte. Er wohnte in Bussum etwa hundert Meter entfernt von den Keilsons und freundete sich mit ihnen an. 1984 war er nach Deutschland zurückgekehrt, um in Gießen Professor zu werden.

In Gießen machte er Gideon Schüler, den Inhaber der Universitätsbuchhandlung, auf Hans Keilson aufmerksam. So kam die Sache ins Rollen. Der Buchhändler lud Keilson ein, einen literarischen Abend zu bestreiten, und fragte ihn anschließend, ob er bereit wäre, einen Gedichtband in der »Edition Literarischer Salon« zu publizieren. Das war ein kleiner Verlag, den Schüler neben seiner Buchhandlung betrieb.

Für Schüler war es etwas Besonderes, Hans Keilson herauszugeben, und das hing mit seiner eigenen Vergangenheit zusammen. Als Keilson aus Deutschland floh, war Schüler ein Hitlerjunge. Später wurde er Soldat. Nach dem Krieg kostete es ihn ein paar Jahre, bis er ganz begriffen hatte, welche immense Schuld das Nazisystem auf sich geladen hatte. Vor diesem Hintergrund war für ihn die Begegnung mit Hans Keilson, Opfer und Überlebender, »ein sehr bewegendes Ereignis« gewesen.[68] Es fiel ihm schwer, seine Gedichte zu redigieren, hier und da kritisch zu sein: Wer war er denn, um hier zu urteilen? Glücklicherweise hatte Keilson immer mit vollstem Verständnis und bereitwillig auf seine Kommentare reagiert.[69]

Weil die in diese Ausgabe aufgenommenen Gedichte während eines langen Zeitraumes entstanden waren, konnte der Eindruck entstehen, es handle sich bei dem Bändchen *Sprachwurzellos* um Keilsons gesammelte Lyrik. Das war nicht der Fall. Beispielsweise fehlte eine Reihe bis heute unpublizierter Gedichte: das Gedicht über den Einmarsch der deutschen Truppen in Amsterdam, das über Auschwitz, das über seinen kleinen Sohn Tom, der in seinen Armen starb, und das Gedicht über seinen Vater, der vergiftete Luft einatmete, zu Boden fiel und erstickte.

Die sechsundvierzig Sonette für Hanna Sanders, die eine vollwertige eigene Abteilung aus den Kriegsjahren hätten bilden können, holte er (mit einigen wenigen Ausnahmen) auch nicht zum Vorschein, vielleicht, weil er Ende der vierziger Jahre Kritik daran zu hören bekommen hatte, vielleicht auch, weil ihm das Sonett inzwischen als eine Form erschien, die zu altmodisch war, als dass man sich damit als Dichter präsentieren konnte.

Das romantische, zärtliche Liebessonett »Komm schlaf« bekam als einziges einen Platz in dem Bändchen, ebenso in einer späteren Auflage »Im Versteck«, aus dem in Kapitel 10 schon zitiert wurde. Dieses Gedicht handelt von zwei Untergetauchten, die Hand in Hand in einem kahlen Zimmer sitzen und von einem normalen Leben und dem Zusammensein mit Freunden träumen.

Bei einem dritten Sonett tat Keilson etwas Besonderes: Er strich die sechs Zeilen über die Geliebte, mit der der Dichter sich trotz der unterschiedlichen Muttersprache verwandt fühlte, die in derselben Gefahr lebte wie er und die durch das Vorlesen seiner deutschen Gedichte dafür sorgte, dass das Deutsch die Härte der Nazisprache verlor und Lieblichkeit zurückgewann.[70] In die Wirklichkeit übertragen, kann man konstatieren: Hanna wurde aus dem Sonett herausgeschrieben. Vielleicht wollte er verschweigen, dass er im Krieg eine Freundin hatte.

Das ursprüngliche, vollständige Sonett steht bereits im 6. Kapitel auf Seite 242. Hier folgen die acht Zeilen, wie sie unter dem Titel »Fragment« in *Sprachwurzellos* aufgenommen wurden und in denen die Geliebte keine Rolle spielt:

FRAGMENT

Ward je der Zunge, die er sprach, ein Dichter
so gram wie ich, der ich mich bitter schäm,
dass ich bespien, besudelt von Gelichter
Zeichen und Laut aus ihrem Munde nehm

und jedes Wort, das mir unwillig fast
entfällt und steht, erinnert mich an eines,
das ich verdammt, und schwer wird mir die Last
des Verses, hart der Mund wie eines Steines[71]

Ansonsten bestimmen in *Sprachwurzellos* die späteren, parlandoartigen, manchmal wehmütig-pessimistischen, manchmal bitteren Gedichte das Bild, die etwa die Hälfte des Bandes ausmachen. Sie haben oft einen autobiographischen Hintergrund. Hans Keilsons doppelte oder dreifache Identität als Niederländer, Deutscher und Jude ist eines der Themen. In dem Gedicht »Schizoid« erweckt das Bild der Inseln, die er vom Deich aus sieht (er denkt vermutlich an die Inseln im Watt vor der niederländischen Nordseeküste, die in der warmen Sommerluft zu flimmern scheinen), Assoziationen mit zwei anderen Orten, die essenziell für ihn sind. Die geographischen Ortsangaben symbolisieren seine mehrfache Identität:

wenn ich auf den deichen stehe
und die inseln brennen
lodern die wasser der kindheit
der Oderstrom und
der Jordan meines verlangens[72]

In dem Gedichtband wird auch der Eltern Keilson gedacht. Für seinen Vater schrieb er ein titelloses Gedicht, in dem der November, der Monat seines Sterbens, aufgerufen und Kaddisch gesagt wird:

In den tagen des november
wenn es kalt wird
denke ich deines todes
Vater
die vögel flüchten aus den himmeln
die kinder behauchen
bereiftes glas
heimlicher
ohne zeit
ist die stunde deines sterbens
Vater
wie meine klage
täglich
vergessen nährt sie

ins offenbare
stehe ich
verhüllten hauptes
zu sprechen der toten gebet[73]

Eine Mutter gibt es in dem langen Gedicht »Sterne«, das auf den Judenstern verweist und zugleich auf das Kinderlied »Weißt du, wieviel Sternlein stehen…«. Sternförmige Plätzchen backt die Mutter in Keilsons Text. Das Gedicht schließt mit einem Schockeffekt:

die süßen plätzchen
verbrannten
in den öfen

weißt du wieviel[74]

Und dann ist da Gertrud. Von »Auch Eurydice« war in Kapitel 10 schon die Rede: ein Gedicht, das vermittels des Mythos von Orpheus und Eurydike indirekt von Gertruds Tod erzählt, von ihrer Trauer und der Trauer des zurückbleibenden Geliebten. »Bühlertal«, oben im selben Kapitel besprochen, gedenkt ihrer auch. Die Tote und der Zurückbleibende erfahren dieselbe Einsamkeit im Walde, wo Gertruds Gegenwart noch fast zu spüren ist. Was Keilson in diesen beiden Texten macht, ist durchaus vergleichbar. Das Aufrufen geteilter Trauer und geteilter Einsamkeit ist ein Versuch, Unmögliches zu erreichen: eine Verbindung mit der Toten zustande zu bringen, um so das eigene Leid erträglicher zu machen.

Keilson widmete den Gedichtband seinen Kindern: »Für meine Kinder« steht vorn in dem Bändchen. Er meinte damit nicht nur seine eigenen Kinder, sondern auch die zahllosen Kinder, die er im Laufe seines Lebens psychotherapeutisch betreut hatte.[75] Wer in dem Band durch Abwesenheit glänzt, ist die Schwester Hilde. Nach dem eskalierten Streit über die Eltern dürfte Hans keinen Grund gehabt haben, sie zu erwähnen. Aus nicht recht erklärlichen Gründen kommt auch Marita in dem Band *Sprachwurzellos* nicht vor. Es ist ihr kein Gedicht gewidmet, und es steht kein Dank im Impressum. Und doch hatte sie beim ersten Auswählen und Ordnen der Texte eine wichtige Rolle gespielt. Auch den Titel für den Band hatte sie gewählt.

In Rezensionen wurde auf die Unterschiedlichkeit der Gedichte hingewiesen: zynisch, aber auch voll Gefühl, traditionell in der Form, aber auch modern.[76] Weil der Band die Poesieproduktion eines halben Jahrhunderts spiegele, müsse diese Vielfältigkeit nicht verwundern. Mit den sich ändernden Zeiten hatte sich auch Keilsons Poesie verändert. Hatten widerspenstige Dichter wie Heinrich Heine und Bertolt Brecht vor dem Krieg zu seinem Referenzrahmen gehört, und bevorzugte er im Hanna-Jahr 1944 eher Poetisches wie die Sonette von Rilke und Shakespeare – in den sechziger Jahren war es Hilde Domin, die er las und schätzte. Paul Celan war ihm eine Größe und ein Vorbild, aber selbst wurde er kein experimenteller und schwerverständlicher Dichter.[77]

Als Dichter hatte Hans Keilson keine typische, durch die Jahre wiedererkennbare eigene Stimme. Er ließ sich inspirieren von Dichtern, die er las, und das hieß bei ihm: Er übernahm Stil und Form. In thematischer Hinsicht lag das anders. Aus einer Besprechung:

> Die ungewöhnliche formale Vielfalt bei der doch eher kleinen Auswahl irritiert dabei allerdings. Sie lässt manchmal an einen

> lyrischen Musterkoffer denken. Hier hätte mehr Einheitlichkeit glücklicher wirken können.
> Inhaltlich ergibt sich ein deutlicher Zusammenhalt. Das Leben im Exil, die Auseinandersetzung mit jüdischem Schicksal, die Ungeheuerlichkeit eines Hasses und einer Bedrohung, die auf totale Auslöschung zielt, das sind die wiederkehrenden Gegenstände der Texte.[78]

Die Dichterin Ulla Hahn schrieb in der *Frankfurter Allgemeinen*, die Lebenszeichen, die Keilson durch seine Poesie gebe, zeugten nicht von einem fröhlichen Dasein. Viele Gedichte seien »Klagen um die Toten, die Mutter, den Vater, das Volk – Versuche zu begreifen, was es bedeutet, als Jude zum Un-Menschen, als Un-Mensch zum Un-Leben verurteilt zu sein«.[79]

Aber Dörte von Westernhagen, mit der er seit 1985 befreundet war, konstatierte, dass die Gedichte mitunter auch ein Gegengewicht gegen die finsteren Zeiten boten. »Komm schlaf« sei, schrieb sie, ein sinnliches und ausgesprochen romantisches Schlafliedchen voll träumerischer Bilder. »Sterne« zeuge von einer kraftvollen, streitbaren Haltung: Das Ich in diesem Gedicht reißt den Judenstern von seinem Mantel und sagt damit: Mich kriegen sie nicht![80]

Noch mehr literarische Aktivitäten

Das zweite Leben von Hans Keilsons Prosa begann bei dem Verlag, mit dem er die längste Verbindung hatte, bei S. Fischer: Es erschienen neue Ausgaben aller drei Bücher, 1984 als erstes *Das Leben geht weiter*. 1988 und 1989 folgten *Komödie in Moll* und *Der Tod des Widersachers*. Er stand wieder auf der literarischen Landkarte.

Der Psychiater und Psychoanalytiker Keilson bekam Konkurrenz vom Autor Keilson. Er wurde zu Lesungen eingeladen und folgte den Einladungen gern. Manchmal fiel es ihm schwer, die Rolle des Arztes, die ihm allmählich wie angegossen saß, gegen die Rolle des Literaten einzutauschen. In letzterer Rolle fand er sich selbst nicht immer glaubwürdig, wie er einem befreundeten Psychiaterkollegen schrieb.[81]

Komödie in Moll, im deutschen Sprachgebiet erstmals auf dem Markt, bekam als Neuausgabe positive Besprechungen.[82] Die *Frankfurter Rundschau* nannte das kleine Buch »das Hohelied der demokratischen Kultur eines kleinen Volkes«, und zwar weil ein Polizist den Gastgebern des Untertauchers das Leben rettete: Unter Niederländern habe es eine Solidarität gegeben, die sich gegen die deutschen Besetzer richtete.[83]

Über den Namen des Untertauchers, Nico, hatte Alexander von Bormann in der *Neuen Zürcher Zeitung* eine Hypothese: »Das verweist auf den jüdischen Schriftgelehrten Nikodemus, der sich an der Bestattung Jesu beteiligt hatte.«[84] Im Johannes-Evangelium steht, dass Nikodemus für etwa hundert Pfund der Kräuter Myrrhe und Aloë sorgte, mit denen der Leichnam Jesu der Tradition folgend in Tücher gewickelt wurde. Als Handelsvertreter für Parfüm ist Nico ein moderner Nikodemus, denn auch er ist der Bringer angenehmer Düfte, auch wenn diese ganz und gar fehlen, als er gestorben ist und aus dem Haus getragen wird, in dem er untergetaucht war. Was Nico geschieht, sei symbolisch. Es sei, so der Rezensent, eine Anspielung »auf das Los der Millionen, die nicht gemäß ihrem Glauben bestattet wurden«.[85]

Auch die Neuausgabe von *Der Tod des Widersachers* wird ein paarmal besprochen. Die *Frankfurter Rundschau* fand eine Erklärung dafür, dass der Roman bei seinem Erscheinen im Jahre 1959 in Westdeutschland wenig Aufmerksamkeit erhalten hatte (was angesichts der großen Anzahl Besprechungen nicht stimmt, auch wenn der Verkauf damals nicht recht in Gang kam):

> Damals, 1959, hatten die Deutschen Fabriken und Wohnhäuser wiederaufgebaut, die Fußball-WM gewonnen, einen Kleinwagen gekauft und in Italien Urlaub gemacht, so daß sie keine Zeit hatten, an etwas anderes zu denken als an Krupp und VW, die WM in Bern, den Kleinwagen und Urlaub an der Adria – und über allem thronte der dicke Ludwig Erhard mit Zigarre in seinen Fingern.
> Die Deutschen von 1959 konnten die Vergangenheit nicht unter den Trümmern des Deutschen Reiches begraben, sondern unter den Neubauten der fünfziger Jahre. So kam es, daß der *»Tod des Widersachers«* 1959 unbeachtet blieb, obwohl es das literarisch anspruchsvollste, komplexeste und gelungenste Buch des Autors ist.[86]

Deutsche, die sich um 1960 die Zeit nahmen, ein Buch über den Zweiten Weltkrieg zu lesen, wählten eher das Tagebuch von Anne Frank oder Geschichten über die Schicksale individueller Soldaten. Diesen vom Publikum bevorzugten Themen stand Keilsons Roman fern. Er bewegte sich eher auf der Linie von Thomas Manns *Doktor Faustus* aus dem Jahre 1947, wo dem dämonischen Bösen eine große Anziehungskraft zugeschrieben wird. Dieser Roman wurde damals von der jüngeren Generation kritisiert, weil er wirklichkeitsfern sei.[87]

Als der *Tod des Widersachers* 1989 neu aufgelegt wurde, hatte sich die Situation in Deutschland verändert. Der Abstand zum Krieg war größer, und außerdem bewegte in den Jahren 1986 bis 1989 der »Historikerstreit« die Gemüter, eine Diskussion über den Holocaust, den Nationalsozialismus und die Einbettung des Ganzen in die Geschichte. Dadurch hatte sich das intellektuelle Klima geändert, es war sozusagen »Raum« entstanden für ein Buch wie das von Hans Keilson mit seiner paradoxen Botschaft über das Band zwischen Feinden. Seiner Meinung nach war der Roman allmählich geeignet für ein breiteres Lesepublikum.[88] Dass inzwischen mehr Leser Interesse zeigten, war auch an den Verkaufszahlen abzulesen: Die Neuausgabe von 1989, Auflage 4500 Exemplare, war 1997 ausverkauft. Danach blieb das Buch im Verlagsprogramm.[89]

Durch das Bändchen mit seinen autobiographischen Gedichten und die neuen Ausgaben der Untertaucherzählung *Komödie in Moll* und des Hitlerromans *Der Tod des Widersachers* wurde der Krieg aufs Neue in seinem Leben präsent. Lesungen aus seinen Werken bedeuteten eine Konfrontation mit Tragödie und Leiden. Und natürlich stand auch bei Vorträgen über seine wissenschaftliche Arbeit der Krieg im Mittelpunkt. »Dass er sich immer wieder mit dem Krieg beschäftigte, machte mich besorgt«, sagt Marita Keilson. »Wie schwer hatte er es selbst, wie einschneidend war sein eigenes Trauma? Ich habe miterlebt, wie er bei einer Lesung, beim Vorlesen der Rucksackszene, seine Tränen nicht zurückhalten konnte. Schrecklich, vor dem Publikum. Aber ich denke, dass die Menschen es gerade wunderbar fanden, dass jemand vor ihnen stand, der seine Emotionen zu zeigen wagte.«[90]

Im Fernsehen wollte er möglichst alles sehen, was vom Krieg und dem Holocaust handelte, beispielsweise die Dokumentar-Serie *Shoah* von Claude Lanzmann, die er auch mit Dörte von Westernhagen in Stuttgart gesehen hatte. Was ihn am meisten erschreckte, war die Naivität all der deportierten Juden, die glaubten, dass ein Arbeitseinsatz im Osten das Ziel ihrer Reise war.[91] Marita Keilson:

32 Gertrud, Hans und Barbara, vermutlich nach dem Krieg in Ommen.

33 Hans und Barbara, vermutlich nach dem Krieg in Ommen.

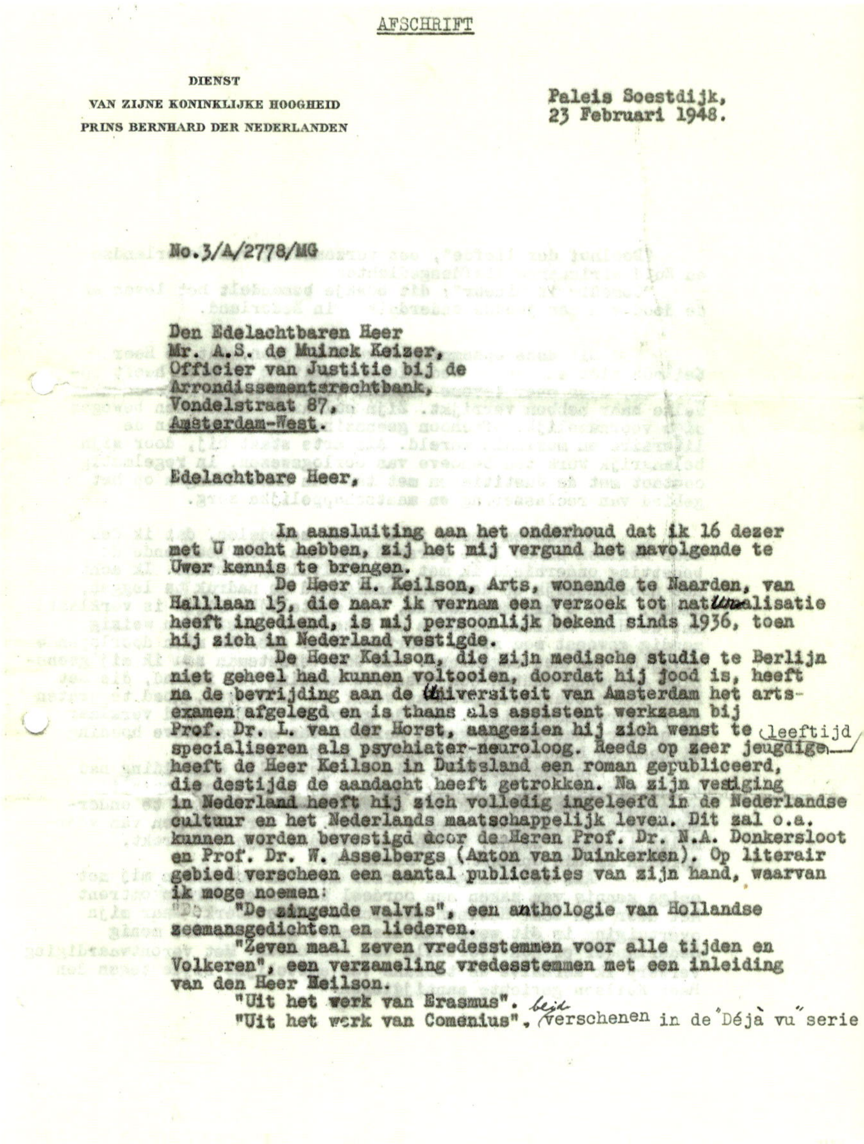
AFSCHRIFT

DIENST
VAN ZIJNE KONINKLIJKE HOOGHEID
PRINS BERNHARD DER NEDERLANDEN

Paleis Soestdijk,
23 Februari 1948.

No.3/A/2778/MG

Den Edelachtbaren Heer
Mr. A.S. de Muinck Keizer,
Officier van Justitie bij de
Arrondissementsrechtbank,
Vondelstraat 87,
Amsterdam-West.

Edelachtbare Heer,

In aansluiting aan het onderhoud dat ik 16 dezer met U mocht hebben, zij het mij vergund het navolgende te Uwer kennis te brengen.

De Heer H. Keilson, Arts, wonende te Naarden, van Halllaan 15, die naar ik vernam een verzoek tot naturalisatie heeft ingediend, is mij persoonlijk bekend sinds 1936, toen hij zich in Nederland vestigde.

De Heer Keilson, die zijn medische studie te Berlijn niet geheel had kunnen voltooien, doordat hij Jood is, heeft na de bevrijding aan de Universiteit van Amsterdam het arts-examen afgelegd en is thans als assistent werkzaam bij Prof. Dr. L. van der Horst, aangezien hij zich wenst te specialiseren als psychiater-neuroloog. Reeds op zeer jeugdige leeftijd heeft de Heer Keilson in Duitsland een roman gepubliceerd, die destijds de aandacht heeft getrokken. Na zijn vestiging in Nederland heeft hij zich volledig ingeleefd in de Nederlandse cultuur en het Nederlands maatschappelijk leven. Dit zal o.a. kunnen worden bevestigd door de Heren Prof. Dr. N.A. Donkersloot en Prof. Dr. W. Asselbergs (Anton van Duinkerken). Op literair gebied verscheen een aantal publicaties van zijn hand, waarvan ik moge noemen:

"De zingende walvis", een anthologie van Hollandse zeemansgedichten en liederen.

"Zeven maal zeven vredesstemmen voor alle tijden en Volkeren", een verzameling vredesstemmen met een inleiding van den Heer Keilson.

"Uit het werk van Erasmus".

"Uit het werk van Comenius", beide verschenen in de "Déja vu" serie

34 Brief vom 23. Februar 1948 von Jan Thomassen, Privatsekretär von Prinz Bernhard der Niederlande, an den Staatsanwalt in Amsterdam zur Unterstützung der Einbürgerung von Hans Keilson.

35 Die niederländische Erstausgabe der *Comedie in Mineur*, 1947.

36 Die deutsche Erstausgabe der *Komödie in Moll*, 1947.

37 Erstausgabe von *Der Tod des Widersachers*, 1959.

38 Das Ehepaar Schaul Robinsohn und Hilde Robinsohn-Keilson, Schwager und Schwester von Hans Keilson, in den sechziger Jahren.

39 Gertrud und Hans in den sechziger Jahren im steinernen Häuschen in Amorbach. Durch das Fenster sieht man das Holzhäuschen.

40 Gertrud und Hans an der Klagemauer in Jerusalem, 1969.

41 Marita Lauritz, die zweite Frau von Hans Keilson, Amsterdam, 1970.

42 Bloeme Keilson, die Tochter von Hans und Marita (rechts), auf den Schultern ihrer Halbschwester Tini, Bergen aan Zee, 1976 oder 1977.

43 Hans Keilson mit seiner zweijährigen Tochter Bloeme, 1976.

44 Der Promovend Hans Keilson bei der Arbeit.

45 Die Analysecouch des Psychoanalytikers Hans Keilson.

46 Ferien in Amorbach, 1978. V.l. Hans Keilson, Bloeme, Barbara Wertwijn-Keilson mit ihrer Tochter Esther, Ed Wertwijn.

47 Öffentliche Promotion von Hans Keilson in der Lutherischen Kirche, die der Universität von Amsterdam als Aula dient. Rechts von Promovend Hans Keilson sitzt Cas Emmer, links Hermann von der Dunk. (Diese »Paranimfen« genannten Assistenten des Promovenden haben gegenwärtig nur noch zeremonielle Bedeutung.)

48 Hans Keilson und sein Doktorvater, der Professor der Kinderpsychiatrie David de Levita. Links Marita Keilson.

49 *In der ban van de tegenstander*, die niederländische Ausgabe von *Der Tod des Widersachers* (neue Ausgabe, 1984). Auf dem Umschlag die ersten Seiten des »vergrabenen Manuskriptes«.

50 Hans Keilson in den achtziger Jahren im Urlaub in der Provinz Zuid-Limburg.

51 Hans und Marita im Urlaub in Venedig, in den achtziger Jahren.

52 Die Journalistin Dörte von Westernhagen, eine Freundin von Hans Keilson.

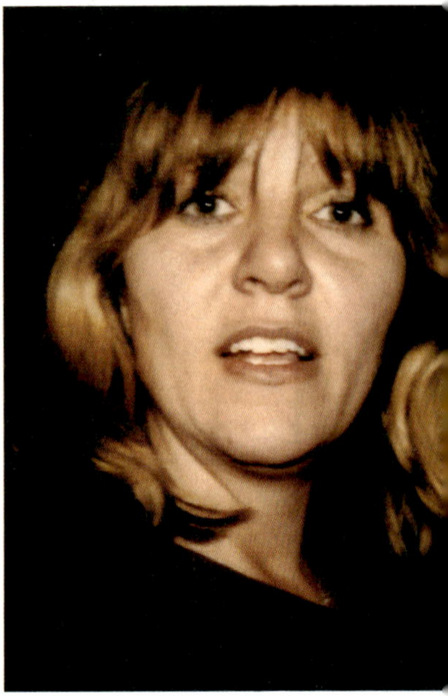

53 Die Psychotherapeutin Sieglinde von der Goltz, eine Freundin von Hans Keilson.

54 Während der »Trio-Trauma-Tour«, einer Reihe von Vorträgen über Kindersoldaten, 1997. V.l. der Psychologe Boia Ephraime, der Kinderarzt und IKON-Journalist Ralf Syring, Hans Keilson.

55 Das Foto, das die Titelseite von *Die Welt* schmückte, als Hans Keilson 2008 mit dem WELT-Literaturpreis ausgezeichnet wurde.

56 Die Enkelin Leila Bunnik bekommt von Hans Keilson an seinem 101. Geburtstag einen Handkuss.

57 Buchvorstellung von *Sonette für Hanna*, Frankfurt 2016. Die Enkelinnen Hannah und Leila Bunnik stempeln die Unterschrift von Hans Keilson in die Bücher. Hinter den Mädchen die Eltern Paco Bunnik und Bloeme Keilson.

The New York Times

Book Review

August 8, 2010

Michael Wood on Gary Shteyngart Page 9

As Darkness Falls

By Francine Prose

THE DEATH OF THE ADVERSARY
By Hans Keilson.
Translated by Ivo Jarosy.
208 pp. Farrar, Straus & Giroux. Paper, $14.

COMEDY IN A MINOR KEY By Hans Keilson.
Translated by Damion Searls.
135 pp. Farrar, Straus & Giroux. $22.

For busy, harried or distractible readers who have the time and energy only to skim the opening paragraph of a review, I'll say this as quickly and clearly as possible: "The Death of the Adversary" and "Comedy in a Minor Key" are masterpieces, and Hans Keilson is a genius.

First published in the Netherlands in 1947, "Comedy in a Minor Key" is only now appearing in English, in an eloquent translation by Damion Searls. "The Death of the Adversary" (skillfully translated by Ivo Jarosy) appeared here in 1962, but has long been out of print. Born in 1909, their author, the centenarian Keilson, lives with his wife in a village near Amsterdam where until recently

Continued on Page 8

M. G. LORD: MARY ROACH ON MARS PAGE 10 | LIESL SCHILLINGER: MONA SIMPSON IN HOLLYWOOD PAGE 15

58 Der Artikel über *The Death of the Adversary* (*Der Tod des Widersachers*) und *Comedy in a Minor Key* (*Komödie in Moll*) in der *New York Times* vom 8. August 2010.

Letter&Geest

Herinneringen aan de oorlog werden eerst verzwegen, daarna inzet van politiek debat. Volgens historica Ismee Tames is nu een nieuwe periode aangebroken: oorlogsverhalen zijn vermaak geworden.

De oorlog als entertainment

Ismee Tames

Begin september sprak Matthijs van Nieuwkerk in 'De Wereld Draait Door' met de bijna 101-jarige psychiater Hans Keilson. Hij was uitgenodigd omdat enkele van zijn romans na een halve eeuw in de Verenigde Staten opeens zijn herontdekt. Wat Keilson in die romans over de oorlog schreef vond Van Nieuwkerk niet interessant. Noch het feit dat hij jarenlang als psychiater bezig is geweest met de Tweede Wereldoorlog. Van Nieuwkerk wilde alleen weten of Keilson deze erkenning niet ervoer als 'eindelijk gerechtigheid'. Keilson kon daar duidelijk niet mee uit de voeten. Gerechtigheid, zei hij, gaat over hele andere dingen. Hij noemde zijn ouders, die zijn afgevoerd naar Auschwitz.

Een stokoude psychiater en zijn oorlogsoeuvre in de snelste en populairste talkshow van het land: Keilson was entertainment geworden, het ging om de sensatie, niet om het authentieke verhaal.

Dit jaar, 2010, ligt het einde van de Tweede Wereldoorlog vijfenzestig jaar achter ons. De oorlog gaat met pensioen en er zijn weer talloze publicaties en websites met verzamelde verhalen verschenen. Deze aandacht is heel anders dan vijfentwintig jaar geleden. Of vijftig. Zelfs historici bekijken mensen met een oorlogsverhaal door een compleet andere bril.

Sinds het einde van de twintigste eeuw is naar mijn idee een nieuwe fase in de herinnering aan de Tweede Wereldoorlog aangebroken. De gangbare indeling in tijdsperioden behoeft aanvulling.

In de bestaande indeling spreken we over de 'stilte' van de jaren vijftig, die rond 1970 werd afgelost door aandacht voor slachtoffers.

Die periode is nu afgelopen. We bevinden ons inmiddels in de fase waarin *human interest* domineert. Anders dan in de vorige eeuw ligt de nadruk op het persoonlijke verhaal en de emotie. De politieke boodschappen zijn verdwenen. Interviews over de oorlog wijken nauwelijks nog af van interviews over een vreselijke ziekte, een ernstig ongeluk of een gezinsdrama.

Laten we om te beginnen teruggaan naar de tijd vlak na de Tweede Wereldoorlog. Voordat de periode van de 'stilte' aanbrak, was er veel aandacht voor de bezettingstijd. Vlak na de bevrijding verschenen brochures, pamfletten en opgetekende herinneringen, er kwamen comités en onderzoeken. Na enkele jaren, toen de zichtbaarste gevolgen van de oorlog verdwenen waren, ebde deze eerste golf van aandacht weg.

Wat volgde staat bekend als 'de stille jaren vijftig'. De meeste mensen wilden niet meer terugkijken, maar vooruit, naar een betere toekomst. Toch was de oorlog alom aanwezig. Denk aan de ophef rond het verlenen van gratie aan Duitse oorlogsmisdadigers in 1952. Of de in koude oorlogsretoriek verpakte verwijzingen naar de Tweede Wereldoorlog tijdens de Hongaarse opstand in 1956. De communisten waren blij dat het 'Hongaarse fascisme' door de Sovjets de kop in werd gedrukt. In het Westen werd juist het 'rode fascisme' als het grote gevaar gezien. Verwijzingen naar de oorlog waren, kortom, sterk ideologisch verpakt en integraal onderdeel van de politiek.

In de loop van de jaren zestig trad een belangrijke verschuiving op. De Jodenvervolging kwam in de herinnering aan de Tweede Wereldoorlog op de voorgrond. Slachtoffers kregen aandacht. Dat werd duidelijk na het verschijnen van Jacques Pressers 'Ondergang. De vervolging en verdelging van het Nederlandse Jodendom 1940-1945'. Van dat boek uit 1965 waren in een mum van tijd 100.000 exemplaren verkocht.

De publieke aandacht voor de slachtoffers kon de druk op de politiek flink opvoeren. Zo werden de 'Drie van Breda' tot twee keer toe toch niet vrijgelaten. Bovendien werd in 1973 de Wet Uitkeringen Vervolgingsslachtoffers ingevoerd en opende de speciale kliniek Centrum' 45 zijn deuren.

Dat alles maakte het voor allerlei mensen gemakkelijker om aandacht te vragen voor hun oorlogsgerelateerde problemen. Behalve de Joodse overlevenden waren er de oud-verzetsstrijders met psychische schade (aanvankelijk noemde men dat KZ-syndroom, later posttraumatisch stresssyndroom). Ook mensen die in de Japanse interneringskampen hadden gezeten, herkenden zich daarin. Evenals burgeroorlogsslachtoffers, Indië-veteranen en allerlei 'tweede generaties', oftewel degenen die tijdens de oorlog kind waren geweest of na de oorlog waren geboren.

De jaren zeventig en tachtig laten zien hoe steeds nieuwe oorlogservaringen publieke aandacht krijgen en opgenomen worden in de psychische hulpverlening. Dit ging niet zonder strubbelingen. In een uitzending van 'Rondom 10' in 1989 sloeg de vlam in de pan toen de zoon van een verzetsman weigerde met kinderen van NSB'ers te praten.

Maar de een na de andere groep kreeg maatschappelijke erkenning als getroffen door de oorlog. Ook de kinderen van 'foute' ouders werden opgenomen in het hulpverleningscircuit. Onder publieke druk moest de overheid tot begin jaren negentig telkens wetten uitbreiden en oprekken. Enkele jaren later was er voor iedereen met een oorlogsprobleem wel een loket.

Allerlei mensen uit de tweede generatie gingen zich steeds meer in elkaar herkennen: wij zijn allemaal kinderen van de oorlog. Treffend voorbeeld van deze 'pacificatie' was de kranslegging op de Dam in 1995, toen voor het eerst ook representanten van de kinderen van 'foute' ouders officieel aanwezig waren.

De politieke strijd was gestreden, van politieke polarisatie in de Koude Oorlog tot bevochten toegang tot psychische hulpverlening en maatschappelijke erkenning. Zo liep deze periode, begonnen aan het eind van de jaren zestig, ten einde. Wat volgde was een vorm van depolitisering in de publieke herinnering aan de Tweede Wereldoorlog: behalve met enige regelmaat een verwijzing naar het foute verleden (Bruin I, PVV is NSB of: de Koran is 'Mein Kampf') speelt de Tweede Wereldoorlog in het politieke debat nauwelijks een rol meer. De oorlog werd een zaak van *human interest*. Hoe ging dit proces in zijn werk?

> Interviews over de oorlog zijn hetzelfde als die over een erge ziekte of een gezinsdrama.

De generaties die de oorlog bewust hadden meegemaakt waren op de achtergrond geraakt. Daardoor ontstond meer ruimte voor anderen om hun verhaal te vertellen. Zij hoefden niet meer bang te zijn dat de eerste generatie hen wegzette als kind dat toch niets meegemaakt had. Bovendien verdwenen met de volwassenen uit de oorlog ook de tegenstelling van toen: goed versus fout, Nederland versus Nederlands-Indië, enzovoorts.

Tegelijkertijd werden Nederlanders van na de oorlog zich ervan bewust dat unieke herinneringen en ervaringen in snel tempo uitstierven. Of eigenlijk al verdwenen waren.

De interesse voor persoonlijke herinneringen was al sinds 1970 enorm toegenomen. Maar sinds eind jaren negentig zijn ze niet meer inzet van de politieke strijd van voorheen. Gewone mensen vertellen verhalen over hun jeugd in of vlak na de oorlog, soms ook over de moeilijke en pijnlijke ervaringen van toen en hoe die hun leven beïnvloedden.

Jaarlijks verschijnen tal van bundels met interviews. Op internet is het ene na het andere project gestart om maar te behouden wat te behouden valt. Het grote conserveringsprogramma Erfgoed van de Oorlog van het Ministerie van VWS, begonnen in 2007 en vorige maand afgerond, stimuleerde deze ontwikkeling.

Historici zijn druk bezig met het verzamelen van persoonlijke geschiedenissen. Dit kan unieke documenten en juweeltjes van verhalen opleveren. Maar soms lijkt de verzamelwoede ongericht: ieder verhaal is goed, interviewers vragen niet door, uitspraken worden niet gecheckt. Soms weten zelfs de interviewers niet waarvoor dit materiaal eigenlijk gebruikt moet gaan worden, afgezien van het bewaren om het bewaren, tonen om het tonen.

Journalisten en historici die beginnen met het verzamelen van ooggetuigen nemen uit praktische overwegingen al snel genoegen met mensen die in 1940-'45 heel jong waren. Dit is logisch, maar ook problematisch. Want hoe representatief zijn zij? De dertigers en veertigers van toen zijn op een hand te tellen, de vijftigers en zestigers al jaren dood. Minder dan een procent van de Nederlanders van nu was gedurende de hele bezetting volwassen. Wat betekent het dat het vooral kinder- en jeugdherinneringen zijn die nu worden opgetekend? Hoe verschillen die van herinneringen van volwassenen? Welke historische vragen kunnen we op basis van deze verzamelin-

76 zaterdag 16 oktober 2010 Trouw

59 Die Tageszeitung *Trouw* vom 16. Oktober 2010 mit Fotos von Hans Keilsons Auftritt im Fernsehprogramm *De Wereld draait door*.

60 Das Grab von Hans und Gertrud Keilson auf dem Liberal-jüdischen Friedhof Gan Hasjalom in Hoofddorp. Auf dem Stein sind auch die Namen von Max und Else Keilson, die kein Grab haben, angebracht.

Ich dachte: Muss er sich selbst so einen Film eigentlich antun? Er hat Albträume davon. Manchmal plante ich das Abendessen so, dass wir zu Tisch mussten, wenn eine Sendung begann. Wenn ich darum bat, machte er den Fernseher auch schon mal aus. Aber die *Dodenherdenking*, die alljährliche Gedenkveranstaltung für die Opfer des Zweiten Weltkriegs am 4. Mai, sah er jedes Mal. Bei den zwei Schweigeminuten erhob er sich von seinem Stuhl und dann stand er da vor dem Fernsehapparat. Das ist ihm wichtig, dachte ich dann, das ist, was er tun muss. Ich hatte nicht das Gefühl, dass ich dabei sein müsse, vielleicht aus Respekt vor seinem unheilbaren Verlust und seiner Trauer.[92]

Auch auf andere Weise zeigte er sein Engagement: Er übernahm eine kleine Rolle in dem Spielfilm *Soldaten zonder geweren* (Soldaten ohne Gewehre, 1985) über den kollektiven Streik gegen die Judenverfolgung im Februar 1941. Der Regisseur Kees Hin hatte vorher bereits einen Dokumentarfilm über deutsche Emigranten gemacht, in dem Keilson auch zu Wort kam, und bot ihm jetzt diese Nebenrolle an.[93]

Er spielte einen Hutmacher, der an einem dunklen Abend im Krieg in seine Werkstatt im Souterrain eine Frau einlässt, die auf der Straße umherirrt; ihr Mann, ein kommunistischer Streikführer, ist erschossen worden. Die Frau, gespielt von Elisabeth Andersen, kann endlich wieder ein wenig lächeln, als der Hutmacher ihr einen eleganten Hut aufsetzt. Im Laufe des Films macht er, der so fürsorglich und einsam zugleich wirkt, seinem Leben ein Ende, indem er sich in seiner Werkstatt erhängt.

Elisabeth Andersen zufolge war Keilson jemand, mit dem es sich gut arbeiten ließ. Sie schilderte ihn als einen »absolut liebenswürdigen Mann« und einen »milden Charmeur, voll kleiner Scherze«. Sein Buch über Hitler fand sie mutig und ehrlich und von großer intellektueller Weisheit, »weil Keilson sich nicht von Empfindlichkeiten leiten lässt. Er denkt immer weiter nach. Ich glaube nicht, dass es auf der Welt noch einen anderen Schriftsteller gibt, der jüdisch ist und eine Menge Elend erlebt hat und doch so unabhängig denkt.«[94]

Weil der Regisseur den Schauspielern viel Freiheit bei der Gestaltung ihrer Rollen ließ, ist es durchaus möglich – Kees Hin konnte das nicht mehr mit Sicherheit sagen –, dass Hans Keilson selbst auf die Idee kam, einen Hutmacher zu spielen.[95] Erinnerungen an den schönen Laden mit den schicken Damenhüten in Freienwalde könnten bei dieser Wahl eine Rolle gespielt haben. Nach den letzten Aufnahmen taten ihm die Arme und die Schultern weh. Während seine herabhängenden Beine gefilmt wurden, hatte er mit einer Reckstange unter den Achseln eine ganze Weile über einer Treppenöffnung hängen müssen.[96] Zu Hause erzählte er stolz und fröhlich davon, wie von einer sportlichen Leistung.[97]

In einem Interview mit dem Journalisten Ischa Meijer erklärte er, was diese Erfahrung des Schauspielerns für ihn bedeutete. Es war für ihn, der immer mit Grenzen und Beschränkungen zu tun gehabt hatte, eine enorme geistige Befreiung gewesen:

> Ich hatte immer Grenzen verlegen, überschreiten müssen, um eine neue Heimat zu finden, ein neues Inneres, eine neue Wiege, in die ich mich betten konnte.
> Im vergangenen Sommer habe ich eine kleine Filmrolle gespielt. Da stand ich und spielte, mit einer großen Crew um mich herum. All die Menschen schauten mir zu. Endlich konnte ich etwas darstellen, mit allem, was ich habe: mit meiner Stimme, mit meinem Körper. Ich durfte sprechen, erfuhr die Macht der Gebärde. Ich entdeckte auf einmal eine Sicherheit in mir selbst, die ich niemals gefühlt hatte. Omnipotenz!

Als Analytiker habe ich immer ein ziemlich zurückgezogenes Leben führen müssen. Dies war das genaue Gegenteil. Das Herr-Sein über alles, was ich bin und was in mir ist. Ich wusste: *Ich kann es.*

Das war vielleicht die totale Befreiung. Da fielen alle Grenzen.[98]

13 Unvollendete Vergangenheit

1990–2000
»Wir können nichts wiedergutmachen«

Zurück nach Bad Freienwalde

Für Hans Keilson war die Vergangenheit eine Quelle der Trauer und zugleich eine Quelle literarischer und wissenschaftlicher Inspiration. Seit dem Krieg standen sein Leben und seine Arbeit im Zeichen dessen, was vorbei und doch nicht vorbei war. Seine Prosa, seine Poesie, seine wissenschaftliche Arbeit, alles handelte davon. Das im Krieg Erlittene zu verarbeiten war seine erste und ganz persönliche Aufgabe, aber nach der Befreiung der Niederlande, als er Berater für die Zukunft der jüdischen Kriegswaisen wurde, war es gleich viel mehr als das geworden. Später galt er, vor allem durch seine Doktorarbeit, als Experte auf dem Gebiet der Traumaverarbeitung. Auch wenn es um den Krieg im Allgemeinen ging, um die Nazivergangenheit oder um die Spanne zwischen »goed of fout« (gut oder falsch), d. h. um die Frage, ob jemand damals politisch auf der richtigen oder auf der falschen Seite gestanden hatte, wussten die Medien und die Wissenschaft ihn für Kommentare und Deutungen zu finden.

Ein historisches Ereignis wie die Wiedervereinigung von Ost- und Westdeutschland am 3. Oktober 1990, elf Monate nach dem Fall der Berliner Mauer, war so eine Gelegenheit. Die Tageszeitung *Trouw* interviewte ihn über die deutsche Gegenwart und die deutsche Vergangenheit. Für ihn bedeutete das neue, große Deutschland, wie er sagte, keine Bedrohung, aber er hoffe schon, dass die

Nachbarstaaten wachsamer bleiben würden als in den dreißiger Jahren, »als sie absolut nicht wachsam waren«.[1]

Über die Vergangenheitsbewältigung in der DDR legte der Interviewer ihm diese Frage vor: »In der DDR gibt es eine Diskussion über ›goed en fout‹, die noch längst nicht zu Ende ist. Es gibt ein enormes Misstrauen, das die Gesellschaft vergiftet. Auch in ganz kleinen Dörfern vertrauen die Menschen einander nicht. Was soll daraus werden?« Die Antwort:

> Das kann man kaum voraussehen. Wie werden sie die Probleme, wie wir sie hier in Holland mit den NSB-Leuten hatten, verarbeiten. Wie werden sie die lösen. Darüber lässt sich schwer etwas sagen. Das könnten sie vernünftig machen oder mit enormer Verbitterung, aber auch das ist menschlich. Hoffentlich schaffen sie nicht zu viele Sündenböcke, auf die die Übrigen ihre eigene Geschichte projizieren können, um zu zeigen, wie wunderbar weit sie es selbst gebracht haben. Und das gilt für die DDR und für die Bundesrepublik. Sollen sie nur diskutieren, solange geredet wird, wird nicht geschossen.«[2]

In der ersten Hälfte der neunziger Jahre konnte Hans Keilson selbst erleben, wie die Atmosphäre in einem kleinen Ort im Osten Deutschlands war: in seinem Geburtsort Bad Freienwalde.

Er hatte dem Vorschlag zugestimmt, einen Dokumentarfilm über sein Leben zu drehen. Die Idee kam von dem Filmemacher-Ehepaar Wilhelm Rösing und Marita Barthel-Rösing aus Frankfurt am Main.[3] Sie hatten bereits zwei Filme über jüdische Emigranten gedreht und wollten eine Trilogie daraus machen.[4] Der Arbeitstitel war »Heimkehr«, und dieses Wort entsprach dem Inhalt zu einem großen Teil: Die Hauptperson sollte nach Bad Freienwalde zurückkehren, sich dort umsehen und mit den Leuten reden. Es sollte aber auch in den Niederlanden gefilmt werden, bei seiner Untertauchadresse in Delft und in Naarden und Bussum.

Erste Aufnahmen der Landschaft bei Naarden und Bad Freienwalde wurden 1990 gemacht. Und die Dokumentarfilmer waren mit dabei, als Hans Keilson am 3. Februar 1990 im Konzertsaal seines Geburtsortes geehrt wurde. Er las aus seinem Freienwalde-Roman *Das Leben geht weiter* vor, und Elfriede Behrens, die letzte DDR-Bürgermeisterin des Ortes, verlieh ihm die Ehrenbürgerschaft der Stadt. Sie sagte in ihrer Ansprache:

> Mit Ihnen, verehrter Herr Doktor Keilson, ehren wir die jüdischen Mitbürger, die einmal unter uns gelebt und gearbeitet haben, und allein deswegen umgebracht worden sind, weil sie Juden waren. Wir können nichts wiedergutmachen. Wir können nur geloben, dass wir nicht wieder schweigen, wenn neben uns Menschen verächtlich gemacht und gemieden werden.[5]

Es war gut und es war festlich, dass Hans Keilson Ehrenbürger wurde, aber die Sache hatte einen Haken. Eigentlich waren es sogar zwei ziemlich große Haken. Seit 1933 waren auch Hitler und Hindenburg Freienwalder Ehrenbürger und formaljuristisch war daran nichts zu ändern: Ehrenbürgerrechte konnten posthum nicht wieder entzogen werden. Doch hatte die Stadtverwaltung sehr wohl die Möglichkeit, sich von dem einstigen Beschluss, jemanden zum Ehrenbürger zu ernennen, zu distanzieren. 1996 wurde eine Liste der Freienwalder Ehrenbürger erstellt, auf der die Namen Hitler und Hindenburg nicht vorkamen. So wurden sie sozusagen unerwünschte Ehrenbürger.[6]

Es dauerte einige Jahre, bis eine Finanzierung für die Fortsetzung des Filmprojektes gefunden war. 1993 war es so weit, und die Filmemacher reisten mit Keilson aufs Neue nach Deutschland.

Während die Kamera ihm folgte, wanderte er durch Freienwalde. Sein Geburtshaus betrachtete er von außen und von innen; vor allem die Hofseite, wo die Balkons entfernt worden waren, befand sich in einem verwahrlosten Zustand. Das Gymnasium war kaum verändert. In der leeren Aula spielte er auf dem Flügel. Es wurde auch an der Stelle gefilmt, wo einst die Synagoge gestanden hatte. Dort stellte Keilson einem Passanten die Frage, ob noch Juden in der Stadt wohnten. Die Antwort war: Nein. »Ich bin also«, konstatierte Keilson, »der einzige Jude in Freienwalde.«[7]

Während der Dreharbeiten, ein paar Jahre nach der deutschen Wiedervereinigung, bot Freienwalde noch das Bild einer DDR-Stadt, mit düsteren, heruntergekommenen Häusern und ab und zu einem Auto ostdeutscher Machart. Es war eine bewusste Wahl der Rösings gewesen, im Herbst und Winter zu drehen, so dass über den Bildern eine Kälte lag, die symbolisch war für die Stimmung, die sie dort gefühlt hatten.

Die Aufnahmen verliefen nicht immer ganz reibungslos. Bei den Freienwaldern spielten vermutlich Schuldgefühle über das, was den Juden in der Hitlerzeit angetan worden war, eine Rolle; Ängstlichkeit und Misstrauen aus den Jahren des Kommunismus kamen hinzu. Längst nicht jeder wollte reden, Türen wurden geöffnet, aber mitunter gleich wieder geschlossen. Als ein Mann bereit zu sein schien, auf der Straße ein kurzes Interview zu geben, erschien seine Frau am offenen Fenster und rief: »Sag nichts! Sag nichts!«[8] Gespräche konnten aber auch problemlos verlaufen. Eine ältere Frau, Christel Spörl, erinnerte sich, dass alle Leute »furchtbar gerne« im Textilgeschäft von Max Keilson eingekauft hatten, »beim Juden«, wie Frau Spörl sagte.[9]

Der Film bekam den Titel *Bis zur Umkehrbank – Hans Keilson erinnert sich*. Als Junge hatte Hans mit seinem Vater hin und wieder Spaziergänge gemacht. Sie gingen durch die Stadt und weiter ins Brunnental, bis zu einer hölzernen Bank im Wald. Das war der Endpunkt. Wenn Vater und Sohn die Bank mit den Knien berührt hatten, kehrten sie um und gingen nach Hause. Auf magische Weise, so der Dokumentarfilmer Wilhelm Rösing, vergewisserten sie sich des Abstands zwischen »zu Hause« und »weit weg«. Damals war das ein vertrauter Abstand. »Und jetzt? Welche Entfernung muß Keilson auf sich nehmen, wenn er aus Bussum nach Freienwalde kommt! Schlägt er im Film den Mantelkragen hoch, weil die ehedem vertrauten Straßen kalt geworden sind?«[10]

In den Niederlanden wurde unter sommerlichen Umständen unter anderem in der Nähe der Galerie d'Eendt in Amsterdam gefilmt, die im Krieg ein Treffpunkt der Mitglieder der Widerstandsorganisation »Vrije Groepen Amsterdam« gewesen war, und vor dem Untertauchhaus an der Wallerstraat in Delft. Etwas aber blieb verborgen: Hans Keilson sprach mit keinem Wort über Hanna Sanders und führte die Filmemacher auch nicht zu dem Haus, wo sie untergetaucht gewesen war. Und er erwähnte weder die Sonette noch das Tagebuch.

Am 19. März 1995 hatte der Dokumentarfilm *Bis zur Umkehrbank* in Frankfurt am Main Premiere. Die Filmemacher hatten ihre Gründe, dafür nicht den Geburtsort der Hauptperson zu wählen; sie hatten dort Widerstände gespürt, und Leugnung, Verleugnung der Vergangenheit. Wilhelm Rösing: »Und das ist auch bei den ganzen Interviews die offizielle Meinung: Es war überall schlimmer als bei uns.«[11]

Frankfurt, Kassel, Münster, Hamburg, Wien, in einer Anzahl von Städten war der Film zu sehen, ehe Bad Freienwalde am 29. März 1996 an der Reihe war. Es kamen 91 Zuschauer, junge Leute waren nur wenige da. Ein Rezensent schrieb in der Lokalzeitung: »Hans Keilson in dem Film will nicht anklagen, sondern nach dem Deichbruch der deutschen Geschichte mit seinem Erinnern Brücken bauen.«[12]

Die öffentliche Bibliothek von Bad Freienwalde sorgte dafür, dass *Bis zur Umkehrbank* auf eine Liste für Lehrer an Höheren Schulen in ganz Deutschland kam. Sie konnten den Film als Unterrichtsmaterial nutzen oder als Ergänzung des Stoffes, der im Geschichtsunterricht behandelt wurde.

Der Film wurde auch in Kombination mit Lesungen von Hans Keilson gezeigt, zum Beispiel im März 1998 bei einer Tagung der Deutschen Psychoanalytischen Vereinigung in Gießen. Nach dem Film sollte er Fragen beantworten, aber niemand von den zweihundert Anwesenden hatte eine Frage parat.[13] Da stellte er selbst eine: Was war der Grund, dass er nicht verlangt hatte, dass Hitler und Hindenburg die Ehrenbürgerschaft entzogen wurde, als er selbst Ehrenbürger von Bad Freienwalde wurde? Stille im Saal, bis jemand meinte: »Ihre Großherzigkeit.« Keilsons Reaktion: »Großherzigkeit? Großherzig bin ich überhaupt nicht. Der einzige Grund ist, es ist die Wahrheit. Die Wahrheit.«[14] Dass er die Ehrenbürgerschaft mit Hitler und Hindenburg teilte, war für ihn eine Abspiegelung der deutschen Geschichte, denn der »Führer«, schrieb eine Zeitung, gehöre seiner Meinung nach ebenso zur deutschen Geschichte wie er selbst.[15]

Der Fall Schwerte

Sechs Wochen nach der Filmpremiere in Frankfurt kam ein verborgenes Kapitel aus der Nazigeschichte ans Licht.[16]

Das Aktualitätenprogramm *Brandpunt* enthüllte im niederländischen Fernsehen am 29. April 1996, kurz vor dem Tag des Gedenkens an die Toten des Zweiten Weltkriegs (4. Mai) und dem

Tag der Befreiung von der deutschen Besetzung (5. Mai), dass Hans Schwerte, in den sechziger und siebziger Jahren Professor der Germanistik und Rektor an der Technischen Hochschule in Aachen, eine führende Nazifunktion innegehabt hatte: Er war SS-Hauptsturmführer gewesen.[17] Unmittelbar nach dem Krieg hatte seine Frau ihn für tot erklären lassen, und er hatte eine andere, erfundene Identität angenommen: Er ging seitdem als Hans Schwerte durchs Leben. Sein wirklicher Name war Hans Ernst Schneider.

In seiner Naziexistenz gehörte er dem Stab von Himmler an und arbeitete bei der SS-Abteilung »Ahnenerbe«, die sich mit Rassenlehre und Volkskunde (Bräuchen, Sprache, traditionellen Tänzen) beschäftigte, um die Ideen von der historischen und gegenwärtigen Größe des Germanentums »wissenschaftlich« zu untermauern und zu verbreiten. Vom Sommer 1940 an war er zwei Jahre lang in Den Haag stationiert, unter Hanns Albin Rauter, dem höchsten Funktionär der SS in den Niederlanden. Es war seine Aufgabe, Fächern wie Germanenkunde, Volkskunde, Rassen- und Erblichkeitslehre Impulse zu geben.[18] Die Niederländer sollten für den Gedanken reif gemacht werden, dass sie doch vor allem Germanen waren, so dass sie sich immer mehr in der neuen Ordnung zu Hause fühlten. Sie sollten die Ostgrenze schließlich nicht mehr als eine Begrenzung sehen.[19] Auch wurde von ihm erwartet, dass er Niederländer für die SS begeisterte, so dass sie sich ihr freiwillig anschlossen.[20] Zurück in Berlin bekam er den Auftrag, Forschungen nach den gemeinsamen Kennzeichen der germanischen Völker zu leiten.[21]

Schwerte, der nach der Enthüllung seiner Nazivergangenheit einen Sturm der Kritik zu spüren bekam, verlor sein Bundesverdienstkreuz und seine Pension. Die Universität Erlangen, wo er 1948 unter seinem neuen Namen über Rilke promoviert hatte, nahm ihm den Doktortitel nicht ab, auch wenn Aktivisten, vor allem Studenten, das gerne gesehen hätten. Schwerte entzog sich übrigens nicht der öffentlichen Aufmerksamkeit. Er sprach mit der Presse und gab eine an das Wissenschaftsministerium in Düsseldorf gerichtete Erklärung ab. Er schrieb, dass »tiefe Scham und Trauer« über die Schandtaten und Morde des Nationalsozialismus ihn »bis heute keine Stunde verlassen« hätten. Es ging ihm vor allem um dasjenige, was die SS, »deren Uniform ich trug«, auf ihrem Gewissen hatte.[22]

Der SS-Mann und der Jude

Marita Keilson-Lauritz hatte in den sechziger Jahren bei Schwerte promovieren wollen, aber diese Doktorarbeit blieb unabgeschlossen.[23] Kurz nachdem die Affäre Schwerte explodiert war, publizierte sie im Berliner *Tagesspiegel* einen Artikel, in dem sie die These vertrat, dass Schwerte die fiktive Identität nötig gehabt hatte, um einen Neustart machen zu können. Offenheit über seine Nazivergangenheit hätte ihm den Weg zu einer neuen Aufgabe versperrt: die deutsche Kultur und Literatur im Vorfeld des Nationalsozialismus und die Weise, wie eine irrige Ideologie hatte Fuß fassen können, zu erforschen und darüber kritische Vorlesungen zu halten. Marita Keilson hatte Nachsicht mit dem gefallenen Professor, dessen Vorlesungen und Seminare sie spannend gefunden hatte.[24]

Mit ihrer Wertschätzung Schwertes stand sie nicht allein, aber sie war eine der sehr wenigen, die diese Meinung öffentlich äußerten. Ihre Ehe mit Hans Keilson gab ihr Rückhalt: Man würde sie nicht so schnell verdächtigen, Nazisympathien zu haben.

Dass viele Studenten trotz allem mit Wertschätzung an ihren Professor zurückdachten, hatte seinen Grund darin, dass er ein inspirierender Lehrer gewesen war und außerdem beispielsweise eine der treibenden Kräfte hinter dem legendären Erlanger Studententheater, das intellektuell und avantgardistisch ausgerichtet war.[25] In seiner Funktion als Rektor der Technischen Hochschule in Aachen hatte er eine vermittelnde Rolle gespielt, als die Demokratisierungswellen wogten und Spannungen zwischen den fortschrittlichen und den konservativen Kräften mit sich brachten. Es gelang ihm, die Unruhe zu dämpfen und mit beiden Parteien im Dialog zu bleiben[26]: Er ging mit radikalen und mit konservativen Studenten Steaks essen, wie er das ausdrückte.[27]

Hans Keilson hatte Berührungspunkte mit Schwerte. Sie waren beinah auf den Tag gleich alt, und Schwerte kam aus Ostpreußen, der Gegend, mit der Keilson sich verbunden fühlte, weil sein Vater dort geboren und aufgewachsen war.[28] Dazu kam, dass die Ehefrau Annemarie Schneider / Schwerte – vor und im Krieg Frau Schneider, nach dem Krieg heiratete sie denselben Mann noch einmal und wurde so Frau Schwerte – an derselben Hochschule für Leibesübungen in Spandau studiert hatte, an der Hans Keilson Ende der zwanziger Jahre seine Sportlehrerausbildung machte. Solche Zufälligkeiten waren vielleicht nicht genug, um auf Dauer ein Band zwischen ihnen entstehen zu lassen, aber es kam etwas hinzu, was den Kontakt vertiefte und verstärkte: Wertschätzung. Keilson fand, wie seine Frau, dass Schwerte mit seiner wissenschaftlichen Arbeit nach dem Krieg einen Beitrag »zur Erkennung des Nationalsozialismus als einer deutschen Ideologie« geliefert hatte. In den Augen eines Psychiaters ließ das hoffen: »Das Erkennen aber ist die Bedingung der Überwindung.«[29]

Im Februar 1996 organisierte die Universität Erlangen ein Symposium über den Fall Schwerte, zu dem der ehemalige Professor nicht eingeladen wurde. »Der Geist der Inquisition geht in Deutschland um«, sagte Marita Keilson einige Tage vor dem Symposium in der niederländischen Tageszeitung *Trouw*. »Die Deutschen haben es unglaublich nötig, sich zu beweisen, indem sie andere verurteilen. Muss man in diesem Land [d. i. in Deutschland] unmenschlich sein, um zu beweisen, dass man auf der guten Seite steht? Das sollte man denken, wenn man sieht, wie sie mit Schwerte umgehen.«[30] Hans Keilson in derselben Zeitung: »Es ist schändlich. Ich würde nicht sagen, dass sie jetzt mit diesem Ex-Nazi umgehen, wie sie früher mit den Juden umgingen, aber es kommt dem ziemlich nahe.«[31]

Marita Keison hielt in Erlangen einen der Vorträge: »Wenn es denn so wäre«, sagte sie, »daß wir uns Humanität in diesem ›Fall Schwerte‹ nicht leisten können, weil wir fürchten müssen, sonst ›alte Nazis‹ gescholten zu werden, wenn solchermaßen in Deutschland Unmenschlichkeit Unmenschlichkeit fortzeugen muß, dann würde sich darin erst das ganze Ausmaß der deutschen Tragödie offenbaren.«[32]

Für Hans Keilson war es wichtig, dass Schwerte keine Morde verübt hatte: »Sehen Sie, wenn er eigenhändig den Gashahn geöffnet hätte, dann hätte ich wirklich niemals, das habe ich Schwerte auch gesagt, Kontakt mit ihm aufgenommen. Aber er gehörte zu einer anderen Abteilung der SS, er beschäftigte sich mit Rassenfragen, und er hatte nicht buchstäblich Blut an den Händen.«[33] Er schickte Schwerte das Buch *Die Erfahrung des Exils* mit seinem Essay »Überwindung des Nationalsozialismus«.[34] Als er diesen Text bei einer Tagung des Zentrums für Antisemitismusforschung in Berlin als Vortrag gehalten hatte, war es zu einer heftigen Diskussion gekommen. Keilson urteile zu mild, fand Wolfgang Benz, der Leiter des Zentrums. Für Benz ging es im Fall Schwerte um Aufrichtigkeit. Ein akademischer Lehrer könne doch nicht, wie es Schwerte getan hatte, Vorlesungen und Seminare über das

Verhältnis der Deutschen zu den Juden abhalten und dabei seine eigene Rolle konsequent verschweigen. Keilson fand, dass das in der Tat ein Problem sei, aber kein Verbrechen. Er zeigte vor allem auch Mitgefühl. »Er leidet sehr«, sagte er in der Diskussion. »Er ist ein alter Mann, der seine Rente verloren und keine Krankenversicherung mehr hat. Das ist eine Schande.«[35] Nicht bestrafen, sondern mit Geduld und Sorgfalt ein Gespräch führen – Keilson zufolge wäre das die bessere Reaktion gewesen. Schwerte hätte befragt werden müssen über die Ideologie, die ihn selbst und so viele andere zum »Hitlerismus« gebracht hatte.[36] Es war ein Gespräch von der Art, wie er es mit dem literarischen Mentor seiner Jugend, Ernst Burkart, gerne geführt hätte.

Schwerte reagierte auf den Essay. Er stimmte Keilson darin zu, dass damals in der Tat stattgefunden habe, was Keilson eine »unkritische Übernahme von kollektiven Identifizierungsangeboten zur Stärkung der eigenen Identität« nannte.[37] Schwerte schrieb, dass er, ein Einzelgänger, im kollektivistischen Nazisystem Geborgenheit gefunden habe.[38] Er bekam einen ermutigenden Brief als Antwort. Keilson wies darauf hin, dass Schwertes Gegner offenbar den jüdischen Begriff *teschuwa*, so viel wie Einkehr oder totale Umkehr, nicht kannten. Er schlug einen versöhnlichen Ton an: »Das Akzeptieren der Möglichkeit einer solchen Umkehr [...] scheint mir auch in geistiger Hinsicht die notwendige Voraussetzung für ein Miteinander nach alledem, was Geschichte geworden ist.«[39] Am Ende seines Briefes schrieb er, dass er gern im Gespräch bleiben wolle. Das war typisch für ihn: Kontakt haben und halten mit dem Gegner, das war, wonach er strebte. Es war dieselbe offene Haltung, die er gegenüber Dörte von Westernhagen eingenommen hatte, der Tochter eines hohen SS-Funktionärs.

Das Gespräch wurde in der Tat fortgesetzt. Bis zu Schwertes

Tod korrespondierten der ehemalige SS-Mann und der Jude miteinander; allein schon dieser Briefwechsel war ein Sieg über Hitlers Ideologie der Unversöhnlichkeit. Keilson schrieb noch neun Briefe an Schwerte, er bekam von Schwerte noch dreizehn. Keilson ließ Schwerte wissen – und das war derselbe Standpunkt, den er in Berlin im Zentrum für Antisemitismusforschung eingenommen hatte –, dass man ihn, Schwerte, ausführlich über die dreißiger Jahre, die für ihrer beider Leben bestimmend gewesen waren, hätte befragen müssen. Woran er keinen Bedarf hatte, war eine Säuberungsaktion durch eine Art Nachkriegswiderstand.[40]

Eine Rezension

Keilson schlug Schwerte vor, dass man ein öffentliches Gespräch organisieren müsse, und zwar im Fernsehen. Das Thema umschrieb er recht allgemein: die Geistesgeschichte und die soziokulturelle Atmosphäre von den frühen bis in die späten dreißiger Jahre. Er wollte Erfahrungen austauschen, um genauere, tiefere Einsichten in die damalige Zeit zu bekommen. Was jedenfalls ausführlich besprochen werden müsse, war die Vorstellung, dass die Nazis am Ende den Juden gegenüber wohl zurückstecken würden. Das war dieselbe dramatisch falsche Einschätzung der Gefahr, wie sie ihm einst auch selbst unterlaufen war.[41]

Das Fernsehgespräch kam nicht zustande, obwohl Hans und Marita Keilson im Sommer 1998 Schwerte und seine Frau im bayerischen Marquartstein besuchten. Das Ehepaar Schwerte wohnte dort in einer kleinen Souterrainwohnung in einem Seniorenkomplex. Man ging spazieren, man unterhielt sich. Merkwürdigerweise wurde die »Affäre« kaum berührt; Literatur war das wichtigste Gesprächsthema. »Man könnte es eine Art Technik von Hans nennen«, sagte Marita Keilson später, »erst in aller Ruhe ein

Gespräch zustande bringen und eine Atmosphäre des Vertrauens schaffen. Eine Methode, die er auch bei Patienten anwendete. Niemand hätte etwas davon gehabt, wenn man Schwerte gewissermaßen die Pistole auf die Brust gesetzt hätte und er dann erschrocken gar nichts mehr gesagt hätte.«[42]

In diesem Herbst erschienen drei Bücher über die Angelegenheit. Das wichtigste: *Von Schneider zu Schwerte* des Politologen Claus Leggewie. Die nuancierte Haltung, die der Autor einnahm, muss Schwerte zufrieden gestimmt haben – soweit das unter diesen Umständen möglich war. Er bat Keilson, das Buch für *Die Welt* zu rezensieren.[43] Das geschah.

In seinem Artikel »Ein deutsches Doppelleben« zeigte Keilson Wertschätzung für Leggewie, weil er nicht einfach verurteilte. Er habe ein Auge für die Art, wie das kollektive und das individuelle Schicksal miteinander verbunden sein können.[44] Claus Leggewie analysierte und reflektierte, wie Keilson es gerne sah. Er selbst hatte schließlich auch immer, schrieb er, vor dem Rätsel gestanden, warum in seiner Umgebung sich »Mitschüler, Lehrer, selbst Freunde« in den dreißiger Jahren so kritiklos von hochgradig gefährlichem Gedankengut hatten mitreißen lassen. Und er stellte sich selbst die Frage: Wenn ich nicht als Jude zur Welt gekommen wäre, wäre ich dann gegen die magnetische Anziehungskraft des Nationalsozialismus immun geblieben?[45] Eine simple, aber wichtige Tatsache, die Leggewie thematisierte, ließ er unerwähnt: Schneider hatte das Nazisystem, und vor allem die SS, benutzt, um Karriere zu machen.[46]

Dass Schwerte sich mit seinem Gestaltwandel nach dem Krieg von der Nazi-Ideologie gelöst und eine neue, progressive Identität angenommen hatte – Leggewies Buch mache das wahrscheinlich, meinte Keilson. Die Identität zu wechseln war möglich. Auch die beiden deutschen Staaten, so Leggewie, waren nach dem Krieg grundlegend anders geworden als zuvor. Und auch sie hatten einen neuen Namen angenommen.

Hans Keilson zeigte sich in diesem Artikel seinem Generationsgenossen gegenüber mild, wie er es immer gewesen war. Er verstand, dass Schwertes Pension ihm genommen worden war, weil sein Pensionsanspruch auf Übereinkünften mit jemandem namens Schwerte beruhte, den es nie gegeben hatte; aber menschlich gesehen fand er es eine harte Maßnahme gegenüber einem alten Mann mit unbezweifelbaren Verdiensten um die Nachkriegsgermanistik.

Im März 1999 wollte Schwerte wissen, ob Keilson noch Interesse an einem Gespräch im Fernsehen habe. Selbst verstehe er allmählich nicht mehr, warum das Publikum sich noch für ihn interessierte, aber doch wolle er den Plan noch ausführen – nächstens, wenn der Winter mit so viel Schnee vorüber sei, schrieb er.[47] Auch Hans Keilson gab die Idee mit der Fernsehsendung nicht auf.[48] Aber zustande kam sie nicht mehr, weil die Gesundheit des Ex-Professors sich verschlechterte. Er ließ Keilson wissen, dass er dankbar sei für die persönlichen Gespräche, die sie geführt hatten, und dass er bedauere, dass sie nicht so fortgesetzt werden konnten, wie sie sich das gedacht hatten: vor der Kamera.[49]

Keilson hielt die Möglichkeit einer neuerlichen Begegnung offen: »Ich hoffe, dass meine Frau und ich Sie und Ihre Gattin auch im kommenden Jahr in Marquartstein besuchen können. Wir haben unser Gespräch noch nicht zu einem Ende gebracht.«[50] Der Brief, vor allem dazu bestimmt, Schwerte zu seinem 90. Geburtstag am 15. Dezember 1999 zu gratulieren, kam unzustellbar zurück. Der Adressat war am 18. Dezember verstorben.

Propaganda

Ein bemerkenswerter Umstand sei noch nachgetragen: Hans Keilson hatte bei Westermann publiziert, ohne zu wissen, dass Schwerte, als er noch Schneider hieß, dort einst ein kleines Buch veröffentlicht hatte: *Königliches Gespräch*, eine Novelle über eine fingierte Begegnung im 18. Jahrhundert, während des Siebenjährigen Krieges. Friedrich der Große, König von Preußen, und Johann Christoph Gottsched, Dramaturg und Theaterreformer, tauschen Gedanken aus.[51] Der Gelehrte macht dem König deutlich, dass das zersplitterte Deutschland zu einer Einheit geschmiedet werden müsse, es müsse *ein* Volk und *ein* Reich entstehen. Dichter haben dabei eine wichtige Aufgabe: Sie müssen ein deutsch-nationales Theater schaffen, das die heilige Begeisterung des Volkes zum Ausdruck bringt. Der König hat eine Vision: Er sieht einen endlosen Zug marschierender, singender Soldaten in einem Sturm, begleitet von Orgeltönen und Trompetenschall – so als sehe er eine Szene des Theaters, das Gottsched meinte. Aus ihren Reihen steigt ein Adler auf, Symbol des Stolzes und der Macht, der in ein plötzlich durch die Wolken brechendes, überirdisches Licht entschwindet, so dass es scheint, als ob er durch Gott selbst in den Himmel aufgenommen wird. Die Soldaten jubeln.

Die Suggestion ist unmissverständlich: Die Träume des Gelehrten und des Königs sind in Hitlerdeutschland Wirklichkeit geworden. Schneiders Büchlein, dazu bestimmt, den Leser in Begeisterung für den Nazismus entbrennen zu lassen, erschien in erster Auflage 1936, dem Jahr, in dem Hans Keilson und Gertrud Manz ihr Land verließen.

Gastprofessor

Die Gesamthochschule-Universität Kassel hatte in den achtziger Jahren eine Franz-Rosenzweig-Gastprofessur eingerichtet, benannt nach dem jüdischen Philosophen und Theologen aus dieser Stadt. Jedes Jahr sollte im Sommersemester ein Geisteswissenschaftler, der seinerzeit vor den Nazis hatte flüchten müssen, Gastvorlesungen und Seminare abhalten. Das Thema war weit gefasst: europäisch-jüdisches Leben und Erbe und die Folgen der Zerstörung der jüdischen Welt.

Als Zehnter in der Reihe wurde Hans Keilson eingeladen, nach Kassel zu kommen. Das war im Frühjahr 1996, ein paar Monate nach dem Symposium über Schwerte in Erlangen. Er bekam die Gelegenheit, in wissenschaftlichem Kontext die Aufmerksamkeit auf Fragen wie Antisemitismus und Traumatisierung zu lenken. Aber er hatte keine Erfahrung als Dozent an der Universität und zweifelte deshalb, ob er die Einladung annehmen sollte. Die Organisatoren verwarfen diesen Einwand: Hielt er nicht regelmäßig Vorträge? Diese Form könne er ruhig auch in Kassel wählen.[52] Er ließ sich überzeugen.

Auf seinem Computer erstellte er einen Briefkopf für die Zeit, die nun anbrach:

Dr. Dr. h. c. Hans Keilson
Gastprofessor Franz-Rosenzweig-Lehrstuhl 1996
Universität-Gesamthochschule Kassel
Zenuwarts – Nervenarzt

Diesen Text, den er selbst so formuliert hatte, fand er »feierlich«[53] und »nicht frei von einer gewissen Eitelkeit, aber auch erfüllt mit einer ebenso gewissen Genugtuung«.[54] Wer Genugtuung erhält, hat Unrecht erfahren. Er kämpfte mit dem Gefühl der Verkennung oder Frustration, weil er nie Professor geworden war. Sein Verlangen nach einem offiziellen akademischen Status wurde jetzt befriedigt, sei es auch für kurze Zeit.

Ergänzt durch seine niederländische Adresse sollte Keilson diesen Briefkopf für manche sachlich-beruflichen Briefe auch danach benutzen, noch ein Jahrzehnt nach der Gastprofessur. Das Briefpapier bewahrte er in seinem Arbeitszimmer in einer Mappe auf, die er mit einer Aufschrift versehen hatte, die nicht frei von Selbstironie war: »Narzismus«.

Antrittsvorlesung

Im April des Jahres 1996 brachte seine Frau Marita ihn nach Kassel, wo er ein paar Monate im Gästehaus der Universität wohnen sollte. Zusammen mit gut hundert deutschen Studenten und Kollegen war sie am 23. April Zeuge seiner Antrittsvorlesung. Auch gute Freunde aus den Niederlanden waren gekommen, wie etwa der Wirtschaftswissenschaftler Arnold Heertje und seine Frau Betty Heertje-Halberstadt. Heertje schrieb über die Gastprofessur einen kleinen Artikel für das *Nieuw Israëlietisch Weekblad*, so dass die jüdische Gemeinschaft in den Niederlanden auch über diese Aktivität von Hans Keilson unterrichtet war.

In seiner Antrittsvorlesung »Gedanken zur Traumaforschung«[55] erinnerte Keilson sich an seine Vergangenheit als Musikant: Er kannte Kassel von früher, denn 1932 war er mit einer großen Band samt einer Ballettshow (»reizende Tänzerinnen«) dort aufgetreten. Der Dirigent war der etwas launenhafte Mario Guido, der nicht schlecht bezahlte – wichtig für Hans und die anderen Musiker, teilweise auch Studenten, denn das Geld hatten sie sehr nötig. Hans Keilson erinnerte sich, dass damals eine Kasseler Zeitung über Guido geschrieben hatte: »Welcher Jude verbirgt sich hinter diesem Namen?«[56] An einem solchen Satz konnte man erkennen, so Keilson, dass der Judenhass schwelte. Er hatte damals in Kassel ein Vorgefühl von dem bekommen, was die dreißiger Jahre noch bringen sollten.[57]

Und auch hiervon handelte seine Antrittsrede: Er hatte als Autor rasch seine Publikationsmöglichkeiten verloren, und er konnte nicht Arzt werden, Dinge, die er inzwischen der ersten traumatischen Sequenz zurechnete. Auch dass vor langer Zeit in Bad Freienwalde ein Junge gerufen hatte: »Die Juden haben nur ein Ei im Sack, das andere hat Ihnen der Doktor herausgeschnitten«, gehöre hierher. Er war schockiert gewesen. Jetzt sehe er, dass dieser Junge, der etwas mädchenhaft wirkte und einen stämmigen, kräftig gebauten Bruder hatte, seine Angst bezüglich seiner eigenen Geschlechtsidentität, seiner Männlichkeit, in diesem Ausruf aus sich herausgeschrien hatte. Er hatte mit seinem Vorurteil einen anderen zum Sündenbock gemacht und versucht, sich auf diese Weise selbst davon zu befreien. Dieser Projektionsmechanismus, so Keilson, spiele oft eine Rolle im Verhältnis zwischen dem Verfolger und dem Verfolgten.[58]

Wie hatte es so weit kommen können, fragte er sich, dass das deutsche Volk sich in den dreißiger Jahren so hatte mitreißen lassen? Das war fast dieselbe Frage, auf die er von Schwerte eine Antwort hatte hören wollen. Vielleicht, meinte er, konnte man eine kleine Zahl zusammenhängender Gründe aufzeigen: Man hoffte, »Karriere zu machen, Geld zu verdienen, eine Familie zu unterhalten, dazuzugehören«. Und vielleicht ging es auch um eine »unkritische Übernahme kollektiver Identifizierungsangebote«, wie er Schwerte hatte wissen lassen. Man konnte sich mit den Nazis identifizieren und sich dadurch eine stärkere, selbstbewusstere Identität zulegen und zugleich seine moralischen Hemmungen beiseiteschieben. So konnten brave Bürger Kriegsverbrecher werden.[59]

Hans Keilson plädierte für eine weitergehende Erforschung der Nazizeit und dafür, Fragen zu stellen. Moralische Entrüstung, so legitim sie auch war, durfte der Untersuchung der sozialen und psychischen Entwicklungen nicht im Wege stehen.[60]

Charisma und Provokation

Es war keine leichte Kost, die den Studenten in Kassel geboten wurde, aber das werden sie auch nicht erwartet haben. Die Psychoanalytikerin Gertraud Schlesinger-Kipp war erstaunt über die Art und Weise, wie eines der Seminare begann: Der Gastprofessor fragte die Anwesenden, ob sie Erfahrungen mit Traumatisierung hätten. Ja, jemand hatte einen Unfall miterlebt oder gesehen, wie eine Katze überfahren wurde. Frau Schlesinger war überrascht, dass solche »banalen« Ereignisse mit Traumatisierung in Zusammenhang gebracht wurden. Keilsons Herangehensweise hatte jedoch eine befreiende Auswirkung, wie sie fand: Es war, als ob sich ein geschlossener Raum öffnete und eine Art Abstand zum Thema entstand. Ein ähnliches Gefühl überkam sie bei einer Begegnung bei ihr zu Hause. An der Haustür der Schlesingers war der Hund wild an Keilson hochgesprungen. Der fragte: »Er ist nicht antisemitisch, nicht wahr?«[61]

Für das Seminar über sequenzielle Traumatisierung schrieben die Studenten Hausarbeiten über Vorurteile gegenüber Skinheads, Asylanten und Russlanddeutschen.[62] Ein Student schrieb, dass Vorurteile in positivem Sinne bei der Selbstdarstellung eine Rolle spielen können. Als Beispiele nannte er Vorurteile über Autos, Kleidung, Musikanlagen und akademische Titel (Doktor) und Funktionen (Professor). Er wird wohl nicht bedacht haben, dass sein Dozent für solche Anspielungen, die ja in seiner eigenen Selbstdarstellung eine Rolle spielten, sensibel war.

Hans Keilson gefiel den Studenten: Seine Seminare waren gut besucht. Der Student-Assistent Winfried Meyer fand ihn lebendig und scharfsinnig und war überrascht, dass der Sechsundachtzigjährige ein schnelleres Gehtempo hatte als er selbst. Und, wichtiger noch, er hatte Stil und sogar Charisma.[63] Die Universitätsmitarbeiter verkehrten gern mit ihm. Er behielt alle Namen, war aufmerksam und scherzte gern. Als eine Professorenkollegin ihn an einem besonders warmen Tag draußen in großer Eile gehen sah, im Anzug, in voller Montur, fragte sie, ob die Hitze ihm nicht zu viel werde. Seine Reaktion: »Fragen Sie doch lieber, ob das ganze Leben nicht zu viel ist.«[64]

Provozierend konnte er auch sein. Zu Beginn eines Seminars mit hundertfünfzig Studenten setzte er sich auf einen Tisch und sagte: »So, Sie haben noch nie einen Juden gesehen. Hier sitzt einer vor Ihnen, schauen Sie gut hin. Er stinkt nicht.« Eine der Anwesenden, Eva Schulz-Jander, erinnert sich: »Da wird es ganz still im Saal. Keiner wagt so recht hinzuschauen. Der kleine Jude da vorn, baumelt mit den Beinen und wartet. Dann spricht er, als wäre nichts gewesen, von der Entstehung von Vorurteilen und ihrer Weitergabe in Bildern und Phantasien.«[65]

Die Abschiedsvorlesung

Hans Keilsons Abschiedsvorlesung handelte von Antisemitismus und Hass.[66] Übrigens sprach er lieber über »Judenhass«, weil der Begriff »Antisemitismus«, erdacht im neunzehnten Jahrhundert, pseudowissenschaftlich und herunterspielend klinge und den Eindruck erwecke, dass es sich um ein ziemlich junges Phänomen handle. Das nicht moderne Wort »Judenhass« war geeigneter, das auszudrücken, worunter die Juden durch die Jahrhunderte gelitten hatten.

Seit der Christianisierung Europas gab es Judenhass, der, wie Keilson – darin Freud folgend – argumentierte, die Funktion hatte, Aggression zu ventilieren und den Zusammenhalt der eigenen Gemeinschaft zu stärken. So gesehen waren diejenigen, die hassten, die Christen also, abhängig von denen, die gehasst wurden, den Juden.

In Zeiten von Unruhe und Angst kann Aggression nach außen durchbrechen und sich dann in Projektionen auf einen Sündenbock entladen. Der Jude ist eine ideale Person für die Rolle des Schuldigen, denn er erfüllt alle vier Bedingungen für das Schaffen eines Sündenbocks. Hans Keilson übernimmt die Kriterien, die der amerikanische Psychologe Gordon Willard Allport in seiner Studie *ABC's of Scapegoating* (1948) nennt:

1. der Sündenbock muß leicht zu unterscheiden sein,
2. er muß leicht erreichbar sein,
3. er darf nicht zurückschlagen können,
4. er muß bereits früher Sündenbock gewesen sein, so daß schon ein kleiner Vorfall den feindlichen Unterton zur heftigen Aggression anschwellen lassen kann.[67]

Der Hass kann auf leidenschaftliche Weise in die Welt hinausgeschrien werden – Hitler hat es bewiesen. Es ist eine Leidenschaft, so Keilson, die nicht weniger heftig ist als die Leidenschaft von jemand, der verliebt ist. So kehrt er in Kassel zum Thema seines Romans *Der Tod des Widersachers* zurück. Wer von Hass erfüllt ist, sagt er, sieht in seinem Widersacher all das, was er in sich selbst nicht sehen und wahrhaben will. Er erträgt »seine« Wahrheit nicht, und er erträgt auch die Spiegelung in dem »anderen« nicht, in ihm, dem »anderen«, muß er sich selbst vernichten, um den Wahn seiner eigenen Grandiosität zu retten. Seine Haltung ähnelt der Verwirrung eines Friedhofschänders, der meint, sein eigenes Leben zu erhöhen, wenn er Gräber schändet, in dem Wahn, den Tod zu töten.[68]

Keilsons Antrittsvorlesung hatte etwa hundert Zuhörer gehabt, bei seiner Abschiedsvorlesung am 17. Juli 1996 zeigte sich, wie sehr seine Popularität gewachsen war: Es kamen mehr als dreihundert Studenten und Universitätsmitarbeiter, um ihm zuzuhören.[69]

Jemand, der all diese Gelegenheiten versäumte, aber gerne bei Keilson im Hörsaal gesessen hätte, besonders, wenn er über den *Tod des Widersachers* sprach, war Wolfram Buddecke, einst Lektor im Verlag Westermann. Er war inzwischen zwanzig Jahre lang, bis 1992, in Kassel Professor für deutsche Literatur gewesen. In einem Brief an Keilson schrieb er, wie schade es sei, dass er in Kassel nicht dabei war; er hatte nichts von der Gastprofessur gewusst. Er erinnerte daran, dass er Ende der fünfziger Jahre der junge Lektor gewesen war, der sich im Verlag für die Publikation des Romans eingesetzt hatte, weil er ihn für ein wichtiges Buch hielt.[70]

Auch wenn die Gastprofessur nicht länger als drei Monate gedauert hatte – es war eine spannende Zeit, auf die Keilson mit Vergnügen zurückblickte. Dass er zu den anderen Professoren ein entspanntes und nicht nur oberflächliches Verhältnis hatte, steht in einem Brief an Birgit Erdle. Allein schon die Tatsache, dass er über »Kontakte mit den Kollegen-Professoren« sprechen konnte, schien ihm wunderbar: »wie das klingt, ich würde diese Formel gerne noch einmal wiederholen«.[71]

Wolfdietrich Schmied-Kowarzik, Professor der Philosophie und einer von denen, die ihn nach Kassel geholt hatten, blickte so zurück: »Hans Keilson hatte in den Monaten des Sommersemesters 1996 durch seine liebenswürdige Zuwendung die Herzen aller, die mit ihm zu tun hatten, erobert.« Er fügte einen Satz hinzu, der auch einen Wunsch Keilsons ausdrückte: »Seine Gastprofessur endete nicht mit dem einen Semester.«[72] Seither bekam er beinah jährlich eine Einladung zu einem Vortrag in Kassel. Anfang 2000 wurde in Kassel, als Geschenk zu seinem neunzigsten Geburtstag, ein zweitägiges Symposium organisiert, mit Vorträgen über Literatur und Traumaforschung. Selbst sprach er über seine Lebensgeschichte. Am Ende gab es ein Fest bis nach Mitternacht, so dass »Hans Keilson noch in den nächsten Tag hinein tanzte«, wie Schmied-Kowarzik sich erinnert.[73] Seit dem Sommer 1996 gehörte »Kassel« zu den festen Punkten seines deutschen Netzwerkes.

»Trio-Trauma-Tour«

Vorträge halten, das war zu Keilsons zweiter Natur geworden. Die meisten Vorträge hielt er in Deutschland, aber er gab auch *acte de présence* in anderen Ländern: in den Niederlanden, Österreich, der Schweiz, Polen, Ungarn und Israel.[74] Meist sprach er über seine wissenschaftliche Untersuchung über traumatisierte Kinder. Mitunter spielte die Aktualität eine Rolle, zum Beispiel, wenn er gebeten wurde, die Problematik von Flüchtlings- und Migrantenkindern in einen historischen Kontext zu stellen.[75]

Seine freiberuflichen Aktivitäten gingen sogar während seiner Gastprofessur weiter. Aus Kassel fuhr er unter anderem nach Berlin, um über die »Faszination des Hasses« zu sprechen, ein Vortrag, der kurz darauf seine Kasseler Abschiedsvorlesung werden sollte. Und in der Synagoge in Aachen hielt er eine sehr persönliche Rede über sein Exil in den Niederlanden. Dieser Vortrag war Teil des Rahmenprogramms zur Verleihung des Internationalen Karlspreises 1996 an Königin Beatrix der Niederlande, eine Ehrung für ihre Unterstützung des europäischen Integrationsprozesses. Hans Keilson nahm auch an der Preisverleihung teil.

Nach der Gastprofessur ging der »Vortragsmarathon Keilson« einfach weiter. Er sprach über Traumatisierung und über das Verlegen von Büchern unter Exilumständen, er diskutierte nach einer Reihe von Vorführungen des Films *Bis zur Umkehrbank* mit dem Publikum, und er nahm Teil an einer Podiumsdiskussion anlässlich einer Ausstellung in Tübingen über Germanistik vor dem und im Zweiten Weltkrieg.[76] Wie in Erlangen betonte er dort die Möglichkeit des Individuums, Standpunkte der Vergangenheit aufzugeben und neue Wege einzuschlagen.[77] Hans Schwerte sei weit gegangen, indem er eine neue Identität annahm, so Keilson, aber das hatte durchaus Sinn gehabt. Hätte er öffentlich zugegeben, dass er ein aktiver Nazi gewesen war, der sich von einem Tag auf den anderen zur Demokratie bekehrt hatte, dann wäre er nicht glaubwürdig gewesen. »Ein Konvertit«, so Keilson, »überzeugt nicht.«[78]

Im Sommer 1997 ergab sich eine Gelegenheit, die sequenzielle Traumatisierung einem breiteren Publikum zugänglich zu machen. Der Kinderarzt und IKON-Journalist Ralf Syring, ein Deutscher, der ausgezeichnet Niederländisch sprach, fragte Hans Keilson, ob er an einer Vortragstournee über die Traumatisierung bei Kindersoldaten in Angola und Mosambik mit dem Titel »Der kleine Soldat« teilnehmen wolle. Die Antwort war etwas ungewöhnlich für den ehrgeizigen Keilson: Nein. Es erschien ihm zu ermüdend, wie geplant, Abend für Abend jeweils in einer anderen Stadt zu sprechen und tagsüber zu reisen. Körperlich machte er eine schwierige Zeit durch: Er war im April wegen grauen Stars am linken Auge operiert worden, und die Operation des anderen Auges stand bevor. Seine Augen funktionierten in dieser Zwischenzeit asymmetrisch.[79]

Als Syring ihm mitteilte, dass noch jemand mit auf die Tournee gehen sollte – ein Mosambikaner, der Psychologe Boia Efraime[80], der in Leipzig studiert hatte und mit demobilisierten Kindersoldaten gearbeitet hatte –, reagierte Keilson begeistert: »Ein mosambikanischer Psychologe! Das ist ja interessant. Da kann man ja was lernen.« Er gab sich geschlagen. An Übermüdung schien er nicht mehr zu denken.[81]

In einem Artikel beschrieb Ralf Syring, wie die drei keilsonschen Sequenzen bei den Kindersoldaten in Angola aussahen: Sie erlebten den Beginn des Bürgerkrieges (erste Sequenz), sie wurden, meist zwangsweise, dem Militär einverleibt (zweite Sequenz), und sie mussten nach dem Krieg wieder einen Platz in ihrer Gemeinschaft finden (dritte Sequenz). Diese letzte Phase bestimmte auch bei ihnen größtenteils ihr weiteres Leben.[82]

Die Kinder fühlten sich nach dem Krieg oft ängstlich und anderen ausgeliefert, weil sie jetzt kein Gewehr mehr besaßen und so ihre Macht verloren hatten. Die Akzeptanz in ihrem alten Dorf konnte zu wünschen übrig lassen. Sozialarbeiter waren oft auf direktes Eingreifen ausgerichtet und achteten zu wenig auf den Kontext und auf die Art und Weise, wie ehemalige Kindersoldaten wieder in das Gewebe einer Gemeinschaft eingefügt werden konnten.

Nachdem Mosambik unabhängig geworden war, entflammte auch dort ein Bürgerkrieg, in dessen Verlauf Tausende von Kindern als Soldaten rekrutiert wurden. In einem Buch des Niederländers Adriaan van Dis mit dem Titel *In Afrika* las Hans Keilson über ihr von Grausamkeit und Schrecken geprägtes Leben, und er beschloss, in seinen Beitrag für die Veranstaltung »Der kleine Soldat« ein langes Zitat aus diesem Buch aufzunehmen, als Illustration für das, was diese Kinder hinter sich hatten. Es handelt von Arlindo, einem Jungen von vielleicht fünfzehn, vielleicht aber auch erst neun Jahren, der irgendwann in die Hände der mosambikanischen Widerstandsgruppe Renamo gefallen war. Dies ist eine Passage, die Keilson vorlas:

> Beim Wasserholen wurde Arlindo von der Renamo entführt. Geknebelt musste er den Banditen den Weg zur Hütte seiner Eltern zeigen. Sie gaben ihm Streichhölzer und zwangen ihn, das Dach anzuzünden. Seine Mutter und seine kleine Schwester rannten schreiend aus dem Haus. Seine Schwester wurde festgebunden, die Mutter erschossen. Sein Vater kam mit einer Gruppe Männer vom Feld angelaufen. Die Banditen nahmen alle gefangen und Arlindo musste zeigen, wer sein Vater war. Sie schnitten ihm die Kehle durch und gaben Arlindo das Messer, er musste es zu Ende bringen. Sie hielten seine Hand fest und Arlindo schnitt. »Jetzt gehörst du zu uns«, sagten sie. Dann spießten die Banditen den Kopf auf einen Pfahl und banden eine Frelimo-Fahne um den Unterkiefer. Arlindo und seiner Schwester wurden die Augen verbunden, und so mussten sie mit in den Busch. Er hat sie nach der ersten Nacht im Renamo-Lager nicht wiedergesehen.
>
> Arlindo lernte kämpfen und töten. Jahrelang ist er mit den Banditen umhergezogen und hat geplündert.[83]

Das Töten des Vaters war ein durch die Renamo-Gruppe bewusst eingesetztes Initiationsritual. Der Gedanke dahinter: Wenn ein Kind das zu tun wagt, schreckt es vor keiner Gräueltat mehr zurück.

Sieben Städte

Der Auftakt zur »Trio-Trauma-Tour«, wie Keilson die Vortragsreise nannte[84], fand am 20. Juni 1997 in Berlin statt.[85] In acht Tagen besuchten Efraime, Syring und Keilson sechs große deutsche Städte, danach gab es noch eine abschließende Veranstaltung in Amsterdam. Das Publikum: Mitarbeiter von Organisationen für Immigranten und Flüchtlinge, also Psychologen, Psychotherapeuten und Sozialarbeiter. Auch Studenten und Professoren waren unter den Zuhörern.

Ausgangspunkt der Veranstaltungsreihe »Der kleine Soldat« war der Gedanke, dass das Ende des Krieges und die Rückkehr der Kindersoldaten in ihre ursprünglichen Wohnorte und Familien nicht automatisch das Ende der Traumatisierung bedeutete. »In den Köpfen geht der Krieg weiter«, schrieb eine Zeitung. Alltägliche Meinungsverschiedenheiten im Leben der Ex-Soldaten konnten leicht zu Mord und Totschlag führen, denn »schließlich besteht die einzige ›Ausbildung‹ der Kinder in ungehemmter Aggressivität«.[86]

Welche Gedanken über die Wiedereingliederung der Kinder in die Gesellschaft wurden während der Vortragsabende geäußert? Boia Efraime: »Wir Psychologen dachten anfangs, dass junge Menschen mit ihren Problemen zu uns kommen und um eine Therapie bitten würden. Das geschah aber nicht. Die Jungen gingen zu traditionellen Heilkundigen, oder sie wurden von ihren Eltern zu ihnen gebracht. Sie mussten Reinigungsrituale über sich ergehen lassen, bevor sie in der Dorfgemeinschaft wieder akzeptiert wurden. Viele von uns, die in Mosambik geboren sind und auch in dieser Kultur ihre Wurzeln haben, aber im Ausland ihre Ausbildung gemacht haben, mussten die Bedeutung dieser Rituale erst wieder akzeptieren und würdigen lernen.« Boia Efraime gab ein Beispiel eines lokalen Rituals, das daran erinnert, wie die alttestamentlichen Israeliten den Sündenbock, beladen mit Schuld, in die Wüste schickten: »Wenn man Probleme hat, tut man sie in eine Flasche, schließt sie und wirft sie in den Fluss, das Wasser nimmt die Probleme mit, und dann ist man sie los.«[87] Eine andere Möglichkeit war: Man ließ den Kindersoldat eine Zeitlang bei Verwandten von jemandem, den er ermordet hatte, wohnen und arbeiten. Eine Form der »Wiedergutmachung«.

All diesem fügte Keilson noch etwas hinzu. Er war der Meinung, dass die Verarbeitung der Vergangenheit mit etwas Positivem kombiniert werden müsse: zur Schule gehen, ein Fach lernen, wieder Hoffnung auf eine Zukunft bekommen.[88] Er sprach als erfahrener Traumaexperte, und was er sagte, galt auch für ihn selbst. Er hatte sich eine Zukunft erkämpft, indem er sein Studium zu einem guten Ende brachte und an die Arbeit ging. Gleichzeitig war er sich dessen bewusst, dass es eine endgültige Medizin gegen Traumatisierung nicht gibt. Und in Afrika war die alltägliche Praxis widerspenstig. Ein Junge wie Arlindo war, schreibt Adriaan van Dis, ein *amnistiado*, jemand, der Amnestie bekommen hat: »seine Vergangenheit wurde ihm von der Regierung verziehen«. Das klang gut, aber vorläufig hatte er, wie andere Kindersoldaten aus diesem Gebiet, wenig vom Leben zu erwarten. Van Dis: »Kein Lehrer lehrt sie Lesen oder Schreiben.«[89]

Die Sozialarbeiter um Boia Efraime in Mosambik sorgten für Lichtblicke: Mit und für die ehemaligen Kindersoldaten starteten sie Projekte in der Landwirtschaft und der Fischzucht. Das war der Anfang einer Zukunft.

Hans Keilson, siebenundachtzig, führte kurze Zeit das Leben eines Artisten auf Tournee. Am Terminkalender der Trio-Trauma-Spezialisten lässt sich ablesen, wie hektisch sein Leben in diesen Sommertagen von 1997 war: Berlin (20. Juni), Köln (23. Juni), Hamburg (24. Juni), Frankfurt (25. Juni), Nürnberg (26. Juni), München (27. Juni) und Amsterdam (29. Juni). Nach der Veranstaltung saßen die drei meist noch mit den örtlichen Organisatoren zusammen; das konnte spät werden. In Nürnberg gab es einen Empfang beim Bürgermeister.[90] Dazu kamen Gespräche mit Journalisten von Rundfunk und Presse.

Am Tag nach der Abschlussveranstaltung in Amsterdam bestritten Hans Keilson und Ralf Syring, ohne Boia Efraime, eine Radiosendung. Keilson sagte, man müsse den Ex-Kindersoldaten eine soziale Struktur bieten, in Form von Ausbildung und Sport. Es gehe um »eine Brücke, über die sie Anschluss finden können an ihr früheres Leben, bevor es zerstört wurde«. Er formulierte auch eine Einschränkung, zugleich eine Warnung: »Damit ist das Trauma noch nicht verarbeitet.«[91]

Sieglinde, eine Freundin

Es war ein hektischer Sommer, auch in der Liebe. Nach der Trauma-Tour fand Hans daheim in seiner Post einen Brief von Birgit Erdle, über den er sehr froh war. Er antwortete, dass er ihre liebe, vertraute Stimme so vermisse, einen Klang, den er durch ihren Brief gewissermaßen wieder hören konnte. Inzwischen bereitete er mit seiner Frau eine gemeinsame Reise nach Berlin vor, wo sie einen Vortrag zu halten hatte. Geplant war, dass er anschließend mit seiner Freundin Sieglinde von der Goltz weiterreisen sollte, ins ehemalige Ostpreußen.

Die Kinder- und Jugendtherapeutin Sieglinde von der Goltz hatte Anfang der neunziger Jahre bei der Jüdischen Gemeinde in Berlin einen seiner Vorträge gehört. Er sprach über »Esra«, Bram Asscher, den Jungen, der Bergen-Belsen überlebt hatte. Sie schrieb ihm einen Brief, in dem sie seine Bescheidenheit, Offenheit und Lebendigkeit rühmte. Gerne wollte sie noch einmal einen Vortrag von ihm hören, und das geschah denn auch.[92]

Zwischen Sieglinde und Hans entstand eine Freundschaft und eine Liebe. Als sie im Sommer 1996 in dem Teil von Ostpreußen war, der inzwischen zu Polen gehört, schickte sie ihm eine Ansichtskarte aus ihrer alten Heimat, aus der ihre adlige Familie am Ende des Krieges vertrieben worden war. Sie schwärmte von der prächtigen Landschaft, den Wäldern, den Seen, der Ruhe. Die Menschen seien freundlich und voller Verständnis für Deutsche, die kamen, um die Spuren der Vergangenheit zu suchen.[93] Das klang verlockend für Hans Keilson. Auch er wollte gern einmal Ostpreußen wiedersehen, weil sein Vater von dort kam und weil seine Großeltern Keilson in Kaliningrad, dem einstigen Königsberg, begraben lagen. Sieglinde: »Es war ein Sehnsuchtsland von uns beiden.«[94] Sie verabredeten, im Sommer 1997 zusammen eine Reise in die Vergangenheit zu unternehmen.

In Berlin hielt Marita Keilson ihren Vortrag über die Anfänge der Schwulenemanzipation, Hans und Sieglinde waren unter den Zuhörern. Danach reiste er, wie geplant, am 22. Juli aus der deutschen Hauptstadt gen Osten. Marita hatte nichts gegen diese Reise: »Ich gönnte Hans und Sieglinde ihre Freundschaft. Sie gehörten zusammen in ihrer Wehmut und ihrem Verlangen nach dem Vergangenen. Da wollte ich nicht stören.«[95] Dass sie kein Problem daraus machte, fand Sieglinde »großzügig«. Als die doppelte Wehmutsreise einmal begonnen hatte, machte Marita sich sehr wohl Sorgen: In den Nachrichten hörte sie von den großen Überschwemmungen an der Oder. Während der Reise gab es keinen telefonischen Kontakt.

Hans Keilsons wichtigstes Reiseziel war Eydtkuhnen, der Geburtsort seines Vaters. Auch hoffte er, in Kaliningrad die Gräber seiner Großeltern Keilson aufsuchen zu können, etwas, was er in den dreißiger Jahren mit Gertrud schon einmal getan hatte. Die Gräber hatten damals verwahrlost ausgesehen.

Sieglinde und Hans wohnten im Hotel Dawidy im Norden von Polen, einem ehemaligen Landhaus, das der adligen Familie Dohna gehört hatte. Eine Gräfin Dohna kam noch ab und zu und bewohnte dann ein Mansardenzimmer. Das Hotel war die Ausfallbasis für Tagesausflüge. Sieglinde hatte ein Buch über die ehemals deutschen Landgüter in diesem Gebiet – sie war auf einem solchen Gut geboren und aufgewachsen. Das Buch diente als Reiseführer.

Weil Hans ernstliche Magenprobleme bekam und überdies noch immer durch das asymmetrische Funktionieren seiner Augen behindert war, beschlossen sie, von einem Besuch in Eydtkuhnen abzusehen, weil es in der russischen Exklave Oblast Kaliningrad liegt. Auch zu einem Besuch der Stadt Kaliningrad kam es nicht. Sie hätten dafür ein gesondertes Visum beantragen müssen.

Noch im selben Jahr, 1997, sollte Hans Keilson ein Gedicht über die Reise schreiben. Die Journalistin Berthe Meijer, einst Kriegspflegekind, in der Berg-Stiftung untergebracht und lange Jahre seine Patientin, hat es ins Niederländische übersetzt.

Dawidy
für Siglinde

In diesem Haus oder, vielleicht, in jenem lebte mein Vater als Kind –
die alte Stadt mit neuen, kyrillischen Lettern,
erreichbar mit Paß, gültigem Stempel und Taxi,
an der Grenze.
Wo sein Spiel, seine Freunde, oder war er allein,
lag rücklings auf der masurischen Erde und träumte,
ein Bett, geborgen im hohen Meer verschwiegener Wolken,
atemlos?

Was suchen Sie, fragte der Dolmetsch Taxifahrer?
Spuren? Gibt es hier nicht, seine Antwort,
studierte den Stadtplan und lenkte den Wagen zurück.

Gedenk und vergiß. Im Abschaum der Geschichte
gibt es kein anderes Maß für Flucht und Tod.
Anfang wie Ende: kein Stein, kein Gras gibt Kunde,
zerstört und vorbei, unsinniger, unvergänglicher Schmerz,
verwaist, was bleibt: als wäre er nie gewesen, mein Vater –
hieß Max, trug später den verordneten Namen Israel,
mit Würde.
Hat nicht viel erzählt, hab ihn zu wenig befragt.
Keine Spuren mehr im Rauchfang der Lüfte –
sprachloser Himmel …[96]

Der Anfang des Gedichtes ist reine Phantasie. Der Dichter stellt sich vor, dass er sich auf russischem Gebiet befindet, daher die »kyrillischen Lettern«. Dass er womöglich ein Haus sieht, in dem sein Vater als Kind wohnte, ist ein Wunsch, der nur im Gedicht in

Erfüllung gehen kann. Der Rest des Textes steht der Realität näher: Es gibt keine Spuren von früher mehr. Der Schluss ist eine Anspielung auf Paul Celans Gedicht »Todesfuge«, in dem die in den Krematorien verbrannten Konzentrationslageropfer als Rauch aufsteigen und ein »Grab in den Lüften« finden. Das war aller Wahrscheinlichkeit nach auch das Los von Vater Max und Mutter Else.

Birgit Erdle sorgte dafür, dass das Gedicht in der *Neuen Zürcher Zeitung* erschien, am 30. April 1998, dem Tag, an dem es den Staat Israel seit einem halben Jahrhundert gab. Hans Keilson fuhr extra nach Amsterdam, um ein Exemplar der Zeitung zu kaufen.[97]

Die Reise nach Osten muss emotional gewesen sein, weil er dem Ort, wo sein Vater geboren wurde, so nahe gekommen war. Ein wilder Plan entstand: zusammen mit Sieglinde im ehemaligen Ostpreußen ein Haus kaufen und dann ein neues Leben beginnen, in dem Land, dem sie sich beide so verbunden fühlten.

Sieglinde von der Goltz: »Er konnte plötzlich so begeistert sein, erfasst von einer Phantasie über neue Möglichkeiten. Ich bewunderte das an ihm, diese Kindlichkeit, diesen unbefangenen Blick, den Künstler wohl öfter haben. Und er war schon siebenundachtzig. Zugleich muss er gewusst haben, dass es nicht realistisch war, sein Leben in den Niederlanden, mit Frau und Kind, aufzugeben. Seine Liebe zu ihnen war nicht plötzlich verschwunden, als diese Gedanken an ein neues Leben bei ihm aufkamen. Wenn er mit Marita und Bloeme gebrochen hätte, dann hätte das nicht nur ihnen weh getan, sondern auch ihm selbst. Und das wäre dann noch zu der Trauer um seine Eltern hinzugekommen. Es war zu viel. Wir haben darüber gesprochen, und später sagte er mir: ›Gott sei Dank warst du so vernünftig, dass wir nicht in Ostpreußen geblieben sind.‹«[98]

Sieglinde und Hans blieben in Verbindung. Sie trafen sich in

Bussum und in Berlin und führten mal leichte, mal ernste Gespräche miteinander. Über Schwerte waren sie verschiedener Meinung. Sieglinde meinte, dass er sich in dieser Frage zu tolerant zeige. Seine Reaktion war heftig: Ihre Einstellung könne er nicht akzeptieren, weil Schwerte nicht gemordet und nie seine Unterschrift unter einen Hinrichtungsbefehl gesetzt hatte.[99] Als Sieglinde von der Goltz eine neue Beziehung einging und heiratete, war er eifersüchtig.[100]

Sieben Jahre nach seinem Tod war sie mit einer Reisegesellschaft in Kaliningrad. Sie besuchte den jüdischen Friedhof, der wiederhergestellt war, auch wenn die Grabsteine zumeist in schlechtem Zustand waren. Vergeblich suchte sie nach dem Namen Keilson.[101]

Das volle Leben

Im letzten Jahr des 20. Jahrhunderts wurde Hans Keilson neunzig. Das war nicht das einzige festliche Ereignis. Er erhielt eine offizielle Würdigung seiner Traumaforschung: den Hayman Prize, verliehen von der International Psychoanalytical Association (IPA) und bestimmt für Publikationen auf dem Gebiet der Traumatisierung bei Kindern und Erwachsenen. Die Initiative zu dieser Preisverleihung an Hans Keilson kam von unerwarteter Seite, nämlich von Hans Keilson selbst. Er vermutete, dass Marianne Leuzinger-Bohleber, Psychoanalytikerin und Professorin an der Universität in Kassel, die er in den Monaten seiner Gastprofessur gut kennengelernt hatte, diesen Traum in Erfüllung gehen lassen könnte. Marianne Leuzinger: »Ich bekam einen Telefonanruf von ihm. Ohne Umwege sagte er: ›Ich finde, dass ich den Hayman Prize verdiene.‹ Da war ich ganz seiner Meinung und habe mein Bestes dafür getan.«[102] Sie schrieb einen ausführlichen Nominierungstext, in dem sie auf Keilsons Verdienste hinwies. Der Kern ihrer Argumentation: Mit seiner Dissertation sei er der Erste gewesen, der die Langzeitfolgen der Traumatisierung bei Kriegswaisen ausführlich untersucht habe.[103] Sie las ihren Text als Laudatio bei der Preisverleihung in Santiago de Chile vor. Hans Keilson konnte nicht dabei sein, weil der lange Flug nach Südamerika für ihn zu beschwerlich gewesen wäre.

Ende 1999 wurde er Mitglied der Deutschen Akademie für Sprache und Dichtung in Darmstadt. An der Herbsttagung, bei der er feierlich der Akademie beitreten sollte, konnte er wegen Krankheit nicht teilnehmen. Der Vortrag, in dem er ausführlich auf seine persönliche Geschichte einging, von seiner Schulzeit in den zwanziger Jahren bis zu der Wehmutsreise in das einstige Ostpreußen, wurde in seinem Namen von Walter Boehlich vorgetragen, dem Kritiker, Lektor und Übersetzer, der von dem Text mitunter so ergriffen war, dass ihm die Tränen in die Augen traten.[104] Der Text des Vortrags stand am Tag vor Keilsons 90. Geburtstag ganzseitig in der *Frankfurter Rundschau*.[105]

Die Ehrungen, der neunzigste Geburtstag, gefeiert mit vielen Gästen im Restaurant De Turfloods in Naarden, und auch der Umstand, dass das Jahrhundert und das Jahrtausend beinah vorbei waren, gaben ihm nicht das Gefühl, dass eine Periode abgeschlossen wurde. Doch blickte er sehr wohl ausführlich zurück, sowohl in seinem Vortrag als auch im niederländischen Fernsehen. Der Dichter, Schriftsteller und Journalist Michaël Zeeman interviewte ihn dort beinah eine Stunde lang.[106] Wie in der *Frankfurter Rundschau* wurde es eine Übersicht über sein Leben. Die großen, richtunggebenden Ereignisse kamen an die Reihe. Er sprach darüber, wie seine Mitschüler ihn ausgeschlossen hatten, nachdem er ein Gedicht von Heine als Diskussionsstoff präsentiert hatte; über die Röhm-Affäre, die ihm deutlich gemacht hatte, dass es in Deutschland keine Rechtssicherheit mehr gab; über seine Flucht und die

Untertauchzeit, den Mord an seinen Eltern, seine Arbeit für die jüdischen Waisenkinder, seine wissenschaftliche Untersuchung, bei der er die entscheidende Bedeutung der Betreuung *danach* entdeckt hatte. Er erzählte, was die Untersuchung für ihn persönlich bedeutet hatte: »Ich habe meine eigene tiefe Trauer verarbeitet, indem ich mit diesen Kindern gearbeitet habe.«

Das Interview war ernst, aber nicht trüb gestimmt. Gründe, optimistisch zu sein, gab es genug: »Meine Tochter ist ein wunderbares Kind, dadurch bleibe ich jung. Meine Frau ist jünger als ich. Ich arbeite noch immer. Ich halte viele Vorträge. Ich stehe eigentlich, wie man das nennt, im vollen Leben.«[107] Mit derselben Vitalität, die seinem Studenten-Assistenten in Kassel schon aufgefallen war, betrat er als Neunzigjähriger das neue Jahrhundert.

14 Enttäuschung und Ruhm

2000–2011

»Hans, vergiss nicht, dass du Arzt bist«

Sehr alt, mitunter deprimiert

»Mein Leben ist missglückt«, sagte Hans Keilson als beinah Hundertjähriger zu einem psychotherapeutischen Kollegen – während er ein Jahrzehnt zuvor noch so optimistisch das neue Jahrhundert begonnen hatte. »Ich habe nichts geleistet, ich bin nicht mal Professor geworden.«[1] Es waren die Worte eines hochbetagten Mannes, der sich seinem Ende näherte und von der Zukunft nichts mehr zu erwarten hatte. Manchmal war er depressiv, besser gesagt: Er führte ein Leben mit einem depressiven Unterton, der plötzlich an die Oberfläche kommen konnte, wie seine Frau Marita es formuliert.[2] Seine körperliche Gesundheit wurde schlechter. Sein Sehvermögen nahm ab, und er wagte nicht mehr Auto zu fahren. Doch machte er noch Reisen, immer mit Marita; zum Beispiel, wenn einer der beiden einen Vortrag halten musste. Sie besuchten Freunde und die Oper in Amsterdam, Wien und Zürich.

In sonnigen Momenten hätte Hans Keilson auch ganz zufrieden sein können, während er sich seinem Hundertsten näherte. Der Professor, der ihn nach Kassel geholt hatte, Wolfdietrich Schmied-Kowarzik, ließ ihn wissen, dass er für Deutschland eine wichtige Rolle spiele. Er sei einer derjenigen, die als Reaktion auf die Shoah zur »Identitätsfindung« und zum Aufbau eines neuen Gefühls von Gemeinsamkeit beigetragen hatten.[3] Dazu kam, dass seine Theorie über Traumatisierung in Sequenzen auch nach der

Jahrhundertwende für Wissenschaftler, politische Entscheidungsträger und Traumatherapeuten ihre Bedeutung behielt.

Auf literarischem Gebiet gab es in Keilsons späten Jahren ebenso wenig Grund für Unzufriedenheit und Trübsinn. Seine Bücher waren in den achtziger Jahren neu aufgelegt worden, und 2005 gab der S. Fischer Verlag seine gesammelten Werke heraus: zwei Bände in einer Kassette, zusammen elfhundert Seiten, festlich präsentiert in der Konzerthalle von Bad Freienwalde am 10. Mai, dem Tag der Bücherverbrennung in Hitlerdeutschland anno 1933.

Mit dieser Ausgabe erhielten seine erzählende Prosa, seine Gedichte und auch seine Essayistik neue Aufmerksamkeit.[4] Himmelhoch jauchzend war er nicht, allenfalls zufrieden: Er fand, dass seine *Werke in zwei Bänden* schön herausgegeben waren, aber er sah es zugleich als einen Schlussstein, eine definitive Abrundung seiner literarischen Laufbahn.[5] Er war angekommen. Und Ankommen ist das Ende einer Reise, auch wenn er noch regelmäßig zu Lesungen unterwegs war. Die Werkausgabe und die damit verbundene Publizität boten eine neue Gelegenheit, ihn einzuladen, ebenso die Preise, die ihm verliehen wurden. 2005 erhielt er den Johann-Heinrich-Merck-Preis der Deutschen Akademie für Sprache und Dichtung, 2008 den WELT-Literaturpreis der Tageszeitung *Die Welt*. Die Zeitung setzte sein Foto auf die Titelseite und widmete ihm in der Literaturbeilage zwei volle Seiten.

Keilson war nicht jemand, der sich auf seinen Lorbeeren ausruhte. In seiner Praxis arbeitete er so lange wie möglich, auch noch in seinen Neunzigern. Der Organisationspsychologe Ben Fonderie, der ankündigte, dass er nach gut zehn Jahren die Analyse bei Keilson beenden wollte, erinnert sich, dass Keilson verärgert reagierte. »Meine Arbeit ist noch nicht vollendet«, sagte er, denn er habe die Psyche seines Patienten noch nicht endgültig vermessen und ergründet. Dieser Prozess werde durch den vorzeitigen Abbruch gestört. Ben Fonderie selbst, gerade siebzig geworden, war zufrieden: Dank Keilsons endlosem Zuhören, ohne ein Urteil auszusprechen, hatte er inzwischen eine neue Haltung im Leben gefunden. Er hatte mehr Einsicht in sich selbst bekommen und wagte es, seinen Emotionen eine größere Rolle zuzugestehen. In den Augen seiner Tochter war er ein besserer Vater geworden.[6]

Im Jahr 2002 hatte Keilson von der niederländischen Ärztekammer zu hören bekommen, dass er jedenfalls noch bis 2006 als praktizierender Psychiater registriert war. »Das ist wirklich ein Unicum«, schrieb er in fröhlicher Stimmung.[7] Zu einem Psychiaterkollegen sagte er einmal, dass er nicht aufhöre zu arbeiten, weil seine Frau »doch ab und zu einen neuen Hut braucht«[8]. Ein Scherz. Und für diejenigen, die das wörtlich nehmen wollen: Marita Keilson trug niemals Hüte.

Die Wirklichkeit hinter dem Scherz war, dass er seine Patienten, darunter auch noch jüdische Kriegswaisen, nicht im Stich lassen wollte.[9] »Wenn ich mich richtig analysiere«, sagte er, »verarbeite ich meine Überlebensschuldgefühle mit der Pflicht zu arbeiten.«[10] Zugleich war Arbeitslust etwas, was einfach zu ihm gehörte.

In seiner psychoanalytischen Arbeit folgte er immer derselben Spur. Er blieb Freudianer, auch wenn Freuds Reputation inzwischen erheblich bröckelte. Kritik an seinem Helden fand er etwas billig. »Man denke doch nicht, dass dadurch die Kraft des Unterbewusstseins abnimmt.«[11] Das vorurteilsfreie Zuhören, mit der Selbsterkenntnis des Patienten als Resultat, das war und blieb für ihn die große Bedeutung seines Fachs. »Menschen mit Selbsterkenntnis sind erwachsen«, sagte er einen Monat vor seinem Tod in einem Interview, »sie haben ein Auge für ihre Schwächen. Wenn man das hat, wird man geduldig. Liebevoll. Streitet man sich weniger.«[12]

Neue Forschungsergebnisse und die Flüchtlingskrise

Die Sequenztheorie, die sich als nützlich erwiesen hatte, um die Traumatisierung der Kindersoldaten in Angola und Mosambik verstehen zu können, schien allgemeine Gültigkeit zu haben. Der Psychologe und Traumaexperte David Becker von der Freien Universität Berlin bezog die Theorie auf Vietnam und Argentinien.

> So bezieht sich z. B. das Trauma eines Vietnamveteranen nicht nur auf seine Kriegserlebnisse, sondern auch darauf, wie er nach dem Krieg sozial und politisch integriert oder isoliert wurde. Auch die Traumatisierung der Familienangehörigen von Verschwundenen in Argentinien entwickelt sich nicht nur durch die Erfahrungen während der Diktatur, sondern auch durch den Umgang mit diesen Verbrechen in der Zeit danach. So wird verständlich, warum Patienten sofort nach dem traumatischen Ereignis Symptome entwickeln können oder aber erst zehn, zwanzig oder vierzig Jahre später. Schließlich macht Keilson deutlich, dass es ein »Nach-dem-Trauma« nicht gibt, sondern nur einen anhaltenden traumatischen Prozess.[13]

In Israel untersuchte die Psychotherapeutin Elisheva van der Hal für ihre Doktorarbeit Holocaust-Überlebende aus verschiedenen durch die Deutschen besetzten europäischen Ländern, die als Kind den Krieg erlebt hatten. Van der Hal, die in Leiden promovierte (Hans und Marita Keilson waren bei der Promotion, die in den Niederlanden feierlich und öffentlich ist, anwesend), kam wie Keilson zu dem Ergebnis, dass die Fürsorge nach dem Krieg für das Wohlbefinden im weiteren Leben bestimmend ist. Das galt, wie sie in ihrer Untersuchung zeigte, auch für Kinder, die ihre Eltern im Krieg *nicht* verloren hatten.[14]

Der niederländische Doktorvater von Elisheva van der Hal, Rien van IJzendoorn, Spezialist für Familienpädagogik, hatte am Beginn des neuen Jahrhunderts konstatiert: »Keilson hat in vielen Ländern großen Einfluss auf das Denken über die Folgen des Holocaust für die Überlebenden gehabt.«[15] In Deutschland gab es in diesen Jahren eine wachsende Aufmerksamkeit für die durch Krieg und Verfolgung Traumatisierten; damit rückte Keilsons Doktorarbeit, 2005 neu aufgelegt, wieder ins Rampenlicht.[16]

Als Hans Keilson 2009 hundert wurde, schätzte David Becker seinen Einfluss als eher begrenzt ein. Er werde zwar weltweit geachtet, »aber mit den inhaltlichen Konsequenzen seines Werkes beschäftigt man sich immer noch nur begrenzt«.[17] Seine revolutionären Forschungsergebnisse seien vielleicht zu unbequem, zu lästig, zu unangenehm, um *mainstream* zu werden. Seine Theorie zeige nämlich, schrieb Becker, dass die Geschichte kein abgeschlossenes Ganzes ist, sondern weiter wirkt. Für Traumatisierte gibt es keine klare Trennungslinie zwischen der schlimmen Vergangenheit und der angeblich guten Gegenwart; sie haben die allergrößten Probleme gerade dann, wenn Gewalt und Flucht schon hinter ihnen liegen. Keilson, sagt er, widersetzt sich der »Ideologie, dass Flüchtlinge, wenn sie ihre Heimatländer verlassen haben, bei uns im sicheren Paradies landen. Ganz im Gegenteil, im Sinne der sequentiellen Traumatisierung ist die Aufnahme eines Flüchtlings bei uns nur der Beginn der nächsten traumatischen Sequenz.«[18]

Dieser Gedanke scheint allmählich etwas mehr Verbreitung zu finden, so zum Beispiel in verschiedenen Publikationen über den Umgang mit Flüchtlingen.[19] Auch die Gesellschaft für Internationale Zusammenarbeit (GIZ), ein Beratergremium der deutschen Regierung, übernahm das Konzept der sequenziellen Traumatisierung als Ausgangspunkt. Im Zusammenhang mit der Krise durch die Flüchtlinge aus Syrien und dem Irak legte diese Organisation 2018 – Keilson sollte das nicht mehr erleben – ein Gutachten über den psychischen Gesundheitszustand und die psychosoziale Betreuung der Flüchtlinge vor.[20] Im Sinne von Keilsons Arbeit schreiben die Autoren, Traumatisierung sei ein Prozess, in dem das, was *nach* dem eigentlichen Drama geschieht, »einen wesentlichen Teil der traumatischen Erfahrung ausmacht«.[21] Gesellschaft und Politik haben die Pflicht, so das Gutachten, gerade dann die psychische Not zu lindern.

Eine Traum-Rezension in Amerika

Am 12. Dezember 2009 feierte Hans Keilson seinen 100. Geburtstag. Sein amerikanischer Übersetzer Damion Searls kam am Tag zuvor bei ihm zu Besuch, sein Exemplar der *Komödie in Moll* in der Tasche, um es signieren zu lassen. Vorausdatieren war kein Problem, und so kam das Geburtstagsdatum ins Buch. Searls:

> Als er es signiert hatte und ich das Datum sah, das er geschrieben hatte, 12. 12.'09, lief es mir kalt über den Rücken. »Es ist Ihr zweiter 12. 12.'09! Das erste Mal war es 1909, und dieses Mal ist es 2009.«
> Er lachte und sagte: »Aber dieser Apostroph ...«.
> »Ja? Er sagt eine Menge!«
> »Er sagt alles. Es steckt eine Menge Geschichte in diesem kleinen Zeichen.«[22]

Wie der neunzigste Geburtstag wurde auch das Jahrhundertfest im Restaurant De Turfloods in Naarden-Vesting gefeiert. Zur Begrüßung der hundertzwanzig Gäste stand Hans Keilson am Eingang, auf seinen Stock gestützt, und schüttelte anderthalb Stunden lang die Hände aller Gäste und nahm die Glückwünsche und die Geschenke entgegen.[23] Seiner schlechten Augen wegen konnte er nicht gut sehen, wen er vor sich hatte. Er erkannte die Gäste vor allem an ihrer Stimme.[24]

Es geschah mehr, um den 100. Geburtstag zu feiern. Chris ten Kate vom Verlag Van Gennep publizierte eine überarbeitete niederländische Übersetzung von *Der Tod des Widersachers*, wieder unter dem Titel *In de ban van de tegenstander*. Und in Deutschland widmete die *Neue Rundschau* Keilsons Leben und Werk fast hundert Seiten.[25] Die Zeitschrift hatte einst ausführlich über Thomas Mann geschrieben, als er fünfzig wurde, jetzt war Keilson an der Reihe, gefeiert zu werden. Er trat in die Fußspuren seines Helden, und das war ehrenvoll. Aber nach dem Erscheinen der Werkausgabe glich dies auch etwas einem zweiten und definitiven Abschluss seiner Karriere als Autor.

Bad Freienwalde ließ ein Doppelmonument für das Geburtstagskind errichten: eine Bank und einen Findling, nebeneinander im Wald hinter dem Kurhaus. Wie erwähnt machte der junge Hans Keilson mit seinem Vater Spaziergänge bis zu diesem Endpunkt, wo damals auch eine Bank gestanden hatte, die sie die »Umkehrbank« nannten. Das neue Denkmal war die dritte Ehrung seitens der Stadt. 1990 wurde Keilson Ehrenbürger, und 2004 hatte die öffentliche Bibliothek seinen Namen erhalten: »Stadt- und Kreisbibliothek ›Hans Keilson‹«.

Im hohen Alter plagte ihn allerlei körperliches Ungemach. Zwei Wochen nach seinem 100. Geburtstag brach er sich bei einem Sturz im Badezimmer die linke Hüfte, die durch eine Prothese ersetzt werden musste. Danach hatte er einen Rollator nötig. Noch ein Unglücksfall: In der Badewanne konnte er in Panik den Heißwasserhahn nicht schnell genug zudrehen und verbrannte sich an mehreren Stellen. Auch das verlief glimpflich: Die Brandwunden heilten, es wuchs neue Haut.

Geistige Gesundheitsprobleme hatte er nicht, sein Kopf war »klar wie Quellwasser«.[26] Sein Gedächtnis funktionierte ausgezeichnet; seine Gedichte trug er mühelos auswendig vor. Mitunter sagte er scherzend, er leide an »negativem Alzheimer«. Doch ging es nicht immer gut: Es gab Momente plötzlicher, vorübergehender Desorientierung und Amnesie. Eines Morgens wurde er wach und wusste nicht, wo er war und wer Marita war. Verzweifelt fragte er sie unter Tränen: »Es ist doch nicht wahr, dass meine Eltern ermordet sind?« Die Ratlosigkeit hielt ein paar Stunden an. Später geschah es einmal, dass er nach seinem Mittagsschläfchen die Treppe herunterkam und, unten angekommen, Marita für Gertrud hielt und fragte: »Wo ist eigentlich die junge Frau, die immer so lecker für uns kocht?«[27]

Eine Übersetzung, eine Rezension, ein Hype

Dass Damion Searls auf die Idee kam, die *Komödie in Moll* zu übersetzen, war das Ergebnis eines glücklichen Zufalls gewesen. In einer Buchhandlung in Österreich, in Klagenfurt, fand er 2007 das kleine Buch, dessen Titel ihm irgendwie bekannt vorkam, in einer Kiste mit Ausverkaufsexemplaren. Er kaufte es und las es. Und er wollte es ins Englische übersetzen.

Searls besprach seinen Plan mit dem Verlag Farrar, Straus & Giroux in New York. Dort fiel der Gedanke, das Buch auf Englisch herauszugeben, auf fruchtbaren Boden. So kam es, dass 2010 *Comedy in a Minor Key* erschien. Der Verlag war so klug, gleichzeitig den seinerzeit gepriesenen Roman von Keilson neu aufzulegen:

The Death of the Adversary, Anfang der sechziger Jahre im *Time Magazine* als gutes und wichtiges Buch besprochen. Hans Keilson war wieder aus der Versenkung aufgetaucht. Nach langer Zeit erschien er wieder auf dem Radar der amerikanischen Leser.

Die Journalistin und Schriftstellerin Francine Prose, die eine Biographie über Anne Frank veröffentlicht hatte, rezensierte die beiden Keilson-Bücher in der *New York Times*. Ihr Urteil hätte nicht günstiger ausfallen können:

> »The Death of the Adversary« und »Comedy in a Minor Key« sind Meisterwerke, und Hans Keilson ist ein Genie. (…) Lesen Sie diese Bücher und setzen Sie ihn, wie ich, auf die Liste, die jeder von uns für sich selbst zusammenstellen muss, die Liste der größten Autoren der Welt.«[28]

Eine der Qualitäten von *The Death of the Adversary* bestand ihrer Meinung nach darin, dass das Buch zeigt, wie Menschen sich gegen das Schreckliche abschirmen können, wie Intelligenz mit Leugnung und Selbstbetrug Hand in Hand gehen kann. Das Buch mache deutlich, wie es möglich war, dass so viele europäische Juden die Gefahr des Nationalsozialismus so lange unterschätzt hatten.

Die jubelnde Besprechung in einer so repräsentativen internationalen Zeitung war der Startschuss für literarischen Ruhm in der allerletzten Phase seines Lebens.[29] Dass dieser amerikanische Artikel erschienen war, wurde in der niederländischen Tageszeitung *NRC Handelsblad* als relevante Nachricht gebracht. Darin stand, der Autor sei in Deutschland bekannter als in den Niederlanden, und das war spannend und machte neugierig.[30] Es schien, als ob die Redaktionen der Zeitungen und der übrigen Medien etwas verschlafen hatten, was im Ausland sehr wohl aufgefallen war. Keilson selbst zeigte sich amüsiert und überrascht über die Rezension in den Vereinigten Staaten: »Etwas übertrieben, natürlich. Dass ich genial bin, na ja.«[31] Der Gebrauch des Wortes »Genie« schien ihm eine Stilfrage zu sein: So drückten Amerikaner das nun einmal aus, wenn sie jemanden preisen.[32]

Die Niederlande waren wachgerüttelt worden. Die Zeitung *De Pers* sprach in diesem August von der »Entdeckung des Jahrhunderts«[33], das *Algemeen Dagblad* meldete, dass Keilson »auf einmal Furore mache«[34], und der *Wereldomroep* machte eine Sendung in vier Sprachen und schloss sich dabei dem an, was Francine Prose geschrieben hatte.[35] In Amerika hatte die Aufmerksamkeit für Keilson auch Folgen: In der *New York Times* erschien *The Death of the Adversary* auf der Bestsellerliste für Paperbacks.[36]

Das Rampenlicht war aufgeflammt und erlosch vorläufig auch nicht mehr. Anfang September war er zu Gast in der täglichen Fernsehsendung *De Wereld Draait Door* (Die Welt dreht sich weiter).[37] Der Ton des Interviews mit dem Moderator Matthijs van Nieuwkerk war locker, Keilson brachte das Publikum mit kleinen Scherzen zum Lachen. Als sein Debütroman zur Sprache kam, sagte er, »De Wereld Draait Door« sei ja die niederländische Übersetzung von *Das Leben geht weiter*. Ernster wurde es, als ihm die Frage vorgelegt wurde, ob seine plötzliche Popularität »endlich Gerechtigkeit« bedeute. Er fand dieses Wort nicht passend für sich selbst. Bei »Gerechtigkeit« denke er in erster Linie an seine ermordeten Eltern.

Das *NRC Handelsblad* zog eine vorläufige Bilanz: »Werden die Bücher von Keilson auf dem Umweg über Amerika und das Fernsehen jetzt Bestseller? Den Einfluss von *De Wereld Draait Door* auf die niederländische Kultur sollte man nicht unterschätzen. Keilsons niederländischer Verleger kommt mit einer dritten Auflage von *In de ban van de tegenstander*. Der Fischer Verlag verkauft die

Übersetzungsrechte im Moment an sechs oder sieben neue Länder.«[38]

Der niederländische Verlag Van Gennep publizierte eine etwas überarbeitete Übersetzung der *Komödie in Moll.* Auch wenn es nicht mehr ganz ihre Übersetzung war, auf der Titelseite stand noch der Name der ursprünglichen Übersetzerin: »H. Sanders«, d.i. Hanna Sanders. Das Kulturzentrum *De Balie* in Amsterdam nahm die Publikation zum Anlass, Anfang Dezember 2010 einen Abend über Hans Keilson zu organisieren, kurz vor seinem 101. Geburtstag. Es wurde ein Erfolg. Von den hundertfünfzig Anwesenden standen am Ende etwa hundertzwanzig »in einer langen Reihe«, wie der Moderator Arjen Fortuin rückblickend schrieb, »um ihre Bücher von Keilson signieren zu lassen oder ihn einfach nur zu berühren«. In der Reihe der Wartenden hörte Fortuin jemand sagen: »Es schien fast, als ob der Moderator ein bisschen in Hans Keilson verliebt war.«[39]

Die ganzen Niederlande schienen ein bisschen verliebt zu sein. Ein charmanter, deutsch-niederländischer Autor und Psychiater, ein Jahrhundert alt, mit einem interessanten und zugleich tragischen Hintergrund, so jemanden bekam man nicht jeden Tag in den Medien zu sehen. Auf die Bitte um ein Interview ging er gern ein, mit der Folge, dass es bei ihm zu Hause ein Kommen und Gehen von Journalisten und Fotografen gab. Als ihm im Radioprogramm *Kunststof* die Frage vorgelegt wurde, wie er all diese Aufmerksamkeit fand, antwortete er mit einem Lachen: »Es stört mich nicht.«[40] Er war überrascht, dass seine Bücher auf einmal in viele Sprachen übersetzt wurden, nicht nur ins Englische, sondern zum Beispiel auch ins Französische und Spanische. Doch empfinde er keinen Stolz, wenn er in seinen eigenen Büchern lese, eher Verwunderung. »In meinem Herzen bin ich Mediziner. Das ist meine Aufgabe im Leben. Ich habe das Schreiben nie als meine ›zentrale Funktion‹ angesehen.«[41] Diese Bemerkungen greifen auf, was sein Vater zu ihm gesagt hatte, als sie im Krieg Abschied voneinander nahmen: »Hans, vergiss nicht, dass Du Arzt bist.«

Was Hans Keilson über seine beiden Berufe sagte, war zweifellos aufrichtig, und doch fand er den Wirbel um sein literarisches Werk großartig. Seiner Frau Marita und seiner Tochter Bloeme zufolge genoss er die Aufmerksamkeit und Anerkennung mit vollen Zügen; der Satz »es stört mich nicht« war eine kräftige Untertreibung.[42]

Die Zeit nannte die jubelnde Besprechung in der *New York Times* – in Anspielung auf die gleichnamige Haydn-Symphonie – eine »Rezension mit dem Paukenschlag«.[43] Dieser großartige literarische Paukenschlag, der sozusagen auf der ganzen Welt zu hören war, hatte auch eine Wirkung auf das Verhältnis zwischen Hans Keilson und Bad Freienwalde. Jetzt, wo er als Autor von Weltklasse galt, konnte seine Geburtsstadt besonders stolz auf ihn sein, und extra Aufmerksamkeit war angebracht. Der Film *Bis zur Umkehrbank* wurde im September 2010 noch einmal in Bad Freienwalde gezeigt, und die Hauptperson reiste mit Ehefrau an, ebenso die Rösings, das Ehepaar, das den Dokumentarfilm gedreht hatte.

Wie festlich der Anlass für die neuerliche Vorführung auch war, der Film wurde davon nicht weniger düster. Marita Keilson hatte den Eindruck, dass das Publikum am Ende betreten dasaß. »Es schien, als ob die Leute dachten: ›Ach du liebe Zeit, das sind wir also, das ist unsere Stadt! Müssen wir uns schuldig fühlen? Wie schrecklich ist das alles! Wie müssen wir hierauf reagieren?‹«[44]

Eine Lokalzeitung schrieb anlässlich der Filmvorführung, Keilsons Bücher seien ohne Freienwalde, ohne die Landschaft seiner Jugend, undenkbar. Freienwalde und New York müssten nun, da sie dank Keilson miteinander verbunden seien, Partnerstädte werden.[45]

Immer mehr Verleger in immer mehr Ländern zeigten Interesse an den Büchern von Hans Keilson. Die Übersetzungen ließen sich nicht mehr an zwei Händen abzählen.[46] Auf Deutsch erschienen Neuauflagen. Auf Niederländisch hatte man die *Komedie in mineur* schon neu herausgegeben, Neuauflagen von *In de ban van de tegenstander* kamen hinzu.

Sein Debüt *Das Leben geht weiter* wurde erstmals ins Niederländische übertragen. Die Rezensenten nannten das Buch ein typisches Jugendwerk mit zu weit ausgesponnenen Beschreibungen[47], aber auch »schitterend«[48], großartig, und »das Beste, was Keilson auf dem Gebiet der Literatur geschrieben hat«.[49] Arnon Grünberg fand es gelungen, »vor allem wegen des Bildes des Vaters als der gegen den Untergang ankämpfende kleine Geschäftsmann in der Weimarer Republik«. Ein »machtloser Mann«, so Grünberg, und das war auch seine Umschreibung der über Hitler nachdenkenden Hauptfigur in *Der Tod des Widersachers*.[50] Dieser letztere Roman wurde zumeist als das wichtigste, stärkste Buch von Keilson gesehen, mit der »Kraft der authentischen Stimme«.[51]

Er hatte auch noch Texte in der Schublade, für die die Verleger Interesse zeigten. In der ersten Hälfte der neunziger Jahre[52] hatte er angefangen, seine Erinnerungen zu schreiben, aber das lief nicht so, wie er wollte, und so hatte er damit wieder aufgehört, auch weil seine Augen schlechter wurden.[53] Heinrich Detering, einer der Herausgeber der *Werke in zwei Bänden*, wurde Ende 2010 vom S. Fischer Verlag gebeten, in diesem Manuskript Ordnung zu schaffen, und das tat er denn auch, vor allem, indem er Doppeltes wegstrich. So entstand *Da steht mein Haus*, in den Niederlanden kurz darauf auch herausgegeben unter dem Titel *Daar staat mijn huis*. Es ist ein Mosaik aus Erinnerungen in kurzen Kapiteln. Wegen seiner Augenprobleme konnte Hans Keilson es nicht selbst lesen. Tini las es ihm vor. Er war stolz auf das Buch, fand es aber schrecklich, dass er so von anderen abhängig geworden war.

Der Titel ist dem letzten Satz über sein Haus in Bussum entnommen: »an der Kreuzung, da steht mein Haus, in Holland«. Eine eindeutige Feststellung, anspielend auf ein holländisches Kinderlied: »In Holland staat een huis«. Keilsons Zuhause war in den Niederlanden, ohne jeden Zweifel. Das hatte vor allem mit seiner Arbeit zu tun. Die war so wichtig für ihn, dass man sie beinah eine Berufung nennen könnte. »Meine Arbeit mit traumatisierten Holocaust-Überlebenden«, sagte er, »hätte ich gegen nichts in der Welt eingetauscht.«[54] Es war der ausschlaggebende Grund gewesen, weshalb er in den Niederlanden blieb, auch wenn das Band mit Deutschland nicht zerrissen war. Er hing sogar sehr an seinem eigenen Fleckchen in Amorbach: dem Häuschen mit dem Studio auf eigenem Grund und Boden.

Über die niederländische und die deutsche Gesellschaft hatte er sich regelmäßig geäußert. Ihm war es wichtig, dass seine doppelte Loyalität – gegenüber den Niederlanden und dem Judentum – hier keine Probleme verursachte. In Deutschland war das in der Vergangenheit anders gewesen. Ein Jude, und zumal ein Jude mit zionistischen Ideen, galt als jemand mit einer falschen Loyalität und darum als Verräter.[55] In einer solchen ungesunden Situation war es möglich gewesen, dass die Obrigkeit zum Anstifter von Pogromen wurde, was am Ende zur Selbstvernichtung führte.[56]

Der prototypische Niederländer war, Keilson zufolge, traditionell der Handeltreibende. Das brachte eine nicht aggressive Haltung mit sich: »Man schlägt seinen künftigen Handelspartner nicht tot, denn dann verliert man einen Kunden.«[57] Aber beim Verhandeln über Preise könne man auf eine unschuldige Weise etwas von seiner Aggression loswerden. »In Deutschland«, sagte Keilson, »war der Händler der Jude – das war minderwertig«.[58] Der prototypische Deutsche war in seinen Augen der Soldat.

Dachte er an das Land, aus dem er kam, dann wurde das Schöne und Gute aus seiner Jugend trotzdem nicht unter schlechten Erinnerungen begraben. In den Band *Da steht mein Haus* ist ein Interview aufgenommen, in dem er gefragt wurde: »Warum hast du Deutschland nicht einfach gehasst?« Seine Antwort:

> Schon weil ich das Deutsche ja nicht verlernt hatte, weil ich deutsch-jüdische Gedichte schrieb und veröffentlichte, weil ich überhaupt versuchte, deutsche Texte zu schreiben: schon deshalb konnte ich Deutschland nicht hassen. Das Deutschland, das ich als Kind und junger Mann gekannt habe, hörte nicht auf, mir etwas zu bedeuten. Deutschland, das war Hirschberg im Riesengebirge, der Geburtsort meiner Mutter. Da haben wir meine Großmutter besucht und sind gewandert, da habe ich auch zum ersten Mal in meinem Leben Schlagsahne gegessen. Deutschland war Swinemünde, wo wir am Strand gewesen sind. Das sind Orte, an denen ich hing und über deren Verlust ich trauerte. Und immer noch trauere. Ich habe mein Leben lang immer wieder so glückliche Erlebnisse in Deutschland gehabt, dass ich Deutschland nicht hassen konnte.[59]

Letzte Umarmung

Das Jahr 2011 brachte neue Höhepunkte, wie einen Auftritt in der allsonntäglichen Büchersendung des VPRO-Fernsehens, die dieses Mal ganz ihm geweiht war, und den Besuch auf dem Bücherball, mit dem diese Biographie begann.[60] Das Erscheinen von

Da steht mein Haus erlebte er gerade noch mit. Die Tageszeitung *De Volkskrant* brachte eine Doppelrezension der niederländischen Ausgaben von *Da steht mein Haus* und *Das Leben geht weiter*.[61] Der Journalistin fiel auf, dass Keilson in Interviews immer seine ermordeten Eltern erwähnte. Sie berichtete auch von seiner Wut auf seine Schwester Hilde, die gesagt hatte, *sie* hätte die Eltern retten können, womit sie »Öl in das ewig brennende Feuer von Keilsons Schuldgefühlen« goss.[62] Es war paradox: Deutschland hasste er nicht, aber auf Hilde war er wütend. Marita Keilson: »So war er eben. Er war vielleicht kein Hasser, aber er konnte ordentlich böse werden.«[63]

Mit ihren Fragen über die Untertauchzeit, die Eltern und die Trauer gaben die Interviewer dem Vergangenen eine neue Aktualität und Präsenz. Alles wurde wieder aufs Neue besprochen, und das verursachte Unruhe und Spannungen. Er hatte Albträume, wurde schreiend wach. Wovon er träumte – seine Frau fragte es ihn lieber nicht, weil er dann alles Schreckliche nochmals hätte hervorholen müssen. Als Marita an einem Morgen ausnahmsweise doch einmal fragte, was er geträumt habe, sagte er: Ich wurde verfolgt.[64] In einem Interview erzählte er, dass er oft von seinen Eltern träume.[65]

Es gab noch ein medizinisches Problem, das ihm zu schaffen machte: ein Tremor. Die Medikamente, die er bekam, wirkten nicht ausreichend, wie er fand, und er bat seinen Hausarzt um eine höhere Dosis. Die bekam er. Neue Beschwerden traten auf: eine Blasenentzündung und Probleme mit dem Feuchtigkeitshaushalt des Körpers. Eines Morgens wurde er in einem Delirium wach. Ohne Sicht auf die Wirklichkeit befand er sich in einem Zustand höchster Verzweiflung. Seine Frau wehrte er ab: »Du bist ein SSer! Du bist von der SS und willst mich verhaften!« Das konnte sie nicht ertragen und verließ das Schlafzimmer. Bloeme nahm den Platz ihrer Mutter an seinem Bett ein.

Wenig später wurde er ins Krankenhaus in Hilversum gebracht, wo ihm unter anderem mit einer Kanüle im Oberschenkel extra Flüssigkeit zugeführt wurde, um den Flüssigkeitshaushalt zu verbessern. Das war schmerzhaft. Marita, Bloeme und ihr Mann Paco, und auch Tini, von Beruf Krankenschwester auf einer Krebsstation, fragten sich, ob man ihm das alles noch antun müsse.

Die Probleme wurden noch ernster. Sein Tag-Nacht-Rhythmus war gestört. Er war unruhig und hatte Koordinationsstörungen, wenn er sich bewegte.[66] Marita blieb auch nachts im Krankenhaus; sie bekam ein Bett im Krankenzimmer nebenan.

Er wurde immer schwächer. Gemeinsam mit den Ärzten wurde beschlossen, lebensverlängernde Behandlungen einzustellen und nur noch die Schmerzen zu lindern. Bloeme wachte bei ihm in der Nacht vom 29. zum 30. Mai. In der folgenden Nacht war Tini an der Reihe. Als Marita tagsüber einmal kurz nicht da war, rief er nach ihr, so laut er konnte.

Marita hätte es furchtbar gefunden, wenn es nach den Beschimpfungen im Delirium keine wirkliche Nähe mehr gegeben hätte. Die kam am Abend, am Beginn der Nacht, die seine letzte werden sollte. Sie umarmten sich, küssten sich, mit Hingabe. Am liebsten hätte sie ihn bis zuletzt in ihren Armen gehalten und leise gewiegt.

Sie blieb lange bei ihm sitzen, halb liegend in einem Lehnstuhl, ihre Beine unter seiner Decke, so dass ihre Füße sich streicheln konnten. Lange nach Mitternacht, es war inzwischen der 31. Mai, ging sie nebenan schlafen. Tini blieb und wachte. Manchmal wurde er wach und hob die Arme, die Finger gekrümmt, als wolle er etwas greifen. Tini, die Angst in seinen Augen zu sehen glaubte, sprach ihm beruhigend zu, legte ihre Hände auf die seinen und versuchte mit sanftem Druck seine Arme zu entspannen. Als Marita um halb vier wieder ins Zimmer kam, schlief er. Sie setzte sich ans Bett, zu ihrer Tochter. Zwanzig Minuten nach vier kam das Ende. Er starb im Schlaf. Marita und Tini waren bei ihm.

Nach seinem Tod

Gan Hasjalom in Hoofddorp, angrenzend an den Flughafen Schiphol, wurde Hans Keilsons letzte Ruhestätte. Auf diesem Friedhof der Liberalen Jüdischen Gemeinde Amsterdam ist der Lärm der Flugzeuge unüberhörbar, man sieht und hört sie aufsteigen, landen und auf der Landebahn rollen. Während der Abschiedszeremonie stand ein riesiges Flugzeug gleich hinter den Bäumen und Sträuchern, die die Grenze zwischen dem Flughafen und Gan Hasjalom bilden. Der Name bedeutet »Garten des Friedens«.

Es gab eine Flut von Nachrufen. Und in den folgenden Jahren erschienen posthum einige Bücher, die Hans Keilson literarisch am Leben erhielten: *Tagebuch 1944* (auf Deutsch, Niederländisch und Englisch), eine kleine Auswahl seiner Gedichte in niederländischer Übertragung und der zweisprachige Band *Sonette für Hanna / Sonnetten voor Hanna*. Das Tagebuch und die sechsundvierzig Sonette, die jahrzehntelang in Hans Keilsons Schubladen verborgen geblieben waren, wurden den Lesern zugänglich. Das publizierte Werk wuchs.

Bei der Präsentation der Sonette während der Frankfurter Buchmesse 2016 hatten die beiden Töchter von Bloeme Keilson eine Aufgabe: Mit dem Unterschriftstempel, den ihr Großvater noch hatte anfertigen lassen, weil er durch seinen Tremor am Ende seines Lebens nicht mehr lesbar schreiben konnte, stempelten sie »H. Keilson« als Quasi-Unterschrift in die Bücher, so dass es schien, als ob der Autor sie posthum signiert hatte. Die

Mädchen, Leila und Hannah, waren damals acht und sieben Jahre alt. Hans hatte Hannah nur als Baby und Leila als Zweijährige gekannt. Einmal hatte er zu Bloeme gesagt, dass er neugierig auf den Moment sei, in dem man mit ihnen ein Gespräch führen könne – etwas, was er nicht mehr erleben sollte.[67]

Seine andere, erwachsene Enkelin, Esther Wertwijn, das einzige Kind von Barbara, hatte ihm Passagen aus *In de ban van de tegenstander* vorgelesen, als er wieder im Rampenlicht stand und den Text noch einmal rekapitulieren wollte. Dieses Vorlesen war Anlass zu Gesprächen über den Roman gewesen, über Hitlers Reden, über die Tanzmusik auf den Festen in Berlin, damals, um 1930.

Seine beiden Musikinstrumente blieben in der Familie. Zehn Jahre nach seinem Tod schenkte Marita Keilson die Trompete der Enkelin Hannah zum Geburtstag. Die Geige hatte sie schon zuvor als Hochzeitsgeschenk Esther übergeben, die dann eine Tochter bekam: Joëlle Else. In ihrem zweiten Vornamen blieb Else Keilson-Buttermilch in Erinnerung, die Mutter von Hans und die Urgroßmutter des kleinen Mädchens.

Auf Gan Hasjalom liegt Hans neben Gertrud. Unter seinem Namen stehen auf dem Grabstein aus blauem Kalkstein auch die Namen von Max und Else, die kein Grab haben. Auschwitz wollte er nie besuchen. Dieser Ort, sagte er, sei »bevuild«, beschmutzt, nicht wert, dort seines Vaters und seiner Mutter zu gedenken.[68]

Epilog

»Wie ein Mensch, der ohne Haut herumläuft«

Dem Leben von Hans Keilson lagen Gefühle fundamentaler Unsicherheit und Schutzlosigkeit zugrunde. Er sah, wie seine Eltern in den zwanziger Jahren wirtschaftlich scheiterten, und musste in den dreißiger Jahren erleben, wie sein Lebensweg als junger jüdischer Schriftsteller und Mediziner blockiert wurde, während der Antisemitismus wucherte und in den Institutionen Fuß fasste. Flucht, Krieg und Untertauchen: Je länger es währte, desto heikler wurde seine Position.

Nach dem Zweiten Weltkrieg stand sein Leben im Zeichen der Vergangenheit. Reden und Schreiben über den Nazismus, über Hass, über den Krieg – es wurde sein Spezialgebiet und verschaffte ihm eine erkennbare Identität. Welche Form er auch wählte, Literatur oder Wissenschaft, es ging bei ihm immer um dasselbe: den Judenhass und seine Folgen.

Gründe, die Deutschen zu hassen und sich von ihnen abzuwenden, gab es mehr als genug, aber das hätte in seinen Augen nichts genützt. Auch wenn er Niederländer geworden war – er wollte mit dem Land seiner Jugend und mit der deutschen Sprache, Kultur und Wissenschaft, die ja schließlich auch die seinen waren, verbunden bleiben. Er vertiefte sich in die gefährlichen Seiten der deutschen Welt. Hätte er ein Gespräch mit Hitler führen können, dann hätte er ihm die Frage gestellt, was denn in seinem, Hitlers, Leben geschehen war, dass er einen so grenzenlosen Hass entwickelt hatte. Hatte er geglaubt, mit Brüllen und Hetzen gegen die

Juden etwas aufbauen zu können? Hatte er nicht gewusst, was das Risiko seiner Politik war? Hatte er nicht gesehen, dass sein Hass auch ihn selbst und Deutschland zerstörte?[1]

Wenn man auf das Leben von Hans Keilson zurückschaut, dann fällt auf, dass er sich in schwierigen Situationen immer wieder zu helfen wusste. Als er nicht Arzt werden durfte, wich er aus und wurde Lehrer an jüdischen Schulen, wo er Sport- und Musikunterricht gab. Zusammengehörigkeit, Sorglosigkeit, Glück, das war, was diese Fächer zu bieten hatten. Für einen Augenblick schien es, als ob es in der Welt keine Bösartigkeit gäbe. Als die Nazigefahr immer bedrohlicher wurde, flüchtete er in die Niederlande. Als er während der deutschen Besetzung in Lebensgefahr war, tauchte er unter. Als er nach dem Krieg schauen musste, wie es mit ihm in seinem neuen Land weitergehen sollte, schloss er sein Studium ab, spezialisierte sich, wurde niederländischer Staatsbürger und eröffnete eine Praxis als Nervenarzt und Psychoanalytiker.

Auf mehrere Pferde setzen, das war eine Strategie, die diesem »Überleber« zusätzliche Sicherheit gab. Neben dem Medizinstudium eine Sportlehrerausbildung machen: Es war vielleicht nicht einmal geplant, auf diese Weise seinem Leben ein festeres Fundament zu geben, aber es hatte doch diese Wirkung. Es wäre auch möglich gewesen, eine Karriere als Geiger oder Trompeter aufzubauen, auch wenn er diese Möglichkeit nicht nutzte, weil er sein Studium zu Ende führen wollte. Das »Doppelte« bei Hans Keilson zeigt sich am deutlichsten in den Berufen, die er schließlich ausüben sollte: Schriftsteller / Dichter und Psychiater / Psychoanalytiker. Der Akzent lag auf der letzteren Rolle: Das war seine »zentrale Funktion«, sie gab ihm nicht nur existenzielle Sicherheit und wissenschaftliches Ansehen, sie passte auch zu seinem sozialen Wesen. Immer in der Isolierzelle des Schriftstellerdaseins, das schien ihm nicht verlockend. Von seinem psychoanalytischen Wissen machte er übrigens in seinen literarischen Texten durchaus Gebrauch, so dass das eine Arbeitsgebiet das andere berührte und bereicherte. Auf die Frage »Was hat die Psychoanalyse dir gebracht?« antwortete er: »Mein literarisches Werk.«[2]

Dass er sich zu helfen wusste, lag auch an seinem Talent, Menschen an sich zu binden. Er schloss und pflegte viele Freundschaften. Seine Begabung fürs Netzwerken half ihm, in den Niederlanden Fuß zu fassen und Untertauchmöglichkeiten zu finden: Seine Kontakte erwiesen sich im Krieg als lebensrettend.

Frauen wusste er leicht für sich zu gewinnen. Er war höflich, geistreich und mitunter einem Flirt nicht abgeneigt, strahlte Präsenz aus und zeigte ehrliches Interesse an seinem Gegenüber. Aufmerksames Zuhören war seine zweite Natur. Als Psychoanalytiker war es außerdem auch noch sein Beruf. Und wenn es in einem Gespräch um ihn selbst ging, dann fand er mit seinem Hintergrund als Psychiater und Psychoanalytiker, Dichter und Schriftsteller, Sportbegeisterter und Musiker immer ein Gesprächsthema, das den anderen interessierte. Er hörte gerne und gut zu, aber es schmeichelte auch seiner – erheblichen – Eitelkeit, wenn andere an seinen Lippen hingen.

Die Liebe konnte eine nützliche Seite haben. Seine erste Ehefrau Gertrud war ihm vor allem eine Freundin und Kameradin, er nutzte ihr organisatorisches Talent. Dass er neben ihr auch das Bedürfnis nach flammender Verliebtheit hatte, zeigte sich in der Untertauchzeit, als er Hanna Sanders begegnete. Diese Liebe half ihm, die Kriegszeit zu überstehen. Als die Freiheit in Sicht kam, ließ er Hanna im Stich, was etwas Opportunistisches hatte: Er konnte nach Hause und hatte sie darum nicht mehr nötig. Hanna litt darunter ebenso, wie Gertrud darunter litt, dass er sich anderen Frauen zuwandte.

Im Sommer 1969 verlor er seine große Stütze Gertrud. Rückblickend zeigte er große Bewunderung für sie, die Frau, die, wie er sagte, sein Leben gerettet hatte, indem sie ihn gedrängt hatte, Deutschland zu verlassen.

Schon 1970 kam eine neue Liebe: Marita. Gerade als er eine schwierige Zeit durchmachte, trat eine junge Frau in sein Leben. Es ähnelte der Situation in der Untertauchzeit. Aber auch Marita genügte diesem maßlosen Manne nicht: Er blieb empfänglich für die Aufmerksamkeit anderer Frauen. Und die Beziehung hatte auch dieses Mal eine praktische Seite: Weil Marita Literaturwissenschaftlerin war, erwartete er durch sie eine Förderung seines Werkes in der Welt der Literatur.

Eine Konstante in seinem Leben war die Verbundenheit mit jungen Menschen, in seiner Arbeit und als Vater. Auch in späteren Jahren hatte er noch etwas Spielerisches und Jugendliches an sich, wodurch er leicht Kontakte mit Jüngeren knüpfte: Fußball spielen mit dem kleinen Sohn eines Kollegen, ins Schwimmbad gehen mit der Tochter Bloeme und ihr einen eleganten Kopfsprung zeigen, das war typisch für ihn. Er war das Gegenteil eines jammernden und klagenden alten Mannes, der für niemand mehr eine angenehme Gesellschaft ist.

Am Ende seines Lebens beschlich ihn das Gefühl, verkannt und gescheitert zu sein. Zu Unrecht. Was stimmte, war, dass seine Bücher *Das Leben geht weiter* und *Komödie in Moll* bei ihrem ersten Erscheinen wenig Aufmerksamkeit erhalten hatten. Sie erschienen im falschen Moment. Das erstere direkt nach der Machtergreifung Hitlers und das zweite kurz nach Kriegsende, als es in Deutschland nicht in den Buchhandel kommen konnte. Der Roman *Der Tod des Widersachers* erschien 1959, zu früh für eine Debatte über Keilsons These, dass erbitterte Feinde wie Hitler und die Juden durch gegenseitige Faszination ein starkes »feindschaftliches« Band fühlen. Mit dem Verkauf und der Popularität aller drei Bücher wurde am Ende alles gut. Sie wurden neu aufgelegt und übersetzt. Vor allem *Der Tod des Widersachers* machte Karriere und ging in vielen Sprachen in alle Welt.

Auch in wissenschaftlicher Hinsicht brauchte der ehrgeizige Keilson sich nicht als gescheitert anzusehen. Seine innovative Traumatheorie wurde anerkannt und angewendet. Und jahrelang, bis ins hohe Alter, bekam er immer wieder Einladungen, um darüber auf Kongressen und Symposien zu sprechen. Dass er die Kunst des Netzwerkens verstand, war auch jetzt von Nutzen. Fast jede Einladung nahm er an, und er sonnte sich in der Aufmerksamkeit seines Publikums. Aber genug war es nicht.

Dass er mit hundert plötzlich ein gefeierter Autor wurde, beseitigte seine Selbstzweifel zu einem großen Teil. Das war, was er wollte: Aufmerksamkeit, Bewunderung, Gespräche in den Medien, Übersetzungen in viele Sprachen. Es war eine effektive Medizin gegen die Frustration über seine Laufbahn als Autor. Nach einem Leben von einem ganzen Jahrhundert hatte er auf einen solchen Sturm nationaler und internationaler Aufmerksamkeit für seine Bücher, seine Person, seine Geschichte nicht mehr zu hoffen gewagt. Alles war am Ende gut geworden für den Autor, der Enttäuschungen hatte hinnehmen müssen, für den Gymnasiasten, dem seine Mitschüler die kalte Schulter gezeigt hatten, für den Juden, der aus seinem Vaterland hatte flüchten müssen.

Gleichzeitig war es doch auch wieder nicht gut geworden, denn da war immer auch noch der andere Hans Keilson, der gequälte, der verletzte. Seine Eltern waren ermordet worden, und er hatte es nicht verhindern können. Das war eine schwere Last, eine Mischung aus Trauer und Schuldgefühl. Seine Albträume über Juden, die am Rand ihres Massengrabes stehend einen Genickschuss bekommen, und über seinen Vater mit seinem von Entsetzen gefurchten Gesicht zeigten ihm, so meinte er, dass etwas mit seinem Leben nicht in Ordnung war: »Der ›Wohlstand‹, in dem man in Bussum lebt, ist eine nicht gesunde Maskerade.«[3] Niemand sah es, aber Hans Keilson war zutiefst beunruhigt. Seine Wunden waren nicht geheilt, was ihn selbst nicht überrascht haben dürfte, weil er davon ausging, dass wirkliche Genesung von einem Trauma nicht möglich ist.

Die Waffen, mit denen er nach dem Krieg gegen den Krieg kämpfte, das heißt gegen das Elend, das der Antisemitismus in letzter Konsequenz verursacht hatte, waren die Wissenschaft und die Literatur. Untersuchen, Fragen stellen, wissen wollen, versuchen zu verstehen – diese aktive intellektuelle Haltung nahm er an. Er machte etwas Konstruktives aus dem Leid und der Vergangenheit, indem er darüber nachdachte und schrieb. Er war der Meinung, dass man den vernichtenden Kräften der Shoah »oft nur den humanen Versuch einer literarischen, wissenschaftlichen Arbeit entgegenstellen kann, die zu neuen Erkenntnissen, zu vertiefter Einsicht in Wesen und Folgen dieser Destruktion« führen kann.[4] Neuen Hass dem alten Hass gegenüberzustellen ist eine schlechte Idee, denn es bedeutet die Fortsetzung des Kreislaufs des Hasses und damit die Vernichtung.

Manchmal war seine intellektuelle Verteidigungslinie nicht stark genug, um die Emotionen zu beherrschen; dann musste er seinen Widerstand aufgeben. Ein solcher Deichbruch ereignete sich im Mai 1940, als er nach der deutschen Invasion außer sich geriet vor lauter Panik und Verzweiflung, und im Sommer 1945, als er Gewissheit über das Schicksal seiner Eltern erhalten hatte.

In den Fieberphantasien kurz vor seinem Tod zeigte sich noch einmal, wie wehrlos er sein konnte. Verwirrung, Verzweiflung und

Wut ergriffen von ihm Besitz. Das bewies, dass sein Krieg nicht vorbei war. Die Worte von Gertrud über den Sommer 1945 galten noch immer. Er hatte so gelitten, schrieb sie, »dass er mir oft vorkommt wie ein Mensch, der ohne Haut herumläuft«.[5]

Hinter der Außenseite des erfolgreichen Mannes hauste das Grauen. Der Mord an den Juden am Rande des Massengrabs und das Entsetzen, eingegraben in das Gesicht seines Vaters: In diesen Albträumen war alles zusammengefasst. Alles, wovon es keine Genesung gab.

Dank

In der Isolierzelle des Schriftstellerdaseins eingeschlossen zu sein – für Hans Keilson war das kein angenehmer Gedanke. Die hier vorgelegte Biographie hat mich nicht in die Einsamkeit geführt, im Gegenteil: In den sechs Jahren der Arbeit an diesem Buch war ich oft unterwegs, in Archiven und für Gespräche, in den Niederlanden und in Deutschland. Und dank der Kontakte, die ich, meist per Telefon oder E-Mail, mit den vielen Menschen unterhielt, die bereit waren, ihre Erinnerungen an Hans Keilson mit mir zu teilen, war auch die Arbeit am heimischen Schreibtisch kein einsames Exerzitium. Das umfangreiche Netzwerk, das er aufgebaut hatte, wurde mir als Biograph sozusagen in den Schoß geworfen.

In der Einleitung habe ich den ebenfalls umfangreichen Nachlass von Hans Keilson bereits erwähnt. Da gab es einzigartige, unpublizierte Texte wie die Korrespondenzen innerhalb der Familie, die mich hautnah an die großen und kleinen Erlebnisse der Keilsons herankommen ließen. Auch das *Tagebuch 1944* und die Erinnerungen *Da steht mein Haus* waren wichtige Quellen, aus denen ich den jungen Hans Keilson kennenlernte. Der biographische Dokumentarfilm *Bis zur Umkehrbank* des Filmemacher-Ehepaars Wilhelm Rösing und Marita Barthel-Rösing gab mir buchstäblich Einblick in Keilsons Leben.

In Hans Keilsons Geburtsort Bad Freienwalde war das Oderlandmuseum ein wichtiger Ort für Nachforschungen. Der Archivleiter Reinhard Schmook war als Kenner der Lokalgeschichte eine unentbehrliche Quelle. Die Zeitungen aus der Vorkriegszeit, die ich dort einsehen konnte, führten mich zurück in die Aktualitäten der zwanziger Jahre, wie beispielsweise zu den Aktivitäten der örtlichen Literarischen Vereinigung, die für den jungen Hans Keilson kulturell prägend waren. In Bad Freienwalde habe ich außer Herrn Schmook eine ganze Reihe von Freienwaldern kennengelernt, die mir weiterhalfen, darunter das Ehepaar Hans-Peter und Maria Trömel, Gerda Bruchholz und Helga Baumgärtner. Der Filmemacher und Schriftsteller Eberhard Görner trug mit seinem Wissen zu meinem Verständnis der Vergangenheit bei. Er zeigte mir Filmaufnahmen von Hans Keilson und seiner Schwester Hilde Robinsohn-Keilson und schickte mir immer wieder Artikel, die für meine Spurensuche relevant waren. Eberhard und seine Frau Heide wurden mir Freunde von großer Gastfreundschaft.

Ilselore Ammer, bis zu ihrer Pensionierung Leiterin der örtlichen, nach Hans Keilson benannten Stadt- und Kreisbibliothek, zeigte mir Bad Freienwalde, so dass ich mich dort vertraut zu fühlen begann. Die Bibliothek organisierte zwei Keilson-Abende, bei denen ich sprechen konnte. Ich wohnte in einer Ferienwohnung der »Tourist-Information«. Zwei Häuser weiter hatten die Keilsons gewohnt.

Das Deutsche Exilarchiv 1933–1945 in Frankfurt am Main und das Institut für Zeitungsforschung in Dortmund versahen mich mit wichtigen Informationen bezüglich der Aktivitäten von Hans Keilson als Präsident des Londoner PEN-Zentrums deutschsprachiger Autoren im Ausland. Im Deutschen Literaturarchiv in Marbach durfte ich, neben anderen wichtigen Quellen, dank der Vermittlung der Verlegerin Monika Schoeller das Material des Archivs des S. Fischer Verlags einsehen. Aus dem Archiv des Westermann Verlages erhielt ich zusätzliche Informationen zur Publikation des Romans *Der Tod des Widersachers.* Auf der Website der Arolsen Archives konnte ich die Karteikarten der Eltern Keilson aus der Kartothek des Lagers Westerbork in Augenschein nehmen.

In den Niederlanden erhielt ich im NIOD (*Nederlands Instituut voor Oorlogs-, Holocaust- en Genocidestudies*) Einsicht in den dort untergebrachten Teilnachlass von Hans Keilson. Andere Fragen führten mich in das *Literatuurmuseum* und das *Nationaal Archief* in Den Haag, in das *Kenniscentrum van het Joods Cultureel Kwartier*, das *Stadsarchief Amsterdam*, wo ich das Archiv der *Nederlandse Vereniging voor Psychoanalyse* einsehen konnte, das Archiv der Jüdischen Gemeinde Naarden-Bussum (mit Dank an Annet Betsalel) und das *Gemeentearchief Gooise Meren en Huizen* in Naarden. Henk Schaftenaar und der *Stichting Vijverberg* verdanke ich wertvolle Hinweise. Eine besondere Quelle war das Privatarchiv Sjouk Sytstra im Besitz von Carla van Beers in Den Haag; dort fand ich Briefe von Hanna Sanders an ihre Untertauchgastgeber vor, die es möglich machten, ihre Seite der Liebesbeziehung mit Hans Keilson zu beleuchten.

Zur biographischen Spurensuche gehört, damit der Gegenstand der Biographie und seine soziale Umwelt lebendig werden, auch das Entschleiern der Innenwelten. Briefe und Tagebücher sind meist nicht genug. Ich danke allen, die bereit waren, Gespräche mit mir zu führen, die oft sehr persönlich waren. Wim Bloemendaal, Ben Fonderie, Gerben Hellinga und Patrick de Knoest betonten mir gegenüber, dass sie mit Hilfe von Hans Keilson in ihrem Leben einen neuen Weg hatten einschlagen können. Kontakt mit Menschen, die als Kinder zu den jüdischen Kriegswaisen gehört hatten und denen Hans Keilson als Psychiater und Ratgeber beigestanden hatte, war für dieses Buch unerlässlich. Ich danke den Brüdern Bram und Joop Asscher, Margriet Dekkers-van de Kar, Rob

Fransman, Rob Hompes und Frans Weisz, die offen mit mir über ihr Leben und Hans Keilsons Rolle darin gesprochen haben. Ich danke auch Philip Staal, dessen Bücher über seine Erfahrungen als Kriegswaise mir eine nützliche Quelle waren.

Mit Hans Keilsons Kollegin und Freundin Sieglinde von der Goltz habe ich in Berlin mehrmals gesprochen. Die mit Keilson befreundete Journalistin Dörte von Westernhagen war bereit, ihre Erinnerungen an Hans zu Papier zu bringen und in E-Mails zu erläutern. Auch ihre ausführlichen Briefe an Hans Keilson durfte ich lesen. Philip Rümke, Marian von der Dunk und ihr Bruder, der Historiker Hermann von der Dunk, waren bereit, über ihre Freundschaft mit Hans Keilson zu sprechen. Ihnen allen danke ich für ihre Offenheit.

Ein Biograph kann großes Glück haben. In seiner ersten Untertauchzeit wohnte Keilson im Gästezimmer der Familie Fontein auf dem Gelände der *Rekkense Inrichtingen*. Henk Fontein war dort Direktor. Mit einem seiner Söhne, Dick Fontein, habe ich noch über den Untertaucher Keilson im Hause Fontein sprechen können. Auch aus der zweiten, der Delfter Untertauchperiode, gab es noch Augenzeugen. Beide Töchter der Untertauchgastgeber Leo und Suus Rientsma waren bereit, mit mir zu sprechen. Einer Tochter der Nachbarn der Rientsmas, Els Birnie-van Oyen, konnte ich auch noch meine Fragen vorlegen. Den Nachbarsjungen und späteren Politiker Bram van der Lek konnte ich nicht mehr sprechen. Aber dank einer Tonbandaufnahme mit Erinnerungen habe ich doch auch seinen Bericht über den Untertaucher Hans Keilson hören können.

Ein besonderes Biographenglück war es, dass ich Yoram und Vardit Hoffman, die Kinder von Hanna Sanders, kennenlernen und mit ihnen die Untertauchorte von Hanna und Hans in Delft besuchen konnte. Die heutigen Bewohner zeigten uns die Wohnungen und die Untertauchverstecke. Jaap Sanders, Hannas jüngsten Bruder, hatte ich schon davor besuchen können. Mit ihm sprach ich über die Sonette, die Hans Keilson in seiner Delfter Zeit geschrieben hatte.

Ich danke allen Kollegen von Hans Keilson, mit denen ich sprechen konnte: Paul und Marye Bekkering, Margarete Berger, Werner Bohleber, Iki Freud, Karin Gässler, Regina van Gelderen, Ludger Hermanns, Dierk Juelich, Isidor Kaminer, Marianne Leuzinger-Bohleber, Wim Lucieer, David de Levita (Hans Keilsons Doktorvater) und Rolien van Mechelen.

Ein besonderes Wort des Dankes gilt all denen, die mir auf ihren Spezialgebieten Informationen verschafften: Hans Jonker (bezüglich des Aufschubs, den die Eltern Keilson zunächst erhielten, bevor sie nach Westerbork deportiert wurden), Eva Moraal (bezüglich der Korrespondenz der in Westerbork Internierten), Raymund Schütz (unter anderem über die Palästina-Zertifikate), Marieke Oprel (über *Het Nederlandse Beheersinstituut*), Frieda Voorhorst (über Gerhard Badrian), Arnold Goedhart (über die Dissertation von Hans Keilson) und Wolfdietrich Schmied-Kowarzik (über die Kontakte von Keilson mit der Gesamthochschule-Universität Kassel).

Im Laufe meines Projektes wurde eine »Stichting Hans Keilson« gegründet, angeregt durch Lys Bouma und Ed de Heer. Die Aufgaben des Stiftungsvorstands übernahmen Hedy d'Ancona, Jaap Goedegebuure, Arnon Grünberg, Bloeme Keilson und Theo Vos. Einige Jahre unterstützten sie das Biographieprojekt, namentlich durch Finanzierungsanträge. Während der Vorstandssitzungen bekam ich die Gelegenheit, mit ihnen über meine Arbeit an der Biographie zu sprechen. Auch dies trug dazu bei, dass ich mich nicht der Biographen-Einsamkeit ausgeliefert fühlte.

Man sagt, das Erste, was man als Biograph zu tun habe, sei: *kill the widow*. Damit wären, so hört man, viele Schwierigkeiten und Beschränkungen von Anfang an aus dem Weg geräumt. Aber Mordpläne habe ich nie gehegt. Wenn es jemand gab, der mir mit Rat und Tat zur Seite stand und mir zugleich alle Freiheit ließ, dann war das jedenfalls Marita Keilson. Sie brachte mich mit den Freunden und Bekannten ihres Mannes in Kontakt und fand auch noch die Zeit und die Energie, mein Manuskript ins Deutsche zu übersetzen. Ich bin Marita Keilson sehr dankbar für all die Zeit und Aufmerksamkeit, die sie diesem Projekt gewidmet hat. Auch ihren beiden Töchtern, Bloeme Keilson und Christine Koch, danke ich für die Offenheit, mit der sie auf meine Fragen eingegangen sind.

Hans Keilsons älteste Tochter Barbara trug einen wesentlichen Baustein bei: Sie erinnerte sich, wie ihr Vater an jenem Tag im Sommer 1945 nach Hause kam, als er Gewissheit über den Mord an seinen Eltern in Auschwitz erhalten hatte. Ihre Erinnerung hat eine kurze, dramatische Szene zu diesem Buch beigetragen. Barbaras Tochter Esther Wertwijn habe ich mehrmals sprechen können. Und die Erinnerungen von Frau Ursula Schengbier-Manz, einer Nichte von Keilsons erster Frau Gertrud, waren eine wichtige Quelle bei der Beschreibung von Gertruds Familie.

Diese Keilson-Biographie erschien im April 2023 im niederländischen Original im Verlag Nieuw Amsterdam in Amsterdam und im Mai 2024 auf Deutsch im S. Fischer Verlag. Bereits 2016 hatten die Verlage S. Fischer und Nieuw Amsterdam den zweisprachigen Keilson-Gedichtband *Sonnetten voor Hanna / Sonette für Hanna* möglich gemacht. Meine Übersetzung dieser Gedichte war mein erstes Keilson-Projekt, das ich als einen ersten Schritt auf dem Weg zu dieser Biographie sehe. Ich danke beiden Verlagen für ihr Vertrauen. Die Verlegerin Janneke Louman von Nieuw Amsterdam stand bereits hinter diesem Biographieprojekt, bevor ich auch nur ein einziges Wort zu Papier gebracht hatte. Bei S. Fischer habe ich mich von der leider 2019 verstorbenen Verlegerin Monika Schoeller, die auch ihrem Autor Hans Keilson sehr gewogen war, immer unterstützt gefühlt. Die gute Zusammenarbeit mit dem Lektor Roland Spahr und sein Interesse an der Entstehung der Biographie habe ich in all den Jahren als wichtig und ermutigend erfahren. Norma Schneider hat das deutsche Manuskript mit äußerster Sorgfalt gelesen, kommentiert und korrigiert. Dörte Rehberg bin ich für die Gestaltung des Buches zu Dank verpflichtet.

Sehr dankbar bin ich meinem niederländischen Lektor beim Verlag Nieuw Amsterdam, Ton van Luin, für seine Sorgfalt in der Endphase des niederländischen Manuskriptes. Meinen Mitlesern Hein Aalders, Marita Keilson und Theo Vos danke ich für ihre Kommentare zu meinem Text. Theo Vos danke ich außerdem für die Erstellung der Übersicht über die Buchpublikationen von Hans Keilson, Ewout van der Hoog für das niederländische Register und Yulia Knol für das Layout und das Korrekturlesen der niederländischen Ausgabe.

Ich danke allen, die meine Arbeit an dieser Biographie finanziell möglich gemacht haben, auch denen, die dabei eine vermittelnde Rolle spielten. Ohne sie hätte dieses umfangreiche Projekt nicht verwirklicht werden können. Die Liste der Instanzen und Personen, die diese Biographie finanziell möglich machten, findet sich vorn in diesem Buch.

Viele Namen von Menschen, die mir zur Seite standen, habe ich hier bereits genannt. Es folgt nun eine (hoffentlich) vollständige alphabethische Liste all derer, die mir geholfen haben und denen mein Dank gilt. Einige von ihnen haben die Vollendung der Biographie nicht mehr erlebt; ihre Namen sind in der folgenden Liste kursiv gesetzt.

Hein Aalders, Coen Abram, Guido Abuys, Ilselore Ammer, Hedy d'Ancona, *Elisabeth Andersen*, Els Andringa, Sylvia Asmus, Bram Asscher, Daniël Asscher, Joop und Iris Asscher, Bernard Asselbergs, Erik Bakker, Jan-Pieter Barbian, Tjaard Barnard, Marita Barthel-Rösing, Helga Baumgärtner, Carla van Beers, Heidi Behn, *Paul Bekkering* und *Marye Bekkering-Merens*, Judith Belinfante, André Berg, Margarete Berger, Hubert Berkhout, Michiel Besters, Annet Betsalel, Jan de Beus, Els Hester Birnie-van Oyen, Oskar Gottlieb Blarr, Wim Bloemendaal, Lies de Boer-Rientsma, Werner Bohleber, Hilde Bos-Hardonk, Lys Bouma, José Bouman-Elskamp, Elisabeth Brainin, Edeltraud Braun, Menno ten Brink, Erika Britzke, Gerda Bruchholz, Siv Bublitz, Ulrich von Bülow, Hannah Bunnik, Leila Bunnik, Paco Bunnik, Ernst-Joachim Burkart, Hans Cohen, Jaap Cohen, Antje Contius, Jan-Jaap Dekkers, Margriet Dekkers-van de Kar, Heinrich Detering, Ralf Dose, Primavera Driessen Gruber, Bimbie von der Dunk, *Hermann von der Dunk*, Marian von der Dunk, Thomas von der Dunk, Friedrich-Wilhelm Eickhoff, Mickey Elitzur-Lissauer, Margaliet Engelsman, Birgit R. Erdle, Ton Esman, Hans Ester, Corinna Fiedler, Ben und Lies Fonderie, *Dick Fontein*, Rob Fransman, Iki Freud, Gerda Frijda, Rutger Jan van der Gaag, Jan Geurt Gaarlandt, Ariane Garlichs, Karin Gässler, Bärbel Gäthje, Rudolf Geel, Bas van Geenen, Regina van Gelderen, Jaap Goedegebuure, Arnold Goedhart, Sieglinde von der Goltz, Loes Gompes, Eberhard und Heide Görner, Ilse Grubrich-Simitis, Arnon Grünberg, Bepje Gülcher, Anita Gundlach, Lex Hagenaar, Elisheva van der Hal-van Raalte, Katja Happe, Ilse Hardonk, Gerd Harms, *Jaap Harten*, Jaap Hartog, *Joke Haverkorn van Rijsewijk*, Ed de Heer, Eric Heertje, Betty Heertje-Halberstadt, René van Heijningen, Gerben Hellinga, Heidrun Henschel, Ludger Hermanns, Daniela Herzberg, Manfred Herzer, *Kees Hin*, Vardit Hoffman, Yoram Hoffman, Barbara Hoffmeister, Michiel Hofmans, *Rob Hompes*, Michael Hompes, Dienke Hondius, Ewout van der Hoog, Mirjam Hoyler, Pieter Huijgens, Anne Ipsen, Hans Jonker, Johan Joor, Dierk Juelich, Ullrich Junker, Philip Kahn, René Kahn, Isidor J. Kaminer, Matthias Kamm, Karin van Kasteel, Chris ten Kate, Christine Kausch, Bloeme Keilson, Marita Keilson-Lauritz, Thomas Kemme, Robert Klatser, Verena Kleinschmidt, Patrick de Knoest, Yulia Knol, Christine Koch, Jeanette Koch, Katrin Kokot, Frank van Kolfschooten, Karola Kollath, Kees de Koning, Louise Koopman, Brigit Kooijman, Tilman Krause, Philip Kurz, Ulrich Lamparter, *Andreas Landshoff*, Johanna Langenbrinck, Jan Lankelma, Ralf Lehmann, *Bram van der Lek*, Joachim Lerchenmüller, Marianne Leuzinger-Bohleber, *David de Levita*, Sabine Lichtenstein, Mart van Lieburg, Fleur van Lit, Elisabeth Lockhorn, Janneke Louman, Wim Lucieer, Beate Lücke, Irmela von der Lühe, Jaap van Luin, Ton van Luin, Peter Manasse, Rolien van Mechelen, Judith Meijer, Laura Mertens, Florian Mildenberger, Mario Molegraaf, Annet Mooij, Eva Moraal, *Ted Musaph-Andriesse*, Alexandra Nagel, Veronika Nawin, Heleen Niemeijer-Hesslink, Bert Nienhuis, Mirko Nottscheid, Klaas Oosterom, Marieke Oprel, Reinhard Pabst, Anna Marie Parkinson, Stephan Peters, Michael Philipp, Désirée Pihl, Christian Pross, Jan Philipp Reemtsma, Dörte Rehberg, Herman van Rens, Elke Riemer-Buddecke, Hannie Rientsma, Tom Rooduijn, Wilhelm Rösing, Gerard Rossing, *Philip Rümke*, Frank Sanders, Jaap und Sonja Sanders-Zwart, *Elly Sarphati*, Jeroen Sarphati, Henk Schaftenaar, Ursula Schengbier, Heinz Schneeweiß, Iris Schmied-Kowarzik, Wolfdietrich Schmied-Kowarzik, Reinhard Schmook, Norma Schneider, *Monika Schoeller*, Julius H. Schoeps, Kerstin Schoor, Jan Schüler, Pieter Schut, Raymund Schütz, Sebastian Schwerte, Hans Soetaert, Roland Spahr, Thomas Sparr, Ton Stam, Barbara Stambolis, *Willem Sutherland*, Dolores Swiderek, Ralf Syring, Hella Tegeler, Winfried Temme, Sabine

Thomasius, Werner Tress, *Hans-Peter Trömel*, Maria Trömel, Jaap Ubbels, Wiel Versteegen, Frieda Voorhorst, Theo Vos, Cornelius Weiß, Frans Weisz, Esther Wertwijn, Barbara Wertwijn-Keilson, Rudi Wester, Dörte von Westernhagen, Lies Wiersema, Annet Wilhelm, Gerard Willemsen, Ariane Wolfensberger-Reesink, Nora Wortel, *Jürgen Zimmer*.

Zeittafel

1909 12. Dezember: Hans Alex Keilson wird in Freienwalde an der Oder geboren

1928 Abitur am Gymnasium Bad Freienwalde

1928–1934
Medizinstudium in Berlin

1928–1930
Sportlehrerausbildung in Berlin-Spandau

1932 Konkurs des Textilgeschäftes der Eltern Keilson in Bad Freienwalde. Die Eltern ziehen nach Berlin

1933 30. Januar: Machtergreifung der Nazis; Hitler wird Reichskanzler
April: *Das Leben geht weiter* erscheint bei S. Fischer
Im Sommer: Begegnung mit Gertrud Pfeiffer-Manz

1934 Ärztliches Staatsexamen

1934–1935
Sport- und Musiklehrer am jüdischen Internat in Caputh

1934–1936
Sportlehrer an mehreren jüdischen Schulen in Berlin und medizinischer Sportberater der jüdischen Gemeinde Berlin

1935 Nürnberger Rassengesetze. Keilsons Beziehung mit der nicht jüdischen Gertrud Pfeiffer-Manz ist dadurch fortan illegal
Aufnahme in die Reichsschrifttumskammer (RSK) verweigert

1936 5. September: Ausreise / Flucht in die Niederlande
Oktober: Gertrud Pfeiffer-Manz kommt ebenfalls in die Niederlande

1938–1940
Publiziert unter dem Pseudonym Alexander Kailand Gedichte

(auf Deutsch) in der niederländischen Literaturzeitschrift *De Gemeenschap*

1938–1939
Unter dem Pseudonym Benjamin Cooper Mitarbeit an der Herausgabe niederländischer Anthologien

1938 Die Nacht vom 9. auf den 10. November: Pogromnacht in Deutschland

1939 Die Eltern Keilson flüchten in die Niederlande

1940 10. Mai: Überfall auf die Niederlande, Beginn der deutschen Besetzung
27. August: Geburt des Sohnes Tom, der bald nach der Geburt stirbt

1941 22. August: Geburt der Tochter Barbara

1943 April bis September: Hans Keilson taucht unter in Rekken, Provinz Gelderland, und schreibt dort das lange Gedicht »Einer Träumenden« für und über Gertrud
22./23. April: Max und Else Keilson werden in das Lager Westerbork deportiert
7. September: Hans Keilson taucht in Delft unter
16. November: die Eltern Keilson werden aus Westerbork nach Auschwitz-Birkenau deportiert und dort am 19. November ermordet

1944 Nach der Begegnung mit Hanna Sanders schreibt Hans Keilson in Delft für sie 46 Sonette. Auch die *Komödie in Moll* entsteht in dieser Zeit
Oktober: Hans Keilson erwähnt in seinem Tagebuch das Manuskript *Der Tod des Feindes* als abgeschlossen (d. i. die erste Fassung des Romans *Der Tod des Widersachers*)

1944–1945
Ende Dezember: Hans Keilson kehrt nach Naarden zurück und lebt bis zur Befreiung im Mai 1945 untergetaucht bei Gertrud Pfeiffer-Manz

1945 5. Mai: Befreiung der Niederlande von der deutschen Besetzung
5. Juli: standesamtliche Trauung mit Gertrud Manz

Beginn der Arbeit für Le-Esrath Ha-Jeled (dem Kind zur Hilfe)

1947 *Komödie in Moll* erscheint bei Querido / Bermann-Fischer in Amsterdam und als *Comedie in mineur*, in der niederländischen Übersetzung von Hanna Sanders, im Verlag Phoenix / Kroonder
Entfeindungsverfahren in den Niederlanden
Beantragung der niederländischen Staatsbürgerschaft
Niederländisches Arztexamen

1949 Beginn der Ausbildung zum Psychoanalytiker

1951 Hans und Gertrud Keilson erhalten die niederländische Staatsangehörigkeit
Registrierung als Nervenarzt, Eröffnung der Praxis in Naarden

1952 Erlaubnis für psychoanalytische Behandlungen

1958 Umzug nach Bussum

1959 *Der Tod des Widersachers* erscheint im Verlag Westermann

1960 *Der Tod des Widersachers* erscheint in niederländischer Übersetzung unter dem Titel *In de ban van de tegenstander* im Verlag De Tijdstroom

1961–1962
Eine englische Übersetzung, *The Death of the Adversary*, erscheint in England und den USA

1963 3. Januar: Eheschließung mit Gertrud nach jüdischem Ritus
Hans Keilson wird Mitglied der Nederlandse Vereniging voor Psychoanalyse (NVPA)

1967–1975
Wissenschaftlicher Mitarbeiter der Kinderpsychiatrischen Klinik der Universiteit van Amsterdam, mit der Möglichkeit, an seiner Dissertation über die jüdischen Kriegswaisen zu arbeiten

1968 Die Erzählung »Dissonanzen-Quartett« erscheint im Sammelband *Die Väter* bei S. Fischer

1969 Reise nach Israel für die Doktorarbeit über die jüdischen Kriegswaisen
7. Juli: Gertrud Keilson-Manz stirbt

1970 Ende der Arbeit für Le-Esrath Ha-Jeled

5. Oktober: Eheschließung mit Marita Lauritz

1974 25. Oktober: Geburt der Tochter Bloeme

1979 22. Februar: Promotion an der Universiteit van Amsterdam mit der Dissertation *Sequentielle Traumatisierung bei Kindern. Deskriptiv-klinische und quantifizierend-statistische follow-up Untersuchung zum Schicksal der jüdischen Kriegswaisen in den Niederlanden*

1981 Hans Keilson erhält die Ramaer-Medaille, den wissenschaftlichen Preis der Nederlandse Vereniging voor Psychoanalyse

1984 *Das Leben geht weiter* erscheint bei S. Fischer in der Reihe »Verboten und verbrannt / Exil«

1985–1988

Präsident des PEN-Zentrums deutschsprachiger Autoren im Ausland, London

1985 Silberne Medaille der Fédération Internationale de Résistance (FIR)

Korrespondierendes Mitglied der Deutschen Gesellschaft für Kinder- und Jugendpsychiatrie

1986 Der Gedichtband *Sprachwurzellos* erscheint im Verlag Edition Literarischer Salon, Gießen

1989 80. Geburtstag, gefeiert in Hamburg mit einem Symposium (Festschrift siehe 1990)

1990 3. Februar: die Stadt Bad Freienwalde verleiht Hans Keilson die Ehrenbürgerschaft

Hans Keilson erhält das Große Verdienstkreuz der Bundesrepublik Deutschland

Das lange Gedicht *Einer Träumenden* erscheint im Verlag Edition Literarischer Salon, Gießen

Publikation der von Dierk Juelich herausgegebenen Festschrift *Geschichte als Trauma. Festschrift für Hans Keilson zu seinem 80. Geburtstag.* Frankfurt am Main: Nexus Verlag

1992 Ehrendoktorat der Universität Bremen

1996 Im Sommersemester Gastprofessur an der Gesamthochschule-Universität Kassel (Franz-Rosenzweig-Lehrstuhl)

1997 Vortragsreise Trio-Trauma-Tour »Der kleine Soldat« zum Thema Kindersoldaten
Sommerreise ins ehemalige Ostpreußen

1998 *Wohin die Sprache nicht reicht. Vorträge und Essays aus den Jahren 1936–1996* erscheint im Verlag Edition Literarischer Salon, Gießen

1999 Korrespondierendes Mitglied der Deutschen Akademie für Sprache und Dichtung in Darmstadt
Elise M. Hayman Prize der International Psychoanalytical Association (IPA)
12. Dezember: 90. Geburtstag, gefeiert in Naarden

2000 Januar: Geburtstags-Symposium in Kassel (Festschrift siehe 2001)
Ehrenmitglied der Gesellschaft für Exilforschung, Berlin

2001 Publikation der von Marianne Leuzinger-Bohleber und Wolfdietrich Schmied-Kowarzik herausgegebenen Festschrift »*Gedenk und vergiß – im Abschaum der Geschichte*«. *Trauma und Erinnern. Hans Keilson zu Ehren*. Tübingen: Edition Diskord

2003 *Sieben Sterne. Reden, Gedichte und eine Geschichte* erscheint im Verlag Edition Literarischer Salon, Gießen

2004 12. Dezember: Hans Keilsons 95. Geburtstag. Die öffentliche Bibliothek in Bad Freienwalde erhält den Namen »Stadt- und Kreisbibliothek ›Hans Keilson‹«

2005 Die Werkausgabe *Werke in zwei Bänden*, herausgegeben von Heinrich Detering und Gerhard Kurz, erscheint bei S. Fischer
Hans Keilson erhält den Johann-Heinrich-Merck-Preis für Essayistik der Deutschen Akademie für Sprache und Dichtung, Darmstadt

2006 Ehrenmitglied des PEN-Zentrums deutschsprachiger Autoren im Ausland, London
Ehrenmitglied der Deutschen Psychoanalytischen Vereinigung (DPV)

2007 Hans Keilson erhält die Moses-Mendelssohn-Medaille des Moses Mendelssohn Zentrums in Potsdam

2008 Hans Keilson erhält in Berlin die Humboldt-Universitäts-Medaille und den WELT-Literaturpreis, verliehen von der Literaturbeilage der Tageszeitung *Die Welt*

2009 12. Dezember: 100. Geburtstag, gefeiert in Naarden. Verleihung des niederländischen Ordens »Officier in de Orde van Oranje-Nassau«

2010 Anfang August: Rezension zu *The Death of the Adversary* und *Comedy in a Minor Key* in der *New York Times*. Anlass großer internationaler Aufmerksamkeit

2011 Der Erinnerungsband *Da steht mein Haus* erscheint bei S. Fischer, die niederländische Übersetzung *Daar staat mijn huis* im Verlag Van Gennep in Amsterdam

31. Mai: Hans Keilson stirbt im Krankenhaus in Hilversum

3. Juni: Beerdigung auf dem alten Friedhof der Liberalen Jüdischen Gemeinde Amsterdam in Hoofddorp

Buchpublikationen Hans Keilson

GESAMTAUSGABEN

Werke in zwei Bänden. Herausgegeben von Heinrich Detering und Gerhard Kurz. Frankfurt am Main: S. Fischer Verlag, 2005.

Band 1: *Romane und Erzählungen*. (*Das Leben geht weiter / Komödie in Moll / Der Tod des Widersachers / Dissonanzen-Quartett*).

Band 2: *Gedichte und Essays* (*Sprachwurzellos / Einer Träumenden / Einzelne Gedichte / Wohin die Sprache nicht reicht / Einzelne Essays, vermischte Schriften*).

PROSA

Das Leben geht weiter. Roman. Berlin: S. Fischer Verlag, 1933. Neuausgabe 1984 mit dem Untertitel »Eine Jugend in der Zwischenkriegszeit« und einem Nachwort von Hans Keilson. Frankfurt am Main: Fischer Taschenbuch Verlag, 1984 u. ö.

ÜBERSETZUNGEN:

Het leven gaat verder. Roman. Übersetzt von Frank Schuitemaker. Amsterdam: Van Gennep, ^{1}2011, ^{4}2012 u. ö.

Life Goes on. Übersetzt von Damion Searls. New York: Farrar, Straus and Giroux, 2012.

Komödie in Moll. Amsterdam: Querido Verlag, 1947. Neuausgabe: Frankfurt am Main: Fischer Taschenbuch Verlag, 1988 und 1995.

ÜBERSETZUNGEN:

Comedie in Mineur. »Geautoriseerde vertaling van Mevrouw H[anna]. Sanders«. Bussum: Uitgeverij Phoenix (Gebroeders E. & M. Cohen), 1947. Neuausgabe 2010 als *Komedie in mineur*, in von Frank Schuitemaker überarbeiteter Übersetzung (Amsterdam: Van Gennep, 2010).

Comedy in a Minor Key. Übersetzt von Damion Searls. New York: Farrar, Straus and Giroux, 2010 u. ö.

Ferner Übersetzungen ins Baskische, Dänische, Französische, Griechische, Hebräische, Italienische, Koreanische, Norwegische, Portugiesische, Schwedische, Spanische und Ungarische.

Der Tod des Widersachers. Roman. Braunschweig: Georg Westermann, 1959. Neuausgabe: Frankfurt am Main: Fischer Taschenbuch Verlag, 1989 und 2010.

ÜBERSETZUNGEN:

In de ban van de tegenstander. Übersetzt von M. G. Schenk. Lochem: De Tijdstroom, o. J. [1960]. Neuausgabe: Bussum: De Haan, 1982. Neuausgabe in von Frank Schuitemaker bearbeiteter Übersetzung: Amsterdam: Van Gennep, 2009 ([14]2014).

The Death of the Adversary. Übersetzt von Ivo Jarosy. London: Oswald Wolff, 1961 / New York: The Orion Press, [1962]. Neuausgabe: New York: Farrar, Straus and Giroux, 2010.

Ferner Übersetzungen ins Dänische, Finnische, Französische, Hebräische, Italienische, Norwegische, Portugiesische, Russische, Slowenische, Spanische und Ungarische.

Da steht mein Haus. Erinnerungen. Herausgegeben von Heinrich Detering. Mit einem Gespräch zwischen Hans Keilson und dem Herausgeber. Frankfurt am Main: S. Fischer, 2011.

ÜBERSETZUNGEN:

Daar staat mijn huis. Herinneringen. Übersetzt von Piet de Moor. Amsterdam: Van Gennep, 2011.

Ferner Übersetzungen ins Englische, Französische, Hebräische und Spanische.

Tagebuch 1944 und 46 Sonette. Herausgegeben von Marita Keilson-Lauritz. Mit einem Nachwort von Heinrich Detering. Frankfurt am Main: S. Fischer, 2014.

ÜBERSETZUNGEN:

Dagboek 1944. Ingeleid en van noten voorzien door Marita Keilson-Lauritz. Übersetzt von Hans Driessen. Zehn Sonette übersetzt von Jos Versteegen. Amsterdam: Van Gennep, 2014.

Diary 1944. Übersetzt von Damion Searls. New York: Farrar, Straus and Giroux, 2017.

GEDICHTE

Sprachwurzellos. Gedichte. Gießen: Edition Literarischer Salon, ^{1}1986, ^{2}1988, ^{3}1989, ^{4}1993, ^{5}1998. Die verschiedenen Auflagen enthalten jeweils neu hinzugefügte Gedichte.

Einer Träumenden. Poem. Gießen: Edition Literarischer Salon, 1992.

Ballade van de aardse Jood en andere gedichten 1933–1944. Übersetzt von Jos Versteegen. Zweisprachige Ausgabe. Amsterdam: Van Gennep, 2015.

Sonette für Hanna / Sonnetten voor Hanna. Deutsch-Niederländisch. Übertragung der Sonette ins Niederländische: Jos Versteegen. Mit einem Nachwort des Übersetzers und einem Kommentar zu den Gedichten herausgegeben von Jos Versteegen und Marita Keilson-Lauritz. Eine Gemeinschaftsausgabe der Verlage S. Fischer und Nieuw Amsterdam. Frankfurt am Main: S. Fischer, 2016.

WISSENSCHAFTLICHE ARBEITEN UND ESSAYS

Problemen in de sexuele opvoeding. Amsterdam: Uitgeverij Broekman & De Meris, o. J. [ca. 1963]. Auch in deutscher Übersetzung als: *Probleme in der sexuellen Erziehung.* Essen: Neue Deutsche Schule Verlagsgesellschaft mbH, 1966.

Sequentielle Traumatisierung bei Kindern. Deskriptiv-klinische und quantifizierend-statistische follow-up Untersuchung zum Schicksal der jüdischen Kriegswaisen in den Niederlanden. Von Hans Keilson / unter Mitarbeit von Herman R. Sarphatie. Stuttgart: Ferdinand Enke Verlag, 1979. Neuausgabe: Gießen: Psychosozial-Verlag, 2005. Übersetzungen ins Englische (Jerusalem: The Magnes Press, The Hebrew University, 1992) und Französische (Paris: PUF Presses Universitaires de France, 1998).

Wohin die Sprache nicht reicht. Vorträge und Essays aus den Jahren 1936–1996. Mit einem Nachwort von Wolfdietrich Schmied-Kowarzik. Gießen: J. Ricker'sche Universitätsbuchhandlung / Edition Literarischer Salon, 1998.

Zerstörung und Erinnerung. Gießen: J. Ricker'sche Universitätsbuchhandlung / Edition Literarischer Salon, 1999.

Sieben Sterne. Reden, Gedichte und eine Geschichte. Mit einem Nachwort von Gerhard Kurz. Gießen: J. Ricker'sche Universitätsbuchhandlung / Edition Literarischer Salon, 2003.

Kein Plädoyer für eine Luftschaukel. Essays, Reden, Gespräche. Herausgegeben von Heinrich Detering. Frankfurt am Main: Fischer Taschenbuch Verlag, 2011.

Liever Holland dan heimwee. Gedachten en herinneringen. Übersetzt und eingeleitet von Piet de Moor. Amsterdam: Van Gennep, 2012 (enthält eine Auswahl aus den Essays in *Werke* 2).

Archive

Eine wesentliche Quelle für diese Biographie war der Nachlass von Hans Keilson. Der größte Teil des Nachlasses befindet sich im Privatbesitz von Marita Keilson-Lauritz, Bussum. Dort befindet sich vorläufig auch ein kleiner Teil des Nachlasses von Hans Keilsons Schwester Hilde Robinsohn-Keilson, der dort ebenfalls benutzt werden konnte.
Ein Teil des Nachlasses von Hans Keilson, der in direktem Zusammenhang mit seiner Untersuchung zur sequentiellen Traumatisierung bei Kindern steht, liegt im NIOD, Amsterdam, und konnte dort eingesehen werden.

Archief Joodse Gemeente Naarden-Bussum (Archiv der Jüdischen Gemeinde Naarden-Bussum), Bussum
Archief Nederlandse Vereniging voor Psychoanalyse (Archiv der Niederländischen Vereinigung für Psychoanalyse), im Stadtarchiv Amsterdam
Archiv Sjouk Sytstra, auf www.familiearchieven.nl
Archiv Institut für Zeitungsforschung, Dortmund
Archiv S. Fischer im Deutschen Literaturarchiv Marbach (DLA), Marbach am Neckar
Archiv Oderland-Museum, Bad Freienwalde
Arolsen Archives, Bad Arolsen
Deutsches Exilarchiv 1933–1945, in der Deutschen Nationalbibliothek, Frankfurt am Main
Deutsches Literaturarchiv Marbach (DLA), Marbach am Neckar
Gemeentearchief Gooise Meren en Huizen (Gemeindearchiv Gooise Meren und Huizen), Naarden
Kenniscentrum van het Joods Cultureel Kwartier (Informationszentrum des Jüdischen Kulturviertels), Amsterdam

Literatuurmuseum, Den Haag
Nationaal Archief (Nationales Archiv), Den Haag
NIOD Instituut voor Oorlogs-, Holocaust- en Genocidestudies (Institut für Kriegs-, Holocaust- und Genozidforschung), Amsterdam
Privatarchiv Marita Keilson-Lauritz, Bussum
Stadtarchiv Bad Freienwalde, Bad Freienwalde
Stiftung Anton van Duinkerken Nu, Bergen op Zoom
Universitätsarchiv der Humboldt-Universität zu Berlin, Berlin
Westermann Unternehmensarchiv, Braunschweig

Anmerkungen

Die Titel von Büchern und Artikeln werden in den Anmerkungen abgekürzt. Diese Kurztitel verweisen auf die vollständigen Titelbeschreibungen im Literaturverzeichnis.

Drei digitale autobiographische Dateien werden zitiert unter den Namen, die Hans Keilson ihnen selbst gab: »Memo 2a«, »Memo 4« und »Memo Diktate Amorbach«. Die ersten beiden Dateien hat Hans Keilson selbst geschrieben, die dritte Datei diktierte er seiner Frau Marita im Ferienhäuschen in Amorbach. Teile dieser und weiterer Dateien, die in den letzten fünfzehn Jahren seines Lebens entstanden, wurden von Heinrich Detering zu dem Erinnerungsband *Da steht mein Haus* (2011) zusammengefügt.

Bis zur Umkehrbank – Hans Keilson erinnert sich ist ein Dokumentarfilm über das Leben von Hans Keilson von Wilhelm Rösing und Marita Barthel-Rösing. Frankfurt am Main: Wilhelm Rösing Film Produktion, 1995.

Abkürzungen:

DLA = Deutsches Literaturarchiv Marbach
LM = Literatuurmuseum, Den Haag
NA = Nationaal Archief, Den Haag
NBI = Het Nederlandse Beheersinstituut
NHK = Nachlass Hans Keilson
NHRK = (Teil)Nachlass Hilde Robinsohn-Keilson
NIOD = NIOD Instituut voor Oorlogs-, Holocaust- en Genocidestudies
SSAN = Stads- en Streek Archief Naarden

SUK = Suhrkamp Verlag
VDA = Van Duinkerken Archief

Einleitung

1 Siehe: Fortuin, »Met een rugzak vol herinneringen«.
2 Prose, »As Darkness Falls«.
3 Lansu, »De vijand in jezelf«.

1 Ein Kurort bei Berlin

1 Die Beschreibung des Vaters folgt Keilson, *Da steht mein Haus*, S. 51.
2 Ebd. S. 46.
3 Gespräch mit Marita Keilson, 3. 12. 2019.
4 Dörr, »Bürgermeister Linsingen«, S. 43.
5 Schmook, *700 Jahre Bad Freienwalde*, S. 68.
6 Die Information in diesem Absatz stammt aus Dörr, »Bürgermeister Linsingen«, S. 45–47.
7 *Freienwalde, Eberswalde, Oderberg, Chorin und Umgebung. Praktischer Reiseführer*, S. 24–26. Diesem kleinen Reiseführer zufolge hatte Freienwalde damals 8635 Einwohner. Wikipedia nennt für 1910 bereits 10 200. Siehe https://de.wikipedia.org/wiki/Bad_Freienwalde_(Oder), eingesehen am 4. 1. 2017.
8 Die Eheschließung fand statt in Hirschberg, dem Wohnort der Braut (heute Jelenia Góra; Mitteilung des dortigen Standesamtes). Die Augen von Else: siehe Keilson, *Da steht mein Haus*, S. 52.
9 Die Adresse der Keilsons war Uchtenhagenstraße 1. Das Haus gibt es noch. Neben dem Eingang an der Uchtenhagenstraße hängt heute eine Plakette, die daran erinnert, dass Hans Keilson, Ehrenbürger von Bad Freienwalde, hier wohnte. Zur Baugeschichte des Hauses vgl. Schmook, *700 Jahre Bad Freienwalde*, S. 158.
10 Keilson, *Da steht mein Haus*, S. 22.
11 Personenstandsbücher Bad Freienwalde. Max Keilson meldete die Geburt am 4. Mai, den Tod am 12. Juni.
12 Keilson, »Memo Diktate Amorbach«. NHK.
13 *Oberbarnimer Kreisblatt*, 14. 12. 1909.

14 Keilson, »Nachwort« (zur Neuausgabe von *Das Leben geht weiter*, 1984), in: ders., *Werke 1*, S. 581–586, hier S. 581.

15 Der Familienname Keilson steht möglicherweise in Zusammenhang mit dem jiddischen Wort *keila*, hebräisch *keili*, »Fass«. Der Name suggeriert, dass der Betreffende viele Möglichkeiten oder Begabungen hat. Siehe https://kunst-en-cultuur.infonu.nl/taal/18153-joodse-meisjesnamen-en-hun-betekenis.html#joodse-meisjesnamen-met-de-letter-k, eingesehen am 13.3.2022. Chawa = Eva, sie nannte sich auch Emilie.

16 Eva Keilson (Tochter von Hermann Keilson, einem Bruder von Max), »Descendants of Hillel Keilson (1824–1916)«. Ein Stückchen Familiengeschichte, undatiert und unpubliziert. NHK.

17 Daten aus Familienpapieren und Notizen im NHK. Obwohl 1871 das Deutsche Kaiserreich gegründet worden war, war die Staatsbürgerschaft auch danach noch die des jeweiligen Teilstaates.

18 Keilson, »Memo 2a«. NHK.

19 Ebd.

20 Nathan Keilson (1842–1907) und Chawa Keilson-Mossesson (1843–1913).

21 Gespräch mit Marita Keilson, 3.12.2019.

22 Alexander Buttermilch (1824–1907).

23 Keilson, *Da steht mein Haus*, S. 56.

24 Else Keilson an Hans Keilson, 2.11.1938. NHK.

25 Keilson, »Memo 2a«. NHK.

26 Keilson, »Memo Diktate Amorbach«. NHK.

27 Keilson, *Da steht mein Haus*, S. 41–43, Zitat S. 43.

28 Hellmut Freund, »Begegnungen mit Hans Keilson«. Typoskript, NHK.

29 Keilson, *Da steht mein Haus*, S. 17–18.

30 Heerma van Voss / Daniël van der Meer, »Hans Keilson, ›De wereld is niet te redden‹«, S. 21.

31 Mitteilung Marita Keilson, 15.4.2020.

32 Keilson, »Memo Diktate Amorbach«. NHK.

33 Freund, *Vor dem Zitronenbaum*, S. 262.

34 Interview Barbara Hoffmeister mit Hans Keilson, Bussum, 18.2.2007. Digitaler Bestand, als Quelle benutzt in: Hoffmeister, *S. Fischer, der Verleger*. Ich danke Barbara Hoffmeister, die mir das vollständige Interview zur Verfügung stellte.

35 Keilson, »Memo Diktate Amorbach«. NHK.

36 Ebd.; siehe auch Keilson, »In der Fremde zuhause« (1992), S. 108.

37 Keilson, »Memo Diktate Amorbach«. NHK.

38 Fennema, »›Ik verdiende een centje bij als trompettist‹«.

39 Außer Mozart sollte er viele Komponisten schätzen lernen, darunter Bach (der ihm tröstend erschien und ein religiöses Gefühl wachrief), Tartini (die Sonate mit dem Teufelstriller), Haydn, Beethoven, Mendelssohn, Schubert, Schumann, Brahms, Wagner, Fritz Kreisler.

40 Tramper, »Hans Keilson: een eindeloze tijd van rouw«.

41 Hellmut Freund in *Bis zur Umkehrbank*.

42 Siehe http://www.jüdische-gemeinden.de/index.php/gemeinden/a-b/298-bad-freienwalde, eingesehen am 12.1.2017.

43 Schmook, *Bad Freienwalde (Oder)*, S. 17.

44 Keilson, *Da steht mein Haus*, S. 21 f.

45 Freund, *Vor dem Zitronenbaum*, S. 208.

46 Die Informationen kommen aus einem Gespräch mit Dr. Reinhard Schmook am 4.7.2017 und aus Hellmut Freund, »Begegnungen mit Hans Keilson«. Unpubliziertes Typoskript, NHK.

47 Keilson, »Zerstörung und Erinnerung«. In: ders., *Werke* 2, S. 444–453, Zitat S. 447.

48 Freund, *Vor dem Zitronenbaum*, S. 208.

49 Hans Keilson in *Bis zur Umkehrbank*.

50 Hans Keilson, »Zerstörung und Erinnerung«. In: ders., *Werke* 2, S. 444–453, Zitat S. 446.

51 Keilson, *Da steht mein Haus*, S. 63.

52 Ebd. S. 56 f.

53 Ebd. S. 23.

54 Ebd. S. 63 f.

55 Ebd. S. 58.

56 Ebd. S. 57.

57 Keilson, »Memo Diktate Amorbach«. NHK.

58 Siegmund Maybaum (1844–1919).

59 Keilson, »Memo Diktate Amorbach«. NHK.

60 Keilson, »Memo 2 a«. NHK.

61 Rohwer, »Unschuld? Nebbich!«, S. 12.

62 Keilson, »Memo 2 a«. NHK.

63 Keilson, »Memo Diktate Amorbach«. NHK.

64 Information und Zitate aus einem Brief von Elisabeth Carzin an Hans Keilson, 6.12.1959. NHK. Sie war von 1927 bis 1930 Krankenschwester im Krankenhaus in Bad Freienwalde.

65 Keilson, *Da steht mein Haus*, S. 19 f.

66 Ebd. S. 45, und Rohwer, »Unschuld? Nebbich!«, S. 12.

67 Keilson, *Da steht mein Haus*, S. 46 f.

1 Keilson, »Memo Diktate Amorbach«. NHK.
2 Keilson, »Memo 2 a«. NHK.
3 Ebd.; siehe auch Keilson, *Da steht mein Haus*, S. 47 f.
4 Zu den Kriegsfolgen für diesen Absatz und die folgenden: Schmook, *700 Jahre Bad Freienwalde*, S. 75–77.
5 Keilson, *Tagebuch 1944*, S. 24 f.
6 Detering, »Hundert Jahre«, S. 113.
7 *Bis zur Umkehrbank*.
8 Schmook, *700 Jahre Bad Freienwalde*, S. 78.
9 Keilson, »Memo Diktate Amorbach«. NHK.
10 Keilson, »Memo 2 a«. NHK.
11 Rohwer, »Unschuld? Nebbich!«, S. 26.
12 Meijer, »Een grensganger«.
13 Keilson, »Memo Diktate Amorbach«. NHK.
14 Keilson, »Memo 2 a«. NHK.
15 Die vier Fridericus-Rex-Filme von Arzén von Cserépy, mit Otto Gebühr in der Hauptrolle, hatten ihre Premiere 1920, 1921 und (Film drei und vier) 1923. Siehe https://de.wikipedia.org/wiki/Fridericus-Rex-Filme, eingesehen am 13. 3. 2017.
16 Rohwer, »Unschuld? Nebbich!«, S. 12.
17 Im April 1917 schlossen Deutschland und die Sowjetunion den Vertrag von Rapallo, einen die Wirtschaft betreffenden Vertrag, der de facto die Anerkennung des kommunistischen Staates bedeutete. Leiter der deutschen Delegation war Außenminister Rathenau.
18 https://web.archive.org/web/20130201002030/http://www.dhm.de/lemo/html/dokumente/wirth/index.html, eingesehen am 13. 5. 2020.
19 Ebd.
20 *Oberbarnimer Kreisblatt*, 27. 6. 1922. Im Übrigen stützt sich dieser Absatz auf den Dokumentarfilm *Von kommenden Dingen. Walther Rathenau in Freienwalde* von Eberhard Görner (E. G. Filmproduktion), 2011.
21 Schoeps, *Düstere Vorahnungen*, S. 32.
22 Emil Julius Gumbel publizierte die Zahlen in seiner Studie *Vier Jahre politischer Mord* (1922). Siehe https://de.wikipedia.org/wiki/Emil_Julius_Gumbel, eingesehen am 5. 8. 2021.
23 Keilson, *Da steht mein Haus*, S. 27. Im Film *Bis zur Umkehrbank* sagt Hans Keilson, er sei damals 14, 15 oder 16 gewesen.
24 *Bis zur Umkehrbank*.

25 Keilson, *Da steht mein Haus*, S. 27 f.
26 Über das Gespräch ebd. S. 28.
27 Keilson, *Da steht mein Haus*, S. 62.
28 Van Puymbroeck, »›Ik kan er nog even van genieten‹«.
29 Keilson, »Memo Diktate Amorbach«. NHK.
30 Weitz, *Weimar Germany*, S. 138; dt. MKL.
31 Rohwer, »Unschuld? Nebbich!«, S. 12.
32 Keilson, *Da steht mein Haus*, S. 50.
33 Ebd. S. 47.
34 Keilson, »Memo 2 a« (NHK); stilistisch leicht geglättet in: Keilson, *Da steht mein Haus*, S. 50.
35 Schmook, *700 Jahre Bad Freienwalde*, S. 78–79.
36 Schmook, »80 Jahre ›Bad‹ Freienwalde«, S. 16.
37 Über den Brand siehe »Großfeuer in Bad Freienwalde (Oder)« im *Oberbarnimer Kreisblatt*, 22. 3. 1927.
38 Mitteilung Dr. Reinhard Schmook.
39 Keilson, »Memo Diktate Amorbach«. NHK.
40 Ebd.
41 Ankündigungen finden sich im *Oberbarnimer Kreisblatt* für *Die versunkene Glocke* von Gerhart Hauptmann (Sommer 1926) und *Rosmersholm* von Ibsen (Sommer 1927).
42 Keilson, »Memo Diktate Amorbach«. NHK. Dort auch über die Freundschaft mit einem der Gastschauspieler, Wilm Gallwitz (1900–1981); siehe dazu Keilson, *Tagebuch 1944*, S. 131 und 178 f. Der Autor von *Alt-Heidelberg* ist Wilhelm Meyer-Förster. Titel und Autor des anderen Stückes sind nicht überliefert.
43 Keilson, »Memo Diktate Amorbach«. NHK.
44 Keilson, *Da steht mein Haus*, S. 35 f.
45 Ebd. S. 37 f.
46 Benannt nach der Mark Brandenburg. Siehe Sander, »1. Märkischer Wintersporttag«.
47 Am 11. Januar hatte er seinen Aufnahmeantrag beim Freienwalder Wintersportverein eingereicht. Am 17. Januar, vier Tage nach dem Sportfest, wurde der Antrag bewilligt. Eine Kopie des Antrags mit den Daten von Anfrage und Bewilligung befindet sich im NHK.
48 Keilson, »Memo Diktate Amorbach«. NHK.
49 Die Reichsjugendwettkämpfe wurden vom Deutschen Reichsausschuß für Leibesübungen organisiert. Die drei Urkunden mit Datum vom 20. 9. 1924, 17. 9. 1925 und 10. 9. 1927 befinden sich im NHK. Unklar ist, ob er 1926

nicht teilnahm oder ob die Urkunde aus diesem Jahr nur nicht erhalten ist.

50 Hellmut Freund, »Begegnungen mit Hans Keilson«, S. 5. Unpubliziertes Typoskript im NHK.

51 Hans Keilson, *Da steht mein Haus*, S. 38.

52 Hans Keilson, »In der Fremde zuhause« (1992), siehe S. 107. Auch in ders., *Werke* 2, S. 214–251, S. 220.

53 Keilson, *Da steht mein Haus*, S. 38–39. Edgar Rabsch (1892–1964).

54 Keilson, »Memo 2a«. NHK.

55 Keilson, »Memo Diktate Amorbach«. NHK.

56 Siehe https://de.wikipedia.org/wiki/Edgar_Rabsch_(Musikpädagoge), eingesehen am 21. 9. 2020.

57 Keilson, »Memo Diktate Amorbach«. NHK.

58 Ebd.

59 Keilson, *Da steht mein Haus*, S. 39 f.

60 Keilson, »Memo Diktate Amborbach«. NHK.

61 Ebd.

62 Keilson, *Da steht mein Haus*, S. 24. »Eva« ist Eva Keilson (1917–2013), die Tochter von Hermann Keilson und Eva Magnus.

63 Ebd. S. 25, und Keilson, »Memo Diktate Amorbach«. NHK. Um welchen Roman von Mereschkowski es sich handelte, ist unbekannt. Von Richard M. Meyer (1860–1914) befinden sich im Nachlass *Die deutsche Literatur bis zum Beginn des 19. Jahrhunderts* (Berlin: Georg Bondi, 1920) und *Die deutsche Literatur des 19. und 20. Jahrhunderts* (Berlin: Georg Bondi, 1920). *Sehen und Erkennen* von Paul Brandt (1861–1932) erschien erstmals 1910 und wurde immer wieder aufgelegt.

64 Der vollständige Name lautet: Blau-Weiß. Bund für Jüdisches Jugendwandern in Deutschland.

65 Dieser Absatz, einschließlich der Zitate, beruht auf Keilson, »Memo Diktate Amorbach«. NHK. Das Buch von Scholem war vermutlich *Die Geheimnisse der Schöpfung. Ein Kapitel aus dem Sohar*, 1935 im Schocken Verlag erschienen. Über den Zionismus als Rettung der Juden siehe Rohwer, »Unschuld? Nebbich!«, S. 11.

66 Ebd., S. 12. Im NHK befindet sich eine Ansichtskarte aus Palästina, vermutlich von einem dieser Jungen, Hans Cohn, aus dem Jahre 1926.

67 Keilson datiert den Vorfall auf 1925/1926. Wenn er sich in der Unterprima zutrug, dann wäre es das Schuljahr 1926/1927. Danach war Geißler nicht mehr Lehrer am Gymnasium; siehe Israël, *Staatliches Gymnasium,* S. 18.

68 Keilson, *Da steht mein Haus*, S. 69.

69 Meijer, »Een grensganger«.
70 Interview E. Hoffman mit Hans Keilson, undatiertes Kassettenband im NHK.
71 In *Vorwärts!* erschien das Gedicht am 10. 7. 1844 unter dem Titel »Die armen Weber«, siehe https://de.wikipedia.org/wiki/Die_schlesischen_Weber, eingesehen am 21. 1. 2020.
72 Die Familie Salisch besaß Webereien und/oder Spinnereien in dieser Gegend. Dessen war sich Hans Keilson bei der Wahl des Gedichtes nach eigener Aussage aber nicht bewusst; siehe Spreckelsen, »Die Macht wechselt«.
73 Siehe Keilson, *Da steht mein Haus*, S. 69, und Meijer, »Een grensganger«.
74 Zitiert aus *Heines Werke*. Herausgegeben von Prof. Dr. Ernst Elster. Kritisch durchgesehene und erläuterte Ausgabe. Zweiter Band. Leipzig: Bibliographisches Institut, o. J., S. 177 f.
75 Estelmann, »›Ich rede mit jedem Patienten anders‹«, Zitat S. 274.
76 Hans Keilson, »Überwindung des Nationalsozialismus«. In: ders., *Werke 2*, S. 402–417, S. 411.
77 Keilson, *Da steht mein Haus*, S. 69 f. »Klassenschiss« ist kein gebräuchliches deutsches Wort. Im Internet findet man die folgende Bedeutung von »Verschiss«: »Ein Verruf oder Verschiß ist in Zusammenhang mit Studentenverbindungen des 18. und 19. Jahrhunderts eine Ehrenstrafe mit Zwangsmittelcharakter, die von den Landsmannschaften verhängt wurde. Die Verrufe trafen meist einzelne Studenten.« Es dürfte sich um eine Ableitung hiervon in der Schülersprache handeln.
78 Meijer, »Een grensganger«.
79 *Bis zur Umkehrbank.*
80 Vaessen, *Duitsers onder de Nederlanders.* Siehe das Kapitel »Duitsland doet nog pijn. Hans Keilson«, S. 136.
81 Keilson, »Überwindung des Nationalsozialismus«. In: ders., *Werke 2*, S. 402–417, S. 412.
82 Wiede, *Rasse im Buch,* S. 96.
83 Mitteilung von Marita Keilson, 4. 2. 2020.
84 Klabund, *Deutsche Literaturgeschichte,* S. 64.
85 *Bis zur Umkehrbank.*
86 Estelmann, »›Ich rede mit jedem Patienten anders‹«, Zitat S. 274.
87 Keilson, *Da steht mein Haus*, S. 70.
88 *Bis zur Umkehrbank.*
89 Meijer, »Een grensganger«; dt. MKL.
90 Keilson, »Memo Diktate Amorbach«. NHK.

91 »Aufstellung des Auswanderungsgutes von Max Keilson und seiner Ehefrau Else, geb. Buttermilch«, Berlin-Friedenau, 11. 1. 1939. NHK.

92 Göbel / Zappe, »Meine Trauer ist tiefer als der Hass«. Auch digital unter https://www.hu-berlin.de/de/ueberblick/menschen/prominente/keilson.

93 K[eilson], »Hermann Hesse, Demian«. In: *Kannst Du ein Buch empfehlen? Zum Schülerpreisausschreiben des Börsenvereins der Deutschen Buchhändler Leipzig*. Leipzig: Verlag des Börsenvereins der Deutschen Buchhändler zu Leipzig, 1928, S. 17–20. Wiederabgedruckt in ders., *Werke* 2, S. 343–346.

94 Hans Keilson, »In der Fremde zuhause« (1992), S. 104. Auch in Keilson, *Werke* 2, S. 214–251, Zitat S. 217.

95 Wie Anm. 93, Zitate S. 343 und 345.

96 Walberer, »Ich brauche kein Mahnmal«, Zitat S. 80 f.

97 Gay, *Freud*, S. 194 f.

98 Van Puymbroeck, »›Ik kan er nog even van genieten‹«. – Regina van Gelderen, Irene Mettrop, »Hans Keilson«. Unpubliziertes Interview, 14. 2. 2011. NHK.

99 Estelmann, »›Ich rede mit jedem Patienten anders‹«, Zitat S. 268.

100 Ferguson, »Het démasqué van het scandalon«.

101 Detering, »Hundert Jahre«, S. 126.

102 Keilson, *Das Leben geht weiter*. In: ders., Werke *1*, S. 7–248, S. 111.

103 Das Ehepaar Hans-Peter und Maria Trömel in Bad Freienwalde besitzt eine anlässlich des 70. Geburtstages von von Weiher am 28. 12. 1945 erstellte Liste der Vorträge: »Literarische Vereinigung zu Bad Freienwalde (Oder) 1920–1933. Verzeichnis der Veranstaltungen«. Mit Dank an Hans-Peter und Maria Trömel.

104 Danach hatten die Zusammenkünfte vermutlich einen nationalsozialistischen Charakter.

105 Zu Julius Dörr (1850–1930) siehe https://de.wikipedia.org/wiki/Julius_Dörr, eingesehen am 21. 2. 2017.

106 Keilson, »Herzlich willkommen in Bad Freienwalde!«, S. 4.

107 Israël, *Staatliches Gymnasium*, S. 18. Mit Dank an Helga Baumgärtner.

108 Trömel, *Literarisches Leben in Bad Freienwalde*, S. 16 f. Eine zusammenfassende Übersicht über die Aktivtäten der Literarischen Vereinigung in den zwanziger Jahren findet sich in *Oberbarnimer Kreisblatt und Freienwalder Zeitung* vom 10. 1. 1928.

109 Regina van Gelderen, Irene Mettrop, »Hans Keilson«. Unpubliziertes Interview vom 14. 2. 2011. NHK.

110 Schaevers, »De tien decennia«.

111 Walberer, »Ich brauche kein Mahnmal«, siehe S. 78. In diesem Interview

spricht Hans Keilson irrtümlicherweise von einem Vortrag im Handwerkerverein.

112 S[chmidt], »Thomas Mann-Vortrag«.

113 Keilson, *Das Leben geht weiter*. In: ders., *Werke 1*, S. 7–248, S. 112 f.

114 Aus einem unpublizierten, titellosen Artikel, vermutlich geschrieben anlässlich des 60. Geburtstages von Thomas Mann am 6. Juni 1935. Oben am Rande des Typoskripts steht in der Handschrift von Hans Keilson: »Aus einer tiefen Verzweiflung geschrieben.« NHK.

115 Ebd.

116 Walberer, »Ich brauche kein Mahnmal«, siehe S. 78.

117 Keilson, »Grenzsituationen«, S. 15.

118 Die Informationen in diesem Absatz stammen aus Ulrich Walberer, »Ich brauche kein Mahnmal«.

119 *Tonio Kröger* und *Unordnung und frühes Leid* erschienen 1903 bzw. 1926. *Unordnung und frühes Leid* war also noch recht neu, als Keilson es von Burkart bekam. 1925 hatte *Unordnung und frühes Leid* bereits als Vorabdruck in der *Neuen Rundschau* gestanden. Die Information über Burkart in diesem Absatz stammt aus Walberer, »Ich brauche kein Mahnmal«, Zitat S. 78.

120 Ebd. S. 79.

121 Thomas Mann, *Die Erzählungen 1*, S. 219.

122 Siehe Anm. 114.

123 Hans Keilson, »Psychoanalyse und man-made-disaster. Versuch der Beschreibung eines persönlichen Werdeganges«. Unpubliziertes Typoskript. NHK. Dass die Begegnung 1935 in Berlin stattfand, sagt Keilson in einem Interview mit E. Hoffman, o. O., o. J., Kassettenband im NHK.

124 Walberer, »Ich brauche kein Mahnmal«, Zitat S. 78 f.

125 Irene Armbruster, »Literatur und Wissenschaft«. Der Name Burkart wird hier irrtümlich »Burkhart« geschrieben.

126 Zur Karriere von Burkart siehe: *Die Kabinettsprotokolle der Hannoverschen und der Niedersächsischen Landesregierung 1946 bis 1951*. Herausgegeben vom Niedersächsischen Landesarchiv und vom Göttinger Institut für Demokratieforschung. Eingeleitet und bearbeitet von Teresa Nentwig. Veröffentlichungen der Historischen Kommission für Niedersachsen 269. Hannover: Verlag Hahnsche Buchhandlung, Teilband 2 (unter »Biogramme«), 2012, S. 1478. Siehe auch die Todesanzeige in der FAZ am 27. 3. 1961.

127 Information über die Lektüre des Schuljahrs findet sich in: Israël, *Staatliches Gymnasium*.

128 Das »Zeugnis der Reife« befindet sich im NHK.

129 Keilson, »Memo Diktate Amorbach«. NHK.

130 Keilson, *Das Leben geht weiter*. In: ders., *Werke 1*, S. 7–248, S. 15.

131 Hermann Keilson (1873–1937) und Eva Keilson (1917–2013). Siehe, auch zum Folgenden, Eva Keilson, »Descendants of Hillel Keilson (1824–1916)«. Ein Stückchen Familiengeschichte, undatiert und unpubliziert. NHK.

132 Auf *Dantons Tod* kommt Keilson unter anderem im Interview mit Ralf Syring zu sprechen; siehe Syring, »Een Nederlands accent«.

133 Keilson, »Memo Diktate Amorbach«. NHK.

134 Ebd.

135 Rohwer, »Unschuld? Nebbich!«, S. 14.

136 Über den SPD-Bürgermeister, die örtliche NSDAP-Abteilung und die Zusammenkünfte im Hotel siehe: Schmook, *700 Jahre Bad Freienwalde*, S. 79 und 82.

137 *Bis zur Umkehrbank*.

138 *Oberbarnimer Kreisblatt*, 14. 10. 1929.

139 Weitz, *Weimar Germany*, S. 144.

140 Keilson, »›Sieben Sterne …‹ Meine Geschichte zur Sprache gebracht«. In: *Werke 2*, S. 454–469, Zitat S. 463.

141 Unpubliziertes Manuskript, vermutlich Mitte der achtziger Jahre, in der Mappe »Sudelnotizen«. NHK.

142 *Oberbarnimer Kreisblatt*, 14. 10. 1929.

143 Keilson, *Da steht mein Haus*, S. 43.

144 Im Vorstand der Synagoge waren auch der Hausarzt Dr. Happ und Oskar Radzewsky, der Inhaber des Kaufhauses Rautenberg an der den Keilsons gegenüberliegenden Ecke der Königstraße. Siehe Schmook, »Bad Freienwalde«, über den Vorstand siehe S. 20.

145 Keilson, *Da steht mein Haus*, S. 48.

146 *Oberbarnimer Kreisblatt*, 31. 3. 1933.

147 Schmook, »Bad Freienwalde«, S. 21.

148 Dr. Reinhard Schmook in *Bis zur Umkehrbank*.

149 Künkel, »Erinnerungen an die ›Kristallnacht‹ in Bad Freienwalde«.

150 Dr. Reinhard Schmook in *Bis zur Umkehrbank*.

151 Künkel, »Erinnerungen an die ›Kristallnacht‹ in Bad Freienwalde«, S. 20 f.

152 Dr. Reinhard Schmook in einer E-Mail vom 3. 8. 2017.

153 Schmook, *700 Jahre Bad Freienwalde*, S. 83 f.

154 Dr. Reinhard Schmook, »Gedenken an die ›Reichskristallnacht‹. Zum 19. Mal«. Ansprache am 9. 11. 2015. Archiv Jos Versteegen.

1 Das Zimmer hatten jüdische Bekannte der Eltern vermittelt oder vielleicht seine Schwester Hilde. Die Quellen widersprechen sich in diesem Punkt. Siehe Rohwer, »Unschuld? Nebbich!«, S. 15, und Keilson, *Da steht mein Haus*, S. 72. Über die Adresse des ersten Zimmers in Berlin herrscht auch Unklarheit. Es soll bei der U-Bahn-Haltestelle Hallesches Tor gewesen sein, »hinter dem Anhalter Bahnhof, in der Großgörschenstraße« (Rohwer, »Unschuld? Nebbich!«, S. 15). Der Name der Straße ist wahrscheinlich ein Irrtum; möglicherweise ist die Großbeerenstraße gemeint. Hans Keilson sollte später noch an allerlei anderen Adressen in der Stadt wohnen: im Bayrischen Viertel, in Steglitz, am Südwestkorso (dort mit Hilde und den Eltern), in der Bamberger Straße und am Fehrbelliner Platz. All diese Namen nennt er in Keilson, »Leid ist nicht meßbar«, S. 101. Siehe ferner Keilsons undatierten und unpublizierten Vortrag »Individualpsychologie im Schöneberger Rathaus. Erinnerungen an Alfred Adler und Manes Sperber«. NHK.

2 Rohwer, »Unschuld? Nebbich!«, S. 15. Die Mittelschule, an der seine Vermieterin unterrichtete, war die Moses-Mendelssohn-Schule an der Großen Hamburger Straße. Dort sollte Hans Keilson ab 1934 selbst Lehrer sein. Dass Hilde in einem jüdischen Studentenheim wohnte, steht in *Da steht mein Haus*, S. 72.

3 Keilson, »Memo Diktate Amorbach«. NHK. Die gebratenen Täubchen erwähnt die ehemalige Haushaltshilfe der Keilsons in dem Film *Bis zur Umkehrbank*.

4 Büsch / Haus, *Berliner Demokratie 1919–1985*, Band I: *Berlin als Hauptstadt der Weimarer Republik 1919–1933*, S. 221.

5 Krause, »Die Trauer, nicht der Haß«.

6 Siehe https://de.wikipedia.org/wiki/Einwohnerentwicklung_von_Berlin, eingesehen am 27. 3. 2017.

7 Rohwer, »Unschuld? Nebbich!«, S. 15.

8 Ebd. S. 16.

9 »›Ich lebe gern – solange ich neugierig bin‹. Gast beim PEN-Symposium: NZ-Gespräch mit dem Arzt und Schriftsteller Hans Keilson«. In: *Nordsee-Zeitung*, 6. 6. 1997.

10 Keilson, *Da steht mein Haus*, S. 78–80.

11 Ebd. S. 79.

12 Göbel / Zappe, »›Meine Trauer ist tiefer als der Hass‹«. Auch digital unter https://www.hu-berlin.de/de/ueberblick/menschen/prominente/keilson.

13 Hans Keilson an Hermann Stutte, 7. 11. 1980. NHK.

14 Siehe Kapitel 2, S. 64.

15 Gespräch mit Marita Keilson, 28.3.2017.

16 Hans Keilson in einem Interview mit E. Hoffman, o. O., o. J. Kassettenband im NHK.

17 Keilson, *Da steht mein Haus*, S. 79.

18 Mayer, *Jüdische Olympiasieger*, S. 67.

19 Lorenz Peiffer, »›Schulfeind‹ Fußball hat gesiegt«, S. 54. Siehe auch https://de.wikipedia.org/wiki/Deutschnationale_Volkspartei, eingesehen am 9.3.2017. Sowie Ueberhorst, *Edmund Neuendorff*, S. 7.

20 Die Anekdote wird erzählt in *Bis zur Umkehrbank* und in einem Interview mit E. Hoffman, o. O., o. J., Kassettenband im NHK.

21 Das Abschlusszeugnis vom 28.2.1930 im NHK.

22 Keilson, »Memo Diktate Amorbach«. NHK. Es ist nicht klar, in welcher Zeit Hans Keilson die Hausaufgaben der Jungen beaufsichtigte. Möglicherweise fiel die Sportausbildung in Spandau damit zeitlich größtenteils zusammen.

23 Ebd.

24 Information und Zitate ebd.

25 Hans Keilson, »Individualpsychologie im Schöneberger Rathaus. Erinnerungen an Alfred Adler und Manes Sperber.« Undatierter und unpublizierter Text im NHK. Das Zimmer war in der Apostel-Paulus-Straße.

26 Dieser und der vorige Absatz beruhen auf Keilson, »Memo Diktate Amorbach«. NHK.

27 Siehe Kapitel 1, S. 27.

28 Keilson, »Memo Diktate Amorbach«. NHK. Die Alf-Steiniger-Episode findet sich auch in *Da steht mein Haus*, S. 77, wo die irrtümliche Schreibung »Steininger« aus »Memo Diktate Amorbach« übernommen ist. Zu Peter Alfons Steiniger (1904–1980), einem nachmals hohen Juristen der DDR, siehe den Wikipedia-Eintrag.

29 Keilson, »Memo Diktate Amorbach«. NHK.

30 Primavera Driessen Gruber, »Interview met Dr. Hans Keilson«, 29.3.2011. Unpubliziert, NHK.

31 Keilson, *Da steht mein Haus*, S. 77 f.

32 Keilson, »Memo Diktate Amorbach«. NHK.

33 Meijer, »Een grensganger«; dt. MKL.

34 Siehe https://www.deutsche-biographie.de/sfz39849.html, eingesehen am 16.3.2021.

35 Keilson, »In der Fremde zuhause« (1992), S. 108, auch in: ders., *Werke* 2, S. 215–251, S. 221.

36 Walter Schmitt, 1931–1936 Medizinstudent in Berlin, erinnert sich, dass er Keilson in diese Band holte. Siehe Schmitt, *Eilig verschwindet die Zeit*, S. 29.

37 Keilson, *Da steht mein Haus*, S. 78.

38 Keilson, »Gedanken zur Traumaforschung«, in: ders., *Werke 2*, S. 305–317, S. 309.

39 Keilson, »In der Fremde zuhause« (1992), auch in: ders., *Werke 2*, S. 214–251, S. 222.

40 Ebd.

41 Meijer, »Een grensganger«.

42 Keilson, *Da steht mein Haus*, S. 77.

43 Edgar Julius Jung (1894–1934), zitiert in: Klautke, *Unbegrenzte Möglichkeiten*, S. 290.

44 Unter anderem im Interview, das Barbara Hoffmeister für ihre Samuel-Fischer-Biographie mit Hans Keilson am 18. 2. 2007 in Bussum führte.

45 Hans Keilson in einem Interview ohne nähere Daten, wahrscheinlich aus dem Jahr 1992. Kassettenband im NHK.

46 Wehrmann, »›Deutsch war die Sprache der Täter‹«.

47 Hans Keilson an Gertrud Pfeiffer-Manz, wohl Anfang April 1943. NHK.

48 Keilson, »Nachwort« zu *Das Leben geht weiter*, Neuausgabe von 1984, S. 248; auch in: ders., *Werke 1*, S. 581–586, S. 583.

49 Reif, »›Wir sind Zeugen einer kollektiven Traumatisierung‹«, S. 76–81.

50 Keilson, *Der Tod des Widersachers*, in: ders., *Werke 1*, S. 386.

51 Keilson, »Nachwort« zu *Das Leben geht weiter*, Neuausgabe von 1984, S. 248, auch in: ders., *Werke 1*, S. 583.

52 Ebd.

53 Hans Keilson an Prof. Dr. R. Lempp, 6. 7. 1985. NHK.

54 Keilson, *Das Leben geht weiter*, in: ders., *Werke 1*, S. 177.

55 Ebd. S. 47.

56 Ebd. S. 111.

57 Ebd. S. 113.

58 Ebd. S. 131.

59 Ebd. S. 154.

60 Ebd. S. 241 f.

61 Ebd. S. 52.

62 Ebd. S. 182.

63 Ebd. S. 248.

64 Ebd. S. 163.

65 Hans Keilson an Gerda Pagel, 9. 1. 1985. NHK. In diesem Brief sagt Keilson, dass er 1930 bereits einige Seiten geschrieben habe.

66 Im Interview, das Barbara Hoffmeister mit Hans Keilson am 18.2.2007 in Bussum für ihre Samuel-Fischer-Biographie führte.

67 Keilson, »Nachwort« zu *Das Leben geht weiter* (1984), in: ders., *Werke 1*, S. 581.

68 Ebd.

69 Loerke, *Tagebücher*, S. 259.

70 Keilson, »Nachwort« zu *Das Leben geht weiter* (1984), in: ders., *Werke 1*, S. 582. Ein Manuskript oder Typoskript des Romans ist nicht erhalten.

71 Die 600 Reichsmark wurden ab dem 15.2.1933 in sechs monatlichen Raten bezahlt; so jedenfalls steht es im am 10.2.1933 abgeschlossenen Vertrag zwischen dem Verlag S. Fischer und Hans Keilson. NHK.

72 Keilson, »Nachwort« zu *Das Leben geht weiter* (1984), in: ders., *Werke 1*, S. 582.

73 Siehe https://de.wikipedia.org/wiki/Reichstagsbrand, eingesehen am 15.4.2017.

74 Keilson, »›Sieben Sterne…‹. Meine Geschichte zur Sprache gebracht«, in: ders., *Werke 2*, S. 454–469, Zitat S. 463. Siehe auch Keilson, »Nachwort« zu *Das Leben geht weiter* (1984), in: ders., *Werke 1*, S. 582, wo die Änderung direkt mit dem Reichstagsbrand in Verbindung gebracht ist.

75 Keilson, »›Anstelle eines Kaddish‹«, Zitat S. 365.

76 Mitteilung Marita Keilson.

77 Im am 10.2.1933 zwischen S. Fischer und Hans Keilson geschlossenen Vertrag ist noch die Rede von einem Roman »mit dem vorläufigen Titel ›Das neue Leben‹«. NHK.

78 Fähnders / Karrenbrock, »Hans Keilsons *Das Leben geht weiter*«, S. 31 f. Das Keilson-Zitat steht in Keilson, »Nachwort« zu *Das Leben geht weiter* (1984), in: ders., *Werke 1*, S. 584.

79 Thomas Mann, »Tonio Kröger«, in: *Die Erzählungen 1*, S. 228.

80 Mark Schaevers, »De tien decennia«.

81 Thomas Mann, »Tonio Kröger«, in: *Die Erzählungen 1*, S. 228.

82 Leinengebunden kostete das Buch 4,80 Mark, kartoniert 3,50. Siehe das Reklameblatt des Verlages, NHK. Das *Berliner Tageblatt* hatte Interesse an einer Vorpublikation gezeigt, aber die wurde abgesagt. Das Blatt wollte, nachdem der demokratisch gesinnte Chefredakteur Wolff entlassen war, einen sachlich-neutralen Kurs gegenüber den Nazis einschlagen, und ein Text mit einem politisch eher linken Tenor passte da nicht hinein. Siehe: Keilson, »Nachwort« zu *Das Leben geht weiter* (1984), in: ders., *Werke 1*, S. 584, sowie https://de.wikipedia.org/wiki/Berliner_Tageblatt#///Wirtschaftlicher_Zusammenbruch, eingesehen am 25.1.2018.

83 Website über Georg Salter (1897–1967), http://georgsalter.com/blog/rara-und-rarissima-das-beispiel-hans-keilson/, eingesehen am 12.6.2017: »[Es] darf als gewiss gelten, dass von der recht kleinen Erstauflage (1.–3. Tsd.) tatsächlich nur ein geringer Teil in den Handel oder gar in die Hände von Kunden gelangte. Der Umschlag für ›Das Leben geht weiter‹ zählt daher heute zu den seltensten der generell seltenen Original-Schutzumschläge Georg Salters.«

84 Hans Keilson in einem Interview, o.O., o.J., Kassettenband im NHK.

85 Beck, *100 Jahre S. Fischer Verlag.* Die Liste der Publikationen des Jahres 1933 auf den Seiten 287–292.

86 Mitteilung Marita Keilson am 6.10.2018.

87 Es gab eine Reihe »Schwarzer Listen«, unter anderem die des Berliner Bibliothekars Dr. Wolfgang Herrmann. *Das Leben geht weiter* kommt auf keiner dieser Listen vor. Dank für diese Information an Werner Tress.

88 Oesterreich, *100 berühmte Brandenburger,* S. 113.

89 *Barsortimens-Lagerkatalog 1935/36* von Koehler & Volckmar A.G. & Co, Leipzig, und Koch, Neff & Oetinger G.M.B.H. & Co., Stuttgart, Oktober 1935. Die betreffende Seite im NHK.

90 Faustmann, *Die Reichskulturkammer.*

91 Barbian, *Literaturpolitik im NS-Staat,* S. 195.

92 So nennt ihn der mit Hans Keilson befreundete niederländische Historiker Hermann von der Dunk, siehe von der Dunk, *Terugblik bij strijklicht,* S. 197.

93 Zitiert in Barbian, *Literaturpolitik im NS-Staat,* S. 195f.

94 Hans Keilson an Peter Suhrkamp, 17.3.1935. Deutsches Literaturarchiv Marbach, A: Fischer, Samuel Verlag/Keilson, Hans.

95 Peter Suhrkamp an Hans Keilson, 22.3.1935 (Durchschlag des Originalbriefes ohne Unterschrift). Deutsches Literaturarchiv Marbach, A: Fischer, Samuel Verlag/Keilson, Hans. Suhrkamp spricht übrigens von »RDS«, was wahrscheinlich ein Versehen ist.

96 Hans Keilson bei einem Besuch in der Mittelschule St. Andrä in Graz am 5.6.2000. Bandaufnahme im NHK.

97 Frenzel, »Zwei junge Dichter«, zitiert nach Fähnders/Karrenbrock, »Hans Keilsons *Das Leben geht weiter*«, S. 32f.

98 Adolf Frisé, »Zwei Erstlinge«, Zitat S. 778.

99 Hans Keilson an Tilman Krause, 27.11.1995. NHK.

100 Siehe Detering, »›…ein gewisses Einverständnis‹«. Über *Tonio Kröger,* S. 123–127.

101 Siehe ebd.; sowie Fähnders/Karrenbrock, »Hans Keilsons *Das Leben geht weiter*«, S. 31–42.

102 So sehen das Fähnders und Karrenbrock (siehe Anm. 101), S. 41.
103 Rohwer, »Unschuld? Nebbich!«, S. 25.
104 Die Beschreibung der direkten Umgebung des Städtchens, in dem die Seldersens wohnen – das weite Land, die bewaldeten Hügel, die Ziegeleien und die Bauernhöfe – übernahm Hans Keilson Wort für Wort aus dem Roman in sein »Memo 2a«. In seinem späteren Buch mit Erinnerungen, *Da steht mein Haus*, wurde die Passage eingesetzt als Beschreibung von Bad Freienwalde. Dass das Romanfragment in diesem nicht fiktiven Text eingesetzt werden konnte, bedeutet, dass es von Anfang an nicht fiktional war. Siehe Keilson, *Das Leben geht weiter*, in: ders., *Werke 1*, S. 20 f. und Keilson, *Da steht mein Haus*, S. 14 f.
105 *Oberbarnimer Kreisblatt*, 22. 3. 1927. Die Zeitung spricht von einer »Alaunfabrik«; inzwischen war es eine Backsteinfabrik, die aber im Volksmund immer noch Alaunfabrik genannt wurde.
106 Im Roman werden keine Jahreszahlen genannt, aber der Jahreszeitenwechsel wird immer erwähnt, und zu Beginn wird gesagt, dass der Krieg jetzt zehn Jahre zurückliege; das heißt: die Handlung beginnt 1928. Indem man anhand der Jahreszeiten zurückzählt, erhält man auch für den Brand im Roman das Frühjahr 1927.
107 Keilson, »Sieben Sterne …«, in: ders., *Werke 2*, S. 454–469, Zitat S. 463.
108 Spreckelsen, »Der Virtuose im Dissonanzen-Quartett«.
109 Das Exemplar mit der Widmung befindet sich im NHK.
110 Keilson, »Memo Diktate Amorbach«. NHK. Diese Passage ist in redigierter Form in *Da steht mein Haus* aufgenommen (S. 73), dabei ist der Ortsname Mariazell weggelassen.
111 »Tragödie einer unglücklichen Liebe. Mord und Selbstmord im Hotel«. Undatierter Artikel aus einer nicht identifizierten Berliner Zeitung. Die Familie Bruchholz stellte mir eine Kopie des Artikels zur Verfügung. Mit Dank an Frau Gerda Bruchholz, Bad Freienwalde.
112 Keilson, »Memo Diktate Amorbach«. NHK. Das Zitat ist in verkürzter Form aufgenommen in Keilson, *Da steht mein Haus*, S. 74.
113 Keilson, *Das Leben geht weiter*, in: ders., *Werke 1*, S. 218 f.
114 Keilson, »Memo Diktate Amorbach«. NHK.

4 Freundinnen und Arbeit

1 Haffner, *Geschichte eines Deutschen*, S. 78.

2 Rohwer, »Unschuld? Nebbich!«, S. 16.

3 Siehe ebd. S. 18. In diesem Gespräch für die *Neue Rundschau* irrt sich Hans Keilson bezüglich des Namens seiner Freundin: Er nennt sie Eva Landauer. Als verheiratete Frau hieß sie Eva Friedländer-Landsberger. Im Internat in Caputh wurde sie von Freunden und auch von Hans »EvaLa« genannt. Zu Eva Friedländer-Landsberger (1906–1992) siehe Feidel-Mertz / Paetz, *Das Jüdische Kinder- und Landschulheim Caputh*, S. 355 f.

4 Eva Friedländer an Hans Keilson, 15. 5. 1990. NHK.

5 Rohwer, »Unschuld? Nebbich!«, S. 18.

6 Ebd.

7 Ebd.

8 Volker Weidermann, »Schön, gefragt zu werden«.

9 Barbara Wertwijn-Keilson erwähnt diese Anstellung im Haushalt Katz in einer E-Mail an mich vom 31. 10. 2019. Siehe ferner das Interview von Barbara Hoffmeister mit Hans Keilson, Bussum, 18. 2. 2007.

10 Die Informationen über die Familie Manz in diesem und den folgenden Absätzen verdanke ich zum größten Teil Frau Ursula Schengbier, Frankfurt am Main, der Tochter von Gertruds Bruder Karl Manz. Ich danke ihr für ihre Offenheit in unseren Gesprächen in Amorbach am 1. und 2. August 2022.

11 Gertrud Keilson-Manz an Hilde und Schaul Robinsohn, 29. 4. 1946. NHK.

12 Interview von Barbara Hoffmeister mit Hans Keilson, Bussum, 18. 2. 2007.

13 Hans Keilson und Gertrud Manz besuchten wahrscheinlich die Ausstellung »Große Deutsche in Bildnissen ihrer Zeit« im Kronprinzenpalais in Berlin. In der Ausstellung, die im August und September 1936 im Zuge der Nazi-Propagandamaschinerie rund um die Olympischen Spiele zu sehen war, hing auch ein Foto von Hitler mit dessen Unterschrift. Siehe Weichelt, »Gespräch mit Hans Keilson«, S. 274.

14 Rohwer, »Unschuld? Nebbich!«, S. 20 f.

15 Keilson, *Werke* 2, S. 14. Erstmals erschienen in *Der Morgen. Monatsschrift der Juden in Deutschland*, Jg. 10, Heft 2 (Mai 1934), S. 75; dort steht am Ende der vorletzten Zeile ein Ausrufungszeichen. *Der Morgen* ist digital einzusehen unter http://sammlungen.ub.uni-frankfurt.de/cm/periodical/titleinfo/2903869.

16 Tenorth / Grüttner, *Geschichte der Universität Unter den Linden*, Band 2, S. 548.

17 Julius H. Schoeps, *Düstere Vorahnungen*, S. 236.

18 Gespräch mit Marita Keilson am 20. 2. 2019.

19 Peter Nolte, Video-Interview mit Hans Keilson, 2000 oder 2001. Universitätsarchiv Humboldt-Universität, Berlin.

20 Fragebogen jüdischer Studenten. Rektoratsjahr 118, Jahrgang 1933. Humboldt-Universität zu Berlin, Archiv, 1117 / 3.

21 Von dem Dokument »Übersicht über die ärztliche Prüfung des Kandidaten Hans Keilson« ist im NHK nur eine maschinenschriftliche Abschrift erhalten. Das Originaldokument ist offenbar im Zuge eines Kopierauftrags bei einem Fotoatelier in den Niederlanden verlorengegangen. Gespräch mit Marita Keilson am 12. 1. 2021 und Korrespondenz im NHK.

22 Eine solche »Zulassung« findet sich nicht im NHK.

23 Die Straße wurde 1935 in Iranische Straße umbenannt. Über das Jüdische Krankenhaus siehe https://de.wikipedia.org/wiki/Jüdisches_Krankenhaus_Berlin, eingesehen am 26. 5. 2017.

24 Keilson, »Erinnerungen an Caputh«, in: ders., *Werke 2*, S. 395–397, hier S. 396.

25 Keilson, *Tagebuch 1944*, S. 96.

26 Schoeps, *Düstere Vorahnungen*, S. 436.

27 »Gesetz gegen die Überfüllung deutscher Schulen und Hochschulen«, 25. 4. 1933.

28 Feidel-Mertz / Paetz, *Das Jüdische Kinder- und Landschulheim Caputh*, S. 51. Hans Keilson spricht von 120 Bewohnern (Schüler, Lehrer und Personal), siehe Keilson, »Kleine Chronik der Zerstörung des Landschulheims C« (C = Caputh), eine Mappe mit Manuskripten, Erinnerungen an das Internat, vermutlich in den Niederlanden etwa 1939 geschrieben. NHK.

29 Hans Keilson, »Kleine Chronik der Zerstörung des Landschulheims C«, wie Anm. 28.

30 Feidel-Mertz / Paetz, *Das Jüdische Kinder- und Landschulheim Caputh*, S. 354. In: »Kleine Chronik der Zerstörung des Landschulheims C« (siehe Anm. 28) schreibt Hans Keilson, er sei anderthalb Jahre geblieben.

31 Hans Keilson, »Kleine Chronik der Zerstörung des Landschulheims C«. Wie Anm. 28.

32 Feidel-Mertz / Paetz, *Das Jüdische Kinder- und Landschulheim Caputh*, S. 50 f.

33 Hans Keilson, »Kleine Chronik der Zerstörung des Landschulheims C«. Wie Anm. 28.

34 Ebd.

35 Feidel-Mertz / Paetz, *Das Jüdische Kinder- und Landschulheim Caputh*, S. 55 f.

36 Ebd. S. 57.
37 Keilson, »Erinnerungen an Caputh«, in: ders., *Werke* 2, S. 396.
38 Keilson, »In der Fremde zuhause« (1992), S. 110; auch in: ders., *Werke* 2, S. 223.
39 Friedlaender, »Erinnerung an ein verlorenes Paradies«, S. 48 f.
40 Keilson, »Kleine Chronik der Zerstörung des Landschulheims C«. Wie Anm. 28.
41 Feidel-Mertz / Paetz, *Das Jüdische Kinder- und Landschulheim Caputh*, S. 153.
42 Hans Keilson nennt diese Titel in einem Brief an Bernd Dreiocker, 21. 9. 2005, NHK.
43 Hans Eppstein (1911–2008).
44 Feidel-Mertz / Paetz, *Das Jüdische Kinder- und Landschulheim Caputh*, S. 124 f., Zitat S. 125.
45 Hans Eppstein in ebd., S. 121.
46 Friedlaender, »Erinnerung an ein verlorenes Paradies«, S. 50.
47 Eva Schmid, »›Raus! Raus! Sofort raus!‹ Überfall auf jüdisches Landschulheim in Caputh«. Siehe https://www.pnn.de/potsdam-mittelmark/ueberfall-auf-juedisches-landschulheim-in-caputh-raus-raus-sofort-raus/23597726.html, eingesehen am 21. 1. 2021.
48 Feidel-Mertz / Paetz, *Das Jüdische Kinder- und Landschulheim Caputh*, S. 60–63.
49 Das ergibt sich aus Zeugnissen der Jüdischen Gemeinde in Berlin von September 1936, denen zufolge er im April 1934 seinen Dienst an der Mittelschule und der Volksschule I angetreten hatte. NHK. Zu den Zeugnissen siehe auch Kapitel 4, S. 129.
50 Friedlaender, »Erinnerung an ein verlorenes Paradies«, S. 49.
51 Dieser Absatz stützt sich auf das Kapitel »Enge Spielräume für Eltern, Schüler und Lehrer«, in: Külow, *Schalom und Alefbet*, S. 113–116, und auf Witting, *Identität und Vielfalt*, S. 34.
52 Meir Maskit (ursprünglich: Max Muskatblüt), in: Witting, *Identität und Vielfalt*, S. 42.
53 Keilson, »Überwindung des Nationalsozialismus«, in: ders., *Werke* 2, S. 401–417, S. 415. Sowie: Weiß, *Risse in der Zeit*, S. 19.
54 Diese Privatschule war 1933 von Vera Lachmann (1904–1985) und Helene Hermann (1877–1944) gegründet worden. Im Vortragsprogramm zu der Ausstellung *»Hier ist kein Bleiben länger«. Jüdische Schulgründerinnen in Wilmersdorf*, Wilmersdorf Museum, 1992, ist Hans Keilson als Dozent dieser Schule aufgeführt.

55 Aus einem Nebengebäude der Synagoge in der Fasanenstraße zog man in ein größeres Gebäude am Kaiserdamm 77–79; siehe http://www.juedische-allgemeine.de/article/view/id/6594, eingesehen am 17.5.2017.

56 Schulamit Arnon, die damals den Namen Schloßberg trug, sagte das 2006. Siehe http://www.juedische-allgemeine.de/article/view/id/6594, eingesehen am 17.5.2017.

57 Rohwer, »Unschuld? Nebbich!«, S. 25.

58 Keilson, »In der Fremde zuhause« (1992), S. 111, auch in: ders., *Werke* 2, S. 223.

59 Keilson, »Zerstörung und Erinnerung«, in: ders., *Werke* 2, S. 444–453, Zitat S. 445.

60 Rohwer, »Unschuld? Nebbich!«, S. 24.

61 Ebd.

62 Carl Friedrich Weiß an Hans Keilson, 4.3.1968, NHK.

63 Hans Keilson in *Bis zur Umkehrbank*.

64 Rohwer, »Unschuld? Nebbich!«, S. 25 f.

65 Pothof, *»Joden zijn ook mensen«*. Beide Zitate S. 88; dt. MKL.

66 Külow, *Schalom und Alefbet*, S. 119 f.

67 Die Olympischen Spiele fanden vom 1. bis zum 16. August 1936 statt.

68 Keilson, »Sport und Nationalität«. In: *Der Morgen; Monatsschrift für die Juden in Deutschland*, Jg. 12, Nr. 5 (August 1936), S. 196–199, Zitat S. 198. Wiederabgedruckt in: ders., *Werke* 2, S. 348–352 (Zitat S. 350) unter dem Titel »Sport – jüdisch gesehen«, der beim Erstdruck in *Der Morgen* der Obertitel einer ganzen Artikelreihe war.

69 Walk, *Jüdische Schule und Erziehung im Dritten Reich*, S. 164.

70 Ebd.

71 Karte von Karl Manz und Gertrud Pfeiffer-Manz an ihre Mutter Anna Manz-Bremmekamp in Bamberg, 9.8.1936. Archiv Ursula Schengbier-Manz, Frankfurt am Main.

72 Gerd Klaass (1913–1985?), Traudelise Katz (1916–1998).

73 K[eilson], »Leid ist nicht meßbar«, Zitat S. 102.

74 Keilson, *Da steht mein Haus*, S. 83. Aus den Briefen der Eltern Keilson ergibt sich, dass Hallauer in der Tat selbst auch in die Niederlande wollte, was aber nicht gelang. Benno Hallauer (1880–1943) wurde in Auschwitz ermordet.

75 Brief von Hans Keilson, gerichtet »An den Schulvorstand der jüdischen Gemeinde Berlin«, 12.8.1936. NHK.

76 Zeugnis der Schulverwaltung der Jüdischen Gemeinde, Rosenstraße 2–4, Berlin, datiert 12.1.1937. NHK.

77 Zeugnis des Zweiten Waisenhauses der jüdischen Gemeinde zu Berlin in Pankow, datiert 3.9.1936. NHK.

78 Zeugnis des Direktors der Mittelschule der jüdischen Gemeinde an der Großen Hamburger Straße 27, Berlin, datiert 4.9.1936. NHK. In diesem Zeugnis ist auch von der Volksschule I (Kaiserstraße) die Rede, wo Hans Keilson unterrichtet habe. Marita Keilson erinnert sich, dass ihr Mann immer von der Schule in der Rykestraße (Volksschule III) gesprochen habe.

79 Max Keilson an Gerd Klaass, 3.9.1936. NHK.

80 Ebd.

81 Rohwer, »Unschuld? Nebbich!«, S. 27.

82 K[eilson], »Leid ist nicht meßbar«, S. 102.

83 Rohwer, »Unschuld? Nebbich!«, S. 27.

84 Michael Schornstheimer, »Dichter, Arzt, Wissenschaftler. Ein Porträt von Hans Keilson«. Radioprogramm für die Sender ORB, ORF, WDR und SWF. Im WDR 1994 oder 1995 gesendet; sowie K[eilson], »Leid ist nicht meßbar«, Zitat S. 102.

85 Van Faassen, »Vrouwen, soldaten en andere christenen!«, S. 7.

5 Exil

1 Die *Praktische Violin-Schule* und die *Preis-Violin-Schule* von Julius Weiss resp. Hermann Schröder. Max Keilson machte eine Liste der eingepackten Noten. Der undatierte Brief, dem die Liste beilag, ist wahrscheinlich von Anfang April 1937. NHK.

2 Max Keilson an Hans Keilson, 21.5.1938. NHK.

3 Keilson, *Da steht mein Haus*, S. 83 f.

4 Happe, »Interview mit Dr. Hans Keilson«, S. 84.

5 Franz Ulrich Fürth (1921–1968), von Keilson und Freunden auch »Fuf« genannt. Siehe Hans Keilson an Rudolf Walter Leonhardt (Feuilletonchef der *Zeit*), 12.4.1959. NHK. Auf der Schülerliste des Quäker-Internats in Ommen ist er als Franz Fürth verzeichnet; er verließ die Schule wieder im März 1938. Mit Dank an Joke Haverkorn van Rijsewijk. – Die Adresse Beethovenstraat 132 ergibt sich aus der Wohnungskarte im Stadsarchief Amsterdam. Siehe auch Jannie Pothof, *»Joden zijn ook mensen«*, S. 76.

6 Van Kolfschooten, *De Beethovenstraat*, S. 59.

7 Pothof, *»Joden zijn ook mensen«*, S. 187–198.

8 Bob Moore, *Victims and Survivors*, S. 31.

9 Happe, »Interview mit Dr. Hans Keilson«, S. 95 f.

10 Krause, »In der Fremde zu Hause«.

11 Die Bemerkungen über die Niederländer stammen aus einem Interview; Interviewer und Datum unbekannt, ca. 1997 / 98. Kassettenband im NHK.

12 Hans Keilson kannte den Leiter des Zentrums, Hermann Bier. Die Einladung durch die »Vereinigung holländischer und deutscher Juden für gemeinsame kulturelle und soziale Arbeit« im NHK.

13 Jan / Johann Amos Comenius / Komenský (1592–1670) lebte in seinen letzten Lebensjahren in Amsterdam und ist in Naarden begraben, wo die Erinnerung an ihn auch in einem eigenen Museum bewahrt wird. Siehe https://de.wikipedia.org/wiki/Johann_Amos_Comenius. Zum Inhalt des Vortrags vgl. Keilson, »Abravanel en Comenius«.

14 Syring, »Een Nederlands accent.«

15 Aus einem Fernsehinterview von Michaël Zeeman mit Hans Keilson am 11. 4. 1999 (VPRO-televisie, Serie *Leven en werken*. 4: *Hans Keilson*).

16 Gespräch E. Hoffman mit Hans Keilson, o. O., o. J., Kassettenband im NHK.

17 Keilson, *Werke* 2, S. 15 f.

18 Hans Keilson im Radioprogramm *NOS Cultuur Special*, 17. 4. 1990. Kassettenband im NHK.

19 Ebd.

20 Pothof, »*Joden zijn ook mensen*«. Hans Keilson wird auf S. 162 f. dazu zitiert, wie er Niederländisch lernte.

21 Hans Keilson, »Ein Schreibtisch, weit weg vom Vaterland«, S. 80.

22 Hans Keilson an Dr. Hans Bach, Chefredakteur der Zeitschrift *Der Morgen*, 11. 3. 1937. NHK.

23 Marie Anna Adelaar-Fürth war die Schwester von Paula Katz-Fürth, der Mutter von Wolfgang Katz, dem Studienkollegen, der Hans Keilson in Berlin-Neukölln bei seiner Familie eingeführt hatte, und seiner Schwester Traudelise. Bei der Familie Katz war er Gertrud begegnet. Siehe Kapitel 4, S. 110.

24 Siehe https://www.bussumsemontessori.nl/nieuwsarchief/item/bms100_4_anna_adelaarfuerth, eingesehen am 19. 9. 2017.

25 Ein Auszug aus dem Einwohnerregister von Naarden besagt, dass Hans Keilson am 17. 9. 1936 in das Aufenthaltsregister eingeschrieben wurde. In Keilsons Pass, im NHK, steht, dass er am 21. 9. 1936 in Naarden angemeldet wurde. Am 29. 12. 1938 wurde er in das Einwohnerregister aufgenommen, wie ein Auszug aus dem Register mit Datum vom 6. 8. 1946 in Keilsons »naturalisatiedossier« (Dossier bezüglich der Erwerbung der Staatsbürgerschaft) zeigt; Kopie im NHK.

26 Der Personenkarte von Annemarie Pfeiffer im Stadtarchiv Naarden zufolge wurde sie in Naarden am 27. 5. 1938 angemeldet.

27 Marian von der Dunk berichtete im Gespräch am 31. 3. 2016 über Gertruds Arbeit für das Warenhaus.

28 Hooghiemstra, *De geest in dit huis is liefderijk*, S. 201 und 243. Gertrud hatte bereits 1936 Kontakt mit Direktor Kees Boeke aufgenommen, der ihr keine Stelle anbieten konnte, aber sie einlud, in Bilthoven vorbeizukommen. Kees Boeke an Gertrud Pfeiffer, 18. 8. 1936. NHK.

29 Keilson, *Tagebuch 1944*, S. 168 (Kommentar zu S. 90).

30 Von der Dunk, *Terugblik bij strijklicht*, S. 153; dt. MKL.

31 Gertrud Keilson-Manz an Hilde und Schaul Robinsohn-Keilson, 18. 12. 1945. NHK.

32 So erzählt es Hans Keilson in dem Film *Bis zur Umkehrbank*. Dass es um einen Jungen aus Köln ging, ergibt sich aus dem Radioprogramm *Lange Nacht* im Deutschlandfunk am 28. 1. 2005. Kassettenband im NHK.

33 Happe, »Interview mit Dr. Hans Keilson«, S. 85.

34 Interview mit Hans Keilson. Ohne Ort, Datum etc., möglicherweise aus dem Jahr 1992. Kassettenband im NHK.

35 Happe, »Interview mit Dr. Hans Keilson«, S. 89.

36 Die Frage ist im »Haagse Traktaat« von 1902 geregelt; siehe Keijzer, *Een keten van gummi en ijzer*, S. 47 f.

37 Hans Keilson an Prof. Dr. F. Boer, 10. 10. 1996. NHK.

38 Keilson, »Ein Schreibtisch, weit weg vom Vaterland«, S. 80.

39 De Hoog, »De eeuw van Hans Keilson«, Zitat S. 8; dt. MKL. Dass Cas Emmer und Marie Anna Adelaar-Fürth Kinder zu ihm schickten, erzählte Hans Keilson seiner Frau Marita (Mitteilung Marita Keilson, 19. 9. 2017).

40 Schmidinger / Schoeller, *Transit Amsterdam*, S. 238.

41 Marita Keilson berichtet, dass ihr Mann das immer so formulierte (Gespräch am 19. 9. 2017). Siehe auch Detering, »Hundert Jahre«, S. 117.

42 Zu Jan Thomassen (1907–1951) siehe Hazeu, *Gerrit Achterberg*, S. 635, Anm. 33.

43 Hans Keilson, Einleitung zu »Briefwisseling met Gerrit Achterberg«, Zitat S. 785; dt. MKL.

44 Rudi van Brakell Buys (1905–1978). Sein vollständiger Name lautete Willem Rudolf de Vaynes van Brakell Buys.

45 Jef Last (1898–1972). Siehe https://www.historischekringbussum.nl/index.php/bussums-historisch-tijdschrif/1695, eingesehen am 29. 4. 2020.

46 Hans Keilson, Einleitung zu »Briefwisseling met Gerrit Achterberg«, S. 785.

47 Interview Anton de Goede mit Hans Keilson im VPRO-Radioprogramm *De avonden*, 2.10.2003; CD im NHK; dt. MKL.

48 Siehe https://www.bussumsemontessori.nl/de_school/geschiedenis, eingesehen am 11.12.2017.

49 Von der Dunk, *Terugblik bij strijklicht*, S. 157.

50 Publiziert am 21.1., 2.2. und 12.3.1937.

51 Hier zitiert nach dem deutschen Manuskript »Kinder und Erzieher« im NHK.

52 Max Keilson an Hilde Keilson, 23.1.1938. NHK.

53 Siehe Max Keilson an Hilde Keilson, 23.4.1938 (NHK); er zitiert aus einem Brief von Gertrud, der nicht erhalten ist.

54 Keilson, »Ein Schreibtisch, weit weg vom Vaterland«, S. 80; siehe auch: Hans Keilson, »Einführender Vortrag anlässlich der Eröffnung der Ausstellung ›Deutsche Literatur im Exil in den Niederlanden 1933–1940‹«. Vortrag in der »Bücherei«, Leipzig, 22.11.1983. Unpubliziert, NHK.

55 Keilson, »Ein Schreibtisch, weit weg vom Vaterland«, S. 80.

56 Schaevers, »De tien decennia«.

57 Keilson, *Werke* 2, S. 17.

58 Detering, »Hundert Jahre«, S. 116 f.

59 Über Co-op 2 (siehe unten S. 150) hatte Hans Keilson Leendert Swaneveld kennengelernt, der in Scheveningen einen Pressedienst betrieb. Swaneveld hatte Keilsons Gedichte an die Redaktion der Zeitschrift *De Gemeenschap* geschickt. Siehe: Sjoerd van Faassen, »Vrouwen, soldaten en andere christenen!« – In *De Gemeenschap* erschienen von Keilson in Jg. 14, Nr. 3 (März 1938), S. 122–127: »Wir Juden …«, »Ballade von den Juden, der Wirtschaft und der Moral«, »Tischgebet«, »Auch wir …«, »Rückkehr« und »Ballade vom irdischen Juden«; in Jg. 15, Nr. 5 (Mai 1939), S. 262 f.: »An die jungen Dichter Hollands« und »Bildnis eines Feindes«; in Jg. 16, Nr. 3 (März 1940), S. 132: »In memoriam«.

60 Keilson, »In der Fremde zuhause« (1992), S. 115; in Keilson, *Werke* 2, S. 228.

61 Anton van Duinkerken war das Pseudonym von Willem Asselbergs (1903–1968). Die redaktionelle Einleitung, überschrieben »Een Joodsch dichter. Alexander Kailand«, steht in *De Gemeenschap*, Jg. 14, Nr. 3 (März 1938), S. 119–121, direkt vor den Gedichten; dt. MKL.

62 *Nieuwe Rotterdamsche Courant*, 13.4.1938; Zitat dt. MKL.

63 *Algemeen Handelsblad*, 9.6.1939, anlässlich der beiden Gedichte, die in der Mai-Nummer 1939 erschienen; Zitat dt. MKL.

64 *Gooi en Eemlander*, 13.4.1938; Zitat dt. MKL.

65 *De Tijd*, 5.4.1938; Zitat dt. MKL.

66 *Utrechtsch Dagblad,* 4. 5. 1938; Zitat dt. MKL.
67 *Het Vaderland,* 11. 4. 1938; Zitat dt. MKL.
68 Estelmann, »Ich rede mit jedem Patienten anders«, Zitat S. 271. Das Gedicht erschien in *De Gemeenschap,* Jg. 16, Nr. 3, März 1940, S. 132, und hatte dort die folgende Einleitung, die in *Werke* 2, S. 25 f. weggelassen wurde: »Bei den Novemberpogromen in Deutschland boten viele christliche Kirchen den verfolgten Juden Einlass und Schutz. An ihren Türen stand: Juden kommt zu uns beten!«
69 Die ersten vier Zeilen der zweiten Strophe nach *Werke* 2, S. 25.
70 Keilson, »›Anstelle eines Kaddisch‹«.
71 *Mass und Wert. Zweimonatsschrift für freie deutsche Kultur.* Herausgegeben von Thomas Mann und Konrad Falke. Zürich: Verlag Oprecht.
72 Hans Keilson an Kerstin Schoor, 22. 6. 1991. NHK. Es ist unbekannt, welche Gedichte Keilson einreichte. Da Ferdinand Lion 1938 die Redaktion verließ, waren es vielleicht nicht alle in *De Gemeenschap* publizierten Gedichte. Aber natürlich kann er auch Gedichte eingereicht haben, die nicht oder noch nicht in *De Gemeenschap* erschienen waren.
73 Hans Keilson an Hilde Keilson, 4. 5. 1939, NHK.
74 Eine der Quellen für das Folgende ist Sjoerd van Faassen, »Vrouwen, soldaten en andere christenen!«.
75 Paul Guermonprez (1908–1944).
76 Hajo Rose (1910–1989).
77 Cooper, *Ridder zonder vrees of blaam.*
78 Kagie, »Het leven ging door«; dt. MKL.
79 Benjamin Cooper, *In het doolhof der liefde.*
80 Das sind: (1) Benjamin Cooper (Hrsg.), *Erasmus van Rotterdam: vrouwen soldaten en andere christenen!* Déjà-vu-serie. Amsterdam: Holland, 1938; (2) Benjamin Cooper (Hrsg.), *Een reis met de diligence door het tijdperk der tanks, auto's en vliegmachines. Op de bok: J. Amos Comenius.* Déjà-vu-serie. Amsterdam: U. M. Holland, 1938; (3) Benjamin Cooper (Hrsg.): *Zeven maal zeven vredesstemmen aller tijden en volken.* 's-Gravenhage: L. J. C. Boucher, 1939; (4) Benjamin Cooper, J. W. F. Werumeus Buning (Hrsg.), *De zingende walvisch. Zijnde een bundel zeemansliedjes en verzen, rijmen, gezegden en rariteiten, uit vele eeuwen, van ernstigen en vermakelijken aard, verzameld en uitgelezen en met een voorrede versierd door Benjamin Cooper en J. W. F. Werumeus Buning.* Amsterdam: H. Meulenhoff, 1939. – Dass Keilson für diese vier Sammelbände verantwortlich war, erinnerte er selbst so; siehe van Faassen, »Vrouwen, soldaten en andere christenen!«, S. 2. Möglicherweise irrte er sich. In einem Brief an Hilde Keilson (4. 5. 1939, NHK) nennt er *Ze-*

ven maal zeven vredesstemmen aller tijden en volken ein Buch »von uns« (also Keilson und Klaass?).

81 Dr. D. F. Scheurleer, *Van varen en van vechten.*

82 *De Groene Amsterdammer*, 6.1.1940.

83 *Het Vaderland*, 8.2.1940.

84 Cooper / Werumeus Buning, *De zingende walvisch*, S. 5; dt. MKL.

85 Siehe http://wimbloemendaal.blogspot.nl/2011/04/keilson.html, Blog von Wim Bloemendaal, eingesehen am 7.11.2017; dt. MKL.

86 Vergleicht man *De zingende walvisch* mit Scheurleer, dann zeigt sich, dass von den 109 Seiten maritimer Poesie in *De zingende walvisch* 33 Seiten mit Texten gefüllt sind, die sich auch bei Scheurleer finden. Quellenangaben fehlen. Werumeus Buning und Keilson wählten für ihr Buch auch ein Gedicht aus dem 19. Jahrhundert (Heye) und mehrere aus dem 20. Jahrhundert (Slauerhoff, Den Doolaard und Werumeus Buning selbst, diese übrigens mit Quellenangabe). Die moderneren Texte sorgten dafür, dass *De zingende walvisch* keinen ausschließlich alt-holländischen Charakter bekam.

87 Hans Keilson in dem Radioprogramm *NOS Cultuur Special*, 17.4.1990. Kassettenband im NHK.

88 Cooper, *Zeven maal zeven vredesstemmen.* Das Zitat stammt aus der »Inleiding«, S. 9, es ist hier *Werke 2* entnommen, wo die Einleitung unter dem Titel »Vorwort« in deutscher Übersetzung aufgenommen wurde, siehe dort S. 357.

89 Edvard Beneš war von 1935 bis 1938 und nach dem Exil (1939–45) wieder von 1945 bis 1948 Staatspräsident der Tschechoslowakei.

90 Typoskript »Dear Sir Neville« im NHK; auf dem ersten Blatt oben hat Hans Keilson, offenbar viel später, handschriftlich notiert: »›Brief‹ an Chamberlain in den Tagen von ›München‹ (193?). Nie abgeschickt.« Aus diesem Typoskript, vermutlich 1938 geschrieben, wird im Folgenden zitiert.

91 Vermutlich die Rede am 12. September 1938.

92 Typoskript »Dear Sir Neville« im NHK, siehe Anm. 90.

93 Ebd.

94 Ebd.

95 Ebd.

96 Schoeps, *Düstere Vorahnungen*, S. 365.

97 Max Keilson an Hilde Keilson, 2.6.1938. NHRK.

98 Rohwer, »Unschuld? Nebbich!«, S. 27.

99 Diese Arbeiten erwähnt Max Keilson im Brief an Hilde Keilson, 4.4.1940. NHRK.

100 Die Untermieterin aus den Jahren 1934–1936 meldet sich in den achtziger Jahren bei Hans Keilson, siehe Heidi Belser-Mauerhofer an Hans Keilson, 12.1.1987, NHK. Der Student hieß Franz Werner.

101 Else Keilson an Hilde Keilson, 23.1. und 19.2.1938. NHRK.

102 Über die finanzielle Notlage und die Unterstützung durch die jüdische Gemeinde siehe Max Keilson an Hilde Keilson, 26.6.1938, 2.10.1938, 24.2.1939, NHRK.

103 Else Keilson an Hilde Keilson, 8.5.1938. NHRK.

104 Max Keilson an Hilde Keilson, 2.6.1938. NHRK.

105 Else Keilson an Hans Keilson, vermutlich 30.10.1938, und Max Keilson an Hans Keilson, 2.1.1938. NHK.

106 Max Keilson an Hans Keilson, 2.1.1938. NHK.

107 Max Keilson an Hilde Keilson, 2.6.1938. NHRK.

108 Max Keilson an Hans Keilson, 1.2.1938. NHK.

109 Das ergibt sich aus Briefen an Hilde von Max (5.2.1938) und Else (8.5.1938 und 26.6.1938), NHRK.

110 Else Keilson an Hilde Keilson, 23.7.1938. NHRK.

111 Else Keilson an Hilde Keilson, 26.6.1938. NHRK.

112 Else Keilson an Hilde Keilson, 9.7.1938. NHRK.

113 Max Keilson an Hilde Keilson, 4.9.1938. NHRK.

114 Ebd.

115 Else Keilson an Hans Keilson, 28.12.1936. NHK.

116 Hilde Robinsohn-Keilson erwähnt den Kibbuz in einem Interview mit dem Dokumentarfilmer Eberhard Görner, aufgenommen am 7.5.1992. DVD im NHK.

117 Saul Benjamin Robinsohn (1916–1972). Siehe https://de.wikipedia.org/wiki/Saul_B._Robinsohn, eingesehen am 25.9.2017.

118 Else Keilson an Hilde Keilson, 21.11.1939. NHRK.

119 Else Keilson an Hilde Keilson, 4.9.1939. Max Keilson an Hilde Keilson, 9.1.1940. NHRK.

120 Max Keilson an Hilde Keilson, 19.3.1938. NHRK.

121 Max Keilson an Hilde Keilson, 5.3.1938. NHRK.

122 Else Keilson an Hans Keilson, 28.12.1936. NHK.

123 Volker Dahm, *Das jüdische Buch im Dritten Reich* 2, S. 341, 351.

124 Karl Wolfskehl (1869–1948). Die Anzahl der Bücher: siehe ebd. S. 353. Siehe auch Tomke Hinrichs, »Fluchthilfe«, digital via http://www.MEDAON.de_13_Hinrichs_pdf, eingesehen am 2.9.2017.

125 Siehe Hilde Robinsohn-Keilson im Dokumentarfilm *Von Zwickau nach Jerusalem – Salman Schocken* (1993) von Eberhard Görner.

126 Max Keilson an Hilde Keilson, 26.6.1938. NHRK.
127 Max Keilson an Hilde Keilson, 21.5.1938. NHRK.
128 Max Keilson an Hilde Keilson, 2.4.1938. NHRK.
129 Max Keilson an Hilde Keilson, 23.7.1938. NHRK.
130 Ebd.
131 Dass die Eltern dort gerne hingingen (möglicherweise auch zu Konzerten), ergibt sich aus einem Brief von Else Keilson an Hilde Keilson, 9.7.1938. NHRK.
132 Gilbert, *Kristallnacht*, S. 23 f.
133 Siehe https://nl.wikipedia.org/wiki/Kristallnacht, eingesehen am 7.10.2020.
134 Heiden, *Eine Nacht im November*, S. 37 f.
135 Max Keilson an Hilde Keilson, 13.11.1938. NHRK.
136 Der Original-Brief ist nicht erhalten, aber Max zitiert ihn in voller Länge in seinem Brief an Hilde Keilson vom 13.11.1938. NHRK.
137 Max Keilson spricht von diesem Plan in seinem Brief an Hilde Keilson vom 2.6.1938. NHRK.
138 Max Keilson an Hilde Keilson, 13.11.1938. NHRK.
139 Else Keilson an Hilde Keilson, 13.11.1938. NHRK.
140 Max Keilson an Hilde Keilson, 3.12.1938. NHRK.
141 Else Keilson an Hilde Keilson, 3.12.1938. NHRK.
142 De Jong, *Het Koninkrijk der Nederlanden 1*, S. 540.
143 Moore, *Victims and Survivors*, S. 29–36. Siehe auch https://nl.wikipedia.org/wiki/Comité_voor_Joodsche_Vluchtelingen, eingesehen am 9.2.2018.
144 Sam Goudeket (1886–1979) war verheiratet mit der Schriftstellerin Marianne Philips (1886–1951).
145 Alfred Goudsmit (1886–1973), war der Sohn des Bijenkorf-Gründers Simon Philip Goudsmit.
146 Das Antragsformular, das der Vertreter des Flüchtlingskomitees aufgrund seines Gesprächs mit Hans Keilson ausfüllte, befindet sich im NIOD, im Archiv Comité voor Joodsche Vluchtelingen, Zugangsnummer 181b, inv. nr. 380.
147 Else Keilson an Hilde Keilson, 17.12.1938. NHRK.
148 Brief vom 26.11.1938. NIOD, Archiv Comité voor Joodsche Vluchtelingen, Zugangsnummer 181b, inv.nr. 380; dt. MKL.
149 Keilson, *Werke 2*, S. 20; siehe auch Kapitel 9, S. 340.
150 Van Faassen, »Vrouwen, soldaten en andere christenen!«, S. 8.
151 Besluit van de minister van Justitie (= Entscheidung des Justizministers), 14.12.1938, lijst 1045. Nationaal Archief in Den Haag, archiefinventaris 2.09.22, inventarisnummer 11616, map nr. 1504.

152 Happe, »Interview mit Dr. Hans Keilson«, S. 99.
153 Else Keilson an Hilde Keilson, 17.12.1938, NHRK.
154 Ebd.
155 Else Keilson an Hilde Keilson, 14.1.1939. NHRK.
156 Else Keilson an Hilde Keilson, 17.12.1938. NHRK.
157 Else Keilson an Hilde Keilson, 14.1.1939. NHRK.
158 Else Keilson an Hilde Keilson, 3.12.1938. NHRK.
159 Der offizielle Vorname von Minna war wahrscheinlich Anna. Im jüdischen Adressbuch von Frankfurt am Main (1935) steht eine »Anna Keilson, Lehrerin, Am Tiergarten 52« verzeichnet. Siehe https://www.academia.edu/23854635/The_1935_Jewish_Frankfurt_Addressbook, eingesehen am 24.2.2022.
160 Max Keilson an Hilde Keilson, 3.12.1938. NHRK.
161 Max Keilson an Hilde Keilson, 14.1.1939. NHRK.
162 Max Keilson an Hilde Keilson, 21.1.1939. NHRK.
163 »Aufstellung des Auswanderungsgutes von Max Keilson und seiner Ehefrau Else, geb. Buttermilch«, Berlin-Friedenau, 11.1.1939. NHK. Wer Deutschland verließ, war verpflichtet, ausführliche Listen der mitzunehmenden Güter zu erstellen.
164 Max Keilson an Hilde Keilson, 21.1.1939. NHRK.
165 Max Keilson an Hilde Keilson, 24.2.1939. NHRK.
166 Ebd.
167 Ebd. Gertruds Wohnung war nach wie vor Keizer Ottoweg 9.
168 Max Keilson an Hilde Keilson, 20.3.1939. NHRK.
169 Keilson, »In der Fremde zuhause« (1992), siehe S. 105; auch in: ders., *Werke* 2, S. 218.
170 Else Keilson an Hilde Keilson, 8.5.1939. NHRK.
171 Else Keilson an Hilde Keilson, 29.5.1939. NHRK.
172 Von diesem Ehepaar ist in einem Brief von Else an Hilde Keilson vom 21.6.1939 die Rede, NHRK.
173 Else Keilson an Hilde Keilson, 20.3.1939. NHRK.
174 Ebd.
175 Max Keilson an Hilde Keilson, 24.2.1939; Else Keilson an Hilde Keilson, 20.3.1939. NHRK.
176 Max Keilson an Hilde Keilson, 20.3.1939. NHRK.
177 Max Keilson an Hilde Keilson, 21.8.1939. NHRK. In Hans Keilsons Reisepass belegen Visa-Stempel diese Reise. NHK.
178 »St. Guénolé«, in Keilson, *Werke* 2, S. 92 f.
179 In Hans Keilsons Reisepass belegen Visa-Stempel diese Reise. NHK.

180 Keilson, »Memo 2a«. NHK.
181 Keilson, »Memo 4«. NHK; »meine Frau«: sie betrachteten sich als Ehepaar, obwohl sie das offiziell nicht waren.
182 Beide Zitate aus Hans Keilson an Hilde Keilson, 4. 5. 1939. NHRK.
183 Else Keilson an Hilde Keilson, 8. 5. 1939. NHRK.
184 Else Keilson an Hilde Keilson, 29. 5. 1939. NHRK.
185 Keilson, *Da steht mein Haus*, S. 97.
186 Max Keilson an Hilde Keilson, 3. 9. 1939. NHRK.
187 Max Keilson an Hilde Keilson, 9. 1. 1940. NHRK.
188 Max Keilson an Hilde Keilson, 24. 7. 1939. NHRK.
189 Ebd.
190 Else Keilson an Hilde Keilson, 19. 3. 1938. NHRK.
191 Else Keilson an Hilde Keilson, 8. 5. 1939. NHRK.
192 Keilson, »Memo Diktate Amorbach«. NHK.
193 Ebd.
194 Minna Keilson an Hans Keilson, beidseitig beschriebene Briefkarte vom 14. 4. 1937, NHK.
195 Max Keilson an Hilde Keilson, 27. 7. 1939. NHRK.
196 Max Keilson an Hilde Keilson, 8. 2. 1940. NHRK.
197 Else Keilson an Hilde Keilson, 4. 9. 1939. NHRK.
198 Ebd.
199 Max Keilson an Hilde Keilson, 3. / 4. 9. 1939. NHRK.
200 Ebd.
201 Max Keilson an Hilde Keilson, 21. 9. 1939. NHRK.
202 Über den Bart: Max Keilson an Hilde Keilson, 11. 10. 1939. NHRK.
203 Else Keilson an Hilde Keilson, 4. 9. 1939. NHRK.
204 Naarden gehörte zur jüdischen Gemeinde Bussum.
205 Max Keilson an Hilde Keilson, 20. 9. 1939. NHRK.
206 Else Keilson an Hilde Keilson, 21. 9. 1939. NHRK.
207 Else Keilson an Hilde Keilson, 11. 10. 1939. NHRK.
208 Ihre Wohnung in der Mecklenburglaan 23a lag in etwa auf der Grenze zwischen Naarden und Bussum.
209 Zu Gerhard Badrian siehe Kapitel 9.
210 Else Keilson an Hilde Keilson, 11. 10. 1939. NHRK.
211 Max Keilson an Hilde Keilson, 25. 10. 1939. NHRK.
212 Else Keilson an Hilde Keilson, 11. 10. 1939. NHRK.
213 Max Keilson an Hilde Keilson, 25. 10. 1939. NHRK.
214 Max Keilson an Hilde Keilson, 21. 11. 1939. NHRK.
215 Max Keilson an Hilde Keilson, 3. 9. 1939. NHRK.

216 Hans Keilson an Hilde Keilson. Undatiert, vermutlich Januar 1940. Im Original englisch. NHRK; dt. MKL.

217 Ebd.

218 Max Keilson an Hilde Keilson, 23.7.1938 (NHRK): »Ich glaube auch, daß die Gedichte von Hans für dort nichts sind, aber ich freue mich, daß Du diese gelesen hast.«

219 Else Keilson an Hilde Keilson, 10.3.1940. NHRK.

220 Else Keilson an Hilde Keilson, 7.4.1940. NHRK.

221 Max Keilson an Hilde Keilson, 4.4.1940. NHRK.

222 Ebd.

223 Die Situation von Tante Jenny und Tante Hedel beschreibt Else Keilson im Brief an Hilde Keilson vom 7.4.1940. NHRK.

224 Else Keilson an Hilde Keilson, 7.4.1940. NHRK.

225 Ebd.

226 Jenny Chariner-Buttermilch, geboren am 2.3.1866 in Hirschberg, starb am 19.11.1942 in Theresienstadt. Hedwig (Hedel) Buttermilch, geboren am 8.2.1872 in Hirschberg, starb am 27.12.1942 in Theresienstadt. Als Todesursache ist auf der amtlichen »Todesfallanzeige« für beide »Altersschwäche« angegeben. Siehe http://www.holocaust.cz/en/transport/488-ix2-breslau-terezin/page/8/. Minna Keilson kommt auf einer von der Polizei erstellten Liste der Juden in Frankfurt vor. Bei ihrem Namen steht das Datum 29.9.1941, möglicherweise der Tag, an dem sie aus der Stadt deportiert wurde. Siehe https://collections.arolsen-archives.org/archive/70341178/?p=Minna%20Keilson&doc_id=70341178, eingesehen am 30.11.2021.

6 Liebe und Grauen

1 Hans Keilson im Film *Bis zur Umkehrbank*.

2 »Algemene bekendmaking no. 39«. Siehe de Jong, *Het Koninkrijk der Nederlanden 3*, S. 125.

3 Gertrud Keilson-Manz an Hilde und Schaul Robinsohn, 28.8.1946. NHK.

4 Happe, »Interview mit Dr. Hans Keilson«, siehe S. 101.

5 Hans Keilson an Gertrud Pfeiffer-Manz, geschrieben in Naarden am 22.7.1940. NHK.

6 Gertrud Keilson-Manz an Hilde Robinsohn-Keilson, 8.10.1945. NHK. Zur Geburt im Mansardenzimmer siehe: von der Dunk, *Terugblik bij strijklicht*, S. 173.

7 In dieses Notizbuch, begonnen noch in Berlin mit unter anderem »Neuer Psalm«, hat Keilson außer eigenen Gedichten auch Gedichte von anderen abgeschrieben, vor allem Gedichte des niederländischen Dichters Gerrit Achterberg. NHK.

8 Von der Dunk, *Terugblik bij strijklicht*, S. 173.

9 Gertrud Keilson-Manz an Hilde und Schaul Robinsohn, 29. 4. 1946. NHK.

10 Hans Keilson im Film *Bis zur Umkehrbank*.

11 Verordnung der Besatzungsmacht 6/41. Hans und Max Keilson ließen sich am 19. 2. 1941 bei der Gemeinde Naarden registrieren. Siehe Stads- en Streekarchief Naarden, SSAN016+981/246. Siehe auch: Henk Schaftenaar, »Als we terugkomen, dan weer in Naarden!«; auch unter http://www.stichtingvijverberg.nl/Downloads/Omroeper_201201_HR.pdf, eingesehen am 3. 1. 2021.

12 »Meldepflicht für deutsche Staatsangehörige der Provinz Nordholland«. In: *Nieuwe Bussumsche Courant*, 30. 9. 1941.

13 Das erzählt Hans Keilson bei einem Besuch in der Mittelschule St. Andrä in Graz, 5. 6. 2000. Videoband im NHK.

14 Die Kriegsjahre in den Niederlanden begannen 1940 mit der deutschen Besetzung. Anm. MKL.

15 Siehe Nico Vissel, *Voor ons geen achterhuis*, S. 7; Zitat dt. MKL. Siehe auch das Selbstinterview von Hans Keilson für Julius Schoeps, 30. 8. 1988 (NHK) sowie Annet Betsalel, »100 Jaar Joods Bussum«.

16 Hans Keilson arbeitete in dieser Beratungsstelle zusammen mit P. G. van Wijk van Brievingh, der sich als »psychotechnischer Berater für die Wahl der Schulart« definierte. NIOD, Archiv Dr. H. A. Keilson, nr. 883. Van Wijk van Brievingh unterrichtete an der Montessorischule in Bussum.

17 Henk Schaftenaar, »Als we terugkomen, dan weer in Naarden!«

18 Gemeentearchief Gooise Meren en Huizen, SSAN016+981/246 Bevolking: aanmeldingsplicht Joden 1941.

19 Gemeentearchief Gooise Meren en Huizen, SSAN002+50 Rapporten van gehouden controles in verband met evacuatie van personen 1942–1968, und SSAN002 Politie en gemeente Naarden.

20 L. H. (Henk) Fontein bestätigte in einer schriftlichen Erklärung vom 16. 1. 1948, dass Hans Keilson vom 10. April bis zum 7. September 1943 in seinem Haus in Rekken lebte. Die Erklärung wurde abgegeben, um den Antrag Hans Keilsons auf die niederländische Staatsangehörigkeit zu unterstützen (siehe unten, Kapitel 7). Kopie im NHK. In *Da steht mein Haus*, S. 88, sagt Hans Keilson, dass er bereits im März 1943 nach Rekken ging; das scheint ein Irrtum zu sein.

21 Siehe Kapitel 5, S. 138.

22 Hazeu, *Gerrit Achterberg*, S. 335.

23 Ten Broeke, *Daar ligt een verhaal …*, Foto S. 41. Dieses Foto befindet sich auch im NHK.

24 Siehe http://www.historischekringeibergen.nl/inhoud/uploads/2017/04/De-Rekkense-Inrichtingen-1913–2013.pdf, eingesehen am 11. 12. 2017.

25 Hazeu, *Gerrit Achterberg*, S. 332 f.

26 Ebd. S. 335.

27 Siehe Kapitel 5, S. 142.

28 Hazeu, *Gerrit Achterberg*, S. 355 f.

29 Ten Broeke, *Daar ligt een verhaal…*, S. 45.

30 Katja Happe, »Interview mit Dr. Hans Keilson«, S. 108 f.

31 Ebd. S. 102.

32 Keilson, »Sterne«, in: ders., *Werke* 2, S. 41–43, Zitat S. 43.

33 Dass er den Judenstern nicht aufbewahrt hatte, erzählt Keilson in dem Film *Bis zur Umkehrbank*.

34 *Alleen op de wereld* ist der Titel eines in den Niederlanden populären Jugendbuches des Franzosen Hector Mallot (*Sans famille*, 1878, auf Deutsch erschienen unter dem Titel *Heimatlos*), Anm. MKL.

35 Keilson, *Da steht mein Haus*, S. 88.

36 Gespräch mit Dick Fontein, 9. 10. 2019; dt. MKL.

37 Keilson, *Da steht mein Haus*, S. 93 f.

38 Die Liste ist überschrieben: »Bücher, die ich während meiner Untertauchzeit (in Rekken) gelesen habe«. NHK.

39 Das Typoskript des Gedichtes ist datiert 21. 5. 1943. NHK.

40 Keilson, »Einer Träumenden. Poem«, in: ders., *Werke* 2, S. 71–83.

41 Hans Keilson an Winfried Engemann, Generalkonsul der Bundesrepublik Deutschland, 28. 12. 1994. NHK.

42 Hans Keilson an Gertrud Pfeiffer-Manz, geschrieben in Rekken, undatiert, vermutlich im Sommer 1943. NHK.

43 Hans Keilson an Gertrud Pfeiffer-Manz, undatiert, vielleicht Anfang April 1943, auf Niederländisch. NHK.

44 Ebd.

45 Hans Keilson an Gertrud Pfeiffer-Manz, undatiert, auf Niederländisch, aus Rekken. NHK; dt. MKL.

46 Hans Keilson an Gertrud Pfeiffer-Manz, undatiert, vielleicht Anfang April 1943, auf Niederländisch. NHK; dt. MKL.

47 Max Keilson an Hilde Keilson, 20. 4. 1943. NHK.

48 Spreckelsen, »Die Macht wechselt«.

49 Hans Keilson nennt diese Diagnose in einem Interview mit E. Hoffman, o. O., o. J., Kassettenband im NHK.
50 Gertrud Keilson-Manz an Hilde und Schaul Robinsohn, 14.9.1946. NHK.
51 Ebd.
52 Ebd.
53 Happe, »Interview mit Dr. Hans Keilson«, S. 109.
54 Hans Keilson in einem Interview mit E. Hoffman, o. O., o. J. Kassettenband im NHK.
55 Max Keilson an Hilde Keilson, 20.4.1943. NHK.
56 Verweij / Schaftenaar, »Op de bres voor een betere wereld«. Im Internet via https://docplayer.nl/114520296-De-omroeper-historisch-tijdschrift-voor-naarden-jaargang-29-nr-1.html, eingesehen am 4.1.2021.
57 Max Keilson an Hilde Keilson, 20.4.1943. NHK.
58 Ebd.
59 Ebd.
60 Keilson, *Der Tod des Widersachers*. Kapitel XII, in: ders., *Werke 1*, S. 527.
61 Der »Joodse Raad« (dt. Jüdischer Rat oder Judenrat) war eine von den Besetzern eingerichtete jüdische Selbstverwaltungsinstanz.
62 Van der Boom, *De politiek van het kleinste kwaad*, S. 161 ff.
63 Göbel / Zappe, »Meine Trauer ist tiefer als der Hass«. Siehe https://www.hu-berlin.de/de/ueberblick/menschen/prominente/keilson, eingesehen am 24.8.2019. Hannah van den Ende hat Max Keilsons Abschiedswort zum Titel ihres Buches über die Schicksale der jüdischen Ärzte in den Niederlanden gewählt: »*Vergeet niet dat je arts bent*«. *Joodse artsen in Nederland 1940–1945*. Amsterdam: Boom, 2014.
64 Hans Keilson in einem Interview mit Barbara Hoffmeister, Bussum, 18.2.2008. – Hans Keilson ging davon aus, dass seine Eltern in einem Personenwagen der deutschen Wehrmacht abgeholt worden seien (Gespräch mit Marita Keilson). Die Rucksackszene füllt in *Der Tod des Widersachers* so gut wie das ganze Kapitel XII, siehe Keilson, *Werke 1*, S. 518–528.
65 Im Gemeentearchief Gooise Meren en Huizen befindet sich eine Liste der Juden, die am 21., 23. und 30. April 1943 bei der Gemeinde Naarden abgemeldet wurden (Archieven van de Gemeente Naarden 1940–1985, SSAN071, inv.nr. 877). Sie wurden nach Vught, Westerbork, Amsterdam oder Theresienstadt gebracht. Einige waren »verschwunden«. Nach Westerbork wurden dieser Liste zufolge gebracht: Max und Else Keilson, Frau Bamberger-Batavier, die Witwe Scheyer und die Witwe F. Sam[ter]-Asch u. Fam., d. h. mit ihren Kindern. Sie alle wurden am 23. April 1943 abgemeldet, wobei das Datum der Abmeldung nicht das Datum der Deportation sein muss. Laut

seiner Karte in der »Joodsche Raad Cartotheek« wurde Max Keilson am 22. April nach Westerbork gebracht. Else Keilson musste erst nach Vught; auf ihrer Karte in der »Joodsche Raad Cartotheek« steht ein »V« für Vught. Am 23. April wird auch sie in Westerbork interniert. Die Karten der Keilsons befinden sich in den Arolsen Archives / International Tracing Services (ITS) und sind dort einzusehen via https://arolsen-archives.org/en/search-explore/.

66 Keilson, *Der Tod des Widersachers*, in: ders., *Werke 1*, S. 518, 527 f.

67 Gertrud Keilson-Manz an Hilde und Schaul Robinsohn, 18. 12. 1945. NHK.

68 NIOD, archief 182 (Joodsche Raad voor Amsterdam), inv.nr. 69, brieven 32, 34–39. Mit Dank an Frieda Voorhorst für diesen Hinweis.

69 Es ging anfangs um Juden, die palästinensische Staatsbürger waren, später auch um nicht palästinensische Juden. Bei den auszutauschenden Deutschen ging es erst nur um Deutsche, die sich in Palästina befanden, später auch um Deutsche, die anderswo im Britischen Königreich wohnten oder sich als Kriegsgefangene dort befanden. Siehe zu den Austauschplänen auch Bernard Wasserstein, *Gertrude van Tijn en het lot van de Nederlandse Joden*, S. 158–164 und 196–210.

70 Soweit nicht anders angegeben, stammen die allgemeinen Informationen über das Palästina-Zertifikat aus Raymund Schütz, *Vermoedelijk op transport*, S. 20, und aus Presser, *Ondergang* 2, S. 42–49.

71 Die Jewish Agency informierte erst das Rote Kreuz in Genf, das seinerseits das Rote Kreuz in Amsterdam informierte. Danach wurde der Joodse Raad informiert. Raymund Schütz schreibt in seiner Studie *Vermoedelijk op transport*: »Die Rolle des Roten Kreuzes als Vermittler war unverzichtbar. Palästina war britisches Protektorat, und direkte Kommunikation mit feindlichem Gebiet war unmöglich.« (S. 44; dt. MKL).

72 Schippers, *De Westerweelgroep*, S. 140, 146. Mechanicus, *In Dépôt*, S. 86 f.

73 Moraal, *»Als ik morgen niet op transport ga«*, S. 71 f.; dt. MKL.

74 Eva Moraal, E-Mail am 18. 10. 2020.

75 Mechanicus, *In Dépôt*, S. 41.

76 Ebd. S. 24.

77 Etty Hillesum am 29. Juni 1943 aus Westerbork in einem Brief an Hans Wegerif und andere. Siehe: Hillesum, *Etty. De nagelaten geschriften*, S. 651; dt. MKL.

78 Brief von Else Keilson aus Westerbork, wahrscheinlich an Gertrud Pfeiffer-Manz. Undatiert, vermutlich kurz nach dem 5. 5. 1943, NHK.

79 Brief von Else Keilson aus Westerbork, wahrscheinlich an Gertrud Pfeiffer-Manz. Undatiert, NHK.

80 Brief von Else Keilson aus Westerbork, wahrscheinlich an Gertrud Pfeiffer-Manz. Undatiert, vermutlich Anfang August 1943. NHK.

81 Karte von Max Keilson aus Westerbork an »Familie Rau«, 12. 8. 1943. NHK.

82 Mechanicus, *In Dépôt*. Moraal, *»Als ik morgen niet op transport ga«*, S. 115–127. Gans, *Jaap en Ischa Meijer*, S. 227–229 und 236.

83 Eva Moraal in einer E-Mail vom 28. 10. 2020.

84 Else Keilson aus Westerbork, wahrscheinlich an Gertrud Pfeiffer-Manz, 25. 9. 1943. NHK.

85 Der Brief des Vaters ist nicht erhalten. Der Inhalt ergibt sich aus einem Brief von Hans Keilson an Gertrud, siehe Anm. 86.

86 Hans Keilson an Gertrud Pfeiffer-Manz, undatiert, wahrscheinlich Spätsommer 1943, NHK; der Brief ist in niederländischer Sprache geschrieben; dt. MKL.

87 Karte von Max Keilson aus Westerbork an »Familie Rau«, 4. 11. 1943, NHK.

88 Karte von Else Keilson aus Westerbork, wahrscheinlich bestimmt für Gertrud Pfeiffer-Manz. Poststempel 9. 11. 1943, Assen. NHK.

89 Gespräch mit Raymund Schütz am 23. 10. 2020.

90 Datum laut Het Nederlandse Roode Kruis, *Auschwitz IV*, S. 44. Im Internet via http://resolver.kb.nl/resolve?urn=urn:gvn:EVDO02:NIOD05_8414&role=pdf, eingesehen am 30. 12. 2019.

91 Mitteilung von Gerard Rossing, Mitarbeiter der Sammlung Herinneringscentrum Kamp Westerbork.

92 Siehe Anm. 90.

93 Mechanicus, *In Dépôt*, S. 202; dt. MKL.

94 Die Route der Deportationszüge von Westerbork nach Auschwitz laut https://www.kamparchieven.nl/zoeken?mivast=959&mizig=210&miadt=298&miaet=1&micode=250i&minr=981814&miview=inv2&milang=nl, eingesehen am 31. 12. 2019.

95 Laut https://nl.wikipedia.org/wiki/Lijst_van_Jodentransporten_vanuit_Nederland, eingesehen am 31. 12. 2019.

96 Siehe Anm. 90.

97 Keilson, *Tagebuch 1944*, S. 73.

98 Ebd. S. 75.

99 Ebd. S. 112; im kleinen Gedichte-Notizbuch hat das Gedicht das Datum 19. 11. 44. Einen Tag zuvor entstand, derselben Quelle zufolge, das Sonett XXXVI: »'S ist Totenfeier«.

100 Hans Keilson, *Sonette für Hanna*, S. 84.

101 »Reizen en verblijf in Oostelijk deel van ons land. Zonder vergunning voor mannelijke personen van 16 jaar en ouder niet toegestaan«. In: *Dagblad van*

het Oosten, 6.8.1943. Die Verordnung trat am 9.8.1943 in Kraft. Die gesetzliche Grundlage war Artikel 47 einer im *Verordnungsblatt für die besetzten niederländischen Gebiete / Verordeningsblad voor het bezette Nederlandse gebied* vom 9.1.1943 publizierten Verordnung.

102 Leo Rientsma (1899–1985) und Suzanna (»Suus«) Rientsma-Warsen (1898–1977).

103 Gespräch mit Hannie Rientsma, 12.9.2017.

104 Hans Keilson, »Überwindung des Nationalsozialismus«, in: ders., *Werke* 2, hier S. 413.

105 Gespräch mit Hannie Rientsma, 12.9.2017. Siehe auch Van Beers, *Een schuilhuis in Delft*, S. 86.

106 Van Beers, *Een schuilhuis in Delft*, S. 86.

107 Lies de Boer-Rientsma, Skype-Gespräch am 15.9.2017.

108 Gespräch mit Hannie Rientsma, 12.9.2017.

109 Ebd.

110 Lies de Boer-Rientsma, Skype-Gespräch am 15.9.2017.

111 Keilson-Lauritz, »Vorwort«, S. 17.

112 Bram van der Lek in: *Droevig maar nooit verbitterd. Hans Keilson, een leven lang*. Radioprogramm, moderiert von Pamela Sturhoofd. De Joodse Omroep, Radio 5, 8.8.2010. CD im NHK.

113 Gespräch mit Els Birnie-van Oyen, 14.12.2020.

114 Ebd; dt. MKL.

115 E-Mail von Marita Keilson an die Familie van der Lek–van der Ham nach dem Tod von Brams Witwe Willy van der Lek–van der Ham am 15.12.2018. Kopie im NHK.

116 Bram van der Lek in der Radiosendung *Droevig maar nooit verbitterd*, siehe Anm. 112; dt. MKL.

117 Keilson, *Tagebuch 1944*, S. 99, 101 u.ö.

118 Hans Keilson an Gertrud Pfeiffer-Manz. Geschrieben in Delft, undatiert, wahrscheinlich zweite Oktoberhälfte 1944. NHK.

119 Ebd.

120 Möglicherweise wurde das Geburtsjahr später aus 1909 zu 1904 geändert, um nicht in die Altersklasse der zum Arbeitseinsatz in Deutschland Verpflichteten zu fallen; siehe Keilson, *Tagebuch 1944*, S. 117f.

121 Siehe Keilson, *Da steht mein Haus*, S. 90.

122 Buiter / De Haes, *Geruisloos verzet.*

123 Eine andere Möglichkeit wäre, dass Arie Bakker aus Widerstandskreisen eine gestohlene blanko Lebensmittelstammkarte bekam und darauf die Daten von Johannes Gerrit van der Linden eintrug.

124 Lock, *Kom vanavond met verhalen*, S. 79. Siehe auch: Van Beers, *Een schuilhuis in Delft*, S. 85.
125 Keilson, *Da steht mein Haus*, S. 91.
126 Keilson, »Leid ist nicht zu messen«, Zitat S. 103.
127 Michael Schornstheimer, »Dichter, Arzt, Wissenschaftler. Ein Porträt von Hans Keilson«. Radioprogramm für ORB, ORF, WDR und SWF. Gesendet im WDR 1994 oder 1995.
128 Paauw, »Droevig, maar nooit verbitterd«; dt. MKL.
129 Es handelte sich um den Dichter, Übersetzer, Dramaturgen und Galeristen Hans Roduin (bürgerlich: Rooduijn) und seine damalige Freundin Joep de Vries, die Schwester von Karel de Vries, einem Mitglied der »Vrije Groepen Amsterdam«. Mit Dank für diese Information an Tom Rooduijn.
130 Hans Keilson, »In der Fremde zuhause« (1992), Zitat S. 106; leicht redigiert auch in: ders., *Werke* 2, Zitat S. 219. Siehe auch: Keilson, »Die fragmentierte Psychotherapie«, in: ders., *Werke* 2, S. 279 f. Dass das Ehepaar, bei dem Torry zu diesem Zeitpunkt untergebracht war, an der Bloemgracht wohnte, erzählt Hans Keilson in einem Fernsehinterview mit Michaël Zeeman (VPRO, in der Serie *Leven en werken*. Teil 4: *Hans Keilson*, gesendet am 11. 4. 1999).
131 Bock, *Untergetaucht unter Freunden*, S. 146–151.
132 Mooij, *Das Jahrhundert der Gisèle. Mythos und Wirklichkeit einer Künstlerin*. Göttingen: Wallstein, 2021, S. 360 ff.
133 Van Santen, »De kunstenares Gisèle«, siehe S. 45.
134 Bock, *Untergetaucht unter Freunden*, S. 147–149.
135 Keilson, *Tagebuch 1944*, S. 23.
136 Den Tagebucheintragungen geht eine kurze, undatierte Einleitung voraus.
137 Keilson, *Tagebuch 1944*, S. 26.
138 Gespräch mit Frank Sanders, einem Großneffen von Hanna Sanders, 18. 3. 2020.
139 Siehe die Zeitungsanzeige von Hanna und Tini Sanders in *Het Joodsche Weekblad. Uitgave van den Joodschen Raad voor Amsterdam*, 5. 12. 1941.
140 Versteegen, »Eine Liebe in Zeiten der Verfolgung«, S. 110 ff.
141 Ebd. S. 113 f.
142 Keilson, *Tagebuch 1944*, S. 26.
143 Ebd. S. 53. Gertrud, geboren am 18. 6. 1901, war achteinhalb Jahre älter als Hans.
144 Dass er an diesem Tag für und über Hanna zu dichten begann, ergibt sich aus dem Notizbüchlein, in das er seit den dreißiger Jahren Gedichte eintrug. Alle 46 Hanna-Sonette stehen dort mit dem Datum ihrer Eintragung (Ent-

stehung?). Die Reihenfolge weicht ab von dem Typoskript, dem die Ausgabe *Sonette für Hanna* (2016) folgt.

145 Keilson, *Sonette für Hanna*, S. 46; lt. Notizbuch datiert auf den 1. April 1944. Das sich auf »Braut« reimende Wort »Heraut« (statt »Herold«) in Zeile 11 hat Keilson aus dem Niederländischen entliehen. Siehe auch unten Kapitel 6, S. 243.

146 Er meint vermutlich Gertruds Initiative, Deutschland zu verlassen und in die Niederlande zu flüchten.

147 Keilson, *Tagebuch 1944*, S. 30–32.

148 Ebd. S. 32 f.

149 Ebd. S. 40. Dem kleinen Gedichte-Notizbuch zufolge lagen zu diesem Zeitpunkt die Sonette 3–8 und 10–13 vor.

150 Ebd. S. 61.

151 Ebd. S. 38 und 40.

152 Ebd. S. 51.

153 Ebd. S. 42.

154 Ebd. S. 41. Tate ist das jiddische Wort für Vater. Möglicherweise war es wegen der geheim zu haltenden Vaterschaft besser, wenn Barbara ihren Vater nicht mit Vater oder Papa ansprach.

155 Ebd. S. 56–58.

156 Ebd. S. 60.

157 Ebd. S. 66.

158 Ebd. S. 62 f.

159 Ebd. S. 70.

160 Ebd. S. 80.

161 Ebd.

162 Hans Keilson an Gertrud Pfeiffer-Manz. Undatiert, wahrscheinlich gegen Ende 1944. NHK. Gertrud arbeitete zeitweise bei der Familie Gülcher in Hilversum. Mitteilung Marita Keilson, 13. 3. 2018.

163 Hans Keilson an Gertrud Pfeiffer-Manz. Undatiert, wahrscheinlich gegen Ende 1944, NHK.

164 Gertrud Keilson-Manz an Hilde und Schaul Robinsohn, 23. 11. 1945. NHK. »Mutters Sabbathleuchter«: mit »Mutter« ist hier Else Keilson gemeint.

165 Keilson, *Tagebuch 1944*, S. 99.

166 Ebd. S. 101.

167 Ebd. S. 84.

168 Ebd. S. 99 ff.

169 Ebd. S. 100.

170 Ebd. S. 107 f. Die Absatzeinteilung und die Hinzufügung der Anführungs-

zeichen folgt hier, der besseren Lesbarkeit wegen, der niederländischen Edition *Dagboek 1944* (2014).

171 Ebd. S. 111.

172 Titelloses niederländisches Sonett, unterzeichnet »Cora«. NHK; dt. MKL. Im Original lauten die Zeilen: »Door een poort van schoone klanken kwam je binnen. / We mochten saam de klankenweelde minnen; / dat raakte méér dan vluchtig aan mijn open hart. [...] En deze vriendschap zoo belangrijk in mijn leven, / ik ben 't me droef bewust, ze raakte jou slechts even.«

173 Keilson, *Tagebuch 1944*, S. 118.

174 Ebd.; das Sonett XXII ebd., S. 206, und Keilson, *Sonette für Hanna*, S. 54.

175 Versteegen, »Eine Liebe in Zeiten der Verfolgung«, S. 135.

176 Keilson, *Tagebuch 1944*, S. 144.

177 Hannas Gedicht: siehe Versteegen, »Eine Liebe in Zeiten der Verfolgung«, S. 149 (niederländisch), S. 117 f. (deutsche Übersetzung).

178 Keilson, *Sonette für Hanna*, S. 58, Sonett XXIV.

179 Keilson, *Tagebuch 1944*, S. 27. Dem kleinen Gedichte-Notizbuch zufolge waren das die Sonette 3–8, 10, 11 und 13.

180 Ebd. S. 28.

181 Siehe Franz Kafka, *Beim Bau der Chinesischen Mauer. Ungedruckte Erzählungen und Prosa aus dem Nachlaß*. Herausgegeben von Max Brod und Hans Joachim Schoeps. Berlin: Gustav Kiepenheuer Verlag, 1931. Dieser Band befindet sich im Nachlass von Hans Keilson. Auf dem Vorsatzblatt ist der Name Hans Keilson ausradiert, vielleicht weil Keilson in seiner Untertauchzeit, als er eine andere Identität angenommen hatte, diese Ausgabe in Delft bei sich hatte.

182 A. Roland Holst, *Een winter aan zee.* Maastricht: A. A. M. Stols, 1937 u. ö.

183 Keilson, *Tagebuch 1944*, S. 33.

184 Ebd. S. 139.

185 Ebd. S. 29.

186 Hans Keilson an Gertrud Pfeiffer-Manz, geschrieben in Rekken, undatiert, aber mit Sicherheit in der Zeit, als die Eltern Keilson in Westerbork interniert waren. NHK.

187 Hans Keilson an Gertrud Pfeiffer-Manz, geschrieben in Rekken, undatiert, vermutlich August 1943. NHK.

188 Hans Keilson schreibt im Tagebuch »Rosetti« mit nur einem s, das ist in *Tagebuch 1944* nicht korrigiert, irrtümlich auch im Register nicht.

189 Keilson, *Tagebuch 1944*, S. 53.

190 Ebd. S. 53 f.

191 Ebd. S. 60.

192 Ebd. S. 57.
193 Ebd. S. 96–98, Zitat S. 98.
194 Ebd. S. 95.
195 Ebd. S. 104.
196 Ebd. S. 70.
197 Ebd. S. 65.
198 Ebd. S. 67.
199 Siehe dazu Versteegen, »Eine Liebe in Zeiten der Verfolgung«, S. 131–134.
200 Rilke, *Sämtliche Werke 1*, S. 477.
201 Keilson, *Tagebuch 1944*, S. 79.
202 Hans Keilson an Gertrud Pfeiffer-Manz, undatiert, aufgrund der Tagebucheintragung vom 21.10.44 wohl in diesen Tagen. NHK.
203 Becher, *Wiedergeburt*, S. 6.
204 Neben Johannes R. Becher (*Wiedergeburt. Buch der Sonette*, 1947) können als Beispiele gelten: Albrecht Haushofer (*Moabiter Sonette*, 1946), Rudolf Hagelstange (*Venezianisches Credo*, 1945) und Reinhold Schneider (*Apokalypse. Sonette*, 1946). Mit Dank an Oskar Gottlieb Blarr für diese Hinweise.
205 Keilson, *Tagebuch 1944*, S. 109 f.
206 Sonett XLIV in Keilson, *Sonette für Hanna*, S. 98; dieses Sonett hat Hans Keilson als »Fragment«, ohne den Hanna-Zusammenhang der Zeilen 5–8 und 13–14, in den Band *Sprachwurzellos* aufgenommen, siehe ders., *Werke 2*, S. 18.
207 Siehe auch Versteegen, »Eine Liebe in Zeiten der Verfolgung«, S. 123–136.
208 Ebd. S. 130.
209 Detering, »Hundert Jahre«, S. 119 f.
210 Keilson, *Tagebuch 1944*, S. 133.
211 Ebd. S. 134 f.
212 Ebd. S. 135.
213 Ebd. S. 74.
214 Ebd.
215 Ebd.
216 Ebd.
217 Ebd. S. 106.
218 Ebd. S. 85
219 Ebd. S. 84
220 Siehe Kapitel 7, S. 301 und 305 f.
221 Keilson, *Komödie in Moll*, in: ders., *Werke 1*, S. 253.
222 Ebd. S. 271.
223 Ebd. S. 289.

224 Ebd. S. 290.
225 Ebd. S. 306.
226 Presser, *Ondergang* 2, S. 274 f.
227 »Prosa begonnen«, schreibt Hans Keilson am 19. 4. 1944 in sein Tagebuch. Dabei handelt es sich höchstwahrscheinlich um diese Delfter Geschichte. Am 24. 10. 1944 notiert er, dass »Die Wäschenummer, oder der Untertaucher« als Manuskript vorliegt. Siehe: Keilson, *Tagebuch 1944*, S. 55 und 84.
228 De Blij, *Oorlog en Verzet in de Prinsenstad 1940–1945*, S. 332; dt. MKL. Wenn Opdenberg am 14. April starb und Hans Keilson am 19. April zu schreiben anfing, war er auffallend schnell mit der literarischen Verarbeitung der Geschehnisse.
229 Ebd. S. 332.
230 Keilson, *Komödie in Moll*, in: ders., *Werke 1*, S. 318.
231 Mitteilung Marita Keilson, 19. 6. 2018.
232 Keilson, *Komödie in Moll*, in: ders., *Werke 1*, S. 274. Die niederländische Übersetzung benennt diese nützlichen Dinge (vermutlich aufgrund einer früheren deutschen Fassung): »onder andere foto's maken voor de nieuwe valse persoonsbewijzen«, dt.: »unter anderem indem er Fotos für die neuen gefälschten Ausweise machte« (siehe Hans Keilson, *Komedie in mineur*. Nederlandse vertaling: H[anna] Sanders / Frank Schuitemaker. Amsterdam: Uitgeverij Van Gennep, 2010, S. 40).
233 Zu Marie: Keilson, *Komödie in Moll*, in: ders., *Werke 1*, S. 265; zu Evy Bakker: Keilson, *Tagebuch 1944*, S. 71.
234 Keilson, *Werke 2*, S. 13. Dem Gedichte-Notizbüchlein zufolge ist das Gedicht am 10. / 11. Dezember 1943 entstanden oder dort eingetragen worden, unmittelbar vor Hans Keilsons 34. Geburtstag. Erstpublikation in *Die Zeit* am 23. 10. 1964.
235 Weichelt, »Gespräch mit Hans Keilson«, Zitat S. 273.
236 Searls, »Man of the Century«, siehe S. 49.
237 Keilson, *Tagebuch 1944*, S. 43.
238 Siehe ebd. S. 44 ff. und im Kommentar S. 153. Keilson war mit Dr. J. C. A. Fetter (1885–1959, von 1933 bis 1949 Pfarrer der Remonstrantischen Gemeinde Den Haag) möglicherweise durch Henk Fontein, der auch der sog. Remonstrantischen Bruderschaft angehörte, in Kontakt gekommen.
239 Dieses Gedicht (siehe Keilson, *Werke 2*, S. 25 f.) war 1940 in *De Gemeenschap* erschienen, siehe oben Kapitel 5, S. 148 f.
240 Siehe Keilson, *Tagebuch 1944*, S. 153 f. (Kommentar zu S. 44 f.).
241 Ebd. S. 47.

242 Ebd. S. 50.
243 Ebd. S. 48.
244 Ebd. S. 115.
245 Ebd. S. 116; das Wort »Qual« ist hier möglicherweise ein Niederlandismus: »kwaal« ist ein niederländisches Wort für »Krankheit«.
246 Ebd. S. 115 f.
247 Rilke, »Die erste Elegie«. In: *Duineser Elegien,* S. 7.
248 Keilson, *Werke* 2, S. 65–68.
249 Siehe die von Hannie Rientsma gefertigte Skizze in *Tagebuch 1944*, neben S. 129. Ich danke Annet Wilhelm und ihrer Tochter Fleur van Lit, den heutigen Bewohnern des Hauses Wallerstraat 3 in Delft, die mir Gelegenheit gaben, das Innere des Hauses zu sehen.
250 Keilson, *Tagebuch 1944*, S. 128 f.
251 Ebd. S. 125 ff.
252 Die Geschichte über die Haussuchung stammt aus einem Gespräch mit Hannie Rientsma am 12. 9. 2017. Bezüglich der Meerschweinchen und Kaninchen: Lies de Boer-Rientsma zufolge wurden oft Meerschweinchen und Kaninchen gleichzeitig gehalten. Das kann beim Erzählen für einen Irrtum gesorgt haben. Skype-Gespräch mit Lies de Boer-Rientsma am 15. 9. 2017.
253 Zwei Kinder von Corrie Groenteman wurden in Auschwitz ermordet.
254 Keilson, *Tagebuch 1944*, S. 129 f.
255 Van Beers, *Een schuilhuis in Delft*, S. 123 f.
256 Keilson, *Tagebuch 1944*, S. 79.
257 Ebd. S. 139.
258 Ebd. S. 138.
259 Über das Ivrit sprach Hans Keilson in dem Interview mit Barbara Hoffmeister, Bussum, 18. 2. 2008.
260 Keilson-Lauritz, »Bij wijze van inleiding«, S. 10; siehe auch das im Text etwas abweichende Vorwort zu *Tagebuch 1944*, S. 7 f.
261 Keilson-Lauritz, »Vorwort«, S. 8.
262 Keilson-Lauritz, »Bij wijze van inleiding«, S. 11 f.
263 Versteegen, »Eine Liebe in Zeiten der Verfolgung«, S. 109.
264 Ab September 1944 bis zur Befreiung im Mai 1945 streikte die niederländische Bahn.
265 Hans Keilson in *Bis zur Umkehrbank.*
266 Van Beers, *Een schuilhuis in Delft*, S. 130, 132.
267 Erklärung G. Keilson-Manz, ohne Ort und Datum; Kopie im Naturalisationsdossier Hans Keilson, NHK.
268 Der Deutsche Vormundschaftsrichter beim Deutschen Landesgericht für

die besetzten niederländischen Gebiete, Geschäftsnummer VII 25, an Gertrud Pfeiffer-Manz, 14.1.1944. NHK.

269 Das Deutsche Landesgericht in den besetzten niederländischen Gebieten, Vormundschaftsrichter, VII 25, an Gertrud Pfeiffer-Manz, 2.3.1945. NHK.

270 Die erste Nummer erschien am 16.3.1945. Siehe M. Kopuit: »Hasjalsjèeleth«. Sowie: Koetsier / Roest, *Schieten op de maan*, S. 162, und Lewin, *Het clandestiene boek*, S. 27 f.

271 Dr. K., »Beste Chaweer«. In: *De Keten* (*Hasjalsjèeleth*). *Periodiek voor ondergedoken Joden in Nederland*, 16.4.1945, S. 6, in der Leserbriefrubrik »Uit onze post«.

7 Die Zukunft beginnt

1 Hans Keilson an Hilde Robinsohn, 12.5.1945, Poststempel 23.5.1945. NHK.

2 Hans Keilson an Hilde und Schaul Robinsohn, 20.8.1945; im Original englisch, dt. MKL. NHK.

3 Zur Adresse des Büros siehe *Nieuw Israelitisch Weekblad*, Jg. 76, Nr. 24, 1.6.1945. Die Karteikarten, die sich in den Arolsen Archives befinden, sind einzusehen via https://arolsen-archives.org/en/search-explore/.

4 Heft mit Notizen, ohne Titel und Datum, qua Form und Papier wie das Tagebuch-Heft, geschrieben vermutlich im Herbst 1945. NHK.

5 Barbara Wertwijn-Keilson, E-Mail vom 31.10.2019; dt. MKL.

6 Gertrud Keilson an Hilde und Schaul Robinsohn, 28.8.1946. NHK.

7 Ebd.

8 Gertrud Keilson an Hilde Robinsohn, 8.10.1945. NHK.

9 Siehe Gertrud Keilson an Hilde und Schaul Robinsohn, 24.9.1945. NHK.

10 Gedichttyposkript im NHK.

11 Visser, »Hans Keilson, De schepper zit in ons hart«. In der Tageszeitung *Trouw* (Rubrik »De Verdieping«, über die 10 Gebote), 23.10.2010; dt. MKL.

12 Annemarie Pfeiffer an Hilde Robinsohn, 23.3.1946. NHK.

13 Siehe https://www.uitdeoudekoektrommel.com/distributiestamkaart/, eingesehen am 30.11.2020.

14 Gertrud Keilson an Hilde und Schaul Robinsohn, 24.9.1945. NHK. Pakete aus Palästina wurden über das American Jewish Joint Distribution Committee (kurz: »Joint«) in Brüssel verteilt.

15 Gertrud Keilson an Hilde Robinsohn, 24.10.1945. NHK.

16 Gertrud Keilson an Hilde und Schaul Robinsohn, 23.11.1945. NHK.

17 Gertrud Keilson an Hilde und Schaul Robinsohn, 12.1.1946. NHK.

18 Hans Keilson an Anton van Duinkerken, 10.5.1946. LM: VDA inv.nr. 329 (1).
19 Gertrud Keilson an Hilde und Schaul Robinsohn, 6.11.1946. NHK.
20 Gertrud Keilson an Hilde und Schaul Robinsohn, 18.3.1947. NHK.
21 Gertrud Keilson an Hilde und Schaul Robinsohn, 23.11.1945. NHK.
22 Gertrud Keilson an Hilde und Schaul Robinsohn, 1.1.1946. NHK.
23 Ebd.
24 Hans Keilson an Hilde Robinsohn (im Original englisch, wohl aus Zensurgründen), 23.5.1945. NHK.
25 Hans Keilson an Hilde und Schaul Robinsohn (im Original englisch, wohl aus Zensurgründen), 20.8.1945. NHK; dt. MKL.
26 Hans Keilson an Evy Bakker, 13.4.1946. NHK; dt. MKL.
27 Gertrud Keilson an Hilde und Schaul Robinsohn, 28.8.1946. NHK.
28 Hanna Sanders an Arie und Evy Bakker, undatiert. Archiv Sjouk Sytstra; dt. MKL.
29 Ebd.; dt. MKL.
30 Hanna Sanders an Arie Bakker, 11.2.1946. Archiv Sjouk Sytstra.
31 Hanna Sanders an Arie Bakker, 20.1.1946. Archiv Sjouk Sytstra; dt. MKL.
32 Finanziert wurde diese Arbeit von ausländischen Hilfsorganisationen, vor allem von dem »American Jewish Joint Distribution Committee« (»Joint«).
33 Hanna Sanders an Arie Bakker, 20.1.1946. Archiv Sjouk Sytstra; dt. MKL.
34 Joor / Hoek, *Rekenschap*, S. 55.
35 Verhey, *Om het joodse kind*, S. 44; dt. MKL.
36 Ebd. S. 17; dt. MKL.
37 Ebd. S. 212.
38 Ebd. S. 66.
39 Im Büro der Stiftung arbeiteten anfangs elf Personen, darunter Hans Keilson. Die Stiftung wuchs: 1947 hatte sie 47 Mitarbeiter. Siehe Joor / Hoek, *Rekenschap*, S. 138.
40 »Een woord tot alle Joden, die het lot van het Joodsche kind ter harte gaat« (dt.: Ein Wort an alle Juden, denen das Schicksal des jüdischen Kindes am Herzen liegt). In: *Nieuw Israelietisch Weekblad*, Jg. 76, Nr. 37, 31.8.1945.
41 Ebd.
42 Zum ersten Kontakt mit der JCC siehe Keilson, »Zur Geschichte einer wissenschaftlichen Untersuchung«, besonders S. 472 f.
43 Fernsehinterview Michaël Zeeman mit Hans Keilson, VPRO-Serie *Leven en werken*. Teil 4: *Hans Keilson*. Gesendet am 11.4.1999.
44 Keilson, »Een openbare les«; Zitate dt. MKL.
45 Keilson, »Zur Psychologie der jüdischen Kriegswaisen«.
46 Manasse, *Het onderbrengen van Joodse oorlogspleegkinderen*, S. 14.

47 Bossenbroek, *De meelstreep*, S. 252; dt. MKL.

48 Hans Keilson ging 1979 in seiner Doktorarbeit über die jüdischen Kriegswaisen von einer Anzahl von 2041 Kindern aus.

49 Joor / Hoek, *Rekenschap*, S. 55 f.; Bossenbroek, *De meelstreep*, S. 253.

50 Joor / Hoek, *Rekenschap*, S. 139.

51 Dass Keilson dem »Plaatsingsraad« angehörte, ergibt sich aus Sitzungsprotokollen, unter anderem vom 18. 6. 1946; NIOD, 197 k, map 1 c.

52 Im Vorstand von Le-Esrath Ha-Jeled waren auch Vertreter der jüdischen Heime. Vgl. die »Statuten Le Ezrath Ha-Jeled«, in: Cohen, *Geschiedenis van de Berg-Stichting 1909–1965*, S. 207.

53 Hans Keilson an Evy Bakker, 13. 4. 1946, Archiv Sjouk Sytstra; dt. MKL.

54 Die Testresultate und die zugehörigen Gutachten liegen im NIOD, Archiv 883, Dr. H. A. Keilson. Die Beispiele kommen aus den Mappen 29 und 31.

55 Vor allem in der Anfangszeit von Le-Esrath Ha-Jeled. Auch die graphologischen Analysen befinden sich im NIOD, Archiv 883, Dr. H. A. Keilson. Eingesehen wurden die Mappen 29 und 31.

56 Diese Auffassung findet sich in: Gertrud Pfeiffer, »Die Bedeutung der wissenschaftlichen Graphologie für die moderne Pädagogik«. Undatiertes Typoskript. NHK.

57 Diese Auffassung findet sich in einem Typoskript ohne Titel, Autor und Datum. Gegenstand (Graphologie) und Stil lassen vermuten, dass es sich um einen Text von Gertrud handelt. NHK.

58 Hanna Sanders an Arie Bakker, 29. 1. 1946. Archiv Sjouk Sytstra, Den Haag; dt. MKL.

59 Die JCC-Abteilung befand sich in Amsterdam, Johannes Vermeerstraat 18, Le-Esrath Ha-Jeled in der Johannes Vermeerstraat 24.

60 NIOD, Archiv 883, Dr. H. A. Keilson, Mappe 29.

61 Hanna Sanders an Arie Bakker, 21. 2. 1946. Archiv Sjouk Sytstra; dt. MKL.

62 Hans Keilson nennt Bram Asscher in allen Publikationen »Esra«. Für diese Biographie hat Bram Asscher Zustimmung erteilt, seinen wirklichen Namen zu nennen. Dafür danke ich Bram und Joop Asscher.

63 Keilson, »Die fragmentierte Psychotherapie«, in: ders., *Werke* 2, S. 273–290, Zitat S. 277 f.

64 Keilson, »Wohin die Sprache nicht reicht«, in: ders., *Werke* 2, S. 137–149, Zitat S. 145.

65 Gespräch mit Joop Asscher, 11. 7. 2019.

66 Ebd.

67 Über das Aufwachen und das erträumte Wiedersehen siehe Hans Keilsons

Vortrag »Bosnische Flüchtlinge«, gehalten bei einer Tagung über bosnische Flüchtlinge bei der Psychologischen Beratungsstelle Haus am Weißen Stein, Frankfurt am Main, am 14. 6. 2000. NHK.

68 Keilson, »Die fragmentierte Psychotherapie«, in: ders., *Werke* 2, S. 273–290.

69 Van Kerkhof, »De oorlog verwerkt«, Zitat S. 10; dt. MKL.

70 Mitteilung Daniël Asscher, 2. 3. 2018.

71 Gespräch mit Joop Asscher, 4. 1. 2018.

72 Staal, *Mijn erfenis*, S. 70 f., 136 f.

73 Staal, *Roestvrijstaal*, S. 48; dt. MKL.

74 Ebd. S. 51 f.; dt. MKL.

75 Cohen, *Geschiedenis van de Berg-Stichting*, S. 155.

76 Ebd. S. 156.

77 Ebd., siehe das Kapitel »Opvoeding, van 1945 tot 1954«, S. 146–157.

78 Website Rob Fransman: http://www.robfransman.nl/robfransman/School opleiding.html, eingesehen 29. 6. 2018; dt. MKL.

79 Gespräch mit Rob Fransman, 7. 8. 2019; dt. MKL.

80 Gespräch mit Rob Fransman, 14. 7. 2021.

81 Verhey, *Om het joodse kind*, S. 160; dt. MKL.

82 Es ging um die Berg-Stichting (Stichting = Stiftung), die Rudelsheimstichting und das Joods Jongenshuis (dt. Jüdisches Jungenhaus). In die Berg-Stichting waren auch die Vormundschaftsvereinigung Misgab Lajeled und die »Vereniging ter Bescherming van Joodse Meisjes« (dt. Vereinigung zum Schutz jüdischer Mädchen) aufgenommen. Später traten auch Jozeboko und das »Nederlands Israëlietisch Meisjes Weeshuis« (dt. Niederländisches Israelitisches Mädchenwaisenhaus) der Fusion bei. Siehe Joor / Hoek, *Rekenschap*, S. 154.

83 Vollständiger Name: »Gefusioneerde Joodse Instellingen voor Kinderbescherming« (dt. Zusammenschluss der jüdischen Einrichtungen zum Kinderschutz).

84 Cohen, *Geschiedenis van de Berg-Stichting*, S. 129.

85 Joor / Hoek, *Rekenschap*, S. 151.

86 Keilson, »Sequentiële traumatisering bij kinderen« (Artikel, 1985), S. 834.

87 Keilson, *Sequentielle Traumatisierung bei Kindern. Deskriptiv-klinische und quantifizierend-statistische follow-up Untersuchung zum Schicksal jüdischer Kriegswaisen in den Niederlanden*. Stuttgart: Ferdinand Enke Verlag, 1979, beide Zitate auf S. 430 in der niederländischen Zusammenfassung; dt. MKL.

88 Aussage von Hans Keilson lt. Mitteilung Marita Keilson, 14. 8. 2018.

89 Gespräch mit Margriet Dekkers-van de Kar, 20. 8. 2020.

90 Gespräch mit Rob Hompes, 21. 12. 2016.

91 Dies berichtet Leo Cohen in einem Interview der Hebrew University, Insti-

tute of Contemporary Jewry, Oral-History Division, 16.7.1973. NIOD Archiv 883, Dr. H. A. Keilson, 3, Mappe 21.

92 Keilson, »Pegischa in Bussum«.

93 »Poerimviering in den lande«. In: *Nieuw Israelietisch Weekblad*, Jg. 77, Nr. 15, 29.3.1946. Eretz Israel = das Land Israel; dt. MKL.

94 Hans Keilson an Hilde und Schaul Robinsohn, 20.8.1945. NHK.

95 Preuss-Fieting, »Keilsons nicht vorhandener Deutschenhass«.

96 Hanna Sanders an Arie Bakker, 20.1.1946. Archiv Sjouk Sytstra; dt. MKL.

97 Siehe die folgenden Internetseiten: https://en.wikipedia.org/wiki/Jewish_Brigade; https://www.omroepgelderland.nl/nieuws/2129687/Gemotiveerd-tot-op-het-bod-de-mannen-van-de-Joodse-Brigade; https://socialhistory.org/nl/vandaag/joodse-brigade-welkom; eingesehen am 15.7.2018.

98 Verhey, *Om het joodse kind*, S. 128 und 130; Zitat S. 128; dt. MKL.

99 Hanna Sanders an Evy Bakker, 21.5.1946. Archiv Sjouk Sytstra.

100 Ebd.

101 Ebd.; dt. MKL.

102 Siehe die Heiratsanzeige im *Nieuw Israelietisch Weekblad*, 14.6.1946.

103 Hanna Hoffman-Sanders an Arie und Evy Bakker, 6.7.1946. Archiv Sjouk Sytstra; dt. MKL.

104 Ebd.

105 Hanna Hoffman-Sanders an Arie und Evy Bakker, 18.8.1946, Archiv Sjouk Sytstra; dt. MKL.

106 Ebd.

107 Zur Überarbeitung: Hanna Sanders an Arie Bakker, 21.2.1946, Archiv Sjouk Sytstra. Die Übersetzung von Hanna Sanders wurde, leicht überarbeitet von Frank Schuitemaker, in der Neuausgabe von 2010 im Verlag Van Gennep übernommen.

108 Hanna Sanders an Arie Bakker, 21.2.1946, Archiv Sjouk Sytstra; dt. MKL.

109 Der vollständige Name des Verlages, wie er in der Erstausgabe steht, lautet: Phoenix – Gebroeders E. en M. Cohen. Siehe dazu http://www.gebr-e-en-m-cohen.nl/phoenix.html, eingesehen am 4.7.2018.

110 Hanna Hoffman-Sanders an Arie und Evy Bakker, 18.8.1946, Archiv Sjouk Sytstra; dt. MKL.

111 Siehe Hanna Hoffman-Sanders an Arie und Evy Bakker, 10.11.1946, Archiv Sjouk Sytstra; dt. MKL.

112 Hanna Hoffman-Sanders an Arie und Evy Bakker, 16.5.1947, Archiv Sjouk Sytstra.

113 Hanna Hoffman-Sanders an Arie und Evy Bakker, 10.11.1946, Archiv Sjouk Sytstra; dt. MKL.

114 Hanna Hoffman-Sanders an Arie und Evy Bakker, 16.5.1947, Archiv Sjouk Sytstra; dt. MKL.

115 Hanna Sanders an Arie Bakker, 20.1.1946, Archiv Sjouk Sytstra; dt. MKL.

116 Gespräch mit Frank Sanders, 18.3.2020.

117 Gespräch mit Yoram Hoffman, 29.11.2016.

118 Carol Hoffman, die Frau von Yoram Hoffman, an Hans und Marita Keilson, undatiert im Sommer 2011; Hans Keilson lebte zu diesem Zeitpunkt nicht mehr. NHK; dt. MKL.

119 Gespräch mit Yoram Hoffman, 29.11.2016; siehe auch Versteegen, »Eine Liebe in Zeiten der Verfolgung«, S. 120–122.

120 Hanna Hoffman-Sanders an Hans Keilson, 7.11.1971, NHK; dt. MKL.

121 Versteegen, »Eine Liebe in Zeiten der Verfolgung«, S. 122.

122 Gespräch mit Yoram Hoffman, 29.11.2016.

123 Hans Keilson, *Diary 1944*. Translated from the German by Damion Searls. New York: Farrar, Straus and Giroux, 2017. In dieser Ausgabe sind auch die 46 Sonette in der Übersetzung von Damion Searls enthalten.

124 E-Mail Yoram Hoffman an Marita Keilson, 8.1.2017.

125 Thomas Mann an Hans Keilson, 12.9.1946. NHK.

126 Ansichtskarte von Thomas Mann an Hans Keilson, 27.8.1947. NHK.

127 Gespräch mit Andreas Landshoff, 7.1.2021. Lt. Vertrag über die deutsche Ausgabe zwischen Fritz Landshoff (Querido Verlag) und Hans Keilson vom 14.5.1946 lautete der Titel zu diesem Zeitpunkt noch »Kleine Komödie in Moll«. Dem Vertrag zufolge hätte das Buch 1946 erscheinen sollen, das wurde aber in das Jahr 1947 verschoben. 1948 wurden von der deutschen Ausgabe 383 Exemplare verkauft, im folgenden Jahr sechzehn. Vertrag und Honorarabrechnung im NHK.

128 Presser, *Ondergang* 2, S. 275.

129 Van Heerikhuizen, »Nieuwe Duitse boeken«. – Ende der vierziger Jahre arbeitete Hans Keilson an einer deutschen Übersetzung von Heerikhuizens Rilke-Buch *Rainer Maria Rilke, zijn leven en werk* (Kroonder, 1946). Der Autor hatte an der Übersetzung allerlei auszusetzen; sie ist nicht erschienen, und ein Manuskript ist nicht erhalten.

130 »Nieuwe uitgaven. Comedie in mineur«. In: *De Gooi- en Eemlander*, 7.6.1947; dt. MKL.

131 Weijel, »De tragiek der gewone dingen«; dt. MKL.

132 Baltschev, *Hölle und Paradies*, S. 157–162.

133 Erika Mann an Hans Keilson, 9.3.1950. NHK.

134 Erika Mann an Hans Keilson, 21.3.1950. NHK.

135 Erika Mann an Hans Keilson, 28.6.1950. NHK.

136 Hans Keilson: »Lieber Herr …«, in: *Klaus Mann zum Gedächtnis*. Amsterdam: Bermann-Fischer / Querido Verlag, 1950, S. 73–79; das »erkahlende Haupt«: S. 74; siehe auch Erika Mann an Dr. Rudolf Hirsch, damals Cheflektor bei Bermann-Fischer / Querido, 20. 3. 1950; Deutsches Literaturarchiv Marbach, A:Benn, Gottfried / Heintel.

137 Interview Anton de Goede mit Hans Keilson im VPRO-Radioprogramm *De avonden*, 2. 10. 2003. CD im NHK.

138 Lühe, *Erika Mann*, S. 232.

139 *Klaus Mann zum Gedächtnis*. Amsterdam: Bermann-Fischer / Querido, 1950. Erika Mann stellte das Buch zusammen, wird aber nicht als Herausgeberin genannt.

140 Hans Keilson, »Lieber Herr …«, S. 74.

141 Klaus Mann, *Tagebücher*, Band 6, S. 136.

142 Gesuch an den Minister für »Onderwijs, Kunsten en Wetenschappen« (dt. Erziehung, Kunst und Wissenschaft). Im NHK befinden sich Durchschläge von zwei nur mit »1946« datierten Versionen, die eine ist eine verbesserte Form der anderen. Aus der Antwort des Ministeriums ist zu ersehen, dass das Gesuch mit dem Datum 6. 3. 1946 abgesandt wurde.

143 Gesuch an den Minister für »Onderwijs, Kunsten en Wetenschappen«, zweite, verbesserte Version, Durchschlag, datiert »1946«. Aus der Antwort des Ministeriums ist zu ersehen, dass das Gesuch mit dem Datum 6. 3. 1946 abgesandt wurde. NHK; dt. MKL.

144 Brief mit Bescheid des Ministers für »Onderwijs, Kunsten en Wetenschappen« vom 30. 8. 1946, Kopie im NHK.

145 »Getuigschrift van de Faculteit der Geneeskunde« der Universität Amsterdam, 1. 10. 1947. Kopie aus der Einbürgerungsakte (»naturalisatiedossier«) Hans Keilson im NHK.

146 Louter, »Alleen God kan u redden«, auch digital: https://onsamsterdam.nl/alleen-god-kan-u-redden, eingesehen am 31. 10. 2020. Siehe auch Hans de Waardt: »Lammert van der Horst, de mens centraal«, auf der Internetseite https://www.geheugenvandevu.nl/application/files/2114/5820/4440/Horst_L_van_der.pdf eingesehen am 30. 10. 2020.

147 Ferguson, »Het demasqué van het scandalon«, Zitat S. 119; dt. MKL.

148 Anton van Duinkerken an Lammert van der Horst, 11. 11. 1947, Literaturmuseum Den Haag unter LM: VDA 336 (2).

149 Brief des Vorsitzenden (D. van Capellen) und des Geschäftsführers (Leopold Siemens) der »Specialisten Registratie Commissie« der »Nederlandse Maatschappij tot Bevordering van de Geneeskunst« in Amsterdam, vom 1. 1. 1951, NHK.

150 Rik le Coultre an Hans Keilson, 12. 5. 1949, mit der Mitteilung, dass die Lehranalyse am 15. 5. 1949 beginnen könne. NHK.
151 Stroeken, *Freud in Nederland*, S. 133.
152 Keilson, »Herdenking 1«, Zitat S. 14; dt. MKL.
153 Tramper, »Hans Keilson: een eindeloze tijd van rouw«.
154 Keilson, »Herdenking 1«, dt. MKL.
155 Gespräch mit Isi Kaminer, 15. 1. 2020.
156 Gespräch mit Paul und Marye Bekkering, 22. 3. 2018.
157 Literaturlisten für die ersten beiden Ausbildungsjahre, datiert 12. 12. 1950 und November 1951, finden sich im NHK.
158 Protokoll der Nederlandse Vereniging voor Psychoanalyse vom 5. 5. 1952. Archiv Nederlandse Vereniging voor Psychoanalyse, Stadsarchief Amsterdam, Zugangsnummer 30628, 3. 1. 2, Notulen: 490 (1945–1955).
159 Oden, »Ik neem elke dag afscheid«; dt. MKL.

8 Neue Niederländer

1 Bossenbroek, *De meelstreep*, S. 263.
2 Auch Österreicher wurden als unerwünschte Ausländer betrachtet.
3 Bossenbroek, *De meelstreep*, S. 261; dt. MKL.
4 Van Liempt, *Na de bevrijding*, S. 70 f.
5 Bossenbroek, *De meelstreep*, S. 262.
6 Siehe Bogaarts, »Weg met de moffen«, S. 13, im Internet unter https://repository.ubn.ru.nl/bitstream/handle/2066/93694/91168.pdf?sequence=1; eingesehen am 21. 12. 2020.
7 Franca Verheijen, »Interview met Dhr. Keilson (16 november 1999, Bussum)«. Unpubliziertes Typoskript im NHK.
8 In einem Vortrag in Frankfurt am Main im Jahre 2000 sagte er, »das Gefühl von tiefer Unsicherheit« bleibe dem Flüchtling, auch wenn nach der Flucht und der Aufnahme in einem anderen Land die direkte Bedrohung nicht mehr bestehe. Brief Hans Keilson an Brigitte Meckler, 23. 5. 2000. NHK.
9 Zur Verweigerung des Passes siehe die Mitteilung des Bürgermeisters von Naarden, J. Boddens Hosang, vom 12. 11. 1945. NHK.
10 Der Bürgermeister von Naarden, Jur. Visser jr., an den Staatsanwalt in Amsterdam, 11. 3. 1948. Kopie im NHK; dt. MKL. Als Jurjen Visser die Keilsons aufsuchte, war er Stadtsekretär, ab 1. Oktober 1947 war er Bürgermeister von Naarden.
11 Ebd.

12 Oprel, *Afrekenen met de vijand*, S. 7–14.

13 Rapport von A. E. Scholte, 13. 3. 1947. Nationaal Archief, Den Haag, Zugangsnummer 2. 09. 16, Inv.nr. 10330 (Keilson, H. A., Naarden).

14 Erklärung von K. L. de Vries, gerichtet an das NBI, 7. 12. 1945. Nationaal Archief, Nederlandse Beheersinstituut, Beheersdossiers 1945–1967, inv.nr. 5646 (darin: Entfeindungsakte Keilson); dt. MKL.

15 Hans Keilson an Het Nederlandse Beheersinstituut, 20. 4. 1947. Nationaal Archief, Nederlandse Beheersinstituut, Beheersdossiers 1945–1967, inv. nr. 5646 (Entfeindungsakte Keilson).

16 Aug. Jacobs, Polizeibeamter in Naarden, an Het Nederlandse Beheersinstituut, 17. 4. 1947. Nationaal Archief, Nederlandse Beheersinstituut, Beheersdossiers 1945–1967, inv.nr. 5646 (darin: Entfeindungsakte Keilson).

17 Erklärung der Direktion von Het Nederlandse Beheersinstituut, 18. 10. 1947. Nationaal Archief, Nederlandse Beheersinstituut, Beheersdossiers 1945–1967, inv.nr. 5646 (darin: Entfeindungsakte Keilson). Damit war Gertrud auch »entfeindet«.

18 Der Bürgermeister von Naarden, Jur. Visser Jr., an den Staatsanwalt in Amsterdam, 24. 1. 1948. Kopie im NHK.

19 Erklärung L. M. Rientsma, 16. 2. 1948. Kopie im NHK; dt. MKL.

20 In der niederländischen Erklärung ist von »overbrengen«, also buchstäblich von einem Versteck ins andere »begleiten«, die Rede. Das ist wohl ein Irrtum. Aber er überbrachte, wie Rientsma schreibt, als Kurier Lebensmittelkarten und Ausweise.

21 Erklärung K. L. de Vries, 20. 2. 1948. Kopie im NHK; dt. MKL.

22 Mr. J. Thomassen, Soestdijk, 23. 2. 1948. Durchschlag im NHK; dt. MKL.

23 Der Bürgermeister von Naarden, Jur. Visser Jr., an den Staatsanwalt in Amsterdam, 12. 5. 1948. Kopie im NHK; dt. MKL.

24 Victor E. van Vriesland, Vorsitzender des PEN-Zentrums für die Niederlande, 3. 5. 1948. Kopie im NHK; dt. MKL.

25 Die Gedichte (vermutlich die Vorkriegsgedichte aus der *Gemeenschap* und einige Hanna-Sonette) sollten als Bändchen erscheinen. Van Vriesland vermittelte den Kontakt zwischen Keilson und Karl Kollár, dem Leiter des Verlages Academische Uitgevers Mij. Pantheon, Amsterdam, Antwerpen, Brüssel, Zürich und Budapest. Die Publikation kam nicht zustande. Siehe Victor E. van Vriesland an Hans Keilson, am 13. 2. 1946, 14. 3. 1946, 3. 5. 1946 (NHK).

26 Kopie im NHK.

27 Rijksrechercheur 1^e^ klasse G. P. Saakes an den Generalstaatsanwalt in Amsterdam, 7. 6. 1948. Kopie im NHK; dt. MKL.

28 Ebd.

29 Der Generalstaatsanwalt (Procureur-Generaal bij het Gerechtshof in Amsterdam) van Thiel, an den Justizminister, 29.11.1948. Kopie im NHK; dt. MKL.

30 Ebd.; dt. MKL.

31 De Administrateur, Chef der 4e Afdeling ter Provinciale Griffie van Noordholland, Mr. P. F. Westerling, an Hans Keilson, 22.2.1950. NHK.

32 Der Kommissar der Königin für die Provinz Nord-Holland an den Justizminister, 23.3.1950. Kopie im NHK; dt. MKL.

33 Der Staatsanwalt in Amsterdam, A. S. de Muinck Keizer, an den Generalstaatsanwalt in Amsterdam, 4.10.1950. Kopie im NHK; dt. MKL.

34 Der Generalstaatsanwalt in Amsterdam, van Dullemen, an den Justizminister, 6.10.1950. Kopie im NHK. Van Dullemen war der Amtsnachfolger von van Thiel.

35 Der Bürgermeister von Naarden, Jur. Visser jr., an den Kommissar der Königin für Nord-Holland, 11.8.1949. Kopie im NHK.

36 Franca Verheijen, »Interview met Dhr. Keilson (16 november 1999, Bussum)«. Unpubliziertes Typoskript. NHK.

37 *Staatsblad van het Koninkrijk der Nederlanden*, Nr. 481: »Wet van 14. November 1951, houdende naturalisatie van Antonius Leonardus Albertus Aelberts en 19 anderen«. Sonderdruck im NHK.

38 Dr. C. Banning, medizinischer Oberinspektor für Volksgesundheit, 12.1.1951. Kopie im Einbürgerungsdossier Hans Keilson, NHK. Für die Registrierung als Spezialist und die Erlaubnis, eine Praxis zu eröffnen, war die niederländische Staatsangehörigkeit nicht erforderlich.

39 *De Tijd*, 8.9.1951; *Het Parool*, 25.8.1951 und 1.9.1951.

40 Die kombinierte Ausbildung zum »zenuwarts« (Nervenarzt) wurde in den Niederlanden 1984 beendet.

41 Siehe Gertrud Keilson-Manz an Herrn Bethäuser (ein Malermeister in Amorbach, der allerlei Angelegenheiten für Gertrud regelte), 18.8.1951. NHK.

42 Hans Keilson an Hilde und Schaul Robinsohn, 26.12.1956. NHRK.

43 Gertrud Keilson-Manz an Hilde und Schaul Robinsohn, 25.1.1957. NHRK.

44 Ebd.

45 Hans Keilson an Hilde und Schaul Robinsohn, 26.12.1956. NHRK.

46 Hans Keilson an Hilde und Schaul Robinsohn, 25.1.1957. NHRK.

47 Ebd.

48 Ebd.

49 Hans Keilson an Hilde Robinsohn-Keilson, 17.5.1958. NHRK; im Original englisch; dt. MKL.

50 Ebd.
51 Hans Keilson an Hilde und Schaul Robinsohn, 3.9.1960. NHRK.
52 Dr. Mährlen, »Bericht über den Besuch bei Dr. Hans Keilson, Bussum / Holland vom 22. bis 27. Februar 1959«, 6.3.1959. Westermann Unternehmensarchiv, 7 / 117.
53 Ebd.
54 Hilde Robinsohn an die »Liebe Familie«, 5.6.1961. NHRK.
55 NIOD, Archiv Dr. H. A. Keilson, nr. 883 inv.nr. 1, 2, 3, 6.
56 Van Kerkhof, »De oorlog verwerkt«, Zitat S. 9; dt. MKL.
57 NIOD, Archiv Dr. H. A. Keilson, nr. 883 inv.nr. 1–9; Patientenakten über spätere Jahre wurden ordnungsgemäß vernichtet.
58 Gespräch mit Marita Keilson, 16.11.2021.
59 Der Rat zu reisen: siehe NIOD, Archiv Dr. H. A. Keilson, nr. 883 inv.nr. 5.
60 NIOD, Archiv Dr. H. A. Keilson, nr. 883 inv.nr. 3.
61 Gespräch mit Marita Keilson, 16.11.2021.
62 NIOD, Archiv Dr. H. A. Keilson, nr. 883 inv.nr. 2.
63 NIOD, Archiv Dr. H. A. Keilson, nr. 883 inv.nr. 4–5.
64 Gespräch mit Patrick de Knoest, 16.2.2021; dt. MKL.
65 Hellinga, »Van de bank af gezien«, dt. MKL. Dies ist die wohl einzige Beschreibung des Sprechzimmers in der Wohnung in der Van Hall-laan 15 in Naarden.
66 Gespräch mit Gerben Hellinga, 10.7.2019; dt. MKL.
67 Gespräch mit Wim Bloemendaal, 22.3.2017; dt. MKL.
68 Die beiden letzten Sätze beruhen auf Erinnerungen von Hilde Bos-Hardonk, gleichaltrig mit Barbara, die damals auch in der Van Hall-laan wohnte. Gespräch am 16.8.2022.
69 Hans Keilson an Hilde und Schaul Robinsohn, 17.12.1961. NHRK.
70 David de Levita, Hans Keilsons Doktorvater, schrieb: »Der Betroffene [ein vom Krieg traumatisierter Mensch, JV] kann sein oder ihr Kind an die Stelle des verlorenen Elternteiles setzen und es dann so krampfhaft festhalten, dass es keinen Ausweg mehr hat.« De Levita, »De wolken waarom moeder schreide«, Zitat S. 17; dt. MKL.
71 Hans Keilson an Hilde und Schaul Robinsohn, 7.12.1964. NHRK.
72 Hans Keilson an Hilde und Schaul Robinsohn, 24.8.1965 und 17.7.1966. NHRK.
73 Gertrud Keilson an Hilde und Schaul Robinsohn, 24.8.1965. NHRK.
74 Barbara Keilson an Hilde und Schaul Robinsohn, August 1966. NHRK.
75 Barbara Keilson an Hilde und Schaul Robinsohn, undatiert, wohl im Sommer 1967. NHRK.

76 Gespräch mit Marita Keilson, 29.12.2020, und E-Mail von Esther Wertwijn, 28.12.2020.
77 E-Mail von Esther Wertwijn, 28.12.2020; dt. MKL.
78 SMS von Esther Wertwijn, 14.5.2021; dt. MKL.
79 Dieser Absatz beruht auf einem Gespräch mit Wim Lucieer, 13.9.2018; dt. MKL.
80 Die zitierten Formulierungen stammen von Barbaras Tochter Esther; dt. MKL. Gespräch mit Esther Wertwijn, 21.8.2020.

9 Das Buch über Hitler

1 Hans Keilson an Joachim Maass, den Redakteur der *Neuen Rundschau*, 4.8.1946. NHK. Die Erzählung stammte vermutlich aus den dreißiger Jahren. Der Titel verweist auf den Kanon »Himmel und Erde müssen vergehn / Aber die Musici bleiben bestehn«.
2 Erhalten sind ablehnende Briefe vom Rainer Wunderlich Verlag (19.6.1950; gez. Pfeiffer) und von *Westermanns Monatsheften* (26.8.1952; gez. Baunach). NHK.
3 Die Erzählung ist als Typoskript im NHK erhalten. Inhalt: Ein Fremder, Alois Stenzel, stört den Lebensrhythmus eines Städtchens, indem er an einem Werktag die Kirche betritt und durch sein wunderbares Orgelspiel einen Auflauf verursacht, unter anderem von allerlei Lehrjungen. Die Folgen: Das Brot wird nicht rechtzeitig gebacken, die Lokalzeitung erscheint zu spät und anderes mehr. Während einige Notabeln Stenzel gern so bald wie möglich als städtischen Organisten angestellt sehen wollen, sind die örtlichen Handwerker und Geschäftsleute verstimmt. Bei einer überfüllten Versammlung im »Gasthof zum Adler« wird deutlich, wie uneinig man ist – bis Stenzel eingreift und die Anwesenden einen Kanon singen lässt. Er bleibt für den Rest seines Lebens in dem Städtchen, weigert sich aber, als Organist angestellt zu werden. Er wird Musiklehrer. So weit der Inhalt. »Zum Adler« hieß übrigens der Gasthof in Amorbach, der den Großeltern von Gertrud gehört hatte. So wird suggeriert, dass die Geschichte sich in diesem Städtchen abspielt. Der Gasthof, am Fuße einer Barockkirche mit einer berühmten Orgel, wurde Anfang des 20. Jahrhunderts abgerissen.
4 Es ging um eine Ausgabe des Verlages Breitkopf & Härtel. Hans Keilson an Kerstin Schoor, 22.6.1991. NHK.
5 Hans Keilson an M. H. Würzner, 11.9.1973. NHK.

6 Keilson, »In der Fremde zuhause« (1992), Zitat S. 115; auch in: ders., *Werke 2*, S. 228.
7 Keilson, *Werke 2*, S. 20.
8 Siehe Kapitel 5.
9 Keilson, »In der Fremde zuhause« (1992), Zitat S. 115; auch in: ders., *Werke 2*, S. 228.
10 Hesse, *Demian* (2014), S. 117.
11 Das einzige, unvollständig erhaltene frühe Typoskript endet mit Seite 56.
12 Siehe den Artikel »Roman over haat na de oorlog voltooid. Hans Keilson, In de ban van de tegenstander« in *Het Parool*, 15. 3. 1963.
13 Keilson, *Der Tod des Widersachers*, in: ders., *Werke 1*, S. 345 (Kap. I). Wenn nicht anders angegeben, wird der Roman hier aus der Ausgabe *Werke in zwei Bänden* (2005) zitiert. Um Orientierung in anderen Ausgaben möglich zu machen, ist die Kapitelnummer hinzugefügt.
14 Ebd., S. 396 (Kap. IV).
15 Ebd., S. 395 (Kap. IV)
16 Ebd., S. 444 (Kap. VII).
17 Ebd., S. 450 (Kap. VIII).
18 Ebd., S. 451 f. (Kap. VIII).
19 Ebd., S. 452 (Kap. VIII).
20 Ebd., S. 454 (Kap. IX).
21 Ebd., S. 460 (Kap. IX).
22 Ebd., S. 462 (Kap. IX).
23 Ebd., S. 469 (Kap IX).
24 Ebd., S. 511 (Kap. X).
25 Siehe Kapitel 6, S. 202 f.
26 Keilson, *Werke 1*, S. 519 (Kap. XII).
27 Ebd., S. 537 (Kap XIII).
28 Ebd., S. 540 (Kap. XIV).
29 Ebd., S. 547 (Kap. XIV).
30 Ebd., S. 562 (Rahmenerzählung).
31 Ebd., S. 556 (Kap. XV).
32 Ebd., S. 558 (Kap. XVI).
33 Ebd.
34 In Wirklichkeit hießen die Kinder Gabriele und Karl. Siehe von der Dunk, *Terugblik bij strijklicht*, S. 157.
35 Siehe Kapitel 6, S. 202 f.
36 Im Roman ist es September, als »B.« / Hitler die Fabrik besucht.
37 Estelmann, »Ich rede mit jedem Patienten anders«, Zitat S. 276.

38 Schaevers, »De tien decennia«; dt. MKL.

39 Hans Keilson in einem Interview, o. O., o. J. (vermutlich 1999); Kassettenband im NHK.

40 Estelmann, »Ich rede mit jedem Patienten anders«, Zitat S. 276. – Das Opernhaus hieß seit 1933 »Deutsches Opernhaus«, aber Hans Keilson benutzt noch den ursprünglichen Namen »Städtische Oper«. Die Premiere dieser Tristan-Inszenierung war am 18. 1. 1935. Siehe Königsdorf, Roesler, *Hundert Jahre Deutsche Oper Berlin*, S. 186.

41 Keilson, *Werke 1*, S. 562 (Rahmenerzählung).

42 Grunberg, »De onmacht van mannen«. Sowie: Voorhorst, *Gerhard Badrian.* Ich danke Frieda Voorhorst für die Möglichkeit der Einsichtnahme.

43 Siehe Kapitel 5, S. 181 f.

44 Middelburg, *Jeanne de Leugenaarster*, S. 172; dt. MKL.

45 Ebd., S. 173; dt. MKL.

46 Ebd.

47 Hans-Joachim Wiegand an Hans Keilson, 3. 4. 1960. NHK.

48 Hans Keilson im Radioprogramm *Kunststof*, 21. 12. 2010.

49 Hans Keilson im Radioprogramm *NOS Cultuur Special*, 17. 4. 1990. Kassettenband im NHK.

50 Boltendal, »Blijft elke tegenstander een mens«.

51 Bei der Person des untreuen Freundes, der im Roman die Parabel von den Elchen und den Wölfen erzählt, ließ Hans Keilson sich vielleicht auch noch von jemand anders inspirieren: Richard Grande (1903 – 1985), der seine Sommerferien in Bad Freienwalde bei dem Ehepaar Loose verbrachte. Sie kümmerten sich um ihn, weil er sonst keine Familie hatte. Grande war Lehrer in Hamburg, *Der Tod des Widersachers* nennt »H.« als Wohnort des untreuen Freundes. Grande publizierte den teilweise homoerotischen Gedichtband *Die Jünglinge* (Der Greifenverlag, 1927), darin das Gedicht »Für einen jungen Geiger« (womit möglicherweise Hans Keilson gemeint war), und die Romane *Der Menschenfreund* (S. Fischer, 1936) und *Umwege des Herzens* (Die Rabenpresse, 1938).

52 E-Mail von Marita Keilson, 5. 8. 2020.

53 E-Mail von Birgit Erdle über ihre Interpretation der Initiale »B.«, 11. 6. 2020.

54 Die Schreibweise »Belsatzar« ist eine Eigentümlichkeit von Heine; gebräuchlich ist Belsazar.

55 Isidor J. Kaminer, »Für Hans Keilson zum 80. Geburtstag«. Rede, gehalten in Hamburg am 16. 12. 1989 bei der Geburtstagsfeier. NHK.

56 Thomas Mann, »Bruder Hitler«, Zitat S. 309.

57 Siehe Anmerkung 55.

58 Diese Zahlen nennt Keilson selbst. In den Fragmenten, die sich im NHK gefunden haben, endet der Text auf S. 56.

59 Keilson, *Tagebuch 1944*, S. 84.

60 In einem Vortrag erzählte Hans Keilson 1988, dass Gertrud auf seine Bitte das Manuskript (unklar welchen Umfangs) im Garten hinter ihrem Haus, also in Naarden, vergraben habe. Siehe: Keilson, »Ein Schreibtisch, weit weg vom Vaterland«, S. 84. In einem Radiointerview spricht Keilson davon, dass sein Manuskript, 50 Seiten, geschrieben 1941, von Gertrud in Naarden im Garten vergraben wurde (Martin Forberg, Interview mit Hans Keilson im Programm *Kulturzeit*, Deutschlandradio Berlin, 10. 5. 1994).

61 Keilson, »Sieben Sterne«, *Werke* 2, S. 466.

62 Meijer, »Een grensganger«.

63 Möglicherweise wurde das Manuskript davor bei S. Fischer (oder Bermann-Fischer) durch Rudolf Hirsch abgelehnt. Das erzählte Hans Keilson seiner Frau Marita (E-Mail Marita Keilson, 15. 6. 2022).

64 Peter Suhrkamp (Suhrkamp Verlag) an Hans Keilson, 9. 8. 1951. NHK.

65 Meijer, »Een grensganger«; dt. MKL.

66 Ebd.

67 Im NHK befinden sich ablehnende Briefe folgender Verlage: Suhrkamp Verlag, Rowohlt Verlag, Kiepenheuer & Witsch, Verlag Kurt Desch, Rainer Wunderlich Verlag Hermann Leins, R. Piper Verlag, Marion von Schröder Verlag, Bechtle Verlag.

68 Dr. Witsch (Kiepenheuer & Witsch) an Hans Keilson, 19. 2. 1953. NHK.

69 Dr. Witsch (Kiepenheuer & Witsch) an Hans Keilson, 12. 3. 1953. NHK.

70 H. J. Mundt (Verlag Kurt Desch) an Hans Keilson, 3. 9. 1953. NHK.

71 Effi Bie-Bendemann (Rainer Wunderlich Verlag Hermann Leins) an Hans Keilson, 22. 2. 1954. NHK.

72 Kontakt mit dieser Literaturagentur bestand in den Jahren 1956 / 57. Möglicherweise hat Frau Liepman es nochmals bei Verlagen versucht, die den Roman schon einmal abgewiesen hatten. Im September 1956 gibt sie eine Übersicht über die Verlage, die das Buch nicht publizieren wollen: Claassen, Krüger, List, Günther, Rowohlt, Leins, Desch, Marion von Schröder und Kiepenheuer. Siehe Briefe vom 4. 9. 1956 und 1. 1. 1957 an Hans Keilson. NHK.

73 Parkinson, »Zwischen Nirgendwo und Immer Wieder«, S. 115 f.

74 Wiede, *Rasse im Buch*, S. 56 – 131.

75 Schriftleitung der *Monatshefte* (gez. Baunach) an Hans Keilson, 26. 8. 1952. NHK.

76 Dr. Wolfram Buddecke an Hans Keilson, 16.7.1958. NHK. Wolfram Buddecke (1926–2009) arbeitete in den Jahren 1958–1961 im Lektorat des Westermann Verlags.
77 Katharina Boje an Hans Keilson, 22.8.1958. NHK.
78 Katharina Boje an Hans Keilson, 6.11.1958. NHK.
79 Dr. Mährlen: »Bericht über den Besuch bei Dr. Hans Keilson, Bussum / Holland vom 22. bis 27. Februar 1959«, 6.3.1959. Westermann Unternehmensarchiv, 7 / 117. Für die Kopie danke ich der Archivarin Frau Verena Kleinschmidt.
80 Dr. Hermann Mährlen an Hans Keilson, 5.3.1959. NHK.
81 Siehe Anmerkung 79.
82 Ebd.
83 Dr. Hermann Mährlen an Hans Keilson, 14.4.1959. NHK.
84 Katharina Boje an Hans Keilson, 22.5.1959. NHK.
85 Dr. Wolfram Buddecke an Hans Keilson, 2.7.1959. NHK.
86 Katharina Boje an Hans Keilson, 13.8.1959. NHK.
87 Werbetext des Georg Westermann Verlages für den Buchhandel, 16.11.1959. NHK. Das Tagebuch von Anne Frank war 1950 im Verlag Lambert Schneider erstmals auf Deutsch erschienen.
88 Katharina Boje an Hans Keilson, 25.8.1959. NHK.
89 Das ergibt sich aus einem Brief von Katharina Boje vom 20.11.1959. NHK.
90 Katharina Boje an Hans Keilson, 14.9.1959. NHK.
91 Katharina Boje an Hans Keilson, 25.9.1959. NHK.
92 Siehe Katharina Boje, »Frankfurter Buchmesse 1959«, maschinenschriftlicher Bericht, hauptsächlich über den *Tod des Widersachers*, 30.10.1959. Westermann Unternehmensarchiv, 1 / 105.1.
93 Der Verlag sammelte die Rezensionen und stellte sie dem Autor zu. Außer aus Deutschland sind darunter auch deutschsprachige Besprechungen aus der Schweiz (1), Luxemburg (1), Österreich (1) und Israel (2). Wie oft das Buch im Radio besprochen wurde, ist nicht bekannt.
94 S., »Das Trauma«.
95 Cramer, »Zwei jüdische Schicksale«.
96 Grözinger, »Wechselspiel von Liebe und Hass«.
97 Paul Hühnerfeld, »Viel Schuld – wenig Sühne«.
98 Sn., »Suche nach dem Widersacher«.
99 Beide Zitate siehe *Werke* 1, S. 440 (Kap VII). Inzwischen heißt es dort: »Wir sind euer Unglück!«, während 1959 in der Erstausgabe (S. 143) tatsächlich stand: »Wir sind unser Unglück!«. Die Formulierung wurde 1989 bei der Neuausgabe im Verlag S. Fischer in der Reihe »Verboten und ver-

brannt / Exil« geändert. Es handelt sich um die – doch wohl sarkastische – Übernahme des Nazi-Slogans »Die Juden sind unser Unglück!«

100 N., »Der Feind im eigenen Fleisch und Blut«.

101 *Freiheit* [*Ramat-Gan*], 15.11.1959.

102 Theunissen, »Hitler hinter Milchglas«.

103 Dr. Wolfram Buddecke an O.B. Roegele, Chefredakteur des *Rheinischen Merkur*, 7.4.1960, Durchschlag im NHK.

104 Ebd., sowie Katharina Boye an Hans Keilson, 1.9.1960. NHK.

105 Eine vom Verlag erstellte Liste der Zeitungen im NHK.

106 Dr. Hermann Mährlen an Hans Keilson, 24.2.1960. NHK.

107 Katharina Boje an Hans Keilson, 1.9.1960. NHK.

108 Wolfram Buddecke an Hans Keilson, 19.9.1960. NHK.

109 Ebd.

110 Hans Keilson an Wolfram Buddecke, 22.9.1960. NHK.

111 Wolfram Buddecke an Hans Keilson, 29.12.1960. NHK.

112 Honorar-Abrechnung über den Absatz im Geschäftsjahr 1960, 17.4.1961. NHK.

113 B[oltendal], »Hans Keilson's boek nu vertaald«.

114 Syring, »… es immer wieder aufs neue versuchen«, S. 96, Anm. 17.

115 M. G. Schenk an Hans Keilson, 7.4.1960, NHK.

116 Weyel, »De tegenstander«; dt. MKL.

117 Den Besten, »Wel en niet voor Duitsers«; dt. MKL.

118 Ebd.

119 Drs. Karel Korswagen in »Het boek van de dag«, einer Radiorubrik des KRO, gesendet am 22.7.1961.

120 Blijstra, »Twee romans«.

121 Ebd.

122 Boltendal, »Blijft elke tegenstander een mens«; dt. MKL.

123 *Haagsch Dagblad*, 12.2.1960.

124 I. Swelheim, »De liefde tot de haat«; dt. MKL.

125 Ds. W. Knoppers, »In de ban van de tegenstander«. Teil 1: »Realistische overpeinzingen naar aanleiding van de roman ›In de ban van de tegenstander‹ van H. Keilson«. Radiosendung des VPRO, 16.6.1961; dt. MKL.

126 Oswald Wolff erwähnt im Januar 1962 »nicht viel mehr als 300 Exemplare«. Brief an Hans Keilson, 12.1.1962. NHK.

127 Oswald Wolff an Hans Keilson, 31.5.1962. NHK. Verkauft wurden die Druckbogen, nicht die gebundenen Bücher. Die Amerikaner konnten so das Buch mit eigenem Umschlag und eigener Titelseite auf den Markt bringen.

128 Peter Mayer an Hans Keilson, 5.1.1962, NHK.

129 Rezensionen erschienen in *Commonweal, The Guardian, The Irish Times, The Jewish Chronicle, Jewish Observer, Manchester Evening News, Rocky Mountain News, Time, Time and Tide.*

130 Gillon, »Time's Chaotic Order«.

131 Anonyme, titellose Rezension in *The Guardian,* 25.5.1961.

132 Sears, »A Look At Hitler's Germany«.

133 »Anatomy of Hatred«. In: *Time. The Weekly Newsmagazine.* Atlantic Edition, 14.9.1962, S. 83 f.

134 »Time Listings«. In: *Time. The Weekly Newsmagazine.* Atlantic Edition, 19.10.1962.

135 »Time Listings«. In: *Time. The Weekly Newsmagazine.* Atlantic Edition, 4.1.1963.

136 Hilde Robinsohn an Hans und Gertrud Keilson, 10.1.1963. NHK.

137 Diese Zahlen ergeben sich aus den Honorar-Abrechnungen des Verlages, die Hans Keilson jährlich zugeschickt bekam. NHK.

138 Katharina Boje an Hans Keilson, 30.1.1968. NHK.

139 Katharina Boje an Hans Keilson, 3.7.1968. NHK.

140 Ilse Wolff an Hans Keilson, 21.7.1970. NHK.

141 Hans Keilson an Hans Schwerte, 8.6.1998. Deutsches Literaturarchiv Marbach, A:Keilson-Lauritz, Marita.

10 Die sechziger Jahre und ein trauriges Ende

1 Johanna Tirnthal, »Adornos Kindheit in Amorbach«, am 16.9.2018 im Deutschlandfunk. Siehe https://www.deutschlandfunkkultur.de/philosophische-orte-adornos-kindheit-in-amorbach.2162.de.html?dram:article_id=428184.

2 Detering, »Hundert Jahre«, S. 119 f.

3 Regina van Gelderen und Jaap Ubbels, »Interview H. Keilson«. Unveröffentlicht, undatiert (wohl Dezember 2008). NHK.

4 Gertrud Keilson-Manz an die Stadtverwaltung Amorbach, 7.12.1961. NHK.

5 Adorno, »Amorbach«, S. 20.

6 Hans Keilson an Hilde und Schaul Robinsohn, 15.8.1962. NHRK.

7 Keilson, »Überwindung des Nationalsozialismus«, in: ders., *Werke* 2, S. 414.

8 Für Auskünfte danke ich Menno ten Brink und Karin van Kasteel, Liberaal Joodse Gemeente Amsterdam.

9 Happe, »Interview mit Dr. Hans Keilson«, S. 93.

10 Gertrud Keilson an Hilde und Schaul Robinsohn, 23.1.1963. NHRK.

11 Gertrud Keilson an Hilde Robinsohn, 21.10.1963. NHRK.
12 Ebd.
13 Hans Keilson an »Dadaut« (= Gertrud), 2.8.1963. NHK.
14 Ebd. – Das Wort »gegruft« ist ein Niederlandismus: »gegroefd« bedeutet »gefurcht«.
15 Hans Keilson an Hilde und Schaul Robinsohn, 6.8.1968. NHRK.
16 Schlösser, *An den Wind geschrieben*. Die Gedichte von Hans Keilson auf S. 242 (»Geh nicht nach Haus«) und S. 308 (»Neuer Psalm«). – In der ersten Hälfte der sechziger Jahre erschienen noch weitere ältere Gedichte Keilsons in Zeitschriften: die in Delft entstandene Heine-Variation »Denk ich an Deutschland in der Nacht« (*Die Zeit*, 1964) und »Zu einem alten Niggun«, »Rückkehr« und »In memoriam« (*Castrum Peregrini*, 1964).
17 Hans Keilson an Hilde Robinsohn, 22.1.1961. NHRK.
18 Gespräch mit Marita Keilson, 11.12.2018.
19 Keilson, *Werke* 2, S. 27.
20 Ebd., S. 32, erstmals publiziert in *Die Zeit* vom 5.4.1963. »Hutspot« ist ein holländisches Eintopfgericht, »Bols« ist der Markenname eines populären Genevers.
21 Hilde Domin ist das Pseudonym von Hilde Löwenstein (1909–2006). Sie hatte in der Dominikanischen Republik gelebt und davon ihren pseudonymen Nachnamen abgeleitet.
22 Erstausgaben 1959 und 1962.
23 Hilde Domin, »Die schwersten Wege«, in: dies., *Nur eine Rose als Stütze*, S. 60f.
24 Keilson, *Werke* 2, S. 48–50.
25 Dieses Gedicht erschien unter dem Titel »Im Versteck« erstmals 1989 in der 3. Auflage des Gedichtbandes *Sprachwurzellos*. Inzwischen als »Sonett XII« in Keilson, *Sonette für Hanna*, S. 34.
26 Keilson, »Dissonanzen-Quartett«, in: ders., *Werke 1*, S. 576f.; auch in Härtling, *Die Väter*, S. 117.
27 Ebd. S. 569, resp. S. 110.
28 Härtling, *Die Väter*, darin: Keilson, »Dissonanzenquartett«, S. 108–118. Dies war Hans Keilsons erste Publikation bei S. Fischer, seit 1933 sein Roman *Das Leben geht weiter* dort erschienen war.
29 Gespräch mit Marita Keilson, 15.1.2019.
30 Theo Duquesnoy (Athenaeum – Polak & Van Gennep) an Hans Keilson, 29.10.1969. NHK.
31 Hans Keilson an Frau Prof. Dr. E.C.M. Frijling-Schreuder, 18.2.1966. NHK.
32 Mock-Degen, »De ethische aspecten«, S. 292.

33 Ferguson, »Het démasqué van het scandalon«.
34 Hans Keilson und Bets Frijling-Schreuder kannten sich aus dem »Medisch Opvoedkundig Bureau« in Amsterdam, einer medizinisch-pädagogischen Beratungsstelle, in der Hans Keilson Kinder mit Problemen beriet und betreute.
35 NIOD, Archiv 883, Dr. H. A. Keilson, inv.no. 103 und 104.
36 Hilde Robinsohn an Hans Keilson, 25. 3. 1969. NHK.
37 Die folgenden Absätze über die Nachuntersuchungen in Israel stützen sich auf das im NIOD befindliche Material, Archiv 883, Dr. H. A. Keilson, inv. no. 103 en 104.
38 Diese Informationen zu Bram Asscher stützen sich auf das Fragenformular, das Hans Keilson nach Gesprächen mit Asscher in Israel ausfüllte. NIOD, Archiv 883, Dr. H. A. Keilson, inv.no. 103.
39 Keilson, *Sequentielle Traumatisierung bei Kindern* (1979 / 2005), S. 239.
40 Ansichtskarte Hans Keilson an Schaul und Hilde Robinsohn, 12. 5. 1969. NHRK.
41 Hilde Robinsohn an Hans und Gertrud Keilson, 15. 3. 1967. NHRK.
42 Beispielsweise Hans Keilson an Hilde und Schaul Robinsohn (21. 5. 1971) und Hans Keilson an Hilde Robinsohn (31. 10. 1972). Beide im NHRK.
43 Mitteilung Marita Keilson, 6. 10. 2020.
44 Dass Gertrud im Holzhäuschen starb, entnehme ich einem Gespräch mit Ursula Schengbier-Manz am 1. 8. 2022. Sie wusste das von ihrem Vater, Karl Manz, der es so von Hans Keilson gehört hatte.
45 Sterbeurkunde des Standesamtes Amorbach. NHK.
46 Hans Keilson an Hilde und Schaul Robinsohn, 21. 3. 1969. NHRK.
47 Hilde Robinsohn an Hans Keilson, 9. 3. 1969. NHK.
48 Die Information über Meta Ploeg beruht auf einem Gespräch mit Marita Keilson, 27. 11. 2018.
49 Gespräch mit Philip Rümke, 30. 3. 2017; dt. MKL.
50 Von der Dunk, *Terugblik bij strijklicht*, S. 153; dt. MKL.
51 Gespräch mit Hermann von der Dunk, 10. 3. 2016.
52 Gespräch mit Marita Keilson, 17. 11. 2020.
53 Hans Keilson an Hilde Robinsohn, 22. 8. 1969. NHRK. Der Analytiker war wohl wieder Rik le Coultre, Keilsons Lehranalytiker.
54 Gespräch mit Hermann von der Dunk, 10. 3. 2016, die Zitate aus diesem Gespräch dt. MKL.
55 Keilson, *Werke* 2, S. 55–57, Zitat S. 57. Zuerst erschienen in *Sprachwurzellos* (^{2}1988).
56 Keilson, »Abschied, Erinnerung und Trauer«.

57 Dieser Absatz stützt sich auf einen Brief von Hilde Robinsohn an Hans Keilson, 28.7.1969. Der Name des Hotels ergibt sich aus einem Brief vom 27.8.1969. NHK.

58 Hans Keilson an Hilde Robinsohn, 30.7.1969. NHRK; »angstig« ist ein niederländisches Wort, dt. »ängstlich, bang«.

59 Heute die L 83.

60 Keilson, *Werke* 2, S. 45. Erstmals erschienen in *Sprachwurzellos* ([3]1989). Geschrieben wurde das Gedicht 1969, überarbeitet 1989.

61 Hans Keilson an Hilde Robinsohn, 30.7.1969. NHRK.

62 Hilde Robinsohn an Hans Keilson, 10.8.1969. Durchschlag im NHRK.

63 Hans Keilson an Hilde Robinsohn, 25.9.1969. NHRK. Dieser gesamte Absatz stützt sich auf diesen Brief.

64 Hilde Robinsohn an Hans Keilson, 28.9.1969. NHRK. Dieser handschriftliche Brief wurde offenbar nicht abgeschickt.

65 Hilde Robinsohn-Keilson an Schauls Bruder Abraham (Abby) Robinson und seine Frau Renée, 8.11.1969. NHRK. Während Hilde und ihr Mann ihren Nachnamen wie ursprünglich »Robinsohn« schrieben, hatten sein Bruder Abby und dessen Frau Renée das »h« weggelassen.

66 Barbara Keilson an Hans Keilson, undatiert, vermutlich August 1969. NHK.

67 Hans Keilson an Barbara Keilson, 6.8.1969. NHK; dt. MKL.

68 Wie Anm. 66.

69 Barbara Keilson an Hans Keilson, 29.8.1969. NHK.

70 Ebd.

71 Oden, »Ik neem elke dag afscheid«.

72 Dieser Absatz stützt sich auf den Brief von Hans Keilson an Barbara Keilson, 28.8.1969. NHK. Dass Hans und Annemarie nicht gut miteinander auskamen, beruht auf einer Mitteilung von Marian von der Dunk, 31.3.2016.

73 Kärtchen Barbara Keilson an Hans Keilson, 12.10.1969. NHK.

74 Kärtchen Barbara Keilson an Hans Keilson, 11.12.1969. NHK.

11 Dynamik mit sechzig

1 Hans Keilson an Hilde und Schaul Robinsohn, 4.1.1970. NHRK.

2 Ebd.

3 Karl Manz an Hans Keilson, 22.2.1970. NHK.

4 Gespräch mit Marita Keilson, 29.1.2019.

5 Hans Keilson an Hilde und Schaul Robinsohn, 16.1.1970. NHRK.

6 Hilde Robinsohn an Ro Lissauer, 23.3.1970. NHR

7 Hilde Robinsohn an Hans Keilson, 13.1.1970. NHRK.

8 Hans Keilson an Hilde und Schaul Robinsohn, 16.1.1970. NHRK.

9 Dies und das Folgende stützt sich, soweit nicht anders angegeben, auf Gespräche mit Marita Keilson (21.12.2018, 28.1.2019) und Bloeme Keilson (8.11.2017) sowie auf Mildenberger, »Vorbemerkung«.

10 Alfred Schuler (1865–1923).

11 In *Castrum Peregrini* 1964, Heft 65, S. 78–82, sind Keilsons Gedichte »Zu einem alten Niggun«, »Rückkehr« und »In memoriam« abgedruckt.

12 Seekamp, Ockenden, Keilson[-Lauritz], *Stefan George.*

13 Meist das Allegro aus dem Divertimento in D-Dur, KV 136.

14 Das sind die Anfangszeilen des Gedichtes »Bussum«, des zehnten und letzten Gedichtes aus einem 1988 entstandenen Zyklus. Siehe Keilson-Lauritz, »Orte & Zeiten. Zehn Gedichte für Hans Keilson«.

15 Hans Keilson an Barbara Keilson, 1.8.1970. NHK.

16 Karte Barbara Keilson an Hans Keilson, undatiert, offenbar August 1970. NHK.

17 Hans Keilson an Marita Lauritz, 7.8.1970. NHK.

18 Hilde Robinsohn an Renée Robinson, 11.8.1970. NHRK.

19 Hilde Robinsohn an Abby und Renée Robinson, 14.10.1970. NHRK.

20 Hans Keilson an Marita Lauritz, 8.8.1970. NHK.

21 Ebd.

22 Marita Keilson in einer E-Mail vom 20.7.2022.

23 Gespräch mit Marita Keilson, 29.5.2019.

24 Gespräch mit Tini Koch, 11.4.2019.

25 Ebd.

26 Ebd.

27 Hans Keilson an Hilde Robinsohn, 23.3.1973. NHRK.

28 Ebd. »Handpalme« ist ein Niederlandismus: Handfläche, nl. handpalm.

29 Gespräch mit Marita Keilson, 8.2.2022.

30 Marita Keilson, E-Mail vom 3.8.2020.

31 Hans Keilson an Hilde Robinsohn, 1.11.1978. NHRK.

32 Vermeulen, »Vijandschap en liefde«.

33 Koelewijn, »Niet alles is verloren«; dt. MKL.

34 Gespräch mit Bloeme Keilson, 7.11.2017; dt. MKL.

35 Dies und das Folgende beruht, sofern nichts anderes angegeben ist, auf Gesprächen mit Marita Keilson am 29.5.2018, 21.12.2018, 8.1.2019 und 22.1.2019.

36 Marita Lauritz an Hans Keilson, 11.8.1970. NHK.

37 Gespräch mit Marita Keilson, 15. 3. 2016.
38 Marita Keilson in einer E-Mail, 5. 5. 2021.
39 Gespräch mit Marita Keilson, 18. 2. 2017.
40 Siehe ihre Artikel in *Kritisches Lexikon zur deutschsprachigen Gegenwartsliteratur* und *Kindlers Literatur Lexikon.*
41 Hans Keilson an Birgit Erdle, 15. 7. 1996. NHK.
42 Davon ist die Rede in einem Brief von Birgit Erdle an Hans Keilson (3. 9. 1996) und in einem Brief von Hans Keilson an Birgit Erdle (30. 6. 1997), beide im NHK.
43 Hans Keilson an Birgit Erdle, 30. 6. 1997. NHK.
44 Gespräch mit Marita Keilson, 12. 3. 2022.
45 Dies und das Folgende stützt sich, soweit nichts anderes vermerkt ist, auf Gespräche mit Marita Keilson am 29. 5. 2018, 21. 12. 2018, 8. 1. 2019 und 22. 1. 2019.
46 Marita Keilson in einer E-Mail, 28. 3. 2021.
47 Keilson-Lauritz, *Die Geschichte der eigenen Geschichte.*
48 Marita Keilson in einer E-Mail, 28. 3. 2021.
49 Dieser Satz wurde dann der Titel eines Interviews der Journalistin Xandra Schutte mit Marita Keilson. Siehe Schutte, »Mijn moeder studeert voor homoseksueel«.
50 Gespräche mit Marita Keilson am 5. 9. 2017 und am 20. 11. 2018.
51 Marita Keilson in einer E-Mail, 19. 1. 2019.
52 Ebd.
53 Gespräch mit Marita Keilson, 31. 7. 2019.
54 Marita Keilson in einer E-Mail, 24. 5. 2018.
55 Rudolf Hirsch, damals Lektor beim Verlag Bermann-Fischer / Querido, fand die Gedichte zu rhetorisch und zu wenig persönlich (Brief an Hans Keilson, 4. 1. 1949, NHK). Ein Verleger, der zu Keilsons frühen Gedichten (und überdies zur ersten Fassung von *Der Tod des Widersachers*) auch Nein sagte, war Peter Suhrkamp (an Hans Keilson, 29. 7. 1952, NHK).
56 Hans Keilson an Marita Lauritz, 7. 8. 1970. NHK.
57 Marita Keilson an Rudolf Hagelstange, 14. 2. 1972. NHK.
58 Rudolf Hagelstange an Hans und Marita Keilson, 22. 2. 1972. NHK.
59 Gespräch mit Marita Keilson, 2. 1. 2019.
60 Ebd.
61 Siegfried Unseld an Hellmut Becker, 24. 4. 1973. Kopie im NHRK. Becker, Direktor des Max-Planck-Instituts für Bildungsforschung in Berlin und also Schaul Robinsohns Chef und mit den Robinsohns befreundet, hatte sich bei Unseld für Keilson eingesetzt.

62 Siegfried Unseld an Hans Keilson, 3.5.1973. Deutsches Literaturarchiv Marbach, SUK: Suhrkamp/01vl/allg. Korresp.
63 Hans Keilson an Siegfried Unseld, 12.5.1973. Deutsches Literaturarchiv Marbach, SUK: Suhrkamp/01vl/allg. Korresp.
64 Hans Keilson an Hilde Robinsohn, 6.3.1973. NHRK. Das Buch ließ lange auf sich warten, aber erschien schließlich doch: Robinsohn, *Comparative Education.*
65 Hilde Robinsohn an Hans Keilson, 9.3.1973. NHRK.
66 Hans Keilson an Frau Dr. Linke in Berlin, 22.8.1972. NHK.
67 Frau Dr. Linke, Berlin, an Hans Keilson, 8.1.1973. NHK.
68 Brief eines Mediziners (Name unleserlich) aus Berlin an Hans Keilson, 5.4.1973. NHK.
69 Hans Keilson an Hilde Robinsohn, 16.9.1973. NHRK.
70 Hilde Robinsohn an Hans und Marita Keilson, 23.9.1973. NHRK.
71 Hilde Robinsohn an Hans Keilson, 2.12.1976. NHRK.
72 Siehe Hilde Robinsohn an Hans Keilson (12.12.1977) und Hilde Robinsohn an Hans und Marita Keilson (9.9.1978). NHRK.
73 Marita Keilson an Hilde Robinsohn, 15.12.1977. NHRK.
74 Hans Keilson an Hilde Robinsohn, 26.1.1978. NHRK.
75 Marita Keilson an Hilde Robinsohn, 10.4.1978. NHRK.
76 Die letzten drei Absätze beruhen auf einem Brief von Hilde Robinsohn an Hans Keilson, undatiert, vermutlich November 1978. NHRK.
77 Keilson, *Sequentielle Traumatisierung bei Kindern* (1979 / 2005), S. 5 f.
78 Ebd., S. 10.
79 Drei der Angeschriebenen verweigerten eine Teilnahme.
80 Feenstra, »De naweeën van de jodenvervolging«.
81 Gespräche mit Marita Keilson und Tini Koch, 2.1.2019 resp. 10.4.2019.
82 Feenstra, »De naweeën van de jodenvervolging«. – An anderer Stelle gibt Keilson eine Gesprächsdauer von drei bis vier Stunden an; siehe Hans Keilson an Marije Bekkering, 15.2.1981. NHK.
83 Jippes, »1 ons preventie is beter dan 1 ons nazorg«; dt. MKL.
84 Keilson, *Sequentielle Traumatisierung bei Kindern* (1979 / 2005), S. 233.
85 Ebd. S. 231.
86 Ebd. S. 254.
87 Enning, *De oorlog van Bastiaans,* S. 13.
88 Von Baeyer / Häfner / Kisker, *Psychiatrie der Verfolgten.*
89 Lempp, »Die Wandlungen der Spätfolgen«. – Während sich der Begriff Trauma bei Freud ursprünglich auf einen individuell-sexuellen Komplex von Problemen bezog, bekam er bei Keilson und anderen eine neue Bedeu-

tung: Er bezeichnet jetzt den Komplex der Probleme, die durch *man-made disaster* verursacht werden, also durch das Leid, das Menschen einander antun. Bei Keilson ging es dabei nicht um *ein* Ereignis, sondern um ganze Reihen von Ereignissen.

90 Diese Beschreibung der drei Sequenzen ist eine gekürzte Fassung der Formulierung in den Zusammenfassungen am Ende des Buches; siehe Keilson, *Sequentielle Traumatisierung bei Kindern* (1979 / 2005), S. 427 (deutsch), S. 433 (englisch), S. 440 f. (niederländisch).

91 Koelewijn, »›Niet alles is verloren‹«.

92 In der diagnostischen Fachsprache: chronisch-reaktive Depression (Keilson, *Sequentielle Traumatisierung bei Kindern* (1979 / 2005), S. 427).

93 Ebd., S. 430.

94 Ebd., S. 72.

95 Van der Sar, »Tweede Wereldoorlog voor velen nog in volle gang«; dt. MKL.

96 Die Geschichte von Rob Hompes stützt sich auf ein Gespäch mit Rob Hompes am 28. 12. 2016 (Zitat dt. MKL) und auf die Fallbeschreibung in Keilson, *Sequentielle Traumatisierung bei Kindern* (1979 / 2005), S. 119 – 125.

97 In Keilsons Dissertation kommen Staal und Fransman nicht vor.

98 Hans Keilson an Bets Frijling-Schreuder, 29. 12. 1975. NHK, dt. MKL.

99 De Bruin, »Hij hield de toon het liefst luchtig«.

100 Gespräch mit David de Levita, 22. 12. 2016. Wie die Abrechnung des Bayreuther Kartenbüros im NHK zeigt, besuchten Keilson und de Levita die Bayreuther Festspiele im Sommer 1982.

101 Gespräch mit Marita Keilson, 2. 11. 2017.

102 Hans Keilson an Hilde Robinsohn, 29. 1. 1975 (NHRK), sowie Gespräch mit Marita Keilson, 7. 8. 2018.

103 Korrespondenz über die Tierarztpraxis: NIOD, Archiv 883, Dr. H. A. Keilson, inv.no. 15.

104 Über die Familie mit den vier Söhnen: Gespräch mit Marita Keilson, 19. 2. 2019.

105 Hellmut Becker an Hans Keilson 10. 10. 1977, mit Beilage. NHK.

106 Mitteilung Marita Keilson.

107 Siehe Anmerkung 105.

108 Prof. Walter Ritter von Baeyer, Heidelberg, Mitautor der *Psychiatrie der Verfolgten*, dürfte Hans Keilson bei Enke empfohlen haben; siehe Hans Keilson an von Baeyer, 19. 10. 1977. NHK.

109 Siehe Anmerkung 108.

110 Walter Ritter von Baeyer an Hans Keilson, 19. 9. 1977. NHK.

111 Aus dem niederländischen »Voorwoord« zur Promotionsausgabe von Keilson, *Sequentielle Traumatisierung bei Kindern* (1979, auf dem Titelblatt irrtümlich 1978); hier dt. MKL.
112 Hans Keilson an M.C. van Oers, Sekretär der »Coördinatiecommissie wetenschappelijk onderzoek kinderbescherming«, 3.6.1976, NHK.
113 Die in den Niederlanden immer öffentliche Promotion fand in der Oude Lutherse Kerk statt, die der Universität von Amsterdam als Aula dient.
114 Hans Keilson an M.C. van Oers, Sekretär der »Coördinatiecommissie wetenschappelijk onderzoek kinderbescherming«, 8.6.1976. NHK.
115 Hans Keilson korrespondierte über diesen Fall, der hier anonym bleiben muss, mit der Anwältin Mr. De Groot-Sjenitzer; siehe seinen Brief vom 22.3.1980. NHK.
116 Hilde Robinsohn an Hans Keilson, 13.2.1979. NHRK.
117 Verhey, »Kind, jij hoeft geen Poerim te vieren«, Zitat S. 48, dt. MKL.
118 Im Archiv des NIOD liegen aus den Jahren 1979–1981 elf Besprechungen, die meisten aus deutschen und schweizerischen Fachzeitschriften, eine französische und eine ungarische. NIOD, Archiv 883, Dr. H.A. Keilson, inv. no. 26.
119 De Jong, *Het Koninkrijk der Nederlanden in de Tweede Wereldoorlog 1939–1945, 12/1*, S. 57–59.
120 Mock-Degen, »De ethische aspecten«, Zitat auf S. 299, dt. MKL.
121 Auch die »Tabellarische Übersicht« aller 204 Fälle, die die Basis für die statistische Auswertung war, führte zum Wiedererkennen.
122 Mock-Degen, »De ethische aspecten«, S. 299.
123 E-Mails von Arnold Goedhart vom 4. und 8.3.2022.
124 Musaph, »Herkenning van patiënten«, S. 584–587.
125 Ebd., Zitat S. 585 f.; dt. MKL.
126 Mock[-Degen], »Antwoord«, Zitat S. 587 f.; dt. MKL.
127 Hans Keilson an Marye Bekkering-Merens, 15.2.1981. NHK; dt. MKL.
128 De Hoog, »De eeuw van Hans Keilson«, Zitat S. 9; dt. MKL.
129 Fransman, »Hans Keilson 1«, S. 35; dt. MKL.
130 Evers-Emden, »Hans Keilson 2«, S. 35.
131 Mock-Degen, »De ethische aspecten«, Zitat S. 301; dt. MKL.
132 Hans Keilson an Prof. Dr. R. Moses, 13.5.1984. NHK.
133 Vgl. Briefe von Landshoff aus den Jahren 1980 und 1981 im NHK.
134 Keilson, *Sequential Traumatization in Children.*
135 Hans Keilson an Bernhard F. Hammelburg, undatiert, NHK.
136 Gespräch mit Ralf Syring, 19.2.2019.
137 Keilson, *Enfants victimes de la guerre.* Diese Ausgabe (knapp 200 Seiten)

ist vor allem im statistischen Teil und um die Übersicht über die 204 Fälle gekürzt.

138 Mitteilung Marita Keilson, 15.1.2019. Die deutsche Ausgabe erlebte übrigens mehr als eine Auflage und wurde 2005 im Psychosozial-Verlag in Gießen neu aufgelegt.

139 Van den Houten, »Herkenbaarheid in proefschrift«.

140 »Psychoanalyse im Nationalsozialismus«. In: Brecht / Friedrich / Hermanns / Kaminer / Juelich, *»Hier geht das Leben auf eine sehr merkwürdige Weise weiter …«*, Zitat S. 94.

141 Schoeps, *Düstere Vorahnungen*, 2018, Zitat S. 245.

142 »Psychoanalyse im Nationalsozialismus«. In: Brecht / Friedrich / Hermanns / Kaminer / Juelich, *»Hier geht das Leben auf eine sehr merkwürdige Weise weiter …«*, S. 86–173.

143 L. M. Hermanns, »Bamberg 35 Jahre danach«. Die genaue Anzahl der Teilnehmer (297) auf S. 367.

144 Eine Zusammenfassung des Bamberger Vortrags »Sequentielle Traumatisierung bei Kindern durch man-made-disaster«, gehalten am 1.4.1980, befindet sich im NHK.

145 Hermanns, »Bamberg 35 Jahre danach«, Zitate S. 370.

146 Leuzinger, »Eindrücke vom Mitteleuropäischen Kongress«, S. 89.

147 Diese These verteidigten sie 1982, im Jahr des Kongresses in Murten, in der Zeitschrift *Psyche*. Siehe Elisabeth Brainin, Isidor Kaminer, »Psychoanalyse und Nationalsozialismus«, in: *Psyche*, Jg. 36 (1982), S. 989–1012.

148 Brecht / Friedrich / Hermanns / Kaminer / Juelich, *»Hier geht das Leben auf eine sehr merkwürdige Weise weiter …«*.

149 Hans Keilson an Ulrich Walberer, seinen Lektor bei S. Fischer, 16.6.1985. NHK.

150 Keilson, »Vorwort«, in: Brecht / Friedrich / Hermanns / Kaminer / Juelich, *»Hier geht das Leben auf eine sehr merkwürdige Weise weiter …«*, S. 6.

151 Bohleber, »Die Entwicklung der Psychoanalyse«, Zitat S. 1254.

152 Hans Keilson an Prof. Dr. G. Nissen, Universitäts- und Poliklinik für Kinder- und Jugendpsychiatrie Würzburg, 28.6.1982. NHK.

153 Dierk Juelich an Hans Keilson, 20.8.1984. NHK.

154 Reinhart Lempp an Hans Keilson, 18.12.1993. NHK.

155 Keilson, »Die Faszination des Hasses«, *Werke* 2, S. 318–340.

156 Reinhart Lempp an Hans Keilson, 29.3.1997. NHK.

157 Reinhart Lempp, »Die Wandlungen der Spätfolgen«.

158 E-Mail von Isidor Kaminer, 6.12.2020.

159 E-Mail von Isidor Kaminer, 31.12.2020.

160 Gespräch mit Isidor Kaminer, 15. 1. 2020.
161 Dörte von Westernhagen an Hans Keilson, 7. 8. 1985. NHK.
162 Dörte von Westernhagen an Hans Keilson, 23. 8. 1985. NHK.
163 Dörte von Westernhagen an Hans Keilson, 7. 8. 1985. NHK.
164 »Psychische stoornissen bij kinderen landverraders. Film: ›Omdat mijn vader fout was‹ «. In: *Nieuwsblad van het Noorden*, 15. 10. 1975.
165 Christiane Ebermaier (WDR) an Dörte von Westernhagen, 25. 3. 1986. NHK.
166 Dörte von Westernhagen an Hans Keilson, 3. 10. 1986. NHK.
167 Marita Keilson hatte Dörte von Westernhagen gebeten, ihre Erinnerungen an Hans aufzuschreiben. So entstand der Text »Meine Erinnerungen an Hans«, Anhang einer E-Mail an Marita Keilson vom 12. 8. 2016. Dieser Absatz stützt sich auf diese Erinnerungen. Archiv Jos Versteegen.
168 Dörte von Westernhagen, »Meine Erinnerungen an Hans«; siehe Anm. 167.
169 Dörte von Westernhagen an Hans Keilson, 4. 6. 1987. NHK.
170 Dörte von Westernhagen, »Meine Erinnerungen an Hans«; siehe Anm. 167.
171 Der Irrtum mit dem Vornamen: ebd.
172 In: Westernhagen, *Die Kinder der Täter*, Zitat S. 220.
173 Dörte von Westernhagen an Hans Keilson, 3. 10. 1986. NHK.
174 Dörte von Westernhagen an Hans Keilson, 15. 10. 1986. NHK.
175 Ebd.
176 Dörte von Westernhagen an Hans Keilson, 3. 10. 1986. NHK.
177 Ebd.
178 E-Mail Dörte von Westernhagen, 9. 6. 2020.
179 Dörte von Westernhagen: »Meine Erinnerungen an Hans«, siehe Anmerkung 167.
180 Ebd.
181 Ebd.

12 Keine Klagemauer

1 Gespräch mit Jan Geurt Gaarlandt, 8. 11. 2019.
2 Hans Keilson an Wolfdietrich Schmied-Kowarzik, 28. 12. 2004. Privatbesitz Wolfdietrich Schmied-Kowarzik, Kopie im NHK.
3 Hermann Kurzke, »Erhobene Hand und geballte Faust«.
4 Ulrich Walberer an Hans Keilson, 3. 2. 1985. NHK.
5 Lohmann, »Habent sua fata …«
6 Text der Radiosendung im NDR, Juni 1985, im NHK, offenbar, wie die übrigen Besprechungen, zugesandt vom Lektor Ulrich Walberer.

7 E-Mail Roland Spahr, 25. 5. 2021.

8 Keilson, »Nachwort«, in: ders., *Das Leben geht weiter* (1984), *Werke 1*, S. 581–586.

9 Ebd., S. 585.

10 Gespräch mit Marita Keilson, 25. 1. 2022.

11 Hilde Robinsohn an Hans Keilson, 6. 6. 1984, NHK. Die Meinung der Eltern über Hilde, schreibt sie, stehe in einem Brief des Vaters aus Westerbork, den Hilde von Gertrud 1947 zu lesen bekam. Es ist nicht klar, auf welchen Brief sich das beziehen kann.

12 Hans Keilson an Hilde Robinsohn-Keilson, 30. 11. 1984. NHRK.

13 Hilde Robinsohn an Hans Keilson, 9. 12. 1984. NHK.

14 Hilde gibt als Datum des Briefchens den 23. 6. 1943 an; im Konvolut der Briefe der Eltern an Hilde, NHRK, ist ein solches Briefchen nicht enthalten.

15 Hans Keilson an Hilde Robinsohn-Keilson, 15. 12. 1984. NHK.

16 Undatierter Brief Hilde Robinsohn, offenbar an Hans Keilson, aber nicht verschickt, etwa Oktober 1987. NHRK.

17 Gespräch mit Bloeme Keilson, 14. 8. 2019; dt. MKL.

18 Whatsapp-Nachricht von Bloeme Keilson, 6. 5. 2021.

19 Gespräch mit Bloeme Keilson, 14. 8. 2019; dt. MKL.

20 Bloeme Keilsons Ansprache bei der Beerdigung ihres Vaters am 3. Juni 2011, NHK.

21 Hans Keilson an Arno Reinfrank, 10. 12. 1982, NHK; Whatsapp-Nachricht von Bloeme Keilson vom 27. 9. 2021 und E-Mail von Marita Keilson vom 27. 7. 2022.

22 Gespräch mit Bloeme Keilson, 8. 11. 2017, und E-Mail Marita Keilson, 28. 7. 2022.

23 Hans Keilson an Birgit Erdle, 22. 5. 1993. NHK.

24 Gespräche mit Bloeme Keilson, 14. 8. 2019, und Marita Keilson, 15. 6. 2021.

25 Schon 1958 habe Schaul gesagt, dass sie mit Hans brechen müsse; sie habe das nicht getan, denn »he was all that was left to me from my parents«. Nun breche sie mit ihm (Hilde Robinsohn-Keilson an Ab[b]y Robinsohn, 22. 10. 1972. NHRK).

26 Mitteilung Marita Keilson. Gemäß dem Testament von Hilde wurde nach ihrem Tod (1996) die Shaul B. und Hilde Robinsohn Stiftung gegründet, unter anderem mit dem Zweck, Forschung auf dem Gebiet der Vergleichenden Erziehungswissenschaft, der Curriculumforschung und -entwicklung und der Lehrer- und Erzieherbildung zu betreiben (Statuten, 1997). Hans Keilson wurde, dem Wunsch seiner Schwester folgend, trotz allem Vorstandsmitglied (siehe die Mappe Jürgen Zimmer im NHK).

27 Siehe Peitsch, *»No Politics«?*, besonders das Kapitel »1933–1939: Eine Stimme der freien deutschen Literatur«.
28 Schaber, »›Die Erlebniswelle läuft anders‹«.
29 Peitsch, *»No Politics«?*, S. 326.
30 Bericht des Exil-PEN für Januar 1982, unter »Unsere Mitglieder«, 23.3.1982. NHK.
31 Keilson, »Grußwort des PEN-Zentrums« (1992), S. 17–18.
32 Ebd.
33 Mitteilung Marita Keilson, 8.10.2019.
34 Hans Keilson an Ulrich Walberer, 12.5.1983. NHK.
35 Hans Keilson an Dr. Wolfgang Motzkau-Valeton, 5.6.1983. NHK.
36 Hans Keilson an Arno Reinfrank, 15.11.1986. NHK.
37 Arno Reinfrank an Hans Keilson, 16.1.1985. NHK.
38 Schaber, »›Die Erlebniswelle läuft anders‹«.
39 Hans Keilson, »Einführender Vortrag anlässlich der Eröffnung der Ausstellung ›Deutsche Literatur im Exil in den Niederlanden 1933–1940‹ am 22. November 1983 in der ›Bücherei‹ Leipzig«. Typoskript im NHK.
40 Hans Keilson, »Meine sehr verehrten Damen und Herren«, 29.4.1985. Typoskript im Deutschen Exilarchiv 1933–1945, Frankfurt am Main, Signatur EB 88/159.
41 Peitsch, *»No Politics«?*, S. 324.
42 Siehe: Hans Keilson an das Nobelkomitee der Schwedischen Akademie, 30.12.1985. NHK.
43 Ebd.
44 Braeckmans, »Adieu tot je weet maar nooit«. Siehe auch https://www.dbnl.org/tekst/_lit003200401_01/_lit003200401_01_0096.php, eingesehen am 6.12.2021.
45 Siehe Hans Keilson an Arno Reinfrank, 31.8.1985 und 17.1.1987. NHK.
46 Hans Keilson an Arno Reinfrank, 17.1.1987. NHK.
47 Reinfrank-Clark, *Ach, Sie schreiben deutsch?*.
48 Hans Keilson an Arno Reinfrank, 14.11.1985. NHK.
49 Hans Keilson in: Reinfrank-Clark, *Ach, Sie schreiben deutsch?*, S. 8.
50 Hans Keilson an Arno Reinfrank 1.7.1986. NHK.
51 Hans Keilson, titelloser Bericht über den internationalen PEN-Kongress in Hamburg, 8.8.1986. NHK.
52 Arno Reinfrank an Hans Keilson, 6.7.1987. NHK.
53 Hans Keilson an Arno Reinfrank, 16.7.1987. NHK.
54 *Pen International. Bulletin of Selected Books*, vol 37, nr. 2, 1987. NHK.
55 Arno Reinfrank an Hans Keilson, 16.7.1987. NHK.

56 Hans Keilson an Hanns Werner Schwarze, 18.9.1987. NHK.
57 Hans Keilson an Julius Schoeps, 1.12.1985. NHK.
58 Cas Emmer an Hans Keilson, 17.12.1986. NHK; dt. MKL.
59 Hans Keilson an Wolfgang Grunow, 7.2.1988. NHK.
60 Arno Reinfrank an den Vorstand des Exil-PEN, 10.3.1988. NHK.
61 Hans Keilson an Arno Reinfrank, 27.3.1988. NHK.
62 Arno Reinfrank an Will Schaber, 30.3.1988. Archiv Institut für Zeitungsforschung, Dortmund, II AK 2003/75–29.
63 Arno Reinfrank an Will Schaber, 27.3.1988. Archiv Institut für Zeitungsforschung, Dortmund, II AK 2003/75–29.
64 Arno Reinfrank an Will Schaber, 24.5.1988 und 5.8.1988. Archiv Institut für Zeitungsforschung, Dortmund, II AK 2003/75–29.
65 Urkunde, datiert 3.4.2006, und Begleitbrief vom 6.2.2011 mit Entschuldigungen für die verspätete Zusendung im NHK.
66 Keilson, »Grußwort«.
67 Der Gedichtband, der in Gießen erschien, enthielt die ursprüngliche Auswahl von Marita Keilson (hauptsächlich Gedichte aus den sechziger Jahren), ergänzt durch Älteres. *Sprachwurzellos* erlebte in Gießen von 1986 bis 1998 fünf Auflagen. Ob Hans Keilson versucht hatte, den Band bei S. Fischer unterzubringen, ist unbekannt. Siegfried Unseld, Suhrkamp Verlag, bekam das Manuskript zu lesen und lehnte ab. Dabei dürfte es sich um Marita Keilsons Auswahl gehandelt haben, die auch das Gedicht »Wir Juden« aus dem Jahre 1937 enthielt. Unseld sagte unter anderem, dass man »Wir Juden« nicht mehr publizieren könne; E-Mail Marita Keilson, 9.8.2022.
68 Gideon Schüler an Hans Keilson, 10.12.1993. NHK.
69 Ebd.
70 Keilson, *Sonette für Hanna*, S. 98 (Sonett XLIV).
71 Hier zitiert nach Keilson, *Werke* 2, S. 18. »Fragment« und »Im Versteck« erschienen erstmals in der 3. Auflage von *Sprachwurzellos* (1989).
72 »Schizoid«, in: Keilson, *Werke* 2, S. 38–39, Zitat S. 38.
73 Keilson, *Werke* 2, S. 46.
74 Keilson, *Werke* 2, S. 41–43, Zitat S. 43.
75 Michael Schornstheimer, »Dichter, Arzt, Wissenschaftler. Ein Porträt von Hans Keilson«. Radioprogramm für ORB, ORF, WDR und SWF, gesendet 1994 oder 1995.
76 Soweit bekannt, gab es sieben Besprechungen: in *Aufbau*, *Deutsche Bücher*, *Die Tageszeitung (TAZ)*, *Evangelische Kommentare*, *Frankfurter Allgemeine Zeitung*, *Neue Zürcher Zeitung* und *Turgauer Volksfreund*.
77 Hans Keilson an Gerhard Kurz, 1.1.1988. NHK.

78 Seifert, »Gedichte aus dem Exil«.
79 Hahn, »Nirgends und überall zu Haus«.
80 Westernhagen, »Sprachwurzellos«.
81 Hans Keilson an Friedrich-Wilhelm Eickhoff, 9.6.1988. Kopie im NHK.
82 Soweit bekannt erschienen fünf Rezensionen. In einer Besprechung im Radio (NDR II, Dezember 1988, Jürgen Walberg) wurde das Buch »zum Lesen empfohlen«.
83 Mosler, »Stille Selbstverständlichkeit«.
84 Bormann, »Komödie in Moll«.
85 Ebd.
86 Mosler, »Gemeinschaft mit dem Widersacher«.
87 Braese, »Dissidente Zeugenschaft«, S. 39 f.
88 Hans Keilson an Ulrich Walberer, 19.6.1988. NHK.
89 Bis 2009 waren 8000 Exemplare verkauft (E-Mail Roland Spahr, 21.5.2021).
90 Gespräch mit Marita Keilson, 8.3.2019; die Lesung fand im Dezember 2005 in Nordhorn statt.
91 Hans Keilson in *Es erinnert sich: Hans Keilson.* Radio-Interview mit Dörte von Westernhagen, Süddeutscher Rundfunk Stuttgart, 2. Programm, 4.6.1986.
92 Gespräch mit Marita Keilson am 8.3.2019 und E-Mail Marita Keilson vom 8.1.2021.
93 Kees Hin, *Het theater van het geheugen* (1982; dt. Das Theater der Erinnerung, entstanden anlässlich der Manifestation *Berlin-Amsterdam '20 – '40*). Der Film zeigt 23 Erinnerungsberichte von Niederländern, die nach Berlin gingen, und von Deutschen, die diese Stadt auf der Flucht vor dem Nationalsozialismus verließen.
94 Gespräch mit Elisabeth Andersen am 18.7.2018; dt. MKL.
95 Gespräch mit Kees Hin, 16.5.2018.
96 Whatsapp-Nachrichten von Bloeme Keilson, 19.4.2019 und 17.8.2022.
97 Gespräch mit Marita Keilson, 24.11.2020.
98 Meijer, »Een grensganger«.

13 Unvollendete Vergangenheit

1 Ten Hove, »Die zekere angst«; dt. MKL.
2 Ebd.; dt. MKL.
3 Der Film bekam schließlich den Titel *Bis zur Umkehrbank – Hans Keilson erinnert sich.*

4 Die beiden anderen Filme: *Was es heißt, ein Exilant zu sein* (1989/1995); *Überleben im Terror – Ernst Federns Geschichte* (1992).

5 Elfriede Behrens in *Bis zur Umkehrbank*.

6 Die Liste wurde erstellt mit dem Datum 31.7.1996. Ich danke Dr. Reinhard Schmook für seine E-Mail vom 20.5.2019 mit Informationen über die Ehrenbürgerschaft von Hitler und Hindenburg.

7 Im Film *Bis zur Umkehrbank*.

8 Marita Barthel-Rösing in einem Radioprogramm *Bis zur Umkehrbank – Hans Keilson erinnert sich* über den gleichnamigen Film, gesendet im Hessischen Rundfunk HR1 am 18.3.1995, dem Tag nach der Filmpremiere in Frankfurt am Main. Das Interview führte Ulrike Holler.

9 Im Film *Bis zur Umkehrbank*.

10 Wilhelm Rösing, »Dreharbeiten in Bad Freienwalde«.

11 Wilhelm Rösing im Radioprogramm *Bis zur Umkehrbank – Hans Keilson erinnert sich*, siehe Anm. 8.

12 Rori, »Hans Keilson auf dem Weg der Vergangenheit«.

13 Die Anzahl der Anwesenden nennt Keilson in einem Brief vom 15.3.1998 an Birgit Erdle. NHK.

14 Schlesinger-Kipp, »Erinnerungen an den Franz-Rosenzweig-Professor: Hans Keilson«, Zitat S. 33.

15 »Reden über das Leben mit dem Überleben. Sequentielle Traumatisierung als Holocaust-Folge«. In: *Neue Zürcher Zeitung*. Internationale Ausgabe, 22./23.11.1997, ungezeichnet. Siehe auch: Jung, »Souveräner Umgang mit Erinnerungen«.

16 Dieser Abschnitt stützt sich größtenteils auf Leggewie, *Von Schneider zu Schwerte* und auf Keilson, »Ein deutsches Doppelleben«, in: ders., *Werke* 2, S. 440–443 (Erstdruck in *Die Welt*, Beilage »Die literarische Welt«, 12.12.1998).

17 Die Professur in Aachen: 1965–1978. Rektor war Schwerte dort 1970–1973.

18 Leggewie, *Von Schneider zu Schwerte*, S. 86.

19 Ebd., S. 89.

20 Ebd., S. 94.

21 https://de.wikipedia.org/wiki/Hans_Ernst_Schneider, eingesehen am 28.5.2020.

22 Zitiert in Keilson-Lauritz, »Hans Schwerte – Irrtum und Neuversuch«, S. 79.

23 Siehe Kapitel 11, S. 418.

24 Keilson-Lauritz, »Hans Schwerte und das NS-Erbe«.

25 Leggewie, *Von Schneider zu Schwerte*, S. 237–241.

26 Ebd. S. 279 f.
27 Ebd. S. 280.
28 Hans Ernst Schneider alias Hans Schwerte wurde am 15.12.1909 geboren.
29 Beide Zitate aus Keilson, »Überwindung des Nationalsozialismus«, in: ders., *Werke* 2, S. 409. Erstdruck in: Benz / Neiss, *Die Erfahrung des Exils.*
30 Welgraven, »Herkansing voor een gevallen wetenschapper«; dt. MKL.
31 Ebd.; dt. MKL.
32 Keilson-Lauritz, »Hans Schwerte – Irrtum und Neuversuch«, Zitat S. 81.
33 Van Kerkhof, »De oorlog verwerkt«, Zitat S. 12; dt. MKL.
34 Benz / Neiss, *Die Erfahrung des Exils.*
35 Stoop, »Zweifache Überwindung«.
36 Hans Keilson an Heinrich Detering, 10.10.2000. NHK.
37 Keilson, »Überwindung des Nationalsozialismus«, in: ders., *Werke* 2, S. 402–417, Zitat S. 410; Erstdruck in Benz / Neiss, *Die Erfahrung des Exils.*
38 Hans Schwerte an Hans Keilson, 16.7.1997. NHK.
39 Hans Keilson an Hans Schwerte, 21.7.1997. NHK.
40 Hans Keilson an Hans Schwerte, 24.3.1998. NHK.
41 Hans Keilson macht den Vorschlag im Brief an Hans Schwerte vom 11.5.1998. Deutsches Literaturarchiv Marbach, A:Keilson-Lauritz, Marita.
42 Gespräche mit Marita Keilson, 28.11.2017 und 15.6.2019. Gespräche mit ehemaligen Patienten bestätigen diese Vermutung.
43 Hans Schwerte an Hans Keilson, 1.10.1998. NHK.
44 Hans Keilson, »Ein deutsches Doppelleben«, in: ders., *Werke* 2, S. 440–443; Erstpublikation in *Die Welt*, 12.12.1998.
45 Hans Keilson an Hans Schwerte, 3.10.1997. Deutsches Literaturarchiv Marbach, A:Keilson-Lauritz, Marita.
46 Claus Leggewie, *Von Schneider zu Schwerte*, S. 61 f.
47 Hans Schwerte an Hans Keilson, 1.3.1999. NHK.
48 Hans Keilson an Hans Schwerte, 4.3.1999. NHK.
49 Hans Schwerte an Hans Keilson, 9.12.1999. NHK.
50 Hans Keilson an Hans Schwerte, 13.12.1999. Deutsches Literaturarchiv Marbach, A:Keilson-Lauritz, Marita.
51 Schneider, *Königliches Gespräch.*
52 Über die Gespräche, die der Gastprofessur vorausgingen, siehe Wolfdietrich Schmied-Kowarzik, »Hans Keilson als Franz-Rosenzweig-Gastprofessor in Kassel«. Unpubliziert, Archiv Wolfdietrich Schmied-Kowarzik. Kopie im NHK.
53 Hans Keilson an Marianne Leuzinger-Bohleber, 8.4.1999. NHK. Hans Keilson hatte einen zweifachen Doktortitel: Er war in Amsterdam promoviert

und hatte 1992 von der Universität Bremen ein Ehrendoktorat empfangen. So war er Doktor und »doctor honoris causa«,

54 Hans Keilson an Werner Bohleber, undatiert, Antwort auf einen Brief von Bohleber, 13.9.1997. NHK.

55 Keilson, »Gedanken zur Traumaforschung«, in: ders., *Werke* 2, S. 305–317. – Die Zahl der Zuhörer nennt Wolfdietrich Schmied-Kowarzik in »Hans Keilson als Franz-Rosenzweig-Gastprofessor in Kassel«. Unpublizierter Artikel im Archiv Wolfdietrich Schmied-Kowarzik, Kopie im NHK.

56 Keilson, »Gedanken zur Traumaforschung«, in: ders., *Werke* 2, S. 305–317, Zitat S. 309. Mario Guido war der Künstlername von Max Goldberg. Über Guido / Goldberg siehe den Artikel »Die kleinen Faruks. Wolkenkratzer« in *Der Spiegel*, 4.2.1953.

57 Hans Keilson im Radioprogramm *Lange Nacht*. Deutschlandfunk, 28.1.2005. Kassettenband im NHK.

58 Keilson, »Gedanken zur Traumaforschung«, in: ders., *Werke* 2, S. 310–311, Zitat S. 310.

59 Ebd. S. 316 f., Zitat S. 316.

60 Ebd. S. 316 f.

61 Schlesinger-Kipp, »Erinnerungen an den Franz-Rosenzweig-Professor: Hans Keilson«, Zitat S. 32.

62 Im Nachlass von Hans Keilson befinden sich fünf solche Hausarbeiten.

63 Stoop, »Ein etwas älterer, charismatischer Herr«.

64 E-Mail Ariane Garlichs, 27.7.2020.

65 Eva M. Schulz-Jander, »Auf der Luftschaukel der Sprache. Hans Keilson in seinem literarischen Werk«. Diese Rezension der *Werke in zwei Bänden* hätte in der Zeitschrift *Das Gespräch* erscheinen sollen, was nicht zustande kam. Anlässlich von Hans Keilsons Tod wurde der Text Anfang Juni 2011 auf der Homepage von Frau Schulz-Jander publiziert, siehe https://www.compass-infodienst.de/Eva-M-Schulz-Jander-Auf-der-Luftschaukel-der-Sprache-Hans-Keilson-in-seinem.9815.0.html; eingesehen am 4.10.2019.

66 Keilson, »Die Faszination des Hasses«, in: ders., *Werke* 2, S. 318–340.

67 Ebd., S. 322–323.

68 Ebd., S. 336.

69 Die Anzahl der Anwesenden: siehe Wolfdietrich Schmied-Kowarzik, »Hans Keilson als Franz-Rosenzweig-Gastprofessor in Kassel«. Unpubliziert. Archiv Wolfdietrich Schmied-Kowarzik. Kopie im NHK.

70 Wolfram Buddecke an Hans Keilson, 17.12.2000. NHK.

71 Hans Keilson an Birgit Erdle, 15.7.1996. NHK.

72 Siehe Anm. 69.

73 Wolfdietrich Schmied-Kowarzik in einer E-Mail, 21.7.2021.

74 In Israel sprach Keilson über seine wissenschaftliche Untersuchung am 28.2.1994 beim AMCHA, einem Zentrum für Hilfe für Holocaust-Überlebende in Jerusalem.

75 Keilson sprach beispielsweise bei der Stiftung Pharos (»Steunpunt Gezondheidszorg Vluchtelingen«) und bei der COA (Centraal Orgaan Opvang Asielzoekers) über das Thema »Kinder auf der Flucht«. Vorträge am 2.6. bzw. 22.12.1994. NHK.

76 Die Ausstellung »Im Vorfeld des Massenmords. Germanistik und Nachbarfächer im Zweiten Weltkrieg« wurde am 15. Februar 1997 eröffnet.

77 E-Mail von Joachim Lerchenmüller, einem der Organisatoren des Symposiums, 11.6.2020.

78 »Dialog mit dem inneren Nazi. Wie aus einem SS-Ideologen ein kritischer Geist wurde. Podiumsdiskussion zur Ausstellung über Germanistik im Zweiten Weltkrieg«. In: *Schwäbisches Tagblatt*, 17.2.1997.

79 Hans Keilson an Birgit Erdle, 30.6.1997. NHK.

80 Boia Efraime gehörte der AMOSAPU an, der mosambikanischen Vereinigung für öffentliche Gesundheitsfürsorge.

81 Über die Frage, ob Hans Keilson teilnehmen würde oder nicht: E-Mail Ralf Syring, 2.6.2020.

82 Syring: »… es immer wieder aufs neue versuchen«.

83 Van Dis, *Het beloofde land & In Afrika*, S. 147 f.; dt. MKL. Der Vortrag von Hans Keilson trug den Titel »Traumatisierte Kinder«. Unpubliziert, NHK.

84 Hans Keilson an Birgit Erdle, 30.6.1997. NHK.

85 Die Vortragsreise wurde von Medico International, Frankfurt am Main, organisiert.

86 Bartens, »Schatten der toten Väter«.

87 Boia Efraime, »Hulpverlening aan ex-kindsoldaten.« Beitrag zum Mini-Symposium »Der kleine Soldat« in Amsterdam, 28.6.1997. Zusammengefasst, ins Niederländische übersetzt und zur Verfügung gestellt von Ralf Syring; dt. MKL.

88 Efraime und Keilson kamen in einer Radiosendung anlässlich der Reihe »Der kleine Soldat« zu Wort, die von Bettina Weiz in der Sendereihe *Das Notizbuch*, Bayerischer Rundfunk, 19.8.1997, präsentiert wurde.

89 Van Dis, *Het beloofde land & In Afrika*, S. 147; dt. MKL.

90 E-Mail Ralf Syring, 12.7.2020.

91 *De andere wereld van zondagmiddag*, IKON, Radio 5.

92 Sieglinde Mueller-Stahl-von der Goltz an Hans Keilson, 3.5.1994. NHK.

93 Ansichtskarte, abgeschickt in Wegorzewo, 22.7.1996. NHK.

94 Gespräch mit Sieglinde von der Goltz, 9. 4. 2019.
95 Gespräch mit Marita Keilson, 8. 12. 2017.
96 Keilson, *Werke* 2, S. 44. Durch die Schreibweise »Siglinde« in der Widmung vermied Hans Keilson die Assoziation ihres Vornamens mit »Sieg«. Mitteilung Marita Keilson, 8. 12. 2017.
97 Fax Birgit Erdle an Hans Keilson und Fax Hans Keilson an Birgit Erdle, beides 30. 4. 1998. NHK.
98 Gespräche mit Sieglinde von der Goltz, 8. 6. 2016 und 9. 4. 2019.
99 Hans Keilson an Sieglinde von der Goltz, 23. 8. 1997. NHK. Gespräch Marita Keilson mit Sieglinde von der Goltz, 4. 7. 2021.
100 Gespräch mit Marita Keilson, 8. 12. 2017.
101 Gespräch Sieglinde von der Goltz mit Marita Keilson, 9. 5. 2020.
102 Gespräch mit Marianne Leuzinger-Bohleber, 29. 8. 2019.
103 Marianne Leuzingers Text von zehn Schreibmaschinenseiten, mit dem sie Hans Keilson für den Hayman Prize nominierte, von Keilson selbst gelesen und korrigiert, befindet sich im NHK. Publiziert als Leuzinger-Bohleber, »Hans Keilson: Traumaforscher, Psychoanalytiker und Literat«.
104 Mitteilung Marita Keilson, 21. 7. 2020.
105 Hans Keilson, »Sieben Sterne hat der große Bär. Über das Zuhausesein in der Fremde oder: (Meine) Geschichte zur Sprache gebracht«. In: *Frankfurter Rundschau*, 11. 12. 1999. Der vollständige Text, unter dem Titel »›Sieben Sterne …‹. Meine Geschichte zur Sprache gebracht« in: ders., *Werke* 2, S. 454–469.
106 Interview Michaël Zeeman mit Hans Keilson für das VPRO-Fernsehen in der Serie *Leven en werken*. Teil 4: *Hans Keilson*, 11. 4. 1999.
107 Ebd. Zum Zeitpunkt der Aufnahme war seine Frau Marita vierundsechzig und seine Tochter Bloeme vierundzwanzig. Er dachte hier nicht an seine älteste Tochter, die siebenundfünfzigjährige Barbara.

14 Enttäuschung und Ruhm

1 Gespräch mit Wim Lucieer, 13. 9. 2018.
2 Gespräch mit Marita Keilson, 5. 3. 2019.
3 Wolfdietrich Schmied-Kowarzik an Hans Keilson, 1. 3. 2000. NHK.
4 Es erschienen mindestens zwanzig Besprechungen, unter anderem in der *Frankfurter Allgemeinen* (28. 5. 2005), in *Die Welt* (2. 7. 2005), in der *Neuen Zürcher Zeitung* (3. 8. 2005) und in den Niederlanden im *NRC Handelsblad* (21. 10. 2005). Die Artikel geben zumeist eine Übersicht über Keilsons Leben und Werk.

5 Zu Keilsons Meinung über *Werke in zwei Bänden* siehe Barbara Hoffmeisters Interview mit Hans Keilson, Bussum, 18. 2. 2007.
6 Gespräch mit Ben Fonderie am 26. 9. 2019.
7 Hans Keilson an Marita Barthel-Rösing, 21. 7. 2002. NHK.
8 Jaap van Luin an Marita Keilson, ohne Datum, aber wohl kurz nach der Beerdigung 2011. NHK.
9 E-Mail Friedrich-Wilhelm Eickhoff an Marita Keilson, 28. 6. 2016.
10 Lanfranconi, »Ich wusste alles. Aber ich wusste nichts!«.
11 Schaevers, »De tien decennia«.
12 Vermeulen, »›Vijandschap en liefde‹«.
13 Becker, *Die Erfindung des Traumas*, S. 176 f.
14 Van der Hal-van Raalte, *Early Childhood Holocaust Survival*, über Hans Keilson S. 87; https://openaccess.leidenuniv.nl/bitstream/handle/1887/12148/Thesis.pdf?sequence=1, eingesehen am 5. 10. 2019.
15 IJzendoorn, »Drie Generaties Holocaust?«, Zitat S. 19; auch digital: https://www.knaw.nl/shared/resources/actueel/publicaties/pdf/drie-generaties-holocaust, eingesehen am 19. 12. 2019.
16 Stambolis, »Öffentliche und wissenschaftliche Wahrnehmung von Hans Keilsons Arbeit«, siehe S. 31 f.
17 Becker, »Hans Keilson und die Revolutionierung der Traumatheorie«, Zitat S. 75.
18 Ebd., Zitat S. 81 f.
19 Hargasser, *Unbegleitete minderjährige Flüchtlinge.* Leuzinger-Bohleber / Hettich, *»Fremd bin ich eingezogen …«*.
20 *Orientierungsrahmen für die psychische Gesundheit und psychosoziale Unterstützung (MHPSS) in der Entwicklungszusammenarbeit. Am Beispiel des Kontexts der Syrien- und Irakkrisen. Im Auftrag des Bundesministeriums für wirtschaftliche Zusammenarbeit und Entwicklung (BMZ).* Bonn und Eschborn: Deutsche Gesellschaft für Internationale Zusammenarbeit (GIZ), 2018, S. 18–20. Siehe https://www.giz.de/de/downloads/giz2018-de-orientierungs-rahmen-MHPSS.pdf, eingesehen am 14. 5. 2021.
21 Ebd., S. 19. David Becker und Barbara Weyermann unterscheiden bei Flüchtlingen nicht drei, sondern fünf oder sechs Sequenzen: 1. Beginn der Verfolgung, 2. die Flucht, 3. die Ankunft im neuen Land, 4. die Phase, in der über den Asylantrag entschieden wird, 5. die Phase als Immigrant; bei Ablehnung des Antrags: 5. die Rückkehr, 6. die Phase als Remigrant. – Siehe Piesker / Glaesmer / Nesterko, »Sequentielle Traumatisierung bei unbegleiteten minderjährigen Geflüchteten«, S. 144–148.
22 Searls, »Man of the Century«, Zitat S. 53.

23 Über das Fest: E-Mail Marita Keilson, 12. 6. 2019.

24 Wolfdietrich Schmied-Kowarzik, »Hans Keilson als Franz-Rosenzweig-Gastprofessor in Kassel«, unpubliziert, Archiv Wolfdietrich Schmied-Kowarzik. Kopie im NHK.

25 *Neue Rundschau*, Jg. 120 (2009), Heft 4: »Hans Keilson (100)«. Frankfurt am Main: S. Fischer, 2009, mit einem Interview mit Hans Keilson und fünf Artikeln über ihn und sein Werk.

26 E-Mail Jürgen Zimmer an Hans Keilson, 18. 12. 2002, Ausdruck im NHK.

27 Gespräch mit Marita Keilson, 26. 1. 2019.

28 Prose, »As Darkness Falls«; dt. MKL.

29 Unter dem Titel »Masterful Glimpses of World War II« erschien die Rezension auch in der *International Herald Tribune* (»Books Weekend Arts«) vom 7. / 8. August 2010. Es gab in den USA noch mehr Besprechungen der beiden Bücher, siehe www.boston.com (3. 8. 2010), www.forward.com (2. 6. 2010), www.tabletmag.com (3. 8. 2010), http://bnreview.barnesandnoble.com (11. 8. 2010, vor allem über *Comedy in a Minor Key*) und www.thedailybeast.com (18. 8. 2010).

30 »New York Times looft Nederlandse schrijver Keilson«. In: *NRC Handelsblad*, 10. 8. 2010.

31 Moorman, »Het levensplezier van Hans Keilson (100)«; dt. MKL.

32 Interview Philip Smet mit Hans Keilson, Radio Nederland Wereldomroep, 31. 8. 2011; CD im NHK.

33 Van Engelen, »Ontdekking van de eeuw. Zenuwarts Keilson ›literair genie‹«. In: *De Pers*, 27. 8. 2010; dt. MKL.

34 »Schrijver en holocaustoverlever Keilson (100) maakt opeens furore«. In: *AD Algemeen Dagblad*, 21. 8. 2010; dt. MKL.

35 Radio Nederland Wereldomroep, Sendung über Hans Keilson auf Niederländisch, Englisch, Spanisch und Indonesisch, 29. 8. 2010.

36 *The New York Times*, »Paperback Trade Fiction«, 12. 9. 2010, der Roman auf Platz 13.

37 *De Wereld Draait Door*, 6. 9. 2010.

38 Somers, »The making of Hans Keilson«; dt. MKL.

39 Fortuin, »Een beetje verliefd op Hans Keilson«; dt. MKL.

40 Hans Keilson im Radioprogramm *Kunststof*, 21. 12. 2010.

41 Ebd.

42 Gespräch mit Marita Keilson, 29. 5. 2019, sowie Bloeme Keilsons Ansprache bei der Beerdigung ihres Vaters am 3. 6. 2011, Text im NHK.

43 Wehrmann, »Deutsch war die Sprache der Täter«.

44 E-Mail Marita Keilson, 28. 6. 2019.

45 Görner, »Ehrenbürger steht Rede und Antwort«.

46 Übersetzungen erschienen in Israel, Italien, Frankreich, Spanien (Spanisch und Baskisch), Portugal, Griechenland, Slowenien, Ungarn, Russland, Finnland, Norwegen, Dänemark, Südkorea, Brasilien und Australien. Interviewer kamen aus Belgien (*De Morgen*), England (*The Observer*), Spanien (*El País*) und Italien (*Corriere della Sera*).

47 Alle Lansu, »De vijand in jezelf«.

48 Rouleaux, »De ander, de eeuwige zondebok«.

49 Ester, »Herontdekking van Keilson«; dt. MKL.

50 Grunberg, »De onmacht van mannen«; dt. MKL.

51 Vlaar, »Wraak en haat zijn niet de geëigende figuren«, Zitat S. 59; dt. MKL.

52 Vermutlich 1993, siehe Hans Keilson an Birgit Erdle, 22.5.1993. NHK.

53 Zum Zustandekommen von *Da steht mein Haus* siehe: Detering, »Der Analytiker auf der Couch«.

54 Krause, »Die Trauer, nicht der Haß«.

55 *Een leven lang. Dr. Hans Keilson*. Gespräch mit Rita van Dijk, Radio 5, NOS, 9.6.1994.

56 Siehe Keilson, »Zerstörung und Erinnerung«, in: ders., *Werke* 2, S. 452 f.

57 Ten Hove, »Die zekere angst«; dt. MKL.

58 Katja Happe, »Interview mit Dr. Hans Keilson«, Zitat S. 88 f.

59 Detering, »Hundert Jahre«, Zitat S. 119 f.

60 Wim Brands, Interview mit Hans Keilson im Fernsehprogramm *Boeken* (dt. Bücher), VPRO-Fernsehen, 2.1.2011.

61 Hovius »Onder de rookwolken van de vernietiging«. Publiziert auf der Website der *Volkskrant*, 28.5.2011, siehe https://www.volkskrant.nl/nieuws-achtergrond/onder-de-rookwolken-van-de-vernietiging~b307abd4/, eingesehen am 23.3.2019.

62 Ebd.; dt. MKL.

63 Gespräch mit Marita Keilson, 8.5.2019.

64 Gespräch mit Marita Keilson, 13.12.2018. Der folgende Bericht über das Sterben von Hans Keilson stützt sich ebenfalls größtenteils auf dieses Gespräch und auf ein Gespräch mit Tini Koch, 11.4.2019.

65 Tramper, »Hans Keilson: een eindeloze tijd van rouw«.

66 Medizinische Konstatierungen eines Arztes, Briefchen vom 24.5.2011 im NHK.

67 Gespräch mit Bloeme Keilson, 14.8.2019.

68 Gespräch mit Bloeme Keilson, 8.11.2017.

Epilog

1 Wim Brands, Interview mit Hans Keilson in der Fernsehsendung *Boeken* im VPRO-Fernsehen, 2.1.2011.
2 Regina van Gelderen und Irene Mettrop, »Hans Keilson«. Unpubliziertes Interview, 14.2.2011. NHK.
3 Hans Keilson an »Dadaut«, d.i. Gertrud Keilson, 2.8.1963. NHK.
4 Keilson, »Ein Schreibtisch weit weg vom Vaterland«, Zitat S. 86.
5 Gertrud Keilson an Hilde Robinsohn, 8.10.1945. NHK.

Literaturverzeichnis

Übersicht über die Publikationen, die in dieser Biographie als Quelle gedient haben. Kurztitel in den Anmerkungen und hier verweisen jeweils auf die betreffende vollständige Titelbeschreibung.

Adorno, Theodor W., »Amorbach«. In: *Ohne Leitbild. Parva Aesthetica*. Frankfurt am Main: Suhrkamp Verlag, 1973[5], S. 20–28.

Alioth, Gabriele, Hans-Christian Oeser (Hrsg.), *Nachgetragenes. 75 Jahre PEN-Zentrum deutschsprachiger Autoren im Ausland*. Heidelberg: Synchron Publishers, 2009.

Armbruster, Irene, »Literatur und Wissenschaft – Zwei Ausdrucksformen für Menschenliebe. Der Schriftsteller und Psychoanalytiker Hans Keilson«. In: *Aufbau. Das jüdische Monatsmagazin*, Jg. 71, Oktober 2005, S. 29.

Baeyer, Walter Ritter von, Heinz Häfner, Karl Peter Kisker, *Psychiatrie der Verfolgten. Psychopathologische und gutachtliche Erfahrungen an Opfern der nationalsozialistischen Verfolgung und vergleichbarer Extrembelastungen*. Berlin / Heidelberg: Springer, 1964.

Baltschev, Bettina, *Hölle und Paradies. Amsterdam, Querido und die deutsche Exilliteratur*. Berlin: Berenberg Verlag, 2016.

Barbian, Jan-Pieter, *Literaturpolitik im NS-Staat. Von der »Gleichschaltung« bis zum Ruin*. Frankfurt am Main: S. Fischer, 2010.

Bartens, Werner, »Schatten der toten Väter. Wer hilft Kindersoldaten nach dem Kriegsende?« In: *Frankfurter Allgemeine Zeitung*, 1. 7. 1997.

Becher, Johannes R., *Wiedergeburt. Buch der Sonette*. Leipzig: Insel Verlag, 1947.

Beck, Knut, *100 Jahre S. Fischer Verlag 1886–1986. Eine Bibliographie*. Frankfurt am Main: S. Fischer Verlag, 1986.

Becker, David, »Hans Keilson und die Revolutionierung der Traumatheorie. Gedanken über einen großen Wissenschaftler zu seinem 100. Geburtstag«. In: *Neue Rundschau*, Jg. 120, Nr. 4 (2009), S. 71–83.

Becker, David, *Die Erfindung des Traumas. Verflochtene Geschichten*. Gießen: Psychosozial-Verlag, [2]2014 ([1]2006).

Beers, Carla van, *Een schuilhuis in Delft*. Privatdruck, Den Haag, 2017.

Benz, Wolfgang, Marion Neiss (Hrsg.), *Die Erfahrung des Exils. Exemplarische Reflexionen*. Berlin: Metropol Verlag, 1997.

Besten, Ad den, »Wel en niet voor Duitsers«. In: *De Groene Amsterdammer*, 7. 11. 1959.

Betsalel, Annet, »100 Jaar Joods Bussum«. Sonderausgabe der Zeitschrift *KOLBO*, NIG Bussum, Jg. 34, Nr. 2 (November 2011).

Blij, Joop W. de, *Oorlog en Verzet in de Prinsenstad 1940–1945. Een overzicht van de gebeurtenissen in Delft in en rond de bezettingstijd*. Delft: Joop W. de Blij, [3]2013 ([1]2005).

Blijstra, R., »Twee romans – twee wegen om onze tijd te benaderen. Keilson: belijdenis; Böll: gelijkenis«. In: *Het Vrije Volk*, 14. 11. 1959.

Bock, Claus Victor, *Untergetaucht unter Freunden. Ein Bericht. Amsterdam 1942–1945*. Amsterdam: Castrum Peregrini Presse, 1985, S. 146–151.

Bohleber, Werner, »Die Entwicklung der Psychoanalyse in Deutschland nach 1950«. In: *Psyche. Zeitschrift für Psychoanalyse und ihre Anwendungen*, Jg. 64, Nr. 12 (2010), S. 1244–1267.

Boltendal, R., »Blijft elke tegenstander een mens, of kan hij tot doodsvijand worden? Hans Keilson: ›Der Tod des Widersachers‹«. In: *Friese Koerier*, 27. 8. 1960.

B[oltendal, R.], »Hans Keilson's boek nu vertaald. Der Tod des Widersachers«. In: *Friese Koerier*, 24. 11. 1960.

Boom, Bart van der, *De politiek van het kleinste kwaad. Een geschiedenis van de Joodse Raad voor Amsterdam, 1941–1943*. Amsterdam: Boom, 2022.

Bormann, Alexander von, »Komödie in Moll. Eine Novelle von Hans Keilson aus dem holländischen Exil«. In: *Neue Zürcher Zeitung*, 21 / 22. 8. 1988.

Bossenbroek, Martin, *De meelstreep. Terugkeer en opvang na de Tweede Wereldoorlog*. Amsterdam: Uitgeverij Bert Bakker, 2001.

Braeckmans, Joachim, »›Adieu tot je weet maar nooit.‹ Waarom Hugo Claus de Nobelprijs niet krijgt«. In: *Literatuur*, Jg. 21, Nr. 6 (2004), S. 14–16.

Braese, Stephan, »Dissidente Zeugenschaft. Hans Keilsons *Der Tod des Widersachers* im Kontext der deutschsprachigen Nachkriegsliteratur«. In: Ruth Vogel-Klein (Hrsg.), *Die ersten Stimmen. Deutschsprachige Texte zur Shoah 1945–1963. Les premières voix. Écrits sur la Shoah en langue allemande 1945–1963*. Würzburg: Königshausen & Neumann, 2010, S. 33–48.

Brecht, Karin, Volker Friedrich, Ludger M. Hermanns, Isidor J. Kaminer und Dierk H. Juelich (Hrsg.), *»Hier geht das Leben auf eine sehr merkwürdige Weise weiter …«. Zur Geschichte der Psychoanalyse in Deutschland*. Hamburg: Verlag Michael Kellner, 1985.

Broeke, Johan E. ten, *Daar ligt een verhaal… De geschiedenis van 90 jaar Rekkensche Inrichtingen 1913–2003*. Uitgegeven door de Raad van Bestuur van de Van Ouwenaller Vereniging en de stichtingen Rentray, Oldenkotte, TACTUS en Hanzeborg, o. O., o. J. [2003].

Bruin, Ellen de, »Hij hield de toon het liefst luchtig«. In: *de Volkskrant*, 6./7.7.2019.

Buiter, Hans, Ignace de Haes, *Geruisloos verzet. De TD-groep tijdens de Duitse bezetting: een voorbeeld van geweldloze verdediging*. Amersfoort: De Horstink, 1982.

Büsch, Otto, Wolfgang Haus, *Berliner Demokratie 1919–1985*. Band 1: *Berlin als Hauptstadt der Weimarer Republik 1919–1933*. Berlin / New York: Walter de Gruyter, 1987.

Cohen, Peter, *Geschiedenis van de Berg-Stichting 1909–1965*. 's-Gravenhage: In opdracht van de Stichting Sally Berg Familie Fonds, 1992.

Cooper, Benjamin (Hrsg.), Erasmus van Rotterdam, *Vrouwen soldaten en andere christenen!* Déjà-vu-serie. Amsterdam: U. M. Holland, 1938.

Cooper, Benjamin (Hrsg.), *Een reis met de diligence door het tijdperk der tanks, auto's en vliegmachines. Op de bok: J. Amos Comenius*. Déjà-vu-serie. Amsterdam: U. M. Holland, 1938.

Cooper, Benjamin (Hrsg.), *Zeven maal zeven vredesstemmen aller tijden en volken.* 's-Gravenhage: L. J. C. Boucher, 1939.
Cooper, Benjamin, J. W. F. Werumeus Buning (Hrsg.), *De zingende walvisch. Zijnde een bundel zeemansliedjes en verzen, rijmen, gezegden en rariteiten, uit vele eeuwen, van ernstigen en vermakelijken aard, verzameld en uitgelezen en met een voorrede versierd door Benjamin Cooper en J. W. F. Werumeus Buning.* Amsterdam: H. Meulenhoff, 1939.
Cooper, Benjamin (Hrsg.), *Ridder zonder vrees of blaam. Een groote verjaarspartij met genoodigde en ongenoodigde gasten ter eere van den 70-jarigen Hendrikus Colijn.* 's-Gravenhage: D. A. Daamen's Uitgeversmaatschappij, 1939.
Cooper, Benjamin (Hrsg.). *In het doolhof der liefde. Een avontuurlijke wandeling door de tuinen der Nederlandsche minnezangers.* Met een voorrede versierd van Jaap Kunst. Amsterdam: Meulenhoff, 1939.
Cramer, Ernst, »Zwei jüdische Schicksale«. In: *Die Welt*, 14. 11. 1959.
Dahm, Volker, *Das jüdische Buch im Dritten Reich. Zweiter Teil. Salman Schocken und sein Verlag.* Frankfurt am Main: Buchhändler-Vereinigung GmbH, 1982.
Detering, Heinrich, »›... ein gewisses Einverständnis mit der deutschen Sprache.‹ Hans Keilson als Erzähler, Dichter, Essayist«. In: Leuzinger-Bohleber / Schmied-Kowarzik (Hrsg.), *Gedenk und vergiß*, S. 121–139.
Detering, Heinrich, »Hundert Jahre. Ein Gespräch mit Hans Keilson«. In: Keilson, *Da steht mein Haus*, S. 109–138.
Detering, Heinrich, »Der Analytiker auf der Couch. Bemerkungen zur Entstehungsgeschichte von Hans Keilsons *Da steht mein Haus*«. In: Schröder / Weymann / Widmann (Hrsg.), *»die vergangene Zeit bleibt die erlittene Zeit«*, S. 273–278.
Dis, Adriaan van, *Het beloofde land & In Afrika. Romans.* Amsterdam: Meulenhoff, 1996.
Domin, Hilde, *Nur eine Rose als Stütze.* Frankfurt am Main: S. Fischer Verlag, 1964 ([1]1959).
Dörr, Julius, »Bürgermeister Linsingen (1865–1883)«. In: *Viadrus. Hei-*

matbuch für Bad Freienwalde (Oder) und Umgebung et Terra Transoderana, 1. Jg. (2009). Bad Freienwalde: Bad Freienwalde Tourismus GmbH, [2009], S. 42–48. Dieser Artikel erschien ursprünglich im *Oberbarnimer Kreiskalender*, 1923.

Dunk, H. W. von der, *Terugblik bij strijklicht. Jeugdherinneringen*. Amsterdam: Uitgeverij Bert Bakker, 2008.

Ende, Hannah van den, »*Vergeet niet dat je arts bent*«. *Joodse artsen in Nederland 1940–1945*. Amsterdam: Boom, 2014.

Engelen, Marcel van, »Ontdekking van de eeuw. Zenuwarts Keilson ›literair genie‹«. In: *De Pers*, 27. 8. 2010.

Enning, Bram, *De oorlog van Bastiaans. De LSD-behandeling van het kampsyndroom*. Amsterdam / Antwerpen: Uitgeverij Augustus, 2009.

Estelmann, Frank, »›Ich rede mit jedem Patienten anders.‹ Ein Gespräch mit dem Autor und Psychoanalytiker Hans Keilson über sein Exil nach 1936«. In: Martine Boyer-Weinmann, Frank Estelmann, Olaf Müller (Hrsg.), *Das Münchener Abkommen und die Intellektuellen. Literatur und Exil in Frankreich zwischen Krise und Krieg*. Tübingen: Gunter Narr Verlag 2008, S. 267–282.

Ester, Hans, »Herontdekking van Keilson«. In: *Reformatorisch Dagblad*, 4. 5. 2011.

Evers-Emden, Bloeme, »Hans Keilson 2«. Leserbrief in *NIW Nieuw Israelietisch Weekblad*, Jg. 146, Nr. 13, 10. 12. 2010, S. 35.

Faassen, Sjoerd van, »Vrouwen, soldaten en andere christenen! Hans Keilson, Benjamin Cooper en reclamebureau Co-op 2«. In: *De Parelduiker*, Jg. 20, Nr. 1 (2015), S. 2–20.

Fähnders, Walter, Helga Karrenbrock, »Hans Keilsons *Das Leben geht weiter* und der Roman der späten Weimarer Republik«. In: Schröder / Weymann / Widmann, *»die vergangene Zeit bleibt die erlittene Zeit«*, S. 31–42.

Fallada, Hans, *Kleiner Mann – was nun?* Berlin: Rowohlt, 1932.

Fallada, Hans, *Kleiner Mann – was nun?* Berlin: Aufbau, 2016.

Faustmann, Uwe Julius, *Die Reichskulturkammer. Aufbau, Funktion und rechtliche Grundlagen einer Körperschaft des öffentlichen Rechts im nationalsozialistischen Regime*. Dissertation, am 5. 12. 1990 verteidigt an

der Rechts- und Staatswissenschaftlichen Fakultät der Rheinischen Friedrich-Wilhelms-Universität, Bonn.
Feenstra, Gerbrand, »De naweeën van de jodenvervolging. De psychiater Hans Keilson (70) promoveerde op een onderzoek naar de uiteenlopende gevolgen van in de oorlog opgelopen trauma's bij joodse weeskinderen«. In: *Folia Civitatis. Weekblad voor de Civitas Academica der Universiteit van Amsterdam*, Nr. 24, 24.2.1979.
Feidel-Mertz, Hildegard, Andreas Paetz, *Das Jüdische Kinder- und Landschulheim Caputh (1931–1938). Ein verlorenes Paradies.* Bad Heilbrunn: Verlag Julius Klinkhardt, 2009.
Fennema, Tjako, »›Ik verdiende een centje bij als trompettist.‹ Hans Keilson (101) psychoanalyticus uit Bussum is fervent muziekliefhebber«. In: *Gooi- en Eemlander*, 30.12.2010.
Ferguson, P. J., »Het démasqué van het scandalon. Gesprek met Hans Keilson«. In: P. J. Ferguson, *Gedachtenlezen. Gesprekken over psychiatrie.* Meppel / Amsterdam: Boom, 1989, S. 109–133.
Fortuin, Arjen, »Een beetje verliefd op Hans Keilson«. In: *NRC Handelsblad*, 3.12.2010.
Fortuin, Arjen, »Met een rugzak vol herinneringen naar het Bal«. In: *NRC Handelsblad*, 16.3.2011.
Fransman, Rob, »Hans Keilson 1«. Leserbrief in *NIW Nieuw Israelietisch Weekblad*, Jg. 146, Nr. 13, 10.12.2010, S. 35.
Freienwalde, Eberswalde, Oderberg, Chorin und Umgebung. Praktischer Reiseführer. Zwölfte Auflage, neu bearbeitet von Rich. Müller. Mit drei Karten. Berlin: Albert Goldschmidt, 1915.
Frenzel, Christian Otto, »Zwei junge Dichter«. In: *Die literarische Welt*, Jg. 9, Nr. 22 (1933), S. 7.
Freund, J. Hellmut, *Vor dem Zitronenbaum. Autobiographische Abschweifungen eines Zurückgekehrten.* Herausgegeben von Vikki Schaefer, Leo Domsalski. Frankfurt am Main: S. Fischer, 2005.
Friedlaender, Sophie, »Erinnerung an ein verlorenes Paradies. Das Jüdische Landschulheim Caputh 1933–1938«. In: Hildegard Feidel-Mertz (Hrsg.), *Schulen im Exil. Die verdrängte Pädagogik nach 1933.* Reinbek bei Hamburg: Rowohlt Taschenbuch Verlag, 1983.

Frisé, Adolf, »Zwei Erstlinge«. In: *Der Gral. Monatsschrift für Dichtung und Leben*, Jg. 27, Nr. 10 (Juli 1933), S. 777 f.

Gans, Evelien, *Jaap en Ischa Meijer. Een joodse geschiedenis 1912–1956*. Deel 1. Amsterdam: Bert Bakker, 2008.

Gay, Peter, *Freud. A Life for Our Time*. New York, London: W. W. Norton & Company, 1988.

Gilbert, Martin, *Kristallnacht. Prelude to Destruction*. London: HarperPress, 2006.

Gillon, David, »Time's Chaotic Order«. In: *Jewish Observer and Middle East Review*, 16. 6. 1961.

Göbel, Peter, Heike Zappe, »›Meine Trauer ist tiefer als der Hass.‹ Ein Gespräch mit dem Arzt und Schriftsteller Hans Keilson«. In: *Humboldt. Die Zeitung der Alma Mater Berolinensis*, Jg. 53, Nr. 3 (2008–2009), 4. 12. 2008.

Görner, Eberhard, »Ehrenbürger steht Rede und Antwort«. In: *Märkische Oderzeitung*, 24. 9. 2010.

Grande, Richard, *Die Jünglinge*. Rudolstadt: Der Greifenverlag, 1927.

Grözinger, Wolfgang, »Wechselspiel von Liebe und Haß«. In: *Süddeutsche Zeitung*, 19. 12. 1959.

Grunberg, Arnon, »De onmacht van mannen. In iedere romancier een grafschenner«. In: *NRC Handelsblad*, »Boeken«, 31. 3. 2011.

Haffner, Sebastian, *Geschichte eines Deutschen. Die Erinnerungen 1914–1933*. Stuttgart / München: Deutsche Verlags-Anstalt, 2000.

Hahn, Ulla, »Nirgends und überall zu Haus. ›Sprachwurzellos‹ – das lyrische Werk von Hans Keilson«. In: *Frankfurter Allgemeine Zeitung*, 7. 4. 1987.

Hal-van Raalte, Elisheva van der, *Early Childhood Holocaust Survival and the Influence on Well-being in Later Life*. Dissertation, Universiteit Leiden, verteidigt am 16. 5. 2007. Siehe: https://openaccess.leidenuniv.nl/bitstream/handle/1887/12148/Thesis.pdf?sequence=1

Happe, Katja, »Interview mit Dr. Hans Keilson am 27. März 2001«. In: Stambolis / Lamparter, *Folgen sequenzieller Traumatisierung*, S. 81–115.

Hargasser, Brigitte, *Unbegleitete minderjährige Flüchtlinge. Sequentielle*

Traumatisierungsprozesse und die Aufgabe der Jugendhilfe. Frankfurt am Main: Brandes & Apsel Verlag, 2014.

Härtling, Peter (Hrsg.), *Die Väter. Berichte und Geschichten*. Frankfurt am Main: S. Fischer Verlag, 1968.

Hazeu, Wim, *Gerrit Achterberg. Een biografie*. Amsterdam: De Arbeiderspers, 1988.

Heerikhuizen, F. W. van, »Nieuwe Duitse boeken«. In: *Litterair Paspoort. Tijdschrift voor boeken uit de oude en nieuwe wereld*, Jg. 3 (1948), S. 124–125.

Heerma van Voss, Daan, Daniël van der Meer, »Hans Keilson. ›De wereld is niet te redden. In ieder geval niet door mij.‹ « In: *De Groene Amsterdammer*, 26. 5. 2011, S. 20–23.

Heiden, Konrad, *Eine Nacht im November 1938. Ein zeitgenössischer Bericht*. Herausgegeben von Markus Roth, Sascha Feuchert und Christiane Weber. Göttingen: Wallstein Verlag, 2013.

Heines Werke. Herausgegeben von Prof. Dr. Ernst Elster. Kritisch durchgesehene und erläuterte Ausgabe. Zweiter Band. Leipzig: Bibliographisches Institut, o. J.

Hellinga, Gerben, »Van de bank af gezien«. In: *de Volkskrant*, 29. 8. 1992.

Hermanns, L. M., »Bamberg 35 Jahre danach«. In: G. Allert et al. (Hrsg.), *Verantwortung im psychoanalytischen Feld. Herausforderungen und Grenzen heute. DPV-Herbsttagung 2015*. Gießen: Psychosozial-Verlag, S. 367–372.

Hesse, Hermann, *Demian. Die Geschichte von Emil Sinclairs Jugend*. Mit einem Kommentar von Herbert Kuhn. Berlin: Suhrkamp Verlag, [8]2014.

Hillesum, Etty, *Etty. De nagelaten geschriften van Etty Hillesum 1941–1943*. Onder redactie van Klaas A. D. Smelik, tekstverzorging door Gideon Lodders en Rob Tempelaars. Amsterdam: Uitgeverij Balans, 1986.

Hinrichs, Tomke, »Fluchthilfe. Der Ankauf der Bibliothek von Karl Wolfskehl durch Salman Schocken«. In: *Medaon. Magazin für Jüdisches Leben in Forschung und Bildung* (Rubrik »Miszelle«), Jg. 7, Nr. 13 (2013), S. 1–4.

Hoffmeister, Barbara, *S. Fischer, der Verleger. Eine Lebensbeschreibung.* Frankfurt am Main: S. Fischer Verlag, 2009.

Hoog, Ted de, »De eeuw van Hans Keilson. Het verhaal van een psychiater-schrijver«. Interview in: *NIW Nieuw Israelietisch Weekblad*, Jg. 146, Nr. 12, 3.12.2010, S. 8–10.

Hooghiemstra, Daniela, *De geest in dit huis is liefderijk. Het leven en De Werkplaats van Kees Boeke (1884–1966).* Utrecht / Amsterdam / Antwerpen: Uitgeverij De Arbeiderspers, 2013.

Houten, Annelies van den, »Herkenbaarheid in proefschrift over oorlogspleegkinderen te groot. Ondervraagden uiten kritiek op dr. Keilson«. In: *Nieuw Israelietisch Weekblad*, 8.8.1980.

Hove, Johan ten, »Die zekere angst voor een nieuw groot Duitsland is niet zo slecht.« In: *Trouw*, 2.10.1990.

Hühnerfeld, Paul, »Viel Schuld – wenig Sühne. Zwei Bücher, die jeden von uns angehen«. In: *Die Zeit*, 19.2.1960.

IJzendoorn, M. H., »Drie Generaties Holocaust?« In: *Koninklijke Nederlandse Akademie van Wetenschappen. Mededelingen van de Afdeling Letterkunde. Nieuwe Reeks.* Band 65, Nr. 5 (Amsterdam, 2002).

Israël, Wilhelm, *Staatliches Gymnasium i. U. zum Reform-Realgymnasium Bad Freienwalde (Oder). Bericht über das Schuljahr 1927/1928 (1. April 1927 bis 31. März 1928).* Bad Freienwalde (Oder), 1928.

Jippes, Hieke, »1 ons preventie is beter dan 1 ons nazorg«. In: *Het Parool*, 22.2.1979.

Jong, Loe de, *Het Koninkrijk der Nederlanden in de Tweede Wereldoorlog 1939–1945.* Band 1: *Voorspel.* Rijksinstituut voor Oorlogsdocumentatie. 's-Gravenhage: Martinus Nijhoff, 1969.

Jong, Loe de, *Het Koninkrijk der Nederlanden in de Tweede Wereldoorlog 1939–1945.* Band 3: *Mei '40.* Rijksinstituut voor Oorlogsdocumentatie. 's-Gravenhage: Martinus Nijhoff, 1970.

Jong, Loe de, *Het Koninkrijk der Nederlanden in de Tweede Wereldoorlog 1939–1945.* Band 12: *Epiloog. Eerste helft.* Leiden: Martinus Nijhoff, 1988.

Joor, Johan, Frits Hoek, *Rekenschap. Het vermogensbeheer van de Joodse oorlogswezen.* Diemen: AMB, 2009.

Juelich, Dierk (Hrsg.), *Geschichte als Trauma. Festschrift für Hans Keilson zu seinem 80. Geburtstag.* Frankfurt am Main: Nexus Verlag, 1991.

Jung, Wolfgang, »Souveräner Umgang mit Erinnerungen. Caligari: Film über und Diskussion mit Hans Keilson«. In: *Wiesbadener Kurier*, 8.3.1997.

Kagie, Rudie, »Het leven ging door. Exil-schrijver Hans Keilson«. In: *Vrij Nederland*, 30.6.2007.

Keijzer, Carlijn, *Een keten van gummi en ijzer. De ontwikkeling van het Nederlandse beleid ten aanzien van Duits-Joodse vluchtelingen in de periode 1933–1940.* Masterscriptie geschiedenis, Universiteit van Amsterdam, 2016.

K[eilson], Hans, »Hermann Hesse, Demian«. In: *Kannst Du ein Buch empfehlen? Zum Schülerpreisausschreiben des Börsenvereins der Deutschen Buchhändler Leipzig.* Leipzig: Verlag des Börsenvereins der Deutschen Buchhändler zu Leipzig, 1928, S. 17–20; auch in *Werke* 2, S. 343–346.

Keilson, Hans, *Das Leben geht weiter. Roman.* Berlin: S. Fischer, 1933 (Neuauflage S. Fischer, 1984).

Keilson, Hans, »Sport und Nationalität«. In: *Der Morgen. Monatsschrift für die Juden in Deutschland*, Jg. 12, Nr. 5 (August 1936), S. 196–199; in *Werke* 2 unter dem Titel »Sport – jüdisch gesehen«, S. 348–352.

Keilson, H[ans], »Kinderen tegenover opvoeders. Het kind, een mensch in het klein«. In: *Algemeen Nieuwsblad voor Het Gooi*, 2.2.1937.

Keilson, H[ans], »Abravanel en Comenius«, in: *Ha'ischa. Orgaan van den Joodschen Vrouwenraad in Nederland*, Jg. 9, Nr. 5 (Mai 1937), S. 95–98.

Keilson, H[ans], »Een openbare les, Over de psychologische moeilijkheden bij Oorlogspleegkinderen«. In: *Nieuw Israelietisch Weekblad*, 22.2.1946.

Keilson, [Hans], »Pegischa in Bussum«. In: *Nieuw Israelietisch Weekblad*, Jg. 77, Nr. 28, 28.6.1946.

Keilson, Hans, »Zur Psychologie der jüdischen Kriegswaisen«. In: Maria Pfister-Ammende (Hrsg.), *Die Psychohygiene. Grundlagen und Ziele.* Bern: Verlag Hans Huber, 1949, S. 282–287.

Keilson, Hans, »Lieber Herr …« In: [Erika Mann (Hrsg.)], *Klaus Mann zum Gedächtnis.* Mit einem Vorwort von Thomas Mann. Amsterdam: Bermann-Fischer / Querido Verlag, 1950, S. 73–79; in *Werke 2* unter dem Titel »Klaus Mann zum Gedächtnis«, S. 131–136.

Keilson, Hans, *Der Tod des Widersachers. Roman.* Braunschweig: Georg Westermann Verlag, 1959.

Keilson, Hans, »Dissonanzen-Quartett«. In: Härtling, *Die Väter*; auch in *Werke 1*, S. 565–577.

Keilson, Hans, »Voorwoord«. In: Hans Keilson, *Sequentielle Traumatisierung bei Kindern. Deskriptiv-klinische und quantifizierend-statistische follow-up Untersuchung zum Schicksal der jüdischen Kriegswaisen in den Niederlanden.* Academisch Proefschrift ter verkrijging van de graad van doctor in de Geneeskunde aan de Universiteit van Amsterdam […] in het openbaar te verdedigen […] op donderdag, 22 februari 1979 […]. Stuttgart: Ferdinand Enke Verlag, 1978 [recte 1979], S. VII–X.

Keilson, Hans, *Sequentielle Traumatisierung bei Kindern. Deskriptiv-klinische und quantifizierend-statistische follow-up Untersuchung zum Schicksal der jüdischen Kriegswaisen in den Niederlanden.* Unter Mitarbeit von Herman R. Sarphatie. Stuttgart: Ferdinand Enke Verlag, 1979; unveränderte Neuauflage mit dem Untertitel *Untersuchung zum Schicksal jüdischer Kriegswaisen*: Gießen: Psychosozial-Verlag, 2005.

Keilson, Hans, *Sequential Traumatization in Children. A Clinical and Statistic Follow-up Study on the Fate of the Jewish War Orphans in the Netherlands.* Translated from the German by Yvonne Bearne, Hilary Coleman, Deirdre Winter. Jerusalem: The Magnes Press, The Hebrew University, 1992.

Keilson, Hans, *Enfants victimes de la guerre.* Übersetzt von Annie Berthold, Danielle Le Roux. Paris: PUF Presses Universitaires de France, 1998.

Keilson, Hans, »Nachwort«. In: Hans Keilson, *Das Leben geht weiter. Ein Roman aus der Zwischenkriegszeit.* Frankfurt am Main: S. Fischer, 1984, S. 246–251. Auch in Keilson, *Werke 1*, S. 581–586.

Keilson, Hans, »Sequentiële traumatisering bij kinderen«. In: *Nederlands Tijdschrift voor Geneeskunde* Jg. 129, Nr. 18 (1985), S. 832–834.
Keilson, Hans, »Vorwort«. In: Brecht / Friedrich / Hermanns / Kaminer / Juelich, *»Hier geht das Leben auf eine sehr merkwürdige Weise weiter …«*, S. 6.
Keilson, Hans, *Sprachwurzellos*. Gießen: Edition Literarischer Salon, 1986 (Ergänzte, veränderte Auflagen ²1988, ³1989, ⁴1993 en ⁵1998).
K[eilson], Hans, »Leid ist nicht meßbar«. In: Volker Jakob, Annet van der Voort, *Anne Frank war nicht allein. Lebensgeschichten deutscher Juden in den Niederlanden*. Berlin / Bonn: Verlag J. H. W. Dietz Nachf., 1988, S. 100–105.
Keilson, H[ans], »Herdenking 1« [Nachruf auf Rik le Coultre]. In: *Mededelingenblad Nederlandse Vereniging voor Psychoanalyse*, Jg. 3, Nr. 2 (1988), S. 5–18.
Keilson, Hans, »›Anstelle eines Kaddish.‹« In: Hajo Funke, *Die andere Erinnerung. Gespräche mit jüdischen Wissenschaftlern im Exil*. Unter Mitarbeit von Hans-Hinrich Harbort. Frankfurt am Main: Fischer Taschenbuch Verlag, 1989, S. 361–380.
Keilson, Hans, »Ein Schreibtisch, weit weg vom Vaterland«. In: Peter Mosler (Hrsg.), *Schreiben nach Auschwitz*. Keulen: Bund-Verlag, 1989, S. 76–87.
Keilson, Hans, »Grußwort des PEN-Zentrums deutschsprachiger Autoren im Ausland«. In: Edith Böhne, Wolfgang Motzkau-Valeton (Hrsg.), *Die Künste und die Wissenschaften im Exil 1933–1945*. Gerlingen: Verlag Lambert Schneider, 1992, S. 17–18.
Keilson, Hans, »Abschied, Erinnerung und Trauer«. In: Jörg Wiesse und Erhard Olbrich (Hrsg.), *Ein Ast bei Nacht kein Ast. Seelische Folgen der Menschenvernichtung für Kinder und Kindeskinder*. Göttingen / Zürich: Vandenhoeck & Ruprecht, 1994, S. 11–20.
Keilson, Hans, »Ein deutsches Doppelleben. Claus Leggewie untersucht, wie aus SS-Obersturmführer Schneider der liberale Germanist Schwerte wurde«. In: *Die Welt*, Beilage »Die literarische Welt«, 12.12.1998; auch in *Werke* 2, S. 440–443.
Keilson, Hans, »Sieben Sterne hat der große Bär. Über das Zuhausesein

in der Fremde oder: (Meine) Geschichte zur Sprache gebracht«. In: *Frankfurter Rundschau*, 11.12.1999. Der vollständige Text unter dem Titel »›Sieben Sterne …‹ Meine Geschichte zur Sprache gebracht« in *Werke 2*, S. 454–469.

Keilson, Hans, »In der Fremde zuhause«. In: Ludger M. Hermanns (Hrsg.), *Psychoanalyse in Selbstdarstellungen I*. Tübingen: edition diskord, 1992, S. 99–145; etwas bearbeitet auch in *Werke 2*, S. 214–251.

Keilson, Hans, »Zur Geschichte einer wissenschaftlichen Untersuchung«. In: *Analytische Kinder- und Jugendlichen-Psychotherapie* (*AKJP*), Heft 100, Jg. 29, Nr. 4 (1998), S. 471–492.

Keilson, Hans, »Grenzsituationen – Was Menschen einander antun. Psychoanalyse und man-made-disaster. Versuch der Beschreibung eines persönlichen Werdeganges«. In: Heide Lehmkuhl (Hrsg.), *Grenzen – Tabu und Wirklichkeit*. München / Basel: Ernst Reinhardt Verlag, 1999.

Keilson, Hans, [Einleitung zu] »Briefwisseling met Gerrit Achterberg«. In: *MGV Maandblad Geestelijke volksgezondheid*, Jg. 58, Nr. 9 (September 2003), S. 783–787.

Keilson, Hans, *Werke in zwei Bänden*. Herausgegeben von Heinrich Detering und Gerhard Kurz. Frankfurt am Main: S. Fischer, 2005.

Keilson, »Die fragmentierte Psychotherapie eines aus Bergen-Belsen zurückgekehrten Jungen«. In: *Werke 2*, S. 273–290.

Keilson, »Gedanken zur Traumaforschung«. In: *Werke 2*, S. 305–317.

Keilson, »Die Faszination des Hasses«. In: *Werke 2*, S. 318–340.

Keilson, »Überwindung des Nationalsozialismus«. In: *Werke 2*, S. 402–417; Erstveröffentlichung in: Benz / Neiss, *Die Erfahrung des Exils*, S. 29–46.

Keilson, Hans, »Zerstörung und Erinnerung. Jiskor Lübeck«. In: *Werke 2*, S. 444–453.

Keilson, Hans, »›Sieben Sterne …‹. Meine Geschichte zur Sprache gebracht«. In: *Werke 2*, S. 454–469.

Keilson, Hans, »Herzlich willkommen in Bad Freienwalde!«. Vorwort zu *Bad Freienwalde. Älteste Kur- und Badestadt der Mark Brandenburg – seit 1684*. [Bad Freienwalde]: Bad Freienwalder Tourismus GmbH, 2008, S. 4.

Keilson, Hans, »Grußwort«. In: Alioth / Oeser, *Nachgetragenes*, S. 11 f.

Keilson, Hans, *Da steht mein Haus. Erinnerungen*. Herausgegeben von Heinrich Detering. Mit einem Gespräch zwischen Hans Keilson und dem Herausgeber. Frankfurt am Main: S. Fischer, 2011.

Keilson, Hans, *Tagebuch 1944 und 46 Sonette*. Herausgegeben von Marita Keilson-Lauritz. Mit einem Nachwort von Heinrich Detering. Frankfurt am Main: S. Fischer, 2014.

Keilson, Hans, *Dagboek 1944*. Vertaald uit het Duits door Hans Driessen. Ingeleid en van noten voorzien door Marita Keilson-Lauritz. [Tien] sonnetten vertaald door Jos Versteegen. Amsterdam: Van Gennep, 2014.

Keilson, Hans, *Diary 1944*. Translated from the German by Damion Searls. New York: Farrar, Straus and Giroux, 2017.

Keilson, Hans, *Sonette für Hanna*. Deutsch-Niederländisch. Übertragung der Sonette ins Niederländische Jos Versteegen. Mit einem Nachwort des Übersetzers und einem Kommentar zu den Gedichten herausgegeben von Jos Versteegen und Marita Keilson-Lauritz. Eine Gemeinschaftsausgabe der Verlage S. Fischer und Nieuw Amsterdam. Frankfurt am Main: S. Fischer, 2016.

Keilson-Lauritz, Marita, »Hans Schwerte und das NS-Erbe. Von den Möglichkeiten der Germanistik nach 1945«. In: *Der Tagesspiegel*, Rubrik »Kultur«, 5. 5. 1995.

Keilson-Lauritz, Marita, »Hans Schwerte – Irrtum und Neuversuch«. In: *Ein Germanist und seine Wissenschaft. Der Fall Schneider / Schwerte. Einführung, Vorträge zum Symposium vom 15. Februar 1996, Dokumente*. Erlangen: Erlanger Universitätsreden 53, 1996, 3. Folge, S. 75 – 81.

Keilson-Lauritz, Marita, *Die Geschichte der eigenen Geschichte. Literatur und Literaturkritik in den Anfängen der Schwulenbewegung am Beispiel des* Jahrbuchs für sexuelle Zwischenstufen *und der Zeitschrift* Der Eigene. Berlin: Verlag rosa Winkel, 1997.

Keilson-Lauritz, Marita, »Orte & Zeiten. Zehn Gedichte für Hans Keilson«. In: Leuzinger-Bohleber / Schmied-Kowarzik, *Gedenk und vergiß*, S. 35 – 45.

Keilson-Lauritz, Marita, »Vorwort«. In: Keilson, *Tagebuch 1944*, S. 7–20.
Keilson-Lauritz, Marita, »Bij wijze van inleiding«. In: Keilson, *Dagboek 1944*, S. 7–13.
Kerkhof, Marty P. N. van, »De oorlog verwerkt. Interview Hans Keilson«. In: *Psy. Tijdschrift over de geestelijke gezondheidszorg*, Jg. 6, Nr. 6, 16. 5. 2002.
Klabund, *Deutsche Literaturgeschichte in einer Stunde. Von den ältesten Zeiten bis zur Gegenwart*. Leipzig-Gaschwitz: Dürr & Weber, 1920.
Klautke, Egbert, *Unbegrenzte Möglichkeiten. »Amerikanisierung« in Deutschland und Frankreich (1900–1933)*. Wiesbaden: Frans Steiner Verlag, 2003.
Koelewijn, Jannetje, »Niet alles is verloren«. In: *NRC Weekblad*, 24.–30. 12. 2010.
Koetsier, Teun, Elbert Roest, *Schieten op de maan. Gezag en verzet in Laren NH in WO II*. Redactie Ineke Hilhorst. Met een voorwoord van Hinke Piersma. Laren: Uitgeverij Van Wijland, o. J. [2016].
Kolfschooten, Frank van, *De Beethovenstraat. Een biografie*. Amsterdam: De Kring, 2021.
Königsdorf, Jörg, Curt A. Roesler (Hrsg.), *Hundert Jahre Deutsche Oper Berlin. Geschichte und Geschichten aus der Bismarckstraße*. Berlin: Edition Braus Berlin / Deutsche Oper Berlin, 2012.
Kopuit, M., »›Hasjalsjèeleth‹, een Joods illegaal periodiek«. In: *Algemeen Handelsblad*, 2. 5. 1970.
Krause, Tilman, »In der Fremde zu Hause. Zum 90. Geburtstag des Schriftstellers und Psychotherapeuten Hans Keilson – eine Begegnung«. In: *Die Welt*, Beilage »Die literarische Welt / Belletristik«, 11. 12. 1999.
Krause, Tilman, »Die Trauer, nicht der Haß«. In: *Die Welt*, Beilage »Die literarische Welt«, 5. 11. 2005.
Külow, Dirk, *Schalom und Alefbet. Die Geschichte des Jüdischen Gymnasiums in Berlin*. Berlin: Hentrich und Hentrich Verlag, 2014.
Künkel, Ullrich, »Erinnerungen an die ›Kristallnacht‹ in Bad Freienwalde«. In: *Bad Freienwalder Heimatkalender*, Jg. 59 (2015). Bad Freienwalde (Oder): Albert Heyde Stiftung, S. 20–21.

Kurzke, Hermann, »Erhobene Hand und geballte Faust. Der Roman einer Jugend in der Zwischenkriegszeit«. In: *Frankfurter Allgemeine Zeitung*, 2.2.1985.

Lanfranconi, Paula, »Ich wusste alles. Aber ich wusste nichts!« In: *Tages-Anzeiger*, 19.11.1997.

Lansu, Alle, »De vijand in jezelf. Het fenomeen Hans Keilson«. In: *De Standaard*, 25.3.2011.

Leggewie, Claus, *Von Schneider zu Schwerte. Das ungewöhnliche Leben eines Mannes, der aus der Geschichte lernen wollte*. München / Wien: Carl Hanser Verlag, 1998.

Lempp, Reinhart, »Die Wandlungen der Spätfolgen nach Verfolgungstraumen im Kindesalter. Die Bedeutung der Sequenz für Traumatisierung und Stabilisierung«. In: Juelich, *Geschichte als Trauma*, S. 35–48.

Leuzinger, Marianne, »Eindrücke vom Mitteleuropäischen Kongress deutschsprachiger Psychoanalytiker in Bamberg«. In: H. Henseler, A. Kuchenbuch (Hrsg.), *Die Wiederkehr von Krieg und Verfolgung in Psychoanalysen. Eine Sammlung der auf der Arbeitstagung der Mitteleuropäischen Psychoanalytischen Vereinigungen in Bamberg vom 30. März bis zum 3. April 1980 gehaltenen Referate sowie rückblickender Kommentare*. Ulm / Berlin: Privatdruck, 1982.

Leuzinger-Bohleber, Marianne, »Hans Keilson: Traumaforscher, Psychoanalytiker und Literat«. In: Leuzinger-Bohleber / Schmied-Kowarzik, *Gedenk und vergiß*, S. 23–30.

Leuzinger-Bohleber, Marianne, Nora Hettich, *»Fremd bin ich eingezogen …« Step-by-Step: Ein Pilotprojekt zur Unterstützung von Geflüchteten in einer Erstaufnahmeeinrichtung*. Unter Mitarbeit von Sabine Andresen, Marga Günther, Annabelle Starck und Rudolf Waide. Gießen: Psychosozial-Verlag, 2018.

Leuzinger-Bohleber, Marianne, Wolfdietrich Schmied-Kowarzik (Hrsg.), *»Gedenk und vergiß – im Abschaum der Geschichte …«. Trauma und Erinnern. Hans Keilson zu Ehren*. Tübingen: edition diskord, 2001.

Levita, D. J. de, *»De wolken waarom moeder schreide«. Rede uitgesproken bij de aanvaarding van het ambt van bijzonder hoogleraar in de trans-*

generationele oorlogsgevolgen aan de Katholieke Universiteit te Nijmegen vanwege de Stichting Kunstenaarsverzet 1942–1945 op vrijdag 5 juni 1992. Nijmegen: SUN, 1992.

Lewin, Lisette, *Het clandestiene boek 1940–1945*. Amsterdam: Van Gennep, ²1983.

Liempt, Ad van, *Na de bevrijding. De loodzware jaren 1945–1950*. Amsterdam: Uitgeverij Balans, 2014.

Lock, Ellen, *Kom vanavond met verhalen hoe de oorlog is verdwenen. Verhalen van verzetsdeelnemers en oorlogsgetroffenen*. Leiden: Sociale Verzekeringsbank & Pensioen- en Uitkeringsraad, 2014.

Loerke, Oskar, *Tagebücher 1903–1939*. Herausgegeben von Hermann Kasack. Heidelberg / Darmstadt: Lambert Schneider, 1955.

Lohmann, Hans-Martin, »Habent sua fata … Hans Keilsons ›Das Leben geht weiter‹«. In: *Frankfurter Rundschau*, 23.2.1985.

Lühe, Irmela von der, *Erika Mann. Eine Biographie*. Frankfurt am Main / New York: Campus Verlag, 1994.

Manasse, Peter, *Het onderbrengen van Joodse oorlogspleegkinderen. De rol van de Stichting Le-Ezrath Ha-Jeled 1945–1950 en de Gefusioneerde Joodse instellingen voor Kinderbescherming 1950–1975*. Purmerend: Vereniging Joodse OorlogsKinderen, 2004.

Mann, Klaus, *Tagebücher 1944–1949*. Band 6. Herausgegeben von Joachim Heimannsberg, Peter Laemmle und Wilfried F. Schoeller. Reinbek bei Hamburg: Rowohlt Taschenbuch Verlag, 1995.

Mann, Thomas, *Die Erzählungen*. Erster Band. Frankfurt am Main: Fischer Taschenbuch Verlag, 1975.

Mann, Thomas, »Bruder Hitler«, in: Thomas Mann, *Essays*. Band 4: *Achtung, Europa! 1933–1938*. Herausgegeben von Hermann Kurzke und Stephan Stachorski. Frankfurt am Main: S. Fischer, ²2007, S. 305–312.

Mayer, Paul Yogi, *Jüdische Olympiasieger. Sport, ein Sprungbrett für Minoritäten*. Kassel: Agon Sportverlag, 2000.

Mechanicus, Philip, *In Dépôt. Dagboek uit Westerbork*. Met een inleiding van dr. J. Presser. Amsterdam: Van Gennep, 1989.

[Meijer], Ischa, »Een grensganger«. In: *Vrij Nederland*, 8.12.1984. Wiederabgedruckt in: Ischa Meijer, *Ik heb niets tegen antisemieten, ik lééf ervan*. Samengesteld en ingeleid door Ronit Palache. Amsterdam: De Arbeiderspers, 2020, S. 451–459.

Middelburg, Bart, *Jeanne de Leugenaarster. Adriana Valkenburg: hoerenmadam, verraadster, femme fatale*. Amsterdam: Uitgeverij Nieuw Amsterdam, 2009.

Mildenberger, Florian, »Vorbemerkung«. In: Florian Mildenberger (Hrsg.), *Unter Männern. Freundschaftsgabe für Marita Keilson-Lauritz*. Bibliothek rosa Winkel. Sonderreihe: Wissenschaft. Band 7. Hamburg: Männerschwarm Verlag, 2018, S. 7–13.

Mock-Degen, M., »De ethische aspecten van een psychiatrisch onderzoek. Kanttekeningen bij het proefschrift over de joodse oorlogswezen«. In: *MGV Maandblad Geestelijke volksgezondheid*, Jg. 35, Nr. 4 (1980), S. 290–301.

Mock[-Degen], Minny, »Antwoord« auf: Herman Musaph, »Herkenning van patiënten bij psychiatrische rapporten«. In: *MGV Maandblad Geestelijke volksgezondheid*, Jg. 35, Nr. 6/7 (1980), S. 587–588.

Mooij, Annet, *Das Jahrhundert der Gisèle. Mythos und Wirklichkeit einer Künstlerin*. Aus dem Niederländischen von Gerd Busse. Göttingen: Wallstein, 2021.

Moore, Bob, *Victims and Survivors. The Nazi Persecution of the Jews in the Netherlands 1940–1945*. London/New York/Sydney/Auckland: Arnold, 1997.

Moorman, Mark, »Het levensplezier van Hans Keilson (100)«. In: *Het Parool*, 22.9.2010.

Moraal, Eva Mirjam, *»Als ik morgen niet op transport ga, ga ik 's avonds naar de revue.« Kamp Westerbork in brieven, dagboeken en memoires (1942–2010)*. Dissertation, Universiteit van Amsterdam, verteidigt am 20.9.2013.

Mosler, Peter, »Stille Selbstverständlichkeit. Hans Keilsons Erzählung ›Komödie in Moll‹«. In: *Frankfurter Rundschau*, 28.7.1988.

Mosler, Peter, »Gemeinschaft mit dem Widersacher. Ein bemerkenswerter Roman von Hans Keilson«. In: *Frankfurter Rundschau*, 29.8.1989.

Musaph, Herman, »Herkenning van patiënten bij psychiatrische rapporten«. In: *MGV Maandblad Geestelijke volksgezondheid*, Jg. 35, Nr. 6/7 (1980), S. 584–587.

N., A., »Der Feind im eigenen Fleisch und Blut«. In: *Jedioth Chadashoth*, 29. 2. 1960.

Het Nederlandsche Roode Kruis, *Auschwitz. Deel IV. De deportatietransporten naar Auschwitz in 1943*. Uitgave van het hoofdbestuur van de Vereniging het Nederlandsche Roode Kruis, 's-Gravenhage: Oktober 1953.

Oden, Edwin, »›Ik neem elke dag afscheid‹«. In: *Psychologie Magazine*, Dezember 2010.

Oesterreich, Ronald, *100 berühmte Brandenburger*. Erfurt: Sutton Verlag, 2011.

Oprel, Marieke, *Afrekenen met de vijand. Het naoorlogse beleid ten aanzien van Duitsers in Nederland*. Amsterdam: Van Oorschot, 2021.

Paauw, Simone, »Droevig, maar nooit verbitterd. Hans Keilson was blij met zinvol werk in een onzinnige tijd«. In: *Medisch Contact*, Jg. 64, Nr. 18, 30. 4. 2009.

Parkinson, Anna M., »Zwischen Nirgendwo und Immer Wieder: Das Unzeitgemäße in Keilsons Romanen«. In: Heinz Eickmans, Werner Jung und Jürgen Pütz (Hrsg.), *Im Abseits der Gruppe 47. Albert Vigoleis Thelen und andere »Unzeitgemäße« im Literaturbetrieb der 1950er und 1960er Jahre*. Duisburg: Universitätsverlag Rhein-Ruhr OHG, 2019, S. 111–124.

Peiffer, Lorenz, »›Schulfeind‹ Fußball hat gesiegt«. Die Einführung des Fußballs an den Schulen zur Zeit des Nationalsozialismus«. In: Markwart Herzog (Hrsg.), *Fußball zur Zeit des Nationalsozialismus. Alltag – Medien – Künste – Stars*. Stuttgart: Verlag W. Kohlhammer, 2008.

Peitsch, Helmut, *»No Politics«? Die Geschichte des deutschen PEN-Zentrums in London 1933–2002*. Göttingen: V&R unipress, 2006.

Piesker, Isabel, Heide Glaesmer, Yuriy Nesterko, »Sequentielle Traumatisierung bei unbegleiteten minderjährigen Geflüchteten«. In: Stambolis/Lamparter (Hrsg.), *Folgen sequenzieller Traumatisierung*, S. 137–184.

Pothof, Jannie, »*Joden zijn ook mensen, alleen een beetje meer*«. *De emigratie van Duitse Joden naar Nederland in de jaren dertig*. Hoofdvakscriptie Nieuwste Geschiedenis, Vrije Universiteit, Amsterdam, August 1989.

Presser, J., *Ondergang. De vervolging en verdelging van het Nederlandse Jodendom 1940–1945*. Tweede deel. 's-Gravenhage: Staatsuitgeverij, 1965.

Preuss-Fieting, Sigrid, »Keilsons nicht vorhandener Deutschenhass. Arzt und Schriftsteller schilderte in der Gaggenauer Stadtbibliothek sein langes Leben«. In: *Badisches Tagblatt*, Rubrik »Gaggenau«, 11./12.11.2006.

Prose, Francine, »As Darkness Falls«. In: *The New York Times*, Rubrik »Sunday Book Review«, 5.8.2010.

Puymbroeck, Rik van, »›Ik kan er nog even van genieten.‹ 101-jarige schrijver Hans Keilson krijgt na 50 jaar plots wereldwijd lof«. In: *Het belang van Limburg*, 25./26.9.2010.

Reif, Adelbert, »›Wir sind Zeugen einer kollektiven Traumatisierung‹.« Adelbert Reif im Gespräch mit dem Psychoanalytiker Hans Keilson«. In: *Conturen* 3–4, 2005, S.76–81.

Reinfrank-Clark, Karin (Hrsg.), *Ach, Sie schreiben deutsch? Biographien deutschsprachiger Schriftsteller des Auslands-PEN*. Gerlingen: Bleicher, 1986.

Rilke, Rainer Maria, *Duineser Elegien. Die Sonette an Orpheus*. Mit den Erläuterungen von Katharina Kippenberg. Zürich: Manesse Verlag, 1951.

Rilke, Rainer Maria, *Sämtliche Werke*. Werkausgabe, Band 1. Frankfurt am Main: Insel Verlag, 1975.

Robinsohn, Saul B., *Comparative Education. A Basic Approach. A Selection of Writings*. Edited by Hilde Robinsohn. Jerusalem: Magnes Press, Hebrew University, 1992.

Rohwer, Jörn Jacob, »Unschuld? Nebbich! Hans Keilson im Gespräch mit Jörn Jacob Rohwer«. In: *Neue Rundschau*, Jg.120, Nr.4 (2009), S.9–40.

Rori, »Hans Keilson auf dem Weg der Vergangenheit. Der Film ›Bis zur

Umkehrbank‹ erstmals in Bad Freienwalde aufgeführt«. In: *Märkische Oderzeitung*, 2. 4. 1996.
Rösing, Wilhelm, »Dreharbeiten in Bad Freienwalde«. In: *Bad Freienwalder Heimatkalender*, Jg. 46 (2002). Bad Freienwalde: Albert Heyde Stiftung, S. 24–29.
Rouleaux, Wil, »De ander, de eeuwige zondebok«. In: *Trouw*, 30. 3. 2012.
S., W., »Das Trauma«. In: *Frankfurter Allgemeine Zeitung*, 7. 11. 1959.
Sander, Horst, »1. Märkischer Wintersporttag in Freienwalde«. In: *Viadrus. Heimatbuch für Bad Freienwalde (Oder) und Umgebung et Terra Transoderana* (1. Jahrgang 2009). Freienwalde: Bad Freienwalde Tourismus GmbH: o. J. [2009], S. 78–82.
Santen, Leo van, »De kunstenares Gisèle van Waterschoot van der Gracht in de oorlogsjaren 1940–1945«. In: Michael Defuster, Erik Somers (Hrsg.), *Gisèle en haar onderduikers*. Amsterdam: Castrum Peregrini Press, 2008, S. 11–51.
Sar, Arjen van der, »Tweede Wereldoorlog voor velen nog in volle gang«. In: *Het Binnenhof*, 29. 3. 1985.
Schaber, Will, »›Die Erlebniswelle läuft anders.‹ Arno Reinfrank erörtert die Ziele des ›PEN-Zentrums deutschsprachiger Autoren im Ausland‹«. In: *Aufbau*, 5. 4. 1985.
Schaevers, Mark, »De tien decennia van bestsellerauteur Hans Keilson«. In: *Humo*, 11. 1. 2011.
Schaftenaar, Henk, »›Als we terugkomen, dan weer in Naarden!‹ Gedenkschrift voor de joodse vluchtelingen Chaskel, Leja, Israel, Mia en Ettel Weiss«. In: *De Omroeper*, Jg. 25, Nr. 1 (März 2012), S. 3–33.
Scheurleer, D. F., *Van varen en van vechten. Verzen van tijdgenooten op onze zeehelden en zeeslagen, lof- en schimpdichten, matrozenliederen*. 3 Bände. 's-Gravenhage: Martinus Nijhoff, 1914.
Schippers, Hans, *De Westerweelgroep en de Palestinapioniers. Non-conformistisch verzet in de Tweede Wereldoorlog*. Hilversum: Verloren, 2015.
Schlesinger-Kipp, Gertraud, »Erinnerungen an den Franz-Rosenzweig-Professor: Hans Keilson«. In: Leuzinger-Bohleber / Schmied-Kowarzik, *Gedenk und vergiß*, S. 31–34.
Schlösser, Manfred (Hrsg.), *An den Wind geschrieben. Lyrik der Freiheit*

1933–1945. Darmstadt: Marion von Schröder Verlag, Schriftenreihe Agora, 1960.
Schmidinger, Veit Johannes, Wilfried F. Schoeller, *Transit Amsterdam. Deutsche Künstler im Exil 1933–1945*. München: Allitera Verlag, 2007.
S[chmidt], R[udolf], »Thomas Mann-Vortrag in der Literarischen Vereinigung«. In: *Oberbarnimer Kreisblatt*, 11.6.1926.
Schmitt, Walter, *Eilig verschwindet die Zeit. Erinnerungen eines Chirurgen*. Rostock: Konrad Reich Verlag, 2003.
Schmook, Reinhard, »Bad Freienwalde«. In: Irene Diekmann, Julius H. Schoeps (Hrsg.), *Wegweiser durch das jüdische Brandenburg*. Mit einem Geleitwort von Dr. Manfred Stolpe, Ministerpräsident des Landes Brandenburg. Berlin: Edition Hentrich, 1995, S. 16–21.
Schmook, Reinhard, *Bad Freienwalde (Oder)*. Erfurt: Sutton Verlag, 2005.
Schmook, Reinhard, »80 Jahre ›Bad‹ Freienwalde (Oder). Vom langen Kampf um die Anerkennung als Moorheilbad«. In: *Bad Freienwalder Heimatkalender. Heimat zwischen Bruch und Barnim*. Freienwalde: Stadt Bad Freienwalde, Jg. 49 (2005), S. 15–18.
Schmook, Reinhard, *700 Jahre Bad Freienwalde (Oder). Geschichte der ältesten Kur- und Badestadt in Brandenburg*. Horb am Neckar: Geiger-Verlag, 2016.
Schneider, Hans Ernst, *Königliches Gespräch*. Braunschweig: G. Westermann, 1936.
Schoeps, Julius H., *Düstere Vorahnungen. Deutschlands Juden am Vorabend der Katastrophe (1933–1935)*. Leipzig: Hentrich & Hentrich, 2018.
Schröder, Simone, Ulrike Weymann und Andreas Martin Widmann (Hrsg.), *»die vergangene Zeit bleibt die erlittene Zeit.« Untersuchungen zum Werk von Hans Keilson*. Würzburg: Königshausen & Neumann, 2013.
Schutte, Xandra, »Mijn moeder studeert voor homoseksueel«. [Interview mit Marita Keilson-Lauritz]. In: *Homologie*, Jg. 12, Nr. 5 (1990), S. 10–11.
Schütz, Raymund, *Vermoedelijk op transport. De Joodsche Raadcarto-*

theek als informatiesysteem binnen sterk veranderende kaders: repressie, opsporing en herinnering. Een archiefwetenschappelijk onderzoek naar de herkomst, het gebruik en het beheer van een bijzondere historische bron. Masterscriptie Archiefwetenschappen, Universiteit Leiden, Instituut Geschiedenis (Prof. Dr. C. Jeurgens / Dr. B. E. van der Boom), November 2010.

Searls, Damion, »Man of the Century«. In: *The Believer*, Jg. 8, Nr. 7 (September 2010), S. 48–53.

Sears, Edwin M., »A Look At Hitler's Germany«. In: *Rocky Mountain News*, 24.3.1963.

Seekamp, H. J., R. C. Ockenden, M. Keilson[-Lauritz], *Stefan George. Leben und Werk. Eine Zeittafel.* Amsterdam: Castrum Peregrini Presse, 1972.

Seifert, Heribert, »Gedichte aus dem Exil«. In: *Aufbau*, 31.7.1987.

Sn., »Suche nach dem Widersacher«. In: *Allgemeine Wochenzeitung der Juden in Deutschland*, 6.5.1960.

Somers, Maartje, »The making of Hans Keilson«. In: *NRC Handelsblad*, 7.9.2010.

Spreckelsen, Tilman, »Der Virtuose im Dissonanzen-Quartett. Holländische Kinderlieder übertönen die Wacht am Rhein: Ein Besuch bei dem Schriftsteller Hans Keilson in Bussum«. In: *Frankfurter Allgemeine Zeitung*, »Feuilleton«, 19.3.2005.

Spreckelsen, Tilman, »Die Macht wechselt, die Wunden bleiben«. In: *Frankfurter Allgemeine Zeitung*, »Feuilleton«, 16.4.2011.

Staal, Philip, *Roestvrijstaal. Speurtocht naar de erfenis van Joodse oorlogswezen.* Delft: Eburon, 2008.

Staal, Philip, *Mijn erfenis*. Delft: Eburon, 2016.

Stambolis, Barbara, »Öffentliche und wissenschaftliche Wahrnehmung von Hans Keilsons Arbeit mit traumatisierten jüdischen Kriegswaisen«. In: Stambolis / Lamparter, *Folgen sequenzieller Traumatisierung*, S. 23–41.

Stambolis, Barbara, Ulrich Lamparter (Hrsg.), *Folgen sequenzieller Traumatisierung. Zeitgeschichtliche und psychotherapeutische Reflexionen zum Werk von Hans Keilson.* Mit einem Geleitwort von Michael Schödlbauer. Gießen: Psychosozial-Verlag, 2021.

Stoop, Paul, »Ein etwas älterer, charismatischer Herr. Über traumatische Erfahrungen. Das Seminar von Hans Keilson«. In: *Der Tagesspiegel*, 25. 6. 1996.
Stoop, Paul, »Zweifache Überwindung«. In: *Der Tagesspiegel*, 8. 11. 1996.
Stroeken, Harry, *Freud in Nederland. Een eeuw psychoanalyse*. Amsterdam: Boom, 1997.
Swelheim, I., »De liefde tot de haat«. In: *Levend Joods Geloof. Liberaal Joodse Gemeente*, Jg. 7, Nr. 2 (Dezember 1960), S. 7–8.
Syring, Ralf, »Een Nederlands accent«. In: *De Groene Amsterdammer*, 4. 1. 1995, S. 24–25.
Syring, Ralf, »›… es immer wieder aufs neue versuchen.‹ Hans Keilson und die Ermutigung zur Arbeit mit traumatisierten Menschen«. In: *Neue Rundschau*, Jg. 120, Nr. 4 (2009), S. 84–96.
Tenorth, Heinz-Elmar, Michael Grüttner (Hrsg.), *Geschichte der Universität Unter den Linden. Band 2: Die Berliner Universität zwischen den Weltkriegen 1918–1945*. Berlin: Akademie Verlag, 2012.
Theunissen, Gert H., »Hitler hinter Milchglas«. In: *Rheinischer Merkur*, 1. 4. 1960.
Tramper, Ben, »Hans Keilson: een eindeloze tijd van rouw«. In: *Reformatorisch Dagblad*, Beilage »Puntkomma«, 19. 3. 2010.
Trömel, Hans-Peter, *Literarisches Leben in Bad Freienwalde zwischen den Weltkriegen*. Kunersdorf: Findling Buch- und Zeitschriftenverlag, 2015.
Ueberhorst, H., *Edmund Neuendorff, Turnführer ins Dritte Reich*. Turn- und Sportführer im Dritten Reich, Band 1. Berlin / München / Frankfurt am Main: Verlag Bartels & Wernitz KG, 1970.
Vaessen, Ad, *Duitsers onder de Nederlanders. Ervaringen in de nieuwe heimat*. Utrecht: Spectrum, 2008.
Verhey, Elma, »›Kind, jij hoeft geen Poerim te vieren. De Here Jezus is ook voor jou opgestaan.‹ Oorlogspleegkinderen«. In: *Vrij Nederland*, 6. 10. 1990, S. 30–48.
Verhey, Elma, *Om het joodse kind*. Amsterdam: Nijgh & Van Ditmar, 1991.
Vermeulen, Margreet, »›Vijandschap en liefde zijn de twee belangrijkste menselijke roeringen‹«. In: *Volkskrant Magazine*, 7. 5. 2011.

Versteegen, Jos, »Eine Liebe in Zeiten der Verfolgung. Nachwort des Übersetzers«. In: Keilson, *Sonette für Hanna*, S. 105–136.

Verweij, Annie, Henk Schaftenaar, »Op de bres voor een betere wereld. Anne Adelaar-Fürth (1884–1944)«. In: *De Omroeper. Historisch tijdschrift voor Naarden*, Jg. 29, Nr. 1 (März 2016), S. 20–28.

Vissel, Nico, *Voor ons geen achterhuis. Hoe een Joods gezin in vrijheid de oorlog doorkwam*. Privatdruck, unpaginiert, 2010.

Visser, Arjan, »Hans Keilson, De schepper zit in ons hart«. In: *Trouw*, Rubrik »de Verdieping«, 23.10.2010.

Vlaar, Maria, »Wraak en haat zijn niet de geëigende figuren«. In: *De Groene Amsterdammer*, Rubrik »Dichters & Denkers«, 21.4.2011, S. 58–60.

Voorhorst, Frieda, *Gerhard Badrian. PBC. Zijn neefje*. Privatdruck, o. O., o. J.

Walberer, Ulrich, »Ich brauche kein Mahnmal für meine Trauer. Hans Keilson im Gespräch mit Ulrich Walberer über einen kultivierten Mann, der Nazi wurde, über Leben und Lesen im Exil, die Faszination des Hasses sowie die pathologischen Anteile an der deutschen Vergangenheit«. In: *Neue Rundschau*, Jg. 110, Nr. 4 (1999), S. 77–88.

Walk, Joseph, *Jüdische Schule und Erziehung im Dritten Reich*. Frankfurt am Main: Verlag Anton Hain Meisenheim, 1991.

Wasserstein, Bernard, *Gertrude van Tijn en het lot van de Nederlandse Joden*. Übersetzt von Toon Dohmen und Nico Groen. Amsterdam: Nieuw Amsterdam Uitgevers, 2013.

Wehrmann, Elisabeth, »›Deutsch war die Sprache der Täter. Aber die wollte ich mir nicht nehmen lassen‹«. In: *Die Zeit*, »Literatur«, Nr. 2, März 2011.

Weichelt, Matthias, »Gespräch mit Hans Keilson«. In: *Sinn und Form*, »Umschau und Kritik«, Jg. 61 (2009), Nr. 2, S. 273–277.

Weidermann, Volker, »Schön, gefragt zu werden«. In: *Frankfurter Allgemeine Sonntagszeitung*, »Feuilleton«, 17.4.2011.

Weiß, Cornelius, *Risse in der Zeit. Ein Leben zwischen Ost und West*. Reinbek bei Hamburg: Rowohlt, 2012.

Weitz, Eric D., *Weimar Germany. Promise and Tragedy*. New and expanded edition. Princeton / Oxford: Princeton University Press, 2007.

Welgraven, Co, »Herkansing voor een gevallen wetenschapper«. In: *Trouw*, 10.–11.2.1996.

Westernhagen, Dörte von, *Die Kinder der Täter. Das Dritte Reich und die Generation danach*. München: Kösel, 1987.

Westernhagen, Dörte von, »Sprachwurzellos«. In: *Evangelische Kommentare. Monatsschrift zum Zeitgeschehen in Kirche und Gesellschaft*, Jg. 20 Nr. 8, August 1987.

Weijel, J. A., »De tragiek der gewone dingen«. Rubrik »Uit de wereld van het boek«. In: *Nieuw Israelietisch Weekblad*, Jg. 80, Nr. 31, 15.7.1949.

Weyel, J. A., »De tegenstander. De haat kan niet zonder een druppel liefde«. In: *Nieuw Israelitisch Weekblad*, Jg. 91, Nr. 6, 6.11.1959.

Wiede, Wiebke, *Rasse im Buch. Antisemitische und rassistische Publikationen in Verlagsprogrammen der Weimarer Republik*. München: Oldenbourg Verlag, 2011.

Witting, Barbara (Hrsg.), *Identität und Vielfalt. 20 Jahre Jüdisches Gymnasium Moses Mendelssohn Berlin*. Redaktion: Ulla Berhanu und Sabine Thomasius. Berlin: Verlag für Berlin-Brandenburg, 2013.

Bildnachweis

Mit Ausnahme der hier verzeichneten Fotos und Dokumente stammt das Bildmaterial aus dem Nachlass von Hans Keilson oder aus dem Privatbesitz von Marita Keilson-Lauritz.

Archiv Sjouk Sytstra 28, 30
Mayke Arts 45
Bis zur Umkehrbank 45
Sieglinde von der Goltz 53
Historische Kring Bussum 23
Hilde Robinsohn-Keilson 8, 12, 13
Gisela Thomas 57
Jos Versteegen 3, 4, 5, 10
Duco de Vries 55
Ed Wertwijn 56
Dörte von Westernhagen 52

Copyrights:
Jos Versteegen 10
Manuel Goldschmidt 41
Marita Keilson-Lauritz: 42, 43, 44, 46, 50
Mayke Arts 45
Bloeme Keilson 51
Duco de Vries 55
Ed Wertwijn 56

Register

Hans Keilson
Werke in zwei Bänden
Herausgegeben von Heinrich Detering
und Gerhard Kurz
Band 1: Romane und Erzählungen
Band 2: Gedichte und Essays
1096 Seiten. Gebunden im Schuber

Hans Keilsons Werke sind Porträts, Psychogramme und Bilder aus der Zeit der späten Weimarer Republik, des zerstörerischenNationalsozialismus und des Exils. Wie kaum ein anderer Autor hat Hans Keilson auch in seinen letzten Texten die seelischen, politischen und kulturellen Folgen der NS-Zeit analysiert und sprachlich vergegenwärtigt; ein literarisches Engagement, das bis zuletzt anhielt.
In großem Kontrast zu den lauten Wirren des Jahrhunderts stehen die geradezu leisen, manchmal komischen, immer aber zutiefst menschlichen Darstellungen seiner Figuren und ihrer existenziellen und geschichtlichen Erfahrung.
Hans Keilson ist ein großer Dichter in seiner Prosa und ein hellsichtiger Analytiker in seiner Dichtung. Sein bewegendes Werk liegt zum ersten Mal in einer Gesamtausgabe vor.

Band 1 enthält: Das Leben geht weiter, Der Tod des Widersachers, Komödie in Moll, Dissonanzen-Quartett
Band 2: Sprachwurzellos, Einer Träumenden, Wohin die Sprache nicht reicht, verstreute Texte.

fi 1-049516 / 2